21
世纪以来
国外文化发展文献选编

丛书主编　沈壮海

21世纪以来
美　国
文化发展文献选编

许家烨 等　编译

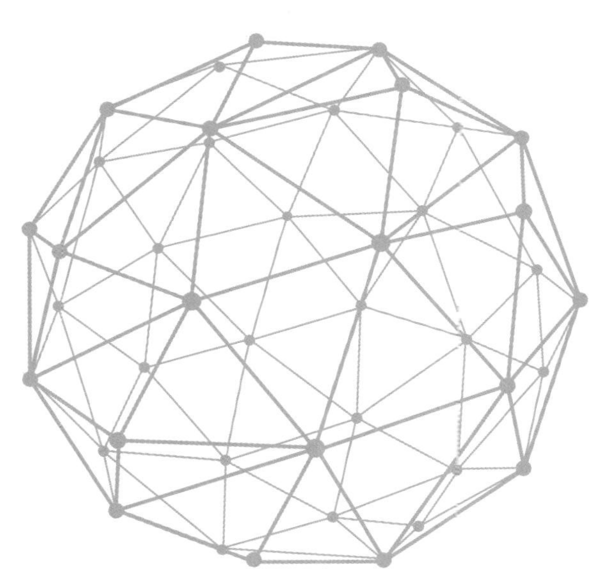

WUHAN UNIVERSITY PRESS
武汉大学出版社

图书在版编目(CIP)数据

21 世纪以来美国文化发展文献选编/许家烨等编译;许家烨校译 .—武汉:武汉大学出版社,2021. 12
21 世纪以来国外文化发展文献选编/沈壮海主编
国家出版基金项目　湖北省学术著作出版专项资金资助项目
ISBN 978-7-307-21340-1

Ⅰ.2…　Ⅱ.许…　Ⅲ. 文化发展—研究—美国　Ⅳ.G171.2

中国版本图书馆 CIP 数据核字(2021)第 210420 号

责任编辑:黄金涛　　　责任校对:汪欣怡　李孟潇　　　整体设计:涂　驰

出版发行:**武汉大学出版社**　(430072　武昌　珞珈山)
(电子邮箱:cbs22@ whu.edu.cn 网址:www.wdp.com.cn)
印刷: 武汉精一佳印刷有限公司
开本:787×1092　1/8　印张:92　字数:1195 千字　插页:2
版次:2021 年 12 月第 1 版　　2021 年 12 月第 1 次印刷
ISBN 978-7-307-21340-1　　定价:726. 00 元

《21世纪以来美国文化发展文献选编》

校译人员名单

许家烨　姚　云　郑　萌　向　鑫

舒阳亭　孙孝云　蒋婷婷　王翔宇

序　言

沈壮海

建设社会主义文化强国，是新时代的中国共产党和中国人民奋力推进的创造性实践。自2011年10月党的十七届六中全会明确提出建设社会主义文化强国的战略目标起，创造中华文化新的辉煌、建成社会主义文化强国，便始终是中国共产党带领中国人民实现自己光荣和梦想的重要组成部分，感召、激励着中华民族奋力复兴的不懈探求。2012年11月召开的党的十八大强调："全面建成小康社会，实现中华民族伟大复兴，必须推动社会主义文化大发展大繁荣，兴起社会主义文化建设新高潮，提高国家文化软实力，发挥文化引领风尚、教育人民、服务社会、推动发展的作用"，要"扎实推进社会主义文化强国建设"。2013年11月，党的十八届三中全会通过的《中共中央关于全面深化改革若干重大问题的决定》对社会主义文化强国建设再作出部署，要求"紧紧围绕建设社会主义核心价值体系、社会主义文化强国深化文化体制改革，加快完善文化管理体制和文化生产经营机制，建立健全现代公共文化服务体系、现代文化市场体系，推动社会主义文化大发展大繁荣"。2017年10月召开的党的十九大强调："文化是一个国家、一个民族的灵魂。文化兴国运兴，文化强民族强。没有高度的文化自信，没有文化的繁荣兴盛，就没有中华民族伟大复兴。要坚持中国特色社会主义文化发展道路，激发全民族文化创新创造活力，建设社会主义文化强国。"2020年10月党的十九届五中全会提出了到2035年基本实现社会主义现代化远景目标，其中一个重要方面即建成文化强国。2021年11月，党的十九届六中全会通过的《中共中央关于党的百年奋斗重大成就和历史经验的决议》回顾、再现了党和人民百年奋斗的光辉历程、所写就的恢宏史诗，同时也发出了为实现第二个百年奋斗目标、实现中华民族伟大复兴的中国梦而不懈奋斗的伟大号召。第二个百年奋斗目标，即到21世纪中叶把我国建成社会主义现代化强国。文化的强盛，既是我们实现这一宏伟奋斗目标的重要条件，也是这一宏伟奋斗目标的内在构成。到那时，我国物质文明、政治文明、精神文明、社会文明、生态文明将全面提升，实现国家治理体系和治理能力现代化，成为综合国力和国际影响力领先的国家，全体人民共同富裕基本实现，我国人民将享有更加幸福安康的生活，中华民族将以更加昂扬的姿态屹立于世界民族之林。

建成社会主义文化强国，需要我们锲而不舍地扎实奋斗，同时，也需要我们放眼当今世界，看清文化图强之路上的世界图景，辨大势，明潮流，从容自信，勇毅前行。

一、战略纷出：当今世界的文化图景

我们所处的时代，是一个文化战略纷出的时代。文化在综合国力竞争中地位与作用的愈益凸显，越来越成为这个时代的鲜明标识；以战略之举激发文化活力、构建文化优势，越来越成为这个时代各国的战略抉择。

在美国，文化问题始终是其《国家安全战略报告》中的重要战略关注。《国家安全战略报告 2006》一如既往以自由的化身自居，声称为了保卫其国家和价值观，“美国寻求在全球推广自由”。《国家安全战略报告 2010》，将实现“道德上的领导地位”与军事实力、经济竞争力方面的领导作用一并纳入“重振美国和领导世界”的战略。《国家安全战略报告 2015》同样将美国价值观视为其力量和安全的源泉。除在国家安全战略等综合性的国家战略中关注、构划文化战略外，美国也多有专门性的文化战略行动计划。如，2006 年，美国国务院发布的《国家安全语言计划》，提出加强青年对“关键语言”的学习，同时，也进一步推进美国文化的输出。同年，美国启动国家艺术政策圆桌会议，基于对艺术之于美国社会发展重要性的认识，着力推动增进公民参与各种艺术活动的机会。2010 年，美国出台《国家战略传播构架》，着力谋求提升美国声誉，塑造“美国是值得尊重的搭档”等国家形象。2011 年，美国总统艺术与人文委员会发布《对艺术教育的再投资——通过创造性学校来赢得美国的未来》，以求通过加强学生创意能力的培养从而增进其在 21 世纪竞争中的文化优势。自 2012 年起，美国国家艺术基金会和美国商务部经济分析局合作的“文化艺术生产卫星账户”定期发布文化艺术对国民经济促进作用的统计报告，为美国文化艺术产业的发展提供宏观数据支持。2016 年，美国国家艺术基金会还发起“创意空间营造项目”，旨在以艺术进社区的形式“推动地方经济发展和社会进步”。

在英国，以创造性、创意产业为核心的文化战略接连推出。1993 年，英国即发布《创造性的未来》战略文本，以“创造性”为引领，规划文化政策，发展创意产业，扩大文化影响。从 1998 年起，接连发布《创意产业纲领文件》，力推创意产业发展。21 世纪以来，更是力度不减。2008 年，发布《创意英国：新经济，新人才》战略文本，以期推动英国成为全球创意中心，为构筑创新型的繁荣经济体提供支撑，被誉为“欧洲意义最深远的计划”。2010 年，发布《促进文化数字化发展》报告，以之为数字革命背景下引发文化领域相应变革的推动力和催化剂。2011 年，推出“非凡英国”（Great Britain）国家形象品牌计划，以求通过一系列品牌的塑造及推广，扩大英国文化影响，传播其国家文化形象。2016 年，在莎士比亚逝世 400 周年之际，发布《文化白皮书》，其战略用意即在阐明“在建设更加公平、繁荣的英国时，文化如何发挥积极作用，使英国成为国际舞台的引领者”。英国伦敦，也于 2004 年发布《伦敦文化都市：实现成为世界城市的雄心》、于 2010 年发布《文化都市：伦敦市长文化战略（2012 年及未来展望）》，以期保持伦敦作为世界文化城市的地位。

在法国，文化一向被视为国家的光芒和财富。有评论将法国称为“世界上为支持创意产业发展准备最充分的国家（尤其是通过法规或税收刺激政策）”。2012 年，法国发布《文化和媒体 2030：文化政策前景展望》战略文本，分析法国文化和媒体领域面对的国际经济、社会、政治等方面的挑战并制定应对方案。半年之后，《文化和媒体 2020：新一代文化与通信部》（2012 年）随即推出。该报告被视为基于前者这张“地图”而制造的“指南针”，提出了近 40 项战略方针，“旨在为现在和未来的文化政策提供一个辅助工具：一张地图、一个指南针、一些航线”。2013 年，发布《文化例外Ⅱ号法令：对数字时代文化政策的贡献》，强调“文化例外不是经济保护主义的工具，也不是文化防御计划。对于国家来说，文化例外使得对创作者的保护、推动文化多样性和文化供给（包括数字文化供给）的调控成为可能”，并提出 80 条建议，以期推进创作者和公众之间的对话，促成文化产业和数字产业之间的谈判和建立长久的稳定结构，“使法国文化例外的所有要素都能加快适应应用革命和数字经济的变革”。

在德国，推进文化发展，也同样被置于重要的战略地位。早在 2007 年，德国联邦政府就发布了《德国联邦政府文化/创意产业倡议》，该倡议将开发文化创意产业的增长潜力作为优先发展战略，把“文化产业作为发展的动力和当务之急”，要求制定更加统一协调、有效的文化产业政策，以图“通过提升文化/创意产业的竞争力及充分开发其创造就业岗位的潜能，为文化/创意产业开创未来良好局面”。2011 年，德国外交部发布《全球化时代的对外文化教育政策——赢得伙伴，传递价值，维护利益》报告，指出德国对外政策的三大支柱，并就如何建强这一支柱提出诸多战略举措。2012 年，德国联邦政府还发布《2012 年联邦政府文化/创意产业倡议——现状及行动领域》和《文化/创意产业倡议——现状和前景》，要求进一步挖掘国内文化创意产业的潜力，以“充分利用文化/创意产业的创新力，推动德国经济复兴”，“扩大文化/创意产业潜能在国外的知名度，提高文化和创意服务出口量”。同年，德国联邦政府还发布了《2011—2012 年度联邦政府关于对外文化和教育政策的报告》，就德国 2011—2012 年对外文化交流的政策行动进行总结，强调对外文化交流的目的是推进跨文化交流、促进德国价值观的传播、塑造现代德国形象。

在欧盟层面，文化问题也始终被视为重要战略议题。2007 年，欧盟委员会发布《全球化世界中的欧盟文化行动议程》，探讨全球化世界中文化和欧洲的关系，提出新欧盟文化议程的目标是促进文化多样性和跨文化对话、加强文化推动创新的催化剂作用、促进文化成为欧盟国际关系中的重要组成部分。有评论称该报告“掀开了欧洲文化政策合作新的篇章”。2010 年，又发布《释放文化创意产业的潜力》绿皮书，以期“引发一场关于真正能刺激欧盟文化创意产业的创新环境需求的辩论”，推动欧洲文化创意产业潜力的有效释放。2011 年，再提出“创造性欧洲”的新计划提议，囊括欧盟诸多文化和传媒领域的资助计划。2012 年，批准在 2020—2033 年启动“欧洲文化中心城市”项目，致力于强调欧洲文化的多元性以及共性，增强欧洲民众间的相互理解和交流。2014 年 4 月，欧洲各国主管文化和欧洲事务的部长们齐聚巴黎参加以“文化的未来，欧洲的未来”为主题的夏乐论坛，发表《夏乐倡议：文化新欧洲》，希望“欧洲能够将吸引更多新的民众和实现文化民主化作为优先发展战略，成为将所有创作者和民众充分联系在一起的真正的欧洲创作和文化平台”。

在俄罗斯，为“巩固俄罗斯作为伟大的文化强国的地位”，进入 21 世纪以来，在此前《发展和保护俄罗斯联邦文化和艺术(1997—1999 年)》的基础上，接连发布《2001—2005 年俄罗斯文化联邦专项纲要》《2006—2011 年俄罗斯文化联邦专项纲要》《2012—2018 年俄罗斯文化联邦专项纲要》，以求推进文化领域的持续改革，图强止退。2014 年 12 月 24 日，俄罗斯总统弗拉基米尔·普京(Vladimir Putin)签发第 808 号总统令，批准通过《国家文化政策基础》，明确俄罗斯国家文化政策的目标、战略任务及政策实施的核心原则，强调国家文化政策是国家安全战略不可分割的一部分，并首次将文化置于国家优先发展方向的框架之下。2016 年，俄罗斯出台《2030 年前俄罗斯联邦国家文化政策战略》。在该战略中，保障国家领土安全和文化安全，维护全俄罗斯文化的统一性；开发俄罗斯各地区的文化潜力，缩小区域文化差距；提高文化政策主体——各种民间社会机构的作用；提高家庭在传播俄罗斯传统文化价值观和规范教育过程中的社会地位等被明确定位为俄罗斯国家文化战略实施的优先领域和战略重点。

在日本，《文化艺术振兴基本法》于 2001 年 12 月公布。制定该法，主旨即在“明确文化艺术振兴的基本理念并确定其发展方向、全面推进文化复兴战略”。该法第七条规定，“为了全面推进振兴文化艺术的相关措施，政府必须制定与其相关的基本方针”。根据这一规定，日本政府于 2002 年 12 月、2007 年 2 月、2011 年 2 月接连推出《文化艺术振兴基本方针》第一次、第二次、第三次基本方针，以申明文化艺术振兴的基本理念、基本视点、重点战略、政策举措。第三次基本方针还更加明确地提出：“为了让国民拥有丰富多彩的精神文化生活，同时构建一个充满活力的社会，并增强我国的综合国力，应将文化艺术振兴作为我国一项基本国策，并以‘文化艺术立国’为全新目标。”此外，日本于 2004 年颁布《文化产品创造、保护及活用促进基本法》，于 2007 年颁布《日本文化产业战略》，于 2009 年颁布《日本品牌战略——让软实力产业成为经济增长的原动力》，着力壮大文化产业，推动日本品牌的创造和传播，提升其国家软实力。2010 年，日本又颁布《文化产业大国战略》。2012 年，日本还制定了被定位为“新成长战略”的“酷日本”计划，借以推动增加就业、增强地方活力、提高日本文化的国际影响力。

在韩国，《创意韩国》战略文本于 2004 年正式推出。这一文化蓝图强调要“更明确地设定国民共同追求的未来文化与向往的价值”，“使文化成为社会发展的基础和原动力，使所有国民都享有对新文化社会的希望”，并提出了“创意韩国”建设的三大推进目标，即有创意的文化市民、多元的文化社会、充满活力的文化国家，志在将韩国建设成“在全球社会中发挥与第 12 大经济强国相匹配的文化职能，不仅要面向亚洲，也要面向世界，成为和世界同呼吸的文化国家”。2005 年，韩国又发布《文化强国（C-KOREA）2010——以文化来建立富强幸福的大韩民国的未来战略》。这是一份以创造性与文化为基础，突出强调将文化、旅游、休闲体育的多样化资讯应用于产业发展，以求引领韩国国民向收入达到 3 万美元时代迈进的中长期战略，旨在通过文化建立强大、幸福的大韩民国。其提出的三大政策目标是：成为世界五大文化产业强国；成为亚洲旅游中枢；进入世界十大休闲体育发达国家的行列。2010 年 6 月，韩国完成《文化产业振兴基本法》的修订。该法第一条就开宗明义地指出：“本法以明确扶持和培育文化产业所必需的事项，奠定文化产业发展的基础并提高其竞争力，进而为提高国民文化生活的质量及国民经济的发展作出贡献为目的。”

二、文化发展：当今时代的关键概念

文化战略的纷出，建立在各国对文化重要性深刻认识的基础之上、对当代时代文化发展在综合国力竞争中战略意义凸显这一重要时代特征的把握之上。在各国推出的关于文化发展的诸多重要战略、重要文献中，内含着对文化意义与价值的丰富阐论。

文化连接民生幸福。文化是人创造的，也是人之为人的重要基础，是人之权益的重要构成，与人生质量和幸福紧密关联。在英国《文化白皮书》（2016 年）中，文化创造灵感、丰富人们的生活、改变人们的人生观、对个人幸福感产生积极影响等方面的价值被概括为文化的内在价值并予以专门阐述。基于这一认识，该报告强调：“无论背景如何，每个人都应该享有接触文化的权利”；“伟大的机会——受到鼓舞的机会、体验的机会、交流的机会和提升生活品质的机会，蕴涵在国家文化之中”，“唯有这些机会在广大民众之间得到普及，才是人尽其才”；“政府的作用就是成就伟大的文化，推动创造力的发展，并且确保每个人都能接触文化”。从这样的角度出发阐发文化的意义、强调建立文化与民众紧密联系的主张，贯穿在各国许多文化战略、法规等文本中。如，法国《文化和媒体 2020：新一代文化与通信部》(2012 年)强调以“新的参考框架来思考和引领文化民主化政策”，在文化领域建立“面向最广大公众的政策”。俄罗斯《国家文化政策基础》(2014 年)所列之第一条文化政策原则即“在享用文化财富、参与文化生活和使用文化组织的权利方面，公民遵循地域平等和社会平等的原则，其中也包括健康水平受限公民”。日本《文化艺术振兴基本法》(2001 年)强调“享有并创造文化艺术属于基本人权”，“文化艺术的复兴应充分体现国民的内心需求”，要“拉近文化艺术与国民的距离”。

文化事关民族认同、社会凝聚。无论一个民族、一个国家还是一个区域，民众的认同和凝聚都是其良性发展的重要基础，而认同与凝聚，都与文化紧紧地联系在一起。文化之广受关注，这也是要因之一。美国总统贝拉克·奥巴马(Barack Obama)曾言：“无论是启迪我们心灵的音乐或电影，还是让我们感动的文学，抑或我们每天依赖的科技，创造和创新都是我们继续发展经济的重要基础，也是构筑我们文化身份的基础。”《全球化世界中的欧盟文化行动议程》(2007 年)强调：“文化，通过开启对话交流，唤起热情渴望，增进团结，消除隔阂，使人类相聚相和。文化是一个社会和社会群体所特有的精神和物质特性”，“文化不但对实现欧盟繁荣、团结和安定战略性目标不可或缺，而且还能够确保欧盟在国际舞台上强大的影响力”。2004 年，欧洲文化基金会反思小组基于历时两年对“欧洲一体化和欧盟扩大进程的文化维度，深化对欧洲层面文化和文化政策的创新理解”的探索，提出《作为文化工程的欧洲》研究报告，认为“当今，文化是最卓越的安全因素”，文化纽带可以在“仇恨和偏见纵行之地培育出信任和对话”。该报告也基于此，主张实行本质更为强大的欧盟文化项目。俄罗斯联邦公众院报告《俄罗斯文化与未来：新观点》(2007 年)亦指出：“文化是促进社会精神统一的渗透性力量，是整个民族团结友爱和保持生命力的条件。哪里有创造、理解和发展，哪里的人就能感觉到自己是整个民族、国家以及世界历史的一部分，文化就在哪里存在。没有这种力量，社会就不会存在。相反，以文化为基础的社会，自身就是牢不可破的力量。”俄罗斯《国家文化政策基础》(2014 年)指出：“确定文化优先地位能够保证社会更高质量地发展，确保社会走向公民团结与统一，以及确立和实现社会发展的共同目标，培养具有高尚道德、责任意识、独立思考和创造力的个体，是实现社会发展共同目标的主要条件。”

文化推动经济繁荣。在新的时代背景下，文化与经济深层交融，已经越来越成为经济发展的有力推动力量。英国《文化白皮书》(2016 年)强调，文化不仅具有内在价值、社会价值，还具有经济价值，有利于经济的增长，能够创造更多就业机会，不仅能带来直接经济收益，还有可观的间接经济收益。该报告援引数据指出，2014 年，英国博物馆、美术馆、图书馆和艺术对英国经济的贡献达到 54 亿英镑，占英国经济总量的 0.3%。在美国，2014 年，被认定为知识产权密集型的 81 个行业直接创造了 2 790 万个就业岗位，并间接支持 1 760 万个工作岗位；知识密集型行业的总增加值占美国国内生产总值的 38.2%，知识密集型行业的周薪比其他行业高出 47%。此外，知识产权密集型产业的商品出口总额占美国商品出口总额的 52%。《2012—2018 年俄罗斯文化联邦专项纲要》称，俄罗斯联邦现阶段发展的特征是社会对文化的关注度日益提高，“文化在人类资本的形成中被赋予了主导作用；文化环境如今逐渐成为现代社会的关键概念”。日本知识产权战略总部等推出的《日本品牌战略——让软实力产业成为经济增长的原动力》(2009 年)强调：“现如今，无形资产和国家魅力正在全球化竞争中显示出巨大的影响力，而正是因为处于这样一个时代，所以更有必要将作为日本优势的软实力变成扩大海外市场、扩大内需的原动力，并以此作为国家战略认真落实。”韩国民间团体、学术界、文化界等组成的宪章制定委员会发布的《文化宪章》(2006 年)指出:“文化既是引领经济发展的强有力的原动力,也是经济发展的终极目标。经济的发展和繁荣在任何时候都必须指向实现人之为人及有品位的生活这一文化目标,从这一文化目标出发获得可持续发展的动力。”

文化支撑国家实力。文化作为一种软实力,与硬实力一样,都是国家实力不可或缺的组成部分。美国总统约翰·肯尼迪(John F. Kennedy)曾言道:对于我们的国家和我们的文明的未来,没有什么事情比充分承认艺术家的地位更为重要……;我对这样一个美国充满信心,它将赢得全世界的尊敬,不仅仅由于它的力量,还由于它的文明。2013 年 7 月 15 日,法国外交部长洛朗·法比尤斯(Laurent Fabius)和文化与通信部部长奥雷莉·菲莉佩蒂(Aurélie Filippetti)联名发表《21 世纪法国文化外交的雄心》,指出:“对于法国而言,没有文化就不能成就任何大事。法国的外交与对外行动同样也要恪守这一原则。法国因为其独特的价值观、文化遗产和创造力,成就了法国的伟大,也获得了世界的尊崇。文化是法国最主要的王牌,是我们的瑰宝。”俄罗斯《国家文化政策基础》(2014 年)指出:“文化发展和人文发展是维护经济繁荣、国家主权和文明独特性的基础”,“文化在当今世界成了社会经济发展的重要资源,且可保障国家在世界的领先地位”。韩国《文化强国(C-KOREA) 2010 ——以文化来建立富强幸福的大韩民国的未来战略》(2005 年)在论述文化重要性日益凸显之时,也强调“文化不仅作为独立的产业具有重要的地位,也是其他产业发展的原动力”,并将文化定位为“全球化时代左右竞争力的核心力量”。日本《文化艺术振兴基本方针》之第三次基本方针(2011 年)亦在强调文化艺术是无可替代的心灵依托(形成民族自豪感与民族身份认同)、是全体国民的社会财产、是创造性经济活动的源泉的同时,强调文化艺术是软实力、是国际合作得以顺利开展的基础,能增强综合国力,强调“必须将文化艺术振兴摆在用以增强我国综合国力的战略位置上”,呼吁“举全社会之力进行文化振兴”。

文化引领未来。英国文化协会 2013 年发布《影响力与吸引力——21 世纪文化和软实力的竞争》指出:“文化既反映社会,也塑造社会,并且会一直如此,这是不言而喻的事实。但在当今时代,普通民众创造文化以及与他人进行文化沟通的能力正经历着一场革命性的变化。”在德国《2011—2012 年度联邦政府关于对外文化和教育政策的报告》(2012 年)中,文化被称为“引路者和对话工具”“德国战略优势的关键因素”。法国外交部长洛朗·法比尤斯(Laurent Fabius)和文化与通信部部长奥雷莉·菲莉佩蒂(Aurélie Filippetti)联名发表的《21 世纪法国文化外交的雄心》(2013 年)则更直截了当地称文化“是法国未来的重要组成部分”,“对文化的投资同样也是对未来的投资”。欧盟委员会的《全球化世界中的欧盟文化行动议程》(2007 年)也用诗意的语言描述了文化所具有的引领未来的力量:“文化在人类发展和社会文明中居于核心地位。文化,可以激发人类对世界的感知,开拓认识世界的新视角,使人类有所希冀,有所梦想。”《创意韩国》(2004 年)强调:“国家的未来,取决于通过文化实现的可持续发展”,“文化是政治、经济发展的基础和目的。我们的文化不仅会成为政治改革和经济增长的基础,而且也会在实现我们最终向往的理想社会的过程中成为核心因素。不考虑文化的社会发展就像失去灵魂的人一样,即使再有更多的财富也无法追求到人生的终极目标——幸福。以这种思路来看,通过文化实现可持续发展是不可再拖延的国家发展新战略,也是新的发展模式”。2005 年,韩国发布的《文化强国(C-KOREA)2010》,副标题即“以文化来建立富强幸福的大韩民国的未来战略”。该战略指出:“文化是培育韩国所拥有的最伟大的资源——创意的孵化器,通过以创造性为基础的文化的产业化,实现可持续发展,将成为国家发展的新模式。”

三、创新创造：文化战略的核心论题

文化的本质在创新创造。离开创新创造，没有文化的产生；离开创新创造，也没有文化的前行。人类社会越是向前发展，创新创造的意义便越是凸显，文化的意义也便越是凸显。综观各国文化战略和相关重要文本，创新创造都是其中核心的论题。

当今时代，是创新创造空前活跃的时代，也是越来越倚重创新创造而前行的时代。美国商务部2019年9月发布的《知识产权和美国经济发展概况(2016年)》指出：创新和创意投入是推动经济增长和发展的要素，是维持美国经济产生强大竞争力的优势所在。在英国，不少人将创新视为“提高国家未来财富创造前景的关键”，是“经济成功的核心驱动力”。2009年，英国战略咨询公司伯恩斯·欧文斯咨询公司(Burns Owens partnership，BOP)和罗伯特·特拉法里尼(Roberto Travaglini)共同组成的研究团队完成欧洲委员会委托的研究任务《文化对创造力的影响》。该研究报告指出：“创造力是经济增长的主要因素，推动了社会和技术创新的前进”，“创造力是一个强大的标题。在西方社会，它象征着成功、现代、新奇和令人兴奋的趋势。不论与个人、企业还是城市或地区创造力联系在一起，创造都能引起人们的直接共鸣，并传达了一个具有活力的形象。创造力是社会上具有积极意义的字眼，不断激发创新和‘进步’”。德国《2012年联邦政府文化/创意产业倡议——现状及行动领域》(2012年)中写道：“创造力是经济发展的核心竞争力和创新的出发点。因此创新常常带来社会和经济的发展”，“创新是经济发展的核心竞争力。如果没有创意，就没有创新，没有创新也就没有经济发展”。《创意韩国》(2004年)以极为开阔的视野，描绘了当今时代创新创造重要性的凸显、各国对创新创造性的普遍关注，分析了创新创造之于经济社会发展等多方面的关键意义，将当今时代称为“创造性成为所有国家话题的时代”，指出：随着以知识为基础的社会的到来，创造性成了很多国家的政策话题。如英国在1998年提出建设“创意英国”、美国在2000年提出建设“创意美国”，许多国家在进入21世纪后，也纷纷发表了建构创意国家的蓝图。“发展的动力在于个人、区域、国家的创造性”，“创造性是以知识为基础的社会所要求的成长动力”，“为什么很多国家都把未来的生死存亡与创造性联系在一起呢?因为创造性不仅被我们社会认为是绝对价值的经济，也是社会的整体生产能力所必需的条件，同时也是引领经济和社会发展的增长动力”。该报告认为：“具有21世纪时代特征的‘以知识为基础的经济’是指知识并不是经济增长的局外变量，而是成为局内变量的一种经济体制。问题是，此时的知识不是与过去一样可以通过背诵和熟练获得，而是要通过创新性思维和革新来获取。所有国家之所以都如此重视创造性，不仅仅是因为要建设文化国家，更是因为新的经济体制要求创新性”，“创造性的价值并不仅仅体现在经济方面。创造性所具有的文化价值被最大化时产生的是人文科学和艺术，创造性所具有的技术价值被最大化时产生的是科学，创造性所具有的政治价值被最大化时产生的是参与民主主义。创造性所具有的经济价值是在21世纪以知识为基础的社会才全面爆发的这个时代独特的现象”。基于这些分析，该报告强调，“一个国家拥有的最伟大的资源是国民的创造性”。

与创新创造重要意义的时代性凸显紧密关联在一起的，是文化价值的被更深度发现、被更广泛关注。这是因为，在创新创造力的涵养、形成及作用发挥的过程中，文化是重要的源泉、重要的滋养、重要的环境。在诸多关于文化发展的国家战略或重要文本中，都内含着对文化与创新创造关系问题的深刻见解。前文述及的研究报告《文化对创造力的影响》(2009 年)，研究的目的便是为了更好地认识文化对创造力——经济和社会创新的发动机的影响。该报告将文化界定为“人类表达创造力的一般形式”，强调“文化与意义、知识、人才、产业、文明和价值观息息相关”。报告认为：尽管欧洲拥有非常丰富的产业财富，但人们仍未深刻认识到文化对创造力的贡献，在社会和经济发展中，文化仍被视作边缘产业。报告由此指出：“现在，是时候该冒一下创造性的风险，将想象力、诗学、象征、审美或精神性(基于文化的创造力特征)作为促进改革、社会进步和欧洲凝聚力的因素了。”该报告提出的总体建议目标便是“发展一个能刺激并鼓励创造力的欧洲”，“使个体、社会和公共机构及企业都有动力以文化为工具发展社会和经济”。该报告还提出了“提高将文化作为重要创造力之源的意识”“在政策上重视文化创造力以推动改革”等五项行动计划。《创意韩国》(2004 年)称文化为“培养创造性的孵化器”，并指出：“文化之所以能发挥这种功能，是因为文化本身就是创造过程的产物，同时作为精神、物质、情绪及身体活动的最高成就，是可以最直接地认识到创造性的领域。在这个意义上，文化是制造社会、政治、科学、经济创造性的产房。”在建设“创意韩国”的战略中，创造性、多样性、活力是三个紧密关联的核心关键词。从更广的范围看，20 世纪末期涌起、至今方兴未艾的创意产业热潮，其灵魂性内容所在，亦即创造性。最早推动创意产业发展的英国，将创意产业视为“来源于个人创造力、技能和天赋，而且可以通过世代的努力和知识产权的开发来获得财富以及创造就业”的产业，视原创力为“创意产业的生命线”。《遥遥领先：英国创意产业的经济效益》(2007 年)报告中写道：“创意文化领域的特点是，它的主要驱动力量是原创创意内容以及出售创意内容的能力”，“我们国家创造力核心越有创意和活力，创意产业与更广泛的经济和社会领域就越有创意和活力”。报告还指出：“没有任何单一的神奇举措能够推动创新和创意产业的发展”，决策者必须“汇聚”各方面的创造力，“国家如何实施教育以及创意产业如何迫切地拓宽自己的多样性，将成为变革的两大驱动力量。包容的、自信的、多样化的、自由表达的社会是这种创造力的孕育者。因此，创意经济和创意社会紧密地联系在一起”。欧盟委员会 2010 年 4 月 27 日发布的《释放文化创意产业的潜力》绿皮书强调：“如果欧洲想要在不断发展的全球环境中保持竞争力，它需要在一个新的企业文化中将创造力和创新繁荣发展的恰当条件落实到位”，“未来的繁荣在很大程度上取决于我们如何利用资源、知识和创新型人才来激励创新。基于我们丰富多样的文化，欧洲必须开拓创造附加值的新途径，并且还要开拓共同生活、共享资源和享受多样性的新途径”。早在 2008 年 10 月，时任参议员的贝拉克·奥巴马(Barack Obama)也曾专门发表关于支持文化艺术发展的“强有力的纲要”(Platform in Support of the Arts)，要求加大对美国文化艺术的投资，“重塑美国这个伟大国家的创造力和创新力”。

文化孵化创造，文化本身亦始终离不开创造。在各式各样的国家文化发展战略及重要文本中，根据时代提出的新课题，增强文化的创新创造活力，发展创造性文化、推进文化新发展，始终都是重要议题。法国《文化和媒体 2020：新一代文化与通信部》(2012 年)特别分析了数字技术的发展给文化发展带来的影响，强调要加强对文化和通信产业及其创新的支持，推进文物遗产数字化、文化研究和语言技术探索、艺术文化教育、公众政策中数字文化的实践和使用，将数字化的转变渗透到整个文化产业(视听、报刊和信息、图书、音乐唱片、电影、科技工业、电子游戏和广播)的每一个环节，让文化领域和数字工业的聚合体携手共进。在 2014 年新年记者会上，法国文化与通信部部长奥雷莉·菲莉佩蒂(Aurélie Filippetti)在演讲中强调：“文化创造力为法国提供了在世界舞台上崭露头角的能力——这是国家主权的关键所在，同时也为法国提供了对外展示其多样性和丰富性的能力。法国同样欢迎来自世界各地的艺术家并且希望他们能将法国视为好客之地，特别是创造力之地、思想迸发之地。”同时，她特别阐述数字革命背景下文化和艺术发展的思路：“数字技术改变了艺术和文化的传播和获取方式，也使它们的应用发生了巨大的变革。我的雄心就是让每个公民都能按照自己的方式，构建一个属于自己的‘数字资源库’。这是一个数字文化资源库，能让最大数量的人可以在浩如烟海的文化供给中不致迷失自我，熟练掌握各类创新工具，并能带着批判精神发掘所有可能的应用”，“我的目标是让数字革命使文化资本所固有的潜能得到释放，使其更具有现实意义。数字革命应该是创新的革命，全民的革命”。除了关注数字革命等新的时代条件下文化领域的创造性变革、发展之外，文化领域如何培养具有创新创造性的人才等亦是各国高度重视的课题。《创意英国：新经济，新人才》(2008 年)关注的重点即如何“为年轻人提供更多在校外发展自身创造力的机会；为他们提供更多进入创意产业的结构化途径”，报告为此提出了一系列策略举措，并雄心勃勃地展望：“未来十年，创造力将驱动英国大都市经济的发展”，“创造力将成为城镇、城市以及各个地区经济发展的发动机”，该计划“将带来一系列连贯而全面的措施的出台和落实，将英国建设为全球创意中心”。俄罗斯《国家文化政策基础》(2014 年)指出：“俄罗斯联邦面临着历史性的挑战，即要在短期之内实现国家经济和社会的现代化发展，并走向确保国家和社会可回应当今世界需求的集约化发展道路”，“为了战胜这一挑战，唯一的条件只有面向人以及个体为高质量的创新发展提供有计划的持续投资”。在该文本中，“为每一个人创造潜力的实现创造条件”被列为国家文化政策的重要目标之一。日本《文化艺术振兴基本法》(2001 年) 指出：“在 21 世纪的当下，在继承、发展迄今为止所培育出的传统文化艺术的同时，推动具有独创性的新型文化艺术的发展，已经成为我们所面临的紧要课题。”该法将“推动文化艺术发展必须尊重其自主性”列为其提出的八项基本理念之首。其所强调的“自主性”，及该法中同样高度重视的“文化艺术的多样性”、著作权保护、相关的税收优惠政策等，都是与推动文化艺术的创新发展紧密关联在一起的。《日本品牌战略——让软实力产业成为经济增长的原动力》(2009 年)在强调创造性的文化艺术人才培养之时，还特别指出：“更重要的是，日本品牌的中坚力量不必限于日本人，应该让来自亚洲甚至世界各国的多样性人才成为日本品牌各个领域的中坚力量。因此，要从海外积极引进人才，将他们作为未来的中坚力量进行培养。”

四、文化产业：构筑优势的战略支点

着力推动文化产业的发展，是当今时代各国文化战略中无一例外高度关注的战略重点。甚至在西方有关人士眼中，文化产业被视为“21 世纪国家竞争的最后胜负手”，“文化和创意产业是极珍贵的王牌”，“是国家能进行的一项最佳投资”；它已然不是某一国家的专利，“已经成为全球的主题”。

文化产业之所以如此重要，与其作为文化与经济交融之体、作为文化创造力承载与展现之体等特点是紧密联系在一起的。有论者称，在美国经济中，最具活力的领域是创意产业，“从纽约到洛杉矶，在成百座城市里，依靠数以百计的视觉制作公司、互联网公司、有线电视、数码音乐制作公司、衍生品和软件制作的创业企业，美国经济为艺术家们提供了成千上万的就业机会”；“根据国际货币基金组织、世贸组织、联合国教科文组织以及世界银行的数据显示，美国向各地出口的内容产品约占世界出口总额的 50%”，且这种趋势还在不断强化，美国“文化产品与文化服务每年的出口增速约为 10%”。2021 年 3 月，美国商务部经济分析局发布的《文化艺术生产卫星账户报告——基于 2018 和 2019 年的数据》显示，2019 年美国有 520 万人从事文化和艺术产业，为美国经济贡献了 9 197 亿美元。在为《创意英国：新经济，新人才》(2008 年)所作的序言中，英国首相戈登·布朗(Gordon Brown)写道：“创意产业不仅对国家繁荣具有重要意义，也将决定英国是否有能力把文化和创造力置于国民生活的中心。”在德国，文化产业被视为知识和内容型社会的一部分，视为向以知识为基础的经济过渡过程中具有主导作用的力量，是“发展的动力和当务之急”；以支持和扩大德国创新力为目的的创新经济政策必须使创意产业的发展与自己的经济政策成果相统一。欧洲议会通过《1999—2004 文化产业报告》(2003 年)呼吁欧洲要“制定更积极的文化政策”，且这样的文化政策要充分考虑欧洲文化生产与美国和其他国家文化生产竞争的必要性、内部市场的发展和完善等问题。报告强调：“这些方案加上其他的提议都是为了通过发展欧洲文化产业来支持欧洲文化区的建立，增强欧洲的文化认同以及多样性。这样，欧洲文化中最令人鼓舞、最有创造力的力量就有机会向欧洲公民展示它们的创意。同时，他们还有机会向欧洲外的国家和人民传播欧洲文化认同，这具有特殊的文化和政治价值。”欧盟委员会提出的《全球化世界中的欧盟文化行动议程》(2007 年)也指出：“文化产业和创新领域对提高欧洲国内生产总值和就业发挥着重要的作用”，“在全球化竞争中，欧盟文化产业及创造力是一笔宝贵的财富，它加快了欧洲经济发展和竞争力的提高。在支持和推进革新创造中，必须发掘和促进文化的作用。发挥创造力是社会和技术革新的基础，因此也是促进欧盟发展、提高竞争力和增加就业岗位的重要驱动力”。在韩国，第二届韩国文化产业振兴委员会于 2000 年 2 月审议通过的《文化产业振兴五年计划》中将韩国称为“已经为进入 21 世纪——‘文化的世纪’做好准备的民族”，并分析认为：“世界经济的发展已经由以资本劳动密集型为主向以知识为基础的经济结构转型，文化产业上升为知识经济的核心产业”，“特别是文化资讯产业的培育成为国家文化的身份象征和确保国家竞争力的核心课题”，“文化产业竞争力的缺乏意味着民族文化和国家竞争力的丧失”。基于这样的认识，该计划明确提出要将文化产业发展为 21 世纪新的“国家基干产业”。《日本文化产业战略》(2007 年)也不仅阐述了文化产业的经济效应，同时也强调了文化产业的外交意义，认为文化产业可以增进海外受众对日本生活方式、价值观、审美意识的共鸣，加深其对日本文化、艺术和传统的理解，“这种受众对日本综合文化实力的‘憧憬’，能够为各种产业带来中长期正面效果”。

诸多的关于文化产业发展的国家战略文本、相关重要文献中不仅多维地表达了对文化产业发展重要性的丰富认识，也勾画了当今时代文化产业发展、竞争的世界图景。《遥遥领先：英国创意产业的经济效益》(2007 年)中，便有专门篇幅分析“创意产业的全球图景”。该报告指出：“就全球层面来说，创意产业非常重要，并且在不断增长。联合国教科文组织对基于消费的数据分析表明，文化产品的贸易在过去 10 年间增长了 50%，从 1994 年的 393 亿美元增加到 2002 年的 592 亿美元。这些文化产品包括传统商品、书籍、报纸、杂志、其他印刷品、记录媒体、视觉艺术以及视听媒体。”报告还引述了诸多其他相关数据，以具体呈现创意产业发展的客观状况。如，根据联合国贸易与发展会议的数据，密切依赖创意文化投入的产业的全球市场价值估计达到了 13 000 亿美元，而经济合作与发展组织则指出创意文化产业的年增长率在 5%到 20%之间；随着高附加值、知识密集型行业的出现以及全球可支配收入的增加，市场对创意产业的产品和服务的需求有望进一步增长，继而推动这些创意产业的增长。

联合国教科文组织德国委员会于2007年发布的《德国文化/创意产业发展报告》同样不惜笔墨地描绘各国推动文化产业发展的状况，着力为德国文化产业同欧洲及国际文化产业发展状况之间的对比提供便利。该报告指出，在整个欧洲，文化/创意产业作为独立的经济部门已经被越来越多的人所接受。2005年，英国设立了“创意产业部”，法国特别制定了全面的创意产业框架方案；2006年，欧洲委员会发表了一份长达300页的关于文化产业经济重要性的研究报告，这表明欧洲已经形成了带有突出重点的已经成形的重要政策战略。中国、印度和澳大利亚的相关人员已经组织了全国和世界范围内的专家会议，就创意产业这个主题进行讨论，并针对创意产业成立了新的研究机构。最近，世界经济合作与发展组织、世界银行、世界知识产权组织、国际劳工组织以及联合国教科文组织等许多组织多次提到创意产业。2007年2月，欧洲各国文化部长及媒体汇聚柏林时，多数欧洲国家表示了对文化/创意产业这一主题的重视。数十年来，文化/创意产业第一次成为欧洲议程中优先讨论的主题。《日本品牌战略——让软实力产业成为经济增长的原动力》(2009年)也特别强调“在海外，一直推行着这样一些全国性经济政策——着眼于软实力给经济活动带来的效果，并将文化商品和品牌振兴置于核心地位”，并历数美、英、法、韩诸国文化产业发展的历程与态势，以之为确立日本“软实力产业”的重要参照。这些分析，无一例外地都是为了在文化产业发展、竞争的世界图景中审视自我、制定本国文化产业发展和应对竞争之策。如同2014年8月28日法国总统弗朗索瓦·奥朗德(François Hollande)在第22届使节会议上所讲的那样：“文化不仅仅是影响力的载体、分享的载体，同时也是经济发展的媒介。我们都知道，文化产业的竞争即将开始。从今年秋天开始，各大运营商都将来法推销它们的产品。我们可以一开始就在文化领域内设置壁垒，拉起警戒线，但是这样一来，我们首先就输了”，“如同高等学校和大学的国际化发展一样，文化产业应该成为我们的一张重要王牌”。

在具体推进文化产业发展方面，各国各有自己的敏锐战略、切实举措。如，在美国，“几百个基金会对文化的不懈支持、激励性的税收政策、工会的积极支持、非盈利机构的核心作用和更近时期的企业文化赞助”，形成推动文化产业发展、构筑美国文化霸权的重要机制。为使文化/创意产业在国际上保持领先地位，德国2008年专门启动德国复兴信贷银行启动资金项目，为文化/创意产业的创业者和自由职业者提供融资。德国2012年8月发布的《文化/创意产业倡议——现状和前景》明确指出，联邦政府文化/创意产业倡议的目标是：加强文化/创意产业的竞争力，充分挖掘该产业的就业潜能，除此之外还应给创新型小企业和自由艺术家提供更多的机遇。该报告提出的实施和扩大倡议的举措有：确保文化/创意产业作为一个独立的经济增长部门；继续推进对国民经济的监测，每年都要掌控文化/创意产业的发展状况；继续针对各子市场的结构、挑战、发展路线和需求开展对话；改善文化/创意产业行业内经济联系；为文化/创意产业企业建立联系网；提供关于融资机会的信息，尤其是对于初始认证阶段的创业者们；审查经济和技术项目的可行性，以更好地资助文化/创意企业的发展；促使自由职业者和文化/创意小企业获得贷款的途径更加便捷；完善准入外贸资助项目渠道，以使本土文化/创意产业的潜能能够更好地在国外显现；继续实行艺术家社会保险并确保其稳定；完善数字版权法律框架，维护创作者和使用者之间利益的平衡。《2001—2005年俄罗斯文化联邦专项纲要》(2000年通过决议，2002年修订)提出要“建设强大的俄罗斯电影产业，打造视听产品生产、租赁和放映的完整、平衡体系，在国家生产生活、俄罗斯联邦主体社会经济发展中切实发挥作用”。俄罗斯《国家文化政策基础》(2014年)提出要“支持国家电影业发展，其中包括制作动画片、纪录片、科普类电影、教学影片、针对儿童群体的电影等，为创意产业发展创造条件”。《日本品牌战略——让软实力产业成为经济增长的原动力》(2009年)提出要“将提升日本软实力的动画、漫画、电影、电视剧、音乐、游戏等内容产品以及饮食、时尚、设计这些与日本特有的品牌价值创造相关联的产业定位为‘软实力产业’，并且应当综合推进其产业振兴和海外发展”。《创意韩国》(2004年)不仅提出了韩国进入世界文化产业五大强国之列的目标，还更具体地提出：“随着文化全球化的加速，韩国文化产业通过韩流热潮不断扩大进军世界市场的机会，这要求超越现有的有限水平，制作出具有创造性、综合性、多样性、高质量的资讯。为了实现成为世界文化产业五大强国这一目标，要加强文化产业的竞争力基础，改善文化资讯的创作、流通结构，加强国内需求基础与进军海外的能力，扩充文化产业环境的基础设施，强化扶持机构的效率，促进区域文化产业的积极发展。”

五、遗产保护：文化新生的重要基石

任何文化的前行，都是在既有历史基础上的前行。在这一过程中，如何对待自己的历史与传统，如何对待自己的文化积淀与遗存，是每一个民族、每一个国家都共同面对的课题。注重对历史文化的开掘，注重对文化遗产的保护，是21世纪以来各国文化战略呈现出的又一个显著特征。

文化遗产作为过往文化创造的历史遗存，对于文化的发展、经济的繁荣，对于一个民族、国家的继续前行，都具有极为重要的意义。在英国《文化白皮书》(2016年)中，文化遗产不仅被视为“国家认同感的关键”，也被视为具有长期经济和社会收益的所在。该报告援引数据指出：英国“遗产旅游每年可以创造260亿英镑收益，占国民生产总值的2%”。法国外交部长洛朗·法比尤斯(Laurent Fabius)和文化与通信部部长奥雷莉·菲莉佩蒂(Aurélie Filippetti)联名发表的《21世纪法国文化外交的雄心》(2013年)一文中，称“法国文化与遗产是发展法国旅游的重要王牌。我们将支持博物馆走出国门，最大限度地展出它们的收藏品，让它们更好地被世界所认识。我们的非物质文化遗产是法国吸引力的重要组成部分，并为法国带来了积极的影响。美食、艺术生活、专业知识、品牌(尤其是奢侈品)是法国最充分的代表，它们吸引了来自世界各地的不同人群，他们将法国与这些卓越的品牌联系在一起”。2014年4月4日，欧洲各国主管文化和欧洲事务的部长们齐聚巴黎参加以“文化的未来，欧洲的未来”为主题的夏乐论坛。论坛发布的一份重要文件《欧洲、文化、数字化：2014—2019年战略前景》中也专门论及了文化遗产之于欧洲身份强化、欧洲创新发展的意义。报告强调：“丰富的文化遗产和创造活力铸就了欧洲在世界的影响力，并与欧洲身份紧密相关，欧洲文化的吸引力以及文化创造者和文化产业的影响力同样是欧洲经济的推动力”，对创造性、知识和文化遗产的重视应“成为欧洲未来发展的核心对策”。俄罗斯《国家文化政策基础》(2014年)指出：“俄罗斯——伟大的文化国度，拥有丰富的文化遗产、多世纪的文化传统和源源不断的创造潜力”，“俄罗斯的历史道路决定了俄罗斯文化的独特性、民族意识的特殊性，以及俄罗斯社会生活的价值基础”，“在国家绵延的历史长河中，民族精神体验正是通过文化被保护、累积和代际传承下来的，也正是通过文化确保了多民族俄罗斯的团结与统一，塑造了俄罗斯的爱国主义情感和民族自豪感，并在国际舞台上巩固了俄罗斯的国家权威”。日本《文化艺术振兴基本方针》第一次基本方针(2002年)指出：“在历史长河中产生、发展、传承至今的物质以及非物质文化遗产是全体国民的珍贵财产，它们对于了解我国的历史、传统、文化是必不可少的，同时也是未来文化进步和发展的基础”，“文化遗产是在我国的历史发展中形成并传承至今的，它反映我国的自然、风土人情、社会和生活，形成了人们丰富的情感和精神活动的轨迹，是我国现代文化的基石”。这些观点，在此后的历次基本方针中，都被反复述及。《创意韩国》(2004 年)指出：“语言、生活文化、文化遗产等传统文化是时代进行再解释和创造的资源，是产生时代独创性的母体”，并强调文化遗产是与文化认同感紧密相关的领域。该战略中提出的第 11 项“推进课题”，即“文化遗产的保存与传统的现代性继承”指出：“一个国家的文化遗产作为该国家历史的物质、精神的结晶，是形成民族成员在思想上的集体意识，确立每个人的民族认同感的基础。”2021 年，美国总统约瑟夫·拜登(Joseph Robinette Biden, Jr)在荒野月(National Wilderness Month)宣言中也特别指出：美国的公共土地和水资源、令人惊叹的风景和文化遗址反映了我们与自然遗产的深厚而持久的联系……在国家荒野月期间，让我们加强与美国荒野地区的联系，加强对荒野的保护，努力保存它们所蕴含的故事、它们所保留的记忆，它们是我们为子孙后代留下的宝贵遗产。

基于对文化遗产重要意义的认识和把握，在当今世界，文化遗产的保护工作，越来越被置于重要位置，各方面均纷纷确立法规、制定战略、传承保护。2011 年 11 月，欧洲议会和欧盟理事会通过第 1194 号决议，制定了欧洲文化遗产标识。保护和推广欧洲共同文化遗产，特别是向年轻一代开展这方面的工作，被视为欧洲文化合作中最具优先地位的目标。法国《文化和媒体 2020：新一代文化与通信部》(2012 年)称，文化遗产的“历史价值、象征价值和它激起的公众情怀都赋予了它在文化行动中无可争议的重要地位”，文化遗产保护“一直都是文化与通信部的中心基础性任务”。该报告坚持“为传承而保护”的理念，对文化遗产的传承保护提出了许多具体举措，如开展评估历史遗迹的工作，与遗产的参与者建立战略性的对话，提升地区遗产和建筑的重要性，将公众置于遗产政策的中心，迎接数字化的挑战和数字化遗产保护的挑战，将遗产政策拓展到国际层面等。在《2001—2005 年俄罗斯文化联邦专项纲要》(2000 年)中，为保护国家文化潜力和文化遗产创造条件，在支持文化生活多样化和文化创新多元化的同时，确保俄罗斯文化发展的继承性，保证国家统一文化空间，是纲要目标的重要内容。在《2012—2018 年俄罗斯文化联邦专项纲要》(2012 年)所列的“最重要的纲要指标和指数”中，排在首位的即“处于合格状态的联邦所属文化遗产的数量占联邦所属文化遗产总数的比重”。在俄罗斯《国家文化政策基础》(2014 年)中，摆在国家文化政策之任务第一条的便是关于俄罗斯联邦民族文化遗产领域的。具体内容包括：在社会意识中承认作为个体和社会发展必备条件的、祖辈积累至今的历史和文化体验的价值；支持发掘、保护、普及俄罗斯联邦民族文化遗产的社会倡议；在个人和法人财产利益之上，切实实现物质和非物质文化遗产保护的社会优先权；完善俄罗斯联邦民族文化遗产项目，以及博物馆、档案馆藏品和国家图书馆馆藏的国家保护体系；建设全俄非物质文化遗产保护体系；保护民族文化传统，支持基于民族文化传统的民族创作，保护民族文化的多样性，将其视为职业文化的重要源泉之一以及民族认同的重要组成部分；在教育进程中，扩大、完善并促进文化遗产项目的现有使用经验，博物馆藏品和档案馆馆藏的现有使用经验，以及俄罗斯博物馆和保护区博物馆科学和信息潜力现有使用经验的系统化发展；加强文化遗产项目的作用，保护城市和社区的历史环境，其中也包括小型城市，为文化认知类旅游的发展创造条件；支持和发展公民参与民族、地方志和考古考察，以及发掘、研究和保护文化遗产项目的工作。《创意韩国》(2004 年)制定的“文化遗产的保存与传统的现代性继承”推进课题提出：“此前的文物政策把重点放在原貌的保存上，导致人们以为文物是给国民带来不便的对象。今后，在提高文物原貌保存质量的同时，要向‘与国民在一起’的文物政策这一方向转变”，“为了保存文化遗产并现代性地继承传统，要加强系统地保存、管理文化遗产的能力，推进对古都及风纳土城的整理与保存工作，通过保存与开发的协调发展减轻国民的负担，提高文物原貌保存的质量水平，改进文化遗产与自然遗产的保存管理体系，通过对文化遗产的积极利用推进传统的现代性继承与再创造”。日本《文化艺术振兴基本方针》第一次基本方针(2002年)指出：“面对近年来社会结构的急剧变化，应当立足于文化遗产保护和利用的现状，积极探讨有效保护和合理利用文化遗产的相关方案。与此同时，必须夯实文化遗产的修复以及保护、传承的基础，提供学习体验文化遗产的机会，积极推进相关推广和普及活动。”该方针针对当时日本社会结构以及国民意识的变化等，提出了保护、利用文化遗产的11条措施。《文化艺术振兴基本方针》第二次基本方针(2007年)也列专条阐述“文化遗产的保护与灵活运用”问题，并在第一次基本方针有关要求的基础上进一步强调：“在做好国家和地方公共团体对文化遗产的保护和灵活运用之外，地方社会也应当将文化遗产视为国民共同的财产，悉心爱护，营造长期守护文化遗产的氛围。此外，若一定程度的文化遗产出现群聚，应开展研究，探讨综合掌握文化遗产情况的方法，以更有成效地发挥文化遗产的作用，构建文化氛围浓厚的空间。”“确保下一代继承文化艺术”被列入日本《文化艺术振兴基本方针》第三次基本方针(2011年)所确定的重点战略，该方针强调“应综合性地对属于国民财产的文化遗产进行保护和利用，有计划地、系统地对将成为下一代文化艺术创造根基的文化艺术品和资料等进行收集与保护(建立档案)，以确保文化艺术被下一代继承”。

六、国际传播：展现魅力的普遍关注

文化在传播中展现其魅力、实现其影响力；文化也在对传播回馈信息的把握、消化中汲取强劲其生命活力的营养。与此同时，文化在传播过程中所形成的软实力，越来越成为新的历史条件下综合国力的重要构成部分。进入21世纪以来，尽管战略出发点不一，但各国对文化国际传播的重视均有增无减。

对文化国际传播的意义的阐发，遍见于各国相关文化战略和相关重要文献之中。英国文化协会的研究报告《影响力与吸引力——21世纪文化和软实力的竞争》(2013年)指出：“过去10年，各国人民之间文化交流的规模逐渐增大，大多数世界公民置身其他文化之中的事例也呈指数增长，国际交流的很多内容都与文化有关。由此产生的结果就是，当今世界，文化和国际政治存在相互依存的关系，文化在其中既发挥积极作用，也发挥消极作用。在新的全球环境下，民间文化交流为传统的国家外交奠定了基调，有时甚至决定了国家外交的议程，各个国家努力增进对彼此文化的理解，避免文化误解，致力于使本国软实力得到最大化发展。”英国国会议员、外交和联邦事务大臣威廉·海格(Lord William Hague)在为该研究报告撰写的前言中，也专门表达了英国应对这一时代大潮的努力：“英国仍旧是一个现代文化超级大国。但在未来几十年，要保持软实力的竞争力，就意味着要像对待军事、经济和各种外交优势一样，培植和重视文化资产。政府人员决心全力以赴，帮助并展现国民生活的智慧和才华，使之成为世界一流的力量。”英国《文化白皮书》(2016年)同样浓墨重彩地展现了其在推动英国文化海外传播、提升英国软实力方面的决心和意志，如通过文化出口推广英国，提高英国的世界声誉和软实力，通过“大不列颠推广”计划，利用文化打造“英国品牌”等，以图巩固英国“软实力领导者”的地位。法国也一直不遗余力地推进法语文化的对外传播，保持其魅力攻势。德国外交部的《全球化时代的对外文化教育政策——赢得伙伴，传递价值，维护利益》(2011年)，面对当今世界格局的发展变化、面对德国在世界上“自然”分量正在减少的挑战，强调对外文化教育政策对保证德国在世界上影响力的重要作用。该报告指出：“以教育、交流和对话为途径，建立以文化上的相互尊重为特征的伙伴关系，我们能直接接触到更多人，从而赢得他们的认同，认同我们的国家、我们的价值观和我们的理念。”报告强调，对外文化教育政策是外交政策的重要组成部分，并且也是为外交政策的目标服务的：巩固欧洲、保障和平、维护旧的友好关系。美国《国家战略传播架构》(2010年)称：“通过所有的努力发现，有效的战略传播，对维持全球合法性和支持政策目标有重要意义”，“最高水平的政府，必须提倡和实施一个通过机制和程序得到加强的传播文化”。《创意韩国》(2004年)指出：“一个国家的文化形象，会使人们信任和喜爱这个国家的所有商品，这是即使同样品质的商品也会使人支付更高价格的高附加值经济战略的核心要素。”“文化艺术振兴要以改善国内文化艺术环境为首要目的，进而推动国际文化环境的发展”被写入日本《文化艺术振兴基本法》(2001年)关于文化艺术振兴的基本理念之中，并被一再重申，该法明确要求：国家应推动文化艺术的国际交流，致力于使日本文化艺术全面走向世界。

基于对文化国际传播重要意义的认识，21世纪以来，各国纷纷推出战略举措，着力推进各自文化的国际传播，努力提升自己的文化软实力。2005年，美国总统乔治·W·布什(George W. Bush)指出：“不得不承认，在讲述美国故事和传播真实美国形象方面，我们确实落后了。”在这一背景下，美国负责公共外交与公共事务的副国务卿卡伦·休斯(Karen Hughes)和她的继任者詹姆斯·格拉斯曼(James Glassman)提出“公共外交2.0”计划，寻求利用社交网站和其他网络媒体来赢得“思想之战”。前文亦曾述及，美国于2010年发布《国家战略传播架构》，该战略进一步明确了美国战略传播的重点，并指出：“尽管美国政府实施全球范围内的审慎交流和洽谈，但工作重点应和总体国家安全的重点相一致。如同国家实力的其他元素那样，交流洽谈工作应该支持政策目标，并且达到相应的效果：(1)使外国受众认清与美国的共同利益；(2)使外国受众相信美国在国际事务中发挥的建设性作用；(3)使外国受众明白面对全球复杂挑战时，美国是值得尊重的搭档。”该战略还具体明确了国家安全参谋部、国务院、国防部、广播理事会、美国国际开发署、情报界、国家反恐中心等在美国战略传播中的角色、职责及行动策略。2002年，美国面向全球尤其重点面向伊斯兰国家推出“向世界营销美国故事”的文化行动，旨在“消除针对美国文化和政策的消极、荒诞的观念，在伊斯兰世界倡导自治、宽容和多元主义的声音”。德国外交部不仅于2011年发布《全球化时代的对外文化教育政策——赢得伙伴，传递价值，维护利益》，将文化教育政策作为对外政策的支柱和核心，还为此专门任命了负责对外文化政策的外交部国务部长，明确提出对外文化政策的推行将在外交部得到最优先的财政支持；如资源有限，必要时将限制甚至暂停对国内项目的支持，优先保障对外文化教育政策的需要。《2006—2011年俄罗斯文化联邦专项纲要》(2009年)强调文化的国际传播是“国际关系体系中国家一体化战略的组成部分”，提出“要增强俄罗斯文化在国外的地位，形成俄罗斯形象——具有伟大传统文化的国家”。对于如何“发展国际合作，加强与世界文化的联系”，该纲要提出了诸多策略，如通过在国外推广和发展俄罗斯文化成果，拉近其与世界文化的目标与任务；在解决国家文化问题时借鉴外国文化组织的相关经验，积极扩大俄罗斯在世界文化进程中的参与范围；举办国际研讨会、学术会议、艺术节，在世界范围内推广俄罗斯表演艺术，在国外推广俄罗斯影片，加强电影业的国际合作，举办国际展会等。《日本品牌战略——让软实力产业成为经济增长的原动力》(2009 年)所确立的日本品牌战略，有两个支点，一个是创造，另一个即是传播。该战略强调，要制定策略，全面支持将海外推广纳入范围的内容产品和商品的制作和开发等；对外传播，不应是片段式的，而应是各个领域同时进行传播，要官民一体形成合力；要明确对外传播的目标和方法，有重点地强化对外传播力度，要多方努力“使‘日本迷’遍布世界各地”。“增强文化传播与国际文化交流”也被列入日本《文化艺术振兴基本方针》第三次基本方针(2011年)所确定的重点战略之中。该战略强调通过积极地将包含从传统文化到现代文化艺术活动在内的日本文化艺术传播到海外，同时推进各领域文化艺术的国际文化交流，为提升日本的国际形象、增进各国间相互理解作出贡献；主张唤醒作为日本强项的动画、漫画、电影等媒体艺术，以及设计、时尚、饮食文化等“酷日本”的潜力，实现向海外的战略性拓展。

推进文化国际传播的路径是多种多样的。但其中，也有各国普遍关注、借重的关键路径。如，语言推广即是其中一个极为重要的方面。2018 年 3 月 20 日，法国总统埃马纽埃尔·马克龙(Emmanuel Macron)在法兰西学院发表关于法语战略的演讲。他认为，不仅要在法国的领土上进行法语推广，也要跨越国界，在别国的领土上继续进行法语推广以重新塑造法国的影响力和行动能力，“这是法国的责任所在”，“我们的雄心是要建立一个有益的法语、有效率的法语，并将不遗余力地承担起推广法语的责任”。为此，他要求法国文化中心和法语联盟开展积极合作，增进协同作用，共同推进法语的发展，他还寄希望于新一代法语教师的崛起，称法语教师是“伟大的英雄”，“我们国家的历史，是由这些英雄铸就的，是由我们驾驭法语的能力所决定的，是由我们在那些法语已经消退的地区驾驭法语的能力所决定的，通过我们的英雄，我们的法语教师，历史才被成功塑造”。德国《2011—2012 年度联邦政府关于对外文化和教育政策的报告》称“推广德语语言是对外文化和教育政策的重点和核心任务”，“语言推广是一项历史使命”，“说德语的人会对我们的国家感兴趣，比普通人更了解德国，更理解德国的立场”。德国外交部研究报告《全球化时代的对外文化教育政策——赢得伙伴，传递价值，维护利益》(2011 年)将 1 500 所伙伴学校、150 所歌德学院以及德意志学术交流中心、洪堡基金称为其对外文化教育政策的三大支柱。德国歌德学院院长克劳斯-迪特·莱曼(Prof. Dr. H. C. Klaus-Dieter Lehmann)讲道：“在 93 个国家的 150 所歌德学院是德国的宝贵财富”，“语言不仅仅是工具，更是一种文化的载体，使深入了解其他文化成为可能，并为就业和教育的流动性创造了先决条件”，“世界政治的风云变幻赋予了歌德学院新的任务：巩固民间社会，加强合作伙伴关系，民族团结及提供早期教育”。21 世纪以来，俄罗斯接连发布《俄罗斯联邦 2002—2005 年“俄语”专项规划》《俄罗斯联邦 2006—2010 年“俄语”专项规划》《俄罗斯联邦 2011—2015 年“俄语”专项规划》，用意即在维护俄语在俄罗斯境内外的地位和影响力。2007 年 6 月 21 日，弗拉基米尔·普京(Vladimir Putin)签署成立“俄罗斯世界”基金会。该基金会的重要任务之一，即推广俄语、支持境外的俄语学习计划。在文化国际传播的实践推进中，越来越多的国家开始努力更高质量地构建综合性的国际传播体系。如《创意韩国》(2004 年)所指出的那样：“为了通过文化宣传来提升国家形象，需要构建长期的、战略性的文化宣传体系，将文化宣传的核心功能整合、集成化，通过积极推进民间参与来加强文化宣传的力度，开发并扩充文化宣传资讯及其实施方式”；要“在积极应对全球化、本土化等国际环境变化的同时，为了形成开放的民族文化，要从国家主导的以发达国家为中心的单向文化交流中摆脱出来，向使地方自治团体和民间团体成为核心，在接受优秀的海外文化的同时，宣传我国的优秀文化的双向文化交流转换，为了增进我国文化的多样性及提高创造性，要使文化部门更多地参与国际机构的活动，推进国家间的战略性文化交流，加强对地方自治团体及民间部门进行国际交流的资助力度”。在推进文化国际传播的同时，世界各国也普遍注重对他国文化相关方面的吸收与借鉴。

综上，我们从六个方面，粗线条地勾勒了21世纪以来诸多国家文化图强、文化竞争的大致图景。尽管是粗线条勾勒，但从中我们仍不难感受到21世纪这一“文化世纪”生动、真切的世界文化图景，不难感受到各国围绕文化发展所倾注的热忱、所寄托的热望、所推进的热战。对当今世界文化图景、各国文化图强方略的深度认识和准确把握，是我国建设进而建成社会主义文化强国的重要基础性工作。为绘制一幅较为清晰的21世纪各国文化战略进路图、世界文化竞争全景图，从2010年起，我们着手辑、译相关文献，以近百人之力，历时十年，汇成了摆在读者诸君面前的这套《21世纪以来国外文化发展文献选编》，凡八卷，近千万言。付梓在即，感慨万千。既深感译事之不易，也更觉做好这一工作富有重要的基础性、战略性意义。同时，我们也深知，受眼界所囿、收集能力所限，以及翻译、出版周期等方面的影响，书中呈现的文献，肯定存在粗精不一等问题，一些新近的重要文献也尚未能够收录进来，译文离信、达、雅，还相距遥遥。但为了让这些带有鲜明时代特征的文献能够及时整体面世，让关注当代中国文化强国建设的人们能够及时从中有所悟、有所得，而不致其整体推出时成为纯粹的回顾性文献，我们决定以目前的形式推出这部译丛。在选文时，出于篇幅等多方面的考虑，我们对一些大家已相对比较熟悉或易得的一些文献，对一些单篇篇幅过大的文献，暂时忍痛割爱，未辑录入目前这部丛书中，待将来再择时机，以相宜形式推出。所收录文献中，一些观点、判断，带有其鲜明意识形态色彩、价值倾向，读者朋友们阅读时需仔细辨识、辩证取舍。我们也将继续做好这方面的辑、译工作，以使文献更丰富、全面，译文更精准、雅致，努力对社会主义文化强国建设有所贡献。

最后，真诚感谢国家出版基金项目、湖北省学术著作出版专项资金资助项目、马克思主义理论与中国实践湖北省协同创新中心的大力支持，感谢武汉大学出版社为这部丛书的编辑出版付出大量心血，感谢所有参与了这项辑、译、校浩大工程持久战的同事和朋友们！

2021年12月1日于珞珈山

前　言

本册选编的是21世纪以来美国文化发展战略相关的重要文献，收录的7篇文献代表性地反映了美国国家文化战略高度关注的几大方面，包括语言、艺术教育，文化交流、国际传播、公共外交等。本册书中《提高国民外语能力的号召》一篇，明确提出美国在未来提高全球领导力的愿景，及为实现这一愿景提高外语能力、增进文化了解交流的全民行动号召。《对艺术教育重新投资——通过创新型学校赢得美国的未来》的报告，强调艺术教育和创新会帮助美国人赢得未来，提出要实施艺术教育多途径合作、艺术与多领域融合、艺术家进校园、艺术促进K-12教育、艺术教育实证调研，用艺术的魅力为国家培养创新人才。《富布赖特访问学生项目成果评估》和《富布赖特访问学者项目成果评估》，是针对全球规模最大、声誉最高的官方国际交流计划，即富布赖特项目的年度评估报告。报告系统介绍了富布赖特项目内容、项目目标、评估方法、研究结果，呈现了美国设立该项目在加强各国教育和文化领域交流合作，促进美国文化、社会和价值观给访问学生、学者带来深远影响等方面的优势。《青年交流学习项目评估报告》对交流学习经历对参与该项活动的学生各个时期的态度与行为表现产生的影响进行了详细分析和描述，发现通过项目参与有利于增进外国学生对美国社会和价值观的了解，同时增加美国人对外国学生国家和文化的了解。《美国政府资助国际交流与培训项目年度报告2012》记录了美国联邦政府为支持美国战略目标，各部门参与的教育、文化和其他国际交流和培训项目。《国家战略传播架构》这份报告通过定义“战略传播”，阐明了公共事务、公共外交中有效的战略传播文化对达成和维持美国政策目标的重要意义。这些重要文献从一个侧面反映了美国社会文化的多样性，凸显了其在实现本国文化发展中的战略眼光和战略精神，对我国国家文化战略研究，以及社会主义文化强国建设的推进无疑具有一定的借鉴意义。

本卷对文献的选编经过仔细的考量、对文献的译校经过多轮的打磨。参与译校的人员有：许家烨、姚云、郑萌、向鑫、舒阳亭、孙孝云、蒋婷婷、王翔宇等人。由许家烨进行统稿、修订、完善。武汉大学出版社黄金涛作为本书的责任编辑付出了艰辛劳动和大量心血，对译稿做了大量编校工作，在此谨致谢忱。由于时间和水平有限，译校工作虽集众人之力力求精益求精，但难免有疏漏和不正之处。敬请读者不吝批评指正。

编译者

2021年11月

目　　录

提高国民外语能力的号召

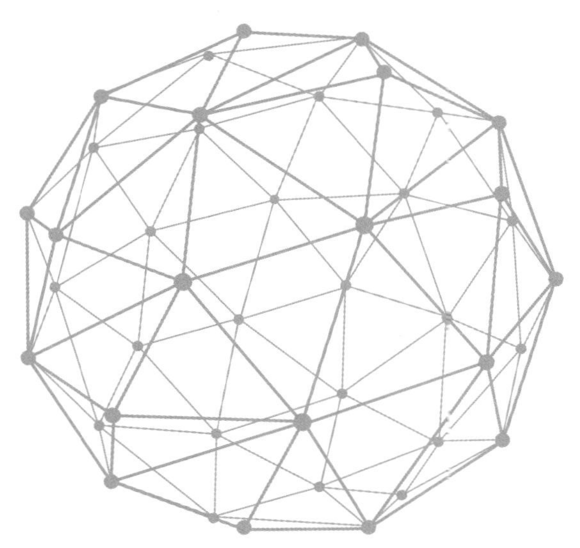

* 文件由美国国防部发布于 2005 年 2 月 1 日 。

美国国防部副部长(Under Secretary of Defense)
4000 国防部五角大楼(Pentagon)
华盛顿特区(Washington, D. C.), 20301-4000

PERSONNEL AND
READINESS

提高国民外语能力的号召

“提高国民外语能力的号召”是继2004年史上规模最大的政府、产业、学术界及语言协会领军人物的聚会之后的又一巅峰之举。在此次国际语言大会上，领导者回顾了1957年10月4日，苏联(the Soviet Union)成功发射人造卫星1号(Sputnik 1)之后，国会及时通过了《国防教育法》(the National Defense Education Act)以应对苏联先进技术的威胁。这项法案造就了一批优秀的科学家、工程师、数学家、语言学家以及各个领域的专家，他们成功将人类送上月球，帮助美国在“冷战”中战胜苏联，现在又成功将一架航天器，从地球送入7.46亿英里外的土星。大会期间，所有与会人员均表示，“9·11”恐怖袭击是第二个“人造卫星时期”：我们的国家安全需要提高外语教育和培养美国的区域性专才，才能得以保证。

“号召”的目标是呈现与会人员对美国未来的展望：在未来，美国希望通过提高外语能力，增进对世界文化的了解和尊重，进一步提高美国在全球的领导力。白皮书所示的虽然不能完全代表国防部，但“号召”明确了需要提高国家领导力的一些领域，也呼吁大家对其重要性和紧迫性予以重视。

提高国民外语水平这项工作迫在眉睫，而且需要长期的努力。社会各个部门都有责任为之努力。本文件的发布意味着，将这个工作的必要性，在全国范围内进行扩散。这就是号召全民行动起来。

朱思九
(David S. C. Chu)

目　录

行动纲要：行动和领导力的号召

愿　景

我们希望美国以后通过提高国民的外语水平、深入了解世界文化，从而成为世界上一个更强的全球领导者。这些能力是我们国家公共和私人领域的优势，也是教育系统的支柱。政府、学术和私人领域应该推动国民外语水平的提高，而国民外语水平的提高也会促进政府、学术和私人领域的发展。

“9·11事件”后我们在全球与恐怖主义的斗争，以及我们国家面临的各种威胁，促使我们亟需采取行动，来提高整个国家的外语水平和外国文化理解能力。我们现在必须马上行动，提高收集、分析信息的能力，提升国际化的外交政策，支持军队事业。我们必须行动起来稳固我国在全球市场的领导地位，应对越来越复杂的竞争对手的挑战，应对专业技术强、文化知识渊博、精通多国语言非复合型劳动力的挑战。提高我们国民的幸福，要为所有学生提供机会，让他们学习对国家发展十分重要的外语，发展我们遗产语言社区的外语能力，从而可以确保我们生活的质量。

要想在这些关键领域取得成功，必须在以下方面加强领导力：

- 保证政策、项目和法规的实施，打造国民语言能力和文化理解力；
- 发挥联邦政府、州政府、当地机构以及私人企业的作用；
- 在公共和私人领域发展语言和文化竞争力；
- 提升主要外语的语言能力；
- 增强外语和文化领域相关的教育系统、项目和工具；
- 把语言训练和事业发展紧密结合起来，增加语言专业人才，特别是非常用外语方面的人才。

领导力必须是全面的，因为没有一个领域——政府、产业或者学术界——需要所有的语言能和文化理解能力或解决问题的所有的办法。专门的机构和联邦政府应该首先采取一些行动，提供一些指导性的建议。其他有必要采取的解决措施必须是长期性的、战略性的，涉及各个层面的各个机构和组织。为了实现这一议程，国家需要：

· 由总统任命的国家语言委员会去发展和实施国民外语能力战略；

· 国家外国语言协调委员会负责协调国家外语战略的执行工作。

以上就是“号召”向 21 世纪迈进的愿景。

提高国民外语能力的号召

目　　的

白皮书对目前国家亟需的外语和国外文化理解能力方面的全民战略作出回应。联邦政府、州政府以及当地政府的语言与政策专家、中小学及大学教育专家、语言传承组织以及私人或商业界的专家齐聚一堂，共同撰写了这本白皮书。这本白皮书提出了建议，旨在培养美国人的能力，使他们更有效地在国内外使用那些对国家的未来至关重要的语言和文化。关于这个主题的研讨已成为过去，现在是行动的时候了。因此，必须实现新的愿景。

愿　　景

我们希望美国以后通过提高国民的外语水平、深入了解世界文化，从而成为世界上一个更强的全球领导者。这些能力是我们国家公共和私人领域的优势，也是教育系统的支柱。政府、学术和私人领域应该推动国民外语水平的提高，而国民外语水平的提高也会促进政府、学术和私人领域的发展。

背　　景

回顾人造卫星时刻

1957 年 10 月 4 日，苏联成功发射人造卫星一号，历史由此发生改变。美国及时通过了《国防教育法》以应对苏联先进技术的威胁。这项法案造就了一批优秀的科学家、工程师、数学家、语言学家以及各个领域的专家，他们成功将人类送上月球，帮助美国在“冷战”中战胜苏联，现在又成功将一架航天器从地球送入 7. 46 亿英里外的土星。

> 2001 年 9 月 11 日之后不久，美国人发现自己再次回到了“人造卫星时刻”。他们意识到在基地组织恐怖分子面前毫无准备，手足无措。我们需要《国防教育法》提高国民在科学等领域的语言能力，包括改进课程设置、教学设备和方法、师资发展以及系统的文化能力提升。
>
> 拉什·奥尔特(Rush Holt)
>
> 美国众议院

“9·11”之后的“人造卫星时刻”，全球与恐怖主义的斗争，以及我们国家面临的各种威胁，促使我们采取行动提高国家的外语水平和文化能力。

- 国家安全需要我们马上行动，提高收集、分析信息的能力，提升国际化的外交政策，支持军队事业，保卫我们的家园。

- 愈来愈激烈的经济竞争形势需要我们马上行动，稳固我国在全球市场的领导地位，应对越来越复杂的竞争对手的挑战，应对专业技术强、文化知识渊博、精通多国语言的强有力的复合型劳动力的挑战。

- 国民的幸福要求我们采取行动——为所有学生提供学习对国家发展十分重要的外语的机会，继续培养我们遗产语言社区的能力，确保美国人平等地享有成就他们生活质量的核心服务。

稳定国家领导地位的紧迫性

> 我们必须明确我们的文化最能被有效影响的关键点，明确影响它们的方式——改变，就在现在。为了实现这一有重大历史意义的改变，我们必须找出在哪个地方集中精力以及如何才能集中精力。
>
> 朱思九博士

提高我们国民的外语能力和文化理解力的任务，首先应该在各州以及地方范围内展开。尽管如此，这项工作需要联邦政府的引导。政府、公共教育、学术界以及私人企业，应该在提高竞争力的背景下，缩小国家外语能力之间的差距。由总统任命的国家语言委员会，应该是联邦政府主要的指导者、倡导者和协调者，它同州以及地方政府、学术界、私人企业，共同提高国民外语能力和文化理解力。制定方案的人应该是国家认可的、具备各行业资历和能力的个人，为提高国民外语能力和文化能力，制定并实施长期的解决方案。

国家语言委员会的职责：

· 发展和监督国家外语战略在各个领域的实施情况；

· 同主要的参与者建立正式的关系，以满足提高国民外语能力和外国文化理解能力的需求，包括：联邦、州以及地方政府，学术界，工业部门，劳动者以及文化传承组织；

· 协调并领导一场公共信息战役，增强需要提高外语能力和文化理解能力的需求，公共部门和私人企业的意识，从而提高国家领导人、商业团体、当地官员、父母以及个人学习外语的兴趣并提供支持。

另外，在国家语言委员会下设置国家外国语言协调委员会，由其负责确定国家的关键性优先事项，告知国家领导人外语能力不足的严重后果，增强公民提高外语能力的意识，扩大在商业和政府部门发展事业途径，提倡充分利用资源，协调跨领域的通力合作，调控所有联邦政府部门以及相关国家政策下的各种外语活动，合理分配各个层面(联邦、各州和地方)的有前景项目以及政策资源。

国家外国语言协调委员会应该做到以下几个方面：

· 支持国家外语战略的发展，协调战略在各行业的执行情况；

· 以联邦执行机构为中心进行组建，由州和地方政府、私人/商业界、学术界、文化传承团体和股东组织的代表组成；

· 定期召开的会议，至少一年四次正式大会；

· 通过政府提议，国会批准的法律给予资助，促其运转。

国家外国语言协调委员会可以促进自上而下的协调、指导工作，自下而上的创新工作，以及行业间的合作，这些对实现共同的目标很有必要。

国家外国语言协调委员会具体的工作为：

· 规划流程，确认、评估和分配各行各业对提高外语能力和文化理解能力的需求；

· 提供政策和法规上的意见，以提高全民的外语能力和文化理解能力；

· 给外语能力和文化理解力方面各个阶段的教育项目以及外语教师培训项目提供政府优惠政策的

信息；

- 设计和监管——包括合理的政府和私人企业的支持——一个体系，能保证协调好外语和区域研究的 K-12 项目，以及职业培训的顺利进行，以提高所有学生的理解力水平，从而产生多个高水平的语言专才；
- 推荐和监管 K-12 项目以及职业外语水平标准的实行；
- 为外语能力尤其是高水平外语能力的标准化评估推荐一个体系；
- 为测试语言专家和使用者比如教师、训练员、口译译员、笔译译员，以及其他语言专家的知识和技能推荐一个体系；
- 制订和监督外语以及英语语言技能水平认证标准、教师资格标准以及英语专业和其他和语言相关专业(比如国际贸易、国家安全研究、公共行政管理、卫生保健)的毕业标准的实施情况；
- 为外语项目树立一个成功的模型，特别是那些学习它的人较少，但对国家安全和全球经济的发展至关重要的语言；
- 为语言研究制订一个战略性方案，协调语言研究的主动权。
- 倡导为应用外语研究投资，研究和国家相关的问题，为传播研究成果提供渠道；
- 评估外语基准能力，调控其竞争趋势，确保项目和优惠政策的积极影响；
- 协助政府和私人企业合作伙伴之间的协调工作，以推行投资试点工程，维持最佳方案项目，确定潜在项目的提升空间。

国家语言大会：号召全民行动

意识到目前“人造卫星时期”的挑战之后，国防部办公室、语言高级研究中心、国务院、教育部、情报局共同主持了 2004 年 6 月在马里兰大学召开的国家语言大会。大会汇集了来自联邦、各州和地方政府，学术机构，工商业界，外语爱好者团体以及国外的 300 多名领导者和从业人员。

会议中，与会人员讨论了美国领导力面临的挑战，主要有以下几个趋势：

· 全球化的信息系统以及媒体的普及和发展，导致世界人民和社会各界对美国的领导力提出更高的要求。

· 冷战后的国际形势发生了翻天覆地的变化，无国籍演员数量激增，跨国犯罪日趋增多，还有环境问题。

· 科技革命提供了大量的机会、广博的途径，让人们能够接触以前无法触及的想法和产品。

· 市场全球化导致英语广泛作为政府和商业的通用语言，这造成对本土的产品和服务有更大的需求。

与会人员在第一轮会议上，从多个层面上确定了对外语人才的需求，强调了目前的最佳举措，建议提高国家综合国力的即时和长期的措施。与会人员一致认为我们国家需要适用于大众的全民性的战略、规划和政策。尽管与会人员有着不同的文化背景，但是会议最后大家还是清楚地达成共识：个人对外语技能和外国文化理解力的需求，远远超过其供给，是付诸行动的时候了。这一结果性的文件被称为“行动号召”。

行动：发展行业间的语言和文化能力

> 要确保美国的安全、国际社会的领导地位、经济竞争力以及解决影响国民幸福的全球性问题的能力，这些取决于美国人本身，取决于他们对其他文化、商业和价值体系和外语能力的理解，以及他们有效运用这些信息的能力。
>
> 财政拨款委员会，美国
>
> 众议院报道 107-229(2001)

国民外语能力不足限制了国内外的跨文化交流和理解，降低了社会流动性，削弱了我们的商业竞争力，妨碍了外交政策的有效性，限制了我们社会各个领域的公正以及政府服务，威胁国家安全。美国需要更广泛、更深层面的外语能力。

· 政府部门、学术机构以及私人企业必须厘清自身以及国家对外国语言和文化理解的需求。

· 各行各业的机构部门需要协助发展全民的外国语言和文化理解能力战略，其计划和项目覆盖面广、应用连贯，该战略为计划和项目的开展奠定了基础，包括政府、学术界以及私人企业合作伙伴，以满足国民外语能力的需求。

· 政府部门、学术机构以及私人企业应该发展和实行短期和长期的项目：

- 发展各个领域(比如，工程师、急救员、军人、商人、律师、医药供应商)人才，他们可能之前有过外语及相关文化的认识，获得了专业证书或者专业相关的能力。

- 培养具有多国语言能力的个人，包括常用语种以及非常用语种——现在并非常用，但以后可能会变成通用语种——对国家安全以及经济发展至关重要。

- 给来自许多少数民族的个人提供机会，保护和使用他们传承的语言，为了自身的发展，也为了国家的利益。

- 增加合格的语言人才的数量有重大的历史意义，并要求这些语言人才深入了解相关语言国家和地区的文化、历史、政治和经济。

行动：联邦、各州以及地方政府加入

> 对笔译和口译工作的评估发现80多个联邦机构——从国务院到专业与商标办公厅——从某种程度上依赖有外语能力的人才。
>
> 西奥多·克伦普(Theodore Crump)
> 首席翻译官
> 国家健康协会

联邦、州以及地方政府，按照1964年颁布的《权利法案》第六部分提供语言帮助的官员，需要具有双语和多重文化背景的个人：外交官、国防和情报分析师、军官、外语教师、健康专家、医药和社会服务供应商、法庭翻译官、口译员、执法人员。虽然没有得到普遍认同，但是这些领域还是有一些语言相关的职业需求和机会。

- 政治领导者和政府管理者，应该及时评估现行的提高国家外语能力的项目，检查每个项目是否达到了规定的目标，是否能达到白皮书上所提出的更宏大的国民外语能力的目标。评估应该决定是否需要新的项目，确保每个项目能达到国家的需求。

- 联邦、州以及地方政府部门，应该指明拥有外语能力和外国文化理解能力人才的就业机会。

- 政府部门应该评估目前雇员的水平，确保外语水平、文化理解能力和面对危机能力这三大需求已纳入招聘和升职标准。

- 州和地方法院、执法机关、政府服务部门应该共同明确大众需求，比如基本文件的翻译，日常事务以及紧急事务口译服务，双语雇员的语言能力训练。

- 一旦大众需求得到明确，各州和地方政府应该开展可行的示范项目，建立区域性的外语服务中心。

行动：把语言训练和职业发展相结合

> 合格的口译员不能依靠从事公共服务口译谋生。
>
> 威廉·休伊特(William E. Hewitt)
> 国家法院
>
> 商业是全球性的，但市场是当地的。这个全球化的多元文化世界需要有对多元文化敏锐了解的领导者。通过向其他国家学习，这些领导者能有效利用全世界最好的思维模式和实践方式，帮助他们提高竞争力。
>
> 罗伯特·罗斯(Robert Rosen)
> 全球读写能力(2000)

各个行业的机构需要具有高级外语能力和文化理解能力的专业人才和领导者，来保证国家安全以及经济竞争力。

- 有外语需求的机构和商业公司应该强化现有的成功的训练项目，或者发展新的项目以从多个方面提高语言能力：从培训专门人才(比如医学、法律、外交和国家安全等领域)的基本技能到培训语言专才(比如教师、口译人员、笔译人员等)的高级能力。

- 政府部门、学术机构以及私人企业应该合作发展培训和夯实项目，像对待其他专业和领导能力一样，帮助夯实和提高个人的语言能力。

- 有外语需求的机构应该推行和落实相关政策和程序，保证雇主通过工作上的激励来提高雇员的语言技能。还应特别注意，对给机构带来重要技能的语言专业人才，给予认可和奖励。

- 各行各业合作的最佳举措应该是共同加快进步，充分而有效地利用资源。

行动：发展关键语言能力

> 阿拉伯语、乌尔都语、波斯语、普什图语等语种译员的缺乏成为理解恐怖威胁的一大障碍……
>
> 美国恐怖袭击国家委员会
> (National Commission on Terrorist Attacks upon the United States)
> 成员发言12

> 发展小语种语言能力的目标给我们整个非英语语言教学的教学方法注入新的活力。这项工作不仅能提高越来越多人的语言能力，而且能维护国家遗产语言社区的尊严……它帮助把商业教学同政府对语言专业能力的需求联系起来。
>
> 约书亚·菲尔曼博士(Dr. Joshua Fishman)
>
> 著名大学研究教授
>
> 耶希瓦大学(Yeshiva University)

并非世界上所有语言都有发展其自身语言和文化的资源，语言之间应有优先次序。现在培训和雇佣语言能力优秀人员的资源并不丰富，而他们所掌握的语言可能是现在我们所需的，也有可能是以后用得上的。我们的遗产语言社区应被视为国家的财富，必须重视这些财富。

- 地方、州和联邦政府应该明确并宣传对国防、外交环境以及公共行政管理至关重要的外语和区域研究——并覆盖至学术界、商界以及语言遗产社区。

- 政府部门、学术机构以及私人企业应该制定计划，重振现行项目，提供激励机制，强化美国语言遗产社区的外国语言能力和文化理解能力。这些激励性的项目应该提高国家的外语能力，特别是小语种的能力。

- 目前在州法院、法律执行机关和卫生保健机构运行的项目合作模式，展示了语言遗产社区是如何促进语言的传承与发展的，表明文化学习活动是可以重复开展的。

- 政府部门、学术机构需要实施长期保证国家综合能力的战略，满足对关键性语言的需求。

行动：加强外语和文化的教学水平

> 目前我国高水平的教师不足——培训出优秀的教师更是希望渺茫——尤其是在大多数学习者希望或者需要学习的小语种以及国家急需的语种方面。
>
> 妮娜·加勒特博士(Nina Garrett)
>
> 语言研究主任
>
> 耶鲁大学(Yale University)

目前整个美国都严重缺乏高素质的外语专业人才，包括教师、笔译人员和口译人员——特别是小语种类的。我们国家有着相当大的发展潜力，对语言人才需求量大，未来这方面的不足会越来越明显。

- 政府部门以及各个层面的学术机构，从幼儿园到中学，再到2~4年的大学，都应该长期要求专业认证的教师和研究员具备外语能力。

· 一旦专业认证的教师和研究员意识到外语能力要求，政府部门及学术机构应该实施战略、计划和项目达到这些要求。

· 教育机构应该为学术界的外语专才提供有价值的就业机会。

· 政府部门和学术机构应该实施激励性的项目，鼓励语言专才加入引导他们事业发展的教育项目。

行动：把语言和教育体系要求结合起来

也许目前我们所面临的最大问题就是整体上对外语教育投入的不足，尤其是在联邦财政方面。

前国会议员里克·拉齐奥(Rick Lazio)

财政服务论坛主席兼首席执行官

美国教育体系到了给语言学习者提供他们所需要的受教育时机，让他们掌握有意义的语言能力的时候了。

雷·克利福德博士(Ray Clifford)

美国一些学校的经验应验了许多其他国家的经验：第二语言教学必须在高中教育之前，而且贯穿整个教育生涯。

· 应该在早期教育阶段给所有学生开设基本的外语能力和文化理解能力的课程。

· 小学和中学应该给学生提供激励政策，鼓励他们在学习阶段坚持参加外语课程。

· 地方、州和联邦政府以及教育机构应该通过贯穿幼儿园到高等教育的教育体系，协调外语需求和资源。

· 外语及文化教学方面标准化的政策应该贯穿整个教育体系。这些政策的实施需要深入研究，广泛采用证实可行的教学手段。

· 外语能力和文化理解能力教学应该同职业技能教育相结合，这些职业技能主要用于发展当地、州和联邦政府、教育界或者国家和国际性的商业领域的事业。

· 应该给所有希望成为语言专才的学生，提供专业能力层面的外语教学，专业语言能力的培训（比如教学、笔译、口译和研究），以及深入的文化培训。

· 小学、中学以及中学之后的学术机构的外语教育，应该保证更高层面的语言和文化教学的持续性。

· 应该实施政府资助的研究和评估项目，帮助明确和支持用于教学、出国留学、浸入式教育的创新型学术方法，以及掌握语言能力和文化理解能力的其他传统方法。

· 应该发展这些程序，目的是为了确定现行最佳做法、一流的浸入式项目以及事业机遇和在别的领域运用和改编这些模式的项目和机会。

· 当地和州政府应该支持语言传承能力的夯实和发展，通过在师资、教学材料以及给教师和学生提供国外媒体广播的途径等方面提高资助。

行动：发展和提供教学材料和技术工具

> 我们目前和未来的挑战是不仅要改善语言培训项目的内容，还要发现新的更合适的方法开展培训……
>
> 凯伦·岑斯(Karen Zens)
> 国际行动副助理秘书长
> 商业部

许多学校需要获得目前最新的外语教学材料、远程教育资源和技术，以扩大外语能力和文化理解力学习的机会。

· 各个阶段的学术机构应该更新教学材料，尽可能地利用高科技技术，扩展它们到语言、文化和专业技能学习等各个领域。

· 政府和私人企业应该通力合作，开发使用技术性工具的能力，这有利于满足语言能力和文化理解能力的需求。在夯实笔译、口译、研究和语言技能方面，他们还应该提高和培养语言教学材料的分配资源。

总　　结

没有任何领域——政府、产业或学术界——满足所有的语言能力和文化理解能力的需求，或者能单独解决所有的问题。国家的一些需求和相关挑战具有相似性，正如一些解决方案有相似之处。各行各业需要更加重视教育经历中外语和国外文化的学习。这需要联邦政府的引导和激励，需要创新性的学术方法，企业家们都知道如何改善外语能力不足的状况。我们必须承认国家语言遗产社区是提高国家语言能力的重要组成部分。

另外，对一些国家的需求——尤其是在国家安全领域——需要马上采取行动，其他应对措施是长期性的、战略性的，重点在培养真正有能力的外语使用者。

尽管有能力的语言专才来自不同的行业，但是科技对于提高我们的外语能力仍然至关重要。所有的美国人都需要更加全面地理解我们所生存的这个复杂的世界，而科技可以帮助我们实现这一目标。

现行项目，即使得到合理资助和协调，对于实现白皮书提出的所有目标仍是不够的。国家领导力、协调能力、行业间的合作以及国家资源的充分利用，对国民语言能力和文化理解能力的发展至关重要。最近国会通过的和语言相关的法律议案，正是国家领导力增强的体现。300 多名各行各业的代表，出席本次国家语言大会，也有力展现了将更高层面的合作变为现实的共识和决心。

美国可以将 2005 年定为“国家语言年”，以此来坚定公共和私人领域对于提高国民语言能力的决心。“号召”体现了各行各业的共识，建立了国家领导力，推动国家向前发展。必须提高公共领域、私人领域以及教育系统支柱产业的外语能力和文化理解力。

> 整个国家急需了解其他国家的文化，能无障碍地同其他国家的人交流，这些是新的需求。我们之前听到过许多应对这些需求的号召……我们进步微弱，国家中还是有许多语言能力差或无语言能力的人，这都是因为大学、各个州、商界以及联邦政府未能持续将这项工作放在首位……现在是时候重新定位我国作为世界共同体成员的工作重心了。最后，再次强调，是时候采取行动了。
>
> 罗伯特·司各特(Robert A. Scott)
>
> 阿德尔菲大学(Adelphi University)校长

富布赖特访问学生项目成果评估

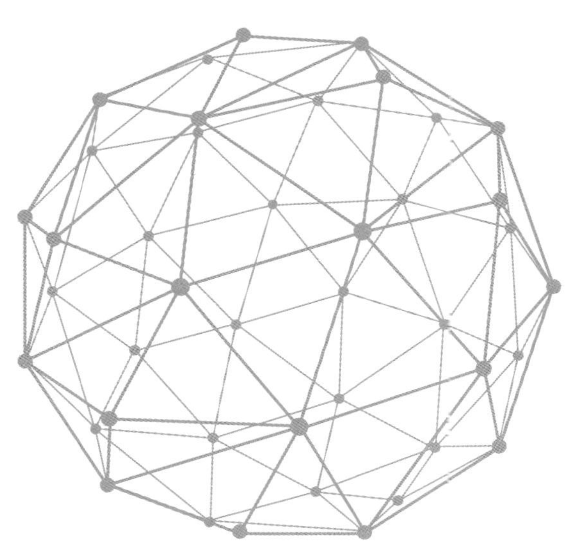

* 文件是美国国务院教育和文化事务局政策与评估办公室委托斯坦福国际咨询研究所科技和经济发展中心于 2005 年 6 月所做的成果评估报告。

富布赖特项目(the Fulbright Program)

1946年，根据已故阿肯色州参议员J. 威廉·富布赖特的提案，设立了富布赖特教育交流项目(the Fulbright Educational Exchange Program)。根据这项提案授权立法，富布赖特项目(the Fulbright Program)的目标为：“通过文化和教育交流，增进美国人民和世界各国人民之间的相互理解；通过展现美国和世界各国人民在教育和文化方面的关注点、发展和成就，以及为了全世界人民能享有和平和更丰富的生活而做出的贡献，来加强美国与世界各国之间联系的纽带；促进教育和文化发展方面的国际合作，以有助于美国同世界各国之间发展富有同情心的和平友好关系。”

在这些目标的指引下，已有来自150多个国家的285 000名“富布赖特人员”，得到了富布赖特项目提供的机会，到国外讲学、做研究、学习、生活和工作，到另一个政治、经济和文化环境中进行思想交流。目前，富布赖特项目每年大约为6 000位新“富布赖特人员”授予基金。所有的“富布赖特人员”(Fulbrighters)都是通过以能力为基础的公开选拔产生的。“富布赖特人员”的遴选标准包括学术和专业造诣、领导才能，以及在不同文化中进行思想交流的能力。

富布赖特项目由美国国务院教育和文化事务局(ECA)按照J. 威廉·富布赖特外国学术董事会(the J. William Fulbright Foreign Scholarship Board)制定的方针进行管理。该委员会是一个由美国总统任命的独立机构。该委员会的职责包括制定政策、程序和遴选标准，以确保完成富布赖特项目(the Fulbright Program)的使命。有51个国家与美国签订了执行协议，在这些国家，有一个与美国的双边协作富布赖特项目管理委员会和基金会(Fulbright Commissionor Foundation)，在当地对富布赖特项目进行规划和监管。在其他国家，上述工作由美国大使馆的公共事务处(the public affairs section)负责。

现在的富布赖特项目是根据“1961年相互教育及文化交流法案(The Mutual Educational and Cultural Exchange Act of 1961)”，即富布赖特-海斯法案(The Fulbright-Hays Act)所确立的法定的权力运作的。

美国国会的拨款是富布赖特项目的主要资金来源。外国政府和私营部门，包括当地的“富布赖特”机构(host institutions)，也通过共同承担费用和间接支持，如工资补助、减免学费、提供大学住宿等方式，来支持富布赖特项目。在2003财政年度，富布赖特项目的总基金高达2.5亿美元，其中42%是由美国私营部门捐助的。项目资金包括美国国会向国务院拨款1.3亿美元，向教育部拨款1 300万美元，还包括外国政府提供的支持(3 200万美元)、美国私营部门提供的支持(5 700万美元)，以及国外私营部门的捐赠和支持(1 700万美元)。

富布赖特项目包括很多专门的交流项目。主要包括富布赖特学者项目(the Fulbright Scholar Program)和富布赖特学生项目(the Fulbright Student Program)。学者项目资助美国和其他国家的博士后、学者和专业人士到其他国家的大学或机构讲学和做研究。学生项目资助美国和其他国家的研究生和博士生去国外学习和做研究。

前言

关于这项研究

此研究是受美国国务院教育和文化事务局政策与评估办公室(The Office of Policy and Evaluation)的委托，由斯坦福国际咨询研究所(SRI)进行的。斯坦福国际咨询研究所项目组(The SRI Project Team)成员包括：凯伦·艾尔斯(Karen Ailes)、苏珊·罗素(Susan Russel)、均旺·帕克(Jongwong Park)、罗伯特·卡尔(Robert Carr)、H. R. 科沃德(H. R. Coward)、玛丽·汉考克(Mary Hancock)、约翰·马西森(John Mathieson)、以及埃斯特 H. 希克斯(Esther H. Hicks)。

致谢

对那些付出时间和心思，为此研究提供所需信息的人员，我们斯坦福国际咨询研究所项目组要向他们所有人表达谢意。特别要感谢富布赖特校友们，感谢他们自愿抽出时间来参加我们的问卷调查、个别访谈和小组讨论。

我们还要感谢富布赖特委员会(The Fulbright Commission)董事和美国大使馆公共事务处处长及其员工们(U. S. Embassy Public Affairs Officers)，他们的协助，对我们搜集富布赖特校友的联系资料和在现场参访中组织校友访谈和小组讨论来说，至关重要。

我们还要感谢富布赖特项目的赞助人，即美国国务院教育和文化事务局，特别是其下属的学术交流项目办公室(The Office of Academic Exchange Programs)；还要向政策与评估办公室的 Karen Aschaffenburg 致谢，感谢她在撰写报告阶段给我们提供的宝贵协助和贡献。国际教育协会(IIE)、美国学术类和专业类项目(LASPAU)以及美国—中东教育和培训服务有限公司(AMIDEAST)对富布赖特校友参与的项目和数据库信息提供了他们的看法，我们也向他们表示感谢。

最后，斯坦福国际咨询研究所项目组要感谢如下全体成员：丹尼·阿巴(Danni Abba)、约翰·本斯金(John Benskin)、罗兰·巴顿(Roland Bardon)、普鲁登斯·布朗(Prudence Brown)、罗宾·斯卡拉克(Robin Skulrak)以及洛丽·瑟古德(Lori Thurgood)。感谢他们在搜集校友联系方式、进行调查以及准备本报告的图表、设计、内容排版、编辑和格式方面给我们提供的宝贵协助。

目录

行动纲要

2005 年 6 月

美国国务院教育和文化事务局下的政策与评估办公室与斯坦福国际咨询研究所签订合约，对富布赖特教育交换项目和美国政府国际教育项目下辖的各种专业的交流项目的成果和影响进行评估。

富布赖特访问学生项目结果评估旨在证明“富布赖特经历”，说明该项目对参与者的职业和个人生涯所作出的贡献，该项目能有效实现增进美国人民和其他国家人民之间相互理解这一目标，并从数量和质量上展示该项目在实现其促进美国人民和其他国家人民之间相互理解的立法目标方面的效力。

整体评估

“富布赖特项目是通向未来之路，它叫我们学会欣赏文化多样性，学会尊重他人，这些在当今社会越来越重要。我希望该项目会一直进行下去。”(富布赖特项目的尼泊尔学生)

富布赖特访问学生项目所提供的许多强有力的定性和定量证据表明，富布赖特访问学生项目达到了它立法的目的，同时也加强了美国和世界其他国家之间的关系。参与者对项目经历的满意度，在文化和专业知识学习方面的增强，在行为方式、专业发展、持久的人际和职业关系方面的改变，均证明了该项目的成功；由该项目成果所产生的信息、想法和观点的交流，也更加有利于国家间的相互理解。

项目参与成员清楚阐述了项目在推动文化学习和相互理解方面的价值。融入美国社会有助于缩小文化鸿沟——改变了参与者之前对美国的思维定式，让他们有机会向美国人描绘他们的祖国和祖国的文化。参与者之间建立了长期的个人和职业联系，方便继续进行思想和观点交流，充当其祖国人民和美国人民之间的文化翻译官。

同样重要的是，该项目提供了一个锻炼学生领导力的平台。各个专业的研究生——法律、商务、公共卫生、国际关系等——带着新的想法和方法，在美国学习期间和更多的学者、商界精英建立良好的关系，准备而且有能力回国后在各自领域，甚至更大范围内发挥他们的领导才能。

项目描述

富布赖特访问学生项目提供必要的奖励，让其他国家的学生在美国进行研究生阶段的学习。除此之外，该项目还提供学术前的指定的拓展活动的项目，以提高项目的整体价值。

各个领域的青年学者、艺术家以及还未取得硕士或博士学位的个人均可申请该项目。选拔将以成绩为基础，选拔过程公开。资格标准、申请说明、奖励类型和有效期限、学科重点和适合的目标群体随国家不同而变化。

该项目每年提供近 1 300 份奖励。学生可以在自己国家申请，亦可以通过两国间的富布赖特委员会/基金会进行申请，目前 51 个国家都设有该组织，也可以通过大使馆申请。该项目给学生提供一个开放的、学术诚信的、知识自由的学术氛围，让他们有机会与美国人民接触和交流。

美国国务院教育和文化事务局负责该项目在美国区的开展，美国与其他国家间的富布赖特委员会/基金会或者海外的美国大使馆外事部，筹划并监管所在国家的项目进行情况。三个国内的非营利性合作机构协助教育和文化事务局管理该项目。其中最大的是国际教育协会，总部在纽约；第二大合作机构是美国学术类和专业类交换项目(旧称美国大学拉美地区奖励项目)，附属于哈佛大学；第三个是美国—中东教育和培训服务有限公司，总部在华盛顿。

项目目标

富布赖特访问学生项目的主要目标是增进美国人民和其他国家人民之间的相互了解。教育和文化事务局从四个不同的方面来实现这一目标：

· 满意度：对项目状况，学习和开展研究的机会，与美国同事、朋友交往的整体满意度。

· 教育/专业和文化学习：主办机构组织的人际和专业交流活动；社会、团体和拓展活动的参与情况；对美国文化和社会的学习。

· 对行为的影响：人际交往和专业方面的提高；对祖国或主办机构的专业贡献(包括学术成果、资源和知识)；使用和共享新知识、新技能的能力。

· 联系、纽带和机构变化：发展和维持个人的、专业联系以及利用机构搭建的纽带；扩大促进国际合作和教育交流的参与性活动。

评估方法

总的量化评估方法根据项目的立法目标设置的。富布赖特访问学生项目有世界 100 多个国家参与，教育和文化事务局从中选取了 14 个国家作为本研究的重点。

教育和文化事务局、国际教育协会、美国学术类和专业类项目的项目人员，以及项目的校友参与开始的访谈环节，来自 14 个不同国家的校友，同时还需完成一份调查问卷，问卷是根据访谈中的不同观点而设计的，用于数据收集。与此同时，本研究还广泛地收集了 14 个国家中，在 1980 年至 2000 年期间获得奖助金校友的电子邮箱和通讯地址。数据从 2004 年 6 月 16 日开始收集，2004 年 10 月 10 日结束，共收集 14 个国家中 4 943 名参加者的电子邮箱和通讯地址，其中有效地址是 2 310 份。到调查结束为止，共收到 1 609 份有效调查问卷，占上述 2 310 名参加者的 70%。

评估结果主要基于调查的量化结果，但问卷中开放性问题、个人访谈和焦点小组提供的质化信息对量化结果作了补充。

调查人数、样本和回复率

国家	人数(1980—2000)	最终样本(取得联系)	回复	回复率
德国	887	361	227	63%
危地马拉	150	66	54	82%
印度	175	62	26	42%
印度尼西亚	223	126	80	63%
日本	563	325	243	75%
约旦	93	51	37	73%
墨西哥	940	394	298	76%
摩洛哥	235	102	77	75%
尼泊尔	117	58	45	78%
秘鲁	307	111	84	76%
波兰	180	81	56	69%
南非	430	230	127	55%
西班牙	591	294	220	75%
坦桑尼亚	52	49	26	53%
未经确认			9	
总共	4 943	2 310	1 609	70%

研究结果

富布赖特访问学生项目明显达到了增进相互了解的目标。参与者表达了他们对该项目强烈的感激之情，感谢项目提供在美国生活和学习的机会。他们中的许多人视它为人生中最重要的个人和专业经历。参加者从中拓宽了视野，提升了对世界的看法，和其他参加者建立了长久的联系。项目提供的这些专业经历和证书，对他们以后的事业发展和领导力的提升至关重要。以下对参与者的经验之谈作了简介。

满意度	· 如果没有该项目的奖励，调查者中约 62% 的参与者将没有机会在美国生活和学习。 · 92% 的参与者对项目经历“大都满意”或者“十分满意”。

(多亏有富布赖特访问学生项目,)我现在对自己的能力和我自己相当自信，而在此之前我从未想过……(富布赖特项目南非(South Africa)学生)

在美国生活的这段时间，我学习了很多关于美国人民和美国文化的知识，对美国和美国人有了新的认识。毫无疑问，富布赖特项目让我学会了理解、尊重和欣赏。任何一个富布赖特的访问学生都将带着一颗欣赏、感激和尊重的心来对待美国人民。(富布赖特项目摩洛哥(Morocco)学生)

成为富布赖特的学生是我一生中最重要的专业和个人经历。有机会我希望向所有有兴趣的人推荐这个项目，希望它能长期进行下去。在困难时期，世界十分需要该项目来推动全球范围的相互了解。(富布赖特项目西班牙(Spain)学生)

教育/专业和文化学习	个人层面： · 90% 的参与者拜访过美国人的家庭。 · 80% 或更多的参与者参加过音乐会、戏剧等文化活动，和美国人一起庆祝过美国节日。 · 84% 或更多的参与者对美国的经济、教育体系、文化或生活方式有新的认识。 参与者对他们所接触的美国人有影响： · 83% 的参与者提高了社会和文化多样性意识。 · 75% 或更多的参与者表示增加了对自己国家的兴趣、认识和理解。 富布赖特访问学生项目对参与者事业的积极影响： · 几乎 95% 的参与者认为该项目让他们更清楚地认识自己的专业领域，有助于以后的教育和事业选择及决定。 · 在开放性问题的回答中，参与者强烈表达了富布赖特经历对他们专业发展的重要性，扩大了知识储备，增强了专业技能，提高了领导和管理能力。

就专业而言，我(现在)处于专业领域的前沿，我知道努力研究就能展开一片新天地。在不久的将来，它将帮助我走上领导岗位，最终提高我们国家的竞争力。(富布赖特项目墨西哥(Mexico)学生)

富布赖特的经历使我明白领导力和赋权的重要性，懂得如何和来自不同文化和专业背景的同事打交道。(富布赖特项目约旦(Jordan)学生)

我十分感激富布赖特的经历，创造条件鼓励我们不断地融入团体生活，提高专业交流水平，提升管理和领导才能。(富布赖特项目摩洛哥学生)

对行为的影响	被回访的学生由于该项目改变了他们在某方面的专业活动。 · 83% 将在富布赖特经历中收获的知识融入之后的专业活动中。 · 64% 变得更加国际化，更加关注世界的动态。 · 96% 通过媒体或者社会活动与自己国家的人民分享他们的富布赖特经历，最常见的方式是和同胞们的非正式性谈话。

我获得了专业前沿的技能和知识，使我有能力在回国后发挥领导才能，直接或间接地影响了成千上万人的生活，为国家做出了巨大的贡献。(富布赖特项目南非学生)

在尼泊尔，我主要参加了有影响力的政策和制度的制定，捍卫弱势群体的利益，消除地位、种族、语言、宗教、性别、地域或者阶级歧视。富布赖特经历对我以后参加的活动也有重大影响。(富布赖特项目尼泊尔(Nepal)学生)

富布赖特访问学生项目授予我“有前途的学者”和“有潜力的领导者”两个证书。我觉得自己有义务为国际交流项目(尤其是富布赖特项目)做出贡献，可以直接参与志愿者工作，也可以成为一名功成名就的学者。(富布赖特项目日本(Japan)学生)

续表

联系、纽带和机构变化	项目学员通过富布赖特经历与美国相关人员建立了持久的接触。 ·81%或更多维持了在参加这项政府资助项目的期间建立起来的积极、持久的友谊和专业关系。 大部分项目学生在项目完成期间参加了其他国际活动。 ·62%重游了美国。 ·58%参加在美国举行或者关于美国的会议、研讨会等。 ·25%加入了推进国际合作的组织。

我们和项目中的美国学生，以及这座城市里其他的美国人，建立了非常亲密的关系，一些美国朋友甚至还是我们孩子的教父，我们也经常见面。（富布赖特项目墨西哥学生）

最重要的是个人之间的人际关系。美国现在已经成为我的第二个文化和智慧之家，我在那儿认识的人们和我就像我的亲戚一样亲密，我甚至可以像批判自己国家的政策一样对美国的外交政策品头论足。我和美国有着紧密的文化交流，我们之间的联系和文化对话永不停息。（富布赖特项目印度尼西亚（Indonesia）学生）

结论

富布赖特访问学生项目的成果评估所提供的有力的质化和量化的证据，证明了该项目正在实现其立法的目标。特别是通过项目成员在此期间建立的个人和专业活动联系，并在项目结束之后维持和加强，该项目实现了它的增进美国人民和其他国家人民之间的相互了解的目标。

奖励项目获得者对他们的经历在总体上高度满意，感谢项目提供资助让他们有机会学习、做研究，以及发展和各行各业的美国朋友和同事之间的合作。访问学生项目的校友赞扬该项目让他们有机会增强自信心、提高领导才能，让他们成为他们领域和团体中的领导者。

项目成员参加的教育/专业和文化学习活动，不仅增长了他们对美国价值观、风俗习惯和制度的知识和了解，同时也向他们身边一些美国人传授了关于项目成员自己国家的知识。这种双向学习的机会，让项目成员和美国人民，从个人和专业两个层面上获得新知识，对项目成员以后的事业，以及对美国的认识和态度都有深远的影响，不仅如此，他们还经常与自己国家的同事和朋友交流这些心得。最后，项目成员和在富布赖特项目中认识的同事和同伴，建立了长期的联系与友谊，为以后的交流和相互了解的不断深入，搭建了一条长期稳定的渠道。

无论是早期还是近期的富布赖特项目评估，都表明该项目受到了广大参与者的认可。他们——正如他们的美国学者、访问学者和美国相关学生一样——相信不仅是他们受益良多，而且通过该项目中的互动与交流，增进了学生、同事和朋友之间的了解和包容。项目获得者的经历很好地证明了该项目增进了世界民族之间的相互了解，从而加强了美国和其他国家之间的关系，维护了国家利益。

Ⅰ. 项目介绍和评估

A. 项目描述——富布赖特访问学生项目

富布赖特访问学生项目是富布赖特众多项目中的一个，为非美国籍公民提供资金支持，让他们有机会在美国实现个人发展，增加国外学习的经历。各个领域的青年学者、艺术家，以及还未取得硕士或博士学位的个人均可申请该项目。选拔将以成绩为基础，选拔过程公开。资格标准、申请说明、奖助金类型和有效期限、学科重点和适合的目标群体随国家不同而变化。遴选委员会优先决定部分学科、职业水平和活动种类。该项目每年提供近 1300 份奖助金，给学生提供一个开放的、学术诚信的、知识自由的学术氛围，让他们有机会与美国人民接触和交流。大部分资金来自于美国国会给国务院的年度拨款。

美国国务院教育和文化事务局负责该项目在美国区的开展，美国与其他国家间的富布赖特委员会/基金会或者海外的美国大使馆外事部，筹划并监管所在国家的项目进行情况。三个国内的非盈利性合作机构，协助教育和文化事务局管理该项目。其中最大的是国际教育协会，总部在纽约；第二大合作机构是美国学术类和专业类交换项目(旧称美国大学拉美地区奖助金项目)，附属于哈佛大学；第三个是美国—中东教育和培训服务股份有限公司，总部在华盛顿。

国际教育协会管理大多数富布赖特访问学生在美国的日常工作；美国学术类和专业类交换项目，现在是国际教育协会的分包机构，和富布赖特委员会共同管理西半球国家(包括阿根廷(Argentina)、巴西(Brazil)、智利(Chile)、哥伦比亚(Colombia)、厄瓜多尔(Ecuador)、墨西哥、秘鲁(Peru)和乌拉圭(Uruguay))，和美国大使馆新闻文化处(Public Affairs Sections of the U. S. Embassies)共同管理其他国家(分别是巴巴多斯(Barbados)和东加勒比海地区(the Eastern Caribbean)、玻利维亚(Bolivia)、哥斯达黎加(Costa Rica)、多明尼加共和国(Dominican Republic)、埃尔萨尔瓦多(El Salvador)、危地马拉(Guatemala)、海地(Haiti)、洪都拉斯(Honduras)、牙买加(Jamaica)、尼加拉瓜(Nicaragua)、巴拿巴(Panama)、巴拉圭(Paraguay)、特立尼达拉岛(Trinidad)和多巴哥岛(Tobago)、和委内瑞拉(Venezuela))。美国学术类和专业类交换项目，协助管理这些国家中获得奖助金的富布赖特外国学生。美国—中东教育和培训服务股份有限公司，主要负责来美国学习的北美和中东地区毕业生在美国期间的日常监管工作。

奖助金以成绩为基准，公开筛选，申请者首先需要在自己国家通过 51 个国家中的两国间的富布赖特委员会/基金会，或者美国大使馆递交申请。国际教育协会和美国—中东教育和培训服务股份有限公司，负责安排奖助金获得者在美国机构的学术活动。自 1946 年项目建立以来，已经有十万多富布赖特的访问学生，在美国学习或进行实验过。每年有 1 300 多名新的富布赖特访问学生，来美国参加这个学术项目。

B. 评估方法

该研究围绕项目的立法目标而开展，主要是增进美国人民和其他国家人民之间的相互了解。美国国务院教育和文化事务局从四个不同方面来操作这一目标：

· 满意度：对奖助金状况，学习、开展实验，与美国同事、朋友交往的整体满意度。

· 教育/专业和文化学习：主办机构组织的人际和专业交流活动；社会、团体和拓展活动的参与情况；对美国文化和社会的学习。

· 对行为的影响：人际和专业方面的提高；对祖国或主办机构的专业贡献(包括学术成果、资源和知识)；使用和共享新知识、新技能的能力。

· 联系、纽带和机构变化：发展和维持个人、专业联系以及利用机构搭建的纽带；扩大促进国际合作和教育交流的参与性活动。

世界上 100 多个国家参加了富布赖特访问学生项目。美国国务院教育与文化事务局从中选取了 14 个国家作为本研究的重点。在选择国家样本的时候，国务院遵循以下标准：

· 这些国家有重要意义的外交政策；

· 这些国家在研究涉及的时间段(1980—2000 年)内派出大量的访问学生；

· 这些国家的访问学生校友涉及多个学科；

· 这些国家建有富布赖特校友协会，或者其他较新的资料库，可以帮助联系校友。

另外还包括委员会和非委员会主管的项目，以及被选取的代表世界六大地区的国家。

这些国家包括：

非洲：南非、坦桑尼亚。

近东：约旦、摩洛哥。

东亚及环太平洋：印度尼西亚、日本。

欧洲：德国、西班牙、波兰。

南亚：印度、尼泊尔。

西半球：危地马拉、墨西哥、秘鲁。

访谈和焦点小组

系列访谈从富布赖特项目在美国的赞助商开始，他们任职于主管该项目的美国国务院教育和文化事务局下的学术交换项目办公室。接下来的非正式访谈主要关于奖助金获得者资料库的有效性和传输情况，访谈对象是三个国内的合作机构：国际教育协会，美国学术类和专业类交换项目，和美国—中东教育和培训服务股份有限公司。

与富布赖特项目在美国的赞助商的访谈，还包括之后一系列的深入访谈和焦点小组，焦点小组的成员除了美国的赞助商之外，还包括德国、印度、日本、约旦、墨西哥和摩洛哥六个国家的项目参加者。这些国家是代表了不同的地理区域的多样性，同时这些国家的选择也是基于委员会和大使馆工作人员行程安排的考虑。各个国家中参加访谈的校友以及焦点小组的成员从不同方面提供了自己的观点，对整个评估工作十分重要，包括：

- 个人申请富布赖特奖助金的原因。
- 其间参加的专业和个人活动；以及之后的成果，比如：
  - ➢ 出版物和专业成果；
  - ➢ 和美国朋友及同事保持长期联系；
  - ➢ 新的国际性活动的开展以及国际间了解和参与的增加。

基于这些观点，我们设计了一份调查问卷用于收集数据，数据来源于样本中 14 个国家的富布赖特访问学生项目的参加者。前期奖助金获得者讲述的故事也被用于突出和扩展调查本身的量化数据。调查问卷标明了填写者给出的每个答案的百分比，见附录 A。

调查管理

除了系列访谈和焦点小组之外，我们还对 14 个研究国家校友在 1980—2000 年期间的电子邮件和通信地址进行了深入调查。最后，根据国际教育协会，美国学术类和专业类交换项目，和美国—中东教育和培训服务股份有限公司提供的奖助金获得者名单记录，共选取 4 943 名来自这 14 个国家的参加者，其中在 1980—2000 年期间，有效的电子邮件和通信地址共 2 310 份。研究覆盖了每年奖助金获得者资料库的电子版。

为了和奖助金获得者取得联系，斯坦福国际咨询研究所对他们的邮箱地址进行了搜索，首先用谷歌和其他网上搜索引擎，进行关键词检索的试验。研究人员在之前都接受过相关操作程序的培训，在确认奖助金获得者名字的时候，保证至少有一个限定词，比如研究领域或奖学金获得者国家的附属机构。如果条件允许，在因特网广泛使用的国家，斯坦福国际咨询研究所雇用了当地人当助手，用当地的语言和搜索引擎进行电子邮件搜索。

斯坦福国际咨询研究所决定利用先进的信息技术和网络调查技术开展研究。在早期的美国富布赖特学者项目和富布赖特访问学者项目评估工作中，成功地使用了同样的方法。虽然研究中一些国家电脑普及率较低，但是在对当地的条件认真评估，并向两国间委员会和大使馆的官员咨询之后，斯坦福国际咨询研究得出结论：网络调查的方法是切实可行的。

数据收集过程的第一步把调查通知单电邮给参加者，它的目的是对如下这些成员做出抽样调查：可以获得潜在的有效的电子邮件地址的人。尽管每个人需要使用电子版还是纸质版完成问卷调查，几乎所有人都选择了网上完成问卷调查。我们给这些参加者发送了电子版调查问卷的网页地址，同时基本上每三周会发送一次问卷填写的提醒消息。.

调查结果

调查收集了 2004 年 6 月 16 日至 2004 年 10 月 10 日期间的数据，有效问卷 1 609 份，占总问卷数 2310 份的 70%。可能由于电子邮件地址有误，一定比例的未反馈者永远收不到完成问卷的请求，不幸的是，这一点我们无从查知。表 Ⅰ-1 显示了最初的人数、调查样本的大小和各个国家的回复情况。

根据回复率由高到低排列，斯坦福国际咨询研究所得到的大多数国家的回复率都是高于三分之二。其中回复率较高的是危地马拉（82%），尼泊尔（78%），秘鲁、摩洛哥和墨西哥（76%），日本和坦桑尼亚（75%）。整体来说，除了印度之外，其他所有国家的回复率都在 50%之上。由于地域辽阔、地理多样性明显，印度获得富布赖特访问学生项目奖助金的人数有限。

表 Ⅰ-1 富布赖特访问学生项目结果评估

调查人数、样本和回复率				
国家	人数（1980—2000）	最终样本（取得联系）	可用总回复数	回复率
德国	887	361	227	63%
危地马拉	150	66	54	82%
印度	175	62	26	42%
印度尼西亚	223	126	80	63%
日本	563	325	243	75%
约旦	93	51	37	73%
墨西哥	940	394	298	76%
摩洛哥	235	102	77	75%
尼泊尔	117	58	45	78%
秘鲁	307	111	84	76%

续表

调查人数、样本和回复率				
国家	人数(1980—2000)	最终样本(取得联系)	可用总回复数	回复率
波兰	180	81	56	69%
南非	430	230	127	55%
西班牙	591	294	220	75%
坦桑尼亚	52	49	26	53%
未经确认			9	
总共	4943	2310	1609	70%

来源：斯坦福国际咨询研究所，富布赖特访问学生项目调查，2004。

调查结果不需要代表整个富布赖特访问学生项目。首先也是最重要的一点，取样的奖助金获得者的国家数量必须控制在一个可行性的范围内，而国务院在筛选研究国家时有一系列的标准，我们无法知道来自研究范围之外国家的奖助金获得者，能否为调查提供相似或不同的答案。其次，斯坦福国际咨询研究所关注的是大多数国家中具有有效电子邮件地址的奖助金获得者。我们无从得知，那些平常很少使用电子邮件，或是电子邮件地址无效的问卷填写者，是否能提供不同的答案。最后，回复率本身使我们无法知道未回复和回复学员提供的答案到底有多大的不同。然而，调查结果显示，共有 1600 多名之前的奖助金获得者完成了调查问卷，我们似乎可以合理地认为调查提供了关于这些被覆盖的国家的学生经历和观点的有用的概观。

C. 项目参加者的反馈特点

根据学生的奖助金种类、补助种类、第一研究领域/学科、奖助金时长、奖助金获得时间和性别，富布赖特访问学生概况反映了调查对象的分布情况(见表 Ⅰ-2)。半数以上(57%)的调查对象获得奖助金攻读硕士学位，三分之一以上(36%)攻读博士学位。超过一半(53%)的调查对象申请上全额奖助金冲抵学费，另有超过三分之一(35%)的申请上部分补助，十分之一(10%)的则申请上旅行补助。大部分奖助金(47%)用于社会科学领域，约三分之一(31%)用于物理和生命科学和工程，约四分之一(22%)则用于人文学科领域。大多数奖助金(55%)的资助时长在两年以上，另有 29%持续时间为 12—23 个月，富布赖特访问学生奖助金的平均时长在两年以上。

表 Ⅰ-2　富布赖特访问学生概况，1980—2000

特点	所有奖助金获得者百分比
奖助金种类	
大学毕业生	4
硕士研究生	57
博士研究生	36
不确定/不记得	3

续表

特点	所有奖助金获得者百分比
补助种类	
完全补助	53
部分补助	35
旅行补助	10
其他补助	1
仅安置/无补助	1
奖助金获得者的第一研究领域/学科	
物理和生命科学和工程[1]	31
人文学科[2]	22
社会科学[3]	47
奖助金时长	
少于 12 个月	16
12—23 个月	29
24 个月	28
多于 24 个月	27
奖助金获得时间	
1980—1985	11
1986—1990	15
1991—1995	29
1996—2000	45
奖助金获得年龄	
19—24	20
25—27	31
28—30	23
大于 30	25
性别	
男性	65
女性	35

注：1. 包括农业、动物科学、天文学、生物科学、化学、电脑科学、工程学、环境科学、食品技术、地质学、数学、医学科学和物理学。

2. 包括美国历史、美国文学、美国研究、建筑学、考古学、区域研究、艺术、艺术历史、古典文学、交际学、创造性写作、英文、历史(非美国)、新闻学、语言和文学(非美国)、音乐、音乐学、哲学、宗教研究和戏剧艺术。

3. 包括人类学、商务管理、城市规划、经济学、教育学、地理学、法律、图书馆学、社会福利工作、社会学、作为外语的英语教学和应用语言学。

4. 来源：斯坦福国际咨询研究所，富布赖特访问学生项目调查，2004。

调查对象在奖助金获得年龄板块分布不均衡，很大一部分原因是很难联系上早期的奖助金获得者。约一半(45%)完成问卷调查的奖助金获得者在近期(1996—2000)获得奖助金，只有 11% 是在早期(1980—1985)获得的。四分之三的调查对象获得富布赖特访问学生奖助金时不到三十岁。

三分之二(65%)完成问卷调查的奖助金获得者为男性，不过在调查期间，男性与女性受助者的相对比例有所下降。

表Ⅰ-3是完成问卷调查的富布赖特访问学生的教育程度和就业概况。调查对象大致可以分为硕士学位或同等学历获得者(50%)以及博士学位或同等学历获得者(48%)两类。一半以上(51%)的奖助金获得者在过去五年获得他们的最高学历，表明大多数调查对象是在近期获得奖助金的。几乎所有的调查对象(91%)在调查期间有固定的工作，一半以上(57%)在高等院校工作，另有约四分之一(24%)在营利性公司工作，约10%的调查对象在一种以上的机构工作。

表Ⅰ-3　富布赖特访问学生教育程度和就业概况，1980—2000

特点	所有奖助金获得者百分比
目前最高教育水平	
学士	2
硕士研究生	50
博士研究生	48
其他	0
获得最高学历的时间	
1994年之前	23
1994—1998年	26
1999—2000年	19
2001年之后	32
目前就业情况	
工作中	91
学生	13
家庭主妇	1
退休	0
其他	5
目前工作领域(仅有工作者)	
高等院校	57
营利公司	24
政府(不包括军队)	10
非营利机构	9
个体经营	8
预科学校	2
军队	< 1
其他	< 1

来源：斯坦福国际咨询研究所，富布赖特访问学生项目调查，2004。

大多数调查对象(60%)在申请富布赖特访问学生奖助金之前，已经确定他们打算上哪一所美国的学院或大学，少部分(26%)收到两所以上的美国高校的录取通知，仅12%的调查对象收到唯一一份录取通知。为了控制成本，一些地理学领域允许国际教育协会代表奖助金获得者接收录取通知。譬如在非洲就采取这种措施，因为这些国家所有的奖助金获得者都是全额资助的。

D. 报告结构

报告的第二个板块，“富布赖特访问学生校友关于项目的谈话”，阐述了奖助金获得者在富布赖特经历之后，关于美国看法和认识上的变化。这些内容包含在调查中的三个开放式问题之中，调查对象要求回答的问题包括：在美国访问学习的经历对于他们增进相互了解的影响，学习到的关于美国最有趣或最为惊讶的事情以及奖助金对个人和专业生活最主要的影响。

报告的第三大板块是“评估结果”，根据国务院教育和文化事务局使用的实现增进相互了解这一项目目标的四大指标而展开，即对奖助金经历的整体满意度；教育/专业和文化学习；对行为的影响；联系、纽带和机构变化，包括倍数效应。四大指标下细分的次指标，描述了和项目相关的各种管理问题，可能有利于项目行政官调整和完善项目运作的方式。最后，报告第四大板块对项目做了一个总的“结束语”。

Ⅱ. 富布赖特访问学生校友关于此项目的谈话

A. 增加相互了解

富布赖特项目的首要目标是通过个人和专业交流以及知识和观念共享，增进有着不同文化背景和世界观的人民之间的相互了解。支撑富布赖特项目的基本理念是以国外经历为基础，通过在外国生活、学习和工作，拓宽视野，加深对不同文化活力的理解。

积极的经历比消极的经历给个人更能带来正面的影响，因为亲密度和更深的理解是紧密相关的。富布赖特访问学生，绝大多数对他们的奖助金经历十分满意。几乎所有的奖助金获得者(92%)对他们奖助金经历中的绝大部分是满意的(65%非常满意，27%大都满意)。另外，99%认为富布赖特项目的经历，增加了其对美国和美国文化的知识和了解。

相互了解可以通过专业交流、积极的经历、参与项目的成果等因素进行推断，这些因素有一定的相关性，但他们的量化指标不容易获得。调查对象以不同的方式表明他们相信富布赖特经历可以增进美国和其他国家人民的相互了解。大部分调查对象的评价主要讲述了以下几个主题：

· 融入美国社会，提供了与美国以及其他世界各国人民交流的机会，改变了奖助金获得者之前对美国以及其他国家的看法。

· 富布赖特经历给奖助金获得者提供了向美国和世界其他国家展示本国魅力和文化的机会。

· 在美国生活和学习，以及同无数美国人交流的经历，使奖助金获得者可以很好地向本国人民介绍美国以及美国人民。

这些主题阐明了认识维度，而这些单靠调查问卷是无法简单获得的。奖助金获得者的许多评价很好地体现了这些主题，后面附有一些有代表性的评价。这里引用了一些调查问卷的回答，为了使意思更清楚，我们对部分答案进行了编辑。下面是个人评价的部分例子清楚阐述了富布赖特经历是如何增进相互了解的。

融入美国生活改变了许多成见

在国外生活，融入外国文化和环境就像是“穿着别人的鞋走路”，因为日常事务会让一个人接受某些新的观点。这一过程提高了对美国机构、体系和价值观的理解，帮助消除许多对美国和美国生活方式的错误认识。

两年来融入美国文化的机会让我更加深入地了解美国人民。回国之后，我尝试让我们国家的其他人接受我对美国的看法，让他们明白我们和美国人民有许多共通之处，尤其是在像现在这样的反美时期。（原籍国：西班牙）

我学到了很多关于美国政治的知识，我交了许多美国朋友，他们教了我很多有价值的东西，让我懂得他们是如何看待生活、家庭、工作等。我告诉我的朋友美国并不像他们所认为的那样糟糕，我可以告诉他们所有典型美国人的好的价值观，所以在访问学生项目结束之后，所有我认识的朋友或多或少改变了他们对美国的看法。（原籍国：墨西哥）

我和四个美国人（两名学生，两名专业人士）合租一栋房子，合租生活让我有机会切身感受美国人日常生活的真实状态，我们同甘共苦，一起讨论美国和德国的政治，比较我们国家和他们国家不同的处事方式。我想这是增进相互理解最好的方式了！（原籍国：德国）

在去美国参加这个项目之前，我去美国旅行了多次，但从未在那儿生活过，对美国人以及美国这个国家充满了偏见和误解。真正地开始了解美国人，和他们一起生活，接受我们之间的差异，这是我一生中最有价值、最充实的收获。（原籍国：危地马拉）

在对他人作出评价之前，我们应该和他人共同生活，了解他们如何思考……明白我们的生活环境会影响我们的判断。以前我对其他国家的人心存偏见……现在我和拥有不同背景的各国人民一起生活，和他们成为朋友，更好地了解他们国家的文化。（原籍国：摩洛哥）

奖助金获得者可以通过和美国人民以及世界其他国家人民交流来解释自己国家及其文化

个人或者国家间相互了解始于信息交流。从个人和专业层次上来看，关于个人背景和经历的交流为各国人民之间常识、友谊和共鸣的建立搭建了桥梁，从而越来越深化各国人民之间的相互了解。

“9·11 事件”之后，富布赖特奖助金进一步推动我对宗教和文化的理解。在这段困难时期，最重要的是要推进跨文化交流，了解、包容不同文化。富布赖特奖助金让我可以进一步了解国际事务，明白我们作为地球村公民，在促进各国人民和平共处过程中扮演的角色。(原籍国：摩洛哥)

我感觉自己是西班牙驻波士顿的大使，所以我向我的同学传播西班牙文化。我组织大家品尝西班牙美食、看西班牙电影。现在我觉得自己应该成为美国驻西班牙的大使，但我不知道应该怎样做。(原籍国：西班牙)

很多美国人之前对秘鲁了解不多，没有和秘鲁人打过交道，对秘鲁这个国家了解不深，而我，毫无疑问，可以和这些美国人建立良好的关系。(原籍国：德国)

我有机会在美国商讨我们国家历史和文化共识问题，让美国人在许多关于我们国家的问题上有更好的认识，消除了之前各种误解。(原籍国：印度)

我相信我给美国朋友提供了一个进一步了解南非的机会。很多时候，人们认为南非是一个风向而非一个国家，通过我的文化传播，他们更好地了解了南非的地理、人民和历史。(没有狮子在约翰尼斯堡周围出没!)(原籍国：南非)

我认为我对促进许多美国人对中东的了解起了积极的作用，经常听到美国人说我和妻子给他们留下的印象同他们之前对中东人的印象差别很大。(原籍国：约旦)

我成功地使一些美国人相信，东欧的生活和美国的生活相比，并没有像他们想象地那样差别很大。我希望通过我的努力，许多美国人能够认识到，美国电视上报道的并非是国际政治的全景。(原籍国：波兰)

大多数我的美国同学对印度尼西亚了解得更多了。以前他们对印度尼西亚的政治了解很少，只知道它的政治或者说整个社会都是穆斯林。现在他们理解印度尼西亚的穆斯林，比如我，是不吃猪肉也不喝酒。(原籍国：印度尼西亚)

个人的发展

建立朋友和同事关系是生活十分重要的一部分，对一个人的职业生涯和世界观意义重大。即使是短期的人际关系，也可以刺激个人态度上的转变和事业的腾飞。持久的友谊能带来有益于双方的长期往来。

在美国生活期间，我结识了许多美国以及其他国家的学生或教师。我们共同创建了一支强大的研究团队，一起合作多年，有美国、波兰、法国、德国、印度和阿根廷的研究人员。我们成为了很好的朋友，交换各国之间的文化、风俗习惯等信息。(原籍国：波兰)

在富布赖特项目中我结识了来自世界各国的人民。我们谈论文化、谈论国家，无所不谈。我还认识了许多美国的家庭，现在也是很好的朋友。一段时间过去后，我会感觉世界如此之小！(原籍国：西班牙)

我和房东一家一直是很好的朋友，平常会通过电子邮件交流，互送鲜花和礼物。通过房东一家(当然也通过在美国参加的富布赖特项目)，我认识了很多其他国家的留学生，有些还来南非拜访我。(原籍国：南非)

我和美国同事建立了深厚的友谊——特别是在大学里，还有一些在国际会议上认识的。更重要的是，为了一些研究项目，我们努力工作，在相同的地区(墨西哥)一起工作，或者用相似的方法研究相同的课题。我们之间相互支持、相互理解，强烈尊重对方的成果，共享资料和资源，这些经历仍然塑造着我们的个人理想和事业。(原籍国：墨西哥)

我是巴勒斯坦地区的阿拉伯人，在恐怖的“9·11事件”期间，正好住在离纽约市5小时车程的地方，生活并不容易……“9·11事件”之后，看着美国和国际社会对此做出的反应，我看见了人性最美好的一面，当然还有最坏的一面。每当我回想起自己的富布赖特经历，首先闪入脑海的，不是我在富布赖特奖助金的支持下获得了国际一流大学的学位，而是我逐渐认识、了解世界各国人民，并同他们建立了长久的友谊。(原籍国：约旦)

我认识了很多的美国朋友，现在的信息技术让我能十分方便地和他们保持联系。(原籍国：日本)

奖助金获得者通过富布赖特项目能更好地向自己国家的人民展示美国和美国人民

人类向来希望同他人分享自己在国际活动中的经历和想法。富布赖特访问学生奖助金获得者认为，这次奖助金活动中意义最深远的收获是增加了对美国和美国人民的了解。回国之后，他们利用在活动中收获的经历和想法向自己国家的其他人解释美国的行为和政策，从而消除误解。

回到摩洛哥之后，我继续教师工作，更加自如地和学生谈论美国人，不仅运用已有的理论知识，而且更重要的是结合我的个人经历，解释文化等微妙的问题，希望可以消除他们对美国人的偏见。(原籍国：摩洛哥)

富布赖特奖助金鼓励我了解美国、美国历史和美国人民。近年来，恐怖主义遍布世界，因为各种报道和好莱坞大片的播放，美国在印度尼西亚的形象一落千丈(在我看来)。作为曾经在美国生活过的人，我能站在美国的角度看待问题。我和印度尼西亚的同事分享我的看法，这些看法或许能代表美国人的看法。比如说，我认为法律法规和公平对美国生活十分重要。无论你是白种人还是黄种人，无论你的社会地位如何，法律面前人人平等，军官和总统也不例外。(原籍国：印度尼西亚)

尽管我现在在加拿大生活，我还是把自己当做是富布赖特项目的一员，可以向其他文化的人民传播和解释美国思想及文化。有些国家的文化从意识形态上来看与美国相似，事实上并不相同，譬如加拿大；有些国家的文化和美国联系紧密，譬如波兰。世界上普遍存在一种对美国不满的情绪，甚至解释说美国的民主观念支撑着外来入侵是一项艰巨的任务。当我在加拿大给留学生上课时，我尝试让他们从下往上而非从上向下，也就是作为一个公民而非一个政府来看待美国。(原籍国：波兰)

个人看来，重新认识美国十分重要。我们国家的大多数人更愿意相信美国是一个有许多跟随者组成的统一体，没有用评判的眼光看待美国人的生活方式。在同印第安纳大学以及其他高校的学者交流之后，我对美国的看法发生了翻天覆地的变化。我也试着向我们朋友和同事传播这些新的认识。(原籍国：墨西哥)

我继续我的教育工作，主要是南非学生，向他们传播美国文化、美国人的生活方式，告诉他们美国经济的驱动力以及实现个人价值的各种的机会，让他们知道美国大多数企业对人才要求很高。但是，这些观念在目前伊拉克环境下越来越难传播。(原籍国：南非)

我觉得自己就像是个大使，每次回到欧洲都会极力宣传美国。(原籍国：西班牙)

B. 奖学金获得者学到的关于美国一些有趣、令人惊叹的事情

错误的观念影响国家之间的相互了解。从美国在全球体系的历史和目前的地位来看，它是全世界关注的焦点和监督的对象。其他国家的人对美国、美国人以及美国的经济、文化和政治体系持有一些错误认识，这其中既有好的也有坏的方面。

为了更好地了解美国社会，富布赖特项目给奖助金获得者提供了一个亲身了解美国的机会，他们可以通过这个经历形成自己的认识，回国之后和广大同胞们交流他们的想法。为了评估学习的本质和程度，调查对象要求描述他们在参加项目期间，了解到的关于美国最令人惊叹和最有趣的事情。评论总体上有以下几个主题：

- 美国人善良友善、好客大方的本质。奖助金获得者惊叹于他们认识的一些美国人的热情善良、诚实宽容、乐于助人。

- 强烈的职业伦理观，渴望成功，个人主义，大多数美国人宗教信仰深厚。奖助金获得者认为他们所认识的美国人都是诚实严谨的工作者，工作井然有序；有团队精神，但重视独立思考。一些人认识到美国并不像他们所想象的那样顽固不化，感到十分惊讶。

- 美国地域之间具有隔离性，伦理和文化多样性明显。一些奖助金获得者认识到美国地域辽阔，文化丰富多样，不应该视为一个单一的整体，对美国人的生活方式、观点看法和文化不能一概而论。

- 美国高质量的教育体系。美国大学教学和研究水平，以及学者的平易近人，让许多奖助金获得者惊叹。

- 美国的政治体系。美国人民日常生活的民主程度让许多奖助金获得者叹为观止。

- 美国人民对外部世界了解甚少、缺乏兴趣。让许多奖助金获得者感到诧异的是，美国人对其他文化和生活方式的认识竟是如此统一，而且他们通常思想狭隘，对国际事务和其他国家缺乏兴趣。

富布赖特访问学生发现了美国人和他们的生活方式及其政治、教育机构的闪光点，同时他们也指出，美国在解决不平等和引入更多国际视角和前景方面确实面临着挑战。

C. 对奖学金获得者个人和专业生活的影响

富布赖特访问学生项目，让奖助金获得者有大量的时间在美国生活、学习和追求个人事业，这些目标让他们收获一个丰富而又满意的经历，有助于个人成长和领导潜能的发掘；让他们增加对美国和自己国家文化和专业知识的学习；对奖助金获得者个人、专业和学术行为及活动有更长期的影响；让奖助金获得者同美国同事和朋友之间建立长久的友谊。

调查产生了大量关于各个领域的奖学金获得者受到的影响的量化信息，但单靠量化信息并不能全面地展示富布赖特项目是如何对奖助金获得者的生活产生直接影响的。调查还包括一个开放式问题，要求调查对象举一到两个例子，来说明富布赖特项目的经历是如何直接影响他们的个人和专业生活的。一些人详细描述了参加项目之前和之后生活的各个方面。主题主要包括以下几个方面：

- 奖助金获得者对自己的能力更加自信，这种自信感染了周围的人。
- 他们对不同背景的人更加有兴趣，了解得更加深入。
- 他们提高了教学或者研究技能，能从新的视角进行切入。
- 在富布赖特奖助金的支持下，他们提高了在专业领域的地位，未来拥有更多的发展机会。
- 他们同相关领域的高水平人物一起工作，并建立了联系，拓宽了关系网。
- 他们结交了很多朋友。
- 他们提高了英语水平，对以后的专业和个人生活来说是一笔真正的财富。
- 许多奖助金获得者获得了美国知名大学的高级证书。
- 他们了解了美国文化和价值观。

Ⅲ. 评估结果

A. 已经获得过资助的学生对留学金经历的总体满意度

大部分富布赖特项目的奖助金获得者在访谈或者是开放式问题的回答中，都谈论到他们对奖助金经历的满意程度。他们对在美国学习、进行研究，以及同美国同事和朋友打交道的经历，都给予正面评价。假如没有奖助金的支持，一些人(62%)将不会有机会去美国生活和学习。许多人认为这段经历改变了他们的生活，还有一些人觉得这是他们生命中最棒的经历。下面是其中一些人关于奖助金经历总体满意度的的评价。

> 这是一个特殊的项目，一个改变你前途的机会。要尽力地把这个项目继续办下去。(原籍国：德国)

> 实践证明，申请成功富布赖特项目(并获得奖助金)是我作出的最英明、对我一生影响最大的决定。非常感谢富布赖特机构给我这样一段美妙的经历。(原籍国：墨西哥)

> 成为富布赖特的学生是我一生中最重要的专业和个人经历。有机会的话我希望向所有有兴趣的人推荐这个项目，希望它能长期进行下去。在困难时期，世界十分需要该项目来推动全球范围的相互了解。(原籍国：西班牙)

> 成为富布赖特项目的一员是一件很光荣的事。美国学术类和专业类项目的全体员工和我的导师一直给予我极大的支持，更重要的是，就个人而言，我对这个世界认识得更加深刻，明白了献身于祖国和世界发展事业的重要性。(原籍国：危地马拉)

> 参加富布赖特项目是我一生中最美妙的事情。(原籍国：南非)

> 富布赖特项目让我能在年轻的时候在美国生活和学习，真正改变了我的生活和思想，而这些是我以后去美国学习收获不到的。真心感谢富布赖特项目给我这次机会。(原籍国：日本)

感谢富布赖特项目建设性地塑造了我的职业生涯和个人生活，希望我的同胞们也能从这个有意义的经历中受益匪浅。(原籍国：摩洛哥)

我十分感谢富布赖特项目给我机会，体验世界一流的教育水平和无与伦比的文化之旅。考虑到目前的政治局势，我们比以往任何时候都需要像富布赖特这样的项目。十分感谢，希望你们越办越好。(原籍国：约旦)

非常享受此次富布赖特经历，从活动结束直到现在我还很怀念这份经历。富布赖特是个很棒的机构，让美国人民和其他国家的人民相聚于美国。这是一种独一无二的经历，这种文化和社会体验比学术发展更加丰富多彩。(原籍国：德国)

当然，也有部分学员给出了负面评价和改进意见(比如：增加奖助金的资助时长；在纳税、保险、生活条件等方面提供更多的信息和支持；不随机分配学校而是根据奖助金获得者的喜好自主选择)。

从更加量化的层次上来看，调查结果显示大多数奖助金获得者认为参加富布赖特访问学生项目是一次极为有益的人生经历("十分满意"占 65%，"大都满意"占 27%，见图Ⅲ-1)

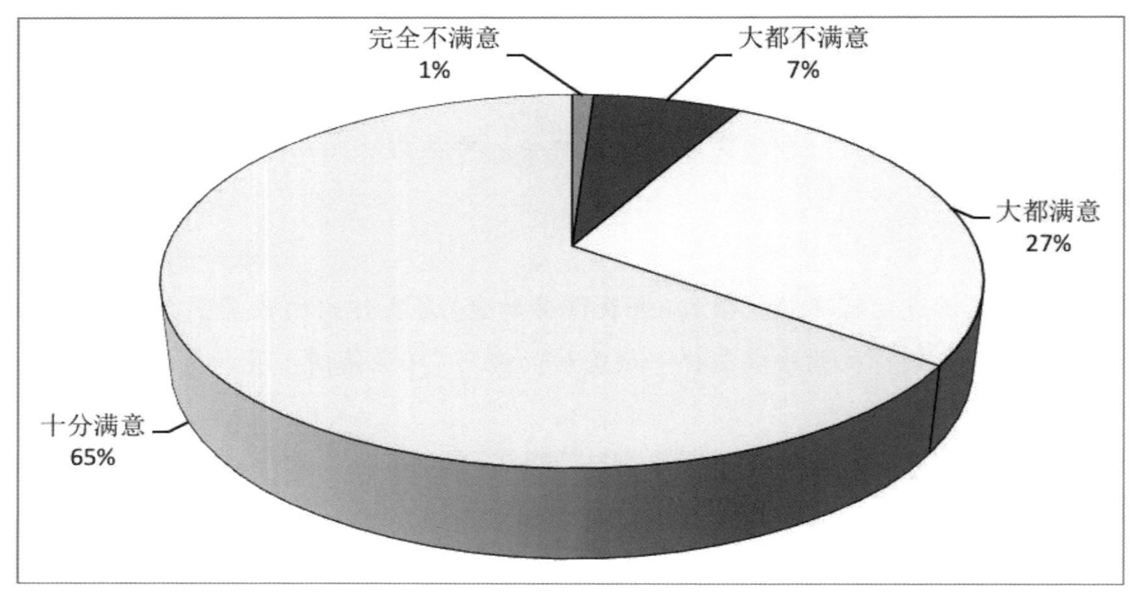

图Ⅲ-1　对奖助金经历的整体满意度

来源：斯坦福国际咨询研究所，富布赖特访问学生项目调查，2004。

B. 教育/专业和文化学习

和其余的富布赖特教育交换项目的成分一样，富布赖特访问学生项目的范围和重点大约涉及两类学习：教育/专业学习和文化学习。

教育/专业学习

教育/专业学习是指和个人教育和专业相关的知识学习。奖助金获得者来美国攻读学位，参加课程、讲座和研讨会，进行研究，以及参加其他相关的学术和教育活动。这一部分的调查结果表明奖助金获得者在这些方面十分活跃。

奖助金资助期间的教育/专业活动

获得新知识/技能以及塑造国际视野的机会是项目参加者决定申请富布赖特访问学生项目奖助金最重要的原因。因此，奖助金获得者在美国深造期间，把与教育和专业相关的学习活动摆在第一位。调查结果表明，奖助金获得者开展了一系列与教育和专业相关的学习活动——完成常规的课程作业，参加学术会议和研讨会，上一些非正式的基础课，开展合作研究，以及向相关人员提供研究和教育方面的援助。

我以一名外国记者的身份替一家外国(非美国)报纸写故事。(原籍国：西班牙)

我在阿贡国家实验室当研究生助手，在那儿碰见了我们专业顶级的科学家。(原籍国：危地马拉)

我利用班级报纸推动其他活动的开展，比如当地的非政府组织。(原籍国：印度尼西亚)

我在一所日本补习学校教书。(原籍国：日本)

有一年夏天，我在墨西哥移民在美国开展的一个关于贫困和移民的项目中担任辅助研究员。(原籍国：墨西哥)

我曾在洛杉矶的美国公共广播站实习过。(原籍国：西班牙)

我曾是《美国日报》在新泽西州帕塞伊克城的《北泽西先驱新闻报》的助理编辑。(原籍国：摩洛哥)

我在纽约的社区中心经营了一家儿童版画复制工作室。(原籍国：印度)

表Ⅲ-1是富布赖特访问学生在项目期间参加的最主要的几项教育和专业活动(调查对象需要从中选出最适合的一种活动)。如果此项目针对的是攻读更高学位的学生，他们参加的最频繁的活动是常规的课程作业，占46%。不足一半的奖助金获得者表明，他们把攻读更高学位作为他们在项目期间最主要的活动(24%正在准备博士论文，16%正在准备硕士论文)。大量的调查对象(79%)表明，他们收到了项目期间所在大学的学位证明(60%是硕士学位，31%是博士学位)，这一点在表中没有体现出来。

表Ⅲ-1　奖助金获得者在项目期间最主要的教育和专业活动

主要活动	所有奖助金获得者百分比
常规的课程作业	46
博士论文	24
硕士论文	16
学位论文之外的实验	16
担任实习生、实验助手或助教	2
常规教学之外的课程、讲座和研讨会	1
专业会议、研讨会	1
撰写/编辑文献、论文、书籍或者是其他著作	1
英文课程	1
创作性或者表演艺术	1
和研究领域相关的带薪工作	1
和美国人共事	1
母语教学	<1
给同事研究或教育提供帮助	<1
展示奖助金活动	<1
非母语教学	<1
和研究无关的带薪工作	<1
其他教育或专业活动	<1
以上都不是	<1

来源：斯坦福国际咨询研究所，富布赖特访问学生项目调查，2004。

调查对象要求提供所有他们在项目期间参加的专业和教育活动的信息，也就是核对所有的申请(见表Ⅲ-2)。其中，常规的课程作业是学院参加最多的活动(84%)，但只是不足一半奖助金获得者(46%)参加的主要活动。其他相对比较普遍的教育和专业活动有专业会议、研讨会，常规教学之外的课程、讲座和研讨会，撰写/编辑文献、论文、书籍或者是其他著作，分别占54%、49%和45%。

表Ⅲ-2　奖助金获得者在项目期间的教育和专业活动

活动	所有奖助金获得者百分比
常规的课程作业	84
专业会议、研讨会	54
常规教学之外的课程、讲座和研讨会	49
撰写/编辑文献、论文、书籍或者是其他著作	45
担任实习生、实验助手或助教	43
学位论文之外的实验	41
硕士论文	40

续表

活动	所有奖助金获得者百分比
和美国人共事	39
给同事研究或教育提供帮助	34
博士论文	34
英文课程	24
展示奖助金活动	22
和研究领域相关的带薪工作	13
非母语教学	12
创作性或者表演艺术	12
母语教学	9
和研究无关的带薪工作	4
其他教育或专业活动	5
以上都不是	<1

来源：斯坦福国际咨询研究所，富布赖特访问学生项目调查，2004。

调查对象被要求，讲述他们在参加富布赖特项目期间有趣或者有意义的教育和专业活动。许多人给出的答案包括有特别兴趣的特定课程，和教授、同学合作的特定项目，在私人公司或者非政府机构实习等活动。以下是一些例子：

在《北泽西先驱新闻报》实战性的训练真是太棒了，我在非美协会的实习工作同样精彩。我为自己是一名非洲人深感骄傲，我爱纽约，能在非政府组织协会工作对我来说就像做梦一般。(原籍国：摩洛哥)

在哈佛大学的两家研究所实习对我来说意义非凡，因为他们扩大了我的社交网，增加了大学管理方面的知识。(原籍国：日本)

成为《英语语言日报》的全职记者真是一次很棒的经历。(原籍国：墨西哥)

我选择了国外的协会。外国协会让我对研究的课题认识更加全面，当然也是研究中最有价值的一部分。我的美国同学甚至教职工都羡慕我的这次机遇。这确实是一次难得的机会。(原籍国：德国)

国际教育协会组织了一个一周的活动，把全世界(美国及其他国家)富布赖特项目的参加者聚集在一起。这个活动让大家有机会学习美国的政治体系和选举。(原籍国：墨西哥)

最有趣、最有收获、最难忘的活动是在纳瓦霍国开展的关于纳瓦霍文化的野外工作，活动结束后，根据我的论文，我在大学的美术馆进行了一个照片展览。(原籍国：日本)

从图Ⅲ-2 中可以看出，大多数奖助金获得者(79%)在项目期间获得了他们学习或研究所在大学的学位证书。从图Ⅲ-3 中可以看出，三分之二的证书(67%)是硕士学位，三分之一(31%)是博士学位。

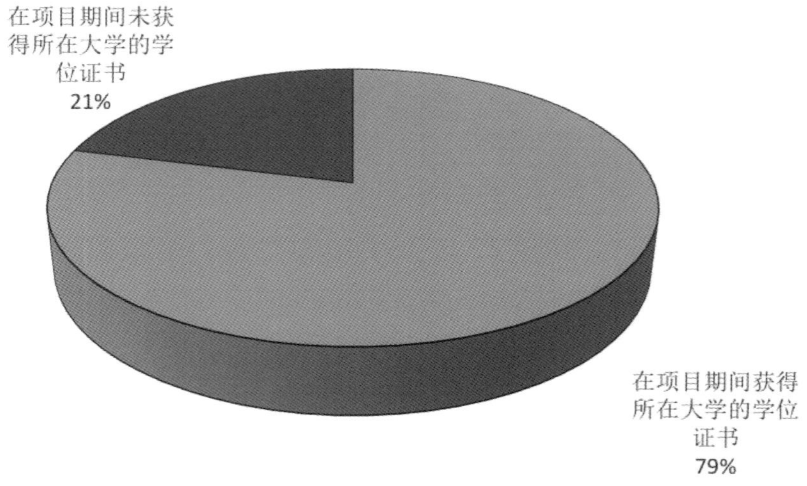

图Ⅲ-2　奖助金获得者在项目期间获得的学位证书

来源：斯坦福国际咨询研究所，富布赖特访问学生项目调查，2004。

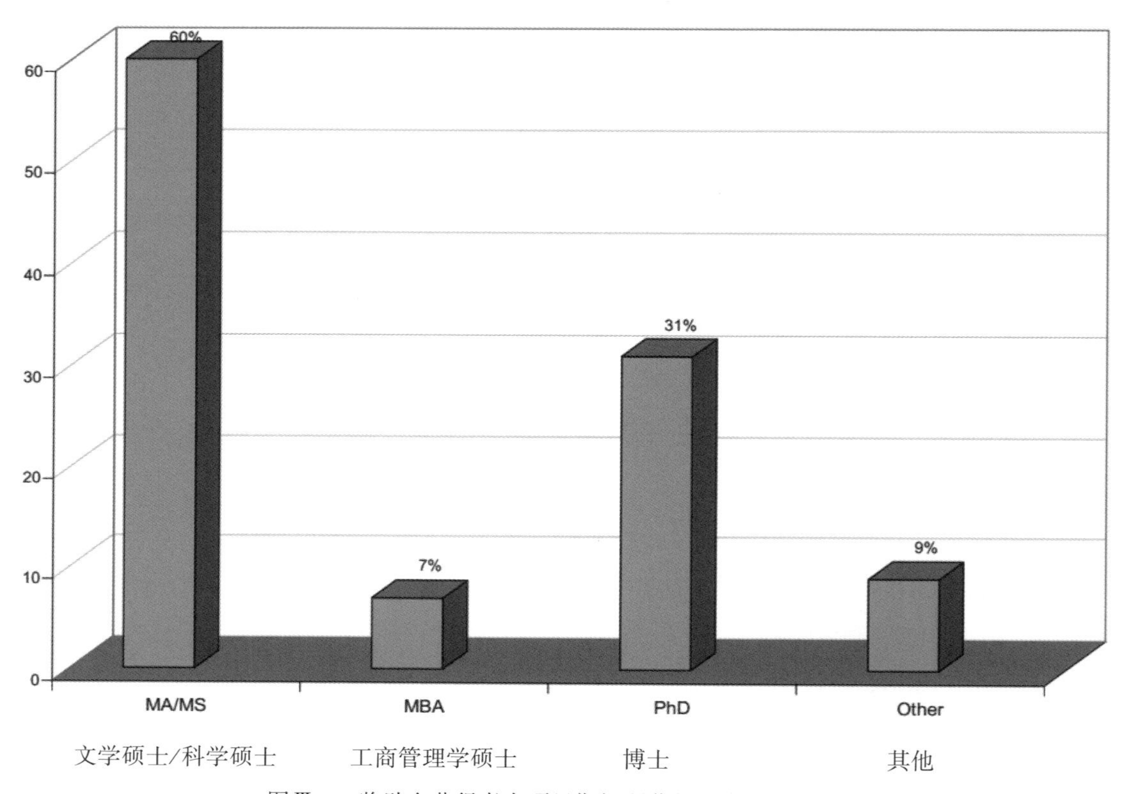

图Ⅲ-3　奖助金获得者在项目期间所获得学位证书的种类

来源：斯坦福国际咨询研究所，富布赖特访问学生项目调查，2004。

奖助金获得者参加了大量的教育和专业活动，学到了不少知识和技能，同主办机构以及同事保持良好的联系，这些从此次项目和活动经历中收获的宝贵财富，表明了富布赖特访问学生项目大大促进了参加者的专业学习。

文化学习

本项目旨在通过奖助金获得者同美国人民的互动以及融入美国机构和社会团体的方式，来促进他们课程外的关于美国文化和美国人民的学习。该领域的项目成昊根据以下几个标准进行评估——奖助金获得者以及同行的家庭成员在美国期间社会或社区活动的参与度，他们关于美国的规范和价值观的学习情况，以及他们如何更好地理解美国和自己国家。

资助期间的社会、社区和媒体活动

富布赖特访问学生项目，鼓励学生参加，特别是和教育和专业活动相关的之外的活动，从中促进学习、增加知识。这种形式的文化学习，包括增加对美国人民以及他们的风俗习惯、制度和价值观的认识，主要通过同朋友、同事的交往以及参加社会、社区和媒体活动来实现。

> 我们是国际访问者城市委员会的成员……我们组织了两个介绍尼泊尔的项目，在项目中，我们向成员们播放了一张关于尼泊尔的多媒体光盘，展示了尼泊尔的多彩生活，以及尼泊尔的美食。(原籍国：尼泊尔)

> 我参加戏剧表演活动，在一个学习法语的高中班用法语介绍摩洛哥，在国际盛会上表演摩洛哥民俗音乐，在草莓音乐节上担任志愿者，还在一所小学的毕业晚会上演奏摩洛哥音乐。(原籍国：摩洛哥)

> 我们帮忙组织电影展、接待音乐家、准备晚会上所有和阿拉伯文化相关的音乐和食物。这些活动面向学生以及纽约州伊萨卡市社区之外的大众。(原籍国：约旦)

富布赖特访问学生充分利用此次机会，积极学习美国的文化，这使他们置身于美国的价值观和风俗习惯之中，也和美国人分享他们祖国的价值观和文化(见表Ⅲ-3)。几乎所有的奖助金获得者(99%)表示他们在项目期间至少参加过一些形式的社会、社区和媒体活动。90%的参加过音乐会、戏剧或其他形式的文化活动，拜访过美国人的家庭。许多人(86%)曾经和美国人一起庆祝美国的节日和风俗习惯。

表Ⅲ-3　奖助金获得者在活动期间的社会、社区和媒体活动

活动	所有奖助金获得者百分比
参加音乐会、戏剧或其他形式的文化活动	90
拜访过美国人的家庭	90
和美国人一起庆祝美国的节日和风俗习惯	86
同其他富布赖特奖助金获得者正式或非正式的交流	83
和美国人一起庆祝自己国家的节日和风俗习惯	49
介绍自己国家	44

续表

活动	所有奖助金获得者百分比
社区服务	29
参加英语课程	21
参加运动或其他户外活动	3
参加教会活动	2
参加政治活动	1
其他活动	16
以上都不是	1

来源：斯坦福国际咨询研究所，富布赖特访问学生项目调查，2004。

奖助金获得者不仅参加和美国风俗习惯、价值观相关的活动，而且积极向美国人展示他们自己国家的文化和观念。几乎一半的调查访问者(49%)参加活动，向美国人介绍他们自己国家的节日和风俗习惯，几乎相同数量的人(44%)发表演讲，介绍他们自己的国家。大多数奖助金获得者(83%)同其他富布赖特奖助金获得者进行正式或非正式的交流，其中有美国人也有来自世界其他国家的人民。

参加富布赖特赞助的活动

富布赖特项目组织了许多预备学术活动和拓展活动，让富布赖特项目的奖助金获得者可以扩大交友圈，对美国了解更多。这些活动包括文化远足、体育活动、修学旅行、研讨会、大型会议、非正式展示等。参加调查的富布赖特访问学生中有 6/10 的表示至少参加过一种富布赖特赞助的活动，其中三分之二以上(69%)认为这些活动意义深远，还有少数人(29%)觉得活动比较有意义，仅有极少数(1%)认为他们参加的活动完全没有意义。

我参加的许多富布赖特赞助的项目都很棒，其中最棒的是在布法罗参加的学术前课程，让我更加了解美国和美国文化。在“9・11”期间居住在美国教会我更有韧性，学会在作出判断之前聆听他人。(原籍国：墨西哥)

同事关系的基本意义，在于增进美国社会，同向我们这样的其他社会之间的相互理解。为了实现这个目标，我们需要完整地接触美国生活，理解他们的文化。我们一开始在蒙特利的学术前项目，机构组织者和工作人员就着手实现这一目标。我们以小组为单位，参观美国家庭。其间我们交流、讨论我们的生活、文化以及各自国家的社会和政治生活。在奖助金资助期间，通过与曾经共事过的教授和研究人员交流，我学习了很多关于美国生活和文化方面的知识。(原籍国：印度)

我和其他富布赖特奖助金获得者，在纽约参加了一个周末研讨会。我们参观了联合国，讨论了这个组织目前所面临的一些挑战。尤为有趣的是和其他专业和其他国家的奖助金获得者交流各自的想法。这份经历我将永生难忘。(原籍国：秘鲁)

我在奥克兰市的密尔斯学院做访问学者，在那儿我和一位在职的艺术家共事。她在一家《印度艺术杂志》工作，这家杂志社在印度的艺术圈里颇受好评，我花了大量时间了解目前她的工作并记录下来写成一篇文章，这篇文章阐述了新媒体艺术是如何在美国践行的。(原籍国：印度)

对美国的新认识

富布赖特项目的根本目标是增加奖助金获得者对美国和美国人民的理解(因此通过随后与奖助金获得者及他们家人之间的交流增加奖助金获得者所在国家的其他人对美国和美国人民的理解)。调查结果显示这个目标已经实现，因为几乎所有的富布赖特访问学生都认为富布赖特经历增加了他们关于美国以及美国文化的认识和理解(92%同意；7%部分同意)。

奖助金获得者还被问到，是否他们的富布赖特经历增加了他们对于美国以及美国政治和机构的各个方面的知识(见表Ⅲ-4)。大部分奖助金获得者对美国文化、美国人的生活方式(94%)或者美国的教育体系(90%)有了新的认识。许多人认为此次经历大量或者部分增加了他们对美国政治体系(84%)、美国经济(74%)、美国历史(70%)以及他们国家同美国关系(69%)的知识。与富布赖特计划的目标保持一致，奖助金获得者普遍认为，关于美国新知识获得最多的是美国文化，或者美国人的生活方式。大多数奖助金获得者(71%)认为他们获得了大量的新知识，少部分(23%)觉得他们增加了一些关于美国人生活方式的知识。

表Ⅲ-4　在奖助金资助期间获得关于美国知识的情况

知识种类	百分比				平均值
	极少或没有	一些	中等数量	大量	
美国文化或美国人的生活方式	<1	6	23	71	3. 64
美国的教育体系	1	9	30	60	3. 5
美国的政治体系	2	15	41	43	3. 24
美国的经济	4	21	39	35	3. 05
美国的历史	4	26	41	29	2. 94
美国和自己国家的关系	7	23	40	29	2. 91

* 各项根据1-4分进行排列，1=极少或没有；2=一些；3=中等数量；4=大量。中间值是2. 0。

来源：斯坦福国际咨询研究所，富布赖特访问学生项目调查，2004。

美国人在与奖助金获得者互动中得到的收获

除了增进他们自己的专业和文化认识，奖助金获得者还认为他们对许多接触过的美国人的跨文化观念有一定的影响。

美国人了解到女穆斯林并不是与世隔绝、传统而保守，她们同样是女性主义，向往自由，积极向上，拥有一颗包容的心。(原籍国：印度尼西亚)

我认为美国人承认其他国家一些真诚的观念，特别是在世界上的地位，对他们来说是很有用的……在这一问题上，毫无疑问我会坚持自己的观点，但我还是非常感激能来美国访学。美国的朋友、同事和老师，经常以各种方式，评价我们之间对话的有用性。(原籍国：南非)

（美国人了解到）世界很多其他国家的人都有很多限制，并不能轻而易举地获得许多被美国人认为是理所当然的东西……许多平常之物比如食物。（原籍国：印度尼西亚）

许多美国的白种人第一次知道非洲人是可以超越他们的。（原籍国：南非）

项目揭开了一些关于印度以及印度文化、宗教、政治和印度女性的神秘面纱。（原籍国：印度）

大多数的调查对象觉得，他们的美国同事在和其他国家的人打交道时受益颇多，因为这些交流活动，提高了他们对不同国家之间的社会和文化多样性的意识（83%），增加了美国人对奖助金获得者国家的认识和理解（79%），提高了对这些国家的兴趣（75%），增进了对跨文化交际重要性的理解（69%）（见表Ⅲ-5）。

表Ⅲ-5 与奖助金获得者交流的美国人的收获

收获	所有奖助金获得者百分比
提高了对不同国家的社会和文化多样性的意识	83
增加了对奖助金获得者国家的认识和理解	79
增加了对奖助金获得者国家的兴趣	75
增进了对跨文化交流重要性的理解	69
其他活动	3
以上都不是	2

来源：斯坦福国际咨询研究所，富布赖特访问学生项目调查，2004。

对事业的影响

富布赖特访问学生项目让奖助金获得者有机会获得知识、攻读高级学位、建立专业领域的人脉网，对他们以后职业生涯的发展有积极的作用。这个项目声望在于它能让奖助金获得者在同龄人、未来的雇主和赞助商以及领导者的圈子里脱颖而出。

我的富布赖特经历和教育帮助我在国家教育部新成立的国际关系理事会中谋得一席之位。理事会主持富布赖特委员会在南非的成立工作。现在我是总统办公厅的总参谋长的办公室主任。（原籍国：南非）

我是一名插图画家，富布赖特经历帮助我发展更多的个人风格。不仅是作为一名艺术家，而且作为一个独立的人，我都得到了成长。（原籍国：墨西哥）

基于我的美国文化意识，在我第一家任职公司的收购工作中我贡献了很多，并被派往美国协助整个交易过程。现在，我在另外一家公司的职责就是推进美国总部同环球办公室及其资源的合作。（原籍国：德国）

参加富布赖特访问学生项目对奖助金获得者以后的专业生活有积极的影响(见表Ⅲ-6)。几乎所有的奖助金获得者都认为，富布赖特经历部分或者大量地促进了他们专业领域的发展(95%)，帮助他们发展新的专业技能(94%)，有利于他们以后教育和专业发展(94%)，提升他们的专业认可度(94%)，有利于他们未来的教育和职业选择(93%)，使他们能在自己的专业领域发挥领导才能(89%)。

表Ⅲ-6　富布赖特经历对奖助金获得者事业的影响

对事业的影响	百分比				平均值
	极少或没有	一些	中等数量	大量	
大量促进了个人专业领域的发展	1	3	13	82	3. 78
教授新的专业技能	2	4	14	80	3. 73
有利于以后教育和专业发展	2	4	14	80	3. 72
提升专业认可度	1	4	16	78	3. 71
有利于未来的教育和职业选择	3	4	17	76	3. 67
提升在专业领域的领导才能	3	8	25	64	3. 49
促进同美国人的专业合作	12	13	28	47	3. 10

* 各项根据 1-4 分进行排列，1=极少或没有；2=一些；3=中等数量；4=大量。中间值是 2. 0。

来源：斯坦福国际咨询研究所，富布赖特访问学生项目调查，2004。

不像在美国其他访学项目中至少有十分之九的之前的奖助金获得者回到学术部门或在学术部门继续完成他们的奖助金项目，而富布赖特访问学生项目的校友们则与之不同，回国之后，他们的职业选择更具多样性。正如图Ⅲ-4 所显示的，半数以上的人(57%)开始或者继续在高校任教，约四分之一(24%)在营利性公司工作，10%在政府机关工作(不包括军队)，9%在非营利性机构，还有 8%是个体经营者。

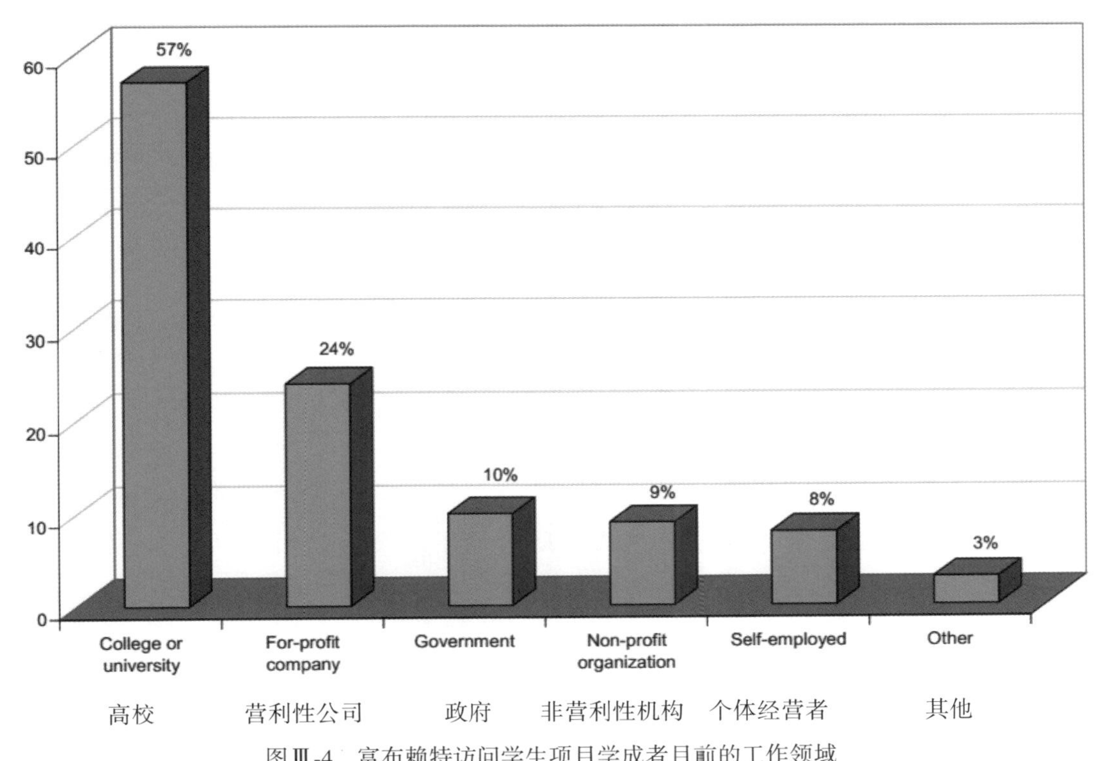

图Ⅲ-4　富布赖特访问学生项目学成者目前的工作领域

来源：斯坦福国际咨询研究所，富布赖特访问学生项目调查，2004。

C. 对行为的影响

所有的学术交流项目除了提高学习水平，还旨在改变参加者的行为。在富布赖特访问学生项目中，对参加者行为的影响包括：奖助金改变了奖助金获得者的专业活动，使他们获得了专业性的工作，使奖助金获得者直接或间接地收到了和他们奖助金相关的荣誉和奖励；最终使他们为自己国家的机构和选民做出贡献。

资助给获得者专业活动带来的变化

富布赖特访问学生项目对奖助金获得者的专业性事业有巨大的影响，特别是它能将这些活动拓展到一个新的国际层面。如下例子能说明这一影响：

我一直在沙特阿拉伯和下海湾地区的一些工厂担任技术总监，负责七家工厂的技术研发和机器采购。(原籍国：约旦)

1994 年我创办了自己的公司，用国际性的文化视角来发展公司业务，其中就包括美国。(原籍国：德国)

富布赖特项目一年的经历激励我几年后努力在美国攻读博士学位。(原籍国：德国)

我在自己国家开发了几个非常规性教育的活动，建立了一个非常规性资源中心，还发展了同其他国家的联系。(原籍国：尼泊尔)

我在自己国家的一所大学教书。我认为富布赖特经历让我的教书水平以及我能传授给学生的东西变得更好了。(原籍国：危地马拉)

我现在从事同和平和发展相关的工作，因此特别关注美国的对外政策及其负面影响。我将继续同美国机构一起工作，分担我的忧虑。(原籍国：南非)

在尼泊尔，我主要和针对反对社会地位、种族、语言、宗教、性别、地域或阶级歧视的团体的相关机构和政策打交道。富布赖特经历极大地影响了我参加的所有活动。(原籍国：尼泊尔)

受奖助金的影响，几乎所有的访问学生(99%)在一定程度上改变了他们的专业活动(见表Ⅲ-7)。例如，83%的奖助金获得者把在富布赖特经历中获得的知识和技能，运用到他们未来的专业活动中，这表明不仅他们的专业事业有了新的发展，而且对他们以后的专业研究也有深刻的影响。大多数奖助金获得者越来越从国际化的角度专注他们的兴趣和对世界的看法(64%)，追踪美国的实时报道

(58%)。约十分之三的人，参加更多和美国相关的专业协会或团体(34%)，进行更多和美国相关的研究(31%)，追求和富布赖特经历相关的额外的教育机会(31%)，或者事业重心向国际化方向发展(28%)。对关于在奖助金资助期间他们进行的其他活动这一开放式问题上，许多奖助金获得者表示富布赖特经历激励他们继续深造。

表Ⅲ-7　奖助金资助对奖助金获得者专业活动的改变

专业活动的变化	所有奖助金获得者百分比
将富布赖特经历中获得的知识/技能运用到未来的专业活动中	83
越来越重视发展国际化视野，专注于兴趣	64
追踪美国的实时报道	58
参加更多和美国相关的专业协会或团体	34
追求和富布赖特经历相关的额外的教育机会	31
进行更多和美国相关的研究	31
事业重心向国际化方向发展	28
其他活动	7

来源：斯坦福国际咨询研究所，富布赖特访问学生项目调查，2004。

资助带来的专业著作、荣誉和奖励

据奖助金获得者描述，富布赖特经历带来了大量的专业产出和著作(见表Ⅲ-8)。超过9/10(92%)的人利用富布赖特访问学生奖助金资助期间获得的知识、信息、材料或数据，完成了教育或专业性著作。

学术会议的论文和展示是调查访问者最普遍的产出(61%)，然后是在同行评审期刊或编辑卷上发表的文章(48%)，博士论文(42%)，以及硕士论文(37%)。奖助金获得者的其他类型的作品包括：在未经同行评审的期刊或卷录上发表的文章、报纸或杂志上的文章、专著以及创意或表演艺术方面的著作。

富布赖特奖助金资助带来的专业著作的多样性也是令人叹为观止的，包括记录他们奖助金资助经历的文件、纪录片、摄影作品、电台节目、专利和艺术品展览。

> 我成立了一个私人的可颁发学位证书的电影、电视和戏剧协会。(原籍国：南非)

> 我著有两本关于我学术和日常生活的书。(原籍国：危地马拉)

表Ⅲ-8　资助金资助带来的教育或专业性著作

著作种类	所有奖助金获得者百分比
学术或专业会议的论文	61
期刊(已同行评审)文章	48
博士论文	42

续表

著作种类	所有奖助金获得者百分比
硕士论文	37
期刊(未同行评审)文章	34
报纸或杂志上的文章	24
书籍或专著	19
创意或表演艺术方面的著作	8
其他著作	<1
以上均不是	8

来源：斯坦福国际咨询研究所，富布赖特访问学生项目调查，2004。

问题还包括，富布赖特经历是否给奖助金获得者直接或间接带来任何荣誉或奖励。约一半成员(47%)的答案是肯定的。荣誉和奖励包括升职、新的研究或交流奖助金或奖学金以及在国家或国际组织中担任领导职务。前富布赖特访问学生获得的荣誉和奖励有：华尔街日报奖(Wall Street Journal Award)、罗斯·德雷克赛尔奖(Rose Drexel Award)、诺基亚学术成果奖(Nokia Award for Academic Achievement)、约翰·贺普纪录片学生奖(John Hope Documentary Student Award)、清水宏奖(Hiroshi Simizu Award)以及美国经济分析局杰出博士论文奖(the BEA Outstanding Doctoral Dissertation Award)。

资助活动中的媒体和社区活动

除了在富布赖特奖助学金期间传播教育和专业知识、信息和见解的专业作品外，媒体和社区活动也是另一种手段。特别是他们增长了对自己国家以及世界其他地区的文化理解。

> 通过一些非常规性的活动，我尝试搭建消除美国和中东文化之间误解的桥梁。(原籍国：约旦)
>
> 我会定期邀请同学和朋友来我家参加"感恩节聚会"，还有火鸡和肉汤呢！(原籍国：德国)
>
> 我出版了一本书，从社会文化的角度比较分析了二战后美国和日本老兵的生活。(原籍国：日本)
>
> 通过数码和音像文件，我向同事和同学展示那段时间我的生活以及我参观过的地方——美术馆、高校、大使馆以及其他的室外场所，让大家对美国有了一定的了解。(原籍国：印度)
>
> 当地准备仿照美国的教育模式成立一所大学，我在大学筹备过程中担任咨询指导工作。同时作为新大学的成立委员会的主任，我也是政府和大学的成员之一。(原籍国：摩洛哥)

几乎所有的奖助金获得者(96%)曾通过社区或者媒体活动和他人分享自己的富布赖特经历(见图Ⅲ-5)。同奖助金获得者国家人民的非正式对话是奖助金获得者分享他们对美国的认识的最普遍的方式

(92%的调查访问者在调查中回答道)。约一半(44%)成员曾在自己国家的教育或社区组织发表过正式的演讲，召开过讲座或者进行过展示。约五分之一曾在自己国家向同胞们介绍过美国的风俗习惯(22%)，在自己国家参加过媒体访谈(18%)。

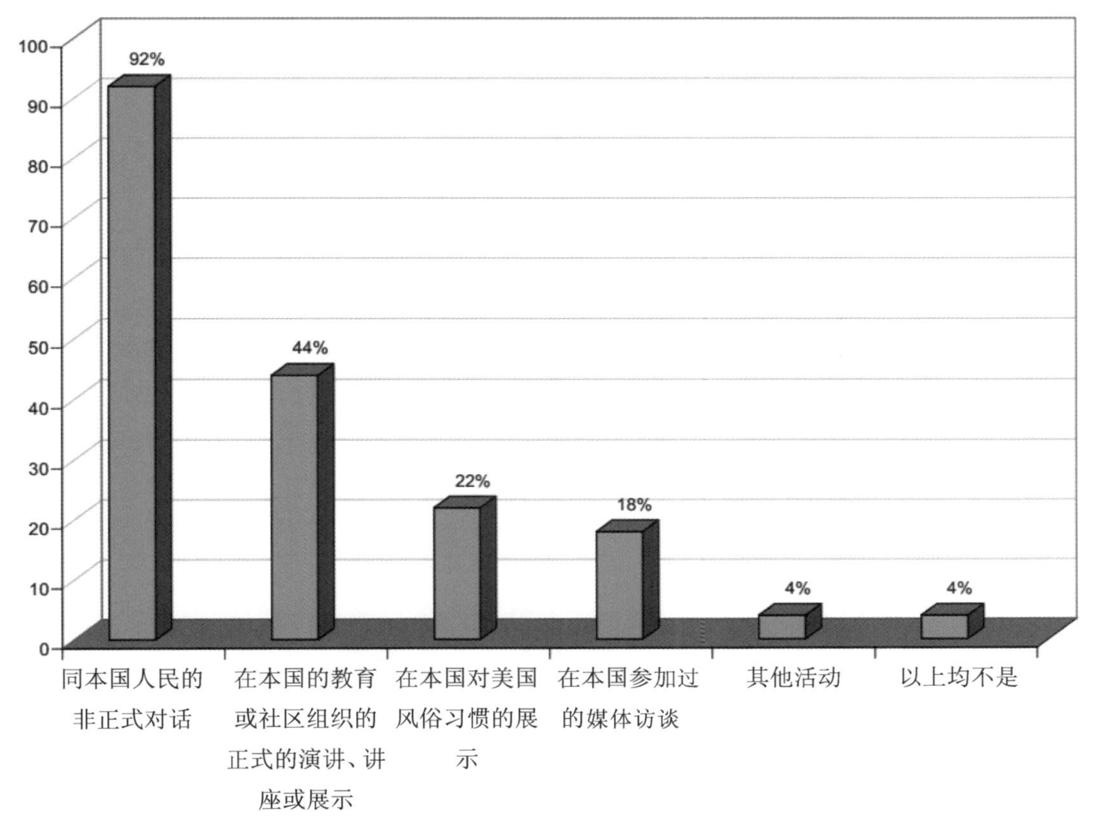

图Ⅲ-5　奖助金资助活动中的媒体和社区活动

来源：斯坦福国际咨询研究所，富布赖特访问学生项目调查，2004。

D. 联系、纽带和机构变化

类似于富布赖特教育交流项目下的其他项目，富布赖特访问学生项目也涉及个人间的交流。希望奖助金获得者通过参加此项目的经历，可以和同事、同学等建立长久的友谊，而这些联系和合作关系为以后持续交流、增加了解提供了渠道。和学者型的奖助金获得者不同，学生型的不一定会回他们在美国期间开展奖助金资助项目的机构工作，许多会选择回自己国家从事相关的学术性工作。因此该项目有潜力扩大奖助金资助后的机构之间的联系，这些联系代表了项目另一方面的成果及结果。为了衡量这些成果，奖助金获得者要求对之后同美国人的合作与联系以及之后参与的国际性活动和交流进行评价。

持续的合作和联系

富布赖特访问学生项目的奖助金获得者提供了一份关于项目结束后建立的联系和合作关系的详细记录。大多数(92%)表示，在项目期间建立的友谊，目前依然十分活跃，联系紧密(71%同意，20%部分同意)。81%的奖助金获得者表示在项目期间建立的专业联系目前依然十分活跃，联系紧密(59%同意，22%部分同意）。

不论对主办机构的其他学生和工作人员而言，还是对富布赖特学生、其他美国人或者其他国际学生来说，电话、电子邮件、信箱是维持这些联系最通用的手段(见表Ⅲ-9)。根据奖助金获得者的叙述，他们同这些朋友的互访是相当频繁的。例如，32%的奖助金获得者曾接待过来他们国家参观的主办机构的学生，35%曾到美国回访过这些学生。同样地，20%的奖助金获得者曾接待过来他们国家参观的主办机构的工作人员，32%曾到美国回访过这些工作人员。

表Ⅲ-9　奖助金获得者同项目期间结识的朋友保持联系的方式

	百分比			
	没有联系	电话、电子邮件、信箱	朋友来奖助金获得者的国家	奖助金获得者去朋友国家
主办学校的学生	16	73	32	35
主办学校的工作人员	16	73	20	32
富布赖特同学	40	55	16	9
项目期间结识的其他美国人	20	68	28	33
项目期间结识的其他国际学生	20	73	25	21

来源：斯坦福国际咨询研究所，富布赖特访问学生项目调查，2004。

参加国际活动和专业交流

绝大多数富布赖特访问学生在项目结束后参加过国际活动：62%回访过美国，58%参加过在美国举行或是和美国相关的国际会议、研讨会等(见表Ⅲ-10)。四分之一的奖助金获得者接待过美国朋友或美国家庭，参加过推动国际合作的组织。

表Ⅲ-10　项目结束后参加的其他交流活动

活动	所有奖助金获得者百分比
回访美国	62
参加过在美国举行或是和美国相关的国际会议、研讨会等	58
参加过推动国际合作的组织	25
接待过美国朋友或美国家庭	25
参加其他(非富布赖特)国际交流项目	19
成立或协助成立国际交流项目	15
其他富布赖特资助	4
以上均不是	8

来源：斯坦福国际咨询研究所，富布赖特访问学生项目调查，2004。

许多奖助金获得者还参加了其他的国际交流项目；19%参加过其他非富布赖特国际交流项目，15%成立了或协助成立了国际交流项目。几乎所有的（93%）调查访问者曾推荐自己的朋友或同事申请富布赖特奖助金，其中有95%申请了国家交流项目。

总的来说，富布赖特访问学生项目成果，建立了一系列的个人和机构间的联系。奖助金获得者同美国同事保持了紧密的后续合作，大部分同美国的朋友和同事有定期的联系。除此之外，富布赖特经历影响了奖助金获得者以后国际活动的参与，从而扩大了富布赖特项目的深度和影响力。

> 我写了一篇关于我们国家大学国际事务所的文章，国际交流的有利影响是事务所的工作重心。（原籍国：德国）

> 我在多边机构工作，比如美国机构。（原籍国：墨西哥）

> 我同之前在美国学习是所在的大学继续研究和学术合作。（原籍国：墨西哥）

> 我参加了其他（非富布赖特）国际交流项目。目前我正指导两名白俄罗斯学生的硕士论文。（原籍国：波兰）

> 我参加了哈佛商学院和我们国家一所大学合办的高级管理项目。（原籍国：南非）

> 我协助安排每年纽约大学学生来我们国家大学参观的相关事宜。（原籍国：南非）

> 我鼓励我的学生积极申请富布赖特奖助金，邀请美国富布赖特学者来我们学院讲课，鼓励我的同学出国深造，帮助他们申请奖学金。（原籍国：印度尼西亚）

> 我谈拢了一个毕业生项目，该项目是我所在大学同美国的一所大学合办的。（原籍国：西班牙）

> 我正在筹划另一个南美的交流项目，吸引宾夕法尼亚大学和财团大学学生来南非从事学术工作。（原籍国：南非）

> 我同之前在美国一起访学的一位同事共同教授一门网上在线课程。（原籍国：南非）

多层次影响

富布赖特访问学生项目的影响不仅仅局限于个人的专业交流，进一步可以扩展到媒体和社区活动，奖助金获得者在活动中同各个国家的人民分享他们深化的文化认识。项目对奖助金获得者的家庭陪同人员也有深刻的影响，他们在美国期间同他人分享自己国家的文化和价值观，回国之后同家庭成员分享自己在奖助学金期间的学习经历。

富布赖特校友参与的活动

富布赖特访问学生校友们保持同项目中结识的朋友和同事之间长久联系和合作的另一种方式是积极参与富布赖特校友协会在自己国家开展的项目和活动。调查访问者中很多目前是自己国家富布赖特校友协会的成员，而另外有26%的人不确定。过去一年开展的富布赖特相关的校友活动种类见表Ⅲ-11。最常见的活动是接收校友协会的业务通讯（33%），之后访问富布赖特校友协会的网站（30%）。一些奖助金获得者（22%）收到给富布赖特校友提供新机会的信息或者参与国家或当地的富布赖特校友协会的活动（20%）。

表Ⅲ-11　过去一年奖助金获得者参加的富布赖特相关的校友活动

活动	所有奖助金获得者百分比
接收校友协会的业务通讯	33
访问富布赖特校友协会的网站	30
参加过推动国际合作的组织	22
参与国家或当地的富布赖特校友协会的活动	20
访问国际教育协会、美国学术类和专业类项目和美国—中东教育和培训服务股份有限公司的网站	11
在富布赖特访问学者或学生申请者评估小组工作	10
访问全球富布赖特社区网络论坛网站	9
在为富布赖特奖助金获得者或潜在获得者举办的会议或研讨会上的发言	7
美国—中东教育和培训服务股份有限公司关于后期资助的成果和项目	5
担任美国富布赖特学生的导师	5
其他富布赖特相关的活动	3
以上均不是	37

来源：斯坦福国际咨询研究所，富布赖特访问学生项目调查，2004。

家庭陪行人员的活动

类似于富布赖特教育交流项目下的其他项目，富布赖特访问学生项目也涉及家庭活动。但是，仅30%的富布赖特访问学生，在奖助金资助期间是由一名或多名家庭成员陪同的。可以从两个方面进行解释：

· 项目未提供独立的资助。

· 和访问学者相比，访问学生整体年轻化，在奖助金资助期间的生活并不固定。

有家庭成员陪同的富布赖特访问学生中，96%是配偶陪同，47%是一个或多个孩子陪同。

奖助金获得者的配偶通常和奖助金获得者一样活跃，在美国积极参加各种与学习相关的专业和文化活动。大多数拜访过美国人的家庭(89%)，参加过音乐会、戏剧或其他文化活动(85%)，和美国人一起庆祝过美国的节日和民俗活动(83%)。一半以上同其他富布赖特奖助金获得者有过正式或非正式交流(52%)，同美国人分享过自己国家的节日和民俗活动(51%)，参加过英语语言课程(50%)。

我的妻子在美国当地一家公司工作，可以大量接触美国文化。(原籍国：日本)

美国(主要是洛杉矶)访学期间最重要的经历是体验美国生活、感受这个文化大熔炉。我们参加了所有能参加的活动(校园活动、公园志愿者工作、和邻居一起做环保工作)，我甚至还担任过皮-威足球队的教练。(原籍国：危地马拉)

孩子在美国同样也很活跃。大多数拜访过美国人的家庭(86%)，和美国人一起庆祝过美国的节日和民俗活动(82%)。三分之二(67%)参加过音乐会、戏剧或其他文化活动。一半以上同美国人分享过自己国家的节日和民俗活动(56%)。

我们同项目中的其他美国学生，以及这座城市的其他美国人关系很好。一些美国朋友还是我们孩子的教父，我们现在也经常联系。(原籍国：墨西哥)

我女儿(当时11岁)班上有位来自印度尼西亚的穆斯林朋友，所以女儿有着特殊的成长经历。她告诉老师自己的想法，觉得美国朋友普遍对穆斯林存在思维定势，而她自己是一个基督教徒。(原籍国：印度尼西亚)

不仅奖助金获得者自己在项目结束之后同美国人联系紧密，积极参与国际性活动，并且陪伴他们的配偶和孩子也是有着很强的参与度。譬如，富布赖特访问学生在受资助期间的陪同配偶中，84%同在美国结识的朋友仍有联系，65%对国际事务更加感兴趣。一半以上(51%)之后去过美国，少部分陪同的孩子从美国回来之后选择继续深造。

我的儿子参加了日本的交流项目，女儿回美国继续高中最后一年的学习，住在美国人的家里。(原籍国：印度尼西亚)

我的女儿刚刚收到富布赖特奖助金，将于2005年去美国完成她的美术硕士学位。(原籍国：尼泊尔)

E. 管理问题

富布赖特访问学生项目已经运行许多年了，它的管理结构和过程随着时间慢慢发生着改变，一些问题也逐渐显现出来，需要奖助金获得者提供一些信息和改进意见。相关话题包括：奖助金获得者申请奖助金的原因；关于已持有的在美国生活以及开展与奖助金相关活动的想法；生活安排种类对他们经历的影响；奖助持续时间和最佳时间。

申请富布赖特访问学生奖学金的原因

申请富布赖特奖助金最初是专业驱使，以及寻求事业提升的机会(见表Ⅲ-12)。

表Ⅲ-12 申请富布赖特访问学生奖助金的原因

原因	所有奖助金获得者百分比			平均值
	不重要	部分重要	非常重要	
获得新知识、技能的机会	1	11	88	2. 87
希望形成国际化的视野	4	18	78	2. 74
在美国获得更高的学位	13	20	67	2. 54
获得和专门的研究人员学习/工作、在专门的研究机构工作，获得专门的资源/数据以及在专门的地点进行现场研究的机会	12	26	62	2. 51
获得富布赖特奖助金	10	36	54	2. 45
希望实地学习美国文化和美国人民	13	39	48	2. 34
希望提高英语语言能力	28	35	37	2. 09
奖助金或其他资助的额度/时长	26	43	31	2. 06
他人对富布赖特经历的正面评价	40	35	25	1. 86
本国学院/教授的鼓励	40	35	25	1. 85
研究领域同美国的某一方面有关(比如，美国历史、美国文学等)	52	25	23	1. 71
之前的美国经历	72	20	8	1. 36
家人或亲戚在美国	93	5	2	1. 09

项目按 3 分打分，1=不重要；2=有些重要；3=非常重要。中间值为 1. 5。

来源：斯坦福国际咨询研究所，富布赖特访问学生项目调查，2004。

大部分奖助金获得者(99%)申请奖助金的原因是看重这次获得新知识、技能的机会(99%)；希望获得国际化视野(90%)在他们决定申请奖助金时同样重要；奖助金本身(90%)；在美国获得更高的学位(87%)。87%的表明申请奖助金是因为希望亲身体验美国文化、了解美国人民，这一点因素在他们决定申请时是非常重要的或者说是比较重要的。

暂时结束我在自己国家的教学工作，扩大我的文化视野，希望之后能为我的专业课程和教学方法注入新鲜血液。(原籍国：摩洛哥)

通过学习最新的知识，发展新的技能，提高墨西哥工业和大学教学与研究工作。(原籍国：墨西哥)

向自己(一名土著妇女)以及像我一样的人证明，每个人都能实现自己的目标。(原籍国：危地马拉)

理解西方国家人民的生活方式和思维模式。美国人以辛勤工作而闻名，希望学习美国人的工作方式。(原籍国：摩洛哥)

寻求自我价值以及意义已经超越我成长的文化基础了。能够拥有和保持释放、宁静这两种生活态度，以及他们的内在双重性。(原籍国：摩洛哥)

我最好的朋友在富布赖特参加了同一个项目，这个项目改变了她的生活。我也想要改变自己的生活，富布赖特项目确实改变了我的生活。(原籍国：南非)

我想成为我们社区的偶像。(原籍国：尼泊尔)

获得奖学金之前的美国经历

约四分之一(27%)的富布赖特访问学生在获得奖助金项目之前曾在美国生活过(见表Ⅲ-13)。

表Ⅲ-13　富布赖特访问学生奖助金项目之前在美国的经历

	所有奖助金获得者百分比	奖助金项目之前曾在美国生活的奖助金获得者百分比		
		少于6个月	6至12个月	超过12个月
奖助金项目之前曾在美国生活	27	39	34	27

来源：斯坦福国际咨询研究所，富布赖特访问学生项目调查，2004。

参加迎新简报会和大型会议

大多数校友在前往美国之前或者从美国回来之后，收到过邀请参加迎新简报会和大型会议(见表Ⅲ-14)。几乎所有的奖助金获得者(91%)在前往美国之前收到富布赖特委员会或者本国的美国大使馆的交流邀请，大部分(69%)认为这些交流很有帮助。约四分之三(74%)的奖助金获得者在去美国之前，参加过富布赖特委员会或者本国的美国大使馆赞助的迎新简报会和大型会议，大部分(61%)认为这些交流很有帮助。还有一些人(57%)在到达美国之后参加了迎新项目，其中大部分(70%)参加者认为活动很有帮助。这些都表明委员会、大使馆和富布赖特项目的负责人以及合作机构，积极有效地帮助富布赖特访问学生在美国更好地生活、开展奖助金资助性活动。

表Ⅲ-14　同富布赖特委员会/大使馆交流，简报以及迎新活动的有用性

	所有奖助金获得者百分比	百分比		
		经历的有用性		
		毫无帮助	部分帮助	很有帮助
奖助金获得者在前往美国之前收到富布赖特委员会和/或者本国的美国大使馆的交流邀请	91	1	27	69
奖助金获得者在前往美国之前收到富布赖特委员会和/或者美国大使馆赞助的迎新简报或会议邀请	74	2	36	61
奖助金获得者在到达美国之后参加了迎新项目	57	2	28	70

来源：斯坦福国际咨询研究所，富布赖特访问学生项目调查，2004。

在美国的生活以及开展资助活动的准备工作

半数以上(56%)的富布赖特访问学生在获得奖助金之前，已经对在美国的生活做好了充分的准备(见表Ⅲ-15)。总的来说，奖助金获得者的英语水平越高，他们准备得越充分。然而，英语为母语的人，却对美国的生活准备得不如母语不是英语的奖助金获得者充分。其中一个可能性是英语非母语的人，因熟练掌握英语而更有自信；另一个可能性是以英语为母语的人自我期待值太高，导致对预期之外的语言和文化不一致性准备不足。

表Ⅲ-15　奖助金获得者关于美国生活的准备工作(就英语语言能力而言)

获得奖助金之前的英语口语能力	所有奖助金获得者百分比			不可用
	未准备	部分准备	准备充分	
基本不会，仅会极少的单词	* * *	* * *	* * *	* * *
能问路、购物等简单的对话	13	53	34	<1
可以和同事对一些话题展开专业的讨论	4	44	51	<1
可以公开进行展示	3	30	67	<1
流利的英语(但未及英语为母语者的水平)	4	29	66	1
英语为母语者的水平	8	46	46	0
所有奖助金获得者	5	38	56	1

* * *：反馈数据不足

来源：斯坦福国际咨询研究所，富布赖特访问学生项目调查，2004。

奖助金获得者普遍认为，自己全身心投入到了美国的奖助金活动。如表Ⅲ-16所示，许多奖助金获得者(64%)认为自己准备十分充分。英语水平高的奖助金获得者，觉得自己比英语水平偏弱者准备得更加充分。一个例外的现象是那些准备充分的奖助金获得者中，母语为非英语的比例比母语为英语的更高，可能是受意想不到的语言和文化失调的影响。

表Ⅲ-16　奖助金获得者关于参加美国的奖助金活动的准备工作(就英语语言能力而言)

获得奖助金之前的英语口语能力	所有奖助金获得者百分比			不可用
	未准备	部分准备	准备充分	
基本不会，仅会极少的单词	* * *	* * *	* * *	* * *
能问路、购物等简单的对话	6	43	48	2
可以和同事对一些话题展开专业的讨论	3	36	58	3
可以公开进行展示	3	26	70	2
流利的英语(但未及英语为母语者的水平)	2	20	74	3
英语为母语者的水平	2	32	66	0
所有奖助金获得者	3	31	64	2

来源：斯坦福国际咨询研究所，富布赖特访问学生项目调查，2004。

项目时长和最大时长

富布赖特访问学生奖助金的平均时长是24.4个月，而奖助金获得者在美国待的平均时长是53.7个月。三分之二的奖助金获得者认为，他们的奖助金时长足够，只有三分之一(31%)认为他们待的时间太短。奖助金获得者，在美国居住的平均时长是奖助金的平均时长的两倍多，这一现象表明大多数奖助金获得者，在达到富布赖特奖助金时限之后，有其他方式的资助帮助他们完成学术项目。

Ⅳ．结束语

富布赖特访问学生项目评估的整体结论是：较强的量化和质化证据均显示，该项目实现了它的法定目标即：增进美国人民和其他国家人民之间相互了解的目的。奖助金获得者相信这一目标主要是通过以下方式得以实现：融入美国社会为互动提供了独一无二的机会，改变了关于美国以及世界其他国家的预设的观念；奖助金获得者有机会向美国及世界其他国家人民介绍他们自己的国家和文化；奖助金获得者收获了长久的个人和专业联系，他们可以继续交换想法和理念；在美国学习和生活，以及同美国人交流的经历让奖助金获得者能更好地向他们自己国家的人民介绍美国以及美国人民。

· 校友整体对奖助金资助经历十分满意。

许多富布赖特访问学生认为奖助金经历改变了他们的生活，认为这是他们生活中最棒的经历。许多人感谢富布赖特项目为他们提供在美国生活和学习的机会。

· 奖助金获得者从参加的活动中学习了文化和专业知识。

奖助金获得者在奖助金期间，参加了一系列专业性的活动。这些活动包括常规的课程作业；参加专业会议和研讨会；参加偶尔性或非常规的课程；撰写或编辑文章、论文、书籍或者其他创造性著作；

担任实习生、研究助手或是助教；准备博士或者硕士论文。从更个人的层面上来看，奖助金获得者参加音乐会、戏剧或其他文化活动；拜访美国家庭；和美国人共同庆祝美国的节日/风俗；同其他富布赖特访问学生间正式或非正式互动；同美国人共同庆祝本国的节日/风俗。这些活动让奖助金获得者，有机会进一步了解美国、美国的价值观和文化，帮助美国人进一步了解他们自己国家。

· 富布赖特经历对奖助金获得者的个人、专业，和在他们在机构内的行为，及活动有长期的影响。

参加富布赖特访问学生项目，对奖助金获得者的事业有适度的或非常积极的作用，有利于其更深入地了解他们的专业领域、教育成果以及以后的教育和事业抉择；给他们传授新的专业技能或技巧；提升他们的专业文凭。许多奖助金获得者表示，奖助金经历在一定程度上，改变了他们的专业活动。比如，将富布赖特经历收获的知识，运用到以后的专业活动中，更加从国际化的视角关注他们的兴趣和世界观。几乎所有的奖助金获得者，曾通过媒体或社区活动，特别是非常规性的谈话，同自己国家的人民分享他们的富布赖特经历。

· 奖助金获得者同美国的朋友和同事建立了联系和长期的合作关系。

富布赖特访问学生项目的奖助金获得者，提供了一份他们和在美国遇到的各种各样的个人之间，建立的持久的联系的详细记录。对象包括美国学生、国际学生、工作人员、富布赖特以及其他美国人。除此之外，大多数富布赖特访问学生在奖助金资助结束后，参加了许多国际性的活动。三分之二回访过美国，超过一半的人参加过在美国或和美国相关的大型会议、研讨会等。四分之一的奖助金获得者，在自己国家接待过美国的个人或家庭，相似比例的人曾参加过促进国际合作的机构。奖助金获得者在奖助金资助结束后，同美国人保持密切的联系，并积极参加国际活动。许多奖助金获得者的陪同配偶或孩子也积极参加活动。从这个层面上来说，奖助金经历不仅惠及奖助金获得者本身，而且有益于美国以及他们自己国家同专业的同事、学生和朋友。这一广大受益团体，有机会接触富布赖特访问学生项目提供的跨文化交流的知识和学习。

教育/专业和文化学习活动，增加了奖助金获得者关于美国价值观、风俗习惯和机构的知识及理解，向美国人传输了许多关于奖助金获得者国家的知识。新的知识影响了奖助金获得者关于美国的看法和态度，他们将新的收获同自己国家的同事和朋友分享。除此之外，奖助金获得者同同事和同学建立了良好的友谊关系，为以后的交流和了解提供了有效途径。校友们认为项目结束后，他们更加理解和包容他们所接触的学生、同事、家庭和朋友。

大部分项目校友视自己为文化使者，把该项目看做是一种推动跨文化学习的方式。文化融合使他们有机会，在主办国和具有不同背景的，不同的人保持联系，这也改变了他们对于主办国以及美国的认识和理解。

总的来说，在富布赖特访问学生项目的悠久的历史上，富布赖特访问学生项目对增进对美国的理解、改变对美国的态度有巨大的贡献。这些是非常宝贵的财富，特别是在美国公共外交面临巨大挑战的时期。推动这个以及其他教育项目的发展，有多层面的影响，这反过来将为美国应对外交挑战也做出意义非凡的贡献。

附录

附录 A

富布赖特访问学生项目回复频次调查

除了"调查访问者人数"和平均数之外其他均为百分比。

原籍国：（调查访问者人数：1 609）

德国	14%
危地马拉	3
印度	2
印度尼西亚	5
日本	15
约旦	2
墨西哥	19
摩洛哥	5
尼泊尔	3
秘鲁	5
波兰	3
南非	8
西班牙	14
坦桑尼亚	2
未确认	1

板块 A：介绍

1. 以下对你收到的富布赖特学生奖助金描述最准确的是？（调查访问者人数：1 599）

大学应届毕业生 ………………………………………… 4

硕士生…………………………………………………… 57

博士生…………………………………………………… 36

不确定/不记得 ………………………………………… 3

2. 你是哪一年收到富布赖特学生奖助金的？（调查访问者人数：1 609）

大学应届毕业生………………………………………… 11

硕士生…………………………………………………… 15

博士生…………………………………………………… 29

不确定/不记得 ………………………………………… 45

3. 你是多大年龄收到富布赖特学生奖助金的？（调查访问者人数：1 593）

平均年龄　　　　　　　　28

大学应届毕业生………………………………………… 20

硕士生…………………………………………………… 31

博士生…………………………………………………… 23

不确定/不记得 ………………………………………… 25

板块 B：富布赖特学生奖助金之前

4. 富布赖特学生奖助金之前，你在美国生活过吗？

（调查访问者人数：1 607）

生活过 ························ 27 ⇨待多长时间

未生活过 ······················ 73 （总共）？

（调查访问者人数：433）

少于 6 个月 ······················ 39

6-12 个月 ························ 34

12 个月以上 ······················ 27

5. （问题 4 若是“未生活过”）如果没有富布赖特学生奖助金，你认为你有机会在美国生活和学习吗？（调查访问者人数：1 174）

绝对没有	可能没有	可能有	绝对有	不知道	平均值
16	46	26	9	3	2. 29

6. 在申请富布赖特学生奖助金时，你认为以下几个因素的重要性如何？（调查访问者人数：1 587—1 604）

	不重要/不适用	部分重要	十分重要	平均值
g. 学习新知识/技能的机会	1	11	88	2. 87
c. 希望形成国际化的视野	4	18	78	2. 74
b. 在美国获得更高的学位	13	20	67	2. 54
h. 获得和专门的研究人员学习/工作、在专门的研究机构工作，获得专门的资源/数据以及在专门的地点进行现场研究的机会	12	26	62	2. 51
a. 获得富布赖特奖助金	10	36	54	2. 45
d. 希望实地学习美国文化和美国人民	13	39	48	2. 34
e. 希望提高英语语言能力	28	35	37	2. 09
i. 奖助金或其他资助的额度/时长	26	43	31	2. 06
k. 他人对富布赖特经历的正面评价	40	35	25	1. 86
j. 本国学院/教授的鼓励	40	35	25	1. 85
f. 研究领域同美国的某一方面有关（比如，美国历史、美国文学等）	52	25	23	1. 71
m. 之前的美国经历	72	20	8	1. 36
l. 家人或亲戚在美国	93	5	2	1. 09

其他原因：

7. 以下叙述同你的情况相符的是？请勾选所有相符的（调查访问者人数：1 595）在申请富布赖特奖助金之前我已经确定好将要去的美国大学 46

申请富布赖特奖助金时，我不确定自己将要去的美国大学·················· 24

申请富布赖特奖助金时，我有 2 个以上备选的美国大学····················· 20

申请富布赖特奖助金时，我将去的美国大学已经分配好了 ……………… 9
申请富布赖特奖助金时，我已经在美国大学完成注册 …………………… 1

8. 前往美国之前，你收到自己国家富布赖特委员会或美国大使馆的交流邀请吗？

（调查访问者人数：1 605）
收到 ………………………… 91 ⇨有帮助吗？
未收到 ………………………… 3
不记得 ………………………… 6
不记得 ………………………… 3

（调查访问者人数：1 452）
毫无帮助 ……………………… 1
部分帮助 ……………………… 27
帮助很大 ……………………… 69
平均值 2. 70

9. 前往美国之前，你参加过富布赖特委员会或美国大使馆赞助的迎新简报或会议吗？

（调查访问者人数：1 602）
参加过 ……………………… 74 ⇨有帮助吗？
未参加 ……………………… 23
不记得 ………………………… 2

（调查访问者人数：1 188）
毫无帮助 ……………………… 2
部分帮助 ……………………… 36
帮助很大 ……………………… 61
不记得 ………………………… 2
平均值 ……………………… 2. 60

10. 到达美国开始你的富布赖特学生奖助金经历之后，你参加过迎新项目吗？

（调查访问者人数：1 600）
收到 ………………………… 57 ⇨有帮助吗？
未收到 ……………………… 41
不记得 ………………………… 3

（调查访问者人数：896）
毫无帮助 ……………………… 2
部分帮助 ……………………… 28
帮助很大 ……………………… 70
不记得 ………………………… 1
平均值 2. 68

11. 总而言之，以下各项你认为自己准备情况如何？（调查访问者人数：1 605 和 1 600）

	完全未准备	部分准备	充分准备	不适用	平均值
a. 富布赖特学生奖助金期间在美国的生活	5	38	56	1	2. 51
b. 在美国开展奖助金相关的活动	3	31	64	2	2. 62

板块 C：你的富布赖特学生奖助金

12. 以下对你的富布赖特学生奖助金描述最准确的是？（调查访问者人数：1 604）
全额奖助金（抵消我的所有花费） …………………………… 53

部分奖助金(抵消我的部分花费) ································ 35
旅行奖助金(抵消我的交通费用) ································ 10
安排住宿/无奖助金 1
其他(请在下面具体描写) ·· 1
( )

13. 你的家人有陪你参加富布赖特奖助金项目吗?

请勾选一个数字

(调查访问者人数:1 609)

有 ································ 30 ⇨谁?

没有 ······························ 70

请勾选所有合适的选项

(调查访问者人数:475)

配偶/伴侣 ······················· 96

孩子 ······························· 47

其他家庭成员 ·················· <1

14. 在富布赖特学生奖助金期间,你或你的配偶、或你的孩子参加过以下哪种活动?请勾选所有合适的选项。

(调查访问者人数 A:1 563) (调查访问者人数 B:455) (调查访问者人数 C:221)	A. 你 (1)	B. 配偶 (2)	C. 孩子 (3)
参加音乐会、戏剧或其他形式的文化活动 ················	90	85	67
拜访过美国人的家庭 ··	90	89	86
和美国人一起庆祝美国的节日和风俗习惯 ················	86	83	82
同其他富布赖特奖助金获得者正式或非正式的交流 ······	83	52	28
和美国人一起庆祝自己国家的节日和风俗习惯 ············	49	51	56
介绍自己国家 ··	44	26	19
社区服务 ··	29	37	18
参加英语课程 ··	21	50	32
参加运动或其他户外活动 ··	3	<1	1
参加教会活动 ··	2	0	0
参加政治活动 ··	1	0	0
其他活动(请具体标明) ··	16	9	6
以上均不是	1	2	5

其他社会/社区活动:

15. 以下哪个最能描述你的英语口语水平(A)到达美国前和(B)到达美国后?

（调查访问者人数 A：1 601） （调查访问者人数 B：1 563）	A. 到达 美国前	B. 到达 美国前
基本不会，仅会极少的单词	1	0
能问路、购物等简单的对话	13	<1
可以和同事对一些话题展开专业的讨论	33	4
可以公开进行展示	19	25
流利的英语（但未及英语为母语者的水平）	28	64
我是英语为母语者	6	6

16. 以下叙述哪个最能描述富布赖特学生奖助金期间你的住宿情况？请勾选所有相符的。（调查访问者人数：1 602）

一个人住…………………………………………………………………… 32

合租………………………………………………………………………… 42

同家庭陪同人员或朋友一起住………………………………………… 20

住在美国人家里 …………………………………………………………… 5

同国际学生住在宿舍或其他集中住宿区……………………………… 16

同美国学生住在宿舍或其他集中住宿区……………………………… 13

其他住宿方式（请具体写在下面） ……………………………………… 2

（ ）

领域：学术领域或学科（问题 17）（调查访问者人数：1 602）

物理和生命科学和工程……………………………… 31

人文学科……………………………………………… 22

社会科学……………………………………………… 47

17. 以下叙述哪一类与你在富布赖特学生奖助金期间的学术领域或学科最接近？（调查访问者人数：1 605）

农业……………………………………… 2

美国研究………………………………… 1

动物科学 ……………………………… <1

人类学…………………………………… 1

考古学 ………………………………… <1

建筑学…………………………………… 2

区域学 ………………………………… <1

艺术……………………………………… 2

地质学 ………………………………… <1

美国历史………………………………… 1

美国以外的历史………………………… 1

新闻学…………………………………… 2

英语之外的语言 ……………………… <1

法学……………………………………… 6

图书馆学………………………………… 1

语言学…………………………………… 2

艺术史 …………………………………… <1
天文学…………………………………… 0
生物科学………………………………… 3
工商管理………………………………… 7
化学……………………………………… 1
城市规划………………………………… 1
古典文学 ……………………………… <1
交际学…………………………………… 4
电脑科学………………………………… 4
创造性写作 …………………………… <1
经济学…………………………………… 7
教育学…………………………………… 4
工程学…………………………………… 8
英语……………………………………… 1
环境科学………………………………… 3
食品技术 ……………………………… <1
地理学…………………………………… 1
美国文学………………………………… 2
美国以外的文学………………………… 1
数学……………………………………… 2
药学……………………………………… 3
音乐……………………………………… 1
音乐学 ………………………………… <1
哲学……………………………………… 1
体育 …………………………………… <1
物理学…………………………………… 3
政治学…………………………………… 6
心理学…………………………………… 3
公共管理………………………………… 2
宗教学…………………………………… 1
社会工作………………………………… 1
社会学…………………………………… 2
应用语言学……………………………… 1
戏剧艺术 ……………………………… <1
其他(请写明) ………………………… <1

18. 富布赖特奖助金期间你是否获得大学颁发的学术文凭?

请勾选一个数字
(调查访问者人数:1 602)
有 ……………………………… 79 ⇨什么文凭?
没有 …………………………… 21

请勾选所有合适的选项
(调查访问者人数:1 261)
文科硕士/理科硕士 ………… 60
工商管理学硕士 ……………… 7
博士 ………………………… 31
其他 ………………………………… 9

19a. 富布赖特学生奖助金期间你参加了哪些教育/专业活动?请勾选下表格栏中所有相符的选项。(调查访问者人数:1 604)

	A. 所有活动
常规的课程作业…………………………………………………………	84

参加专业会议和研讨会	54
常规教学之外的课程、讲座和研讨会(非英语课程)	49
撰写/编辑文献、论文、书籍或者是其他著作	45
担任实习生、实验助手或助教	43
学位论文之外的实验	41
硕士论文	40
和美国人共事	39
给同事研究或教育提供帮助	34
博士论文	34
英文课程	24
展示奖助金活动	22
和研究领域相关的带薪工作	13
非母语教学	12
创作性或者表演艺术	12
母语教学	9
和研究无关的带薪工作	4
其他教育或专业活动(请在下方详细说明)	5
以上均不是	<1

其他教育或专业活动:

19b. 富布赖特学生奖助金期间你参加的主要的教育/专业活动?请勾选下表栏中一个相符的选项。(调查访问者人数:1 508)

	B. 主要活动
常规的课程作业	46
博士论文	24
硕士论文	16
学位论文之外的实验	5
担任实习生、实验助手或助教	2
常规教学之外的课程、讲座和研讨会(非英语课程)	1
参加专业会议和研讨会	1
撰写/编辑文献、论文、书籍或者是其他著作	1
英文课程	1
创作性或者表演艺术	1
和研究领域相关的带薪工作	1
和美国人共事	1
母语教学	<1
给同事研究或教育提供帮助	<1

展示奖助金活动 …………………………………………………………… <1

非母语教学 ………………………………………………………………… <1

和研究无关的带薪工作 …………………………………………………… <1

其他教育或专业活动(请在下方详细说明) ……………………………… <1

以上均不是 ………………………………………………………………… <1

其他教育或专业活动：

19. 富布赖特学生奖助金期间你参加的教育/专业活动中，有特别有趣或者有价值的吗？如果有，请详细描述。

20. 富布赖特学生奖助金期间你参加过富布赖特项目赞助的活动吗，比如，文化远足、体育活动、修学旅行、研讨会、大型会议、非正式展示等？

请勾选一个数字

(调查访问者人数：1 598)

有 ………………………………… 60

没有 ……………………………… 36

不记得 …………………………… 4

⇨总的来说，这些经历的意义有多大？

请勾选一个数字

(调查访问者人数：951)

毫无意义 ……………………… 1

部分有意义 …………………… 29

十分有意义 …………………… 69

不记得 ………………………… 1

平均值 ……………………… 2. 68

21. 富布赖特学生奖助金期间，你参与了多少国际学生中心在你们学校举办的活动？请选择一个数字。(调查访问者人数：1 598)

未申请：我们学校没有国际学生中心	一个都未参加	部分	相当一部分	很多	平均值
4	24	51	14	8	2. 05

22. 包括富布赖特延长时间在内，你的富布赖特学生奖助金时长是多少？(调查访问者人数：1 587)

少于 12 个月 ………………………………………… 16

12-23 个月 …………………………………………… 29

24 个月 ……………………………………………… 28

超过 24 个月 ………………………………………… 27

平均时长 …………………………………………… 24

23. 富布赖特学生奖助金项目结束后你有继续待在美国吗？

请选择一个数字。(调查访问者人数：1 591)

是 …………………………………………………… 44

否 …………………………………………………… 56

24a. 如果有，你在美国总共待了多长时间？请选择最接近值。(调查访问者人数：639)

少于或等于 24 个月 ………………………………… 22

25-48 个月 ………………………………………………… 28
49-60 个月 ………………………………………………… 21
超过 60 个月 ……………………………………………… 28
平均时长 …………………………………………………… 54

24. 你认为富布赖特学生奖助金时长太短、合适还是太长？请选择一个数字。(调查访问者人数：1 595)

太短	合适	太长	不清楚	平均值
31	66	1	2	1. 68

25. 总的来说，你对富布赖特学生奖助金经历是否满意？请选择一个数字(调查访问者人数：1 602)

完全不满意	部分满意	大都满意	十分满意	平均值
1	7	27	65	3. 55

板块 D：富布赖特学生奖助金经历之后

26. 在富布赖特学生奖助金经历之后，你是如何同其他人保持联系的呢？请勾选所有合适的选项。(调查访问者人数：1 577)

	没有联系	电话、电邮、信箱	他们来我的国家拜访我	我去美国拜访他们
a. 主办学校的学生	16	73	32	35
b. 主办学校的工作人员	16	73	20	32
c. 富布赖特学生	40	55	16	9
d. 活动中认识的其他美国人	20	68	28	33
e. 活动中认识的其他国际学生	20	73	25	21

27. 以下教育/专业著作中，哪些是你在富布赖特学生奖助金期间收获的知识、信息、材料或数据(包括正在进行的著作)？请勾选所有相符的选项。(调查访问者人数：1 578)

学术或专业会议的论文……………………………………………… 61
期刊(已同行评审)文章 ……………………………………………… 48
博士论文 ……………………………………………………………… 4
硕士论文……………………………………………………………… 37
期刊(未同行评审)文章 ……………………………………………… 34
报纸或杂志上的文章………………………………………………… 24
书籍或专著…………………………………………………………… 19
创意或表演艺术方面的著作 ………………………………………… 8
其他著作 ……………………………………………………………… <1
以上均不是 …………………………………………………………… 8

28. 在富布赖特学生奖助金经历期间，你参加过下面哪些活动？请勾选所有相符的选项。(调查访问者人数：1 591)

将富布赖特经历中收获的知识/技能运用到以后的专业活动中 ………… 83
越来越重视发展国际化视野，专注于兴趣……………………………… 64
回访美国……………………………………………………………………… 62
追踪美国的实时报道……………………………………………………… 58
参加在美国或和美国相关的大型会议、研讨会等……………………… 58
越来越融入与美国相关的专业协会或组织……………………………… 34
越来越融入与美国相关的研究…………………………………………… 31
寻求同我的富布赖特经历相关的教育机会……………………………… 31
我的事业重心更具国际化………………………………………………… 28
加入推动国际合作的组织………………………………………………… 25
在自己国家接待美国的个人和家庭……………………………………… 25
参加其他(非富布赖特)国际交流项目 ………………………………… 19
成立或者协助成立国际交流项目………………………………………… 15
收到其他富布赖特奖助金 ………………………………………………… 4
其他(请在下方具体化) ………………………………………………… 7
以上均不是 ………………………………………………………………… 1
其他和富布赖特经历相关的教育/专业活动：

29. 你通过以下哪种方式同他人分享你在富布赖特学生奖助金项目中学到的关于美国的知识？请勾选所有相符的选项。(调查访问者人数：1 585)

在自己国家通过和他人的非正式对话…………………………………… 92
在自己国家的教育/社区机构进行演讲、讲座或展示 …………………… 44
在自己国家向他人展示美国的传统(比如，烹饪、舞蹈、运动等) …… 22
通过自己国家的媒体(新闻、电视等)访谈 …………………………… 18
其他活动(请在下面具体化) …………………………………………… 4
以上均不是 ………………………………………………………………… 4
其他活动：

30. 你在富布赖特学生奖助金期间，下面关于美国的各个方面你学到了多少呢？请在每一行选择一个数字。(调查访问者人数：1 581—1 597)

美国的……	极少或没有	一些	部分	大量	平均值
a. 文化或生活方式	<1	6	23	71	3.64
f. 教育体系	1	9	30	60	3.50
b. 政治体系	2	15	41	43	3.24
d. 经济	4	21	39	35	3.05
e. 历史	4	26	41	29	2.94
c. 和你们国家的关系	7	23	40	29	2.91

31. 整体来看，你同意还是不同意以下关于富布赖特学生奖助金项目的陈述？每句陈述请选择一个数字。（调查访问者人数：1 518—1 596）

	不同意	部分不同意	部分同意	同意	不清楚/不适用	平均值
a. 我的富布赖特经历增加了关于美国及其文化的知识和理解	<1	<1	7	92	<1	3. 91
b. 我的富布赖特经历提高不同国家社会和文化多样性的意识	1	2	14	82	1	3. 78
g. 我的富布赖特经历提高了我向他人传输国际视野的能力	1	2	22	73	2	3. 70
e. 我的富布赖特经历提高了国际事务的意识	2	2	23	72	1	3. 67
d. 我同活动中认识的朋友联系紧密	3	4	20	71	2	3. 61
f. 我的富布赖特经历提高了祖国在我心中的国际地位	4	8	31	56	2	3. 42
c. 我同活动中认识的专业上的朋友合作紧密	7	8	22	59	4	3. 38

32. 富布赖特学生奖助金项目对下述领域有多大的影响？请在每一行选择一个数字。（调查访问者人数：1 562—1 585）

	极少或没有	一些	部分	大量	平均值
d. 有利于你专业领域的发展	1	3	13	82	3. 78
a. 我教会你新的专业技能或技巧	2	4	14	80	3. 73
c. 有利于以后教育/事业成就	2	4	14	80	3. 72
f. 提高你的专业文凭	1	4	16	78	3. 71
b. 有利于你未来的教育/事业抉择	3	4	17	76	3. 67
g. 提高你在专业领域的领导力	3	8	25	64	3. 49
e. 有利于同美国人的专业合作	12	13	28	47	3. 10

33. 富布赖特学生奖助金经历完全或部分对你收获荣誉、奖励、专业职务、领导职务等有帮助吗？请勾选一个数字。（调查访问者人数：1 579）

有 ·· 47 ⇨ 请在下方详细描述

没有 ······································· 53

荣誉、奖励等

____

34. 你是否有推荐朋友或同事申请富布赖特奖助金？请勾选一个数字。（调查访问者人数：1 591）

是·· 93

否 ·· 7

35. 你是否有推荐朋友或同事参加国家交流项目？请勾选一个数字。（调查访问者人数：1 590）

是·· 95

否 ·· 5

36. 你认为在富布赖特学生奖助金期间，美国人通过以下哪一种方式与你交流受益良多？请勾选所有相符的选项。（调查访问者人数：1 596）

提高不同国家社会/文化多样性的意识 ·· 83

增加了对自己国家的知识和理解…………………………………………………… 79
增加了对自己国家的兴趣………………………………………………………… 75
深刻理解跨文化交际的重要性…………………………………………………… 69
其他活动（请在下面具体化）…………………………………………………… 3
以上均不是 ………………………………………………………………………… 2

美国人受益的其他领域：______________________________

38a. 你的家人在你的富布赖特学生奖助金项目结束后，回国后做了什么呢？请勾选所有相符的选项。（调查访问者人数：427）

对我不适用：既不是配偶也不是孩子陪我……………………………………… 71

配偶/伴侣

和在美国结识的朋友保持联系…………………………………………………… 84
对国际事务越来越感兴趣………………………………………………………… 65
回访美国…………………………………………………………………………… 51
在自己国家的学校和社区机构谈论美国的经历………………………………… 45
参加其他形式国际教育或文化交流项目………………………………………… 26
写关于美国经历的文章或书籍 ………………………………………………… 9
在自己国家的媒体访谈中介绍自己的美国经历 ……………………………… 5
其他活动（请在下面具体化）…………………………………………………… 3
以上均不是 ………………………………………………………………………… 7

38b. 你的家人在你的富布赖特学生奖助金项目结束后，回国后做了什么呢？请勾选所有相符的选项。（调查访问者人数：427）

孩子

和在美国结识的朋友保持联系…………………………………………………… 48
在自己国家的学校和社区机构谈论美国的经历………………………………… 45
对国际事务越来越感兴趣………………………………………………………… 42
回访美国…………………………………………………………………………… 41
参加其他形式国际教育或文化交流项目………………………………………… 24
写关于美国经历的文章或书籍…………………………………………………… 10
在自己国家的媒体访谈中介绍自己的美国经历 ……………………………… 4
其他活动（请在下面具体化）…………………………………………………… 2
以上均不是………………………………………………………………………… 28

其他活动：

板块E：富布赖特校友活动

39. 你现在是富布赖特校友协会的成员吗？请勾选一个数字。（调查访问者人数：1 593）

我们国家没有富布赖特校友协会 ………………………………………………… 3

是…………………………………………………………………………… 40
否…………………………………………………………………………… 32
不确定……………………………………………………………………… 26

40. 下面列出的富布赖特相关的校友活动中，过去 12 个月你做过哪些呢(如果有的话)？请勾选所有相符的选项。(调查访问者人数：1 438)

收到富布赖特校友协会的简报……………………………………………… 33
访问富布赖特校友协会的网站(www.fulbright.org) ……………………… 30
收到提供给富布赖特校友的新机遇的信息………………………………… 22
参加国家或本地富布赖特校友协会组织的活动…………………………… 20
访问国际教育协会、美国学术和专业项目、美国—中东教育和培训服务股份有限公司的网站(www.iie.org，www.laspau.harvard.edu，or amideast.org) ……………………………………………………………………… 11
在富布赖特访问学者或学生申请者评估小组工作………………………… 10
访问全球富布赖特社区网络论坛网站(www.fulbrightweb.org) …………… 9
在为富布赖特奖助金获得者或潜在获得者举办的会议或研讨会上发言 … 7
给富布赖特校友协会、国际教育协会、美国学术和专业项目、美国—中东教育和培训服务股份有限公司提供活动后的成果或项目消息 …………… 5
担任美国富布赖特学生的导师 ……………………………………………… 5
其他富布赖特相关的活动(请在下面具体化) ……………………………… 3
以上均不是…………………………………………………………………… 37

其他富布赖特相关的活动：____________________

板块 F：背景资料

41. 你目前的工作情况是？请勾选所有相符的选项。(调查访问者人数：1 600)

工作………………………………………………………………… 91
学生………………………………………………………………… 13
家庭主妇 …………………………………………………………… 1
退休 ………………………………………………………………… 0
其他 ……………………………………………………………… … 5

如果目前你没有工作，请直接跳至问题 43。

42. 你目前受雇于哪种机构？请勾选所有相符的选项。(调查访问者人数：1 387)

高校………………………………………………………………… 57
盈利性公司………………………………………………………… 24
政府(不包括军队) ………………………………………………… 10
非盈利性机构 ……………………………………………………… 9
个体经营 …………………………………………………………… 8

预科 …………………………………………………………… 2

军队 ………………………………………………………… <1

其他(请在下面具体化) ………………………………… < 1

( )

43. 你所完成的最高学历是？请勾选一个数字。(调查访问者人数：1 591)

本科或同等学力 ………………………………………………… 2

硕士(包括工商管理学硕士) …………………………………… 50

博士或其他最高学历(哲学博士，教育博士，医学博士，法学硕士，法学博士等) ……………………………………………… 48

其他(请在下面具体化) ……………………………………… 0

( )

44. 你是在哪一年获得最高学历的？(调查访问者人数：1 593)

1994 年之前 ……………………………………………………… 23

1994—1998 年 …………………………………………………… 26

1999—2000 年 …………………………………………………… 19

2001 年以后 ……………………………………………………… 32

45. 你是哪一年出生的？(调查访问者人数：1 592)

1960 年之前 ……………………………………………………… 23

1960—1965 年 …………………………………………………… 25

1966—1970 年 …………………………………………………… 26

1970 年以后 ……………………………………………………… 26

46. 你的性别？请勾选一个数字。(调查访问者人数：1 595)

男性	女性
65	35

附录 B

富布赖特访问学生项目实地参观节选

前言

富布赖特访问学生项目给外国侨民提供奖励，让他们有机会在美国学习。该项目由美国国务院下的教育和文化事务局管理，三个国内的非盈利性合作机构协助教育和文化事务局管理该项目，其中最大的是国际教育协会，管理大多数富布赖特访问学生在美国的住宿和日常事务；第二大合作机构是美国学术类和专业类交换项目(旧称美国大学拉美地区奖助金项目)，负责拉丁美洲和加勒比海地区国家；第三个是美国—中东教育和培训服务股份有限公司，负责北美和中东国家。

世界上 100 多个国家参加了富布赖特访问学生项目，其中 51 个国家的两国间的富布赖特委员会规划、监管该项目。至于其他国家，基金会或者海外的美国大使馆外事部筹划并监管所在国家的项目进行情况。其中设有两国间的富布赖特委员会的 51 个国家中，41 个是由美国和主办国政府联合成立的。一些国家中，主办国政府和私人企业均作出贡献。

所有的委员会有共同的项目目标：通过推动美国人同主办国人民之间的学术和文化交流，来促进主办国和美国之间的相互理解，增进友谊。主要任务有：

- 发展有一定数量和种类奖助金的年度国家项目。
- 规划和开展教育交流，包括奖助金获得者的筛选工作、筹集资金以及校友关系等工作。

虽然他们有着共同的项目目标，但每个委员会在任务执行时是独立的。从某种程度上说，十多年前，许多委员会已经开始积极筹资，大大增强了他们的灵活性。

美国国务院从中选取了 14 个国家作为成果评估的重点。其中实地参观将在 6 个有代表性的国家进行，他们代表了世界七大地区中的五个地区：约旦和摩洛哥(近东地区)、日本(东亚和环太平洋地区)、德国(欧洲)、印度(南亚)和墨西哥(西半球)。项目由两国间的富布赖特委员会管理，美国是主要的资金来源。其中在摩洛哥和德国，主办国比美国贡献得更多。六个委员会各自独立，非盈利性机构主要监督海外的富布赖特项目。每个两国间的富布赖特委员会下设有一个董事会，由相同人数的美国人和主办国家的人组成，各个国家的入会以及任命程序各有不同。除了约旦是 8 个人，摩洛哥是 12 人之外，所有国家的董事会成员均为 10 人。

实地参观反映了 6 个国家的富布赖特校友长期在政府、教育、法律、艺术、媒体担任领导职务，或是在大型公司担任高级管理职务。这也强调了委员会在传播信息给各种类型的支持者中，所起的重要作用，即教育交流在建立同美国之间的紧密联系中，是至关重要的。

六个实地参观有两大目的：

(1)和校友进行个人以及焦点小组访谈，收集个人经历、想法和态度的信息，用于之后调查问卷结构的设计。信息还用于强调和扩大调查量化结果的分析，而校友们的建议则直接包含在本报告中。

只有在受访的校友之间达成共识的情况之下才会包括这些内容。

(2)采访富布赖特委员会的负责人以及工作人员，为了：

- 了解富布赖特项目和各国委员会的影响力；
- 了解各国项目的规模及管理情况(在下面分别列出)。

美利坚合众国和联邦德国教育交流委员会
德国柏林(Berlin)实地参观
(2003 年 11 月)

德美富布赖特项目是世界上最大、最多样化的富布赖特项目。自 1952 年以来，共提供了 4 万多份奖助金。每年的资金由两国共同提供，其中德国政府投入的是总资金的一半多一点，而最开始，项目资金由美国政府单独承担。委员会由一名德国行政长官和 13 名秘书长组成。

对于许多德国学生来说，富布赖特奖助金一直有较高的地位，美国也是求学深造的梦想之地，这可能就是委员会管理的最大的交流项目是富布赖特访问学生项目的原因。现有数据显示，1980—2000 年期间，共有 887 名奖助金获得者从德国前往美国。项目给各个领域的学生均提供了奖助金支持，但一半以上的奖助金由人文社会科学类的学生获得。

委员会和许多美国大学建立了友好关系，同美国大学在学费减免和住宿问题方面，做出了自己的安排。委员会认为，这样比仅依靠美国国务院的内部合作机构(国际教育协会)的管理更有效率，自由度也更高。这一点同其他委员会的做法有些不同，其他委员会主要依靠美国国内的合作机构(国际教育协会、美国学术和专业项目、美国—中东教育和培训服务股份有限公司)。

近年来学生项目面临大量来自德国大学的竞争压力，许多德国大学现在发展了自己的“内部”交流项目(一些大学和美国30所大学有机构上的合作)。委员会可从两个方面应对该问题：

· 加强在德国个别大学的项目推广；

· 成立一个针对德国大学的校长资助项目，支持大学校长授课以及同美国大学校长之间的往来。

个人和焦点小组的访谈：美国大使馆公共事务处的部长顾问(同时也是富布赖特委员会两国间董事会的主席)同委员会负责人之间召开了项目介绍大会。之后对委员会负责人进行了一次深度访谈，以了解富布赖特学生交流项目在德国是如何管理的。斯坦福国际咨询研究所之后进行了5场个人访谈，一场另外5名富布赖特校友组成的焦点小组的访谈。10名访谈对象中，3名是博士，5名硕士，2名是工商管理学硕士。斯坦福国际咨询研究小组还参加了德国富布赖特校友协会每月召开一次的会议。其中15名富布赖特校友(大多数是富布赖特学生项目的校友)参加了此次会议，并参加了非正式的(额外的)焦点小组访谈。

校友协会：德国校友协会相对来说规模较大，大部分有富布赖特学者和学生项目的校友组成。在这种情况下，和其他校友协会一样，机构的活跃程度取决于校友的志愿者工作。尽管目前校友们表现得十分活跃，但这还只是小部分，而且依赖于少数积极校友的长期支持，志愿组织活动、维持行政管理工作。

校友对项目的改善建议

校友协会支持需求：校友一致认为委员会应该更加支持校友协会的工作。校友希望同大学的国家事务办公室有更多的交流，举办更多当地的活动。校友认为回国之后他们的经历对推动项目的发展用处很少，甚至几乎没有作用。他们也想看到一个资助金获得者回国之后更好的后续活动(现在几乎没有)。

奖助金获得者的准备工作：校友们都认为交流奖助金获得者的大使身份十分重要，总结出在这一方面对他们的希望(目前未考虑到这一点)也很重要。

扩大项目推广：校友们认为富布赖特项目在德国知名度不高，委员会应该加强宣传工作。

大学证书：校友们认为委员会应该做一些调整来帮助德国学生获得美国大学的学位证书(比如，增加奖助金时长)；或者主办机构应该对那些为美国大学工作的学生给以学分的奖励。

印度的美国教育基金会
印度新德里(New Delhi)实地参观
(2002年10月)

印度的美国教育基金会成立于1950年。每年的资金主要由美国政府单独承担，印度政府和私人机构也提供部分资金。委员会由一名美国行政长官和 15 名其他工作人员组成(包括三名区域事务办公厅的工作人员)。

国际教育协会负责印度奖助金获得者在美国的住宿和管理。奖助金获得者主要是艺术类、人文类和社会科学类的学生。私人机构提供公共卫生、交际学、印度经济及相关领域、法律和工商管理领域的奖助金。

在六个被实地参观的国家中，除了印度之外，其余五个国家都表示富布赖特学生项目是按比例被管理的最大的项目。斯坦福国际咨询研究所提供的数据显示，印度的富布赖特学生项目相对较小：1998—2000 年期间，仅 175 名印度学生奖助金获得者去美国学习，是六个国家中规模倒数第二大的国家(最小的是约旦)。可能是因为印度的私人机构投资了一些专门性的项目，让一些被挑选的领域的学生去美国学习和做研究。这些奖助金每年的具体数额目前还不清楚，但相信就它本身而言，能够大量地增加富布赖特项目的学生奖助金获得者的数量。

个人和焦点小组访谈：委员会主任和印度项目高级官员，共同召开了项目介绍大会。之后斯坦福国际咨询研究所进行了 5 场个人访谈，一场 5 名富布赖特校友组成的焦点小组的访谈。10 名访谈对象中，在他们获得资助的时候，3 名是博士，7 名是硕士。

校友协会：印度共有 16 个校友协会，协会成员大都不够活跃，和委员会联系很少。

校友对项目的改善建议

校友协会：校友认为校友协会应该更加活跃，同委员会多联系，争取更多的支持。

扩大项目推广：校友们认为富布赖特项目在大城市知名度较高，但在偏远城市知名度不高。

美日国家教育委员会
日本东京(Tokyo)实地参观
(2002 年 10 月)

富布赖特项目在日本始于 1952 年。美国给这个项目出资一直到 1979 年，那时美日国家教育委员会成立。之后，每年的资金由两国共同提供。1986 年开始，日本的一些私人企业开始提供资金支持。

美日国家教育委员会，由一名美国行政长官和一个由 20 名成员组成的秘书处构成。美日国家教育委员会管理富布赖特项目，同时主导教育交流的宣传工作，这对于建立美日之间的紧密联系至关重要。

数据显示，美日国家教育委员会负责的富布赖特项目是日本最大的学术交流项目。1980—2000 年期间，共有 563 名学生奖助金获得者从日本前往美国。国际教育协会负责日本奖助金获得者在美国的住宿和管理事宜。

依照传统，奖助金会优先考虑人文社科的五个领域：美国研究、日本研究、教育学、环太平洋地区政治和经济关系，以及当代社会问题。如果和当代社会问题相关，也会给自然和应用科学领域提供奖助金(比如，公共健康和环境)。

个人和焦点小组访谈：委员会负责人召开了项目介绍大会。之后斯坦福国际咨询研究所进行了5场个人访谈，2场焦点小组的访谈。因为委员会有一个专门针对记者的项目，一场焦点小组(6名校友)的访谈围绕这个领域而进行。所有的个人都获得了专业发展奖助金。另一个焦点小组由5名研究生校友组成。10名访谈对象中，在他们获得资助的时候，5名是博士，2名是硕士，2名是工商管理学硕士。

校友协会：日本共有11个区域性的校友协会(成立于1982年)，各个协会的代表组成了一个全国性的董事会。校友协会不仅组织各种活动，还积极筹集资金，目的在于邀请更多的美国人来日。校友协会每年召开一次记者大会。

美约教育交流委员会
在约旦的两国间的富布赖特委员会
约旦安曼(Amman)实地参观
(2003年10月)

根据美约之间的双边条约，最先创建了美约教育交流委员会，也称为约旦哈希姆王国(Hashemite Kingdom of Jordan)同美国两国间的富布赖特委员会，该委员会成立于1993年。每年的资金由两国政府共同承担(美国负责资金的大部分)。美约教育交流委员会是近东地区最新的富布赖特委员会，由一名美国行政长官和6名其他工作人员负责。

在约旦，富布赖特在各个领域以及各个学习阶段(博士学位之前到博士后)都是最负盛名的。1993—2000年期间，共93名约旦学生获得奖助金去美国学习。美约教育交流委员会重视传统的人文科学领域的学科，大多数奖助金也是资助这些领域的学生。美国—中东教育和培训服务股份有限公司，负责约旦奖助金获得者，在美国的住宿和管理事宜。

目前奖助金申请者的覆盖面更广——许多是来自于私人企业中有工作经验的工作者(特别是工商管理学硕士奖助金)。但是，约旦的主要申请者还是大学生居多。

个人和焦点小组：委员会负责人召开了项目介绍大会。之后斯坦福国际咨询研究所进行了5场个人访谈，一场由6名富布赖特校友组成的焦点小组的访谈。11名访谈对象中，4名是博士，4名是硕士，2名是工商管理学硕士，1名是法学硕士。

校友协会：校友协会在实地参观期间还在筹备阶段。

校友对项目的改善建议

校友协会：校友强调了美约教育交流委员会应该赞助校友协会，他们强烈建议增加约旦人民同美国奖助金获得者约旦期间的交流。校友们还注意到，美国的富布赖特奖助金获得者与约旦校友的交流并不积极，因为他们认为约旦属于第三世界国家。

扩大项目推广：校友们认为富布赖特项目在约旦知名度不够高，需要一个关于约旦大学富布赖特项目的更有条理的信息计划。大部分认为很难获得该项目的信息。

项目拓展：许多校友觉得该项目应该向最初的学术主导方向之外拓展，为人们提供在美国生活的机会，以及学习专业领域的专业知识的机会。

美墨教育与文化交流委员会
墨西哥城(Mexico City)实地参观
(2004 年 9 月)

美墨教育与文化交流委员会成立于 1990 年。项目资金由两国政府共同承担(美国负责资金的大部分)。美墨教育与文化交流委员由一名墨西哥的行政长官(前富布赖特校友)和 11 名工作人员负责。

1990—2000 年期间，共 940 名墨西哥学生获得奖助金去美国学习。六个实地参观的国家中，墨西哥拥有世界上最大的富布赖特学生项目(德国第二，887 名奖助金获得者)。近年来，美墨教育与文化交流委员会，开发了许多形式多样的新项目，提高并扩展了该项目的宣传(工作人员在全国范围内进行宣传该项目)。该国多样化战略的一个重要部分是招收欠发达省份的学生，而之前他们很难或者基本没有机会获得奖助金。自八年前该政策推行至今，奖助金申请人数大幅增加。

委员会重视传统的人文社会科学领域的学科，大多数奖助金也是资助这些领域的学生。国际教育协会和美国学术类和专业类项目负责墨西哥奖助金获得者在美国的住宿、学费减免和管理事宜。学生项目由相同人数的专业个人和研究生组成，委员会准备筹办一个校友协会。

个人和焦点小组：委员会和项目负责人之间召开了项目介绍大会。之后斯坦福国际咨询研究所进行了 5 场个人访谈，一场由 7 名富布赖特校友组成的焦点小组的访谈。12 名访谈对象中，1 名是博士，5 名是硕士，2 名是工商管理学硕士，2 名是法学硕士，2 名是美学硕士。

校友协会：校友协会在实地参观期间还未完全发展。委员会负责人强调，协会只有井然有序地管理和运行才能存活下来。他强调，除了继续校友协会的筹建工作，开展更多的委员会提供的活动也是我们的工作重点。

校友对项目的改善建议

成立更活跃的校友协会的需要：校友一致认为应该开展更多和校友相关的活动，比如：

· 开展年度活动，利用校友和他们的经历宣传项目(校友认为他们的经历是一种有价值但目前尚未被充分利用的资源)；

・对校友开展年度调查(由美墨教育与文化交流委员会组织)，可以更好地追踪奖助金获得者的情况(目前这方面做得很少)，发展校友社交网。

扩大项目推广和拓展：校友们认为富布赖特项目在墨西哥的高等教育机构没有得到充分推广，需要加强同大型企业的合作(以共同投资合作的形式)，可以增加奖助金获得者回国后的就业机会。许多校友提到，他们回国后在高等教育领域和私人公司，都很难找到合适的工作。

增加迎新项目：学生校友觉得目前一天的迎新活动是不够的，关于具体的迎新时长校友还未达成一致。

美摩教育和文化交流委员会
摩洛哥拉巴特(Rabat)实地参观
(2003年12月)

美摩教育和文化交流委员会成立于1982年。每年的资金由两国政府共同承担(摩洛哥政府和私人企业负责70%的项目资金)。美摩教育和文化交流委员会，由1名美国行政长官和10名工作人员负责。

学生项目是美摩教育和文化交流委员会负责的富布赖特项目中规模最大，最重要的项目1982—2000年期间，共235名摩洛哥硕士和博士学生，获得奖助金去美国学习。20世纪80年代，该项目曾限制英语语言/文学专业的学生去美国追求更高学历，造成这些领域的博士人才严重缺乏。但在过去十年，针对博士的奖助金却逐渐减少，这一现象同摩洛哥大学的需求转变是结合在一起的。与之相反，针对硕士的奖助金却在逐渐增多，这一趋势在20世纪90年代“就业能力”这一择业标准的提出之后得到加强。现在，超过50%的奖助金获得者是工商管理学硕士(他们中的许多人之后选择自主创业)，企业对他们给予很大的支持。这一趋势让美摩教育和文化交流委员会十分担心其他领域的奖助金缺乏。

个人和焦点小组：委员会负责人召开了项目介绍大会，之后委员会和项目负责人共同召开了第二次大会。斯坦福国际咨询研究所，随后对富布赖特学生校友，进行了8场个人访谈，8名访谈对象中，2名是博士，5名是文学或科学硕士，1名是工商管理学硕士。

校友协会：校友协会在实地参观期间还在筹备阶段。

校友对项目的改善建议

扩大项目推广：校友们认为，美摩教育和文化交流委员会，需要同摩洛哥的大学加强合作。他们一致认为，富布赖特项目不应该宽泛地针对整个摩洛哥，而应该更有指向性尤其是在摩洛哥的大学。他们觉得法国和法国的体系，比美国和富布赖特项目在摩洛哥大学知名度更高。他们认为去法国交流有一定的局限性，富布赖特项目的地位更加重要。

附录 C

富布赖特访问学生成果评估
开放性问题回答的节选

47. 请简要举一至两个例子来说明你的富布赖特学生经历是如何直接影响你的专业和个人生活的。

德国富布赖特学生：在这所优秀的研究生学院学习了一年，我形成了专业的学术态度，这在之前的德国大学体系内是不曾获得的。其间我建立的的朋友网到目前为止仍是我事业中最重要的部分之一（现在是德国大学一名专业的历史学家）。

德国富布赖特学生：我有幸参观之前我从未去过的国家，而且能在那儿学习。现在我把我的学习经历分享给我的学生。这次经历完全改变了我的生活，我深深地爱上了美国，并尽可能地同在德国的美国朋友保持联系。

危地马拉富布赖特学生：个人层面上来看，我结交了世界各地的朋友，这意味着现在我更加关心其他国家的事务，以及和其他国家发展相关的外交政策的影响。这次经历让我变得更加自力更生。从专业方面来看，这次经历拓宽了我的视野，认识一个全新的领域，学会用不同的方法进行学术研究。我负责了一个小的硕士项目，现在是负责一所私立大学的本科生部门，并对其进行了深化改革，获得了资格认证。最后，在美国学习之后的实际训练让我结识了很多志同道合的朋友，他们对我在危地马拉创立公司帮助很大，我同之前美国的老板是很好的合作伙伴，我们经常开展国际性的合作。

危地马拉富布赖特学生：富布赖特经历给我的生活带来了翻天覆地的变化，丰富了对其他文化的看法，拓宽了我的政治视野，而这些是之前的生活经历都不曾有过的。仅次于作为一名父亲，富布赖特经历一直是我一生中收获最大的经历。至于专业方面，我学到了提高我的社会经济生活的技能，获得了更好的工作，也收获了他人的尊重。

印度富布赖特学生：作为一名教师，我知道了美国讲师/教授是如何开展教学的。我懂得什么是最适合自己课堂的教学方法，如何和学生一起开展课堂教学活动等。在富布赖特学习期间，我接触了几节和课堂冲突相关的课程，我懂得如何用美国的模式来解决自己课堂上的矛盾与冲突，不仅对我的学术和专业生活，而且对我的日常人际交往也是很有帮助。

印度富布赖特学生：富布赖特经历大大拓宽了我的视野，提升了我在专业领域(社会心理学)的知识和能力，扩大了我的国际和多元文化网络，改善了我的个性和个人生活。总而言之，富布赖特大大提高了我的专业和个人生活，让我成长为一个文化巨人。

印度尼西亚富布赖特学生：作为新闻专业的学生，我十分关注国际关系方面的问题、跨文化交际的重要性以及印度的犹太人。富布赖特经历让我学会用欣赏的眼光看待上述问题，致力于创造一个更加美好的世界。

印度尼西亚富布赖特学生：结束在耶鲁的富布赖特学习之后，大多数国内外的专家都认为我是一个严谨的学者，让我可以更容易地找到工作、获得工作上的认可。此外，美国之行激发了我在美国工作和做研究的兴趣，更加了解美国人。所以我和一个美国人结了婚，现在在美国工作、生活。

日本富布赖特学生：毫无疑问，富布赖特经历提高了我的英语水平，加深了跨文化交际的学习，推动了我的事业发展。学生的多样化推动了美国高等教育的发展。在美国大学学习，和美国以及50多个国家的国际学生交流，对我来说是一次非常特别的经历。我现在在一个十分国际化的环境下工作，所以这次经历对我帮助很大。

日本富布赖特学生：我申请富布赖特项目的时候，日本的各个药学院都没有国际卫生部门这一专业。而我在约翰霍普金斯大学的奖助金资助的博士学习，帮助我的事业得到了自己国家，以及全世界国际卫生组织的认可。现在我在一家国际型机构工作，从事发展中国家的国际卫生研究和运作。我同许多美国和日本的科学家都有合作项目。

约旦富布赖特学生：我的富布赖特经历真的太棒了。我体验了美国的职业道德并接受它。和以前相比，我现在变得越来越“美国化”了，我的教学和研究能力都有很大的提升。现在我用许多美国的理念来教育孩子。

约旦富布赖特学生：专业方面，我现在能撰写并且在杂志上发表文章了。个人方面，同专家、学者的交流也是意义非凡。我利用富布赖特奖助金的机会，集中发展我的专业兴趣和知识，更好地规划我个人的未来目标。

墨西哥富布赖特学生：作为富布赖特学者的经历，给我提供了没去美国之前无法企及的社会和学术机会，包括：出席自己国家的各种学术活动，在网络上同许多国际上远负盛名的学者打交道。

墨西哥富布赖特学生：该经历丰富了我对于个人发展的看法和态度；作为一名富布赖特人，我所面临的让我变得更加自信。我很感激在此期间我参加的各种活动。很荣幸我能收获这么多，感谢大家对我的关心和照顾。

摩洛哥富布赖特学生：参加富布赖特项目让我懂得，美国可以把最好的东西给世界上其他的国家，即教育和对他人的兴趣。从这一角度来看，富布赖特项目是教育、科学和知识与满足来自世界各地的受过高等教育的人，共同为改善所有人的生活作出贡献的最佳范例。项目的长期效应无法估量，深不可测。所有的发达国家都应该把富布赖特项目视为典范，大力投资这类项目。此次经历使我的专业道路发生了翻天覆地的变化。之前，我在一家大型机构工作，我认为自己是一位很出色的经理。现在我虽然在一家小型机构工作，但我觉得自己是一个企业家，能够及时而且很容易地调整自我，我现在对自己企业家的身份很满意，为之振奋，同时收入也很可观。

摩洛哥富布赖特学生：我认为我从中学习了很多之前没有学习到的东西，体验了许多文化、人以及活动。时间飞逝，但我会永远铭记这些美好的、愉快的时光和事情。这次经历教会我很多，拓宽了我的视野和见识。我感受到了美国人的善良，他们的淳朴和生活方式值得珍惜。美国大学是美国教育体系的重中之重，将一切事情变得简单化，教会学生什么是自信，如何对待所学、所读到的东西。一言以蔽之，美国大学充满淳朴、谦逊、爽直，而且没有阶级等级和官僚制度的束缚，这比其他任何地方都产生了更好的效果。所以每学期成千上万的学子来美国求学也不足为奇了。

尼泊尔富布赖特学生：能成为富布赖特的学生，我觉得我已经达到事业的巅峰了。我记得美国富布赖特顾问说过："富布赖特项目结束之后，你一定会彻头彻尾地改变。"我觉得自己目前在专业领域已经小有名气，事业也得到了很大的发展。我相信是富布赖特给我目前的地位打下了基础。

尼泊尔富布赖特学生：美国的教授和研究生对学术的追求精神，以及伯克利大学的学生的活力、言论自由、对公民权力的追求、果断的行动力以及对文化多样性的尊重都深深地影响了我。我将这些价值观运用到在尼泊尔的个人工作模式中，我将它们命名为 RATOS（"R"代表研究，"A"代表主张，"T"代表教学和训练，"O"代表机构建设，"S"代表社会流动性）。

秘鲁富布赖特学生：专业方面，我觉得自己比未进行这些研究的同龄人懂得更多的知识。比如，我受邀去玻利维亚进行一场讲座，介绍红薯这种农作物以及它的营养潜力。就个人而言，它让我更好地理解了农业和遗传学在世界上的地位，也教会我用不同的眼光看待国际和国内事务。

秘鲁富布赖特学生：我越来越意识到国际化在我所涉及的两大专业领域——专业实践、专业教学——的重要性。现在我会用新的视角来看待世界及其复杂性。

波兰富布赖特学生：它帮助我获得博士学位，深化了我专业领域（美国的种族文学）的知识结构，让我可以在大学开设新的课程，也加深了我对美国的认识。

波兰富布赖特学生：对美国性别研究的了解，引导我在自己国家的大学，进行为期三年的学科间的性别研究。我和一个团队维持了五年的合作。该团队组织了 100 多场讲座，一些关于性别和同性恋研究的会议，也是大学非常规性教育的重要部分。通过观察美国大学运作的方式，我学会用不同的方法来管理、教育和组织学生生活。我尝试在自己所在的部门对学生评估方式、课程种类等方面进行革新。

南非富布赖特学生：富布赖特经历让我有机会在自己国家（南非）前三的法律事务所（回国之后）工作。加入这家公司四年后，我成为了该公司的合作伙伴。作为一名非白色人种的女性，这对于我来说意义非凡。我相信我是南非能达到目前这个成就的第一批黑人女性之一。我坚信是我的优秀让我有此成就，而富布赖特经历奠定了良好的基础。

南非富布赖特学生：现在我所涉及的领域高端而且非同寻常，在来美国之前我甚至都没有听说过。我之前是英语文学研究，现在我在药学院的医药人文专业，没有富布赖特，我永远无法找到适合自己的专业领域。

西班牙富布赖特学生：我知道"天空是有限的"，无论实现你的梦想有多难，但总有实现的方法，总有人相信你的想法和能力，会帮助你将它们变为现实。现在我对他人有一颗包容的心；我渴望继续旅行，体验最好的文化和观念。回国之后我发现自己有些不太适应，因为国内的思维方式太过狭隘。但是我相信人的内心十分强大（美国社会的特点），我有能力继续坚持我的信仰、我的希望、我的目标和我的自信。

西班牙富布赖特学生：富布赖特奖助金为我的博士研究提供资金上的支持，这对我的事业影响深远，因为结束我的博士生涯后，我就可以在美国工作。毕业之后的10年，我研究领域的中心就是我的博士研究。我目前有此成就，很重要的一部分就是得益于从这些研究中学到的东西。个人来说，我在一个真正的国际环境中学习，有机会和世界各地的人交流。我收获了长久的友谊，还结识了我未来的妻子。

坦桑尼亚富布赖特学生：博士项目提高了我的分析和统计能力。我相信，我所获得的知识将通过正规训练(教学)的开展在我的祖国造福子孙后代。

坦桑尼亚富布赖特学生：和不同国家的学生以及其他人的交流丰富了我对人类的认识，提高了我的人际交往能力。我感觉自己在人际交往和专业能力方面，变得更加成熟(非年龄层面)。比如，以专家身份再次在美国生活和工作。我提高了教育和专业领域的知识技能，这些从我的职务、工作和相关经历都有体现。

48. 作为一名富布赖特学生，你学到的关于美国最有趣或者最令你惊讶的事情是什么？

德国富布赖特学生：文化多样性让我甚为震惊。头几个月我走在这座城市，马上可以体验几十种文化；甚至在大学里，大部分学生都不是白色人种(大都是亚洲人)。现在我甚至可以分辨出中国人、日本人、韩国人以及其他国家的人，而之前我并不能分辨出。现在我不再关注街上不同的国籍、种族、文化了。他们只是普通人而已。

德国富布赖特学生：直到现在我还是惊叹于美国文化的多样性，世界各地的人民相聚于此，和平共处。现在我有不同国家的朋友高兴有机会在美国能学习他们的国家以及传统。

危地马拉富布赖特学生：我认为最有趣的是在一个地方，你可以见到世界各个地方的人，相互学习。

危地马拉富布赖特学生：我明白美国的研究生项目之所以处于世界前列，是因为美国的教育体系促进美国以及其他国家人才的流动和交流，提供了良好的研究和学术氛围。

印度富布赖特学生：我了解到专业人才对待他们的工作和事业十分一丝不苟。他们对待讨论无所不包，热情洋溢，因此汇集了许多人才。他们和我的祖国印度的人民并没有很大的不同，因为他们都十分忠于自己的家人和家庭生活。

印度富布赖特学生：活到老学到老是美国人同印度人最大的不同点。我认识很多20世纪30年代或者40年代出生的人，现在仍想当一名医生，这在印度的教育体系下是不可能的。

印度尼西亚富布赖特学生：对于美国人来说，规则帮助他们更好地规划自己的生活，而非是对人的一种束缚。我非常喜欢这种观念。

印度尼西亚富布赖特学生：许多穆斯林把犹太人视为敌人。在和他们接触之后，我觉得犹太人同穆斯林一样，都是普通人，都希望建立一个和平的世界。

日本富布赖特学生：我在加拿大长大，一直认为亚裔少数民族是二等公民，而我在加利福尼亚的经历证明我之前的想法是错误的。我很高兴了解到美国人的文化敏感性，他们视我为单一的个体，而非民族群体的一员。

日本富布赖特学生：接触和采访50多位第二次世界大战中的美国老兵(海陆空)之后，我发现一个很有趣的现象，大部分人和日本老兵有相同的心理，而他们在战争中是敌对方。换句话说，代沟比文化鸿沟大得多。信息技术革命年代，我相信文化融合可以大大减少美日之间的文化鸿沟，我们可以分享对方国家的流行文化。

约旦富布赖特学生：美国人交朋友只看人品，不看种族或者宗教。最有趣的是我了解到美国人善良诚实、乐于助人。特别是当时我的处境非常复杂，带着一个六个月大的宝宝。

约旦富布赖特学生：可能最有趣的就是美国人对我和我太太的真诚和包容了。我未觉得自己是一个异乡人，很幸运能和这么多美国人成为一辈子的朋友。在某种程度上，我甚至觉得有些讽刺，因为我现在居住在阿拉伯国家，但我总觉得自己是个异乡人。

墨西哥富布赖特学生：尽管在成为富布赖特学生之前，我去过很多次美国，我依然惊讶于美国朋友和校友的多样性。很幸运我能加入肯尼迪学院的班级，班上既有美国人也有非裔美国人，之前我从未跟他们打过交道。认识并了解他们的想法和观点很有意义。

墨西哥富布赖特学生：我明白很难给美国人分类。这个国家多样且复杂，你能在这儿见到最美好和最坏的一面。和墨西哥相比，真正让我惊讶的是美国对于信任的重视。总的来说，美国人民之间相互信任，美国人民对他们的机构也是十分信任。他们会一直信任一个人，除非他们发现他的不忠。这和我的祖国不同，那儿没有信任。我想正是这种“普遍信任”才让这个社会正常运行，提高经济和社会发展。

摩洛哥富布赖特学生：去美国之前，我认为(因为暴力电影和错误的信息)我在各个街角都会看到暴力事件和罪案发生。美国的生活实际上十分有序，美国人整体上也是十分善良的，这让我很惊讶。

摩洛哥富布赖特学生：以后我要把“不可能”从美国人的词典里删除了。在美国没有什么是不可能的。

尼泊尔富布赖特学生：我发现美国人的热情无处不在，只要他们认为是值得的，或者有趣的。

尼泊尔富布赖特学生：美国人表面上繁忙、不近人情，实际上他们内心温暖，有人文情怀，这是我最欣赏的也是我努力提倡的。这是我从中学到的最重要的东西，并会一直珍惜。我想最重要的是人和人之间敞开心扉，相互理解。

秘鲁富布赖特学生：美国人的方式：谁都可以与众不同，只要你努力!

秘鲁富布赖特学生：2001年9月11日我当时正在纽约，这座城市在灾难面前冷静应对，并继续向前，让我为之折服。之后我成为了美国文化和价值观的忠实追随者。

波兰富布赖特学生：美国人思想开明，他们通常不会关注你来自哪儿，和他们在一起非常舒服，很快你就把美国当做自己的国家。

波兰富布赖特学生：在华盛顿城，文化和宗教团体是和平共存的。美国人生活、工作方式舒适，并且对波兰人民的态度开明。

南非富布赖特学生：我在美国的经历主要基于在纽约的生活和学习。纽约是一个很棒的城市，让人陷入沉思，追求自由。

南非富布赖特学生：我欣赏美国大学对待学习那种积极向上的育人态度。我感觉自信倍增，更加坚定了自己的学术事业。

西班牙富布赖特学生：许多人认为个人对于社区问题真正的贡献是通过加入学校的协会，并在在法律公司做慈善工作而实现的。在欧洲个人和很少对社区问题作出贡献。我学会欣赏很多美国人的处世态度。

西班牙富布赖特学生：我觉得美国的激情很有趣也很鼓舞人心，同旧欧洲的愤世嫉俗、枯燥沉闷截然相反。

坦桑尼亚富布赖特学生：在法律这双无形的手面前，人人平等，连总统也不例外！我希望发展中国家也能采取这种制度。

坦桑尼亚富布赖特学生：美国人的热情以及他们希望和外国人共事的意愿。

49. 富布赖特项目的总目标和立法委任权是："增进美国人民和其他国家人民之间相互理解。"你们的富布赖特学生奖助金，实现那个广泛目标最重要的方式是什么？在奖助金期间或奖助金结束之后均可。请提供一至两个例子来说明。

德国富布赖特学生：富布赖特学者通过一种或多种方式，成为他们国家文化传播的大使。我注意到美国人对我们国家有很大的兴趣，但同时也普遍存在不少误解和偏见。我希望我能帮助消除这些误解和偏见。反过来，我相信我也能向我的祖国输送许多不同的关于美国的观念。如果想要赢得他人的理解从而实现互相理解，你应该首先给外国人留下好的印象，而非直接输出你们国家的文化和价值观。

德国富布赖特学生：在奖助金期间，我和一群美国人(大都是学生)参加了不少非正式的会议，他们之前去过德国，和德国关系紧密。除了练习德语之外，我们也讨论时事、政治等。我还受邀展示了东德的生活以及柏林墙倒塌之后发生的变化。奖助金之后，我和一些之前的同学用电子邮件交流。偶尔我们会讨论国际政治，特别是美国当前的外交政策(战争等)。

危地马拉富布赖特学生：我来自危地马拉，当我来到得克萨斯州奥斯丁城的时候，很少人知道我来自危地马拉，知道危地马拉人以及他们的生活方式。即使现在我是一名科学家，美国人还是很难相信我的第一学历是在危地马拉的大学获得的。通过富布赖特项目我向全世界的人(美国和其他国际学者)，展示现在的危地马拉是什么样的，以及国家的文化水平。反过来，我学习了我们领域目前最先进的技术，接触到顶级科学家。我觉得自己有可能成为他们中的一员。去年，我在危地马拉的高中母校讲课，同那儿的学生谈论如何实现以后的专业目标，富布赖特学者经历为我的发言提供了背景材料。

危地马拉富布赖特学生：有机会和美国室友共同生活，和他们家人共度美国节日，让我们有机会分享各自国家的习俗、观点和信仰，收获了友谊。在大学，参加项目的学生中至少有60%来自于世界其他国家。和他们以及美国人分享专业以及其他方面的知识是一次很棒的经历。

印度富布赖特学生：我认为通过和许多人谈论我自己、我的祖国以及我们印度特有的文化，转变了我对一些人的认识。奖助金项目结束，我回到自己国家同希望在美国学习或工作的朋友聊天，鼓励我的同事来美国追求他们的研究梦，实际上他们中的很多人现在已经是富布赖特奖助金获得者了。

印度富布赖特学生：在另一个国家和不同的文化背景下生活，帮助我真正从人类的角度上来看待问题，内化许多非正式的、潜意识的知识。公开演讲、讨论以及有组织的活动参与影响我同其他人的交往，同时我还希望同我感兴趣的新的研究领域内的学者交流。演讲带来了多样化的观点，促进了合作，重塑了个人目标。我和以前密尔斯学院的一个艺术家合作，我曾经上过她的课并采访过她，她在一家《印度艺术杂志》工作，这家杂志社在印度的艺术圈里颇受好评，我花了大量时间了解目前她的工作并记录下来写成一篇文章，这篇文章阐述了新媒体艺术是如何在美国践行的。我还写了一篇和有名的高级艺术家举办的展览相关的文章。她叫米尔斯·扎丽娜·哈什米，在印度出生和成长，在美国生活了 25 年，现在是美国公民。我的文章介绍了她本土主义的追求，解码了对她成长至关重要的记忆相关的文化含义，解读了她提出的许多抽象含义。

印度尼西亚富布赖特学生：增进美国人民和其他国家人民之间相互理解得以实现。项目结束之后我鼓励他人追求自己的权利和自由。同时我也在许多峰会上强调不论任何代价，必须保证公共空间，不允许侵犯，只有这样才能保证自由、秩序和公正可能会扩展到其他不那么特权的国家。

印度尼西亚富布赖特学生：我由衷相信“旅行可以改变个人偏见”（罗伯特·路易斯·史蒂文森）。因此，对抗狭隘的国家和宗教观念最好的方法，就是国家间的学生（和领导者）交流。不是类似于旅游的少数几天，而是以学生（实习生、高级领导等）身份在对方国家生活几年。在美国的生活，让我对反美积极分子的攻击性的语言产生免疫能力。

日本富布赖特学生：正如我之前提到的，我亲身感受了美国社会的多样性。很高兴我有机会和我们国家的大学同学讨论这种多样性。尽管他们通过电影或电视新闻，通常对美国会有一些固定的看法（正负面均有），但是我提供了不同的方式来认识美国，鼓励他们要有多角度的视角。

日本富布赖特学生：我在发展中国家的国际卫生/人口领域工作。作为美国学院的一名学生，我有大量的机会接触世界各地致力于提高人口卫生的专家或其他人士。因为这一共同目标，学生和教授尊重他人的文化差异，共同合作解决问题，相互学习。这样与众不同的环境是我以前在自己国家从未接触过的。在美国学习的一大优势就是可以认识世界各地的人，不仅可以了解美国文化和美国人民，还可以了解其他文化。

约旦富布赖特学生：在美国期间，我将该项目看做一项使命，我很享受这项工作。我参加了许多“美国人的活动”，比如足球；有机会两次参加去美国人家里，参加美国同事家庭传统的感恩节大餐。在我的交际学课上，我用约旦的例子，展示如何在国外拜访美国商人和女性，让我有机会向我的同学介绍我的国家及其传统。

约旦富布赖特学生：奖助金期间，同学生以及学校教职工的交流和讨论提高了我的意识。我还参加了玛丽蒙特学院的研讨会，我是五个专门小组的成员之一，讨论了我们国家的妇女的地位。

墨西哥富布赖特学生：在美国我研究的课题是国际移民问题。在美国生活之后，我从另一种方式来看待移民过程。我努力让我们国家的其他研究者，将注意力转移到之前鲜有研究的课题上来，比如从我国迁入美国的移民的文化和体系的融入问题。

墨西哥富布赖特学生：直到我有机会与美国的普通人以及专业人士一起生活，同他们的交往，我才开始明白美国的很多事情，那在很多方面改变了我的观念。

摩洛哥富布赖特学生：“9·11”事件发生后，富布赖特项目帮助我更加了解我的宗教和文化。在这艰难时刻，最重要的是促进跨文化交流、理解和宽容。富布赖特让我对国际事务了解得更多，更加意识到我们作为这个全球村的公民，每个人都有义务促进人和人在地球上共存。

摩洛哥富布赖特学生：作为老师和管理者，我有大量的机会把富布赖特项目的理念运用到实际中，增进对两国人民共同的善的表达的相互自愿的理解，并将这一精神运用到同其他国家人民以及文化的关系之中。

尼泊尔富布赖特学生：通过在美国直接学习美国人和美国体系的机会，富布赖特让我学会用实践的方式，将自己与美国人以及美国社会的现象联系起来。我同朋友以及美国收获的其他联系，让我们不需要通过公共媒体就可以直接交流互相了解。

尼泊尔富布赖特学生：我尽力代表美国人以及美国政府良好的意愿和善的意图，促进尼泊尔的经济发展。我帮助在尼泊尔工作的美国朋友和同事，理解尼泊尔的社会政治以及文化，方便他们更有效地完成他们在尼泊尔的工作。我提倡农业和乡村发展的政策改革，加强尼泊尔当地政府的建设。

秘鲁富布赖特学生：意识到文化差异帮助我思考，把不同的方法应用在我正在寻找的国际合作中。我在秘鲁大学的产业设计项目担任主要协调人员，我建立同其他设计学院的国际联系；在此之前我们学院很难单独完成这一棘手的任务，也没有这种国际化的环境。这个方法十分成功。

秘鲁富布赖特学生：通过学校联系推动我们学生间的联系，帮助他们获得美国大学的奖学金，对我具有多方面的效应。目前我的学生中有 5 名学生正在美国攻读博士学位，2 个人在我所在的大学，还有 3 人在其他大学，我同这些大学的教授也有联系。

波兰富布赖特学生：在奖助金期间，通过个人讨论，利用美国在东欧的政治和文化多样性，我努力增进相互理解，从教育体系再到其他方面，特别是政治转型的重要性及影响。我激发了他们来我们国家的兴趣。通过接收他们来我们国家大学访学，可以深化他们对我们国家的理解。他们还经常回访。

波兰富布赖特学生：我认为，董事会的目标首先需通过同研究小组的美国同事合作，以及召开非正式会议才能得以实现。通过讨论，我们可以了解对方及其习俗、社会问题等。回国后我同我的朋友讲述我的富布赖特经历，增进了我们国家对美国的了解。

南非富布赖特学生：从迎新开始，项目就鼓励我们同美国人，以及其他国家的代表交流，这可以很好地促进富布赖特项目目标的实现。项目鼓励我们多同他人交流，而不是待在南非人的圈子，鼓励我们走出同乡人的舒适圈子，多和其他国家的人相互学习。

南非富布赖特学生：我的贡献主要是人际关系和社交网。通过富布赖特，我结识了世界各地的人。富布赖特人实际上很受欢迎，网上交流延续着这种关系网。在奖助金期间，作为“全球教室”(纽约市的麦德龙国际)的一部分，我在高校发表讲话介绍我的国家。在我的研究生课程上(只有少数外国学生)，关于我们国家的媒体及现状，我进行了个案研究和课堂展示。

西班牙富布赖特学生：成为一名富布赖特奖助金获得者，我是同学、老师以及之后实际训练的同事中，担任我们国家在美国的文化大使。另外，回到欧洲之后，我又是美国的文化大使。我发现其他国家对美国的认识通常过于简单化，充满固化印象。我希望自己为加深对美国的认识做出了贡献。

西班牙富布赖特学生：奖助金期间我发现最有意义的，是同美国人民以及其他国家的人打交道，以形成一种国际性的视角来看待在课堂讨论(和目前形势相关的商业)或者课外会议上提出的各个话题。毫无疑问这次经历提高了我对推动国际福利事业的兴趣，发展商业协会和合资企业。

坦桑尼亚富布赖特学生：通过和美国公民交流，我对美国了解更多；我认识了很多朋友，相互分享各自国家发展的信息。

坦桑尼亚富布赖特学生：我同美国以及自己国家的机构、朋友保持联系。我同本国人民、美国人以及其他不同层次的人、分享我收获的知识、技能和经历。我还计划建立之前我在自己国家的工作机构同现在我所在大学之间的教育联系。

评论：请就这次调查自由地提供任何建设性的反馈。

德国富布赖特学生：希望我的回答是有用的，希望富布赖特交流项目，在未来继续为许多其他的学生，提供丰富的个人或者专业学习的机会。

德国富布赖特学生：希望它能帮助富布赖特项目增加资源，我认为他是美国政策中最有价值的财富之一。

危地马拉富布赖特学生：很幸运我是这个伟大项目中的一部分。我不仅收获了专业领域的知识，而且了解了美国以及我在美国生活时，接触到的许多其他的文化。同时，我更加清楚认识了自己。远离一切熟悉的事物，让我可以以人类的身份来探索和开发许多未知的领域。非常感谢!

危地马拉富布赖特学生：我觉得此项调查有些晚，我希望它能早点进行。但我还是觉得它达到了最初的目的，不仅发现了二战后富布赖特的理念收到了尊重和遵循，而且提醒了富布赖特人奖助的目的。我认为全球化、“9・11”事件应该提醒每个人关于文化理解和交流的重要性。

印度富布赖特学生：增加校友活动。我感觉自己同组织失去了联系!

印度富布赖特学生：调查十分重要，我很高兴有人意识到这一点并展开了调查。

印度尼西亚富布赖特学生：教育交流是增进相互理解最有效的方式，但它可能需要长期的投资，而且不会产生即时效益。请不要放弃交流项目。

印度尼西亚富布赖特学生：我希望调查结果表明，富布赖特增进了美国同其他国家之间的相互了解。我希望它能帮助提高富布赖特奖助金在发展中国家的投入。

日本富布赖特学生：我认为这是一次很棒的奖助金。我的学生今年正在申请该奖助金。希望尽我所能的继续参加该项目。

日本富布赖特学生：在奖助金期间攻读我的硕士学位，我和大学同学的相处十分愉快。由于我改变了研究方向，我在研究期间减少了同他们的联系。但是我们一直都是好朋友。富布赖特经历帮助我同美国人建立了很多学术和现实联系。非常感谢!

约旦富布赖特学生：希望富布赖特校友协会能更加努力组织更多的活动，以使我们更加了解富布赖特及其目标(请联系我们，我们很开心能回报你们)。

约旦富布赖特学生：项目在一定程度上是均衡器，给工薪阶层提高机会继续深造，对国家高尖人才的发展有长期的影响。

墨西哥富布赖特学生：作为富布赖特校友，我有一段丰富的人生经历，对此我十分感谢！很高兴你们能继续跟踪报道我们富布赖特校友的情况。我认为该调查对奖助金获得者未来的发展，以及项目的提高十分有用。

墨西哥富布赖特学生：富布赖特项目是国家发展，以及促进美国同其他文化间相互了解的主要推动器。以后应该有更多这样的项目。

摩洛哥富布赖特学生：毫无疑问这是很棒的做法。在艰难的国际环境下，这样的项目应该得到更多的鼓励。做得好。

摩洛哥富布赖特学生：调查很重要，我希望它能突出奖助金的重要性和极富成果性。

尼泊尔富布赖特学生：我建议该项目继续开展下去，因为对于无法支付学费而又想来美国求学的外国学生来说，这是最棒的机会了。同时，人们也能亲身体验和了解美国社会。

尼泊尔富布赖特学生：调查问题抓住了富布赖特人生活的重要部分。能为“下一步”提供好的反馈。

秘鲁富布赖特学生：调查富布赖特校友的想法很棒。

秘鲁富布赖特学生：谢谢。调查勾起过去美好的时光，美好的记忆。

波兰富布赖特学生：谢谢你们联系我。很高兴有机会能表达收到富布赖特奖助金的感谢。这是我一生中最棒的时光，它用最积极的方式改变了我的个人和专业生活。谢谢。

波兰富布赖特学生：调查很棒，它让我想起富布赖特经历的价值，我认为是很特别的经历。真的。

南非富布赖特学生：富布赖特是我一生中最棒的经历。实际上我的家人(两个妹妹和我的女儿)同样也获益良多。我的成功帮助她们追求学术目标，基本上我后面所有的家人都提高了很多。而且，我的学术/专业贡献也推动了社会的发展，除此之外，社会也会从我这里获益的人身上获益……一连串的效益!

南非富布赖特学生：我认为这个想法很棒。了解富布赖特对我们生活的影响以及项目的进步是很重要的。这是我生命中最棒的机遇之一，谢谢。

西班牙富布赖特学生：很高兴能给我这次机会表达我对于富布赖特经历的看法。我只想补充说，我在美国的两年时间是我(仍然)短暂的生活中最好的。很感谢而且很光荣能有机会参加这样一个有名、含金量高的项目。谢谢。

西班牙富布赖特学生：真的十分感谢富布赖特项目。它从此改变了我的生活。我希望回报社会，帮助其他人。很遗憾其他国家的人不能用一个全球性的眼光看待这个国家。谢谢所有幕后的团队。当我需要它们的时候，国际教育协会给我的帮助很大。

坦桑尼亚富布赖特学生：知道我们同奖助金项目共同成长很有用。项目应该继续开展。这很重要。

坦桑尼亚富布赖特学生：鉴于我是 14 多年前获得富布赖特奖学金的，所以这项调查太晚了。应该每五年开展一次调查。

富布赖特访问学者项目成果评估

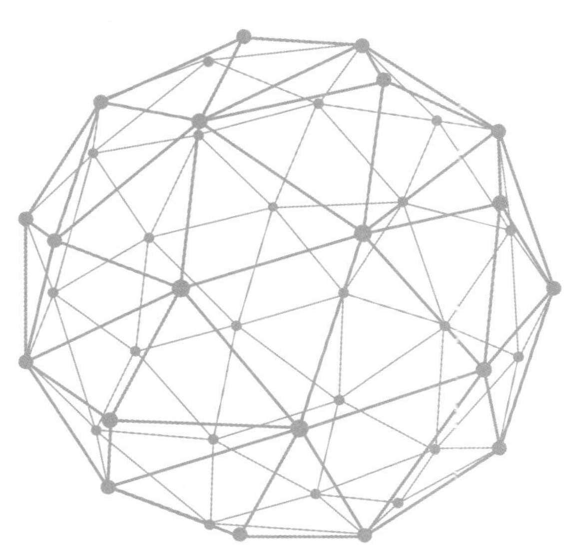

＊文件是美国国务院教育和文化事务局政策与评估办公室委托斯坦福国际咨询研究所科技和经济发展中心于 2005 年 6 月所做的成果评估报告。

富布赖特项目(the Fulbright Program)

1946年，根据已故阿肯色州参议员 J. 威廉. 富布赖特的提案，设立了富布赖特教育交流项目。根据这项授权立法，富布赖特项目的目标为："通过文化和教育交流，增进美国人民和世界各国人民之间的相互理解；通过展现美国和世界各国人民在教育和文化方面的关注点、发展和成就，以及为了全世界人民能享有和平和更丰富的生活而做出的贡献，来加强美国与世界各国之间联系的纽带；促进教育和文化发展方面的国际合作；以有助于美国同世界各国之间发展富有同情心的和平友好关系。"

在这些目标的指引下，已有来自150多个国家的285 000名"富布赖特人员"得到了富布赖特项目提供的机会，到国外讲学、做研究、学习、生活和工作，到另一个政治、经济和文化环境中进行思想交流。目前，富布赖特项目每年大约为6 000位新"富布赖特人员"授予基金。所有的"富布赖特人员"都是通过以能力为基础的公开选拔产生的。"富布赖特人员"的遴选标准包括学术和专业造诣、领导才能，以及在不同文化中进行思想交流的能力。

富布赖特项目由美国国务院教育和文化事务局(ECA)按照 J. 威廉. 富布赖特外交学术董事会制定的方针进行管理。该委员会是一个由美国总统任命的独立机构。该委员会的职责包括制定政策、程序和遴选标准，以确保完成富布赖特项目的使命。在其他国家，上述工作由美国大使馆的公共事务处负责。有51个国家与美国签订了执行协议，在这些国家，有一个与美国的双边协作富布赖特项目管理委员会和基金会，在当地对富布赖特项目进行规划和监管。

现在的富布特赖项目是根据"1961年相互教育及文化交流法案"，即富布赖特—海斯法案，所确立的法定的权力运作的。

美国国会的拨款是富布赖特项目的主要资金来源。外国政府和私营部门，包括当地的"富布赖特"机构，也通过共同承担费用和间接支持，如工资补助、减免学费、提供大学住宿等方式，来支持富布赖特项目。在2003财政年度，富布赖特项目的总基金高达2亿5 000多万美元，其中42%是由美国私营部门捐助的。项目资金包括美国国会拨款(1亿3 200万美元拨给了美国国务院，1 300万美元拨给了美国教育部)，还包括外国政府提供的支持(3 200万美元)，美国私营部门提供的支持(5 700万美元)，以及国外私营部门的捐赠和支持(1 700万美元)。

富布赖特项目包括很多专门的交流项目。主要包括富布赖特学者项目和富布赖特学子项目。学者项目资助美国和其他国家的博士后、学者和专业人士，到其他国家的大学或机构讲学和做研究。学子项目资助美国和其他国家的研究生和博士生去国外学习和做研究。

前言

关于这项研究

此研究是受美国国务院教育和文化事务局政策与评估办公室的委任，由斯坦福国际咨询研究所(SRI)进行的。斯坦福国际咨询研究所项目组成员包括：凯伦·艾尔斯、苏珊·罗素、均旺·帕克、罗伯特·卡尔、H. R. 科沃德、玛丽·汉考克、约翰·马西森、以及埃斯特 H ·希克斯。

鸣谢

对那些付出时间和心思，为此研究提供必备信息的人员，我们斯坦福国际咨询研究项目组要向他们所有人表达谢意。特别要感谢富布赖特校友们，感谢他们自愿抽出时间，来参加我们的问卷调查、个别访谈和小组讨论。

我们还要感谢富布赖特委员会董事和美国大使馆公共事务处处长及其工作人员，他们的协助对我们搜集富布赖特校友的联系资料和在现场参访中组织校友访谈和小组讨论来说，至关重要。

我们还要感谢富布赖特项目的赞助人，即美国国务院教育和文化事务局，特别是其下属的学术交流项目办公室；还要向政策与评估办公室的 KarenAschaffenburg 致谢，感谢她在撰写报告阶段，给我们提供的宝贵协助和贡献。国际学术交流委员会的代表们，对富布赖特校友参与的项目和数据库信息提供了他们的看法，我们也向他们表示感谢。

最后，斯坦福国际咨询研究项目组要感谢如下全体成员：丹尼·阿巴、约翰·本斯金、罗兰·巴顿、普鲁登斯·布朗、罗宾·斯卡拉克、以及洛丽·瑟古德。感谢他们在搜集校友联系方式、进行调查，以及准备本报告的图表、设计、内容排版、编辑和格式方面，给我们提供的宝贵协助。

目　　录

D. 乘数效应

家人的陪同

家属们在陪同访学期间的活动

访学结束后家庭成员的活动

E. 管理问题

学者们是如何知道富布赖特访问学者项目的

申请富布赖特访问学者奖学金的原因

访学前在美国的经历

对在美国生活和进行访学活动的准备情况

访学时长和最佳时长

对访学经历的评价

遇到的困难

就富布赖特项目赞助校友活动和机会的建议

F. 结论

富布赖特访问学者项目效果评估执行概要

2005 年 6 月

富布赖特教育交流项目是美国政府的一流国际教育项目；在这个总名目下面，有不同的专项交流项目；美国国务院教育与文化事务局的政策与评估办公室特委托斯坦福国际咨询研究中心对这些专项项目的影响和效果进行一系列的评估。

《富布赖特访问学者项目效果评估》的目标有二：一是记录“富布赖特经历”对校友专业和生活的促进作用；二是用质化和量化的方法，来展现富布赖特项目在实现其立法目标的有效性，即增进美国人民和世界各国人民之间的互相了解。

整体评估

“富布赖特经历很棒。我为有此经历感到自豪。我希望，近期国际舞台上的一些事件不会影响到美国和摩洛哥两国人民之间的关系，也希望两国能把文化和宗教上的不同和多样性看作是对彼此的丰富。”（摩洛哥富布赖特学者）

“我个人认为，现在我们比以往任何时候都更需要富布赖特项目给教育工作者和学者们提供机会，让他们通过第一手经验，形成不偏不倚和差异化的方法来看待美国的历史文化。”（德国富布赖特学者）

富布赖特访问学者项目正在成功地实现其立法目标，即增进美国人民和世界各国人民之间的互相了解。1980 年至 2001 年间参加过此项目的访问学者们，都大力支持该项目。富布赖特项目能改变人的一生，除了能提供专业发展机会以外，更重要的是该项目在其他方面也有明显的效果。比如，据富布赖特学者们表示，在文化学习、文化了解和对美国价值观和制度的欣赏方面，在改变学者们今后的专业和生活方面，在发展持久的国际关系和纽带方面，在他们本国的体制变革方面，他们都明确将这些变革归功于他们的富布赖特经历。

富布赖特访问学者项目，远不止影响访问学者们自己。该项目还在很多方面深深地影响着学者们的家人、朋友、学生和访学机构和学者所属机构的同事。正是该项目的良好效果，使其成为了公共外交的一个重要而有效的方法。

项目描述

富布赖特访问学者项目给国外学者提供经费和支持，让他们到美国做独立研究、讲学或进行联合研究和讲学。其中做独立研究占用了该项目绝大部分的经费（约 85%）。富布赖特经历旨在惠及访问学者及他们的家庭以及美国主办机构和在美国的访学机构。为了实现信息分享和建立互相理解，访问学者们要就自己国家的历史文化和自己从事的研究，给学术和社区团体做报告。

经费通过“公开、竞争、择优”的原则进行授予。在 51 个国家有双边富布赖特委员会和基金，学者可以通位于其所在国的委员会和基金或美国大使馆申请经费。自该项目于 1946 年成立以来，已经有 40000 名富布赖特访问学者到美国进行讲学或做研究。每年有 800 名学者可以得到富布赖特经费。

富布赖特访问学者项目在美国由美国国务院的教育和文化事务局经管。国际学者交流委员会是一个促进国际高等教育交流的私营部门，依照与美国教育和文化事务局的合作协议，该机构协助富布赖特访问学者项目的运作。

项目目标

富布赖特访问学者项目的主要目标是：增进美国人民和世界各国人民之间的互相了解。美国教育和文化事务局通过以下四个不同的小指标，来实现该主要目标。

满意程度：总体上满意授予条件，并有机会学习开展研究，并与各种各样的美国同事和朋友进行互动的机会满意。

教育/职业和文化了解：在访学机构进行个人及职业的活动与互动；参与社会、社区和课外活动；了解美国社会文化。

对行为方式的影响：个人及职业进步/收获；对访学机构及所属机构的专业贡献（产品、资源和知识）；对新知识/技能的应用和分享。

联系、纽带和体制变革：发展和维护个人、职业及机构的联系和纽带；参与旨在加强国际合作或教育交流的活动。

评估方法

有 100 多个国家参与了富布赖特访问学者项目。根据地域代表性、政治特点、项目持续时间和项目管理类型（委员会管理或非委员会管理），美国国务院从中挑选了以下 16 个国家作为研究对象：阿根廷、保加利亚、巴西、德国、加纳、印度、以色列、日本、约旦、韩国、摩纳哥、荷兰、尼日利亚、波兰、斯里兰卡和乌克兰。评估对象进一步限制在 1980 年与 2001 年间得到项目经费的学者。

为了了解富布赖特访问学者项目的复杂性，SRI 评估小组对项目在美国的经管人及 CIES（国际学者交流委员会）代表们进行了一系列的前期采访；项目经管人隶属于美国国务院文化和教育事务局的学术交流项目办公室。在这些前期采访之后，我们还对该项目的经管人员进行了一系列的深度采访，组织了焦点小组访谈，还与来自 16 个样本国家中的 9 个国家的富布赖特校友进行了个别访谈。这些视角将用来指导设计一个统一问卷，来调查所有的富布赖特访问学者。在现场访问面谈和焦点小组的同时，进行了大量的搜索工作是为在国际学者交流委员会登记的 4 876 位校友提供有效的电子邮件或邮政地址，这些人来自样本国家，当前参与时间在 1980—2001 年时间范围之内。

数据收集于 2003 年 4 月到 2003 年 8 月进行。最终，SRI 收集到了 3 324 名富布赖特校友的有效电子邮件和通讯地址。在问卷结束时，问卷回复率为 57%，即我们收到了 1 894 份校友寄回的有效完成问卷。

此项评估主要是基于问卷调查的定量结果，还补充有通过其他途径得到的定性信息，比如，调查问卷里的开放性问题、个别访谈和焦点小组访谈。

富布赖特访问学者项目效果评估

国家	总人数	样本数量	问卷回复人数	回复率
阿根廷	165	104	80	77%
巴西	416	333	157	47%
保加利亚	150	114	55	48%
德国	540	308	176	57%
加纳	111	81	25	31%
印度	629	465	203	44%
以色列	343	211	151	72%
日本	686	543	324	60%
约旦	156	66	45	68%
韩国	261	203	101	50%
摩纳哥	193	155	94	61%
荷兰	344	232	174	75%
尼日利亚	235	16	11	69%
波兰	410	333	187	56%
斯里兰卡	80	63	31	49%
乌克兰	157	97	73	75%
不明国别			7	
总数	4 876	3 324	1 894	57%

调查结果

毫无疑问，对访问学者们来说，富布赖特经历有积极正面的效果，让他们能在访学期间和访学结束之后在职业上取得巨大的进步，这些进步又会对学者的学生、同事、访学机构、国家国际奖学金的状况产生广泛的影响。

也许最重要的是，访学期间形成的友谊和职业纽带，具有强大生命力和持久性。

富布赖特经历对学者的影响

满意程度	·绝大多数的访问学者对经费提供的职业发展机会感到满意。 96%的受访者认为，访学机构与他们自己的需要和兴趣很匹配； 98%的受访者对所获得的研究机会感到满意； 93%的受访者表示，对项目中的协作机会满意。 ·95%的受访者认为他们国家的制度，得到了访学机构教职员工和学生的欢迎和接受；93%的受访者认为，在他们的国家制度方面，访学机构的教职员工和工作人员，给他们提供了充足的专业支持。

我很满意我在美国的访学，我们国家的制度受到了访学机构欢迎，所结识的人都非常友好、慷慨、热情好客、具有合作精神。富布赖特项目增进美国人民同世界各国人民的相互了解这一目标，是非常崇高，非常了不起的。（约旦富布赖特学者）

我通过富布赖特项目去美国旅行是我一生中最伟大的经历之一。（阿根廷富布赖特学者）

教育/专业/及文化学习	在访学期间，学者们参加了多种多样的学习活动。 ·在专业层面，学者们进行了独立研究（79%）或与他人进行了协作研究（64%）；参与了会议和研讨会（75%）；在图书馆/档案室里做研究（70%）；撰写了文章、论文和书（70%），并与美国学生和教师合作开展各种项目。 ·在个人层面，学者们拜访了美国家庭（90%），观看/收听了美国的媒体节目（90%），参与了文化活动（80%），就自己国家的社会文化进行了授课或演讲（49%）。 ·几乎所有受访者表示学到了关于美国文化（99%）、教育体制（98%）、政治体制（96%）和经济（94%）方面的新知识。几乎所有受访者（99%）表示，至少在某种程度上，他们的富布赖特访学经历让他们对美国有了更深的总体了解。

我个人觉得，美国人坦率、乐于助人。同时，我还了解到了美国人用了相当多的时间在社区生活和各种慈善活动上面。所有这些打破了我对美国人个人主义的刻板印象…（乌克兰富布赖特访问学者）

在美国的一所大学讲学，让我从根本上来重新审视我的文化/意识形态蓝图，这些蓝图此前决定着我对美国文化、学术生活、政治等的看法。事实证明，来自我的“外来”观点，启发了我的美国学生，让他们改变了视角，发现不同的观点也有可取之处。（德国富布赖特学者）

对行为方式的影响	·参与富布赖特访问学者项目对学者们的职业生涯有着非常积极的影响。增加了他们对自己研究领域的理解（99%），增加了学术作品的发表数量（98%），提高了学者们的职业资历（98%）。 ·几乎所有受访者都表示，得益于富布赖特访学经历，他们在某种程度上改变了自己的学术活动。例如，在教学中运用访学中所学到的知识和方法，总体上拓宽了他们教学和研究活动的国际化维度（64%），就他们在访学中所学到的知识和方法而言，他们成了同事们的信息来源（64%）。 ·学者们表示，他们在个人、职业和机构行为方面的改变，以各种具体的方式直接影响着他们在美访学期间的东道主机构也影响着他们完成访学回国之后的所属机构。

续表

<table>
<tr><td colspan="2">富布赖特访问学者项目让我有机会能够进行有关创业的研究，这方面的研究对我自己国家的经济是非常重要的。（尼日利亚富布赖特学者）
我在巴西创办了一个乡村领导才能项目，这个项目与我在美国访问过的很相似。（巴西富布赖特学者）
我组织了一些学者培训班项目，这些项目证明了我国学术合作对波兰和美国的学术机构来说都有巨大的价值。（波兰富布赖特学者）
我与赫赫有名的学者们进行了互动，还学到了最前沿的方法，现在每天都在实验室里应用这些方法，所有这些对我所属的机构来说都是至关重要的。（阿根廷富布赖特学者）
我提高了我的专业自信心，这很大程度上归功于我的富布赖特访学经历。我现在已经成为了一家国际杂志的主编了。（摩纳哥富布赖特学者）</td></tr>
<tr><td>关系、纽带和机构变化</td><td>在富布赖特学者访学期间形成的关系和纽带，是富布赖特项目的最重要的成果之一。
· 几乎所有的富布赖特访问学者（95%）表示，在访学结束后，还与在美国结识的个人有联系。更可观的是，几乎所有人都有继续与美国的同事合作。其中，超过三分之一的人将这种合作描述为“大规模的”。
· 可观的是，在回国后，60%的富布赖特学者接待了美国朋友的来访，这些朋友是他们在美国访学期间结识的。
· 相当大一部分学者有继续与美国朋友保持联系，这些朋友的数量也很大；42%的富布赖特访问学者表示，在完成访学之后，还继续与5个或以上在美结识的同事有联系。
· 富布赖特访学经历还有另一个效果。许多学者（66%）表示，他们自访学以来，有更多地参与旨在加强国际合作的各种活动。</td></tr>
<tr><td colspan="2">我的经历让我有能力组织和培训了几个学生—研究人员团队，这些团队在过去十年参与了一个刚刚起步的美国研究领域，通过富布赖特访学经历，我获得了更多的参考文献和研究资料，该经历也改善了面对面的交流，这让美国的同事们觉得来阿根廷分享他们的想法和专业技能也是可能且有用的。（阿根廷富布赖特学者）
在美国访学期间，我结交了不少美国朋友，有的友谊持续了大约二十年。正是这些个人友谊，构成了世界各国及各国人民互相理解、和平相处的重要基础。富布赖特项目的最大贡献在于，它为美国及美国人民带来了来自全世界的朋友。（日本富布赖特学者）
当时，我的富布赖特经历只是让我对一个不熟悉的国度进行了试探性的探索。自此，我以更自信的姿态，与美国高校的学者们互动，还成立了一由有共同追求的学者构成的国际网络（MELUS，Indian Chapter）。此外，我还常常去美国讲学，讲学内容是印度文学和文化的各个方面。这缩短了两个国家间的距离，同时也让人们开始认识到，没有人是陌生人，没有哪个国家是异国。（印度富布赖特访问学者）</td></tr>
</table>

结论

“富布赖特项目是我所知道的同类项目中，最有价值的几个之一。我希望该项目能够永远存留于世！”（德国富布赖特学者）

富布赖特访问学者项目对美国及其合作伙伴们都至关重要。学者及其家属的专业和个人经验拓宽且加深了互相理解，并最终形成了一个由朋友和同事组成的国际社区，这最终将有益于世界和平。

富布赖特学者在访学期间及访学之后参与的各种活动，促进了学者们的专业学习。改变了他们的个人及职业目标。建立个人与机构间重要的持久联系和纽带。学者家属们的参与又增加了这些积极的效果。

与富布赖特美国学者项目（The U. S. Scholar）一样，富布赖特访问学者项目也受到了参与者的极力支持。富布赖特访问学者和富布赖特美国学者们都认为，富布赖特项目远远超出了惠及学者们自身。这不仅在学者们访学期间，而且在访学结束后的多年里，他们在自己国家及在美国的同事、他们的学生、所属机构、访学机构、家人和朋友，也都受益于富布赖特项目。本次评估的量化和质性的研究结果都提供了许多富布赖特项目促进美国同世界各国人民相互理解的强有力例子，从而极大地增强了美国对世界的参与。

Ⅰ. 项目及评估介绍

A. 项目描述—富布赖特访问学者项目

富布赖特访问学者项目给国外学者提供经费和支持，让他们到美国做独立研究、讲学或进行联合研究和讲学。富布赖特经历旨在惠及访问学者，以及他们的所属机构和在美国的访学机构。因此访问学者们还要就自己国家的历史文化和自己从事的研究，给学术和社区团体做报告。经费通过“公开、竞争、择优”的原则进行授予。在51个国家有双边富布赖特委员会和基金，学者可以通过位于其所在国的委员会和基金，或美国大使馆，申请经费。

自该项目于1946年成立以来，已经有40 000多名富布赖特访问学者到美国进行讲学或做研究。每年，有800名学者可以得到富布赖特经费。美国国会每年给美国国务院的拨款是富布赖特项目的主要资金来源。参与国家的政府及国外私营部门也为富布赖特项目提供支持。在2002财政年，美国国会给富布赖特项目拨款1.19亿美元，国外政府总共提供了2 800万美元。

富布赖特访问学者项目在美国由美国国务院的教育和文化事务局经管。学者国际交流委员会是一家促进国际高等教育交流的私营部门，依照与美国教育和文化事务局的合作协议，该机构协助富布赖特访问学者项目的实施。

富布赖特访问学者项目对申请者的要求很高：申请者必须有博士学位或领域内的同等经历，还需展现突出的资历和成就。申请者还须提交详细的研究或讲学项目书。对项目书的审核基于两个原则，一是对申请者的研究领域是否有大的知识贡献；二是在时间和资源的分配方面是否具有可行性。申请者应具备能在美国讲学和做研究的相应英语能力，并优先考虑近期没有美国经历的申请者。

申请者所在国的富布赖特项目经管机构，组织跨学科同行评审委员会，对申请材料进行初步审核。然后将推荐候选人名单转交给美国国务院。最终审核和正式遴选由富布赖特外国奖学金委员会负责。

大多数学者须自己安排访学的美国大学或研究机构，并在申请材料中附上接收机构的邀请函。但在有的地区国际交流学者委员会根据申请者列出的两个或三个备选机构，最终安排或确认一所合适的美国机构。

B. 评估方法

研究总体上是按照富布赖特访问学者项目的目标进行的，该项目的目标是增进美国人民同世界各国人民之间的互相了解。这个大的目标是通过设置四个小的指标来考核的。

· 满意程度：总体上是否对经费拨付条件满意，是否对学习机会、研究机会、与各种各样的美国同事和朋友进行互动的机会满意。

· 教育/职业和文化了解：在访学机构进行个人及职业的活动与互动；参与社会、社区和课外活动；了解美国社会文化。

· 对行为方式的影响：个人及职业进步/收获；对访学机构及所属机构的专业贡献（产品、资源和知识）；对新知识/技能的应用和分享。

· 联系、纽带和体制变革：发展和维护个人、职业及机构的联系和纽带；参与旨在加强国际合作教育交流的活动。

评估还搜集了陪同家属的数据，根据家属们在美国期间及其回国后的活动，分析了富布赖特访问学者项目的乘数效应。

全球有 100 多个国家参与了富布赖特访问学者项目。美国国务院从这些国家中抽取了 16 个国家，作为研究的样本。在抽取样本国家时，美国国务院使用了以下标准：

· 具有明显外交特征的国家；

· 在 1980—2001 年间，有大量富布赖特访问学者的国家；

· 在不同学科有富布赖特访问学者校友的国家；

· 有富布赖特校友会的国家，或有较新数据库能帮助联系到校友的国家；

其他条件还有：有由委员会或非委员会经管的项目的多家；样本国家要覆盖全世界七个区域。

以下是所选的样本国家：

非洲：加纳，尼日利亚

近东：约旦，以色列，摩纳哥

东亚及太平洋地区：日本，韩国

新独立的国家：乌克兰
欧洲：巴尔加利亚，德国，荷兰，波兰
南亚：印度，斯里兰卡
西半球：阿根廷，巴西

采访和焦点小组

我们对富布赖特项目美国的经管人进行了一些列的前期采访，这些经管人隶属于美国国务院文化和教育事务局的学术交流办公室，其中美国国务院文化和教育事务局是富布赖特项目的主要经管人。我们还采访了 CIES（国际学者交流委员会）的代表们。

在对美国的经管人进行了前期采访之后，我们还对来自九个国家的项目经管人和富布赖特校友进行了深度采访和焦点小组讨论，这九个国家包括日本、荷兰、波兰、摩纳哥、乌克兰、印度、斯里兰卡、阿根廷和巴西；之所以选择这九个国家，是因为他们体现了地理区域的多样性，而且，这样的选择也是为了根据各国委员会和使馆工作人员的时间空挡，合理安排我们的采访行程。来自这些国家的受访校友和焦点小组参与者，就一系列对评估很重要的因素提供了各种观点，这些因素包括：学者们申请富布赖特项目的原意；在受资助访学期间参与的活动；访学后出的成果和访学产生的效果。比如，出版作品及专业作品；继续与在美国结识的同事保持联系；开启了新的国际活动；更好的国际理解以及更多的国际参与。他们提供的观点有助于我们设计一份调查问卷用来收集来自 16 个样本国家的富布赖特校友的数据。富布赖特校友们讲述的故事和小插曲，也被用来强调和详细阐述问卷本身的量化结果。附录 B 提供了调查问卷的附本以及附有回答每个问题的受访者比例。

调查管理

在进行现场参访和焦点小组讨论的同时，我们还采取了大量的搜集行动，以便为 1980 年至 2001 年期间 16 个研究国家的校友找到当前有效的电子邮件或邮寄地址。最后，在 1980—2001 年期间，这 16 个国家共有 4 876 名学者参与了富布赖特项目，SRI 评估小组最终搜集到了其中 3 324 名校友的有效电子邮箱和通讯地址。这些人在国际交流学者委员会保存的受助人记录中列出（68%）。

国际交流学者委员会给我提供了 1990—2000 年间富布赖特校友的电子版名录和 1980—1989 年间校友的纸质版名录。但是，由于 1982—1983 学年的校友名录丢失了，我们的研究样本没有这一年的校友。通过手动输入纸质版校友名录，我们将这两个版本的校友名录合并成了一个。纸质版名录通常只记录了每个校友很少的信息，而电子版名录提供了更多的详细信息，这些详细信息使得找到或证实校友的电子邮箱地址相对容易一些。

每个国家的双边委员会（bi-national commission）和使馆认证（EmbassyPosts）都记录了各国的富布赖特访问学者名单，SRI 评估小组搜集到了这些名单，并将这些名单与 CIES 的名单进行了比对。一开始我们期望这两组名单会是一样的，但实际上很不一样。造成这种差异性的原因有很多。很多双边委员会开设了临时项目，这些临时项目的参与者被双边委员会当作是富布赖特学者，但没有被 CIES 当作是富布赖特学者。在有些情况中，双边委员会记录的学者只是替补，实际上并没有得到富布赖特经费。各国双边委员会记录的名单在质量和准确性上差别巨大。一个极端的例子是，SRI 收到了一份手写的富布赖特访问学者名单。

为了联系到校友们，SRI 先是用谷歌（Google）和各种搜索引擎，尝试了各种关键词的组合进行电子邮箱搜索。研究人员对电子邮件搜索的程序进行了仔细的培训，并被要求利用至少一个关键词（qualifier），比如研究领域或学者在其祖国所在的单位，来确认学者的名字。在因特网广泛使用的国家，即使网络语言不是英语，我们也尽可能地雇佣当地助手，让他们用当地的语言和搜索引擎，来协助我们搜集学者的电子邮件地址。

SRI 决定利用信息技术的进步，并使用网络搜索方法。早前对美国富布赖特学者项目的评估方法很成功，所以这次也采用了同样的方法。虽然在有的样本国家，互联网普及率低，但在咨询过双边委员会及使馆审查（embassy posts）的工作人员之后，SRI 认为网络搜索方法是可行的。大多数的富布赖特学者供职于高校，而即便是发展中国家的高校，也更有可能采用了互联网。

在有的国家，大多数学者不方便使用互联网，我们在这些国家用传统的纸质版调查问卷来补充网络搜索。RRI 雇佣了当地的助手，帮我们在以下国家进行联系信息搜索和邮寄调查（函调）：巴西、保加利亚、加纳、印度、日本、摩纳哥和斯里兰卡。根据各国的互联网普及率、政府邮政服务的可靠性以及一些学者的偏好等特征，调查问卷采用了各种不同的格式。

对于我们已经知道有效电子邮箱的学者，我们信息搜索的第一步就是给每位样本成员发电子邮件，告知他们我们正在进行的调查及调查目的。每位受访者可选择在线完成问卷，也可以选择通过纸质版完成。其中大部分选择在线完成，于是我们我们给他们发送了问卷网址。我们邮寄或传真了纸质版的问卷给其余的受访者。每隔大约三周，提醒受访者完成问卷。对于我们只知道邮寄地址的学者，将调查问卷，已贴邮票的信封，以及说明调查目的的附信、回信地址都一起寄给了我们在当地的研究生或其他双边委员会或使馆指定的人员。

在进行问卷调查的过程中，我们遇到了很多的挑战。最大的挑战是如何确定研究对象，即确定谁是真正的“富布赖特访问学者”且能够联系到他们。双边委员会和 CIES 给 SRI 的富布赖特学者名单不尽相同。最终，我们决定使用 CIES 给出的名单作为“确定”的研究对象，因为名单上的学者得到了 J. 威廉姆·富布赖特外国学者委员会（The J. William Fulbright Board）的正式批准。另一个挑战是很难确认在搜索引擎上找到的联系信息，尽管我们尽了所有努力来提高联系信息的可靠性。很多非英语名字转化成英语字母后都不统一，这使得要确认许多学者的身份很困难。此外，使用邮寄调查和网络搜索两种方法，给调查的进行（survey administration）带来了巨大的物流难题。但是，使用两种方法给受访者提供了更多的选择，因而提高了回复率。

调查结果

数据收集于 2003 年 4 月~8 月。截止调查结束时，我们已收到 1 894 份有效问卷，占联系的 3 324 名学者的 57%。那些未回复的学者中，很可能有相当大一部分是由于地址有误而未能收到我们的问卷邀请，但是我们也无从得知这样的情况占有多大比例。表 I -1 按国别给出了富布赖特学者总人数、样本人数和回复率。

在大多数国家，SRI 联系过的学者中，50%或以上回复了问卷。有几个国家的回复率还相当可观，这些国家包括阿根廷、荷兰、乌克兰和以色列，回复率分别为77%、75%、75%和72%。在一些国家，联系活动遇到了一些问题。比如在尼日利亚，我们放弃了信息搜集。因为其国内的形势让我们的活动全无法进行，比如国内大学的罢工导致了许多学者离开了该国，还有正在组织新的总统选举。在加纳，一位当地的助手做出了相当大的努力，甚至访问了富布赖特学者主要的供职机构，但尽管如此，回复率也仅仅只有31%。印度国土辽阔，情况多样，且富布赖特校友众多。尽管在当地对学者信息进行了分区搜索，回复率也没超过44%；但是，印度还是有203位学者完成了问卷，绝对数居于第二位，仅次于日本。

该调查的结果并不一定代表了所有富布赖特访问学者的总体状况。第一点，也是最重要的一点，由于在富布赖特项目进行的这些年，学者来自众多的国家，因此研究需要把调查样本国家缩减到一个可行的范围，然后再从这些国家中联系富布赖特校友。虽然美国国务院使用了许多标准来挑选样本国家，但是还是无从知晓其他国家的校友是否会对问卷做出类似或不同回应。其次，在大多数国家，调查主要集中在我们能找到电子邮箱的校友，但无从知晓，这些校友与平时不使用电子邮箱的校友，或与那些我们未找到电子邮箱的校友有何不同。最后，我们无从知晓没有回复问卷的校友与有回复我们的校友的差异程度。但是，我们的研究结果包括了大约2 000份校友完成的问卷（1 447份在线问卷，447份纸质版问卷），这似乎让我们有合理的原因得出结论：该调查对样本国家的富布赖特访问学者的经历和观点，做出了有价值的概述。

表 I -1　调查总人数，样本人数 & 回复率

国家	总人数	最终样本（联系上的人数）	可用回应总数	每次联系时的总回复率
阿根廷	165	104	80	77%
巴西	416	333	157	47%
保加利亚	150	114	55	48%
德国	540	308	176	57%
加纳	111	81	25	31%
印度	629	465	203	44%
以色列	343	211	151	72%
日本	686	543	324	60%
约旦	156	66	45	68%
韩国	261	203	101	50%
摩纳哥	193	155	94	61%
荷兰	344	232	174	75%
尼日利亚	235	16	11	69%
波兰	410	333	187	56%
斯里兰卡	80	63	31	49%
乌克兰	157	97	73	75%
不明国别			7	
总数	4 876	3 324	1 894	57%

该调查给我们提供了一个丰富、详细的数据库，使我们能用一整套的变量，来分析富布赖特访问

学者的活动、访学效果和访学影响。比如，访学时期、访学持续时间、学者国别、学者供职机构、在美访学机构的地理位置，在本报告中，主要的分析变量有：

· 访学持续时间（1~4 个月，5~8 个月，9~12 个月，12 个月以上）；

· 访学时期（1980~1985 学年，1986~1990 学年，1991~1995 学年，1996~2001 学年）；①

· 学者的主要研究领域（物理、生命科学与工程，艺术和人文学科，社会学科）；

· 学者性别。

在这个报告剩下的章节中，给出了任何给定调查问卷的结果，以说明整个项目的总的结果。而这个附带着总表结果的文本，描述了由一个或多个分析变数所引起的结果，该分析的变数通常是展示最有趣的群体差异的变数。附录 C 提供了一组带有调查反馈结果的完整表格，其中包含四个分析变量。

为了说明定量结果中的观点，我们引用了学者对开放性问题的回答，还引用了现场采访和焦点小组讨论参与者发表的观点。我们对引文进行了编辑，以使其更为通顺。

C. 参与富布赖特项目的受访者的特征

富布赖特项目受赠者的总体特征

依据学者研究领域、访学持续时间、访学所处时期、访学时年龄、富布赖特访学次数和性别的问卷反馈分布见表Ⅰ-2。学者相对均匀地分布于各主要领域，其中社会学科稍高（38%），其次是物理、生命科学与工程（36%），最后是艺术和人文学科（26%）。四分之三的富布赖特访问学者为男性（75%），但是在 1980 ~2001 年 20 年间，男性比例逐年下降，从 1980—1985 年的 81%下降到 1986—1990 年的 76%，到 1991—1995 年的 70%，最后到 1996—2001 年的 68%。

在访学持续时间方面，比例最高的为 9 ~12 个月（44%）；21%的为 1 ~4 个月，23%的为 5 ~8 个月，11%的为十二个月以上。访学持续时间的平均值为 9. 6 个月。

调查结果有助于我们对前后的学者进行一致的评估。问卷反馈者相对均匀地分布在研究所涉及的四个时间段，大约四分之一分布于 1980—1985 年时间段（25%），五分之一分布于 1986—1990 年时间段（21%），四分之一分布于 1991—1995 年时间段（24%），分布于 1996—2001 年时间段的较高（29%）。（但是，前三个时间段包含 5 个学年，而最后一个时间段包含 6 个学年。这也能解释为什么 1996—2001 年时间段内的受访者的反馈人数最高）

在受富布赖特项目资助访学期间，绝大部分学者的年龄在 30 到 49 岁之间（80%）。只有 10%的受

① 在调查分析中使用的时间段与抽样计划中使用的时间段不同，因为在分析中使用的时间周期组之间存在较大差异。

访者不止一次获得富布赖特访问学者项目的资助。

访问学者们/访学项目的各个特征之间可以绘制出许多有趣的相互作用。这种互相影响对富布赖特项目的管理很有意义，特别是在目标群体的确定方面。

· 访学持续时间：年龄较小的富布赖特访问学者在美国访学的时间较长。访学时间在12个月以上的学者，年龄比平均年龄要小—— 32%在30岁以下，57%在30~39岁之间。而在整体上，12%的富布赖特学者在30岁以下，46%在30~39岁之间。在另一方面，访学持续时间只有4个月或更短的学者，年龄比平均年龄要大，其中12%在50~69年龄段，2%在60岁以上，而总体上，在50~59岁年龄段的富布赖特学者只占8%，60岁以上的占1%。

· 访学时期：访学持续时间在不断下降。最近的访学时期（1996~2001）与之前的时期相比，更多学者的访学持续时间在1~4个月（29%比前三个时斯的13%-22%）。在本研究涉及的20年里，访学持续时间在12个月以上的学者的比例也在降低：1980~1985年年间占本时期总人数的22%，1986~1990年年间占本时期总人数的15%，1881~2005年年间占本时期总人数的9%，1996~2001年年间占本时期总人数的2%。

· 研究领域：不止一次获得富布赖特奖学金的学者中，艺术和人文学科领域的居多，16%收到两项或两项以上资助，而社会学科领域的为10%，物理和生命科学及工科领域的为5%。访学持续时间在4个月或更少的学者，物理和生命科学及工科的居多（25%），而艺术和人文学科领域的占20%，社会学科的占18%。访学持续时间在12个月以上的学者，也是物理和生命科学及工科的居多（16%），社会学科领域的占8%，艺术和人文学科领域的占7%。

· 学者性别：物理学和生命科学领域的学者男性居多（4C%比26%），而艺术和人文学科领域的学者女性居多（35%比23%）。

表1-2　富布赖特访问学者简介，1980~2001年

	占受访者百分比
学者从事的主要领域/专业	
物理和生命科学及工程学[1]	36
社会学科[2]	38
艺术和人文学科[3]	26
访学持续时间	
1~4个月	21
5~8个月	23
9~12个月	44
12个月以上	11
访学时期	
1980~1985	25

续表

	占受访者百分比
1985～1990	21
1991～1995	24
1996～2001	29
访学时年龄	
30 岁以下	12
30～39	46
40～49	34
50～59	8
60 及以上	1
受到富布赖特资助的总次数	
1 次	90
2 次及以上	10
性别	
男性	75
女性	25

1 包括：农业，动物科学，天文学，生物科学，化学，计算机科学，工科，环境科学，食物技术，地质学，数学，医学，和物理学。

2 包括：人类学，经济管理，城市规划，经济学，教育学，地理学，法学，图书管理学，语言学，体育教学，政治学，心理学，公共管理学，社会工作，社会学，和作为外语的英语教学/应用语言学。

3 包括：美国历史，美国文学，美国研究，建筑学，考古学，区域研究，艺术，艺术史，古典文学，传播学，创意写作，英语，历史学（非美国），新闻学，语言和文学（非美国），音乐，音乐学，哲学，宗教研究，和艺术。

来源：斯坦福国际咨询研究所；富布赖特访问学者项目调查，2003。

教育和就业特征

与富布赖特访问学者项目相一致，富布赖特学者们有很高的受教育程度，且主要供职于教育和研究机构，扮演着意见领袖的角色。对问卷做出反馈的学者们的教育和职业特点，见表Ⅰ-3。这些特点既包括在访学期间的，也包括在填写问卷时的。在访学期间，超过 90%的学者（92%）有高级（博士或硕士）学位。在访学期间，约四分之三（76%）的学者拥有博士或领域最高学位，在学者填写问卷时，这个比例增加到了 89%。在申请富布赖特奖学金时，几乎所有（91%）的学者供职于学术界。在填写问卷时，仍在职的学者们中，有 88%还留在学术界。

在访学期间（55%）及目前（54%），有超过一半的学者供职于教学和研究同等重要的高校；四分之一（25%）的供职于以研究为重心的高校（既包括在访学期间，也包括现在）；大约 10%供职于以教学为重心的高校（访学期间的和现在的分别占 11%和 9%）。

依学者专业不同，学者们的教育和职业简介也呈现出值得注意的差别。在访学期间与在填写问卷时，相较于其他领域的学者，物理和生命科学及工程学的学者们学历更高：在访学期间，物理和生命科学及工程学领域的学者、社会学领域的学者，以及艺术和人文学科领域的学者，拥有博士学位及其他领域最高学位的比例分别为 89%，73%，67%。类似的，在填写问卷时，这三个领域的学者拥有博士或领域最高学位的比例分别为 96%，88%，82%。

表 I -3　富布赖特访问学者的教育和职业简介，1980~2001

	占受访者百分比
访学时最高学位	
博士学位或领域最高学位或同等学历	76
硕士学位（包括工商管理硕士）或同等学历	16
有研究生工作经历但无学位	3
学士学位或同等学历	3
其他	2
访学时就业情况	
在职，每周工作 30 个小时或以上	81
在职，每周工作 30 个小时以下	9
学生	7
临时聘用	<1
已退休	0
其他	3
访学时供职机构（如果有）	
教学和研究同等重要的高校	55
以研究为重心的高校	25
以教学为重心的高校	11
政府机构和公共机构	4
私立营利机构	1
私立非营利机构	1
其他机构或自雇	2
现在最高学历	
博士学位或领域最高学位或同等学历	89
硕士学位（包括工商管理硕士）或同等学历	7
有研究生工作经历但无学位	1
学士学位或同等学历	1
其他	2
现在就业情况	
在职，每周工作 30 个小时或以上	81
在职，每周工作 30 个小时以下	8
学生	<1
临时聘用	11
已退休	6
其他	4
现在供职机构（如果有）	
教学和研究同等重要的高校	54
以研究为重心的高校	25
以教学为重心的高校	9
政府机构和公共机构	5
私立营利机构	3
私立非营利机构	2
其他机构或自雇	3

来源：斯坦福国际咨询研究所；富布赖特访问学者项目调查，2003。

访学机构

富布赖特访问学者的访学机构绝大部分（91%）为高等院校（见图Ⅰ-1）。四年制院校接收了64%的访问学者，其次是没有本科教学的研究生或专业机构，接收了27%。就访学持续时间、访学时期和学者性别而言，访学机构在构成上几乎没有区别。但是，在政府机构和公共机构访学的学者中，物理和生命科学及工程学的学者明显最多，其次是艺术和人文学科的学者，社会学科学者最少（比例分别为7%、3%和2%）

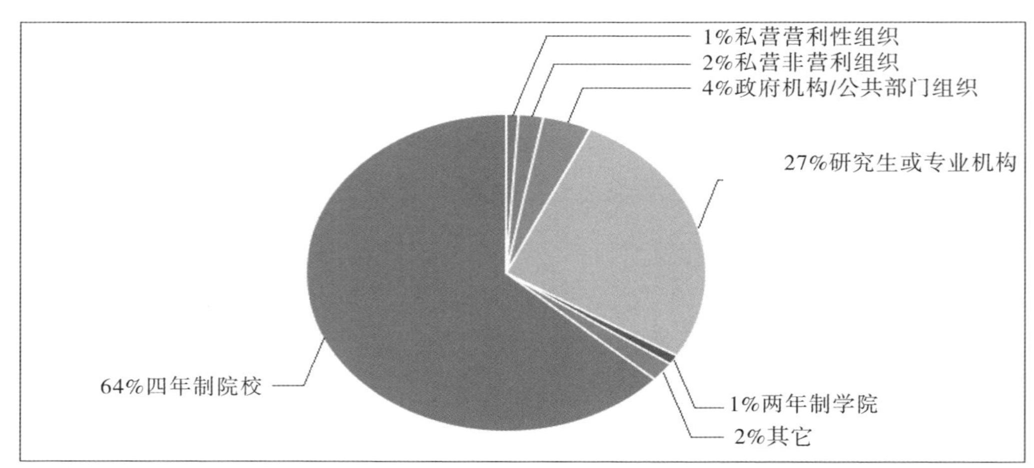

图Ⅰ-1　富布赖特访问访学机构

来源：斯坦福国际咨询研究所；富布赖特访问学者项目调查，2003。

自由选择能够提升办事效果，增加办事成就，这一观念深深根植于美国的价值体系。由图Ⅰ-2可见，89%的学者的访学机构是自己挑选的，仅仅11%的学者的访学机构是被安排的。95%的物理和生命科学及工程学领域的学者是自己挑选的访学机构，比例最高，艺术和人文学科领域的这个比例最低，为85%。前文有提到，CIES为一些学者安排或确认合适的访学机构，特别是为来自世界某些地区的学者，但是这种安排也是基于学者的建议意向进行的。

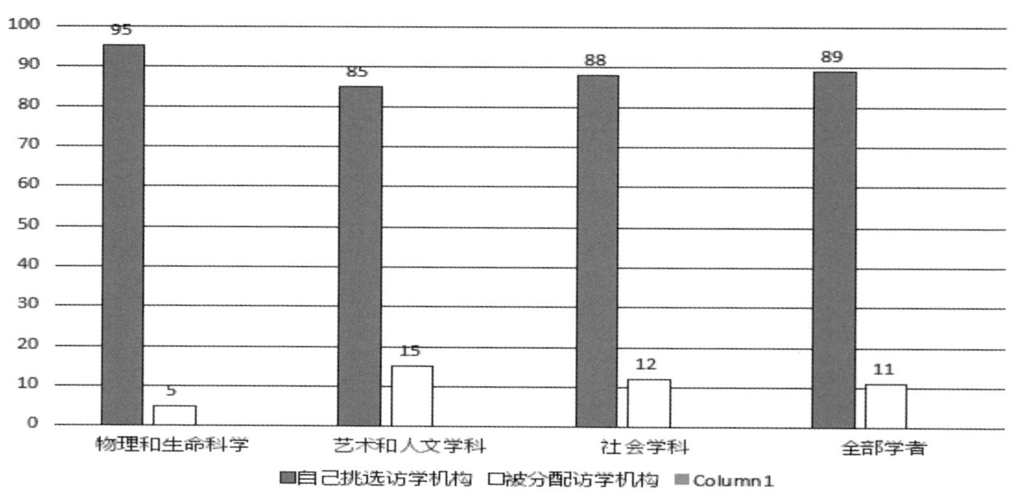

图Ⅰ-2　富布赖特访问学者自己挑选访学机构与被分配访学机构的百分比

来源：斯坦福国际咨询研究所；富布赖特访问学者项目调查，2003。

Ⅱ. 评估结果——评估和发现

只有当文化和世界观的差异被尊重和欣赏，而不是被恐惧和谴责时，当人类尊严的普遍联系被承认为世界和平的本质联系时，人民间的友好关系才有可能。①

——参议员 J. 威廉姆. 富布赖特

增进互相了解

富布赖特项目首要的目标是增进互相了解。互相了解是通过个人和专业的接触，通过信息和观点的分享而获得的。也是通过在另一个社会中的生活、学习或工作经历而获得的。为了实现这个目标，富布赖特项目支持进行国际交流和支持一系列双边的、区域的和国际的合作活动。

本评估的主体部分，主要是依据与增进互相理解有关的三个层面来分析富布赖特访问学者项目的效果：（1）教育/职业和文化学习；（2）对行为的影响；（3）联系、纽带和体制变化。

一个人的人生观是受各种影响而形成的，其中包括家庭教育、受到的正式教育、社会环境、同伴交往以及个人和职业经历。这其中任何一种影响都能使一个人的世界观变得开阔或狭隘。富布赖特项目的基本理念为：以经验为基础的生活、学习和工作，能开拓人的视野，加深人对不同文化的动机和动力的理解。

富布赖特访问学者项目有没有在增进互相了解方面，扮演重要的角色呢？对这个问题额回答有四个层次。第一，该项目的确有给学者们提供在美国讲学和做研究的机会。因此，如果富布赖特的理念是经验本身就带来互相理解，且很多类似的项目已经证明了这种关系，那么，在这个层面上，富布赖特访问学者项目就达成了其目标。

第二，可能会有人会认为，因为亲近感和更好的理解相关，所以正面经历带来的效果要优于负面事件带来的效果。访学经历给绝大多数的学者留下了积极的印象。近乎百分之百的学者一致认为（98%），他们的富布赖特经历至少在某种程度上是有价值的。另外，98 ~99%的学者，至少在某种程度上，以自己曾经是富布赖特访问学者而自豪（97%赞同）。近乎四分之三（74%）的学者认为，他们的富布赖特经历至少在某种程度上改变了他们的人生。

第三，富布赖特访问学者项目的效果，可以依据在学习、行为和建立纽带方面的效果来衡量，因为这些方面是互相理解的重要元素。搜集有关这些指标的信息，是《访问学者项目调查》（The Visiting Scholar Survey）的主要目标，在这些指标方面的效果都是积极且显著的，详见后文。

① 参议员 J. 威廉姆·富布赖特，从 1989 年 4 月在希腊雅典奥纳西斯基金会收到雅典国际基金的评论。

第四，从这些相关因素中能获得相互理解，但前文提到的职业机会、积极的经历和效果不可能一定会获得互相理解。这些额外的因素与富布赖特“经历”有关，也能让我们看清这些经历是如何改变学者们的生活的。学者们给出了各个方面的例子，来说明他们认为富布赖特经历增进了美国人民同世界各国人民间互相理解。他们大部分的评论体现的主题如下：

· 学者及其家人们沉浸在美国社会中，消除了很多先入为主的误解；

· 在个人及专业层面上，建立了长久的友谊；

· 跟美国人分享有关学者祖国的信息和经历；

· 回国后跟所在机构的同事和学生分享美国的文化、社会和政治价值观。

这些主题展现出的互相理解的维度，不是单问卷问题就能够完全体现的。下文是学者们给出的一些相关评论。此处及本报告其他部分，有稍加修改学者们对问卷问题的回答，以便更通顺。下文给出的例子，体现了富布赖特经历是如何增进互相理解的。

学者及其家人们融入了美国社会中，消除了很多先入为主的误解

在国外生活，将自己融入在国外的文化和工作环境中，就像是在“穿着别人的鞋子走路”，穿着别人的鞋子，日常生活也会推动着你去用别人的观点看问题。这样一个过程让人有机会了解美国的制度、办事程序和价值观，也有助于消除很多关于美国人和美国生活方式的先入为主的误解。

“这非常简单。仅仅就是在美国人中生活，跟他们聊天，交流观点和人生经历，就会让人明白，看待事情的角度和处理问题的方法，可以跟自己在祖国习以为常的方式方法不一样。没有哪一种做法或哪一种观点，就一定比另一种要好。它们只是不同而已……我发现我自己思想变得更开放了，还学会了用不同的角度来看事情。这增进了我对美国生活方式的理解。”（阿根廷富布赖特学者）

“一直以来，我都对了解和理解不同的社会和文化感兴趣。虽然我们可以通过视觉和纸质媒体获得很多信息，但是真正去到一个地方，遇见当地的人，跟他们交往，观察当地社会及其生活方式，并理解细微差别，才是真的有助于人与之间的了解。富布赖特项目给了我这样的一个机会。”（印度富布赖特学者）

“不是作为一名游客，而是作为美国社会的一员在美国生活，给我打开了一个了解别人的新视野。这种经历很特别，是独一无二的。”（乌克兰富布赖特学者）

（富布赖特经历对我有帮助）……“能在美国生活较长一段时间，使我能参与美国人的日常生活，既有社交生活，也有职业生活……让我用更开阔的视角来看待美国和我自己的祖国，让我能在日常生活中，‘在内部’来体验差异和相似之处。”（荷兰富布赖特学者）

在个人及专业层面上，发展长久的友谊

友谊是人生经历的重要组成部分，能深刻地影响一个人的职业生涯、看问题的角度和世界观。即使是人与人之间短暂的交往，也能改变人的人生态度和职业生涯。长久的友谊有助于长期的交流和互利的互动。

“作为富布赖特学者在美国访学期间，我结交了不少朋友，有的友谊持续了二十多年。我认为，这种个人之间的交往，是世界各国及其人民之间互相理解、和平相处的最重要的基础。我认为富布赖特项目最大的贡献在于，在全世界为美国和美国人民发展了大量的朋友。”（日本富布赖特学者）

“在美国访学期间，我有机会认识美国人。他们中的许多人直到现在还是我的朋友。我们几乎每周都会通过邮件讨论时事。富布赖特项目最伟大的贡献在于人与人之间的接触。”（巴西富布赖特学者）

“在美国访学期间，我结识了很多专业上的朋友，在我回国后，还有继续跟他们合作。在美国期间，我的妻子和孩子们也交了许多朋友。我们跟这些朋友保持着联系和交往，我们会去美国拜访他们，他们也会来荷兰拜访我们。在美国访学的经历，让我们更加欣赏美国人和美国的科学发展水平，而且这段经历还巩固了我们在学术界内外的友好关系。”（荷兰富布赖特学者）

与美国人分享有关学者祖国的信息和经历

人与人或国与国之间的互相理解始于信息的交流。在个人和专业层面上，跟人分享个人的背景和经历，能够建立共识、友谊和共同的纽带。这些纽带最终会发展成更深层次的互相理解。

“一有机会，我跟我的家人们就会详细地跟美国人分享我们祖国的文化和习俗。在大多数情况下，这种分享有助于澄清许多误解，消除许多对印度的刻板印象。”（印度富布赖特学者）

“在美国访学期间，我住在一个国际化的社区（国际酒店），这让我有机会认识来自世界各地的人，跟他们分享我特有的经历（或者反过来）。这种独特友好的氛围只有美国有。自此，回到我在波兰的供职大学后，我积极地参与国际交流项目，试图建立真正的国际氛围。”（波兰富布赖特学者）

“富布赖特经历让我学会了理解美国的生活方式，并开始质疑我习以为常的各种事情。反过来，我也可以让我身边的人（朋友、同事和同龄人）更好地理解德国的生活，帮助他们消除刻板印象（比如，关于第二次世界大战和习惯。）”（德国富布赖特学者）

“在一所美国大学的教学经历，让我重新审视我的文化/意识形态蓝图。到目前为止，这些蓝图决定着我对美国文化，学术生活和政治等的看法。但是我带去的‘外来’视角，也被证明对美国学生有很大的启发作用，促使他们改变看事情的角度，让他们明白，原来还有其他不同的观点也值得考虑。”（德国富布赖特学者）

回国后跟所在机构的同事和学生分享美国的文化、社会和政治价值观

跟语言学习一样，要保持和提高知识和理解，最好是尽可能多用；我们都想要与同胞们分享自己的经历和学到的知识，这一渴望深深地渗透到了我们的行为中。另外，向同事和学生们解释和描述一些观点，也会放大交流项目的乘数效应。

“我亲身体会过美国人有多友好、多乐于助人、多和蔼和多热情。我也了解到，美国人在社区活动和其他各种慈善活动上花了多少时间，付出了多少努力。所有这些打破了我对美国个人主义的成见。在我所有的讲座中，我都有提到这些印象。当然，在讲座中我也讲美国人的活力、乐观和办事效率，但这些是大家都知道的。”（乌克兰富布赖特学者）

“我跟美国人，尤其是跟美国学生们，分享有关乌克兰的知识。现在，作为一名作家、记者、编辑和讲师，我也跟乌克来人分享关于美国的知识。我认为这有助于打破成见，增进互相理解。”（乌克兰富布赖特学者）

“我在美国的时候，认识了一位美国老兵，他一直保留着一面他在太平洋战争中得到的日本国旗。他把那面国旗送给了我，要我好好利用它来教育日本的青年。此后，在社区中，以及在我通过英语教育讲授美日关系的过程中，这面国旗起到了很大的作用。”（日本富布赖特学者）

“说实话，我的富布赖特经历也许没有影响到美国人对韩国的了解，但一定深深地影响了我的同事和学生们对美国的了解。我的富布赖特访学经历提高了我的授课能力（事实上，我获得了我们大学的最佳教师奖）和行政管理能力。因为我的富布赖特访学经历，我真正变得喜欢美国了，并宣传积极的对美态度。”（韩国富布赖特学者）

这些评论提供了个人对富布赖特项目的看法，即参与富布赖特项目，是如何以跟该项目的目标直接有关的方式影响访问学者们的生活的。学者及其家人在美国社会中工作、生活，第一手地了解到美国的结构、制度、文化和价值观。他们建立个人关系和友谊，有的是永久性的，这些有助于在访学期间及通过终身的交流增进了解。他们也将从自己祖国带来的经历和观点跟美国人分享，因而增进美国人对外国的了解。另外，一旦他们回国，他们又把自己学到的关于美国的知识，传授给他们的同胞们。这四类活动共同构成了增进互相理解的组成部分。

很有可能许多其他的学者也有类似于这些学者描述的经历。然而，需要有对富布赖特访问学者项目效果的定量评估，来补充说明这些定性证据。下面的部分主要是关于富布赖特项目到底在多大的程度上实现了关键目标。

A. 教育/专业及文化学习

富布赖特访问学者项目的范围和核心都是围绕学习而进行的。在这种情况下，“学习”也可以被分为两类。专业学习，是指获得跟学术和专业追求相关的知识。学者们来美国做研究、讲学和参与其他相关的学术活动。学者们在这些领域内非常活跃，详见下一部分的调查结果。

除了学术/专业追求以外，也希望学者及其家人们的社会和文化交流能带来“课外”的文化学习，

即了解美国及美国人。访问学者项目的效果可以通过几个维度来考察——在访学期间，学者们在多大程度上参与了社会或社区活动，他们对美国有哪些了解，他们是如何对美国和自己的祖国有了更好的了解的。

访学期间的专业活动

关于首次申请富布赖特访问学者项目的原因，学者们给出的最重要的原因跟他们的学术目标有关（跟美国研究者合作的机会，学习新的知识/技能的机会，专业发展和提升-详见表3-24）。相应的，学者们相当看重与学习相关的活动。调查结果表明，学者们进行了各种与学习有关的专业活动——做研究、写作、学习新技能、参加和组织学术会议、讲学、指导学生和参与教职员工委员会。

在关于对日本在美留学生的教学和送美国学生去日本方面，我给访学大学的副校长提供咨询。（日本富布赖特学者）

我访问了来自不同艺术专业的女生，访问地点有大城市，也有偏远的村庄。（以色列富布赖特学者）

我积极参与授课，有的是向公众的，有的是在其他美国大学作为访问教师进行的，授课内容是关于巴尔干历史及时事。（保加利亚访问学者）

富布赖特访问学者在访学期间参与的专业活动见表Ⅱ-1。最普遍的是进行独立的研究（79%），其次是参与学术会议和研讨会（75%）。其他相对常见的活动包括在图书馆、档案馆和实验室做研究；撰写或修改文章、论文、书和创造性作品；与美国的教职员工和学生合作进行研究活动。

表Ⅱ-1　富布赖特访问学者访学期间的专业活动

	占受访者百分比
独立做研究	79
参加专业会议、研讨会等	75
在图书馆/档案馆/实验室做研究	70
撰写/修改文章、论文、书籍或创造性作品	70
与美国教职工/学生联合研究	64
在访学机构讲学	37
提高计算机水平	28
在其他机构讲学	28
指导学生	26
参与教职员工委员会	14
创作/完成硕士/博士毕业论文	11

续表

	占受访者百分比
组织会议、研讨会和培训班	9
在访学机构外提供有偿或无偿咨询活动	9
参与创意/表演艺术	5
其他专业活动	3

来源：斯坦福国际咨询研究所；富布赖特访问学者项目调查，2003。

专业活动的性质依学者的专业领域而异。艺术和人文学科及社会学科的学者与物理和生命科学及工程学的学者相比，前者更多地是独立进行研究（分别为 87%、85%、68%），后者中明显更多的学者与美国教职员工和学生合作进行研究（88%、50%、51%），前者中更多的学者在访学机构讲学或授课（42%、41%、27%），或去访学机构以外的机构讲学或授课（36%、32%、16%），后者中更多地学者花时间去提高自己的计算机能力（33%、24%、25%）。

就学者在访学期间参加的活动的类型方面，性别差异相对较小。女性学者比男性学者更有可能参加专业学术会议或研讨会（79%比 75%），或更有可能在图书馆、档案馆和实验室中做研究（80%比 67%），或更有可能花时间提高计算机水平（34%比 26%），或更有可能撰写或完成硕士或博士论文（14%比 10%）。男性学者比女性学者更有可能与美国的教职员工和学生合作进行研究（66%比 60%），或更有可能指导学生（27%比 22%）。

在富布赖特项目的整个过程中，学者们的学术活动在逐年增加。这表明专业活动的中心地位更加突出了。从最早的时期到最近的时期，学者们在访学期间从事以下活动的比例在逐年提高：

- 撰写或修改文章、论文或创造性作品（从 1980~1985 年时期的 63%增加到了 1996~2001 年时期的 74%）。
- 在图书馆、档案馆和实验室做研究（从 1980~1985 年时期的 61%增加到了 1996~2001 年时期的 75%）。
- 与美国教职员工和学生合作进行研究（从 1980~1985 年时期的 56%增加到了 1996~2001 年时期的 69%）。

总之，学者们参与的学术和专业活动，都是当年促使他们申请富布赖特项目的那些活动。如果将这些活动同其他的因素联系起来（比如，对富布赖特项目和经历的重视、所学知识和技能的应用、访学机构的持续支持，等等），我们能得出结论，即在专业学习方面，富布赖特学者项目在专业学习方面取得了实质性的进展。

访学期间的社会、社区和媒体活动

富布赖特访问学者项目力图让学者们学到专业活动以外的知识。文化学习的形式包括了解美国人及其习俗、制度和价值观。文化学习通常通过跟同事和朋友的来往实现，以及参加社交、社区和媒体活动来实现。

我参加了雕刻南瓜的活动，参观了以万圣节装饰品而出名的街道，还在同一天去了在庆祝排灯节的印度教寺庙。(印度富布赖特访问学者)

我在一家非裔美国人教堂做过牧师，该教堂的成员有教职员工和学生。(加纳富布赖特访问学者)

富布赖特访问学者项目资助学者的目的，大部分是让学者们进行研究，但学者们很明显有利用访学机会进行文化学习。项目所有的学者（99%）都有参加媒体、社区和社交活动（见表Ⅱ-2）。90%拜访过美国家庭，阅读过当地报纸，观看过当地的电视新闻。三分之二或更多地学者看过演唱会，观看过喜剧表演，或者参加过其他的文化活动（80%），收听过当地的广播（72%），参加过社交活动（69%），或跟其他美国人一起出去旅游过，旅游时间为一个周末或更长（65%）。

在学者们参加的活动中，不仅有他们可以获得新知识和新观点活动，还有他们可以分享其祖国的经历和世界观的活动。大约一半（49%）的学者做过关于其祖国文化的演讲，大约四分之一（24%）就其祖国文化的某一个方面做过讲座或展示，比如语言、舞蹈和饮食。十名中有六名（59%）的学者与其他富布赖特学者有过正式或非正式的接触。

该研究涉及的时期最早的是1980~1985年，该时期的学者拜访美国家庭的比例最高（四个时期从前到后的比例分别为94%、88%、91%和88%），总体上参加社交活动的比例最低（四个时期从前到后的比例分别为63%、71%、72%和71%）。这反映了在最近几年，富布赖特协调人员更注重为学者们组织集体活动。在最近一个时期，与其他访问学者有正式和非正式接触的学者比例，比前三个时期的都高（65%对比前三个时期的55%~58%）。超过一半（59%）的学者表示，他们在美国访学期间，有参加过没富布赖特项目赞助的活动，比如富布赖特访问学者会议或文化旅游/郊游活动。如表Ⅱ-2所示，几乎所有学者（99%）都认为这些活动至少有某种价值，四分之三（74%）认为这些活动非常值得。

表Ⅱ-2　富布赖特访问学者访学期间的社区和社会活动

	占受访者百分比
访问美国家庭	90
阅读当地报纸	90
收看当地电视新闻	90
观看演唱会、喜剧表演或其他文化活动	80
收听当地广播节目	72
参与社会活动（运动除外）	69
与一个或多个美国人周末出游	65
与其他富布赖特访问学者有正式或非正式接触	59
就祖国文化进行讲座	49

续表

	占受访者百分比
参加体育运动	29
就自己祖国文化的一个方面（语言、舞蹈、饮食等）进行讲课/展示	24
其他活动	7
至少参与了上述活动中的一项	>99

数据来源：斯坦福国际咨询研究所；富布赖特访问学者项目调查，2003。

与男性相比，女性更喜欢看演唱会、观看喜剧表演或其他文化活动（87%比 78%），更倾向于跟其他富布赖特访问学者有正式或非正式的接触（53%比 46%），更高比例的女性就其自己祖国文化的某一方面进行讲座或展示（29%比 22%）。在参加体育活动方面，男性的比例要高于女性（32%比 22%）。

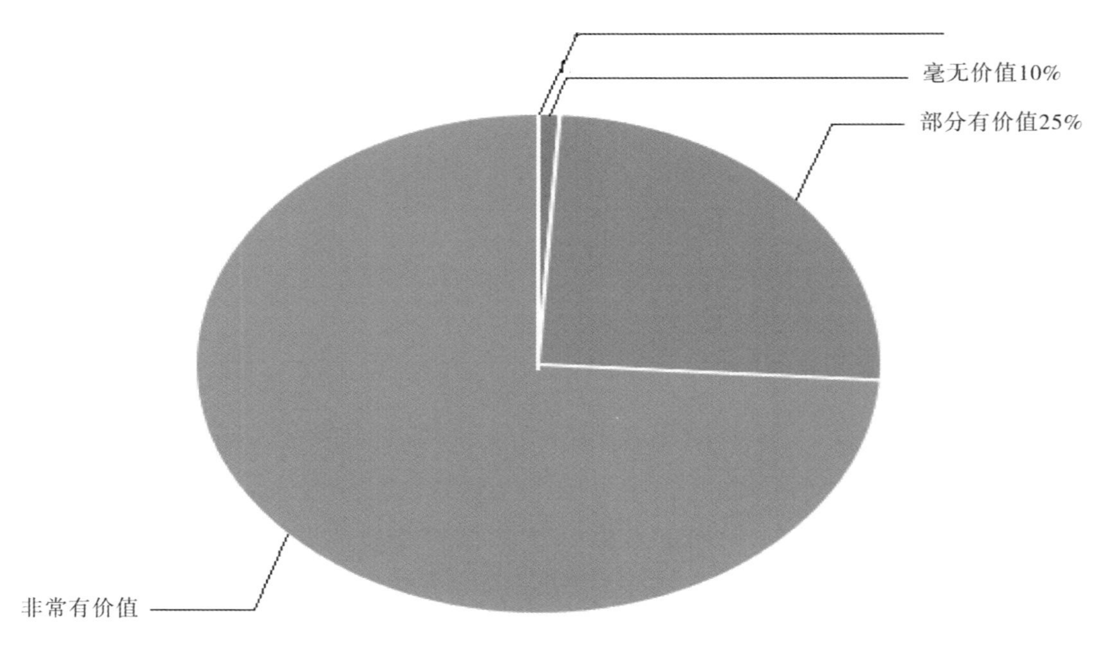

图Ⅱ-1　富布赖特计划赞助的各项活动在学者眼中的价值

数据来源：斯坦福国际咨询研究所；富布赖特访问学者项目调查，2003。

学到关于美国的新知识

富布赖特项目的基本目标是通过向访问学者（和通过学者及其家人们向他们的祖国）传递关于美国的信息和知识。调查结果清楚地显示，这个目的成功地实现了。大多数学者表示，在他们访学期间，有获得关于美国的新知识（见表Ⅱ-3）。超过 90%的学者表示，他们或多或少了解到了关于美国文化和生活方式的新知识（99%），关于美国教育制度的新知识（98%），关于美国政治制度的新知识（95%），以及关于美国经济的新知识（94%）。表示学到的新知识跟美国文化和生活方式有关的学者最多，这与富布赖特项目的目标相吻合；三分之二的受访者（67%）将这种新知识的范围描述为“很大”。

表Ⅱ-3 富布赖特访问学者在访学期间获得的关于美国的新知识

	占受访者百分比				
	很少或没有	一些	中等	很多	平均分*
美国文化或生活方式	1	7	25	67	3.58
美国的教育制度	2	11	30	57	3.42
美国的政治制度	4	19	42	34	3.08
美国是如何对待少数族群的	6	20	43	31	2.98
美国的经济	6	26	43	25	2.87
美国与其他国家之间的政治关系	18	27	37	19	2.57

* 各项的总分为4分，1分=没有，2分=有一点，3分=比较多，4分=很多。中位数为2.5。

数据来源：斯坦福国际咨询研究所；富布赖特访问学者项目调查，2003。

正如一些人预料的，访学持续时间越长，对美国的了解也越多。在所有的知识领域，教育领域除外（没有明显的差别），访学持续时间在九个月以上的学者获得的关于美国的知识，比访学持续时间较短的学者们更多。与后三个时期相比，在该研究涉及的最早时期（1980~1985年），学者们倾向于报告更多地了解包括关于美国的文化和生活方式、美国的政治制度以及美国与其他国家的政治关系。在所有领域的学者中，艺术和人文学科的学者了解到的美国文化或生活方式和教育制度的知识最多，而社会学科领域的学者了解到的关于美国政治制度、经济以及美国与其他国家的政治关系的知识最多。与男性相比，女性获得的关于美国文化和生活方式、如何对待少数族裔的知识要多。

被问及是否赞同富布赖特经历让他们至少在某种程度上更加深入地了解了美国时，几乎所有人（99%）都表示同意（其中81%同意，18%在某种程度上同意）。大多数学者（93%）认为，至少在某种程度上，富布赖特经历让他们更加清楚国了家之间的文化和社会多样性（64%同意）。四分之三的学者（75%）至少有些同意，从美国同事和学生的眼中，他们在某种程度上更加了解自己祖国的社会和文化。

美国让学者们最为惊讶的地方

误解妨碍互相理解。不论是从历史的角度来看，还是在当今国际舞台上的重要角色来看，美国都受到大量来自全世界的关注和审视。无论好坏，对美国、美国人、美国的经济、美国的文化和美国的政治制度，其他国家的人都怀有各种误解。

旨在鼓励加深对美国的了解，富布赖特项目给学者们提供机会，让学者们能第一手地了解美国。这样一来，富布赖特学者们就能自己下结论，并将他们自己了解到的，在回国后传播给其同胞们。为了衡量学者们了解的性质和程度，调查要求学者描述他们作为富布赖特学者在美访学期间了解到的美国最让他们吃惊的地方。受访者的回答大多跟一个或多个方面有关，这多个方面甚至互相矛盾。

- 美国人的友好、开放和热情好客。学者们发现，美国人热心、思想开明、慷慨大方、乐于助人，很容易跟他们交朋友。

- 美国的文化和种族多样性，以及美国对外国人的接受和尊重。让受访者惊讶的是美国社会的多元性，在美国社会中，不同族群的人能在一个包容和具有多样性传统的氛围中，生活和交往。

- 美国人无知，对其他国家缺乏兴趣。很多学者惊讶地发现，美国人对其他国家知识甚少，他们缺乏对别国的兴趣，只对自己的国家感兴趣。

- 在经济和社会上的贫富差距。鉴于美国的总体财富水平和富足水平，在美国见到的生活水平上的贫富差距，让学者们感到悲哀。这样的差距，在访学机构附近很常见，造成了很高的贫困率和犯罪率。

- 美国人的高水平、高效率和职业道德，尤其是在学术界的。美国人“能做”的积极心态让访问学者们印象深刻。美国的敬业文化，带来了让人意想不到的高效率，也带来了积极的态度，即没有不能实现的抱负。

- 美国自然环境的优美、广袤和和多样性。正如一些人所料，学者们找到了在美国旅游的机会。因此，很多人对美国广袤的国土叹为观止，也惊叹于美国地形的丰富和多样，有平原、森林、湖泊、沙漠和其他许多自然奇观。

综合来说，学者们注意到，在美国人民及其人生态度和社会制度方面，蕴藏着巨大的力量。于此同时，学者们也注意到，在解决贫穷和贫富差距，以及引入国际化视野方面，美国的确面临着一些挑战。受访学者就以上提到的各个方面给出的评论，见附录 D。跟本报告中所有的引用评论一样，因为学者们给出的有见地的评论太多，本附录所引用评论的都是随机挑选的。

B. 对行为的影响

除了提供学习上的进步以外，所有的学术交流项目都力图让学者们的行为有所改变。尤为重要的事对访学期间所学知识的实际应用。就富布赖特访问学者项目而言，访学效果包括学者对访学机构的贡献、对学者职业生涯的影响、访学对学者专业作品的影响、对学者专活动的改变，以及最终对学者祖国的体制和民主的贡献。

学者们自己眼中对访学机构的贡献

学者们表示，富布赖特访问学者项目给他们提供了渠道，让他们不管是在文化上还是在专业上能为访学机构做贡献。问卷要求学者描述他们在美国访学期间，对当地的同事和学生最大的贡献是什么。他们表示，他们通过各种方式给访学机构带去了价值，无论是通过做研究、讲学还是通过在正式和非正式的对话中加入具有其祖国特色的视角。

最常被学者提及的专业方面的贡献包括：研究贡献（新方法、领域或专业内的新视角、新的研究数据和材料），新建美国访学机构与学者祖国间的交流项目或其他的合作项目，跟美国学生之间正式或非正式的互动，新发明、发现、创造、发表作品或其他专业作品。另外，很多的评论跟他们如何增进了美国同事和学生对学者自己祖国的了解有关。跟这些贡献有关的个人故事见如下方框。

在增进人们对其祖国的了解方面的贡献

访问学者们通常把自己视为形象大使，在访学机构的同事和学生面前，代表自己的祖国。他们表示，增进人们对其祖国的理解，是他们最重要的贡献之一。

“我消除了很多关于阿拉伯人的误解……解释了中东地区的教育制度……促进了人们对伊斯兰教更好的认识……阐明了阿拉伯人对阿拉伯—以色列冲突的看法。”（约旦富布赖特学者）

“不少的美国人跟我说，我跟他们的接触消除了他们对苏联（自冷战时开始存在的）的恐惧，而且他们也开始了我们的文化，虽然我们的文化离他们很遥远。还跟我说他们没有把自己的幸福看作是理所当然的。有的美国人甚至说想要去乌克兰旅游。”（乌克兰富布赖特学者）

“跟我前面说的一样，我认为在我来美国之前，我的很多美国朋友并不特别清楚（或者甚至没想过），美国对很多波兰人（大部分）的思想启发作用。我希望我有说清楚，可以给这个国家赋予了一张生动的面孔，波兰并不是自己选择处于这个位置的。我也很希望我真的说服了我的美国同事，只要有机会，我们会有积极的贡献。”（波兰富布赖特学者）

“我有机会跟美国人解释了我们的文化。美国与欧洲之间的实际差别，比我们乍一看看见的多得多。这并不是悲观，绝对不是，这只是为了强调国外经历和国外关系的重要性。”（荷兰富布赖特学者）

“他们了解很多关于巴西的事情。我告诉告诉美国人圣保罗（Sao Paulo）的大街上并没有印第安人和毒蛇穿梭……跟他们谈论巴西的水果和蔬菜，巴西在高通货膨胀时期的政治和巴西的汽车跟密歇根州（Michigan）的比起来很简单。这个过程非常有趣。”（巴西富布赖特学者）

“我有详细地告诉之前没有去过尼日利亚的美国人关于非洲的情况。有的美国人跟我们一起吃了食品和营养系做的非洲菜。”（尼日利亚富布赖特学者）

对职业的影响

富布赖特访问学者项目给学者们提供机会，让他们学习新知识和有专业上的新交流，这对学者的职业发展是大有裨益的。另外，该项目很有声望，这能提高富布赖特学者在其同事、将来的老板、经费提供者和领导团队眼中的地位。

人们认为，参加富布赖特项目对学者的专业发展非常有利（见表Ⅱ-4）。几乎所有学者（99%）表示，至少在某种程度上富布赖特经历提高了他们对自己领域的看法、增加了之后专业作品的发表数量、提高了他们的专业资历。另外，百分之六十的学者表示富布赖特经历对这些方面的贡献“相当大”（分别为69%、66%和60%）。与访学持续时间短的学者相比，访学持续时间更长的学者对其职业生涯产生的影响更大。

表Ⅱ-4 富布赖特经历对学者专业发展的影响

	占受访者百分比				
	没有	有一点	比较多	很多	平均分*
提高了学者对自己领域的看法	1	7	23	69	3.60
增加了访学后专业作品的发表	2	9	24	66	3.54
提高了他们的专业资历	2	9	30	60	3.48
改变了学者的职业	17	21	29	33	2.77

*各项的总分为4分，1分=没有，2分=有一点，3分=比较多，4分=很多。中位数为2.5。

数据来源：斯坦福国际咨询研究所；富布赖特访问学者项目调查，2003。

只有很少的学者（大约2%）认为访学在整体上对他们的职业有负面影响（见表Ⅱ-5）。绝大多数（94%）认为访学在某种程度上对有助于他们的职业发展，61%的学者表示访学对他们的职业发展帮助"很大"。在访学经历对学者专业发展的影响方面，访学时间越长，认为所受到的影响越大。与其他领域内的学者相比，艺术和人文学科领域的学者认为访学经历对自己的影响更大。与男性相比，女性学者认为访学经历对自己的影响更大（66%比60%）。

表Ⅱ-5 富布赖特经历对学者职业生涯的整体影响

	占受访者百分比
负面影响非常大	1
一定程度的负面影响	1
没有影响	4
一定程度的正面影响	33
正面影响非常大	61

数据来源：斯坦福国际咨询研究所；富布赖特访问学者项目调查，2003。

源于富布赖特访学经历的专业作品

学者们表示，富布赖特项目支持他们的专业探索，让他们创作了大量的专业作品。几乎所有的访问学者（>99%）都创作了包括访学收获的作品，这些收获包括知识、信息、材料或数据（见表Ⅱ-6）。

其中最常见的专业作品是发表在相关期刊或汇编图书上的文章，82%的访问学者有这样的文章。其次，81%的学者表示有在学术会议上宣读论文或发言。

我跟人合编了一份重要的报告，该报告之后在国际上流传很广，大大影响了全世界的电力系统研究人员。（保加利亚富布赖特学者）

得益于我的富布赖特访学经历，我在一份备受尊重的美国期刊上发表了一篇论文。这提高了我所在大学的声誉。因为我在一所女子大学任教，所以我希望我的活动能启发到我的学生。（巴西富布赖特学者）

源于富布赖特访学经历的专业作品形式内容非常丰富——包括广播和电视节目、音乐独奏会、艺术展览、仿真教育游戏、文学散文、科学数据库和专利。

表Ⅱ-6 富布赖特访问学者创作的专业作品，包括知识、信息、资料或在访学期间所获得的数据

	占受访者百分比
发表在经评审委员会审查的期刊或汇编图书上的文章	82
在学术会议上的讲稿或论文	81
书或专著	46
发表在未经评审委员会审查的期刊或汇编图书上的文章	43
发表在报刊或杂志上的文章	25
在创造艺术或表演艺术中的作品	4
其他专业作品	8
至少有一种	>99

数据来源：斯坦福国际咨询研究所；富布赖特访问学者项目调查，2003。

正如所料，访学持续时间越长，能创作新作品的学者就越多。例如，在访学时间为 4 个月或以下的学者中，76%的在经评审委员会审查的期刊或汇编图书上发表了文章。而在访学时间更长的学者中，这个比例超过了 80%。在各个领域中，物理和生命科学以及工程学领域的学者创作新作品的比例最高（该领域为 90%、人文学科的为 79%、社会学科的为 78%）。但在另一方面，人文学科领域的学者创作书或专著的比例最高（人文学科领域的为 60%、物理和生命科学及工程学的比例为 57%、社会学科的为 31%），在非经专业评审委员会审查的期刊或汇编图书上发表文章的比例也有同样的趋势，分别为 52%、49%和 26%。以及在报刊杂志上发表文章的比例，这三个领域依次为 33%、33%和 12%。顺理成章的，因为访学的时间更长，1980～1985 年的访问学者中更多人发表了书或专著（55%），而 1996～2001 年间的比例则为 35%。在男性学者中，有 83%在经评审委员会审查的期刊或汇编图书上发表过文章。而在女性学者中，这个比例较低，为 79%。而在另一些方面，趋势刚好相反：在女性学者中，86%的有在学术会议上发言或宣读论文，而男性的比例为 79%，在报刊杂志上发表文章方面，该比例分别是女性为 29%，男性为 24%。在发表创意作品或表演作品方面，该比例分别是女性为 7%，男性为 3%。

富布赖特奖助给学者专业活动带来的变化

富布赖特项目给深深地影响着学者们的专业活动。几乎所有的学者（98%）都表示，因为富布赖特项目，他们在一定程度上改变了自己的专业活动（见表Ⅱ-7）。例如，82%的学者在讲课中用到了访学期间学到的新知识和新技能，64%的学者在整体上拓宽了教学和研究的国际视野，在学者访学期间学到的知识和技能方面，64%的学者成为了其同事的信息来源，50%的学者根据其富布赖特经历，开设了新课程或帮助设计了新的学校总课程。

表Ⅱ-7　富布赖特访学经历给学者专业活动带来的变化

	占受访者百分比
在教学中使用访学期间学到的知识/技能	82
就访学期间学到的知识/技能，成为同事的信息来源	64
拓宽了教学和研究的国际视野	64
开设/帮助设计了新的课程	50
与来自其他国家的同事的交往变多	44
职业的重心更多地关注国际问题	23
更多地涉及祖国的政治/社会/经济问题	19
与来自学者祖国的留学生交往增多	18
其他变化	4
至少有一种变化	98

数据来源：斯坦福国际咨询研究所；富布赖特访问学者项目调查，2003。

总的来说，在反馈变化的学者中，人文学科的学者比例最高，物理和生命科学以及工程学的比例最低。在人文学科、社会学科、物理和生命科学以及工程学的学者中，表示在教学中使用到访学期间所学的知识和技能的学者占各自总人数的比例分别为：88%、82%和 79%。同样的，在是否整体上拓宽了教学和研究的国际视野方面，这三个领域的比例依次分别为：67%、69%和 57%。

我在乌克兰供职于一所大学，我在那儿跟一个同事合作，创立了一个认知语言学/诗学中心；该同事也是富布赖特校友。(乌克兰富布赖特学者)

我发起了一个学生交流项目，来自我访学机构的学生和来自我供职的一家德国大学的学生可以参加，每年有 2~3 人参加。(德国富布赖特学者)

得益于我在美国新墨西哥州（New Mexico）对普韦布印第安人（Pueblo Indians）的了解，我成为了巴西印第安文化和美国印第安文化方面的专家。(巴西富布赖特学者)

我的态度改变了。经过富布赖特经历，我现在把学生看作是我的朋友。我的教学更以建立与学生的友好关系为导向。(印度富布赖特学者)

学者们如何看待其经历惠及其供职机构和祖国

访问学者认为，在很多方面，他们的富布赖特经历惠及其供职机构和本国。有如下几个方面：

· 因为学者在访学期间学到了新知识和新技能，他们因此成为同事们的信息来源；

· 根据在美国的观察，学者们开设了新的课程，或改变了教学方法，或改变了跟学生的相处风格；

· 得益于在访学期间提高的个人能力（自信心、领导能力、组织能力、高效率和管理方法），学者们在专业层面上变得更有效率了；

· 得益于访学经历，学者们创作了发表作品和其他专业作品；

· 得益于访学经历，学者们为在祖国的供职机构引进了新的研究课题和研究方法；

· 帮助其供职机构、同事和学生与美国的同事和学生进行合作或学术交流。

分享富布赖特经历的媒体和社区活动

除了专业作品可以传播访学期间获得的知识、信息和观点以外，媒体和社区活动也是学者们在其祖国或其他地方，分享富布赖特经历的渠道。几乎所有学者（94%）都表示，通过某种社区或媒体活动，分享他们的富布赖特经历（见表Ⅱ-8）。最常见的方式是跟同事或朋友的聊天，90%的学者表示有这种经历。差不多一半（45%）的学者在其祖国的学校或其他社区或市民组织，就富布赖特经历进行过分享展示会。大约四分之一（22%）的学者在其祖国接受过媒体（报纸、电视等等）的采访。

关于美国的特殊的讲座，主要是用来消除对美国的生活方式和文化的误解——主要集中于多元化、传统、自由主义和世界无国界等方面。（印度富布赖特学者）

给周刊或月刊撰稿，就美国的外交政策发表评论。（日本富布赖特学者）

将一些英语文章翻译为阿拉伯语，介绍一些美国的杂志和书籍。（摩纳哥富布赖特学者）

我在办公室挂了一幅参议院富布赖特的巨幅照片。来访客人通常会问及他，这对富布赖特奖学金起到了某种宣传作用。（印度富布赖特学者）

人文学科的学者比物理和生命科学以及工程学的学者更乐意与人分享其富布赖特经历，比例分别为98%和92%。这在性别上没有明显差别。

表Ⅱ-8　学者们分享富布赖特经历的媒体和社区活动

	占受访者百分比
与同事/朋友交谈	90
在其祖国的学校或其他社区/市民组织，就富布赖特经历进行分享展示会	45
在其祖国接受媒体（报纸、电视等）的采访	22
展示美国习俗（比如，烹饪、舞蹈和运动等等）	13
其他活动	4
至少参加其中一项	94

数据来源：斯坦福国际咨询研究所；富布赖特访问学者项目调查，2003。

富布赖特经历也对学者的行为有重要影响——辅助实现富布赖特项目的目标。根据学者的个人评论以及学者对问卷问题的回答可以看出，学者有大量使用访学期间获得的专业知识。另外，从学者的评论中可以看出，他们现在成了“文化口译员”，将美国的社会、环境和做法介绍给他们的学生、同事和学者祖国的其他受众。

C. 联系、纽带和机构的改变

富布赖特美国学者项目和富布赖特访问学者项目都涉及个人的交流。希望通过这些项目和经历，让学者们能够与同事或其他人建立学校间的合作关系以及个人友谊。学者们随后的接触和合作为交流和理解提供持续的渠道，另外，因为学者们在访学机构的活动，还因为他们来自相似的机构，并在访学结束后还会回到这种机构，所以富布赖特项目可能增加机构间的联系和机构的变化。

> 我在美国的同事，有超过 10 个来过波兰访问和做研究。其中有两个跟我在波兰共事过一年。我们从美国科学基金（The National Science Foundation）和美国地理协会（The National Geographic Society）获得了 150 万美元的研究经费，用以在波兰进行联合研究，这种研究将会惠及美国和波兰两国。我接受过两名美国富布赖特学生（今年还有一名将会来到波兰）。(波兰富布赖特学者)

> 我在访学期间与美国同事建立的联系，帮助我将与学者们或其他机构的交流项目固定了下来。(德国富布赖特学者)

> 我从美国带回当时在我供职的机构还没有的技术和专业技能。我与许多美国研究人员取得了联系，这间接支持了我国的基础研究。我在美国学习了要用怎样的态度来组织研究和对待学生，这些通过我和跟我类似的人员，深深地影响了以色列的大学。(以色列富布赖特学者)

这些联系和纽带，是富布赖特项目效果的另一类指标。为了衡量这些指标，问卷要求受访者评价他们访学后的继续联系和合作以及对国际活动与交流的参与。

访学结束后的继续合作与联系

富布赖特项目带来了一系列牢固的合作纽带。十个学者中有九个（91%）在访学结束后，还继续与美国的同事有合作。26%的学者称这种合作为“一点”，30%的学者称这种合作“适量”，35%的学者称这种合作“很多”（见表Ⅱ-9）。1980 ~1985 年的访问学者中，95%的有继续与美国同事合作，其中 37%的称这种合作“很多”。与访学时间在 12 个月以下的学者相比，访学时间在 12 个月以上的学者中，有更多人称与美国同事的继续合作“很多”。与美国同事的继续合作，在物理和生命科学及工程学领域中最为普遍，占其中人数的 93%，人文学科和社会学科的比例分别为 90%和 89%。这在性别上没有明显差别。

表Ⅱ-9　富布赖特学者在访学结束后与美国同事的继续合作

	占受访者百分比
完全没有	9
有一点	26
适中	30
很多	35

数据来源：斯坦福国际咨询研究所；富布赖特访问学者项目调查，2003。

几乎所有富布赖特访问学者（95%）表示，在访学结束后，还与在美国结识的人员有联系（见表Ⅱ-10）。相当可观的是，十位学者中有六位（59%）的学者接待了他们在美国结识的人员的来访，58%的学者再次访问了美国。访学时间在12个月以上的学者中，接待过这种来访的学者比例更高（为66%），而访学时间在12个月以下的学者中，该比例为53%~62%），再次访问美国的比例也更高（为78%），而访学时间在12个月以下的学者中，该比例为40%~52%。很多学者（61%）通过参加学术会议、培训班或其他活动，与美国同事继续保持联系。毫不意外的是，在研究所涵盖的四个时期内，定期信件联系持续下降——从1980~1985年间的78%，下降到了1996~2001年间的58%，而电子邮件的使用率却从1980~1985年间的63%，上升到了1996~2001年间的97%。

表Ⅱ-10　富布赖特访问学者如何继续与美国个人保持联系

	占受访者百分比
电子邮件	82
参加学术会议、培训班和其他活动	61
美国人去学者祖国拜访学者	59
定期信件	58
学者去美国拜访美国朋友	52
电话	45
学者没有与任何人有联系	5

数据来源：斯坦福国际咨询研究所；富布赖特访问学者项目调查，2003。

除了继续与美国人保持联系的学者比例很高以外，这些联系人的数量也很可观（见表Ⅱ-11）。42%的学者称在访学结束后与5位以上的美国同事有联系，33%的称与5位以上的美国朋友和熟人有联系。13%的学者有与5位以上他们在美访学期间结识的学生有联系，同样比例的学者有与5位在访学期间结识的来自其他国家（非美国）的同事有联系。

表Ⅱ-11　富布赖特访问学者在访学结束后与美国个人的联系

	百分比			
	没有	1到2个	3到5个	5个以上
美国同事	2	26	30	42
来自其他国家的同事	28	40	19	13
美国学生	39	31	17	13
其他联系（朋友、认识的人，等等）	12	27	28	33

注：95%的学者表示，在完成访学之后，与在美国认识的人有一定的联系。

数据来源：斯坦福国际咨询研究所；富布赖特访问学者项目调查，2003。

女性学者中比男性更容易在访学期间结识的 5 名美国学生保持联系，这一比例分别为 17%和 12%。但在跟联系有关的其他方面，性别差异不明显。

参与国际活动和专业交换项目

绝大部分的富布赖特访问学者（90%）在访学结束后参加过国际活动。比如，66%的学者参加过其他组织或其他机构组织的会议，这些组织和会议旨在加强国际合作；57%的学者有派自己祖国的学生去美国学习；55%的学者参与过巩固其他国际教职员工、专业人员或学生交换项目；52%的学者有邀请美国教职员工或其他专业人员到学者祖国工作（见表Ⅱ-12）。

我现在是一所大学的副校长，在这个职位上，我对我们大学的总体政策有更明显的国际化定位，特别是在招生和招聘教职员工方面。（荷兰富布赖特学者）

我提出了美国女性在政治面临的挑战。访学结束后，在印度的几个讨论和研讨会中，我清楚地看到，女性需要汇集她们的智慧和能力，才能在各自的国家的政治生活中获得与男性同等的收获。通过一些工作，我们更有可能就女性在国际和国家发展方面的角色达成进一步的共识。（印度富布赖特学者）

对国际活动的参与，在近期的富布赖特访问学者中更明显：1996~2001 年间的学者中，有 88%的至少参与了一种类型的国际活动，超过一半（51%）的有派自己国家的学生去美国学习。

表Ⅱ-12　富布赖特学者访学结束后对国际活动的参与

	占受访者百分比
参与其他机构组织的会议或其他组织，这些活动旨在增进国际合作	66
派遣自己祖国的学生去美国学习	57
协助巩固其他国际教职员工、专业人员和学生的交换项目	55
邀请美国教职员工或其他专业人员去学者的祖国工作	52
派学者祖国的教职员工或其他专业人员去美国工作	49
参与其他（非富布赖特）的国际交流项目	40
参与在学者祖国的富布赖特委员会/校友会	31
邀请美国学生去学者祖国学习	22
参与富布赖特遴选或评审委员会	20
至少其中一种	90

数据来源：斯坦福国际咨询研究所；富布赖特访问学者项目调查，2003。

在访学结束后参加国际某种国际活动这一方面，社会学科的学者、人文学科的学者和物理和生命科学以及工程学的学者占各自总人数的比例依次分别为 93%、92%和 85%。在派遣学者祖国的教职员工或其他专业人员去美国工作方面，男性学者占其总人数的比例比女性的高，分别为 52%

和 43%。

总的来说，富布赖特项目成功地缔结了一系列的个人以及机构间的纽带。访问学者们与美国的学者保持着密切的合作，大部分与在美国结识的朋友和同事有联系。另外，富布赖特经历促使学者们参加大量的国际活动，如此一来扩大了富布赖特项目的影响和范围。

D. 乘数效应

“富布赖特项目允许我在美国居住了三年。这是搭建各国人民之间桥梁的最好方法。我们离开美国的时候，我的孩子讲的是英语，而不是希伯来语。时至今日，回想起那段时光，他们还是开心，我们全家人也跟与我们有交往的人分享我们的经历。我认为我们都为美国社会的一些特点感到惊叹，我们也在努力让别人也知道这些特点。其中最重要的是民主制度和对法律的崇尚。”（以色列富布赖特学者）

富布赖特项目的这些影响绝不仅仅限于对学者们本身。富布赖特经历也会深深地影响学者的家人。在访学期间和访学结束之后，学者及其家人会传递一些新知识和新理解，惠及一些机构和个人，从而进一步放大了该项目的积极影响。

家人的陪同

跟美富布赖特美国学者一样，富布赖特访问学者项目通常提供的也是一个家庭体验。有大约三分之二（65%）的学者有一个或多个家人陪同（见图Ⅱ-2）。在家人陪同方面，不因学者访学时期以及

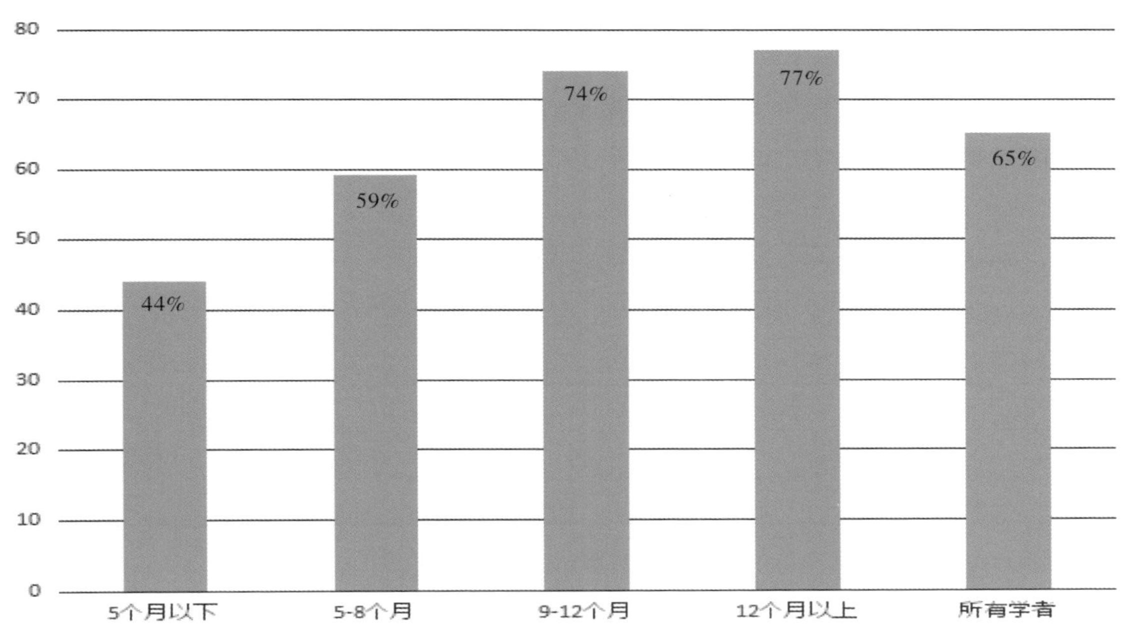

图Ⅱ-2　在访学期间由一个或多个家属陪同的富布赖特访问学者的百分比，按访学时间长短排列

数据来源：斯坦福国际咨询研究所；富布赖特访问学者项目调查，2003。

学者的专业领域不同而不同。但是，访学时间越长，就有更多的学者带家属赴美。访学时间在四个月或更少的学者只有 44%带家属，12 个月以上的学者有 77%带家属。男性中带家属的比例比女性高，分别为 69%和 51%。所带的家属中，88%为配偶，72%为 1 个或更多 18 岁以下的孩子，8%为其他亲属。

家属们在陪同访学期间的活动

在陪同访学期间，十位中九位（90%）学者配偶参加了一项或多项活动，这些活动有可能增进美国人民同世界各国人民之间的互相理解（见表Ⅱ-13）。超过一半的学习了英语（57%）。三分之一或更多的展示了其祖国文化的某一方面（39%），就其祖国的文化开讲座（35%），或者学习英语以外的科目（33%）。

“通过采访老师和参观学校，我的妻子自己去了解了美国的教育制度。”（德国富布赖特学者）

“我妻子在美国亚特兰大州（Atlanta）的美国有线电视新闻网（CNN）实习过。”（德国富布赖特学者）

“我的伴侣在一家专攻移民法的律师事务所当过志愿者。”（荷兰富布赖特学者）

“我妻子常活跃在大学的国际中心参与座谈讨论，这些讨论是关于不同国家的女性追求的不同生活方式。她接受了当地广播的采访，还就波兰 20 世纪 80 年代后期到 90 年代初期的社会变革做了讲座。”（波兰富布赖特学者）

所有活动中，学者访学时间越长，参加这些活动的学者的伴侣就越多。

表Ⅱ-13　学者的伴侣在陪同访学期间参加的活动

	占受访者百分比
学习英语	57
就其祖国文化的某一方面（语言、舞蹈、烹饪等）办讲座或做展示	39
就其祖国的文化做演讲	35
上课或者上学（学习英语以外的科目）	33
参加体育运动	19
其他类似活动	10
至少参加了其中一项	90

数据来源：斯坦福国际咨询研究所；富布赖特访问学者项目调查，2003。

陪同学者访学的 18 岁以下的孩子的活动见表Ⅱ-14。

“特别是我儿子，当时才六岁，对美国的事物非常感兴趣，并且很容易与美国孩子打成一片。”（印度富布赖特学者）

“我的孩子去上了学前班，有了宝贵的亲身体验，用自然的方式学习了英语，用自己稚嫩的目光打量着这个伟大的国家。”（波兰富布赖特学者）

“我8岁的儿子在他一位朋友的学校做了关于摩纳哥的演讲。他还在班上用法语做了个小演讲。”（摩纳哥富布赖特学者）

这些孩子中，有超过四分之三的（77%）去上了课或上了学（学习英语以外的课程），三分之二（66%）的学习了英语，超过一半（54%）的参加了体育运动。五分之一的就其本国的文化做了演讲（20%）或者就其本国文化的某一方面（例如，语言、舞蹈和烹饪）做了讲座和演示（18%）。

表Ⅱ-14　富布赖特学者的子女在陪同访学时参加的活动

	占受访者百分比
上课/上学（学习英语以外的课程）	77
学习英语	66
参加体育运动	54
就其祖国的文化进行演讲	20
就其祖国文化的某一方面做讲座或展示（语言、舞蹈、烹饪等）	18
其他类似活动	4
至少参加其中一种	94

数据来源：斯坦福国际咨询研究所；富布赖特访问学者项目调查，2003。

访学结束后家庭成员的活动

在访学结束后，不仅学者们自己在国际活动中非常活跃，陪同他们访学的配偶和子女的国际参与度也很高。

“除了我自己，我儿子们也非常喜欢他们的美国经历。有一个之后又去了美国几次参加会议，还去了位于华盛顿的国家卫生研究所（National Institutes of Health）做研究。这就意味着，我的富布赖特经历远超出了我的个人和专业兴趣，我对此非常感激。”（巴西富布赖特学者）

在有配偶陪同访学的学者中，91%的称其配偶在访学结束后，有参与至少某种形式的国际活动（见表Ⅱ-15）。最常见的是对国际事务的兴趣更浓厚了，有60%的学者这么说。几乎一半（46%）的学者表示，他们的配偶有再次去美国。十个学者中有四个（39%）说他们的配偶有在他们祖国的学校、社区或市民组织讲述过他们的富布赖特经历。将近四分之一（23%）的学者的配偶参加了其他的的国际教育和文化交流项目。

与男性学者的配偶而言，女性学者的配偶中有更高比例的人进行了与美国相关的项目（32%比13%）；就其美国经历撰写了论文、文章或书（19%比 7%）；就其美国经历接受了媒体的采访（32%比 13%）；自己获得了富布赖特学者或学生奖学金（14%比 2%）。而就对国际事务的兴趣而言，趋势刚好相反，男性配偶占总人数的比例为 62%，女性的比例 46%。

表Ⅱ-15　因为有陪同访学的经历，学者配偶们更多地参与国际活动

	占受访者百分比
对国际事物更感兴趣	60
再次去美国	46
在其祖国的学校、社区或市民机构讲述美国经历	39
参与其他的国际教育和文化交流项目	23
进行与美国相关的项目	15
就美国经历撰写论文、文章或书	8
在其祖国就他们的美国经历接受媒体的采访	5
去美国大学读书	4
自己获得了富布赖特学者或学生奖学金	4
其他类似活动	2
至少参与了其中一种	91

数据来源：斯坦福国际咨询研究所；富布赖特访问学者项目调查，2003。

陪同学者访学的子女也更多地参与了国际活动（见表Ⅱ-16）。有一位或多位 18 岁以下子女陪同访学的学者中，91%的人表示其子女在访学结束后参加了至少某种国际活动。跟学者们的配偶一样，子女们参加的活动中最常见的也是对国际事物更加浓厚的兴趣，76%的学者说他们子女有这样的情况。超过一半（52%）的学者表示，他们的子女之后有再去美国。十个孩子中有四个（41%）在学校、社区或市民组织讲述过他们的美国经历。将近三分之一（32%）的孩子参加了其他国际教育或文化交流项目。六个孩子中有一个（16%）之后有去美国大学学习。孩子们参加的活动并没有因为学者性别而有差异。

表Ⅱ-16　因为有陪同访学的经历，学者子女们更多地参与国际活动

	占受访者百分比
对国际事务更感兴趣	67
再次去美国	52
在其祖国的学校、社区或市民组织讲述自己的美国经历	41
参加其他的国家教育或文化交流项目	32
进行与美国有关的项目	16

续表

	占受访者百分比
就其美国经历撰写论文、文章或书	15
就其美国经历在自己祖国接受媒体的采访	9
去美国大学上学	3
自己获得了富布赖特学者或学生奖学金	1
其他类似活动	2
至少参与了其中一种活动	91

数据来源：斯坦福国际咨询研究所；富布赖特访问学者项目调查，2003。

家庭经历和影响的个人例子

很多学者提到了富布赖特经历对其家庭成员的长远影响。这些例子证实了家人的参与是如何加强并扩大富布赖特项目的影响的。

“在美国访学极大地促进了我的专业经历，也丰富了我的妻儿们的生活。得益于在美国的经历，我们成为了世界公民。从那之后，我们一直保留着对美国及其美国人民的热爱。”（荷兰富布赖特学者）

“得益于富布赖特项目，我跟我的家人在美国度非常充实的一段日子。对我而言，收获不仅限于我的职业发展，还有对人和社会的理解。我认为这也惠及了我的孩子，对他们而言，与讲不同语言、来自不同地方和有着不同长相的人们交往，极大地增长了阅历。”（荷兰富布赖特学者）

富布赖特项目的效果一直是通过直接参与者的活动和影响来衡量的。学者家庭的参与，大大支持和促进了富布赖特项目的目标，即增进互相理解。不仅单纯的家庭经历会巩固学到的文化知识，而且学者的配偶和子女本身也成了变化的载体。定量和定性信息都表明，富布赖特访问学者项目对学者的家庭成员有积极的影响，帮助他们成为了“世界公民”，还帮助他们建立了跟美国的家庭关系和纽带。

E. 管理问题

富布赖特访问学者项目已经进行了许多年了，其管理结构和过程也在随着时间推移而发展进步。问卷向学者们提出了几个问题，让他们就管理事宜提供一些信息和指导。这些事宜包括学者是如何知道富布赖特项目的、申请该项目的原因、准备是否充分、遇到的问题以及对新活动的建议。

学者们是如何知道富布赖特访问学者项目的

学者们是通过各种渠道知道该项目的。45%的学者说是从其祖国的同事或朋友那儿得知的，这是最常见的渠道（见表Ⅱ-17），其次是通过海报或其他公告（21%），以及报刊或广告（14%）。世界范围内只有很少的人表示是从父母或其他亲人那儿知道富布赖特项目的。

表Ⅱ-17　学者们是如何知道富布赖特访问学者项目的

	占受访者百分比
从其本国的同事/朋友	45
海报/公告	21
报刊文章或广告	14
在美国的同事/朋友	8
专业机构	5
其他渠道	9

数据来源：斯坦福国际咨询研究所；富布赖特访问学者项目调查，2003。

申请富布赖特访问学者奖学金的原因

最重要的是专业原因。但是，渴望获得美国或国际视野，也是一个重要原因。在申请时，很多学者都有很明确的专业研究目标。有机会与某些研究人员合作、使用某些研究设备、获得某些资源/数据或能在某个地方进行实地研究是排名最高的原因，82%的学者认为这些非常重要（见表Ⅱ-18）。还有些目标虽不是具体的专业目的，但排名也很高。比如，75%的学者认为有机会学习新知识或新技能很重要，74%的学者想获得专业上的进步或发展。

“作为一名学者兼专业歌手印度裔英国诗人，我渴望增进印度和美国之间的文化纽带，以此作为给这个冲突交织的世界带来和平的途径。”（印度富布赖特学者）

“在冷战时期，富布赖特奖学金给我提供了一个在西方休息的机会，这样的机会很少。”（波兰富布赖特学者）

“学习和体验美国的多元化。”（韩国富布赖特学者）

“有机会跟学生和同事分享我的专业技能、建立连接不同文化的桥梁以及使我们的理想更加茁壮。”（尼日利亚富布赖特学者）

“在我看来，要了解和接受不同的文化以及不同的视角，最重要的方法是能真的去到某个地方，获得第一手的体验。”（印度富布赖特学者）

“有机会去教授跟非洲有关的课程。”（加纳富布赖特学者）

63%的学者认为获得国际化视野很重要，在学者的申请原因中排名第四（另还有28%的学者认为这在某种程度上很重要)。

访学时间在 12 个月以上的学者中，认为获得国际视野非常重要的比例最高（该比例为 70%，比其他所有的加起来 63%)，而访学时间在 4 个月或以下的学者中，认为渴望与美国人分享他们自己的文化和制度非常重要的比例最高（该比例为 40%，比其他所有的加起来 29%)。与男性相比，女性学者中较高比例的认为与美国人分享他们自己的文化和制度的愿望非常重要（34%比 26%)。

相对较少的学者认为如下申请原因很重要，即美国同事和机构的鼓励、有过富布赖特经历的同事的正面反馈或所在机构的鼓励，比例分别为 28%、22%和 20%。这一发现表明，对富布赖特学者项目来说，在向教职员工和学生推广该项目时，要寻找方法增加机构和富布赖特校友的参与。

表Ⅱ-18　申请富布赖特访问学者项目的原因

	不重要/不适用	一定程度上重要	非常重要	平均分*
有机会与某些研究者合作、利用某些设备、得到某些资源/数据、或在每个地方做实地研究	4	14	82	2.77
有机会学习新知识/技能	4	21	75	2.71
专业进步/发展	5	21	74	2.69
渴望获得国际化视野	9	28	63	2.55
有机会在很少或没有干扰的环境里创作学术作品	14	25	61	2.47
渴望获得只有美国才有的资源	17	32	51	2.35
渴望与美国的同事和学生分享自己的知识和专业	12	41	47	2.35
富布赖特奖学金的显赫声名	13	40	47	2.33
渴望第一手地了解美国文化和美国人民	14	40	46	2.32
渴望与美国人分享自己的文化和制度	20	51	29	2.08
有机会在美国旅行	27	48	25	1.98
渴望提高自己的英语水平	35	37	28	1.93
美国同事/机构的鼓励	37	35	28	1.91
前富布赖特学者的正面评价	44	33	22	1.78
所在机构的鼓励	44	36	20	1.76
有机会与之前的教授、学生、或同事合作	56	20	24	1.68
有机会让家人体验在美国的生活	53	30	17	1.65
继续进行之前在美国开始的工作	60	17	23	1.63
在美国的亲戚	85	11	4	1.19

* 评分总分为 3 分，1 分 = 不重要/不适用，2 分 = 一定程度上重要，3 分 = 非常重要。中位数为 2.0 分。

数据来源：斯坦福国际咨询研究所；富布赖特访问学者项目调查，2003。

访学前在美国的经历

很多富布赖特访问学者在访学前要么在美国居住过，要么访问过美国（见表Ⅱ-19)。大约四分之一（26%）的学者访学前在美国居住过，这些学者中 59%的居住时间在 12 个月以上。另外 42%的学者访问过美国，总体上停留的时间在 6 个月以下（为访问过美国的学者的 94%）。

表Ⅱ-19　富布赖特学者访学前的美国经历

		百分比		
	有每项经历的百分比	每项经历的持续时间		
		<6 个月	6-12 个月	>12 个月
在美国居住	26	19	22	59
在美国上大学	20	8	14	78
在美国高校任教	12	45	20	35
在美国做研究	30	37	24	38
访问过美国但没居住过	42	94	3	3
学者在其祖国与美国学者合作过	36	28	17	54

数据来源：斯坦福国际咨询研究所；富布赖特访问学者项目调查，2003。

在那些曾经在美国居住过的学者中，超过一半（52%）的在美国上过大学，差不多三分之二（64%）在美国做过研究，大约四分之一（27%）在美国高校任过教或讲过学（见图 3-6）。在那些曾访问过美国但没在美国居住过的学者中，6%的是在美国上过大学，8%是在美国高校任教，8%的是在美国做过研究。在那些既没访问过美国也没在美国居住过的学者中，36%的曾经在其本国与美国学者进行过合作。

对在美国生活和进行访学活动的准备情况

整体上，学者觉得自己已经为在美国居住和进行专业活动准备充分了。大约一半的学者（49%）表示，在访学开始时，他们已经为在美国居住准备得很好了，另外 43%的认为在一定程度上准备好了（见表Ⅱ-20）。大约三分之二的学者（67%）表示，在访学开始时，他们已经准备好在美国从事与访学相关的工作了，29%的学者表示在一定程度上准备好了。

在访学开始时，之前有在美国居住过的学者中，有 74%表示觉得自己已经为在美国生活准备好了。而在之前有访问过美国但没在美国居住过的学者中，以及在从未访问过美国也未在美国居住过的学者中，这个比例分别为 47%和 27%。这三个群体中，依次分别有 77%、65%和 60%的表示，已经准备好在美国从事与访学相关的活动了；只是，之前在美国居住过的学者给自己的准备程度评分比给是否准备好在美国生活的评分要低。

表Ⅱ-20　富布赖特访问学者自己眼中，是否准备好在美国访学了，按之前是否访问过美国或在美国居住过分类

	百分比			
	居住在美国	访问过但未居住过	都没有	所有受访者
为在美国居住的准备情况				
完全没准备好	3	7	16	8
在一定程度上准备好了	23	49	57	43
准备很充分	74	44	27	49

续表

	百分比			
	居住在美国	访问过但未居住过	都没有	所有受访者
为在美国进行访学活动的准备情况				
完全没准备好	2	2	7	4
在一定程度上准备好了	21	32	34	29
准备很充分	77	65	60	67

数据来源：斯坦福国际咨询研究所；富布赖特访问学者项目调查，2003。

访学时长和最佳时长

富布赖特访问学者的平均访学时间为 9.6 个月（见图Ⅱ-3）。访学时间一直在缩短，从 1980—1985 间的平均 12.4 个月，下降到了 1996—2001 年间的平均 7.5 个月。物理和生命科学及工程学的学者访学平均时间为 10.5 个月，高于社会学科（9.1 个月）和人学学科（8.8 个月）。男性学者的访学时间比女性的要长，平均时长分别为 9.8 个月和 9.0 个月。

受访者提到，如果访学时间更长，他们将收获更多。学者们认为的“最佳”时长平均为 14.0 个月。无论学者的实际访学时间有多长，他们似乎都希望再多有 4 到 5 个月：访学时间在 5 个月以下的学者，平均希望的最佳时长为 6.7 个月，访学时间为 5 到 8 个月的学者，平均希望的最佳时间为 10.7 个月，访学时间为 9-12 个月的学者，平均希望的最佳时间为 15.9 个月，访学时间在 12 个月以上的学者，平均希望的最佳时间为 27.6 个月。物理和生命科学及工程学的学者希望的最佳时长平均为 15.5 个月，比社会学科的 13.4 个月和人文学科的 13.0 个月要长。男性比女性期望的最佳时长要长，分别为 14.3 个月和 13.3 个月。这表明，富布赖特项目的管理人员可以根据学者的研究领域，对访学时长进行适当的调整。

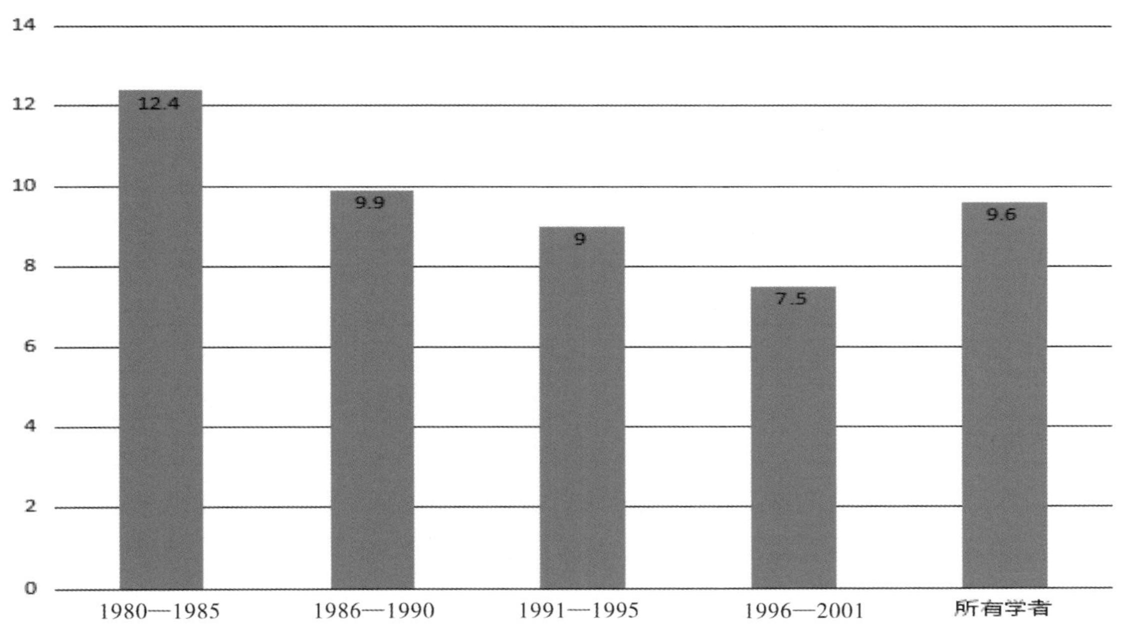

图Ⅱ-3　按访学时期而划分的富布赖特访学时间的平均值（月）

数据来源：斯坦福国际咨询研究所；富布赖特访问学者项目调查，2003。

对访学经历的评价

绝大多数的学者都认为，参加富布赖特访问学者项目是一个正面的体验。绝大多数学者对访学经历持肯定的态度（见表Ⅱ-21）。例如，90%或更多地学者一致认为，至少在一定程度上：

· 他们对做研究的机会满意（98%）；

· 访学机构跟他们的兴趣和需要很匹配（96%）；

· 他们在访学机构受到了学生和教职员工的接纳和欢迎（95%）；

· 他们及时被告知获奖信息，有充足的时间为启程去美国作准备（93%）；

· 他们在访学机构得到了教职员工和其他工作人员的大力支持（93%）；

· 他们对合作的机会感到满意（93%）。

表Ⅱ-21　富布赖特访问学者对访学经历的评价

	占受访者百分比				
	不同意	一定程度上不同意	一定程度上同意	同意	平均分*
我对做研究的机会很满意	1	1	11	87	3.85
我的访学机构跟我的需要和兴趣很匹配	1	3	15	81	3.77
我大体上感觉受到了访学机构的教职员工和学生的欢迎和接纳	1	3	14	81	3.76
我认为我被及时告知获奖信息，有充足的时间为启程作准备	2	4	14	79	3.71
关于旅途注意事项，我得到了充足的信息	2	4	17	76	3.68
访学机构的教职员工/专业人员给了我充分的支持	2	5	20	73	3.64
我对得到的合作机会满意	2	6	23	70	3.60
访学机构的教职员工/专业人员给了我充分的行政支持	4	7	21	68	3.53
访学机构的员工邀请我参加社交活动	6	6	22	67	3.50
我所属机构（在我祖国）支持我得到的富布赖特访学活动	7	5	19	68	3.49
我结识了来自世界各地的人	4	8	29	59	3.44
我对奖学金数量满意	5	8	23	63	3.43
在找住所时没有遇到困难	11	9	17	63	3.33
刚到美国时，有人接待了我并帮我安顿下来	17	6	14	63	3.23
我发现很多美国人有兴趣了解我的祖国	8	20	43	28	2.92
我祖国的文化和美国文化之间的差别比我想象中的大	34	25	24	17	2.23
我花了很多时间跟来自我祖国的朋友/家人相处	36	23	25	16	2.20

评分总分为 4 分，1 分 = 不同意，2 分 = 一定程度上不同意，3 分 = 一定程度上同意，4 分 = 同意，中位数为 2.5 分。

数据来源：斯坦福国际咨询研究所；富布赖特访问学者项目调查，2003。

学者们对他们的富布赖特经历的其他方面，也给出了正面评价。超过80%的学者一致认为他们在一定程度上得到了访学机构充足的行政支持；访学机构的人员邀请他们参加社交活动；他们的所属机构（在学者祖国）支持他们参加富布赖特访学项目；他们结识了来自世界各地的人员；他们对奖学金数量满意；他们在寻找住所的过程中遇到了很少的问题。

根据学者性别、访学时长、和研究领域的不同，他们对访学经历某些方面的满意度也有差别。比如：

- 女性学者比男性学者对奖学金金额更满意，但男性学者比女性学者对访学经历的其他方面更满意；

- 与访学时间更长的学者相比，访学时长为4个月或更少的学者对奖学金金额更满意；

- 与访学时长为8个月或少的学者相比，访学时长为9个月或以上的学者更同意他们结识了来自世界各地的人员；

- 物理和生命科学及工程学的学者比其他领域的学者对合作的机会更满意；

- 物理和生命科学及工程学的学者比其他领域的学者更赞同结识了来自世界各的的人员的说法。

总之，大多数学者给了访学经历的个人或专业方面正面的评价。很少有受访者给我们提出的方面作出负面评价。

遇到的困难

正如所预期的那样，不管是什么交换项目，总有一些参与者会遇到意料之外的困难。问卷设计了一个开放性问题，邀请学者简短地描述在访学期间遇到的困难（比如与美国的官僚体制相关的问题、保险和法律问题、等等）。一半受访者表示他们没有遇到什么需要提出的问题。一位学者说：“我觉得访学经历无可挑剔。那是我整个职业生涯的亮点，每一秒我都很享受。”

但是，一些学者（大约四分之一）的确遇到了想提出的问题。最常提到的问题跟专业不相关，而是跟个人有关：给家人购买保险的问题、考驾照的问题、银行业务问题、取得社会保障号的问题、看不懂报税表格、为孩子找到合适的学校上学的问题、交通问题、签证问题，等等。

> “那是文化冲击。我必须像新生儿一样从头学起……打电话有问题，买火车票有问题，使用银行的自助服务机器有问题，公交车上的规则，等等。我花了三个月才适应。”（波兰富布赖特学者）

“我去了社会保障局（The Social Security Administration）三趟才拿到我的社会保障号。”（斯里兰卡富布赖特学者）

“我两个月之后才拿到我的第一笔奖学金，我不得不身无分文地在圣地亚哥（SanDiego）生活！”（乌克兰富布赖特学者）

几位学者提到，他们从自己在祖国的所属机构和访学机构获得了额外经费，可以将在美国停留的时间延长几个月，但是却在签证延期上遇到了困难。一些学者抱怨，他们的经费不够他们在访学机构所在地的生活，或者经费没按时发放。富布赖特项目的经管人和管理人知道一些学者遇到了这样的问题，因而为学者们编写了一本指南，叫做《住在美国》（Living In the United States），里面给学者提供了一些实用信息和小窍门，帮助他们尽快适应。

就富布赖特项目赞助校友活动和机会的建议

就他们认为有价值的校友活动，许多学者提出了建议。提到的最多的建议是召开研讨会、大会、及其他会议，供学者们讨论他们的专业经历和成就，并相互分享想法和信息。有的学者建议这样的会议按区域举行，还有的人建议邀请来自其他国家包括美国的富布赖特校友参加。有几位学者建议这些会议的焦点应该是当今的世界问题，以及讨论富布赖特学者该以何种方式来影响和改善国家间的关系。这样的年度会议或聚会已经在一些学者的祖国举行过了，学者们对这些活动大加赞赏。

就富布赖特项目赞助校友活动和机会的其他建议

· 成立项目，来推动访学期间已经建立的合作关系继续进行；

· 成立正式的讲座项目，邀请富布赖特校友在其祖国的大学开讲座。

· 赞助庆祝美国的节庆；

· 赞助富布赖特校友重回访学机构，重拾友谊，分享最新科研成果；

· 开发邮箱目录服务器，供富布赖特校友建立关系网，分享经历。

整体来说，富布赖特学者对富布赖特经历给出了正面评价。大多数为在美国生活和工作准备很充分，并对提供的交通信息和支持表示满意。鉴于他国生活的的人通常对当地交通信息不熟悉，需要文化适应，所以当学者们安定下来之后会遇到一些困难，也不是不常见。调查结果表明，富布赖特项目的管理方面没有严重的问题。

F. 结论

这份富布赖特访问学者项目评估报告得出的整体结论是：强有力的定量和定性证据都表明，该项目达到了其立法的目标，即增进了美国人民同世界各国人民的互相理解。学者们相信，他们的富布赖特经历促进了这些目标的实现，这些经历包括：学者及其家人生活于美国社会，消除了许多误解；在个人和专业层面上都建立了长久的友谊；跟美国人分享有关学者本国的信息和经历；跟学者在祖国的所在机构的同事们分享美国的文化、社会和政治观。

· 带来文化和专业学习的访学活动，这些学习既有关于美国的，也有关于学者祖国的。

学者们在访学期间参与了各种类型的活动。在专业层面，学者们做研究、参加学术会议和研讨会、在图书馆/档案馆/实验室做研究、撰写文章或论文或书、在各种项目和委员会上与美国教职员工和学生合作。在更私人的层面上，学者们去美国人家里做客、观看/收听当地媒体节目、参加文化活动、以及就学者祖国的文化和社会开讲座或做演讲。几乎所有的学者都表示对美国的文化、教育制度、政治制度、或经济有了新的了解，几乎所有学者都一致认为，富布赖特经历让他们对美国有了更深刻的认识。

· 富布赖特经历给学者个人、专业、和机构的行为和活动带来的长久影响。

参与富布赖特访问学者项目对学者的职业发展有非常积极的影响，提高了他们对自己专业的认识，增加了之后的出版物和作品，提升了他们的资历。几乎所有的学者都表示自己的专业活动都因访学而发生了改变。比如，应用了他们在课堂上学到的知识和技能，拓宽了自己研究和教学的国际视野，他们对美国的新了解更多地成为了同事们的信息来源。学者们列出了各种具体的方式，以这些方式他们的个人、专业、以及在机构的活动和态度方面的变化，这直接惠及了他们的访学机构，在他们访学结束后，也惠及了在他们在自己祖国所供职的的机构。

· 学者跟访学机构以及外国同事建立了纽带和长久的友谊。

几乎所有学者在访学结束之后，还继续与在美国期间结识的个人联络，了不起的是，几乎所有学者在访学结束之后还与在美国的同事进行合作。可观的是，60%的学者接待了美国人的来访，这些美国人都是他们在美访学期间结识的，差不多同样比例的学者再次访问了美国。超过40%的学者表示，在完成访学后还继续与5个或更多的美国同事合作。学者们称自己在访学结束以后，参与的国际活动比以前更多，这是访学活动的另一个积极影响。

· 通过乘数效应，不仅学者们自己，而且他们的家属们也获得并分享了新知识和新视角，所带来的影响有的是在访学期间内，也有的是在访学结束后多年的。

富布赖特访问学者经历通常是一个家庭的集体经历。在美国期间，学者的配偶及子女或上课/上学，或就自己祖国的文化（语言、舞蹈、烹饪等）开讲座/办展示/做演讲，或与美国同事和学生互动。在回国之后，学者的配偶和子女们，或在学校、社区或其他市民组织讲述自己的美国经历，或参加其他的国际教育或文化交流项目，或总体上与美国和国际社会保持联系。有超过一半的陪同访学的孩子，以及将近一半的陪同访学的学者配偶，之后有再次访问美国。在这个意义上，访学经历远不止影响了学者及其同事、学生和朋友，还影响了更多的人。这些人中有的在美国，有的在学者们自己的祖国。

附录

附录 A 富布赖特美国学者经历和富布赖特访问学者经历

简介

先前，斯坦福国际咨询和研究所（SRI）对富布赖特美国学者项目进行了效果评估，与富布赖特访问学者项目调查使用了类似的方法。富布赖特访问学者项目调查所用的问卷中，有的问题和回答类型被有意设计成与富布赖特美国学者调查问卷中一些问题一样。这两种经历现象出了一些相似性，所某些类似的调查结果可能是评估人员感兴趣的对象。

富布赖特美国学者项目和富布赖特访问学者项目之间有许多不同点，所以对两者进行正式的比较，需要大量的分析来说明这些差别。例如，85%的富布赖特美国学者（后文也称美国学者）从事教学，而 85%的访问学者是在做研究。另外，美国学者被派往世界各国，而访问学者都来美国。两种评估方法的一个显著区别在于，美国学者研究的样本是在调查涉及时间段（1976~1998 学年）内的分层随机抽样，而不是像富布赖特访问学者项目研究那样，样本来自挑选的特定国家。要限制访问学者项目研究的样本数量是很有必要的，因为该项目的学者来自全世界 140 个国家，要联系到所有这些学者，工作量会相当庞大。

在美国学者项目研究中，问卷调查结束的时候，我们收到了 801 份学者们完成的问卷，回应人数占我们收集到有效电子邮箱的 1004 人的 80%。然后，通过三个分层变量来对问卷反馈进行权重，这三个变量代表了所有的美国富布赖特校友。富布赖特访问学者问卷调查的回复率要低一些，但鉴于问卷对象为来自 16 个国家，57%的回复率已经很可观了。这个回复率跟美国学者调查的回复率一样，本身就体现了校友们对富布赖特项目的评价很高。

先来看整体评价，几乎所有的（98%到 100%）访问学者和美国学者们在一定程度上一致认为，富布赖特经历弥足珍贵，他们很自豪能成为其中一员，且该经历让他们对访学国家有了更深刻的认识（见附表 A-1）。与访问学者相比，美国学者中有更高比例的人认为，访学经历增加了他们对不同国家间的文化和社会多元性的认识（97%比 93%）。与访问学者相比，美国学者中更高比例的人认为，通过访学国家的同事和学生，他们对自己祖国的社会和文化有了更好的了解（比例分别为 91%和 75%）。

附表 A-1　富布赖特访问学者和富布赖特美国学者对富布赖特经历的总体印象

	"同意"或"一定程度上同意"所占百分比	
	访问学者	美国学者
总而言之，我认为我的富布赖特经历弥足珍贵	100	100
我以是富布赖特学者而自豪	98*	100**
我的富布赖特经历让我对访学国家有了更深刻的认识	98*	100**
我想要再一次获得富布赖特奖学金	94	97
我的富布赖特经历增强了我对不同国家之间社会和文化多样性的认识	93*	97**
要不是因为富布赖特经历，我就不可能获得某些专业技能	91**	88*
通过访学国家的同事和学生的眼睛，我对我祖国的社会和文化有了更好的认识	75*	91**

[1]各项的评分满分为 4 分，1 分=不同意，2=一定程度上不同意，3=一定程度上同意，4=同意。

＊组的百分比比另一组在统计学意义上要低（显著性水平<.05）。

＊＊组的百分比比另一组在统计学意义上要高（显著性水平<.05）。

数据来源：斯坦福国际咨询研究所；富布赖特访问学者项目调查，2003；富布赖特美国学者项目调查，2001。

附表 A-2 按挑选出的一些特点来比较富布赖特访问学者和富布赖特美国学者。来自物理和生命科学及工程学的学者占访问学者的比例，比占美国学者的比例更高，分别为 36%和 22%，来自社会学科的比例更低，分别为 38%和 42%，占人文学科的比例更低，分别为 26%和 36%。

与美国学者相比，少数访问学者获得了多于一次的富布赖特费用。（35%比 10%）访问学者中女性的比例略高于美国女性（25%比 21%）

附表 A-2　按挑选出的特点，富布赖特访问和美国学者的对比

	百分比	
	访问学者	美国学者
学者的主要研究领域/专业		
物理和生命科学以及工程学[1]	36%**	22%*
社会学科[2]	38%*	43%**
人文学科[3]	26%*	36%**
几次获得富布赖特奖学金		
一次	90%**	65%*
两次或多次	10%*	35%**
性别		
男	75%*	79%**
女	25%**	21%*
访学机构		
高校	92%**	81%*
私立非营利机构	1%	3%
私立营利机构	2%	1%
政府机构或公共机构	4%*	13%**
其他机构	2%	2%
其他特点		
访学平均时长	9.6 个月**	6.5 个月*

续表

	百分比	
	访问学者	美国学者
访学期间供职于学术机构	92%	94%
填写问卷时供职于学术机构	87%	96%

· 包括：农业，动物科学，天文学，生物科学，化学，计算机科学，工科，环境科学，食物技术，地质学，数学，医学，和物理学。

· 包括：人类学，经济管理，城市规划，经济学，教育学，地理学，法学，图书管理学，语言学，体育教学，政治学，心理学，公共管理学，社会工作，社会学，和作为外语的英语教学/应用语言学。

· 包括：美国历史，美国文学，美国研究，建筑学，考古学，区域研究，艺术，艺术史，古典学（classics），传播学，创意写作，英语，历史学（非美国），新闻学，语言和文学（非美国），音乐，音乐学（musicology），哲学，宗教研究，和戏剧艺术（theaterarts）。

* 组的百分比比另一组在统计学意义上要低（显著性水平<.05）。

* * 组的百分比比另一组在统计学意义上要高（显著性水平<.05）。

数据来源：斯坦福国际咨询研究所；富布赖特访问学者项目调查，2003；富布赖特美国学者项目调查，2001。

教育/专业及文化学习

富布赖特访问和美国学者的专业活动的相似度相对较高（见附表 A-3）。最主要的区别在于，富布赖特美国学者项目，尤其是在近些年，更重视学者在访学机构的讲学或教学，而富布赖特访问学者项目从一开始就更重视学者进行研究活动。这样，78%的美国学者表示有在访学机构讲学/教学，而只有37%的访问学者表示有在访学机构讲学/教学。同样的，49%的美国学者表示有指导学生，而访问学者中，这个比例只有 26%；指导学生是跟教学紧密相关的一项活动。在另一方面，访问学者大部分获得的是研究奖学金，因此与访学机构的同事进行合作研究的比例也比美国学者的比例要高，分别为 64%和 37%。在访学期间，给访学机构以外的个人/机构提供有偿/无偿咨询服务学者，美国学者的比例比访问学者的比例要高，分别为 27%和 9%，这可能表明，美国学者的调查对象中，有学者去到了世界140 多个国家中的一个，其中很多国家的发展程度没有美国的高，因此比美国对咨询服务的需求要高。

附表 A-3　富布赖特美国和访问学者在访学期间的专业活动

	百分比	
	访问学者	美国学者
独立进行研究	79	75
参加专业学术会议、研讨会、等等	75**	67*
撰写/修改文章、论文或创造性作品	70**	63*
与访学机构的同事/学生合作进行研究	64**	37*
在访学机构讲学/教学	37*	78**
指导学生	26*	49**
参加教职员工委员会	14	15
组织学术会议、研讨会和培训班	9*	18**
给访学机构以外的个人/组织提供有偿/无偿咨询服务	9*	27**
参加创造性或表演艺术	5	6
其他专业活动	3**	15*

* 组的百分比比另一组在统计学意义上要低（显著性水平<.05）。

* * 组的百分比比另一组在统计学意义上要高（显著性水平<.05）。

数据来源：斯坦福国际咨询研究所；富布赖特访问学者项目调查，2003；富布赖特美国学者项目调查，2001。

对学者行为的影响

与美国学者相比，访问学者中，有更高比例的学者表示访学对他们专业发展的各个方面有“很大”的影响（见附表 A-4）。例如，三分之二或更多的访问学者表示，访学经历提高了他们对自己专业更深入的认识（69%）、增加了他们访学后的专业出版作品和其他作品（66%），而只有不到一半的美国学者表示，他们的访学经历对他们的专业活动的这两个方面有“很大”的影响，比例依次分别为 45%和 46% 。这可能是反映了美国学者项目更加重视教学，也反映了美国学者的平均访学时长远远少于访问学者。

附表 A-4　富布赖特经历对访问学者和美国学者专业发展的影响

	表示影响“很大”的学者百分比	
	访问学者	美国学者
提高了对专业领域的认识	69**	45*
增加了访学后的出版专业作品和其他作品	66**	46*
提高了专业资历	60**	51*
改变了职业	33**	26*

1 评分的满分为 4 分，1＝根本没有，2＝在一定程度上有，3＝比较大，4＝很大。

＊组的百分比比另一组在统计学意义上要低（显著性水平<. 05）。

＊＊组的百分比比另一组在统计学意义上要高（显著性水平<. 05）。

数据来源：斯坦福国际咨询研究所；富布赖特访问学者项目调查，2003；富布赖特美国学者项目调查，2001。

虽然访问学者和美国学者中，都有很高比例的表示，访学对他们的职业有积极的整体影响（依次分别为 94%和 89%）。但是，与美国学者相比，访问学者中表示访学对其职业发展帮助“很大”的学者比例要高（61%比 43%）（见附表 A-5）。

附表 A-5　访学对访问学者和美国学者职业发展的整体影响

	百分比	
	访问学者	美国学者
非常有害	1**	0*
一定程度上有害	1	2*
没有影响	4*	9**
一定程度上有利	33*	46**
非常有利	61**	43*

＊组的百分比比另一组在统计学意义上要低（显著性水平<. 05）。

＊＊组的百分比比另一组在统计学意义上要高（显著性水平<. 05）。

数据来源：斯坦福国际咨询研究所；富布赖特访问学者项目调查，2003；富布赖特美国学者项目调查，2001。

访问学者和美国学者都创作了大量包含了访学期间所获知识、信息、材料或数据的专业作品（见附表 A-6）。与美国学者相比，访问学者中有更高比例的人表示，有在评审期刊会汇编图书上发表文章、在学术/专业会议上宣读论文或发言、撰写书或专著。这可能是因为，超过三分之二（69%）的美国学者所获得的不是研究奖学金而是教学奖学金，而大多数访问学者在访学期间的工作侧重点是研究。与访问学者相比，美国学者中有更高比例的在报刊杂志上发表了文章、或创作了创造性或表演艺术。

附表 A-6　访问学者和美国学者都创作的包含了访学期间所获知识、信息、材料或数据的专业作品

	百分比	
	访问学者	美国学者
发表在评审期刊或汇编图书上的文章	82**	71*
在专业/学术会议上宣读论文或发言	81**	76*
书或专著	46**	39*
发表在非评审期刊上的文章	43	45
发表在报刊杂志上的文章	25*	35**
创造性或表演艺术作品	4*	9**

*组的百分比比另一组在统计学意义上要低（显著性水平<.05）。

**组的百分比比另一组在统计学意义上要高（显著性水平<.05）。

数据来源：斯坦福国际咨询研究所；富布赖特访问学者项目调查，2003；富布赖特美国学者项目调查，2001。

与富布赖特项目的目标一致，差不多三分之二（64%）的富布赖特访问和美国学者表示，访学经历整体上拓宽了他们教学和研究的国际视野（见附表 A-7）。但是，50%的访问学者和仅 29%的美国学者表示，他们有根据自己的富布赖特经历，开发或设计了新课程。与访问学者相比，美国学者更有可能与来自其他国家的同事有更密切的来往（44%比 51%）。

附表 A-7　富布赖特访学经历对访问学者和美国学者的专业活动的改变

	百分比	
	访问学者	美国学者
整体上拓宽了教学/研究的国际视野	64	64
根据自己的富布赖特经历，开发/帮助开发了新课程	50**	29*
与来自其他国家的同事有了更密切的来往	44*	51**
在其祖国与美国/留学生有了更多的来往	18*	43**

*组的百分比比另一组在统计学意义上要低（显著性水平<.05）。

**组的百分比比另一组在统计学意义上要高（显著性水平<.05）。

数据来源：斯坦福国际咨询研究所；富布赖特访问学者项目调查，2003；富布赖特美国学者项目调查，2001。

联系、纽带和机构变化

几乎所有的访问学者和美国学者在访学结束后，都至少在一定程度上与访学国家的人员保持联系（见附表 A-8）。只有 5%的访问学者和 3%的美国学者表示没有与任何人有联系。82%的访问学者和 71%的美国学者表示是通过电子邮件进行联系的，为最常用的方法。与访问学者相比，美国学者中有更高比例的接待了访学国家人员的来访（64%比 59%），美国学者中也有更高比例的再次访问了访学国家（69%比 52%）。

附表 A-8　富布赖特访问和美国学者与访学国家人员保持联络的渠道

	百分比	
	访问学者	美国学者
电子邮件	82**	71*
出席学术会议、研讨会或其他活动	61**	52
去学者祖国拜访学者	59*	64**
定期信件	58*	77**
学者再次访问访学国家	52*	59**
电话	45	43
学者没有跟你任何人有联系	5	3

*组的百分比比另一组在统计学意义上要低（显著性水平<.05）。

**组的百分比比另一组在统计学意义上要高（显著性水平<.05）。

数据来源：斯坦福国际咨询研究所；富布赖特访问学者项目调查，2003；富布赖特美国学者项目调查，2001。

与美国学者相比，访问学者中有更高比例的有继续与访学国家的同事进行合作（见附表 A-9）。35%的访问学者和 19%的美国学者，将这种合作表述为“非常多”。只有 9%的访问学者而 23%的美国学者表示，他们根本没有继续与访学国家的同事进行合作。这种差别可能还是在一定程度上因为大多数的访问学者获得的是研究奖学金，而美国学者获得的是讲学奖学金。

附表 A-9　富布赖特访问和美国学者在多大程度上有继续与访学国家的同事进行合作

	百分比	
	访问学者	美国学者
根本没有	9*	23**
少量	26*	34**
中等	30**	24*
非常多	35**	19*

*组的百分比比另一组在统计学意义上要低（显著性水平<.05）。

**组的百分比比另一组在统计学意义上要高（显著性水平<.05）。

数据来源：斯坦福国际咨询研究所；富布赖特访问学者项目调查，2003；富布赖特美国学者项目调查，2001。

管理问题

访问学者中访学前有美国经历的比例，比美国学者中访学前有访学国家经历的比例要高（见附表 A-10）。在访问学者中，在访学前大约四分之一（26%）的有在美国居住的经历，并且还有 42%有在美国访问的经历。而在美国学者中，在访学前，有 27%的有在访学国家生活的经历，36%的有在访学国家访问的经历。但是，在这两个群体中，访学前有美国经历的数量比预期的要高，这也预示着富布赖特项目的一个潜在机遇：多挑选没有美国经历的申请者，以便使以前没有直接接触过外国文化和人民的申请者有机会，进而最大化接触到外国文化和人民的总人数。

附表 A-10　富布赖特访问和美国学者访学前的访学国家经历

	百分比	
	访问学者	美国学者
在访学国家居住过	26	27
访问过访学国家，但未在那居住过	42**	36*
都没有	32*	38**

＊组的百分比比另一组在统计学意义上要低（显著性水平<.05）。

＊＊组的百分比比另一组在统计学意义上要高（显著性水平<.05）。

数据来源：斯坦福国际咨询研究所；富布赖特访问学者项目调查，2003；富布赖特美国学者项目调查，2001。

与美国学者相比，在访问学者中，有更高比例的在申请富布赖特项目时，有非常明确的专业研究目标（见附表 A-11）。访问学者们评分最高的申请原因包括：有机会跟特定的研究人员合作、有机会使用特定的研究设施、有机会得到特定的资源/数据、或有机会在一个特点的地方进行实地研究，82%的访问学者将这些评为非常重要，而只有 48%的美国学者认为这些非常重要。访问学者和美国学者给渴望获得国际视野的评分差不多，他们中大约有 60%表示（63%和 60%）这是一个很重要的申请原因。但是，与访问学者相比，美国学者中有更高比例的人，将直接了解另一种文化和另一个民族列为非常重要（66%比 46%）。出现这种现象，部分是因为 79%的访问学者在访学前就有美国经历。在渴望跟另一个国家分享自己祖国的文化和制度方面，访问学者和美国学者之间没有明显的差别，29%的访问学者和 31%的美国学者将其评为非常重要。

附表 A-11　访问学者和美国学者们申请富布赖特项目的原因

	百分比	
	访问学者	美国学者
有机会跟特定的研究人员合作、使用特定的研究设施、获得特定的资源/数据、或在特定的地方进行实地研究	82**	48*
渴望获得国际视野	63**	60*
渴望跟另一个国家的同事和学生分享知识和技能	47*	54**
渴望直接了解另一种文化和另一个民族	46*	66**
渴望跟另一个国家的人民分享自己的文化和制度	29	31
有机会去国外旅游	25*	41*
学者祖国的同事/机构的鼓励	28	28
所在机构的鼓励	22**	18*
有过富布赖特经历的同事的正面评价	20**	10*
有机会再次与之前的教授、学生或同事合作	24**	16*

1 评分的满分为 4 分，1=不同意，2=在一定程度上不同意，3=在一定程度上同意，4=同意。

＊组的百分比比另一组在统计学意义上要低（显著性水平<.05）。

＊＊组的百分比比另一组在统计学意义上要高（显著性水平<.05）。

数据来源：斯坦福国际咨询研究所；富布赖特访问学者项目调查，2003；富布赖特美国学者项目调查，2001。

虽然在访问学者和美国学者中，大约有80%的人就反映访学满意度的一些说法在一定程度上观点是一致的。但是在整体上，访问学者比美国学者对访学经历的评价稍高（见附表A-12）。访问学者中比美国学者中有较高比例的人认同或在某种程度上认同以下说法：他们对做研究的机会很满意（98%），他们认为及时收到了获奖通知，有充足的时间为启程做准备（94%），他们得到了充足的去访学国家的旅途信息（92%），访学机构的教职员工和专业人员给他们提供了充足的专业支持（93%），访学机构的教职员工和专业人员给他们提供了充足的行政支持（89%），他们对奖学金金额满意（86%）。然而，访问学者和美国学者之间最多的差别在于：有90%的访问学者而只有80%的美国学者，同意或在一定程度上同意这些说法。

附表A-12　富布赖特访问和美国学者对访学经历的评价

	“同意”或“在一定程度上同意”的百分比	
	访问学者	美国学者
我对做研究的机会满意	98**	90*
总体上，我觉得受到了访学机构的学生和教职员工的欢迎和接纳	96	96
我及时收到了获奖通知，有充足的时间为启程做准备	94**	86*
我得到了充足的去访学国家的旅途信息	92**	82*
访学机构的教职员工/专业人员给我提供了充分的专业支持	93**	82*
我对合作的机会满意	92	84
访学机构的教职员工/专业人员给我提供了充分的行政支持	89**	79*
我所在的机构（在我祖国）支持我的富布赖特访学	89	90
我对奖学金金额满意	86	78*

1 评分的满分为4分，1=不同意，2=在一定程度上不同意，3=在一定程度上同意，4=同意。

*组的百分比比另一组在统计学意义上要低（显著性水平<.05）。

**组的百分比比另一组在统计学意义上要高（显著性水平<.05）。

数据来源：斯坦福国际咨询研究所；富布赖特访问学者项目调查，2003；富布赖特美国学者项目调查，2001。

结论

总体来看，访问学者和美国学者对他们的富布赖特经历都给出了肯定评价。几乎所有受访者都认为他们的经历是弥足珍贵的。除了极个别以外，所有受访者都表示对访学国家有了更好的认识。就大多数态度和活动类别而言，学者们很明显地给出了统一评价。访问学者跟美国学者之间持有的不同观点，大部分是因为他们的访学目的和背景不同。例如，访问学者更重视研究活动，而美国学者更多地参与教学活动，这种差异可能会带来不同的体验。另外，与美国学者相比，访问学者中较高比例的人在访学前就有过访学国家经历。但是，在提供证据证明富布赖特项目实现其目的上，访问学者和美国学者的观点是统一的。

附录 B　富布赖特访问学者项目调查的初期结果

部分 A · 简介

1. 你获得的是那种富布赖特奖学金？请圈出所有符合选项（回答人数：1880）
富布赖特学者奖学金 ………………………………………… 95%
富布赖特学生奖学金 ………………………………………… 5%
不确定是哪一种 ……………………………………………… 3%
注：如果你不确定你获得的时哪一种，请问了这项调查，假定你获得的是富布赖特学者奖学金。

2. 你是在哪一年第一次获得富布赖特访问学者奖学金的？（回答人数：1824）
1986 年之前 …………………………………………………… 25%
1986 年到 1990 年之间 ……………………………………… 21%
1991 年到 1995 年之间 ……………………………………… 24%
1996 年到 2003 年之间 ……………………………………… 29%

3. 你总共获得了几次富布赖特学者奖学金？（回答人数：1771）
（请不要将奖学金的续签、延期或系列奖学金算作是单独的一次奖学金）
一次 …………………………………………………………… 90%
一次以上 ……………………………………………………… 10%

4. 你访学前的美国经历：
A. 在第一次富布赖特访学前，你有以下哪种经历？
请在部分 A 内圈出你的答案（回答人数：1859）
B. 你的每种经历的持续时间为多久？
请在部分 B 内圈出你的答案（回答人数：218-701）

访学前的美国经历	A. 有没有这种经历		B. 如果有，是多久		
	有	没有	6 个月以下	6-12 个月	12 个月以上
在美国居住	26%	74%	19%	22%	59%
· 在美国上大学	20%	80%	8%	14%	78%
· 在美国大学教学/讲学	12%	88%	45%	20%	35%
· 在美国做研究	30%	70%	37%	24%	38%
· 访问过美国，但没在在美国居住过	42%	58%	94%	3%	3%
· 在自己祖国时，与美国研究人员进行合作	36%	64%	28%	17%	54%

5. 你是如何知道富布赖特项目的？请圈出一个数字（回答人数：1760）

报纸文章或广告 ………………………………………………… 14%

海报/公告 ………………………………………………………… 21%

我祖国的同事/朋友 ………………………………………… 44%

在美国的同事/朋友 ………………………………………… 8%

专业人士 ………………………………………………………… 5%

大学 ……………………………………………………………… 3%

其他（请在下面具体说明） ……………………………… 5%

6. 在你申请富布赖特项目时，你们国家用多少项目资助你们领域的学者去美国学习、讲学或做研究？请圈出一类（回答人数：1453）

只有富布赖特项目	一个或两个其他项目	三个或更多
21%	55%	24%

7. 在你申请富布赖特项目时，你们国家有多少项目资助你们领域的学者去美国以外的国家学习、奖学或做研究？

没有	一个或两个	三个或更多
12%	39%	52%

8. 总的来说，在启程开始你的第一次富布赖特访学之前，你对以下各项的准备情况如何？请在每列全出了个数字（回答人数：1869-1871）

	完全没准备好	一定程度上准备好了	完全准备好了
· 在美国生活	8%	43%	49%
· 在美国进行与放学相关的活动	4%	29%	67%

部分 B · 申请你的第一次富布赖特访问学者奖学金

9. 在你申请第一份富布赖特奖学金时，以下各原因有多重要？

请在每一行圈出一个数字（回答人数：1826-1871）

1	不重要/不符合	一定程度上重要	非常重要
·渴望获得国际视野	9%	28%	63%
·渴望直接体验美国文化和了解美国人民	14	40	46
·有机会跟特定的研究人员合作、使用特定的研究设备、获得特定的资源/数据、和活在特定的地方进行实地研究	4	14	82
·渴望获得只有美国才有的资源	17	32	51
·有机会再次跟以前的教授、学生和同事合作	56	20	24
·渴望与美国的同事和学生分享你的知识和专业技能	12	41	47
·渴望跟美国人民分享你们的文化和制度	20	51	29
·所在机构的鼓励	44	36	20
·在美国的同事/机构的鼓励	37	35	28
·有过富布赖特经历的同事们的正面评价	44	33	22
·有机会在美国旅游	27	48	25
·有机会在较少或没有干扰的环境中进行你的学术工作	14	25	61
·有机会学习新知识/技能	4	21	75
·富布赖特项目的显赫名声	13	40	47
·专业进步/发展	5	21	74
·继续/拓展之前在美国开始的工作	60	17	23
·提高你的英语水平	35	37	28
·在美国有亲戚	85	11	4
·有机会让家人体验美国生活	53	30	17

10. 在申请第一份富布赖特奖学金的时候，访学机构是你自己挑选的还是分配给你的？
请圈出一个数字（回答人数：1873）
我自己挑选的 ………………………………………………………… 89%
分配给我的 …………………………………………………………… 11%

部分 C·第一次富布赖特访学期间的经历

11. 你第一次访学期间访学机构的类型？
请圈出一个数字（回答人数：1864）
2 年制大学或职业培训机构 ……………………………………………… 1%
4 年制大学 ……………………………………………………………… 64%
研究生/专业机构（不开设本科课程） ………………………………… 27%
政府机构或公共机构 …………………………………………………… 4%
私立非营利机构（高校） ……………………………………………… 2%
私立盈利机构 …………………………………………………………… 1%
其他（请注明） ………………………………………………………… 2%

12. 在第一次访学期间参加了哪些专业活动？
请圈出所有符合的答案（回答人数：1884）
独立做研究 ………………………………………………………………… 79%
与美国教职员工/学生合作做研究 ………………………………… 64%
撰写/修改文章、论文、书或创造性作品 …………………………… 70%
在图书馆/档案馆/实验室做研究 ……………………………………… 70%
参加创造性或表演艺术 ………………………………………………… 5%
进行/完成我的硕士/博士毕业论文 …………………………………… 11%
在访学机构讲学/授课 ………………………………………………… 37%
在访学机构以外的机构讲学/授课 ………………………………… 28%
指导学生 ……………………………………………………………………… 26%
给访学机构以外的个人/机构提供（有偿或无偿的）咨询服务 ……… 9%
参加学术会议、研讨会等 ……………………………………………… 75%
组织学术会议、研讨会等 ……………………………………………… 9%
参加教职员工委员会 …………………………………………………… 14%
提高我的电脑技术 ……………………………………………………… 28%
其他专业活动（请注明） ……………………………………………… 3%

13. 在你第一次富布赖特访学经历中，你参加了哪些社交或社会活动？
请圈出所有符合选项（回答人数：1880）
观看演唱会、戏剧演出或参加其他文化活动 ……………………… 80%
跟一个或多个美国一起出游，出游时间为一个周末或更长 …………… 65%
去美国家庭做客 ………………………………………………………… 90%
参加体育运动 ……………………………………………………………… 29%
参加社会活动（处运动外） …………………………………………… 69%
阅读当地报纸 ……………………………………………………………… 90%
收听当地广播 ……………………………………………………………… 72%
观看当地电视新闻 ……………………………………………………… 90%
跟其他富布赖特学者有正式或非正式的来往 ……………………… 59%
就你祖国的文化发表演讲 ……………………………………………… 49%
就你祖国文化的一个方面（语言、舞蹈、烹饪等）举行讲座/展示会 ……
……………………………………………………………………………… 24%
其他活动（请在下方著名） …………………………………………… 7%
没参加上述活动中的任何一项 ……………………………………… < 1%

14. 你第一次访学期间的住宿安排是怎样的？
请圈出所有符合选项（回答人数：1865）

独立居住或与室友合住公寓或房子 ………………………………………… 52%
在主要是学生居住的宿舍/设施 ……………………………………… 14%
跟家人一起 ………………………………………………………………… 45%
跟一个或多个美国人合住 ………………………………………………… 12%
跟一个或多个非家人、非美国人合住 ………………………………… 7%
其他安排（请在下方著名） ………………………………………………

15. 在第一次访学期间，你参加过富布赖特项目赞助的活动吗，比如富布赖特访问学者大会（The Visiting Fulbright Scholar Conference）或提高活动（Enrichment Activities）（文化旅游、郊游等）？（回答人数：1802 和 978）

请圈出一个数字				
有 ……………………………… 56%		这些经历在整体上有多大价值	根本没价值 ………………………	1%
没有 ………………………… 44%			在一定程度上有价值 ……………	25%
			根本没价值 ………………………	74%

16. 在你第一次访学期间，日常与教职员工或学生的互动有多少？请圈出一个数字（回答人数：1851）

没有	一个小时以下	1-2 个小时	2 个小时以上
2%	18%	32%	48%

17. 关于你在第一次访学期间的个人经历，你在多大程度上同意或不同意这些说法？请圈在每行中圈出一个数字（回答人数：1746-1864）

关于你的第一次富布赖特访学经历	不同意	一定程度上不同意	一定程度上同意	同意
·我所在机构（在我祖国）支持我的富布赖特访学	7%	5%	19%	68%
·我及时收到获奖通知，有充足的时间为启程做准备	2%	4%	14%	79%
·我得到了充足的去美国的旅途信息	2%	4%	17%	76%
·当我到达美国开始访学的时候，有人接待并帮助我安顿下来	17%	6%	14%	63%
·在找住所的过程中遇到了相对较少困哪	11%	9%	17%	63%
·富布赖特访学机构的学生和教职员工欢迎并接纳了我	1%	3%	14%	81%
·访学机构的人员邀请我参加他们的社交活动	6%	6%	22%	67%
·我对做研究的机会满意	1%	1%	11%	87%
·我对合作的机构满意	2%	6%	23%	70%
·我对奖学金金额满意	5%	8%	23%	63%
·访学机构给了我充足的行政支持	4%	7%	21%	68%

续表

关于你的第一次富布赖特访学经历	不同意	一定程度上不同意	一定程度上同意	同意
· 访学机构的教职员工/专业人员给了我充足的学术支持	2%	5%	20%	73%
· 我的访学机构跟我的需要和兴趣很匹配	1%	3%	15%	81%
· 我自己祖国的文化与美国文化之间的差异比我预期的要大	34%	25%	24%	17%
· 我结识了来自全世界的人们	4%	8%	29%	59%
· 我发现很多美国人有兴趣了解我的祖国	8%	20%	43%	28%
· 我花了很多时间跟来自我祖国的朋友/家人相处	36%	23%	25%	16%

如果你在访学期间遇到了意料之外的困难（比如，美国的官僚体系、保险/法律问题、等等），请在此简要描述以下这些困难。

18. 在你第一次访学期间，你对美国各方面的了解有多少？请在每行圈出一个数字（回答人数：1849-1872）

	没有或很少	一些	中等	非常多
· 美国文化或生活方式	1%	7%	25%	67%
· 美国政治体制	4%	19%	42%	34%
· 美国人是怎么对待少数族裔的	6%	20%	43%	31%
· 美国与其他国家的政治关系	18%	27%	37%	19%
· 美国的教育体制	2%	11%	30%	57%
· 美国的经济	6%	26%	43%	25%

19. 你第一次富布赖特访学历时多久？（回答人数：1854）
5 个月以下 ………………………………………………… 21%
5 到 8 个月 ………………………………………………… 23%
9 到 12 个月 ……………………………………………… 44%
12 个月以上 ……………………………………………… 11%

20. 在你看来，你第一次访学的最佳时长应该为多久？（回答人数：1821）
5 个月以下 ………………………………………………… 6%
5 到 8 个月 ………………………………………………… 15%
9 到 12 个月 ……………………………………………… 49%
12 个月以上 ……………………………………………… 30%

部分 D · 第一次富布赖特访学结束后的经历和联系

21. 如果有的话，你在第一次富布赖特访学结束后，在多大程度上与美国的同事进行合作？请圈

出一个数字（回答人数：1877）

没有	一些	中等	非常多
9%	26%	30%	35%

22. 在你完成第一次富布赖特访学之后，你有（面对面、通过邮件、电话、信件等）与在美国结识的人员联系吗？

请圈出一个数字（回答人数：1883）

有	没有
95%	5%

如果没有，请直接跳到地 26 个问题

23. 在你访学期间结识的以下各类人员中，你在访学之后，与每一类人中的多少人至少联系过一次？请在每一行圈出一个数字（回答人数：1619-1763）

我在完成第一次富布赖特访学后，有跟这些人联系	一个都没有	1 到 2 个	3 到 5 个	5 个以上
·美国同事	2%	26%	30%	42%
·来自其他国家的同事	28%	40%	19%	13%
·美国学生	39%	31%	17%	13%
·其他联系人（社交朋友、熟人等）	12%	27%	28%	33%

24. 在你完成第一次富布赖特访学之后，你通过什么方式与在美国访学期间结识的人联系？请圈出所有符合的选项（回答人数：1786）

电话……………………………………………………… 45%

电子邮件………………………………………………… 82%

信件……………………………………………………… 58%

我与他们共同参加了学术会议、研讨会或其他活动……… 61%

他们有来我祖国拜访我…………………………………… 59%

我有去美国拜访他们……………………………………… 52%

25. 在你完成第一次富布赖特访学之后，你有参加（富布赖特以外的）国际交流项目吗？请圈出一个数字（回答人数：1857）

有	没有
40%	60%

26. 你在完成第一次富布赖特访学后，有没有参加致力于巩固国际合作的非富布赖特会议或加入这类机构？

请圈出一个数字（回答人数：1866）

有	没有
66%	34%

27. 你第一次访学结束后，有没有参加下列活动？如果有，是哪些？

请圈出所有符合选项（回答人数：1874）

协助邀请美国教职员工或其他专业人士来我祖国工作 …… 52%

协助邀请美国学生来我祖国上学 …… 22%

协助派遣我祖国的教职员工或其他专业人士去美国工作 …… 49%

协助派遣我祖国的学生去美国上学 …… 57%

协助推动教职员工、专业人士或学生的国际交流活动 …… 55%

参加了在我祖国的富布赖特委员会/校友会 …… 31%

加入了在我祖国的富布赖特遴选或审核委员会 …… 20%

一个都没参加 …… 10%

28. 你创作或投稿的专业作品中，有哪些用到了你第一次参加富布赖特访学在美国获得的知识、信息、材料或数据？

请圈出所有符合选项（回答人数：1859）

在经评审委员会评定的期刊或汇编图书上发表的文章 …… 82%

在非经评审委员会评定的期刊或汇编图书上发表的文章 …… 43%

书或专著 …… 46%

在学术会议上的发言或宣读的论文 …… 81%

创造性作品或表演艺术作品 …… 4%

在报刊杂志上发表的文章 …… 25%

其他专业作品（请在下方对此简要描述） …… 8%

一种都没有 …… < 1%

29. 得益于你的第一次富布赖特经历，你在专业活动中做了以下哪些改变？

请圈出所有符合选项（回答人数：1868）

根据我的富布赖特经历，开发/协助开发了新的课程 …… 50%

在我的教学中使用我在访学期间学到的知识/技能 …… 82%

在跟我访学期间学到的关于美国的新知识方面，我更多地成为了同事们的信息来源 …… 64%

调整我的职业，更多地关注国际问题 …… 23%

整体上扩宽了我教学/研究的国际视野 ………………………………………………………… 64%
与在我祖国的学习的美国留学生有了更多的交往 ………………………………………………… 18%
与来自其他国家的同事有了更多的交往 ……………………………………………………… 44%
更多地参与我祖国的政治/社会/经济事务 …………………………………………………… 19%
其他方面（请在下方具体注明） ……………………………………………………………… 4%
都没有 ……………………………………………………………………………………… 2%

30. 你有通过以下哪种社交、媒体或社区活动，在你祖国与他人分享你在第一次富布赖特访学间对美国的了解？

请圈出所有符合选项（回答人数：1858）
在我祖国接受媒体（报纸、电视等）的采访 ……………………………………………… 22%
在我祖国，正在学校或其他社区/市民组织上做演示 ……………………………………… 45%
与朋友/同事的交谈 ………………………………………………………………………… 90%
展示美国文化（例如，烹饪、舞蹈、运动等） …………………………………………… 13%
其他活动（请在下方注明） …………………………………………………………………… 4%
一项都没有 ………………………………………………………………………………… 6%

· 对你富布赖特经历的评价

注：以下问题跟你的所有富布赖特访学经历有关

31. 下列关于你的富布赖特整体经历的说法，你在多大程度上同意或不同意？

请在每一行圈出一个数字（回答人数：1665-1870）

	不同意	一定程度上不同意	一定程度上同意	同意
· 总体而言，我认为我的富布赖特经历很有价值	<1%	1%	2%	98%
· 我的富布赖特经历加深了我对美国的了解	1%	1%	18%	81%
· 我的富布赖特经历凸显了我对不同文化之间差异性的意识	3%	4%	29%	64%
· 若不是富布赖经历，我将无法学到某些专业技能	3%	6%	25%	66%
· 我的富布赖特经历改变了我的人生	11%	15%	33%	41%
· 通过美国同事和学生的眼睛，我更好地理解了我祖国的社会和文化	11%	14%	37%	38%
· 我的富布赖特经历使我能更有效地在我所在机构进行机构变革	14%	15%	40%	31%
· 我的富布赖特经历使我能够有效地在我的做过进行体制变革	26%	23%	32%	19%
· 我以是富布赖特学者中的一员而自豪	1%	1%	11%	87%
· 在我祖国的学术界，富布赖特项目广为人知	2%	5%	24%	69%
· 我祖国的同事认为富布赖特奖学金很有声望	2%	4%	20%	74%
· 富布赖特经历给一个人的建立增色不少	1%	1%	16%	82%
· 我想再次获得富布赖特奖学金	4%	2%	10%	83%

32. 对如下各项，你的富布赖特经历在多大程度上影响了你的职业发展？
请在每一行中圈出一个数字（回答人数 1790-1857）

	根本没	一定程度上	中等	非常大
·改变了我的职业	17%	21%	29%	33%
·提升了自己领域的看法	1%	7%	23%	69%
·增加了随后发表的专业作品和其他专业作品	2%	9%	24%	66%
·增加了我的专业自立	2%	9%	30%	60%

33. 从整体上来看，你的富布赖特经历在多大程度上对你的职业有害或有益？
请圈出一个数字（回答人数：1862）

非常有害	一定程度上有害	没有影响	一定程度上有益	非常有益
1%	1%	4%	33%	61%

·你家人的富布赖特经历

34. 你进行富布赖特访学的时候有家人陪同吗？（回答人数 1865 和 691）

请圈出一个数字			请圈出那个答案	
是 ……………………………… 65%		谁？	配偶/伴侣…………………………	88%
否 ……………………………… 35%			18 岁以下子女 ……………………	72%
如果为“否”，请调到第 38 个问题			其他家庭成员 ……………………	8%

35. 如果家人在陪同你访学期间参加活动的话，他们参加了下列哪些？
请在每列中圈出所有符合的选项

	配偶/伴侣	18 岁以下的子女	其他家庭成员
回答人数	544	459	27
学习英语	57%	66%	44%
上课/上学（学习英语以外的课程）	33%	77%	41%
参加体育运动	19%	54%	19%
就你们祖国的文化发表演讲	35%	20%	19%
就你们祖国文化的某个方面（语言、舞蹈、烹饪等）办讲座/做演示	39%	18%	7%
其他类似活动（请在下方注明）	10%	4%	19%
都没有	10%	6%	19%

36. 你的家属在陪同访学结束回国后，参加了下列哪些活动？
请在每列中圈出所有符合的选项

	配偶/伴侣	18 岁以下的子女	其他家庭成员
回答人数	551	429	29
再次访问美国	46%	52%	34%
在美国上大学	4%	16%	14%
在你祖国的学校或社区或市民组讲述他们的美国经历	39%	41%	34%
就他们的访学经历，接受你祖国的媒体采访	5%	3%	0%
写跟美国经历有关的论文、文章或书	8%	9%	0%
进行跟美国有关的项目	15%	15%	17%
更加关注国际事务	60%	67%	48%
参加其他的国际教育或文化交流项目	23%	32%	21%
自己获得富布赖特学者或学生奖学金	4%	1%	7%
其他类似活动（请在下方注明）	2%	2%	7%
都没有	9%	9%	7%

· 背景信息

37. 在申请你的第一份富布赖特奖学金时，你获得的最高学历是什么？请在 A 列栏中圈出一个数字（回答人数：1853）

B. 到目前为止，你获得的最高学历是什么？

请在 B 列中圈出一个数字（回答人数：1542）

	你的最高学历	
	· 你申请第一份富布赖特奖学金时	· 现在
本科或同等学历	3%	1%
有一些研究生工作经历但没硕士文凭	3%	1%
硕士学位（包括工商管理硕士）或同等学历	16%	7%
博士学位或领域最高专业学位	74%	82%
其他（请在下方注明）	5%	9%

38. 你在那一年获得的最高学位？

（回答人数：1808）

1980 年之前 ………………………………………………… 27%

1980 到 1989 年之间 ………………………………………… 34%

1990 年或更晚 ……………………………………………… 39%

39. 在申请你的第一份富布赖特奖学金时，你的就业情况是什么？

请在 A 列中圈出一个数字（回答人数：1870）

B. 你现在的就业情况是什么？

请在 B 列中圈出一个数字（回答人数：1778）

	你的就业情况	
	・你申请第一份富布赖特奖学金时	・现在
每周工作 30 个小时或更长	81%	81%
每周工作 30 个小时以下	9%	8%
学生	7%	<1%
暂时未就业	<1%	1%
退休	0%	6%
其他	3%	4%

40.（如果当时或现在有就业）

・你申请第一份富布赖特奖学金时，在哪儿就业？请在 A 列中圈出一个数字（回答人数：1709）

・你先在哪儿就业？请在 B 列中圈出一个数字（回答人数：1652）

	在哪儿就业	
	・你申请第一份富布赖特奖学金时	・现在
以研究为重心的高校	25%	25%
以教学为重心的高校	11%	9%
教学和研究同等重要的高校	55%	54%
私立非营利机构	1%	2%
私立营利机构	1%	3%
政府机构或公共组织	4%	5%
其他（请在下方注明）	2%	3%

41. 申请你的第一份富布赖特奖学金时你的年龄是多少？请在 A 列中圈出一个数字（回答人数：1874）

B. 你现在的年龄？请在 B 列中圈出一个数字（回答人数：1810）

	你的年龄	
	申请你的第一份富布赖特奖学金时	现在
30 岁以下	12%	1%
30 到 39 岁	46%	9%
40-49 岁	34%	32%
50-59 岁	8%	38%
60-69 岁	1%	17%
70 岁及其以上	0%	3%

42. 你的性别：请圈出一个数字（受访者人数：1835）

男	女
75%	25%

43. 受访者祖国：（受访者人数：1862）

阿根廷 …………………………………………… 5%
巴西 …………………………………………… 8%
保加利亚 …………………………………………… 3%
德国 …………………………………………… 9%
加纳 …………………………………………… 1%
印度 …………………………………………… 11%
以色列 …………………………………………… 8%
日本 …………………………………………… 17%
约旦 …………………………………………… 2%
韩国 …………………………………………… 5%
摩纳哥 …………………………………………… 5%
荷兰 …………………………………………… 9%
尼日利亚 …………………………………………… 1%
波兰 …………………………………………… 10%
斯里兰卡 …………………………………………… 2%
乌克兰 …………………………………………… 4%

44. 研究领域：（受访者人数：1822）

物理/生命科学及工程学 ………………………… 36%
人文学科 …………………………………………… 26%
社会学科 …………………………………………… 38%

附录 C 富布赖特访问学者效果评估开放性问题回答选摘录

44. 富布赖特项目的总目标和立法委任权是“增进美国人民同世界各国人民之间的互相理解……”你认为，无论是在访学期间，还是在你访学结束之后，富布赖特项目促进这个总目标的实现的方式中，最重要的一两个是什么？

阿根廷富布赖特学者：在我的祖国还有在其他国家，美国的的媒体曝光率都很高。访学的一个重要的益处在于，我们能亲眼看见美国的媒体形象和现实是如何一致或不一致的。我对我得到的待遇颇为叹服。美国人都很乐于助人，对我们一家人很友好，这使得我们用欣赏的眼光来看这个国家，并且渴望了解这个国家。

荷兰富布赖特学者：要实现对不同文化的互相理解，一个非常有效的方法就是各国科学家、老师和人民之间的交流。富布赖特奖学金极为重要，尤其是在当今这个年轻人对国家间文化差别缺乏了解的时代。让所有人都能受到教育，是实现和维护世界和平最稳定的方法。缺乏互相了解会带来极端主义和文化霸权，战争通常都是因此而爆发的。

以色列富布赖特学者：富布赖特项目实现了全世界人才跟美国人才的交融，这带来了实验室的跨学科和国家化性质。我的富布赖特学者身份让我更有名望，让我在充当国际合作的代言人时更有可信度。

日本富布赖特学者：富布赖特项目增进了美日两国人民的互相理解，也增进了两国人民对彼此文化的理解。当然，富布赖特奖学金主要是用于教育和研究目的，但奖学金也包含了对学者家属的慷慨资助，因此，除了学者/学生们自己，他们的家人也能在陪同访学期间收获很多。在未来，学者的整个家庭都可以充当文化大使。

波兰富布赖特学者：对生长在社会主义国家的我来说，富布赖特经历让我大开眼界，看到民主的优势和自由市场带来的实惠。多亏了富布赖特项目，我才有机会在美国做律师，这让我学会了一些独一无二的技能，在波兰转向自由市场和民主体制之后，我又在我的祖国完美地使用了这些技能。

韩国富布赖特学者：富布赖特项目给我提供的机会，让我扩充了我在美国法律思维、法学和高等教育体制方面的知识。在做研究和参加研讨会的过程中，我跟美国教授和学者交换观点和看法，让他们看到一个韩国学者的视角。

乌克兰富布赖特学者：我学会了理解、尊重甚至热爱美国和生活在该国的人们。我希望在我的同胞中传播我对这个国家的了解。我已经学会了解我的国家和生活在其中的人们，并更好地去爱他们。

45. 你认为自己对在美国的访学机构所作出的最有价值的贡献是什么？

德国富布赖特学者：我在访学即将结束的时候，组织了一个有 50 多名学生和 3 名教授组成的合唱团的巡演，巡演站包括英国、法国、德国和奥地利。对于许多学生来说，这是他们第一次离开美国。

加纳富布赖特学者：我增进了我所在机构和我访学机构之间的纽带。我访学以来，有 3 名教授、1

名电脑专家和2名学生来到加纳做研究。我所在的机构是他们的访学机构，而他们来自我在美国的访学机构。

印度富布赖特学者：我能解释印度文化中积极的方面。我能解释我们丰富习俗和传统背后的道理，以及这个道理对社会的积极影响。我也能解释圣雄甘地的道德哲学，以及它对当今世界的借鉴意义。

约旦富布赖特学者：我已经成立了一些联合项目，这些项目的发展将实现美国和阿拉伯地区的互利。其中一个致力于开发一揽子建议来提高思考技能。

摩纳哥富布赖特学者：我能向我的同事们证明，我祖国的科学家们只要得到了相关的工具，也能在较短时间内解决科学难题。我还向他们证明，文化差异不构成合作和互相理解的障碍，无论人们来自哪个国家，有些价值观是共通的。

尼日利亚富布赖特学者：我做的各种展示可能给非洲研究带来了一些新的观点和视角。非正式对话和思想交流有助于参与者们丰富彼此的知识。

波兰访问学者：我在美国的同事中，有十几个来到波兰访问和做研究。其中有两名跟我共事了一年多。没有富布赖特项目，这根本就不可能发生。我们从国家自然基金和国家地理协会争取了几项拨款，用以在波兰进行联合研究，这将惠及双边的机构。我接受了两名富布赖特美国学生（今年还将有一个）。

46. 你认从你为参加富布赖特访问学者这件事中，你所在机构/祖国能从中有收获吗？如果有，有哪些收获？

阿根廷富布赖特学者：通过以下几个方面有收获：教学和研究方法的改进；跟美国科学界更密切的联系；通过多边科学合作和交换项目，能获得一些资源（图书馆、资助、访问学者）。

巴西富布赖特学者：我成了我研究领域的佼佼者。我在我所供职的机构开设了一个研究生项目，并且我现在一所拥有42000名学生的大学当校长（巴西第五大高校）。

巴西富布赖特学者：我在美国大学的经历，和我对美国大学的了解，非常重要。这让我知道在巴西我们可以做哪些改变。我是巴西大学（The University of Brasilia）研究和研究生院的院长，所有在美访学经历非常重要。

印度富布赖特学者：我进行了大量的联合研究，这些在国际上反响很好。这提高了我所在大学的名望，并且在一定程度上带来了切实的合作和金钱上的回报。

日本富布赖特学者：回到日本之后，我发表了3本重要的著作和20篇文章。这些著作直接或间接都是得益于我在美国访学期间的大量研究活动。

约旦富布赖特学者：我在引入新方案和新观点方面的能力增强了。我当了六年的学生工作会会长（Dean of Students）。我引入并实施了一些新的想法，这些想法都是根据我在美国的经历而得来的。

波兰富布赖特学者：作为卢布林天主教大学（The Catholic University of Lublin）社会学系的主任，我根据在美国见识的方法改进了我所在系的规章制度。

韩国富布赖特学者：模仿我访学机构的院系和研究所，我新成立了一个语言学系和一个语言和信息研究所。

47. 在你作为富布赖特学者在美国访学期间，你了解的美国中，哪方面是最出人意料的？

保加利亚访问学者：最让我惊奇的是美国人的诚实、理想主义和单纯。

加纳富布赖特访问学者：最让我惊讶的是发现了我们各自的历史是如何紧密相连的，因此也明白我们的未来是如何很好地联系在一起的。

以色列富布赖特学者：高效率。最大化个人潜力的能力。虽然我是一个外国人，但是基于我的专业技能和个性，我收到的接纳程度让我非常惊讶。

约旦富布赖特学者：事实上，在法治和宗教自由的前提下，不同的人和群体也能共同生活。在同一个镇或城市，安全的社区和非常危险的社区并存。人权——作为美国公民或居民，只要自己的权利被侵害了，都能提起诉讼。

韩国富布赖特学者：让我印象最深刻的是，学生们在课堂上积极自由地发表自己的观点，教授们也鼓励学生参加课堂讨论。

荷兰富布赖特学者：一些政治观念，比如自由主义，并不只是存在于教科书中：相当多的美国人事实上真的信奉这些观念。另一个令我惊讶的发现就是美国各地区之间的差异（东西差异、南北差异等）。

尼日利亚富布赖特学者：最让我惊讶的是我的访学机构和周围的社区用相对的开放和热情接纳了我。这让我很惊讶，因为这与我在尼日利亚的同事给我的警告完全相反，他们告诉我美国的种族歧视有多么的严重。虽然我确实或多或少遭遇到了种族歧视，但是那并没有我想象中的那么糟。

波兰富布赖特学者：美国人对待我的友好态度（甚至包括警察和法官）；人们对非政府组织的参与；美国首都华盛顿的博物馆免门票；能在史密森尼学会参加研讨会；美国美丽的自然风光，比如科罗拉多大峡谷（The Grand Canyon）和死亡峡谷（The Death Valley）。

乌克兰富布赖特学者：在我所了解的美国中，以下方面让我最惊讶：该国的语言和文化多样性，多族裔的社会构成，以及对外国人的接纳和尊重。

附录 D　富布赖特访问学者项目数据表格

附表 D-1　富布赖特访问学者简介（按访学持续时间）

	百分比				
	≤4 个月	5-8 个月	9-12 个月	≥12 个月	所有学者
学者从事的主要领域/专业					
物理和生命科学及工程学[1]	42*	23*	35	54**	36
社会学科[2]	33*	46**	39	28*	38
艺术和人文学科[3]	25	31*	26	18*	26
访学持续时间					
1-4 个月	100	0	0	0	21
5-8 个月	0	100	0	0	23
9-12 个月	0	0	100	0	44
12 个月以上	0	0	0	100	11
访学时期					
1980-1985	15*	21*	26	47**	25
1985-1990	22	19	20	27**	21
1991-1995	23	28	25	20	24
1996-2001	40**	32	29	6*	29
访学时年龄					
30 岁以下	6*	8*	11	32**	12
30-39	43	37**	50**	57**	46
40-49	38	43**	33	10*	34
50-59	12**	11**	5*	1*	8
60 及以上	2**	1	<1*	0*	1
受到富布赖特资助的总次数					
1 次	89	92	92**	81*	90
2 次及以上	11	8	8*	20**	10
性别					
男性	73	75	81**	72	75
女性	27	25	19*	28	25

· 包括：农业，动物科学，天文学，生物科学，化学，计算机科学，工科，环境科学，食物技术，地质学，数学，医学，和物理学。

· 包括：人类学，经济管理，城市规划，经济学，教育学，地理学，法学，图书管理学，语言学，体育教学，政治学，心理学，公共管理学，社会工作，社会学，和作为外语的英语教学/应用语言学。

· 包括：美国历史，美国文学，美国研究，建筑学，考古学，区域研究，艺术，艺术史，古典文学，传播学，创意写作，英语，历史学（非美国），新闻学，语言和文学（非美国），音乐，音乐学，哲学，宗教研究，和戏剧。

* 组的百分比比另一组在统计学意义上要低（显著性水平<0.05）。

* * 组的百分比比另一组在统计学意义上要高（显著性水平<0.05）。

数据来源：斯坦福国际咨询研究所；富布颂特访问学者项目调查，2003。

附表 D-2　富布赖特访问学者的教育和职业简介（按访学持续时间）

占受访者百分比

百分比					
访学时最高学位	≤4 个月	5-8 个月	9-12 个月	≥12 个月	所有学者
博士学位或领域最高学位或同等学历	80	77	75	71	76
硕士学位（包括工商管理硕士）或同等学历	14	15	16	21	16
有研究生工作经历但无学位	3	3	2	2	3
学士学位或同等学历	1*	<1*	4**	5	3
其他	3	4	2	1	2
访学时就业情况					
在职，每周工作 30 个小时以上	82	85**	82	66*	81
在职，每周工作 30 个小时以上下	12**	10	7*	8	9
学生	1*	2*	8	23**	7
临时聘用	<1	<1	<1	1	<1
已退休	0	0	0	0	0
其他	5	2	2	1	3
访学时供职机构（如果有）					
教学和研究同等重要的高校	56	56	55	48	55
以研究为重心的高校	23**	22	27	30	25
以教学为重心的高校	15	14	8*	12	11
政府机构和公共机构	4	4	4	6	4
私立营利机构	<1*	2**	1	1	1
私立非营利机构	0*	<1*	2**	1	1
其他机构或自雇	2	2	2	1	2
现在最高学历					
博士学位或领域最高学位或同等学历	88	90	89	88	89
硕士学位（包括工商管理硕士）或同等学历	9	6	6	8	7
有研究生工作经历但无学位	1	1	1	1	1
学士学位或同等学历	1	0*	2**	1	1
其他	2	4	2	2	2
现在就业情况					
在职，每周工作 30 个小时或以上	75*	82	82	86*	81
在职，每周工作 30 个小时以下	11**	7	7	6	8
学生	0*	1	1	0*	<1
临时聘用	1	1	1	1	1
已退休	8	7	5	3*	6
其他	6	3	4	3	4
现在供职机构（如果有）					
教学和研究同等重要的高校	55	56	53	51	54
以研究为重心的高校	23	22	27	26	25
以教学为重心的高校	10	12**	7*	7	9
政府机构和公共机构	5	5	4	7	5

续表

百分比					
私立盈利机构	2	1*	4	4	3
私立非盈利机构	1	2	2	2	2
其他机构或自雇	4	3	3	3	3

来源：斯坦福国际咨询研究所;；富布赖特访问学者项目调查，2003。

*组的百分比比另一组在统计学意义上要低（显著性水平<.05）。

**组的百分比比另一组在统计学意义上要高（显著性水平<.05）。

附表 D-3　学者们是如何知道富布赖特访问学者项目的（按访学持续时间）

	百分比				
	≤4 个月	5-8 个月	9-12 个月	≥12 个月	所有学者
从其祖国的同事/朋友	36*	46	47	47	45
海报/公告	25	17*	22	20	21
报刊文章或广告	16	13	13	16	14
在美国的同事/朋友	13**	11**	6*	4*	8
专业机构	4	4	5	7	5
其他渠道	6	10	10	7	9

*组的百分比比另一组在统计学意义上要低（显著性水平<.05）。

**组的百分比比另一组在统计学意义上要高（显著性水平<.05）。

数据来源：斯坦福国际咨询研究所；富布赖特访问学者项目调查，2003。

附表 D-4　学者们申请富布赖特项目的原因（按访学时期）

	1				
	≤4 个月	5-8 个月	9-12 个月	≥12 个月	所有学者
有机会与某些研究着合作、利用某些设备、得到某些资源/数据、或在某个地方做实地研究	2.80	2.76	2.78	2.76	2.77
有机会学习新知识/技能	2.66*	2.63	2.74**	2.88**	2.71
专业进步/发展	2.64	2.63*	2.72	2.83*	2.69
渴望获得国际化视野	2.49	2.52	2.57	2.64**	2.55
有机会在很少或没有干扰的环境里创作学术作品	2.44	2.48	2.47	2.51	2.47
渴望获得只有美国才有的资源	2.32	2.37	2.34	2.36	2.35
渴望与美国的同事和学生分享自己的知识和专业	2.49**	2.46**	2.35	2.32	2.33
富布赖特奖学金的显赫声名	2.33	2.31	2.33	2.36	2.32
渴望第一手地了解美国文化和美国人民	2.29	2.33	2.03*	1.92	2.08
渴望与美国人分享自己的文化和制度	2.21**	2.15**	2.03*	1.92*	2.08
有机会在美国旅行	1.95	1.96	2.00	2.00	1.98
渴望提高自己的英语水平	1.79*	1.86**	2.01**	2.01	1.93
美国同事/机构的鼓励	2.01**	2.01**	1.82*	1.87	1.91
前富布赖特学者的正面评价	1.08	1.75	1.81	1.73	1.78

续表

	1				
	≤4 个月	5-8 个月	9-12 个月	≥12 个月	所有学者
所在机构的鼓励	1.72	1.72	1.80	1.81	1.76
有机会与之前的教授、学生、或同事合作	1.95**	1.72	1.57	1.50	1.68
有机会让家人体验在美国的生活	1.42*	1.63	1.77**	1.67	1.65
继续进行之前在美国开始的工作	1.71**	1.73**	1.57*	1.48*	1.63
在美国的亲戚	1.15*	1.23	1.18	1.24	1.19

1 评分总分为 3 分，1 分=不重要/不适用，2 分=一定程度上重要，3=非常重要。中位数为 2.0 分。

*组的平均分比另一组在统计学意义上要低（显著性水平<.05）。

**组的平均分比另一组在统计学意义上要高（显著性水平<.05）。

数据来源：斯坦福国际咨询研究所；富布赖特访问学者项目调查，2003。

附表 D-5　富布赖特访问学者的访学机构（按访学持续时间）

	百分比				
	≤4 个月	5-8 个月	9-12 个月	≥12 个月	所有学者
四年制高校	63	64	65	61	64
研究生/专业机构（没有本科生课程）	26	28	27	31	27
政府机构或公共部门机构	5	3	4	2	4
私立非盈利机构（非高校）	2	2	2	1	2
私立营利机构	1	1	<1	1	1
两年制大学或技术学院	1	<1	<1	2	1
其他	2	2	2	1	2

*组的百分比比另一组在统计学意义上要低（显著性水平<.05）。

**组的百分比比另一组在统计学意义上要高（显著性水平<.05）。

数据来源：斯坦福国际咨询研究所；富布赖特访问学者项目调查，2003。

附表 D-6　富布赖特访问学者访学期间的专业活动（按访学持续时间）

	百分比				
	≤4 个月	5-8 个月	9-12 个月	≥12 个月	所有学者
独立做研究	68*	83*	83**	75	79
参加专业会议、研讨会等等	64*	77	81**	77	75
在图书馆/档案馆/实验室做研究	69	74**	72	60*	70
撰写/修改文章、论文、书籍或创造性作品	57*	72	73**	73	70
与美国教职工/学生联合研究	67	60	63	67	64
在访学机构讲学/教学	40	41**	35	30	28
提高电脑技能	22*	27	30	30	28
在其他地方讲学/教学	28	34**	26	23	28
指导学生	27	26	24	31	26
参与教职员工委员会	13	14	15	13	14
创作/完成硕士/博士毕业论文	8*	10	10	23**	11

续表

	百分比				
	≤4 个月	5-8 个月	9-12 个月	≥12 个月	所有学者
组织会议、研讨会和培训班	9	10	9	10	8
在访学机构外提供有有偿或无偿咨询活动	7	9	11**	7	9
参与创意/表演艺术	5	6	5	4	5
其他专业活动	3	3	2	3	3

*组的百分比比另一组在统计学意义上要低（显著性水平<.05）。

**组的百分比比另一组在统计学意义上要高（显著性水平<.05）。

来源：斯坦福国际咨询研究所；富布赖特访问学者调查，2003。

附表 D-7　富布赖特访问学者访学期间的社区和社会活动（按访学持续时间排列）

	百分比				
	≤4 个月	5-8 个月	9-12 个月	≥12 个月	所有学者
收看当地电视新闻	88	87*	91**	92	90
阅读当地报纸	89	89	91	91	90
访问美国家庭	84*	92	92	95**	90
观看演唱会、喜剧表演或其他文化活动	70*	82	82	90**	80
收听当地广播节目	67*	72	73	80**	72
参与社会活动（运动除外）	59*	70	73**	76**	69
与一个或多个美国人周末出游	60*	62	66	75**	65
与其他富布赖特访问学者有正式或非正式接触	46*	59	66**	64	59
就祖国文化进行讲座	46	52	47	53	49
参加体育运动	23*	27	33**	38**	29
就自己祖国文化的一个方面（语言、舞蹈、饮食等）进行讲课/展示	21	23	24	29	24
其他活动	8	9	6	0	7
至少参与了上述活动中的一项	100	100	>99	>99	>99

*组的百分比比另一组在统计学意义上要低（显著性水平<.05）。

**组的百分比比另一组在统计学意义上要高（显著性水平<.05）。

数据来源：斯坦福国际咨询研究所；富布赖特访问学者项目调查，2003。

附表 D-8　富布赖特访问学者访学期间有家属陪同情况（按访学持续时间）

	百分比				
	≤4 个月	5-8 个月	9-12 个月	≥12 个月	所有学者
配偶/伴侣	88	86	89	91	45
18 岁以下子女	59*	77	72	80**	21
其他家庭成员	9	6	9	6	14

*组的百分比比另一组在统计学意义上要低（显著性水平<.05）。

**组的百分比比另一组在统计学意义上要高（显著性水平<.05）。

数据来源：斯坦福国际咨询研究所；富布赖特访问学者项目调查，2003。

附表 D-9　学者伴侣在陪同访学期间参加的活动（按访学持续时间）

	百分比				
	≤4 个月	5-8 个月	9-12 个月	≥12 个月	所有学者
学习英语	33*	48*	62**	67**	57
就其祖国文化的某一方面（语言、舞蹈、烹饪等）办讲座或做展示	28	41	40	41	39
就其祖国的文化做演讲	31	36	34	36	35
上课或者上学（学习英语以外的科目）	9*	31	37**	42	33
参加体育运动	19	23	17	21	19
其他类似活动	7	14	10	7	10
至少参加了其中一项	67*	91	93**	93	90

*组的百分比比另一组在统计学意义上要低（显著性水平<.05）。

**组的百分比比另一组在统计学意义上要高（显著性水平<.05）。

数据来源：斯坦福国际咨询研究所；富布赖特访问学者项目调查，2003。

附表 D-10　富布赖特学者的子女在陪同访学时参加的活动（按访学持续时间）

	百分比				
	≤4 个月	5-8 个月	9-12 个月	≥12 个月	所有学者
上课/上学（学习英语以外的课程）	43*	78	81**	83	77
学习英语	45*	70	67	68	66
参加体育运动	57	59	52	53	54
就其祖国的文化进行演讲	16	21	23	14	20
就其祖国文化的某一方面做讲座或展示（语言、舞蹈、烹饪等）	9*	20	19	16	18
其他类似活动	2	7	4	4	4
至少参加其中一种	80*	99**	96	91	94

*组的百分比比另一组在统计学意义上要低（显著性水平<.05）。

**组的百分比比另一组在统计学意义上要高（显著性水平<.05）。

数据来源：斯坦福国际咨询研究所；富布赖特访问学者项目调查，2003。

附表 D-11　富布赖特访问学者对访学经历的评价（按访学持续时间）

	平均分[1]				
	≤4 个月	5-8 个月	9-12 个月	≥12 个月	所有学者
我对做研究的机会很满意	3.86	3.85	3.84	3.89	3.85
我的访学机构跟我的需要和兴趣很匹配	3.82	3.74	3.74	3.82	3.77
我大体上感觉受到了访学机构的教职员工和学生的欢迎和接纳	3.81**	3.75	3.72**	3.81	3.76
我认为我被及时告知获奖信息，有充足的时间为启程作准备	3.76	3.72	3.70	3.65	3.71
关于旅途注意事项，我得到了充足的信息	3.75**	3.69	3.66	3.61	3.68
访学机构的教职员工/专业人员给了我充分的支持	3.71**	3.63	3.58**	3.75**	3.64
我对得到的合作机会满意	3.64	3.58	3.55*	3.78**	3.60
访学机构的教职员工/专业人员给了我充分的行政支持	3.62**	3.50	3.49	3.55	3.53
访学机构的员工邀请我参加社交活动	3.47	3.51	3.49	3.56	3.50
我所属机构（在我祖国）支持我得到的富布赖特访学活动	3.46	3.43	3.54	3.49	3.49

续表

	平均分[1]				
	≤4 个月	5-8 个月	9-12 个月	≥12 个月	所有学者
我结识了来自世界各地的人	3. 28*	3. 31*	3. 50**	3. 72**	3. 44
我对奖学金数量满意	3. 60**	3. 48	3. 36*	3. 35	3. 43
在找住所时没有遇到困难	3. 44**	3. 30	3. 30	3. 35	3. 33
刚到美国时，有人接待了我并帮我安顿下来	3. 35**	3. 23	3. 16*	3. 23	3. 23
我发现很多美国人有兴趣了解我的祖国	2. 89	2. 93	2. 88	3. 08**	2. 92
我祖国的文化和美国文化之间的差别比我想象中的大	2. 24	2. 14*	2. 26	2. 28	2. 23
我花了很多时间跟来自我祖国的朋友/家人相处。	1. 94*	2. 07*	2. 35**	2. 25	2. 20

1 评分总分为 3 分，1 分=不重要/不适用，2 分=一定程度上重要，3=非常重要。中位数为 2. 0 分。

＊组的平均分比另一组在统计学意义上要低（显著性水平<. 05）。

＊＊组的平均分比另一组在统计学意义上要高（显著性水平<. 05）。

数据来源：斯坦福国际咨询研究所；富布赖特访问学者项目调查，2003。

附表 D-12　富布赖特访问学者创作的包括了访学收获（知识、信息、材料或数据）的专业作品（按访学持续时间）

	百分比				
	≤4 个月	5-8 个月	9-12 个月	≥12 个月	所有学者
	76*	82	85**	85	82
发表在经评审委员会审查的期刊或汇编图书上的文章	75*	83	83	84	81
在学术会议上讲话或宣读论文	38*	48	48	52	46
书或专著	37*	44	45	46	43
发表在未经评审委员会审查的期刊或汇编	24	28	24	30	25
图书上的文章	24	28	24	30	25
发表在报刊或杂志上的文章	2	5	3	5	4
其他专业作品	11**	6*	9	7	8
至少有一种	99	100**	>99	98	>99

＊组的百分比比另一组在统计学意义上要低（显著性水平<. 05）。

＊＊组的百分比比另一组在统计学意义上要高（显著性水平<. 05）。

数据来源：斯坦福国际咨询研究所；富布赖特访问学者项目调查，2003。

附表 D-13　学者们回国后分享富布赖特经历的媒体和社区活动（按访学持续时间）

	百分比				
	≤4 个月	5-8 个月	9-12 个月	≥12 个月	所有学者
与同事/朋友交谈	90	90	90	89	90
在其祖国的的学校或其他社区/市民组织，就富布赖特经历进行分享展示会	41	49	44	48	45
在其祖国接受媒体（报纸、电视等）的采访	23	23	23	17*	22
展示美国习俗（比如，烹饪、舞蹈和运动等等）	12	10*	15	20**	13
其他活动	4	3	4	4	4
至少参加其中一项	94	94	95	94	94

＊组的百分比比另一组在统计学意义上要低（显著性水平<. 05）。

＊＊组的百分比比另一组在统计学意义上要高（显著性水平<. 05）。

数据来源：斯坦福国际咨询研究所；富布赖特访问学者项目调查，2003。

附表 D-14　富布赖特学者在访学结束后与美国同事的继续合作（按访学持续时间）

	百分比				
	≤4 个月	5-8 个月	9-12 个月	≥12 个月	所有学者
完全没有	10	10	9	7	6
有一点	27	23	27	21	26
适中	29	31	30	26	30
很多	35	36	33	46**	35

*组的百分比比另一组在统计学意义上要低（显著性水平<.05）。

**组的百分比比另一组在统计学意义上要高（显著性水平<.05）。

数据来源：斯坦福国际咨询研究所；富布赖特访问学者项目调查，2003。

附表 D-15　富布赖特访问学者如何继续与美国个人保持联系（按访学持续时间排列）

	百分比				
	≤4 个月	5-8 个月	9-12 个月	≥12 个月	所有学者
电子邮件	79	83	84	81	82
参加学术会议、培训班和其他活动	56*	60	63	70**	61
美国人去学者祖国拜访学者	53*	62	58	66**	59
定期信件	53	59	57	64**	58
学者去美国拜访美国朋友	40*	52	51	78**	52
电话	39*	48	44	60**	45
学者没有与任何人有联系	7**	7	4	0*	5

*组的百分比比另一组在统计学意义上要低（显著性水平<.05）。

**组的百分比比另一组在统计学意义上要高（显著性水平<.05）。

数据来源：斯坦福国际咨询研究所；富布赖特访问学者项目调查，2003。

附表 D-16　富布赖特学者访学结束后对国际活动的参与（按访学持续时间）

	百分比				
	≤4 个月	5-8 个月	9-12 个月	≥12 个月	所有学者
参与其他机构组织的会议或其他组织，这些活动旨在增进国际合作	67	70**	65	63	66
派遣自己祖国的学生去美国学习	61	62**	53*	56	57
协助巩固其他国际教职员工、专业人员和学生的交换项目	50*	59	55	57	55
邀请美国教职员工或其他专业人员去学者的祖国工作	54	57**	47*	58	52
派学者祖国的教职员工或其他专业人员去美国工作	50	50	48	51	49
参与其他（非富布赖特）的国际交流项目	46**	43	36*	40	40
参与在学者祖国的富布赖特委员会/校友会	27	38**	29	31	31
邀请美国学生去学者祖国学习	24	23	19*	24	22
参与富布赖特遴选或评审委员会	19	23	20	19	20
至少其中一种	91	93	89	90	90

*组的百分比比另一组在统计学意义上要低（显著性水平<.05）。

**组的百分比比另一组在统计学意义上要高（显著性水平<.05）。

数据来源：斯坦福国际咨询研究所；富布赖特访问学者项目调查，2003。

附表 D-17 因为有陪同访学的经历，学者配偶们更多地参与国际活动（按访学持续时间）

	百分比				
	≤4 个月	5-8 个月	9-12 个月	≥12 个月	所有学者
对国际事物更感兴趣	50*	74	69	63	67
再次去美国	50	54	49	57	52
在其祖国的学校、社区或市民机构讲述美国经历	40	45	42	36	41
参与其他的国际教育和文化交流项目	19*	41	31	34	32
去美国大学读书	12	21	16	13	16
进行与美国相关的项目	14	19	16	6*	15
就美国经历撰写论文、文章或书	0*	9	10	9	9
与其祖国就他们的美国经历接受媒体的采访	2	4	3	1	3
自己获得了富布赖特学者或学生奖学金	0*	3	2	0*	2
其他类似活动	0*	1	0*	4	1
至少参与了其中一种	83	89**	90	91	91

*组的百分比比另一组在统计学意义上要低（显著性水平<.05）。

**组的百分比比另一组在统计学意义上要高（显著性水平<.05）。

数据来源：斯坦福国际咨询研究所；富布赖特访问学者项目调查，2003。

附表 D-18 富布赖特访学经历给学者专业活动带来的变化（按访学持续时间）

	百分比				
	≤4 个月	5-8 个月	9-12 个月	≥12 个月	所有学者
在教学中使用访学期间学到的知识/技能	80	83	82	86	82
就访学期间学到的知识/技能，成为同事的信息来源	59*	64	66	72**	64
拓宽了教学和研究的国际视野	62	68	62	70**	64
开设/帮助设计了新的课程	46	51	52	48	50
与来自其他国家的同事的交往变多	44	44	41*	58**	44
职业的重心更多地关注国际问题	16*	26	24	26	23
更多地涉及祖国的政治/社会/经济问题	15*	20	19	22	19
与来学者祖国的留学生交往增多	18	19	16	20	18
其他变化	5	4	4	2*	4
至少有一种变化	98	98	98	98	98

*组的百分比比另一组在统计学意义上要低（显著性水平<.05）。

**组的百分比比另一组在统计学意义上要高（显著性水平<.05）。

数据来源：斯坦福国际咨询研究所；富布赖特访问学者项目调查，2003。

附表 D-19 富布赖特访问学者对访学经历的整体评价（按访学持续时间）

	平均分[1]				
	≤4 个月	5-8 个月	9-12 个月	≥12 个月	所有学者
总之，我认为富布赖特经历和有价值	3.97	3.98	3.98	3.98	3.98
我以是富布赖特学者为荣	3.85	3.86	3.85	3.85	3.85
富布赖特奖学金能提升简历/个人资历	3.76*	3.79	3.82	3.81	3.80

续表

	平均分[1]				
	≤4 个月	5-8 个月	9-12 个月	≥12 个月	所有学者
我的富布赖特经历让我更了解了美国	3.80**	3.78	3.82**	3.89**	3.79
我想再次获得富布赖特奖学金	3.80**	3.70	3.73	3.64	3.73
我祖国的同事认为富布赖特奖学金很有名望	3.63	3.65	3.71**	3.65	3.67
富布赖特项目在我祖国的学术圈很有名	3.53*	3.62	3.63	3.63	3.61
我的富布赖特增强了我对各国文化多样性的意识	3.39*	3.52	3.58**	3.65**	3.54
富布赖特经历让我学到了不参加就学不到的专业技能	3.40*	3.51	3.58	3.70**	3.54
富布赖特项目改变了我的人生	2.71*	2.95	3.13**	3.44**	3.04
通过美国人的眼光，我更好地理解了我自己祖国的文化	2.79*	3.07	3.04	3.28**	3.02
我的富布赖特经历富布赖特计划让我更有能力在我祖国的所在机构进行改变	2.76*	2.80	2.93	3.11**	2.89
我的富布赖特经历让我更有能力在我祖国带来改变	2.37	2.32*	2.46	2.63**	2.43

1 评分总分为 3 分，1 分=不重要/不适用，2 分=一定程度上重要，3=非常重要。中位数为 2.0 分。

*组的平均分比另一组在统计学意义上要低（显著性水平<.05）。

**组的平均分比另一组在统计学意义上要高（显著性水平<.05）。

数据来源：斯坦福国际咨询研究所；富布赖特访问学者项目调查，2003。

附表 D-20　富布赖特经历对学者专业发展的影响（按访学持续时间）

	平均分[1]				
	≤4 个月	5-8 个月	9-12 个月	≥12 个月	所有学者
提高了学者对自己领域的看法	3.51*	3.53*	3.63	3.79**	3.60
增加了访学后专业作品的发表	3.38*	3.48*	3.61**	3.70**	3.54
提高了他们的专业资历	3.39*	3.40*	3.52**	3.64**	3.48
改变了学者的职业	2.44*	2.62*	2.87**	3.28**	2.77

1 评分总分为 3 分，1 分=不重要/不适用，2 分=一定程度上重要，3=非常重要。中位数为 2.0 分。

*组的平均分比另一组在统计学意义上要低（显著性水平<.05）。

**组的平均分比另一组在统计学意义上要高（显著性水平<.05）。

数据来源：斯坦福国际咨询研究所；富布赖特访问学者项目调查，2003。

附表 D-21　富布赖特经历对学者职业生涯的整体影响（按访学持续时间）

	百分比				
	≤4 个月	5-8 个月	9-12 个月	≥12 个月	所有学者
负面影响非常大	1	<1	1	1	1
一定程度的负面影响	1	1	1	<1	1
没有影响	9**	6	2*	1*	4
一定程度的正面影响	43**	35	30	17*	33
正面影响非常大	47*	58	65**	80**	61

*组的百分比比另一组在统计学意义上要低（显著性水平<.05）。

**组的百分比比另一组在统计学意义上要高（显著性水平<.05）。

数据来源：斯坦福国际咨询研究所；富布赖特访问学者项目调查，2003。

附表 D-22　富布赖特学者在访学期间对美国的新了解程度（按访学持续时间）

	平均分[1]				
	≤4 个月	5-8 个月	9-12 个月	≥12 个月	所有学者
美国的文化和生活方式	3. 44*	3. 54	3. 63**	3. 74**	3. 58
美国的教育制度	3. 35	3. 40	3. 45	3. 49	3. 42
美国的政治制度	2. 90*	3. 00	3. 12**	3. 26**	3. 06
美国人是如何对待少数族裔的	2. 76*	2. 95	3. 04**	3. 18**	2. 98
美国的经济	2. 68*	2. 81	2. 93**	3. 09**	2. 87
美国与其他国家的政治关系	2. 38*	2. 49	2. 63**	2. 82**	2. 57

1 评分总分为 3 分，1 分=不重要/不适用，2 分=一定程度上重要，3=非常重要。中位数为 2. 0 分。

* 组的平均分比另一组在统计学意义上要低（显著性水平<. 05）。

* * 组的平均分比另一组在统计学意义上要高（显著性水平<. 05）。

数据来源：斯坦福国际咨询研究所；富布赖特访问学者项目调查，2003。

附表 D-23　富布赖特访问学者简介（按访学时期）

	百分比				
	1980-1985	1986-1990	1991-1995	1996-2001	所有学者
学者从事的主要领域/专业					
物理和生命科学及工程学[1]	36	36	34	40**	36
社会学科[2]	36	42	39	34*	38
艺术和人文学科[3]	28	22	27	27	26
访学持续时间					
1-4 个月	13*	22	20	29**	21
5-8 个月	20*	20	26	25	23
9-12 个月	46	42	44	43	44
12 个月以上	22**	15**	9	2*	11
访学时期					
1980-1985	100	0	0	0	25
1985-1990	0	100	0	0	21
1991-1995	0	0	100	0	24
1996-2001	0	0	0	100	29
访学时年龄					
30 岁以下	22**	7*	9*	9*	12
30-39	10**	50	41*	44	46
40-49	25*	34	41**	35	34
50-59	4*	7	9	10**	8
60 及以上	0*	1	<1	2**	1
受到富布赖特资助的总次数					
1 次	76*	92	96**	97**	90
2 次及以上	24**	8	4*	3*	10

续表

	百分比				
	1980-1985	1986-1990	1991-1995	1996-2001	所有学者
性别					
男性	83**	80**	71	68*	75
女性	17*	20*	29	32**	25

·包括：农业，动物科学，天文学，生物科学，化学，计算机科学，工科，环境科学，食物技术，地质学，数学，医学，和物理学。

·包括：人类学，经济管理，城市规划，经济学，教育学，地理学，法学，图书管理学，语言学，体育教学，政治学，心理学，公共管理学，社会工作，社会学，和作为外语的英语教学/应用语言学。

·包括：美国历史，美国文学，美国研究，建筑学，考古学，区域研究，艺术，艺术史，古典文学，传播学，创意写作，英语，历史学（非美国），新闻学，语言和文学（非美国），音乐，音乐学，哲学，宗教研究，和戏剧。

*组的百分比比另一组在统计学意义上要低（显著性水平<. 05）。

**组的百分比比另一组在统计学意义上要高（显著性水平<. 05）。

数据来源：斯坦福国际咨询研究所；富布赖特访问学者项目调查，2003。

附表 D-24　富布赖特访问学者的教育和职业简介（按访学时期）

	百分比				
访学时最高学位	1980-1985	1986-1990	1991-1995	1996-2001	所有学者
博士学位或领域最高学位或同等学历	69*	76	80	80**	76
硕士学位（包括工商管理硕士）或同等学历	22**	17	13	13*	16
有研究生工作经历但无学位	2	2	3	3	3
学士学位或同等学历	4**	2	2	2	3
其他	2	3	2	3	2
访学时就业情况					
在职，每周工作 30 个小时或以上	79	80	82	80	81
在职，每周工作 30 个小时一以下	9	11	8	9	9
学生	8	5*	7	7	7
临时聘用	1	1	<1	0*	<1
退休	0	0	0	0	0
其他	3	3	2	4	3
访学时供职机构（如果有）					
教学和研究同等重要的高校	55	61**	53	53	55
以研究为重心的高校	26	23	29	25	25
以教学为重心的高校	11	8*	11	15**	11
政府机构和公共机构	4	5	2*	4	4
私立盈利机构	2	1	1	1	1
私立非盈利机构	1	1	1	1	1
其他机构或自雇	2	2	2	2	2
现在最高学历					
博士学位或领域最高学位或同等学历	86*	89	91	89	89
硕士学位（包括工商管理硕士）或同等学历	10	7	5*	7	7
有研究生工作经历但无学位	1	1	1	1	1
学士学位或同等学历	2**	<1	1	<1	1
其他	1	3	2	2	2

续表

	百分比				
现在就业情况					
在职，每周工作 30 个小时或以上	71*	80	85**	86**	81
在职，每周工作 30 个小时以下	8	9	7	8	8
学生	0*	0*	1	1	<1
临时聘用	1	1	<1	<1	1
退休	15**	5	3*	<1*	6
其他	5	5	3	5	4
现在供职机构（如果有）					
教学和研究同等重要的高校	54	59**	49*	53*	54
以研究为重心的高校	24	24	27	25	25
以教学为重心的高校	9	7	9	10	9
政府机构和公共机构	5	5	5	4	5
私立盈利机构	3	1*	4	3	3
私立非盈利机构	2	1	2	2	2
其他机构或自雇	3	3	5	3	3

来源：斯坦福国际咨询研究所；富布赖特访问学者项目调查，2003。

＊组的百分比比另一组在统计学意义上要低（显著性水平<. 05）。

＊＊组的百分比比另一组在统计学意义上要高（显著性水平<. 05）。

附表 D-25　学者们是如何知道富布赖特访问学者项目的（按访学时期）

	百分比				
	1980-1985	1986-1990	1991-1995	1996-2001	所有学者
从其祖国的同事/朋友	49	41	42	48	45
海报/公告	17*	26**	22	21	21
报刊文章或广告	11	12	18**	13	14
在美国的同事/朋友	7	9	7	9	8
专业机构	7**	5	4	3*	5
其他渠道	9	9	9	8	9

＊组的百分比比另一组在统计学意义上要低（显著性水平<. 05）。

＊＊组的百分比比另一组在统计学意义上要高（显著性水平<. 05）。

数据来源：斯坦福国际咨询研究所；富布赖特访问学者项目调查，2003。

附表 D-26　学者们申请富布赖特项目的原因（按访学时期）

	1				
	1980-1985	1986-1990	1991-1995	1996-2001	所有学者
有机会与某些研究着合作、利用某些设备、得到某些资源/数据、或在某个地方做实地研究	2. 68*	2. 76	2. 82**	2. 83**	2. 77
有机会学习新知识/技能	2. 68	2. 67	2. 74	2. 75**	2. 71
专业进步/发展	2. 68	2. 67	2. 7	2. 72	2. 69
渴望获得国际化视野	2. 52	2. 58	2. 57	2. 54	2. 55

续表

	1				
	1980-1985	1986-1990	1991-1995	1996-2001	所有学者
有机会在很少或没有干扰的环境里创作学术作品	2.44	2.43	2.48	2.51	2.47
渴望获得只有美国才有的资源	2.27*	2.32	2.38	2.39	2.35
渴望与美国的同事和学生分享自己的知识和专业	2.24*	2.36	2.42**	2.37	2.35
富布赖特奖学金的显赫声名	2.23*	2.30	2.33	2.45**	2.33
渴望第一手地了解美国文化和美国人民	2.35	2.33	2.34	2.27	2.32
渴望与美国人分享自己的文化和制度	2.04	2.09	2.08	2.12	2.08
有机会在美国旅行	2.02	1.98	1.99	1.95	1.98
渴望提高自己的英语水平	1.96	1.90	1.90	1.96	1.93
美国同事/机构的鼓励	1.89	1.89	1.91	1.92	1.91
前富布赖特学者的正面评价	1.77	1.79	1.76	1.82	1.78
所在机构的鼓励	1.79	1.77	1.75	1.72	1.76
有机会与之前的教授、学生、或同事合作	1.60*	1.66	1.66	1.78**	1.68
有机会让家人体验在美国的生活	1.61	1.69	1.65	1.66	1.65
继续进行之前在美国开始的工作	1.57	1.60	1.60	1.70**	1.63
在美国的亲戚	1.19	1.17	1.22	1.17	1.19

1 评分总分为 3 分，1 分=不重要/不适用，2 分=一定程度上重要，3=非常重要。中位数为 2.0 分。

*组的平均分比另一组在统计学意义上要低（显著性水平<.05）。

**组的平均分比另一组在统计学意义上要高（显著性水平<.05）。

数据来源：斯坦福国际咨询研究所；富布赖特访问学者项目调查，2003。

附表 D-27　富布赖特访问学者的访学机构（按访学时期）

	百分比				
	1980-1985	1986-1990	1991-1995	1996-2001	所有学者
四年制高校	64	60	67	66	64
研究生/专业机构（没有本科生课程）	28	31	25	25	27
政府机构或公共部门机构	3	4	5	4	4
私立非盈利机构（非高校）	3	2	1	1	2
私立营利机构	<1	1	<1	1	1
两年制大学或技术学院	1	1	1	<1	1
其他	1	2	2	2	2

*组的百分比比另一组在统计学意义上要低（显著性水平<.05）。

**组的百分比比另一组在统计学意义上要高（显著性水平<.05）。

数据来源：斯坦福国际咨询研究所；富布赖特访问学者项目调查，2003。

附表 D-28　富布赖特访问学者访学期间的专业活动（按访学时期）

	百分比				
	1980-1985	1986-1990	1991-1995	1996-2001	所有学者
独立做研究	74*	78	82	80	79
参加专业会议、研讨会等等	70*	76	78	77	75

续表

	百分比				
	1980-1985	1986-1990	1991-1995	1996-2001	所有学者
在图书馆/档案馆/实验室做研究	63*	66	72	74	70
撰写/修改文章、论文、书籍或创造性作品	61*	70	73	75	70
与美国教职工/学生联合研究	56*	66	65	69**	64
在访学机构讲学/教学	37	37	36	36	37
在其他地方讲学/教学	26	25	29	29	28
提高电脑技能	18*	28	34**	29	28
指导学生	26	24	29	29	28
参与教职员工委员会	14	16	14	14	14
创作/完成硕士/博士毕业论文	14**	8*	10	12	11
组织会议、研讨会和培训班	9	9	8	10	9
在访学机构外提供有有偿或无偿咨询活动	9	12	9	8	9
参与创意/表演艺术	4	3	7	6	5
其他专业活动	3	3	2	3	3

*组的百分比比另一组在统计学意义上要低（显著性水平<.05）。

**组的百分比比另一组在统计学意义上要高（显著性水平<.05）。

来源：斯坦福国际咨询研究所；富布赖特访问学者调查，2003。

附表 D-29　富布赖特访问学者访学期间的社区和社会活动（按访学时期）

	百分比				
	1980-1985	1986-1990	1991-1995	1996-2001	所有学者
访问美国家庭	94**	88	91	88	90
阅读当地报纸	91	92	90	89	90
收看当地电视新闻	88	92**	89	89	90
观看演唱会、喜剧表演或其他文化活动	82	80	78	80	80
收听当地广播节目	69	72	72	74	72
参与社会活动（运动除外）	63	71	72	71	69
与一个或多个美国人周末出游	67	64	69	60*	65
与其他富布赖特访问学者有正式或非正式接触	57	58	55*	65**	59
就祖国文化进行讲座	46	51	49	49	49
参加体育运动	27	26	34**	31	29
就自己祖国文化的一个方面（语言、舞蹈、饮食等）进行讲课/展示	22	22	6	25	24
其他活动	8	6	6	8	7
至少参与了上述活动中的一项	>99	100	100	>99	>99

*组的百分比比另一组在统计学意义上要低（显著性水平<.05）。

**组的百分比比另一组在统计学意义上要高（显著性水平<.05）。

数据来源：斯坦福国际咨询研究所；富布赖特访问学者项目调查，2003。

附表 D-30　富布赖特访问学者访学期间有家属陪同情况（按访学时期）

	百分比				
	1980-1985	1986-1990	1991-1995	1996-2001	所有学者
配偶/伴侣	94**	93**	83*	86	88
18岁以下子女	75	76	72	67	72
其他家庭成员	3*	5	14**	7	8

*组的百分比比另一组在统计学意义上要低（显著性水平<.05）。

**组的百分比比另一组在统计学意义上要高（显著性水平<.05）。

数据来源：斯坦福国际咨询研究所；富布赖特访问学者项目调查，2003。

附表 D-31　学者伴侣在陪同访学期间参加的活动（按访学时期）

	百分比				
	1980-1985	1986-1990	1991-1995	1996-2001	所有学者
学习英语	64**	59	55	50	57
就其祖国文化的某一方面（语言、舞蹈、烹饪等）办讲座或做展示	40	39	44	35	39
就其祖国的文化做演讲	33	36	35	33	35
上课或者上学（学习英语以外的科目）	38	33	30	32	33
参加体育运动	16	15	21	25	19
其他类似活动	11	10	6	10	10
至少参加了其中一项	94**	91	88	85	90

*组的百分比比另一组在统计学意义上要低（显著性水平<.05）。

**组的百分比比另一组在统计学意义上要高（显著性水平<.05）。

数据来源：斯坦福国际咨询研究所；富布赖特访问学者项目调查，2003。

附表 D-32　富布赖特学者的子女在陪同访学时参加的活动（按访学时期）

	百分比				
	1980-1985	1986-1990	1991-1995	1996-2001	所有学者
上课/上学（学习英语以外外的课程）	79	80	77	69	77
学习英语	69	65	68	61	66
参加体育运动	47	54	64**	52	54
就其祖国的文化进行演讲	14*	19	25	26	20
就其祖国文化的某一方面做讲座或展示（语言、舞蹈、烹饪等）	14	19	19	23	18
其他类似活动	6	3	5	4	4
至少参加其中一种	94	97	92	94	94

*组的百分比比另一组在统计学意义上要低（显著性水平<.05）。

**组的百分比比另一组在统计学意义上要高（显著性水平<.05）。

数据来源：斯坦福国际咨询研究所；富布赖特访问学者项目调查，2003。

附表 D-33　富布赖特访问学者对访学经历的评价（按访学时期）

	平均分[1]				
	1980-1985	1986-1990	1991-1995	1996-2001	所有学者
我对做研究的机会很满意	3.82	3.84	3.89**	3.85	3.85
我的访学机构跟我的需要和兴趣很匹配	3.74	3.77	3.79	3.79	3.77
我大体上感觉受到了访学机构的教职员工和学生的欢迎和接纳	3.75	3.77	3.76	3.75	3.76
我认为我被及时告知获奖信息，有充足的时间为启程作准备	3.62*	3.72	3.74	3.75	3.71
关于旅途注意事项，我得到了充足的信息	3.61*	3.67	3.69	3.74*	3.68
访学机构的教职员工/专业人员给了我充分的支持	3.63	3.62	3.63	3.67	3.64
我对得到的合作机会满意	3.64	3.53	3.62	3.61	3.60
访学机构的教职员工/专业人员给了我充分的行政支持	3.49	3.51	3.57	3.54	3.53
访学机构的员工邀请我参加社交活动	3.54	3.48	3.49	3.47	3.50
我所属机构（在我祖国）支持我得到的富布赖特访学活动	3.55	3.60**	3.47	3.39*	3.49
我结识了来自世界各地的人	3.47	3.41	3.40	3.43	3.44
我对奖学金数量满意	3.38	3.49	3.50	3.39	3.43
在找住所时没有遇到困难	3.36	3.38	3.41	3.19*	3.33
刚到美国时，有人接待了我并帮我安顿下来	3.22	3.29	3.29	3.14*	3.23
我发现很多美国人有兴趣了解我的祖国	2.96	2.92	2.94	2.86	2.92
我祖国的文化和美国文化之间的差别比我想象中的大	2.31	2.33	2.86	2.13*	2.23
我花了很多时间跟来自我祖国的朋友/家人相处。	2.15	2.26	2.21	2.16	2.20

1 评分总分为 3 分，1 分=不重要/不适用，2 分=一定程度上重要，3=非常重要。中位数为 2.0 分。

*组的平均分比另一组在统计学意义上要低（显著性水平<.05）。

**组的平均分比另一组在统计学意义上要高（显著性水平<.05）。

数据来源：斯坦福国际咨询研究所；富布赖特访问学者项目调查，2003。

附表 D-34　富布赖特访问学者创作的包括了访学收获（知识、信息、材料或数据）的专业作品（按访学时期）

	百分比				
	1980-1985	1986-1990	1991-1995	1996-2001	所有学者
					82
发表在经评审委员会审查的期刊或汇编图书上的文章	82	83	83	81	81
在学术会议上讲话或宣读论文	79	81	83	82	46
书或专著	55**	47	50	35*	43
发表在未经评审委员会审查的期刊或汇编图书上的文章	49**	43	42	38*	25
发表在报刊或杂志上的文章	28	22	28	22*	4
从事创造性或表演艺术	5	2	5	3	4
其他专业作品	8	7	8	9	8
至少有一种	99	100**	>99	99	>99

*组的百分比比另一组在统计学意义上要低（显著性水平<.05）。

**组的百分比比另一组在统计学意义上要高（显著性水平<.05）。

数据来源：斯坦福国际咨询研究所；富布赖特访问学者项目调查，2003。

附表 D-35　学者们回国后分享富布赖特经历的媒体和社区活动（按访学时期）

	百分比				
	1980-1985	1986-1990	1991-1995	1996-2001	所有学者
与同事/朋友交谈	89	88	91	92**	90
在其祖国的的学校或其他社区/市民组织，就富布赖特经历进行分享展示会	46	41	47	43	45
在其祖国接受媒体（报纸、电视等）的采访	19	21	26**	21	22
展示美国习俗（比如，烹饪、舞蹈和运动等等）	13	14	13	14	13
其他活动	4	4	4	4	4
至少参加其中一项	94	94	94	96**	94

＊组的百分比比另一组在统计学意义上要低（显著性水平<.05）。

＊＊组的百分比比另一组在统计学意义上要高（显著性水平<.05）。

数据来源：斯坦福国际咨询研究所；富布赖特访问学者项目调查，2003。

附表 D-36　富布赖特学者在访学结束后与美国同事的继续合作（按访学时期）

	百分比				
	1980-1985	1986-1990	1991-1995	1996-2001	所有学者
完全没有	8	10	12**	8	6
有一点	26	29	23	25	26
适中	28	26	31	33	30
很多	37	36	34	35	35

＊组的百分比比另一组在统计学意义上要低（显著性水平<.05）。

＊＊组的百分比比另一组在统计学意义上要高（显著性水平<.05）。

数据来源：斯坦福国际咨询研究所；富布赖特访问学者项目调查，2003。

附表 D-37　富布赖特访问学者如何继续与美国个人保持联系（按访学时期排列）

	百分比				
	1980-1985	1986-1990	1991-1995	1996-2001	所有学者
电子邮件	63*	74*	91**	97**	82
参加学术会议、培训班和其他活动	68**	67**	60	53*	61
美国人去学者祖国拜访学者	73**	62	56	48*	59
定期信件	78**	65**	51*	40*	58
学者去美国拜访美国朋友	68**	59**	50	36*	52
电话	50**	46	48	40*	45
学者没有与任何人有联系	5	6	5	3*	5

＊组的百分比比另一组在统计学意义上要低（显著性水平<.05）。

＊＊组的百分比比另一组在统计学意义上要高（显著性水平<.05）。

数据来源：斯坦福国际咨询研究所；富布赖特访问学者项目调查，2003。

附表 D-38　富布赖特学者访学结束后对国际活动的参与（按访学时期）

	百分比				
	1980-1985	1986-1990	1991-1995	1996-2001	所有学者
参与其他机构机构组织的会议或其他组织，这些活动旨在增进国际合作	69	65	68	62*	66
派遣自己祖国的学生去美国学习	62**	60	56	51*	57
协助巩固其他国际教职员工、专业人员和学生的交换项目	59**	58	54	51*	55
邀请美国教职员工或其他专业人员去学者的祖国工作	58**	57**	50	45*	52
派学者祖国的教职员工或其他专业人员去美国工作	56**	53	42	41*	49
参与其他（非富布赖特）的国际交流项目	47**	43	29	29*	40
参与在学者祖国的富布赖特委员会/校友会	31	32	19	31	31
邀请美国学生去学者祖国学习	29**	23	23	15*	22
参与富布赖特遴选或评审委员会	22	16*	3	19	20
至少其中一种	91	92	90	88*	90

*组的百分比比另一组在统计学意义上要低（显著性水平<. 05）。

**组的百分比比另一组在统计学意义上要高（显著性水平<. 05）。

数据来源：斯坦福国际咨询研究所；富布赖特访问学者项目调查，2003。

附表 D-39　因为有陪同访学的经历，学者配偶们更多地参与国际活动（按访学时期）

	百分比				
	1980-1985	1986-1990	1991-1995	1996-2001	所有学者
对国际事物更感兴趣	58	62	66	56	60
再次去美国	51	52	44	31*	46
在其祖国的学校、社区或市民机构讲述美国经历	33*	45	39	42	39
参与其他的国际教育和文化交流项目	25	28	26	14*	23
进行与美国相关的项目	13	17	15	17	15
就美国经历撰写论文、文章或书	11	5	9	5	8
在其祖国就他们的美国经历接受媒体的采访	6	2*	4	5	5
去美国大学读书	2	3	5	4	4
自己获得了富布赖特学者或学生奖学金	5	4	3	3	4
其他类似活动	4	0*	0*	3	2
至少参与了其中一种	89	92	93	89	91

*组的百分比比另一组在统计学意义上要低（显著性水平<. 05）。

**组的百分比比另一组在统计学意义上要高（显著性水平<. 05）。

数据来源：斯坦福国际咨询研究所；富布赖特访问学者项目调查，2003。

附表 D-40　因为有陪同访学的经历，学者子女们更多地参与国际活动（按访学时期）

	1980-1985	1986-1990	1991-1995	1996-2001	所有学者
对国际事务更感兴趣	67	69	70	62	67
再次去美国	64**	60**	72	24*	52

续表

	1980-1985	1986-1990	1991-1995	1996-2001	所有学者
在其祖国的学校、社区或市民组织讲述自己的美国经历	34*	37	54**	46	41
参加其他的国家教育或文化交流项目	42**	34	29	19*	32
进行与美国有关的项目	24**	15	16	6*	16
就其美国经历撰写论文、文章或书	17	15	14	13	15
就其美国经历在自己祖国接受媒体的采访	7	8	9	10	9
去美国大学上学	3	2	4	2	3
自己获得了富布赖特学者或学生奖学金	3	0*	0*	1	1
其他类似活动	3	1	0*	2	2
至少参与了其中一种活动	91	94	94	84*	91

* 组的百分比比另一组在统计学意义上要低（显著性水平<.05）。

* * 组的百分比比另一组在统计学意义上要高（显著性水平<.05）。

数据来源：斯坦福国际咨询研究所；富布赖特访问学者项目调查，2003。

附表 D-41　富布赖特访学经历给学者专业活动带来的变化（按访学时期）

	百分比				
	1980-1985	1986-1990	1991-1995	1996-2001	所有学者
在教学中使用访学期间学到的知识/技能	82	84	81	83	82
就访学期间学到的知识/技能，成为同事的信息来源	63	61	65	67	64
拓宽了教学和研究的国际视野	64	68	63	62	64
开设/帮助设计了新的课程	48	48	52	51	50
与来自其他国家的同事的交往变多	52**	50**	40*	37*	44
职业的重心更多地关注国际问题	24	24	24	21	23
更多地涉及祖国的政治/社会/经济问题	19	18	17	20	19
与来学者祖国的留学生交往增多	22**	18	15	15	18
其他变化	4	4	4	4	4
至少有一种变化	98	98	98	98	98

* 组的百分比比另一组在统计学意义上要低（显著性水平<.05）。

* * 组的百分比比另一组在统计学意义上要高（显著性水平<.05）。

数据来源：斯坦福国际咨询研究所；富布赖特访问学者项目调查，2003。

附表 D-42　富布赖特访问学者对访学经历的整体评价（按访学时期）

	平均分[1]				
	1980-1985	1986-1990	1991-1995	1996-2001	所有学者
总之，我认为富布赖特经历和有价值	3.97	3.98	3.98	3.98	3.98
我以是富布赖特学者为荣	3.80*	3.80*	3.88	3.92**	3.85
富布赖特奖学金能提升简历/个人资历	3.76	3.81	3.80	3.84**	3.80

续表

	平均分[1]				
	1980-1985	1986-1990	1991-1995	1996-2001	所有学者
我的富布赖特经历让我更了解了美国	3.83**	3.76	3.78	3.77	3.79
我想再次获得富布赖特奖学金	3.60*	3.68	3.73	3.85**	3.73
我祖国的同事认为富布赖特奖学金很有名望	3.63	3.68	3.64	3.73**	3.67
富布赖特项目在我祖国的学术圈很有名	3.59	3.62	3.62	3.59	3.61
我的富布赖特增强了我对各国文化多样性的意识	3.58	3.55	3.54	3.48*	3.54
富布赖特经历让我学到了不参加就学不到的专业技能	3.61**	3.51	3.54	3.50	3.54
富布赖特项目改变了我的人生	3.10	3.03	3.03	2.98	3.04
通过美国人的眼光，我更好地理解了我自己祖国的文化	3.16**	3.02	2.97	2.94*	3.02
我的富布赖特经历富布赖特计划让我更有能力在我祖国的所在机构进行改变	2.94	2.86	2.82	2.92	2.89
我的富布赖特经历让我更有能力在我祖国带来改变	2.42	2.46	2.40	2.44	2.43

1 评分总分为 3 分，1 分=不重要/不适用，2 分=一定程度上重要，3=非常重要。中位数为 2.0 分。

*组的平均分比另一组在统计学意义上要低（显著性水平<.05）。

**组的平均分比另一组在统计学意义上要高（显著性水平<.05）。

数据来源：斯坦福国际咨询研究所；富布赖特访问学者项目调查，2003。

附表 D-43　富布赖特经历对学者专业发展的影响（按访学时期）

	平均分[1]				
	1980-1985	1986-1990	1991-1995	1996-2001	所有学者
提高了学者对自己领域的看法	3.61	3.60	3.59	3.60	3.60
增加了访学后专业作品的发表	3.52	3.54	3.56	3.57	3.54
提高了他们的专业资历	3.46	3.45	3.47	3.53	3.48
改变了学者的职业	2.86**	2.71	2.72	2.75	2.77

1 评分总分为 3 分，1 分=不重要/不适用，2 分=一定程度上重要，3=非常重要。中位数为 2.0 分。

*组的平均分比另一组在统计学意义上要低（显著性水平<.05）。

**组的平均分比另一组在统计学意义上要高（显著性水平<.05）。

数据来源：斯坦福国际咨询研究所；富布赖特访问学者项目调查，2003。

附表 D-44　富布赖特经历对学者职业生涯的整体影响（按访学时期排列）

	百分比				
	1980-1985	1986-1990	1991-1995	1996-2001	所有学者
负面影响非常大	1	1	1	1	1
一定程度的负面影响	1	1	<1	1	1
没有影响	3	7**	4	4	4
一定程度的正面影响	33	31	34	33	33
正面影响非常大	62	61	61	62	61

*组的百分比比另一组在统计学意义上要低（显著性水平<.05）。

**组的百分比比另一组在统计学意义上要高（显著性水平<.05）。

数据来源：斯坦福国际咨询研究所；富布赖特访问学者项目调查，2003。

附表 D-45　富布赖特学者在访学期间对美国的新了解程度（按访学时期排列）

	平均分[1]				
	1980-1985	1986-1990	1991-1995	1996-2001	所有学者
美国的文化和生活方式	3.64**	3.58	3.58	3.52*	3.58
美国的教育制度	3.42	3.44	3.46	3.38	3.42
美国的政治制度	3.15**	3.09	3.04	2.97*	3.06
美国人是如何对待少数族裔的	3.00	3.01	2.99	2.91*	2.98
美国的经济	2.86	2.85	2.95**	2.81	2.87
美国与其他国家的政治关系	2.70**	2.61	2.50	2.45	2.57

1 评分总分为 3 分，1 分＝不重要/不适用，2 分＝一定程度上重要，3＝非常重要。中位数为 2.0 分。

* 组的平均分比另一组在统计学意义上要低（显著性水平<.05）。

** 组的平均分比另一组在统计学意义上要高（显著性水平<.05）。

数据来源：斯坦福国际咨询研究所；富布赖特访问学者项目调查，2003。

附表 D-46　富布赖特访问学者简介

	百分比			
	物理和生命科学及工程学[1]	社会学科[2]	艺术和人文学科[3]	所有学者
学者从事的主要领域/专业				
物理和生命科学及工程学[1]	100	0	0	36
社会学科[2]	0	100	0	38
艺术和人文学科[3]	0	0	100	26
访学持续时间				
1-4 个月	25**	18*	20	21
5-8 个月	15*	28**	28**	23
9-12 个月	44	45	45	44
12 个月以上	16**	8*	7*	11
访学时期				
物理和生命科学及工程学				
1980—1985	25	24	27	25
1986-1990	20	23	18	21
1991-1995	23	26	25	24
1996-2001	32	27	30	29
访学时年龄				
30 岁以下	12	10	9	12
30-39	54**	40*	45	46
40-49	29*	40**	34	34
50-59	5*	9	11**	8
60 及以上	1	1	1	1
受到富布赖特资助的总次数				
1 次	95**	90	84**	90
2 次及以上	5*	10	16**	10

续表

	百分比			
	物理和生命科学及工程学[1]	社会学科[2]	艺术和人文学科[3]	所有学者
性别				
男性	82**	74	66*	75
女性	18*	26	34**	25

1 包括：农业，动物科学，天文学，生物科学，化学，计算机科学，工科，环境科学，食物技术，地质学，数学，医学，和物理学。

2 包括：人类学，经济管理，城市规划，经济学，教育学，地理学，法学，图书管理学，语言学，体育教学，政治学，心理学，公共管理学，社会工作，社会学，和作为外语的英语教学/应用语言学。

3 包括：美国历史，美国文学，美国研究，建筑学，考古学，区域研究，艺术，艺术史，古典文学，传播学，创意写作，英语，历史学（非美国），新闻学，语言和文学（非美国），音乐，音乐学，哲学，宗教研究，和戏剧。

*组的百分比比另一组在统计学意义上要低（显著性水平<.05）。

**组的百分比比另一组在统计学意义上要高（显著性水平<.05）。

数据来源：斯坦福国际咨询研究所；富布赖特访问学者项目调查，2003。

附表 D-47　富布赖特访问学者的教育和职业简介

	百分比			
访学时最高学位	物理和生命科学及工程学[1]	社会学科[2]	艺术和人文学科[3]	所有学者
博士学位或领域最高学位或同等学历	89**	73*	67*	76
硕士学位（包括工商管理硕士）或同等学历	6*	20**	24**	16
有研究生工作经历但无学位	1*	3	2	3
学士学位或同等学历	1*	2	4**	3
其他	3	2	2	2
访学时就业情况				
在职，每周工作 30 个小时或以上	83	85**	75*	81
在职，每周工作 30 个小时以下	4*	9	16**	9
学生	11**	4*	3*	7
临时聘用	<1	<1	1	<1
退休	0	0	0	0
其他	2	2	5**	3
访学时供职机构（如果有）				
教学和研究同等重要的高校	50*	57	59	55
以研究为重心的高校	34**	23*	18*	25
以教学为重心的高校	8*	13	15**	11
政府机构和公共机构	5	4	2*	4
私立盈利机构	<1*	1	2	1
私立非盈利机构	1	1	2	1
其他机构或自雇	2	1	3	2
现在最高学历				
博士学位或领域最高学位或同等学历	96**	88	82*	89
硕士学位（包括工商管理硕士）或同等学历	1*	8	12**	7
有研究生工作经历但无学位	<1*	1	1	1

续表

	百分比			
学士学位或同等学历	<1*	1	2	1
其他	3	1	2	22
现在就业情况				
在职，每周工作30个小时或以上	88**	82	70*	81
在职，每周工作30个小时以下	5*	7	15**	8
学生	<1	<1	1	<1
临时聘用	<1	1	<1	1
退休	4*	6	7	6
其他	3	4	6	4
现在供职机构（如果有）				
教学和研究同等重要的高校	46*	58**	59**	54
以研究为重心的高校	33**	22	19*	25
以教学为重心的高校	6*	10	12**	9
政府机构和公共机构	7**	5	2*	5
私立盈利机构	3	2	2	3
私立非盈利机构	3	2	1*	2
其他机构或自雇	3	2*	5	3

1 包括：农业，动物科学，天文学，生物科学，化学，计算机科学，工科，环境科学，食物技术，地质学，数学，医学，和物理学。

2 包括：人类学，经济管理，城市规划，经济学，教育学，地理学，法学，图书管理学，语言学，体育教学，政治学，心理学，公共管理学，社会工作，社会学，和作为外语的英语教学/应用语言学。

3 包括：美国历史，美国文学，美国研究，建筑学，考古学，区域研究，艺术，艺术史，古典文学，传播学，创意写作，英语，历史学（非美国），新闻学，语言和文学（非美国），音乐，音乐学，哲学，宗教研究，和戏剧。

*组的百分比比另一组在统计学意义上要低（显著性水平<.05）。

**组的百分比比另一组在统计学意义上要高（显著性水平<.05）。

数据来源：斯坦福国际咨询研究所；富布赖特访问学者项目调查，2003。

附表D-48　学者们是如何知道富布赖特访问学者项目的

	百分比			
	物理和生命科学及工程学[1]	社会学科[2]	艺术和人文学科[3]	所有学者
从其祖国的同事/朋友	37*	48**	51**	45
海报/公告	26**	20	17*	21
报刊文章或广告	16**	14	10*	14
在美国的同事/朋友	8	7	11	8
专业机构	5	4	4	5
其他渠道	9	8	10	9

1 包括：农业，动物科学，天文学，生物科学，化学，计算机科学，工科，环境科学，食物技术，地质学，数学，医学，和物理学。

2 包括：人类学，经济管理，城市规划，经济学，教育学，地理学，法学，图书管理学，语言学，体育教学，政治学，心理学，公共管理学，社会工作，社会学，和作为外语的英语教学/应用语言学。

3 包括：美国历史，美国文学，美国研究，建筑学，考古学，区域研究，艺术，艺术史，古典文学，传播学，创意写作，英语，历史学（非美国），新闻学，语言和文学（非美国），音乐，音乐学，哲学，宗教研究，和戏剧。

*组的百分比比另一组在统计学意义上要低（显著性水平<.05）。

**组的百分比比另一组在统计学意义上要高（显著性水平<.05）。

数据来源：斯坦福国际咨询研究所；富布赖特访问学者项目调查，2003。

附表 D-49　学者们申请富布赖特项目的原因

	平均比率[1]			
	物理和生命科学及工程学[2]	社会学科[3]	艺术和人文学科[4]	所有学者
有机会与某些研究着合作、利用某些设备、得到某些资源/数据、或在某个地方做实地研究	2.88**	2.73*	2.72*	2.77
有机会学习新知识/技能	2.84**	2.65*	2.63*	2.71
专业进步/发展	2.77**	2.66	2.64	2.69
渴望获得国际化视野	2.56	2.54	2.59**	2.55
有机会在很少或没有干扰的环境里创作学术作品	2.39*	2.49	2.39	2.47
渴望获得只有美国才有的资源	2.34	2.37	2.56**	2.35
渴望与美国的同事和学生分享自己的知识和专业	2.15*	2.40**	2.32	2.35
富布赖特奖学金的显赫声名	2.37	2.33	2.45**	2.33
渴望第一手地了解美国文化和美国人民	2.25*	2.28	2.45**	2.31
渴望与美国人分享自己的文化和制度	2.05	2.07	2.15**	2.08
有机会在美国旅行	1.97	1.92	2.07**	1.98
渴望提高自己的英语水平	1.93	1.92*	1.92	1.93
美国同事/机构的鼓励	1.92	1.88	1.97*	1.91
前富布赖特学者的正面评价	1.70*	1.78	1.92**	1.78
所在机构的鼓励	1.80	1.75	1.75	1.76
有机会与之前的教授、学生、或同事合作	1.69	1.71	1.65	1.68
有机会让家人体验在美国的生活	1.69	1.61	1.68	1.65
继续进行之前在美国开始的工作	1.59	1.65	1.70**	1.63
在美国的亲戚	1.18	1.18	1.22	1.19

1 包括：农业，动物科学，天文学，生物科学，化学，计算机科学，工科，环境科学，食物技术，地质学，数学，医学，和物理学。

2 包括：人类学，经济管理，城市规划，经济学，教育学，地理学，法学，图书管理学，语言学，体育教学，政治学，心理学，公共管理学，社会工作，社会学，和作为外语的英语教学/应用语言学。

3 包括：美国历史，美国文学，美国研究，建筑学，考古学，区域研究，艺术，艺术史，古典文学，传播学，创意写作，英语，历史学（非美国），新闻学，语言和文学（非美国），音乐，音乐学，哲学，宗教研究，和戏剧。

4 各项的总分为 4 分，1 分=没有，2 分=有一点，3 分=比较多，4 分=很多。中位数为 2.5 。

*组的平均分比另一组在统计学意义上要低（显著性水平<.05）。

**组的平均分比另一组在统计学意义上要高（显著性水平<.05）。

数据来源：斯坦福国际咨询研究所；富布赖特访问学者项目调查，2003。

附表 D-50　富布赖特访问学者的访学机构

	百分比			
	物理和生命科学及工程学[1]	社会学科[2]	艺术和人文学科[3]	所有学者
四年制高校	61	63	69**	64
研究生/专业机构（没有本科生课程）	26	30	24	27
政府机构或公共部门机构	7**	2*	3*	4

续表

	百分比			
	物理和生命科学及工程学[1]	社会学科[2]	艺术和人文学科[3]	所有学者
私立非盈利机构（非高校）	2	2	1	2
私立营利机构	1	1	<1	1
两年制大学或技术学院	1	<1	1	1
其他	2	2	2	2

1 包括：农业，动物科学，天文学，生物科学，化学，计算机科学，工科，环境科学，食物技术，地质学，数学，医学，和物理学。

2 包括：人类学，经济管理，城市规划，经济学，教育学，地理学，法学，图书管理学，语言学，体育教学，政治学，心理学，公共管理学，社会工作，社会学，和作为外语的英语教学/应用语言学。

3 包括：美国历史，美国文学，美国研究，建筑学，考古学，区域研究，艺术，艺术史，古典文学，传播学，创意写作，英语，历史学（非美国），新闻学，语言和文学（非美国），音乐，音乐学，哲学，宗教研究，和戏剧。

*组的百分比比另一组在统计学意义上要低（显著性水平<.05）。

* *组的百分比比另一组在统计学意义上要高（显著性水平<.05）。

数据来源：斯坦福国际咨询研究所；富布赖特访问学者项目调查，2003。

附表 D-51　富布赖特访问学者访学期间的专业活动

	物理和生命科学及工程学[1]	社会学科[2]	艺术和人文学科[3]	所有学者
独立做研究	68*	85**	87**	29
参加专业会议、研讨会等等	75*	80**	71*	75
在图书馆/档案馆/实验室做研究	62*	73**	79**	70
撰写/修改文章、论文、书籍或创造性作品	71*	69	69	70
与美国教职工/学生联合研究	88**	51*	50*	64
在访学机构讲学/教学	27*	41**	42**	37
在其他机构讲学、教学	16*	32**	36**	28
提高电脑技能	33**	25*	24*	28
指导学生	25	26	26	26
参与教职员工委员会	10*	17**	14	14
创作/完成硕士/博士毕业论文	6*	14**	11	11
组织会议、研讨会和培训班	7*	11**	9	9
在访学机构外提供有有偿或无偿咨询活动	6*	9	13**	9
参与创意/表演艺术	2*	4	9**	5
其他专业活动	2	3	3	3

1 包括：农业，动物科学，天文学，生物科学，化学，计算机科学，工科，环境科学，食物技术，地质学，数学，医学，和物理学。

2 包括：人类学，经济管理，城市规划，经济学，教育学，地理学，法学，图书管理学，语言学，体育教学，政治学，心理学，公共管理学，社会工作，社会学，和作为外语的英语教学/应用语言学。

3 包括：美国历史，美国文学，美国研究，建筑学，考古学，区域研究，艺术，艺术史，古典文学，传播学，创意写作，英语，历史学（非美国），新闻学，语言和文学（非美国），音乐，音乐学，哲学，宗教研究，和戏剧。

*组的百分比比另一组在统计学意义上要低（显著性水平<.05）。

* *组的百分比比另一组在统计学意义上要高（显著性水平<.05）。

数据来源：斯坦福国际咨询研究所；富布赖特访问学者项目调查，2003。

附表 D-52　富布赖特访问学者访学期间的社区和社会活动

	百分比			
	物理和生命科学及工程学[1]	社会学科[2]	艺术和人文学科[3]	所有学者
访问美国家庭	89	91	92	90
阅读当地报纸	97*	92**	91	90
收看当地电视新闻	89	91	88	90
观看演唱会、喜剧表演或其他文化活动	75*	83	84**	80
收听当地广播节目	75**	68*	72	72
参与社会活动（运动除外）	70	67	71	69
与一个或多个美国人周末出游	65	63	67	65
与其他富布赖特访问学者有正式或非正式接触	51*	64**	64**	59
就祖国文化进行讲座	35*	57**	55**	49
参加体育运动	33**	26*	27	29
就自己祖国文化的一个方面（语言、舞蹈、饮食等）进行讲课/展示	18*	24	29**	24
其他活动	5*	7	9**	7
至少参与了上述活动中的一项	>99	100	>99	>99

1 包括：农业，动物科学，天文学，生物科学，化学，计算机科学，工科，环境科学，食物技术，地质学，数学，医学，和物理学。

2 包括：人类学，经济管理，城市规划，经济学，教育学，地理学，法学，图书管理学，语言学，体育教学，政治学，心理学，公共管理学，社会工作，社会学，和作为外语的英语教学/应用语言学。

3 包括：美国历史，美国文学，美国研究，建筑学，考古学，区域研究，艺术，艺术史，古典文学，传播学，创意写作，英语，历史学（非美国），新闻学，语言和文学（非美国），音乐，音乐学，哲学，宗教研究，和戏剧。

*组的百分比比另一组在统计学意义上要低（显著性水平<.05）。

**组的百分比比另一组在统计学意义上要高（显著性水平<.05）。

数据来源：斯坦福国际咨询研究所；富布赖特访问学者项目调查，2003。

附表 D-53　富布赖特访问学者访学期间有家属陪同情况

	百分比			
	物理和生命科学及工程学[1]	社会学科[2]	艺术和人文学科[3]	所有学者
配偶/伴侣	89	92**	83*	88
18 岁以下子女	73	74	71	72
其他家庭成员	11	6	8	8

1 包括：农业，动物科学，天文学，生物科学，化学，计算机科学，工科，环境科学，食物技术，地质学，数学，医学，和物理学。

2 包括：人类学，经济管理，城市规划，经济学，教育学，地理学，法学，图书管理学，语言学，体育教学，政治学，心理学，公共管理学，社会工作，社会学，和作为外语的英语教学/应用语言学。

3 包括：美国历史，美国文学，美国研究，建筑学，考古学，区域研究，艺术，艺术史，古典文学，传播学，创意写作，英语，历史学（非美国），新闻学，语言和文学（非美国），音乐，音乐学，哲学，宗教研究，和戏剧。

*组的百分比比另一组在统计学意义上要低（显著性水平<.05）。

**组的百分比比另一组在统计学意义上要高（显著性水平<.05）。

数据来源：斯坦福国际咨询研究所；富布赖特访问学者项目调查，2003。

附表 D-54　学者伴侣在陪同访学期间参加的活动

	百分比			
	物理和生命科学及工程学[1]	社会学科[2]	艺术和人文学科[3]	所有学者
学习英语	49*	63**	54	57
就其祖国文化的某一方面（语言、舞蹈、烹饪等）办讲座或做展示	38	40	37	39
就其祖国的文化做演讲	32	35	36	35
上课或者上学（学习英语以外的科目）	28	36	34	33
参加体育运动	14	22	18	19
其他类似活动	10	8	12	10
至少参加了其中一项	86	92	92	90

1 包括：农业，动物科学，天文学，生物科学，化学，计算机科学，工科，环境科学，食物技术，地质学，数学，医学，和物理学。

2 包括：人类学，经济管理，城市规划，经济学，教育学，地理学，法学，图书管理学，语言学，体育教学，政治学，心理学，公共管理学，社会工作，社会学，和作为外语的英语教学/应用语言学。

3 包括：美国历史，美国文学，美国研究，建筑学，考古学，区域研究，艺术，艺术史，古典文学，传播学，创意写作，英语，历史学（非美国），新闻学，语言和文学（非美国），音乐，音乐学，哲学，宗教研究，和戏剧。

*组的百分比比另一组在统计学意义上要低（显著性水平<.05）。

**组的百分比比另一组在统计学意义上要高（显著性水平<.05）。

数据来源：斯坦福国际咨询研究所；富布赖特访问学者项目调查，2003。

附表 D-55　富布赖特学者的子女在陪同访学时参加的活动

	百分比			
	物理和生命科学及工程学[1]	社会学科[2]	艺术和人文学科[3]	所有学者
上课/上学（学习英语以外的课程）	76	76	80	77
学习英语	64	65	69	66
参加体育运动	46*	60**	53	54
就其祖国的文化进行演讲	20	24	17	20
就其祖国文化的某一方面做讲座或展示（语言、舞蹈、烹饪等）	12*	22	19	18
其他类似活动	5	5	3	4
至少参加其中一种	92	94	97	94

1 包括：农业，动物科学，天文学，生物科学，化学，计算机科学，工科，环境科学，食物技术，地质学，数学，医学，和物理学。

2 包括：人类学，经济管理，城市规划，经济学，教育学，地理学，法学，图书管理学，语言学，体育教学，政治学，心理学，公共管理学，社会工作，社会学，和作为外语的英语教学/应用语言学。

3 包括：美国历史，美国文学，美国研究，建筑学，考古学，区域研究，艺术，艺术史，古典文学，传播学，创意写作，英语，历史学（非美国），新闻学，语言和文学（非美国），音乐，音乐学，哲学，宗教研究，和戏剧。

*组的百分比比另一组在统计学意义上要低（显著性水平<.05）。

**组的百分比比另一组在统计学意义上要高（显著性水平<.05）。

数据来源：斯坦福国际咨询研究所；富布赖特访问学者项目调查，2003。

附表 D-56　富布赖特访问学者对访学经历的评价

	百分比[4]			
	物理和生命科学及工程学[1]	社会学科[2]	艺术和人文学科[3]	所有学者
我对做研究的机会很满意	3.87	3.82	3.85	3.85
我的访学机构跟我的需要和兴趣很匹配	3.87**	3.72*	3.71*	3.77
我大体上感觉受到了访学机构的教职员工和学生的欢迎和接纳	3.84**	3.72*	3.68*	3.76
我认为我被及时告知获奖信息，有充足的时间为启程作准备	3.77**	3.67*	3.73	3.71
关于旅途注意事项，我得到了充足的信息	3.74**	3.63*	3.68	3.68
访学机构的教职员工/专业人员给了我充分的支持	3.78**	3.53*	3.59	3.64
我对得到的合作机会满意	3.78**	3.48*	3.50*	3.60
访学机构的教职员工/专业人员给了我充分的行政支持	3.64**	3.43*	3.52	3.53
访学机构的员工邀请我参加社交活动	3.61**	3.44*	3.43	3.50
我所属机构（在我祖国）支持我得到的富布赖特访学活动	3.53	3.50	3.44	3.49
我结识了来自世界各地的人	3.56**	3.35*	3.37*	3.44
我对奖学金数量满意	3.47	3.37*	3.52**	3.43
在找住所时没有遇到困难	3.37	3.29	3.33	3.33
刚到美国时，有人接待了我并帮我安顿下来	3.33**	3.12*	3.24	3.23
我发现很多美国人有兴趣了解我的祖国	2.97	2.88	2.92	2.92
我祖国的文化和美国文化之间的差别比我想象中的大	2.21	2.23	2.25	2.23
我花了很多时间跟来自我祖国的朋友/家人相处。	2.30**	2.15	2.15	2.20

1 包括：农业，动物科学，天文学，生物科学，化学，计算机科学，工科，环境科学，食物技术，地质学，数学，医学，和物理学。

2 包括：人类学，经济管理，城市规划，经济学，教育学，地理学，法学，图书管理学，语言学，体育教学，政治学，心理学，公共管理学，社会工作，社会学，和作为外语的英语教学/应用语言学。

3 包括：美国历史，美国文学，美国研究，建筑学，考古学，区域研究，艺术，艺术史，古典文学，传播学，创意写作，英语，历史学（非美国），新闻学，语言和文学（非美国），音乐，音乐学，哲学，宗教研究，和戏剧。

4 各项的总分为 4 分，1 分=没有，2 分=有一点，3 分=比较多，4 分=很多。中位数为 2.5 。

*组的百分比比另一组在统计学意义上要低（显著性水平<.05）。

**组的百分比比另一组在统计学意义上要高（显著性水平<.05）。

数据来源：斯坦福国际咨询研究所；富布赖特访问学者项目调查，2003。

附表 D-57　富布赖特访问学者创作的包括访学收获（知识、信息、材料或数据）的专业作品

	百分比			
	物理和生命科学及工程学[1]	社会学科[2]	艺术和人文学科[3]	所有学者
	90**	78*	79	82
发表在经评审委员会审查的期刊或汇编图书上的文章	79	83	82	81
在学术会议上讲话或宣读论文	26*	57**	60**	46
书或专著	31*	49**	52**	43
发表在未经评审委员会审查的期刊或汇编图书上的文章	12*	33**	33**	25
发表在报刊或杂志上的文章	1*	2*	10**	4

续表

	百分比			
	物理和生命科学及工程学[1]	社会学科[2]	艺术和人文学科[3]	所有学者
其他专业作品	6*	9	11**	8
至少有一种	>99	>99	>99	>99

1 包括：农业，动物科学，天文学，生物科学，化学，计算机科学，工科，环境科学，食物技术，地质学，数学，医学，和物理学。

2 包括：人类学，经济管理，城市规划，经济学，教育学，地理学，法学，图书管理学，语言学，体育教学，政治学，心理学，公共管理学，社会工作，社会学，和作为外语的英语教学/应用语言学。

3 包括：美国历史，美国文学，美国研究，建筑学，考古学，区域研究，艺术，艺术史，古典文学，传播学，创意写作，英语，历史学（非美国），新闻学，语言和文学（非美国），音乐，音乐学，哲学，宗教研究，和戏剧。

*组的百分比比另一组在统计学意义上要低（显著性水平<.05）。

**组的百分比比另一组在统计学意义上要高（显著性水平<.05）。

数据来源：斯坦福国际咨询研究所；富布赖特访问学者项目调查，2003。

附表 D-58　学者们回国后分享富布赖特经历的媒体和社区活动

	百分比			
	物理和生命科学及工程学[1]	社会学科[2]	艺术和人文学科[3]	所有学者
与同事/朋友交谈	89	87*	94**	90
在其祖国的学校或其他社区/市民组织，就富布赖特经历进行分享展示会	31*	53**	52**	45
在其祖国接受媒体（报纸、电视等）的采访	12*	29**	27**	22
展示美国习俗（比如，烹饪、舞蹈和运动等等）	15	12	13	13
其他活动	3	4	5	4
至少参加其中一项	92*	94	98**	94

1 包括：农业，动物科学，天文学，生物科学，化学，计算机科学，工科，环境科学，食物技术，地质学，数学，医学，和物理学。

2 包括：人类学，经济管理，城市规划，经济学，教育学，地理学，法学，图书管理学，语言学，体育教学，政治学，心理学，公共管理学，社会工作，社会学，和作为外语的英语教学/应用语言学。

3 包括：美国历史，美国文学，美国研究，建筑学，考古学，区域研究，艺术，艺术史，古典文学，传播学，创意写作，英语，历史学（非美国），新闻学，语言和文学（非美国），音乐，音乐学，哲学，宗教研究，和戏剧。

*组的百分比比另一组在统计学意义上要低（显著性水平<.05）。

**组的百分比比另一组在统计学意义上要高（显著性水平<.05）。

数据来源：斯坦福国际咨询研究所；富布赖特访问学者项目调查，2003。

附表 D-59　富布赖特学者在访学结束后与美国同事的继续合作

	百分比			
	物理和生命科学及工程学[1]	社会学科[2]	艺术和人文学科[3]	所有学者
完全没有	7*	11	10	9
有一点	23	28	25	26
适中	25*	32	33	30
很多	45**	29*	32	35

1 包括：农业，动物科学，天文学，生物科学，化学，计算机科学，工科，环境科学，食物技术，地质学，数学，医学，和物理学。

2 包括：人类学，经济管理，城市规划，经济学，教育学，地理学，法学，图书管理学，语言学，体育教学，政治学，心理学，公共管理学，社会工作，社会学，和作为外语的英语教学/应用语言学。

3 包括：美国历史，美国文学，美国研究，建筑学，考古学，区域研究，艺术，艺术史，古典文学，传播学，创意写作，英语，历史学（非美国），新闻学，语言和文学（非美国），音乐，音乐学，哲学，宗教研究，和戏剧。

*组的百分比比另一组在统计学意义上要低（显著性水平<.05）。

**组的百分比比另一组在统计学意义上要高（显著性水平<.05）。

数据来源：斯坦福国际咨询研究所；富布赖特访问学者项目调查，2003。

附表 D-60　富布赖特访问学者如何继续与美国个人保持联系（按访学时期排列）

	百分比			
	物理和生命科学及工程学[1]	社会学科[2]	艺术和人文学科[3]	所有学者
电子邮件	87**	80	78*	82
参加学术会议、培训班和其他活动	66**	63	52*	61
美国人去学者祖国拜访学者	57	61	59	59
定期信件	51*	58	64**	58
学者去美国拜访美国朋友	55	51	48	52
电话	49**	43	43	45
学者没有与任何人有联系	5	5	4	5

1 包括：农业，动物科学，天文学，生物科学，化学，计算机科学，工科，环境科学，食物技术，地质学，数学，医学，和物理学。

2 包括：人类学，经济管理，城市规划，经济学，教育学，地理学，法学，图书管理学，语言学，体育教学，政治学，心理学，公共管理学，社会工作，社会学，和作为外语的英语教学/应用语言学。

3 包括：美国历史，美国文学，美国研究，建筑学，考古学，区域研究，艺术，艺术史，古典文学，传播学，创意写作，英语，历史学（非美国），新闻学，语言和文学（非美国），音乐，音乐学，哲学，宗教研究，和戏剧。

*组的百分比比另一组在统计学意义上要低（显著性水平<.05）。

**组的百分比比另一组在统计学意义上要高（显著性水平<.05）。

数据来源：斯坦福国际咨询研究所；富布赖特访问学者项目调查，2003。

附表 D-61　富布赖特学者访学结束后对国际活动的参与

	百分比			
	物理和生命科学及工程学[1]	社会学科[2]	艺术和人文学科[3]	所有学者
参与其他机构组织的会议或其他组织，这些活动旨在增进国际合作	58*	70**	72**	66
派遣自己祖国的学生去美国学习	52*	61**	59	57
协助巩固其他国际教职员工、专业人员和学生的交换项目	48*	59**	58	55
邀请美国教职员工或其他专业人员去学者的祖国工作	42*	60**	54	52
派学者祖国的教职员工或其他专业人员去美国工作	50	49	51	49
参与其他（非富布赖特）的国际交流项目	35*	42	46**	40
参与在学者祖国的富布赖特委员会/校友会	19*	36**	36**	31
邀请美国学生去学者祖国学习	12*	26**	28**	22
参与富布赖特遴选或评审委员会	9*	25**	29**	20
至少其中一种	85*	93**	92	90

1 包括：农业，动物科学，天文学，生物科学，化学，计算机科学，工科，环境科学，食物技术，地质学，数学，医学，和物理学。

2 包括：人类学，经济管理，城市规划，经济学，教育学，地理学，法学，图书管理学，语言学，体育教学，政治学，心理学，公共管理学，社会工作，社会学，和作为外语的英语教学/应用语言学。

3 包括：美国历史，美国文学，美国研究，建筑学，考古学，区域研究，艺术，艺术史，古典文学，传播学，创意写作，英语，历史学（非美国），新闻学，语言和文学（非美国），音乐，音乐学，哲学，宗教研究，和戏剧。

*组的百分比比另一组在统计学意义上要低（显著性水平<.05）。

**组的百分比比另一组在统计学意义上要高（显著性水平<.05）。

数据来源：斯坦福国际咨询研究所；富布赖特访问学者项目调查，2003。

附表 D-62　因为有陪同访学的经历，学者配偶们更多地参与国际活动

	百分比			
	物理和生命科学及工程学[1]	社会学科[2]	艺术和人文学科[3]	所有学者
对国际事物更感兴趣	54	65**	58	60
再次去美国	48	44	44	46
在其祖国的学校、社区或市民机构讲述美国经历	39	37	42	39
参与其他的国际教育和文化交流项目	21	25	21	23
进行与美国相关的项目	14	12	21**	15
就美国经历撰写论文、文章或书	4*	10	11	8
在其祖国就他们的美国经历接受媒体的采访	3	5	5	5
去美国大学读书	2	5	4	4
自己获得了富布赖特学者或学生奖学金	3	4	6	4
其他类似活动	0*	2	4	2
至少参与了其中一种	91	90	92	91

1 包括：农业，动物科学，天文学，生物科学，化学，计算机科学，工科，环境科学，食物技术，地质学，数学，医学，和物理学。

2 包括：人类学，经济管理，城市规划，经济学，教育学，地理学，法学，图书管理学，语言学，体育教学，政治学，心理学，公共管理学，社会工作，社会学，和作为外语的英语教学/应用语言学。

3 包括：美国历史，美国文学，美国研究，建筑学，考古学，区域研究，艺术，艺术史，古典文学，传播学，创意写作，英语，历史学（非美国），新闻学，语言和文学（非美国），音乐，音乐学，哲学，宗教研究，和戏剧。

*组的百分比比另一组在统计学意义上要低（显著性水平<.05）。

**组的百分比比另一组在统计学意义上要高（显著性水平<.05）。

数据来源：斯坦福国际咨询研究所；富布赖特访问学者项目调查，2003。

附表 D-63　因为有陪同访学的经历，学者子女们更多地参与国际活动

	百分比			
	物理和生命科学及工程学[1]	社会学科[2]	艺术和人文学科[3]	所有学者
对国际事务更感兴趣	56*	72	69	67
再次去美国	50	52	50	52
在其祖国的学校、社区或市民组织讲述自己的美国经历	48	38	42	41
参加其他的国家教育或文化交流项目	24*	34	34	32
进行与美国有关的项目	17	16	15	16
就其美国经历撰写论文、文章或书	13	18	12	15
就其美国经历在自己祖国接受媒体的采访	4*	12	9	9
去美国大学上学	2	3	4	3
自己获得了富布赖特学者或学生奖学金	1	1	2	1
其他类似活动	0*	2	3	2
至少参与了其中一种活动	91	91	90	91

1 包括：农业，动物科学，天文学，生物科学，化学，计算机科学，工科，环境科学，食物技术，地质学，数学，医学，和物理学。

2 包括：人类学，经济管理，城市规划，经济学，教育学，地理学，法学，图书管理学，语言学，体育教学，政治学，心理学，公共管理学，社会工作，社会学，和作为外语的英语教学/应用语言学。

3 包括：美国历史，美国文学，美国研究，建筑学，考古学，区域研究，艺术，艺术史，古典文学，传播学，创意写作，英语，历史学（非美国），新闻学，语言和文学（非美国），音乐，音乐学，哲学，宗教研究，和戏剧。

*组的百分比比另一组在统计学意义上要低（显著性水平<.05）。

**组的百分比比另一组在统计学意义上要高（显著性水平<.05）。

数据来源：斯坦福国际咨询研究所；富布赖特访问学者项目调查，2003。

附表 D-64　富布赖特访学经历给学者专业活动带来的变化

	百分比			
	物理和生命科学及工程学[1]	社会学科[2]	艺术和人文学科[3]	所有学者
在教学中使用访学期间学到的知识/技能	79*	82	88**	82
就访学期间学到的知识/技能，成为同事的信息来源	64	64	66	64
拓宽了教学和研究的国际视野	57*	69**	67	64
开设/帮助设计了新的课程	41*	52	57**	50
与来自其他国家的同事的交往变多	45	46	41	44
职业的重心更多地关注国际问题	19*	26**	22	23
更多地涉及祖国的政治/社会/经济问题	10*	25**	20	19
与来学者祖国的留学生交往增多	8*	20**	25**	18
其他变化	2*	4	6*	4
至少有一种变化	98	98	99	98

1 包括：农业，动物科学，天文学，生物科学，化学，计算机科学，工科，环境科学，食物技术，地质学，数学，医学，和物理学。

2 包括：人类学，经济管理，城市规划，经济学，教育学，地理学，法学，图书管理学，语言学，体育教学，政治学，心理学，公共管理学，社会工作，社会学，和作为外语的英语教学/应用语言学。

3 包括：美国历史，美国文学，美国研究，建筑学，考古学，区域研究，艺术，艺术史，古典文学，传播学，创意写作，英语，历史学（非美国），新闻学，语言和文学（非美国），音乐，音乐学，哲学，宗教研究，和戏剧。

*组的百分比比另一组在统计学意义上要低（显著性水平<.05）。

**组的百分比比另一组在统计学意义上要高（显著性水平<.05）。

数据来源：斯坦福国际咨询研究所；富布赖特访问学者项目调查，2003。

附表 D-65　富布赖特访问学者对访学经历的整体评价

	平均分[4]			
	物理和生命科学及工程学	社会学科[2]	艺术和人文学科[3]	所有学者
总之，我认为富布赖特经历和有价值	3.98	3.97	3.99**	3.98
我以是富布赖特学者为荣	3.85	3.83	3.88	3.85
富布赖特奖学金能提升简历/个人资历	3.78	3.78	3.86**	3.80
我的富布赖特经历让我更了解了美国	3.73*	3.78	3.85**	3.79
我想再次获得富布赖特奖学金	3.71	3.71	3.83**	3.73
我祖国的同事认为富布赖特奖学金很有名望	3.61*	3.67	3.77**	3.67
富布赖特项目在我祖国的学术圈很有名	3.48*	3.63	3.76**	3.61
我的富布赖特增强了我对各国文化多样性的意识	3.46*	3.53	3.63**	3.54
富布赖特经历让我学到了不参加就学不到的专业技能	3.53	3.51	3.63**	3.54
富布赖特项目改变了我的人生	2.99	2.98	3.15**	3.64
通过美国人的眼光，我更好地理解了我自己祖国的文化	2.90*	3.04	3.17**	3.02
我的富布赖特经历富布赖特计划让我更有能力在我祖国的所在机构进行改变	2.89	2.82*	3.00**	2.89
我的富布赖特经历让我更有能力在我祖国带来改变	2.29*	2.50**	2.53**	2.43

1 包括：农业，动物科学，天文学，生物科学，化学，计算机科学，工科，环境科学，食物技术，地质学，数学，医学，和物理学。

2 包括：人类学，经济管理，城市规划，经济学，教育学，地理学，法学，图书管理学，语言学，体育教学，政治学，心理学，公共管理学，社会工作，社会学，和作为外语的英语教学/应用语言学。

3 包括：美国历史，美国文学，美国研究、建筑学，考古学，区域研究，艺术，艺术史，古典文学，传播学，创意写作，英语，历史学（非美国），新闻学，语言和文学（非美国），音乐，音乐学，哲学，宗教研究，和戏剧。

4 各项的总分为 4 分，1 分=没有，2 分=有一点，3 分=比较多，4 分=很多。中位数为 2.5.

*组的平均分比另一组在统计学意义上要低（显著性水平<.05）。

**组的平均分比另一组在统计学意义上要高（显著性水平<.05）。

数据来源：斯坦福国际咨询研究所；富布赖特访问学者项目调查，2003。

附表 D-66　富布赖特访问学者学习成果的评价

	平均分[4]			
	物理和生命科学及工程学[1]	社会学科[2]	艺术和人文学科[3]	所有学者
提高了学者对自己领域的看法	3.57	3.57	3.69**	3.60
增加了访学后专业作品的发表	3.52	3.54	3.61**	3.54
提高了他们的专业资历	3.50	3.47	3.46	3.48
改变了学者的职业	2.85**	2.66**	2.78	2.77

1 包括：农业，动物科学，天文学，生物科学，化学，计算机科学，工科，环境科学，食物技术，地质学，数学，医学，和物理学。

2 包括：人类学，经济管理，城市规划，经济学，教育学，地理学，法学，图书管理学，语言学，体育教学，政治学，心理学，公共管理学，社会工作，社会学，和作为外语的英语教学/应用语言学。

3 包括：美国历史，美国文学，美国研究，建筑学，考古学，区域研究，艺术，艺术史，古典文学，传播学，创意写作，英语，历史学（非美国），新闻学，语言和文学（非美国），音乐，音乐学，哲学，宗教研究，和戏剧。

4 各项的总分为4分，1分=没有，2分=有一点，3分=比较多，4分=很多。中位数为2.5。

*组的平均分比另一组在统计学意义上要低（显著性水平<.05）。

**组的平均分比另一组在统计学意义上要高（显著性水平<.05）。

数据来源：斯坦福国际咨询研究所；富布赖特访问学者项目调查，2003。

附表 D-67　富布赖特经历对学者职业生涯的整体影响

	百分比			
	物理和生命科学及工程学[1]	社会学科[2]	艺术和人文学科[3]	所有学者
负面影响非常大	1	1	<1*	1
一定程度的负面影响	1	<1	1	1
没有影响	4	4	4	4
一定程度的正面影响	35	34	28*	33
正面影响非常大	59	60	66**	61

1 包括：农业，动物科学，天文学，生物科学，化学，计算机科学，工科，环境科学，食物技术，地质学，数学，医学，和物理学。

2 包括：人类学，经济管理，城市规划，经济学，教育学，地理学，法学，图书管理学，语言学，体育教学，政治学，心理学，公共管理学，社会工作，社会学，和作为外语的英语教学/应用语言学。

3 包括：美国历史，美国文学，美国研究，建筑学，考古学，区域研究，艺术，艺术史，古典文学，传播学，创意写作，英语，历史学（非美国），新闻学，语言和文学（非美国），音乐，音乐学，哲学，宗教研究，和戏剧。

*组的百分比比另一组在统计学意义上要低（显著性水平<.05）。

**组的百分比比另一组在统计学意义上要高（显著性水平<.05）。

数据来源：斯坦福国际咨询研究所；富布赖特访问学者项目调查，2003。

附表 D-68　富布赖特学者在访学期间对美国的新了解程度

	平均分[4]			
	物理和生命科学及工程学[1]	社会学科[2]	艺术和人文学科[3]	所有学者
美国的文化和生活方式	3.54	3.56	3.65**	3.58
美国的教育制度	3.41	3.39	3.48**	3.42
美国的政治制度	3.00*	3.16**	2.99*	3.06
美国人是如何对待少数族裔的	2.89*	3.01	3.03	2.98

续表

	平均分[4]			
	物理和生命科学及工程学[1]	社会学科[2]	艺术和人文学科[3]	所有学者
美国的经济	2.83	3.02**	2.70*	2.87
美国与其他国家的政治关系	2.51	2.67**	2.50	2.57

1 包括：农业，动物科学，天文学，生物科学，化学，计算机科学，工科，环境科学，食物技术，地质学，数学，医学，和物理学。

2 包括：人类学，经济管理，城市规划，经济学，教育学，地理学，法学，图书管理学，语言学，体育教学，政治学，心理学，公共管理学，社会工作，社会学，和作为外语的英语教学/应用语言学。

3 包括：美国历史，美国文学，美国研究，建筑学，考古学，区域研究，艺术，艺术史，古典文学，传播学，创意写作，英语，历史学（非美国），新闻学，语言和文学（非美国），音乐，音乐学，哲学，宗教研究，和戏剧。

4 各项的总分为4分，1分=没有，2分=有一点，3分=比较多，4分=很多。中位数为2.5。[4]

*组的平均分比另一组在统计学意义上要低（显著性水平<.05）。

**组的平均分比另一组在统计学意义上要高（显著性水平<.05）。

数据来源：斯坦福国际咨询研究所；富布赖特访问学者项目调查，2003。

附表 D-69　富布赖特访问学者简介（按性别）

	百分比		
	男	女	所有学者
学者从事的主要领域/专业			
物理和生命科学及工程学[1]	40**	26*	36
社会学科[2]	38	39	38
艺术和人文学科[3]	23*	35**	26
性别			
1-4个月	21	22	21
5-8个月	22	25	23
9-12个月	45	45	44
12个月以上	12**	8*	11
访学时期			
1980-1985	28**	17*	25
1985-1990	22**	17*	21
1991-1995	23*	28**	24
1996-2001	27*	38**	29
访学时年龄			
30岁以下	11	12	12
30-39	47	44	46
40-49	33	35	34
50-59	7	8	8
60及以上	1	<1	1
受到富布赖特资助的总次数			
1次	89	92	90

续表

	百分比		
	男	女	所有学者
2 次及以上	11	8	10
性别			
男性	100	0	75
女性	0	100	25

1 包括：农业，动物科学，天文学，生物科学，化学，计算机科学，工科，环境科学，食物技术，地质学，数学，医学，和物理学。

2 包括：人类学，经济管理，城市规划，经济学，教育学，地理学，法学，图书管理学，语言学，体育教学，政治学，心理学，公共管理学，社会工作，社会学，和作为外语的英语教学/应用语言学。

3 包括：美国历史，美国文学，美国研究，建筑学，考古学，区域研究，艺术，艺术史，古典文学，传播学，创意写作，英语，历史学（非美国），新闻学，语言和文学（非美国），音乐，音乐学，哲学，宗教研究，和戏剧。

* 组的百分比比另一组在统计学意义上要低（显著性水平<. 05）。

* * 组的百分比比另一组在统计学意义上要高（显著性水平<. 05）。

数据来源：斯坦福国际咨询研究所；富布赖特访问学者项目调查，2003。

附表 D-70　富布赖特访问学者的教育和职业简介（按性别）

	百分比		
访学时最高学位	男	女	所有学者
博士学位或领域最高学位或同等学历	77	73	76
硕士学位（包括工商管理硕士）或同等学历	15	19**	16
有研究生工作经历但无学位	2	3	3
学士学位或同等学历	3	2	3
其他	3	2	2
访学时就业情况			
在职，每周工作 30 个小时或以上	82**	76*	81
在职，每周工作 30 个小时以下	8*	11	9
学生	7	7	<1
临时聘用	<1	11	0
已退休	0	0	3
其他	2*	5**	3
访学时供职机构（如果有）			
教学和研究同等重要的高校	56	54	55
以研究为重心的高校	26	23	25
以教学为重心的高校	11	14	11
政府机构和公共机构	4	4	4
私立盈利机构	1	1	1
私立非盈利机构	1	1	1

续表

	百分比		
访学时最高学位	男	女	所有学者
其他机构或自雇	2*	4**	2
现在最高学历			
博士学位或领域最高学位或同等学历	89	88	89
硕士学位（包括工商管理硕士）或同等学历	7	8	7
有研究生工作经历但无学位	1	1	1
学士学位或同等学历	1	1	1
其他	2	2	2
现在就业情况			
在职，每周工作 30 个小时或以上	82**	78*	81
在职，每周工作 30 个小时以下	7	10	8
学生	<1	1	<1
临时聘用	1	1	1
退休	6**	4*	6
其他	3*	7**	4
现在供职机构（如果有）			
教学和研究同等重要的高校	83	56	54
以研究为重心的高校	26	21*	25
以教学为重心的高校	8	10	9
政府机构和公共机构	5	4	5
私立盈利机构	3	2	3
私立非盈利机构	2	2	2
其他机构或自雇	3*	5**	3

* 组的百分比比另一组在统计学意义上要低（显著性水平<.05）。

* * 组的百分比比另一组在统计学意义上要高（显著性水平<.05）。

资料来源：斯坦福国际咨询研究所;；富布赖特访问学者项目调查，2003。

附表 D-71　学者们是如何知道富布赖特访问学者项目的（按性别）

	百分比		
	男	女	所有学者
从其祖国的同事/朋友	44	44	45
海报/公告	23**	18*	21
报刊文章或广告	13	16	14
在美国的同事/朋友	9	8	8
专业机构	4	5	5
其他渠道	9	11	9

* 组的百分比比另一组在统计学意义上要低（显著性水平<.05）。

* * 组的百分比比另一组在统计学意义上要高（显著性水平<.05）。

数据来源：斯坦福国际咨询研究所；富布赖特访问学者项目调查，2003。

附表 D-72 学者们申请富布赖特项目的原因（按性别）

	平均分[1]		
	男	女	所有学者
有机会与某些研究着合作、利用某些设备、得到某些资源/数据、或在某个地方做实地研究	2.78	2.78	2.77
有机会学习新知识/技能	2.69*	2.78*	2.71
专业进步/发展	2.66*	2.78*	2.69
渴望获得国际化视野	2.54	2.57	2.55
有机会在很少或没有干扰的环境里创作学术作品	2.46	2.54**	2.47
渴望获得只有美国才有的资源	2.35	2.36	2.35
渴望与美国的同事和学生分享自己的知识和专业	2.30*	2.49**	2.35
富布赖特奖学金的显赫声名	2.32	2.36	2.33
渴望第一手地了解美国文化和美国人民	2.32	2.31	2.32
渴望与美国人分享自己的文化和制度	2.05*	2.16**	2.08
有机会在美国旅行	1.97	1.99	1.98
渴望提高自己的英语水平	1.93	1.92	1.93
美国同事/机构的鼓励	1.91	1.91	1.91
前富布赖特学者的正面评价	1.79	1.76	1.78
所在机构的鼓励	1.74	1.83**	1.76
有机会与之前的教授、学生、或同事合作	1.69	1.64	1.68
有机会让家人体验在美国的生活	1.70**	1.49*	1.65
继续进行之前在美国开始的工作	1.62	1.63	1.63
在美国的亲戚	1.19	1.16	1.19

1 评分总分为3分，1分=不重要/不适用，2分=一定程度上重要，3=非常重要。中位数为2.0分。

*组的平均分比另一组在统计学意义上要低（显著性水平<.05）。

**组的平均分比另一组在统计学意义上要高（显著性水平<.05）。

数据来源：斯坦福国际咨询研究所；富布赖特访问学者项目调查，2003。

附表 D-73 富布赖特访问学者的访学机构（按性别）

	平均分[1]		
	男	女	所有学者
四年制高校	63	68**	64
研究生/专业机构（没有本科生课程）	28	25	27
政府机构或公共部门机构	4	3	4
私立非盈利机构（非高校）	2**	1	2
私立营利机构	1	1	1
两年制大学或技术学院	1	6*	1
其他	2	3	2

1 评分总分为3分，1分=不重要/不适用，2分=一定程度上重要，3=非常重要。中位数为2.0分。

*组的百分比比另一组在统计学意义上要低（显著性水平<.05）。

**组的百分比比另一组在统计学意义上要高（显著性水平<.05）。

数据来源：斯坦福国际咨询研究所；富布赖特访问学者项目调查，2003。

附表 D-74　富布赖特访问学者访学期间的专业活动（按性别）

	百分比		
独立做研究	男	女	所有学者
参加专业会议、研讨会等等	78	79**	79
在图书馆/档案馆/实验室做研究	75	80**	75
撰写/修改文章、论文、书籍或创造性作品	70	67	70
与美国教职工/学生联合研究	66**	60	70
在访学机构讲学/教学	37	36	64
在其他机构讲学/教学	27	29	28
提高电脑技能	26*	34**	28
指导学生	27**	22*	26
参与教职员工委员会	13	17	14
创作/完成硕士/博士毕业论文	10*	14**	11
组织会议、研讨会和培训班	9	10	9
在访学机构外提供有偿或无偿咨询活动	9	11	9
参与创意/表演艺术	4*	7**	5
其他专业活动	2	4	3

＊组的百分比比另一组在统计学意义上要低（显著性水平<.05）。

＊＊组的百分比比另一组在统计学意义上要高（显著性水平<.05）。

资料来源：斯坦福国际咨询研究所；富布赖特访问学者调查，2003。

附表 D-75　富布赖特访问学者访学期间的社区和社会活动（按性别）

	百分比		
	男	女	所有学者
访问美国家庭	89	91	90
阅读当地报纸	90	89	90
收看当地电视新闻	91	90	90
观看演唱会、喜剧表演或其他文化活动	78*	87**	80
收听当地广播节目	71	74	72
参与社会活动（运动除外）	68	72	69
与一个或多个美国人周末出游	65	66	65
与其他富布赖特访问学者有正式或非正式接触	58*	66**	59
就祖国文化进行讲座	46*	53**	49
参加体育运动	32**	22*	29
就自己祖国文化的一个方面（语言、舞蹈、饮食等）进行讲课/展示	22*	29**	24
其他活动	6*	11**	7
至少参与了上述活动中的一项	>99	>99	>99

＊组的百分比比另一组在统计学意义上要低（显著性水平<.05）。

＊＊组的百分比比另一组在统计学意义上要高（显著性水平<.05）。

数据来源：斯坦福国际咨询研究所；富布赖特访问学者项目调查，2003。

附表 D-76　富布赖特访问学者访学期间有家属陪同情况（按性别）

	百分比		
	男	女	所有学者
配偶/伴侣	75**	62*	88
18岁以下子女	73	70	72
其他家庭成员	6*	14**	8

＊组的百分比比另一组在统计学意义上要低（显著性水平<.05）。

＊＊组的百分比比另一组在统计学意义上要高（显著性水平<.05）。

数据来源：斯坦福国际咨询研究所；富布赖特访问学者项目调查，2003。

附表 D-77　学者伴侣在陪同访学期间参加的活动（按性别）

	百分比		
	男	女	所有学者
学习英语	60**	33*	57
就其祖国文化的某一方面（语言、舞蹈、烹饪等）办讲座或做展示	41**	23*	39
就其祖国的文化做演讲	35	35	35
上课或者上学（学习英语以外的科目）	34	26	33
参加体育运动	18	26	19
其他类似活动	6*	20**	10
至少参加了其中一项	90	88	90

＊组的百分比比另一组在统计学意义上要低（显著性水平<.05）。

＊＊组的百分比比另一组在统计学意义上要高（显著性水平<.05）。

数据来源：斯坦福国际咨询研究所；富布赖特访问学者项目调查，2003。

附表 D-78　富布赖特学者的子女在陪同访学时参加的活动（按性别）

	百分比		
	男	女	所有学者
上课/上学（学习英语以外的课程）	75	85**	77
学习英语	67	58	66
参加体育运动	54	51	54
就其祖国的文化进行演讲	20	23	20
就其祖国文化的某一方面做讲座或展示（语言、舞蹈、烹饪等）	17	20	18
其他类似活动	4	5	4
至少参加其中一种	93*	100**	94

＊组的百分比比另一组在统计学意义上要低（显著性水平<.05）。

＊＊组的百分比比另一组在统计学意义上要高（显著性水平<.05）。

数据来源：斯坦福国际咨询研究所；富布赖特访问学者项目调查，2003。

附表 D-79　富布赖特访问学者对访学经历的评价（按性别）

	平均分[1]		
	男	女	所有学者
我对做研究的机会很满意	3.79**	3.85	3.85
我的访学机构跟我的需要和兴趣很匹配	3.79**	3.71*	3.77
我大体上感觉受到了访学机构的教职员工和学生的欢迎和接纳	3.70	3.66*	3.76
我认为我被及时告知获奖信息，有充足的时间为启程作准备	3.69	3.73	3.71
关于旅途注意事项，我得到了充足的信息	3.66**	3.66	3.68
访学机构的教职员工/专业人员给了我充分的支持	3.64**	3.58	3.64
我对得到的合作机会满意	3.56**	3.51*	3.60
访学机构的教职员工/专业人员给了我充分的行政支持	3.53**	3.46	3.53
访学机构的员工邀请我参加社交活动	3.51	3.40*	3.50
我所属机构（在我祖国）支持我得到的富布赖特访学活动	3.51	3.43	3.49
我结识了来自世界各地的人	3.44	3.43	3.44
我对奖学金数量满意	3.39*	3.53**	3.43
在找住所时没有遇到困难	3.36	3.27	3.33
刚到美国时，有人接待了我并帮我安顿下来	3.29**	3.07*	3.23
我发现很多美国人有兴趣了解我的祖国	2.91	2.91	2.92
我祖国的文化和美国文化之间的差别比我想象中的大	2.25	2.19	2.23
我花了很多时间跟来自我祖国的朋友/家人相处。	2.25**	2.04*	2.20

1 评分总分为 3 分，1 分=不重要/不适用，2 分=一定程度上重要，3=非常重要。中位数为 2.0 分。

＊组的平均分比另一组在统计学意义上要低（显著性水平<.05）。

＊＊组的平均分比另一组在统计学意义上要高（显著性水平<.05）。

数据来源：斯坦福国际咨询研究所；富布赖特访问学者项目调查，2003。

附表 D-80　富布赖特访问学者创作的包括访学收获（知识、信息、材料或数据）的专业作品（按性别）

	百分比		
	男	女	所有学者
发表在经评审委员会审查的期刊或汇编图书上的文章	83**	79*	82
在学术会议上讲话或宣读论文	79*	86**	81
书或专著	46	46	46
发表在未经评审委员会审查的期刊或汇编图书上的文章	44	42	43
发表在报刊或杂志上的文章	24	29**	25
从事创作性或艺术表演	3*	7**	4
其他专业作品	7*	12**	8
至少有一种	99	>99	99

＊组的百分比比另一组在统计学意义上要低（显著性水平<.05）。

＊＊组的百分比比另一组在统计学意义上要高（显著性水平<.05）。

数据来源：斯坦福国际咨询研究所；富布赖特访问学者项目调查，2003。

附表 D-81 学者们回国后分享富布赖特经历的媒体和社区活动（按性别）

	百分比		
	男	女	所有学者
与同事/朋友交谈	90	91	90
在其祖国的的学校或其他社区/市民组织，就富布赖特经历进行分享展示会	46	42	45
在其祖国接受媒体（报纸、电视等）的采访	21	23	22
展示美国习俗（比如，烹饪、舞蹈和运动等）	13	15	13
其他活动	3	5	4
至少参加其中一项	94	95	94

＊组的百分比比另一组在统计学意义上要低（显著性水平<.05）。

＊＊组的百分比比另一组在统计学意义上要高（显著性水平<.05）。

数据来源：斯坦福国际咨询研究所；富布赖特访问学者项目调查，2003。

附表 D-82 富布赖特学者在访学结束后与美国同事的继续合作（按性别）

	百分比		
	男	女	所有学者
完全没有	9	11	6
有一点	25	26	26
适中	30	29	30
很多	36	34	35

＊组的百分比比另一组在统计学意义上要低（显著性水平<.05）。

＊＊组的百分比比另一组在统计学意义上要高（显著性水平<.05）。

数据来源：斯坦福国际咨询研究所；富布赖特访问学者项目调查，2003。

附表 D-83 富布赖特访问学者如何继续与美国个人保持联系（按性别）

	百分比		
	男	女	所有学者
电子邮件	81*	86**	82
参加学术会议、培训班和其他活动	62	60	61
美国人去学者祖国拜访学者	60	57	59
定期信件	59**	53*	58
学者去美国拜访美国朋友	53**	49	52
电话	45	45	45
学者没有与任何人有联系	5	6	5

＊组的百分比比另一组在统计学意义上要低（显著性水平<.05）。

＊＊组的百分比比另一组在统计学意义上要高（显著性水平<.05）。

数据来源：斯坦福国际咨询研究所；富布赖特访问学者项目调查，2003。

附表 D-84　富布赖特学者访学结束后对国际活动的参与（按性别）

	百分比		
	男	女	所有学者
参与其他机构组织的会议或其他组织，这些活动旨在增进国际合作	66	69	66
派遣自己祖国的学生去美国学习	58	54	57
协助巩固其他国际教职员工、专业人员和学生的交换项目	55	54	55
邀请美国教职员工或其他专业人员去学者的祖国工作	53	48	52
派学者祖国的教职员工或其他专业人员去美国工作	52**	43*	49
参与其他（非富布赖特）的国际交流项目	41	38	40
参与在学者祖国的富布赖特委员会/校友会	30	34	31
邀请美国学生去学者祖国学习	22	20	22
参与富布赖特遴选或评审委员会	21	19	20
至少其中一种	91	90	90

*组的百分比比另一组在统计学意义上要低（显著性水平<.05）。

**组的百分比比另一组在统计学意义上要高（显著性水平<.05）。

数据来源：斯坦福国际咨询研究所；富布赖特访问学者项目调查，2003。

附表 D-85　因为有陪同访学的经历，学者配偶们更多地参与国际活动（按性别）

	百分比		
	男	女	所有学者
对国际事物更感兴趣	62**	46*	60
再次去美国	45	43	46
在其祖国的学校、社区或市民机构讲述美国经历	40	32	39
参与其他的国际教育和文化交流项目	22	26	23
进行与美国相关的项目	13*	32**	15
就美国经历撰写论文、文章或书	7*	19**	8
在其祖国就他们的美国经历接受媒体的采访	3*	14**	5
去美国大学读书	4	7	4
自己获得了富布赖特学者或学生奖学金	2*	14**	4
其他类似活动	1	7	2
至少参与了其中一种	91	86	91

*组的百分比比另一组在统计学意义上要低（显著性水平<.05）。

**组的百分比比另一组在统计学意义上要高（显著性水平<.05）。

数据来源：斯坦福国际咨询研究所；富布赖特访问学者项目调查，2003。

附表 D-86　因为有陪同访学的经历，学者子女们更多地参与国际活动（按性别）

	百分比		
	男	女	所有学者
对国际事务更感兴趣	66	71	67
再次去美国	51	49	52

续表

	百分比		
	男	女	所有学者
在其祖国的学校、社区或市民组织讲述自己的美国经历	39	49	41
参加其他的国家教育或文化交流项目	31	34	32
进行与美国有关的项目	14	22	16
就其美国经历撰写论文、文章或书	13	21	15
就其美国经历在自己祖国接受媒体的采访	9	9	9
去美国大学上学	3	2	3
自己获得了富布赖特学者或学生奖学金	1	2	1
其他类似活动	2	1	2
至少参与了其中一种活动	91	91	91

＊组的百分比比另一组在统计学意义上要低（显著性水平<.05）。

＊＊组的百分比比另一组在统计学意义上要高（显著性水平<.05）。

数据来源：斯坦福国际咨询研究所；富布赖特访问学者项目调查，2003。

附表 D-87　富布赖特访学经历给学者专业活动带来的变化（按性别）

	百分比		
	男	女	所有学者
在教学中使用访学期间学到的知识/技能	82	83	82
就访学期间学到的知识/技能，成为同事的信息来源	64	66	64
拓宽了教学和研究的国际视野	64	64	64
开设/帮助设计了新的课程	49	51	50
与来自其他国家的同事的交往变多	44	45	44
职业的重心更多地关注国际问题	22	24	23
更多地涉及祖国的政治/社会/经济问题	18	20	19
与来学者祖国的留学生交往增多	18	16	18
其他变化	3＊	7＊＊	4
至少有一种变化	98	98	98

＊组的百分比比另一组在统计学意义上要低（显著性水平<.05）。

＊＊组的百分比比另一组在统计学意义上要高（显著性水平<.05）。

数据来源：斯坦福国际咨询研究所；富布赖特访问学者项目调查，2003。

附表 D-88　富布赖特访问学者对访学经历的整体评价（按性别）

	平均分[1]		
	男	女	所有学者
总之，我认为富布赖特经历和有价值	3.98	3.98	3.98
我以是富布赖特学者为荣	3.84	3.87	3.85
富布赖特奖学金能提升简历/个人资历	3.78＊	3.85＊＊	3.80
我的富布赖特经历让我更了解了美国	3.78	3.78	3.79

续表

	平均分[1]		
	男	女	所有学者
我想再次获得富布赖特奖学金	3.72	3.75	3.73
我祖国的同事认为富布赖特奖学金很有名望	3.65	3.69	3.67
富布赖特项目在我祖国的学术圈很有名	3.61	3.59	3.61
我的富布赖特增强了我对各国文化多样性的意识	3.52	3.56	3.54
富布赖特经历让我学到了不参加就学不到的专业技能	3.52*	3.60**	3.54
富布赖特项目改变了我的人生	3.02	3.10	3.04
通过美国人的眼光，我更好地理解了我自己祖国的文化	3.02	3.02	3.02
我的富布赖特经历富布赖特计划让我更有能力在我祖国的所在机构进行改变	2.87	2.90	2.89
我的富布赖特经历让我更有能力在我祖国带来改变	2.41	2.46	2.43

1 评分总分为 3 分，1 分=不重要/不适用，2 分=一定程度上重要，3=非常重要。中位数为 2.0 分。

*组的平均分比另一组在统计学意义上要低（显著性水平<.05）。

**组的平均分比另一组在统计学意义上要高（显著性水平<.05）。

数据来源：斯坦福国际咨询研究所；富布赖特访问学者项目调查，2003。

附表 D-89　富布赖特访问学者学习成果评价（按性别）

	平均分[1]		
	男	女	所有学者
提高了学者对自己领域的看法	3.58	3.65	3.60
增加了访学后专业作品的发表	3.52*	3.61**	3.54
提高了他们的专业资历	3.44*	3.56**	3.48
改变了学者的职业	2.73*	2.89**	2.77

1 各项的总分为 4 分，1 分=没有，2 分=有一点，3 分=比较多，4 分=很多。中位数为 2.5.

*组的百分比比另一组在统计学意义上要低（显著性水平<.05）。

**组的百分比比另一组在统计学意义上要高（显著性水平<.05）。

数据来源：斯坦福国际咨询研究所；富布赖特访问学者项目调查，2003。

附表 D-90　富布赖特经历对学者职业生涯的整体影响（按性别）

	百分比		
	男	女	所有学者
负面影响非常大	1	1	1
一定程度的负面影响	1	1	1
没有影响	5	3	4
一定程度的正面影响	34**	29*	33
正面影响非常大	60*	66**	61

*组的百分比比另一组在统计学意义上要低（显著性水平<.05）。

**组的百分比比另一组在统计学意义上要高（显著性水平<.05）。

数据来源：斯坦福国际咨询研究所；富布赖特访问学者项目调查，2003。

附表 D-91 富布赖特学者在访学期间对美国的新了解程度（按性别）

	平均分[1]		
	男	女	所有学者
美国的文化和生活方式	3. 55*	3. 64**	3. 58
美国的教育制度	3. 42	3. 44	3. 42
美国的政治制度	3. 06	3. 07	3. 06
美国人是如何对待少数族裔的	2. 93*	3. 07**	2. 98
美国的经济	2. 89	2. 80	2. 87
美国与其他国家的政治关系	2. 56	2. 56	2. 57

1 各项的总分为 4 分，1 分=没有，2 分=有一点，3 分=比较多，4 分=很多。中位数为 2. 5.

＊组的平均分比另一组在统计学意义上要低（显著性水平<. 05）。

＊＊组的平均分比另一组在统计学意义上要高（显著性水平<. 05）。

数据来源：斯坦福国际咨询研究所；富布赖特访问学者项目调查，2003。

青年交流学习项目评估报告

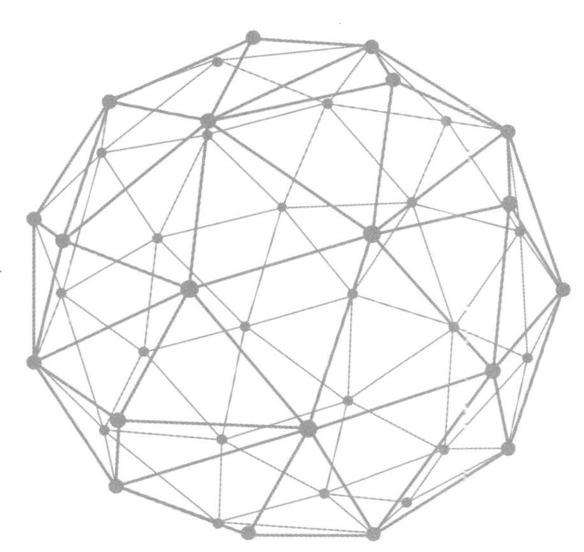

* 文件是美国国务院教育和文化事务局政策和评估办公室委托英特梅地亚调研机构于 2009 年 8 月所做的成果评估报告。

目　　录

执 行 摘 要

简　　介

2003 年 6 月，受美国国务院教育和文化事务局政策办公室评估处(Evaluation Division of the Office of Policy)的委托，英特梅地亚调研机构对青年交流学习项目(Youth Exchange and Study Program，YES)进行了评估。该项目是“9·11”事件后，由教育和文化事务局赞助的为期一年的创新性高中生交流项目。受评价司的委托，该评估结果表明交流学习的经历对参与该项活动的学生各个时期的态度与行为产生了影响。实施过程中，评价司、英特梅地亚调研机构和受让人交流组织进行了特别合作。这份最终报告证明，由美国教育和文化事务局发起的这个活动，旨在为美国人和穆斯林国家的人们之间，搭建增进互相理解的桥梁。

项 目 描 述

青年交流学习项目是一项在 2002 年 10 月由美国国务院教育和文化事务局发起的教育交流项目。该项目为来自以穆斯林人口为主要人口国家的 15 到 17 岁的中学生提供奖学金，让他们在全美国城镇和城市里度过最多一学年的时间。参与该项目的学生住宿在美国接待家庭里，在美国高中上学，参加各种活动以了解美国社会和价值观，进行有关领导技能的学习，同时也为美国人讲述他们的国家、文化和习俗。自 2003 年以来，总共有超过 3480 名，来自至少 24 个国家的学生，参与了青年交流学习项目。

青年交流学习项目旨在促进美国人民同参与伙伴国家人民的相互了解和尊重。具体目标如下：

· 为参与项目的国家的青年提供学习了解美国社会、人民、制度、价值和文化的机会；

· 增加美国人对外国学生国家和文化的了解；

· 为参与项目的国家的青年提供学习更多公民权利、价值的机会，并从另一种视角看待他自己的国家；

· 在美国期间学习领导技能，使他们回国后能够运用所学技能；

· 支持项目参与者将他们在交流项目期间所学知识和技能在回国后熟练运用；

· 加强私人联系和机构间的联系。

研究描述

位于华盛顿特区的英特梅地亚调研机构，是一个调研评估组织，它对青年交流学习项目参与者进行了一项从2003年6月到2009年8月的纵向研究。该评估旨在从以下四个方面对该项目所述目标进行评价。

· 对交流项目的满意度；

· 学习和了解情况；

· 行为变化；

· 个人联系。

此次评估运用了质化与量化两种方法，来探究交换学生对自身的理解、他们的看法和观点、他们对美国人和美国的态度，以及作为社会人的权利和责任。每一批学生的数据都会在将近两年时间内的三个不同时期分别收集。

· 项目开始时和到达美国之前（调查1，使用纸质问卷）；

· 结束在美国为期一年的学习返回本国之前（调查2，使用网上问卷，确定几个关注小组）；

· 返回本国一年后（调查3，使用纸质和网上问卷）。

对每年交流学习学生的数据收集时间轴如下：

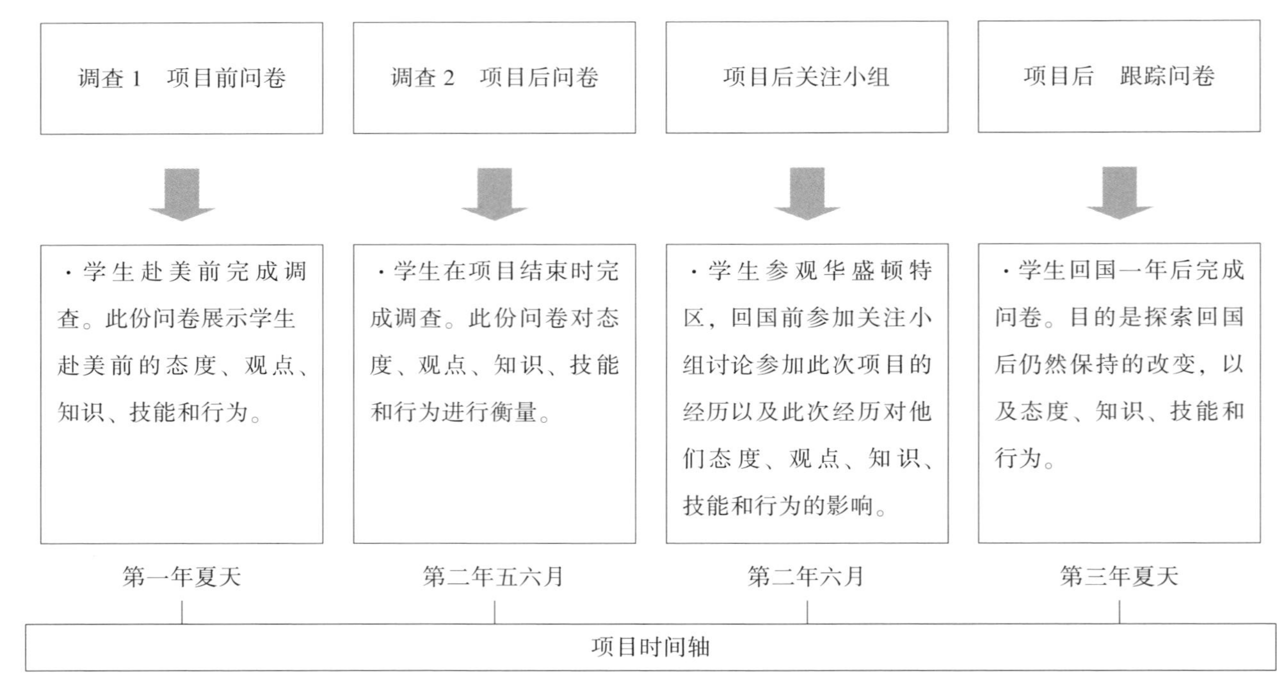

图 1　年度青年交流学习项目参加人员数据采集时间表(2003 年 8 月)

对四期参加青年交流学习项目学生，进行三次问卷调查的问卷回收率如下：

表 1　1 至 4 期青年交流学习项目学生问卷回收率①

期/年	项目开始时学生总数	调查一回答人数	调查二回答人数	调查三回答人数
4(2006-8)	642	642(100%)	359(56%)	316(49%)
3(2005-7)	619	592(96%)	411(66%)	344(56%)
2(2004-6)	434	360(83%)	308(71%)	192(44%)
1(2003-5)	161	161(100%)	126(78%)	118(73%)
总数	1856	1 755(95%)	1 205(65%)	970(52%)

具体负责青年交流学习项目的交流组织负责管理调查 1 纸质问卷，并联系学生完成调查 2 和调查 3 的问卷。交流组织分为三个协会，由美国国际文化交流组织(AFS-USA)、美国委员会(American Councils)和爱优生全球青年交流组织(AYUSA International)，还有国际和战略关系研究所(IRIS)及美国纳赛尔(Nacel Open Door)领导(负责交换的组织名单详见附录 2)。

由于参加项目的学生都能熟练运用英语，所有数据收集都是用英语进行的。但是，出于简洁和专业性的考虑，对语言进行了复审，来保证人们能较好地理解语言。

参与青年交流学习项目的学生来自超过 26 个国家，范围涵盖南亚、东南亚、非洲和中东(青年交流学习项目参与者来自国家明细见附录 1)。1 至 4 期参加青年交流学习项目的学生青年男女比例相对平衡，其中大部分是来自他们国家的首都、大城市或受到良好教育、品行端正的穆斯林。(关于学生详细个人信息见第九部分统计信息)

本报告呈现的是对 2003 年至 2009 年前四期参与项目学生评估的最终发现。报告意在对四批学生

① 问卷回收率由于负责交流的组织在收集参与项目的学生数据时成功率不同、项目开始和结束时的学生人数具有一定波动、重新收集项目结束后投入忙碌生活/搬迁的学生比较困难等原因而有差异。

的调查结果进行比较和对比，同时全面理解本项目是否有效地达到了增加知识、增进理解、开发领导能力、培养联系能力的目标，以及对本项目的满意度。① 它对参与项目学生思想如何随时间而改变、他们如何应用在美国所学到的技能和知识做了研究。

全面评估发现：实现了项目目标应取得的成就。

对前四期参加青年交流学习项目的学生，受到项目影响的评估显示，青年交流学习项目成功地达到了六个主要目标。总之，参加该项目的经历对绝大多数参与学生具有十分积极的效果，在项目结束一年后仍然对他们有利。仅这一点就凸显出，青年交流学习项目十分成功地达到了它的既定目标。

这些发现凸显出，来自25个国家的四期青年交流学习项目学生，从该项目中获得了以下内容：

· 对美国、他们自己的国家和社会中的个人角色和权利，有了更深入细致的了解；

· 更加包容外国人和不同文化；

· 领导能力和交际能力得到极大提高；

· 让他们能够影响他们社区及外界做出变化的权力感。

青年交流学习项目潜在的更长远影响，可以从项目结束一年后参加该项目学生的表现看出来。一至四期青年交流学习项目参加者，仍然热衷于社区活动，并为改变他们的社区努力，他们继续影响身边人对美国社会的观点，此外还一直与美国寄宿家庭和朋友保持联系。

每一期的学生数据都采集于近两年时间内的三个不同阶段。

· 项目开始时、到达美国之前(调查1)；

· 结束在美国为期一年的学习返回本国之前(调查2)；

· 返回本国一年后(调查3)。

目标1：为参与项目国家的青年提供学习了解美国社会、公民、价值、文化和机构的机会。

· 几乎所有参与青年交流学习项目的学生，都说他们在美国的经历增加了他们对美国政治、政府和经济的了解。美国民主的运行、自由和平等程度给很多学生留下了深刻印象。同时，他们理解美国面临的诸多困难，并且欣赏美国社会讨论制定解决问题方法的能力。

① 由于对调查进行重新编排，给第一期学生的项目前调查(调查1)措辞会有不同。绝大多数情况下，措辞相似度能保证在不同调查间和不同期学生间进行比较。但是，存在少数问题被置换的情况，因此这些数据不能直接同后期调查结果进行比较。这些不同会在整个报告的脚注中说明。

· 项目结束回国一年后，大多数项目参与者由于参加青年交流学习项目的经历对美国人的看法更加友好。最重要的一点是，他们感受到美国人的友好、亲切、乐于助人、心胸开阔和包容。很多人，比如参与青年交流学习项目的学生们，评价美国人对外国人是多么友好和欢迎，尤其对参与项目的学生们。

· 住在美国，驱散了项目参与者来美国参加交流学习项目前，对美国人和美国社会的许多负面思维定式。例如，许多项目参与者惊异于美国人的多样性，对美国人努力工作留下深刻印象，美国人对世界有限的知识也让他们感到惊奇。此外，受电视和电影的影响而推测，“大多数美国人都很有钱”的受调查学生人数比例在后两次调查时比第一次调查有显著下降。

目标 2：增加美国人对外国学生国家和文化的了解。

· 尽管本次评估，没有对参加项目的学生所住的美国家庭的美国人，进行数据收集，但从参加项目学生的回答来看，通过他们日常接触、讨论，以及通过其他形式分享关于他们国家和文化的信息，他们对美国本地交流生的影响是明显的。此外，参加项目的学生，与他们的寄宿家庭和朋友保持经常不间断联系，会不断加深美国人对外国交流生所处社会的了解。

目标 3：为参与项目国家的青年提供了解公民权利、价值的机会，并且客观地看待他们自己的国家。

· 四期交流学习项目中绝大多数学生参与该项目时都怀着对个人在社会中拥有权利的强烈信仰，他们在美国的经历强化了他们的信念。特别是，认为应当拥有充足住房权、宗教信仰自由、旅行自由和获取“非常重要信息”的人数比例，相比调查 1、调查 2 有很大提高，在调查 3 中比例进一步上升。

· 相类似，尽管参加项目前每期学生在调查 1 中坚信机会均等，在他们看到美国社会是如何将信念付诸行动时很多学生受到更大鼓舞。特别需指出，参与调查学生中坚信宗教民族、少数民族以及残疾人应享有同等权利的比例，在每次调查中都较前一次调查有很大上升。

· 在国外生活一年让参加青年交流学习项目的学生们反思自己国家的社会。他们对自己社会的正面和负面有了更加清晰强烈的看法和观点。参加该项目的学生增强了对他们国家和文化的自豪感，同时也更加意识到他们社会的弊端——比如发展落后和缺乏社区服务——同样缺乏向更好方向发展的决心。

目标 4：在美国期间学习领导技能使他们回国后能够运用所学技能。

· 在美国的一年中，参加青年交流学习项目的学生们学习新技能和新知识并在回国后将它们运用到实际中。考虑到参加该项目的学生相比同年龄阶段的学生具有更高水平的技能和更多知识，他们学到的东西就尤为重要了。特别是参与项目的学生称他们在青年交流学习项目中最重要的收获就是交流和领导技能。

· 各期学生均说他们更加自信并且有权力感意识。实际上，调查显示几乎每期的所有学生都说他们在美国时(调查2)自信心得到增强，在回国一年后(调查3)更加自信。回国后，调查3中大多数人称他们坚信他们能够影响他人并促进他们社区的改变，这一人数比调查2中更多。

目标5：支持项目参与者，将他们在交流项目期间所学的知识和技能，在回国后熟练运用。

· 所有参加青年交流学习项目的学生在回国后都渴望将他们所学的技能运用到改善社区和社会中，并且绝大部分(将近80%)在自己国家坚持做社区服务。比如，许多参加项目的学生，将他们坚信残疾人应拥有权利的观点，付诸实践，自发地让他们社区的残疾人行动起来。另一些学生，则运用他们学习的领导技能和资金管理技能，帮助组织活动并筹款做好事。

· 虽然许多学生，在参加青年交流学习项目之前，就在社团或活动中担任领导角色，但他们说，在参加青年交流学习项目后，他们更热衷于帮助策划活动、在活动中担任领导角色或为他人提供培训。例如，第四期中有三分之一的学生在本国进行志愿工作，并在去年发起"创建社区服务活动"，在前三期中进行类似活动的学生更多。

此外，参与该项目的学生们运用他们学到的交流技巧，提供给朋友、家人以及社区人员有关美国和美国人的信息，努力打破他们对美国的负面观点。调查3中绝大多数人相信这些努力是成功的，他们周围的人现在对美国和美国人有了更积极和深入细腻的看法。

目标6：培养加强私人联系和机构间的联系。

调查3中多数学生称，他们把参加青年交流学习项目组织的校友活动作为同其他参与学生保持联系，一起为实现他们在项目中形成的共同价值而努力的途径。他们不仅享受参加社会聚会、研讨会和讲座，许多学生也在社区服务项目上进行合作，并参与到召集未来青年交流学习项目学生的工作中。

调查3中多数学生在交流项目结束一年后，仍与他们的寄宿家庭、美国朋友、老师、其他参加交流项目的学生，以及在美国认识的其他外国学生保持联系。不仅如此，参与调查的人中，将近三分之一的人称自交流项目结束后，有他们在美国认识的人——寄宿家庭、美国朋友、参与项目学生或认识的其他人——来拜访过他们。

结论

对青年交流学习项目前四期学生的评估，清楚地证明了该项目成功达到它的目标：(1)增进了对美国的学习和了解；(2)加强领导技能；(3)更多参与社区及组织上的活动；(4)让在美国的经历成为他们美好的回忆，并与他们在美国交流学习时认识的人建立长久联系。纵向研究不仅让我们能看到并记录，参加青年交流学习项目的学生们作为个人是如何发展与成长的，而且让我们看到并记录，他们对美国的观点和理解是如何变化的。

研究结果凸显出该项目参与者，在参加该项目后，对美国社会和文化有了更深入和细微的了解，更加包容外国人和外国文化，领导能力和交流技巧得到提高，拥有促进社区及社区外变革的权力感。青年交流学习项目的长期影响在项目结束一年后的调查中体现出来，前四期参加项目的学生，仍然致力于参加并为他们社区的改变做贡献，不断改变他们周围的人，关于美国的观点以及保持同寄宿家庭和朋友们的联系。

总而言之，此评估展示了从他们项目前培训到为期一年的美国学习到参加校友活动的过程。参加青年交流学习项目的学生们，展示出他们在对美国的了解、态度、行为，以及他们在本国社区角色定位上产生的巨大的长期的改变。下面学生的话对该项目对参与学生的影响是最好的说明：

> 我开始回忆我在参加青年交流项目中遇到的每个学生。我的那些回忆给了我希望和患难与共的感觉。青年交流学习项目把我们聚集到一起。它给了我们共同的目标。我意识到在这个项目下，我们有同样的目标，为了共同目的工作，那就是“促进和平”。虽然我们肤色不同，我们是一个整体，拥有共同的目标！事实上，我们肤色不同，但齐心协力！

一、研究描述

青年交流学习项目，是由美国国务院教育和文化事务局，于2003年建立的教育交流项目。该项目为来自以穆斯林人口为主的国家的15到17岁的中学生提供奖学金，让他们在全美国城镇和城市里度过最多一学年的时间。参与该项目的学生，住宿在美国寄宿家庭里，在美国高中上学，参加各种活动了解美国社会和价值观，进行有关领导技能的学习，同时也为美国人讲述他们的国家、文化和习俗。

青年交流学习项目，旨在促进美国人民同参与学生来自国家人民的，相互了解和尊重。具体目标如下：

- 为参与该项目国家的青年提供学习了解美国社会、人民、制度、价值和文化的机会；
- 增加美国人对外国学生国家和文化的了解；
- 为参与项目国家的青年提供学习公民权利、价值的机会，并从另一种视角看待他自己的国家；
- 在美国期间学习领导技能使他们回国后能够运用所学技能；
- 支持项目参与者，将他们在交流项目期间所学知识和技能，在回国后熟练运用；
- 加强私人联系和机构间的联系。

位于华盛顿特区的英特梅地亚调研机构是一个调研组织，它对青年交流学习项目参与者进行了一项从2003年6月到2009年8月的纵向研究。该评估旨在从以下四个方面对该项目所述目标进行评价。

- 对交流项目的满意度；
- 学习和了解情况；
- 行为变化；

· 个人联系。

此次评估运用了质化与量化两种方法，来探究交换学生对自身的理解、他们的看法和观点、他们对美国人和美国的态度，以及作为社会人的权利和责任。每一期学生的数据都会在将近两年时间内的三个不同时期分别收集。

· 项目开始时和到达美国之前(调查 1，使用纸质问卷)；

· 结束在美国为期一年的学习返回本国之前(调查 2，使用网上问卷，确定几个关注小组)；

· 返回本国一年后(调查 3，使用纸质和网上问卷)。

对每年交流学习学生的数据收集时间轴如下：

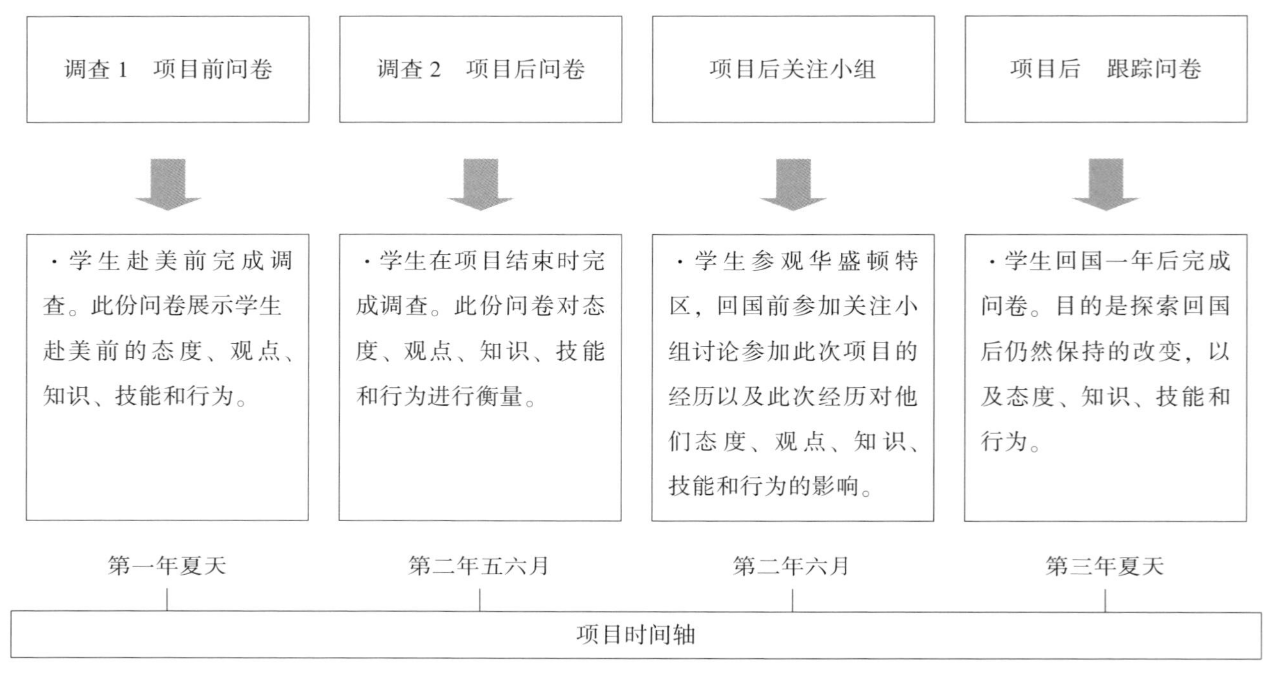

图 1 对每年参加青年交流学习项目学生数据收集的时间轴(2003 年 8 月)

对四期参加青年交流学习项目学生进行三次问卷调查的问卷回收率如下：

表 2 1 至 4 期青年交流学习项目学生问卷回收率①

期/年	项目开始时学生总数	调查一回答人数	调查二回答人数	调查三回答人数
4(2006-8)	642	642(100%)	359(56%)	316(49%)

① 问卷回收率由于负责交流的组织在收集参与项目的学生数据时回收率不同、项目开始和结束时的学生人数具有一定波动、重新收集项目结束后投入忙碌生活/搬迁的学生比较困难等原因而有差异。为提高回收率做了很多努力(例如：采取激励措施，延长网上调查时间，多次提醒等)。

续表

期/年	项目开始时学生总数	调查一回答人数	调查二回答人数	调查三回答人数
3(2005-7)	619	592(96%)	411(66%)	344(56%)
2(2004-6)	434	360(83%)	308(71%)	192(44%)
1(2003-5)	161	161(100%)	126(78%)	118(73%)
总数	1856	1 755(95%)	1 205(65%)	970(52%)

具体负责青年交流学习项目的交流组织负责管理调查1纸质问卷，并联系学生完成调查2和调查3的问卷。交流组织分为三个协会，由美国国际文化交流组织、美国委员会和爱优生国际交换学生机构，还有国际和战略关系研究所(IRIS)及美国纳赛尔(Nacel Open Door)领导(负责交换的组织详单见附录2)。

由于参加项目的学生都能熟练运用英语，所有数据收集都是以英语为语言进行的。但是，出于简洁和专业性的考虑，对语言进行了复审，来保证人们能较好地理解语言。

参与青年交流学习项目的学生来自超过26个国家，范围涵盖南亚、东南亚、非洲和中东(青年交流学习项目参与者来自国家明细见附录1)。1至4期参加青年交流学习项目的学生青年男女比例相对平衡，其中大部分是来自他们国家的首都、大城市或受到良好教育、品行端正的穆斯林(关于学生详细个人信息见第九部分统计信息)。

本报告呈现的是对2003年至2009年前四期，参与项目学生评估的最终发现。报告意在对四批学生的调查结果进行比较和对比，同时全面理解本项目是否有效地达到了增加知识、增进理解、开发领导能力、培养联系的目标，以及对本项目的满意度。① 它对参与项目学生思想如何随时间而改变，他们如何应用在美国所学到的技能和知识做了研究。

① 由于对调查进行了重新编排，给第一期学生的项目前调查(调查1)措辞会有不同。绝大多数情况下，措辞相似度能保证在不同调查间和不同期学生间进行比较。但是，存在少数问题被置换的情况，因此这些数据不能直接同后期调查结果进行比较。这些不同会在整个报告的脚注中说明。

二、学习和理解

青年交流学习项目取得的最大成功，就是参与者们加深了对美国政治、经济体制的了解；对美国社会、美国人、美国文化和价值有了更深入的洞察，以及坚定了社会中个人享有权利的信仰。由于参与项目的学生本身，对美国社会有较好了解，并且对个人权利有坚定的信仰，他们在美国学习的覆盖面会更广。青年交流学习项目结束后，学生们能够消除他们之前对美国的思维定式，并且能更好地区分美国文化当中的神话和现实。他们对美国这样一个完全不同于他们国家的国家，有了更成熟和细致入微的理解，理解并欣赏美国体制的长处和优点，同时接受体制中不可避免的问题和弊端。参加青年交流学习项目的经历，让学生们感到更加贴近美国人民和美国社会，同时能够思考美国和自己国家的相似处和不同点。

对美国政府、民主制度和经济的看法

目标：为符合要求国家的青年提供了解美国制度的机会

结果：几乎所有受访者对美国政府、制度和经济有了更多了解

经过在美国一年的生活，大多数参与青年交流学习项目的各期学生称，他们对美国政治、政府和经济有了更多了解。如表 3 和表 4 所示，四期交流学生中超过 90%的学生称，他们对美国政府、民主制度和经济有了更多的了解。这和在调查 2 和一年后的调查 3 中反映的情况一致。

表 3　调查 2、3 中各期学生对美国政治和政府有更好了解占各期总人数的百分比

	第 1 期	第 2 期	第 3 期	第 4 期	平均百分比
调查 2	92%	96%	95%	95%	95%
调查 3	92%	96%	98%	95%	95%

表 4　调查 2、3 中各期学生对美国经济有更好了解占各期总人数的百分比

	第 1 期	第 2 期	第 3 期	第 4 期	平均百分比
调查 2	92%	97%	95%	95%	95%
调查 3	90%	98%	96%	96%	95%

就参加青年交流学习项目学生获得的更多了解和他们的交换经历总体来说，调查 3 中大部分接受调查的学生称，相对于来美国之前，他们现在对美国政治和政府以及经济持有更好的印象。表 5 所示，各期中有 60%到 70%的受访者在参加交流项目后，对美国政治、政府和经济的看法有了改观。

表 5　调查 3 中各组对美国政治、政府和经济的观点有更好改观的人数占各期总人数的百分比

	第 1 期	第 2 期	第 3 期	第 4 期	平均百分比
美国政治和政府	61%	55%	65%	68%	62%
美国经济	59%	68%	73%	72%	68%

总体上，在对美国民主制度和经济具体方面的观点上，受访者观点只有微小的变化。以第 4 期为例(见图 2)，在三次调查中，对如下陈述持同意看法(“完全同意”和“部分同意”)的人所占百分比一致。

· 美国经济为美国居民提供良好生活条件；

· 美国人享有出版自由；

· 美国有保护个人的法律/规章；

· 美国为所有人提供均等机会；

· 美国是一个运转良好的民主国家。

最大变化出现在同意“美国经济为美国居民提供良好生活条件”人群中。导致这一结果的原因可能是，第 4 期参加交流项目的学生在参与调查 3 时，美国正处在 2008 年夏秋季经济低迷时期。

但是，尽管在第 4 期交流学生中，对美国经济和美国居民、总体经济状况的印象改变最大，其他期学生的回答则说明，他们在这一问题上带有对美国财富自身的模式化观点。如下，图 2、图 3 所示，几乎所有参加青年交流学习项目的学生，认识到美国是一个经济水平差距很大的国家，美国也有其经济上的难题。

以下是青年交流学习项目交流学生返回本国前的引述，这说明他们对美国经济有了更真实的认识，特别是恰巧遇到美国刚刚开始的经济危机的第 4 期学生。同时，他们的评论说明，他们相信美国的恢复能力和通过勤奋工作克服经济低迷的能力。

我知道了美国和其他任何国家一样，有优点也有弊端。美国并不是一眨眼就能赚到钱的地方；它就像其他国家一样，有它的优点和不足。

我知道了并不是所有美国人都像我们在电影里看到的一样富有。

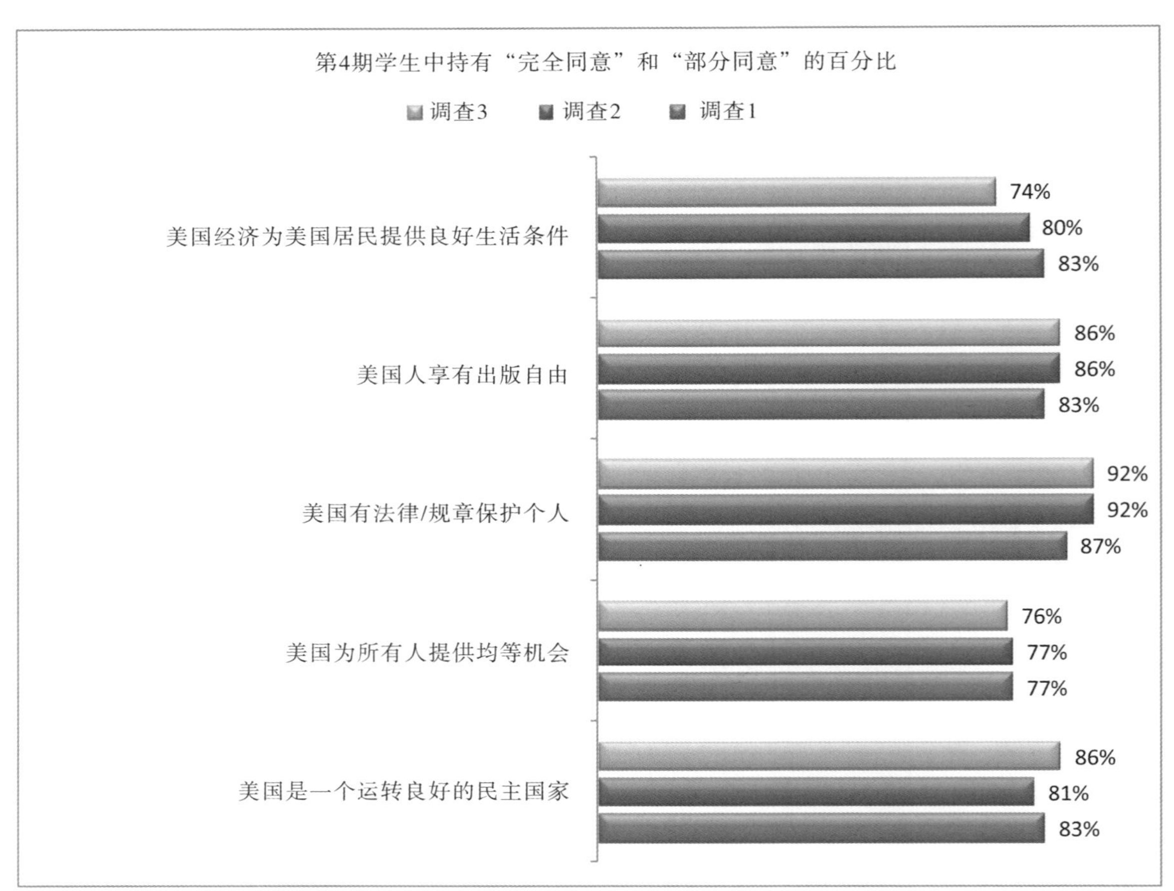

图 2　不同阶段对美国民主制度和经济的看法

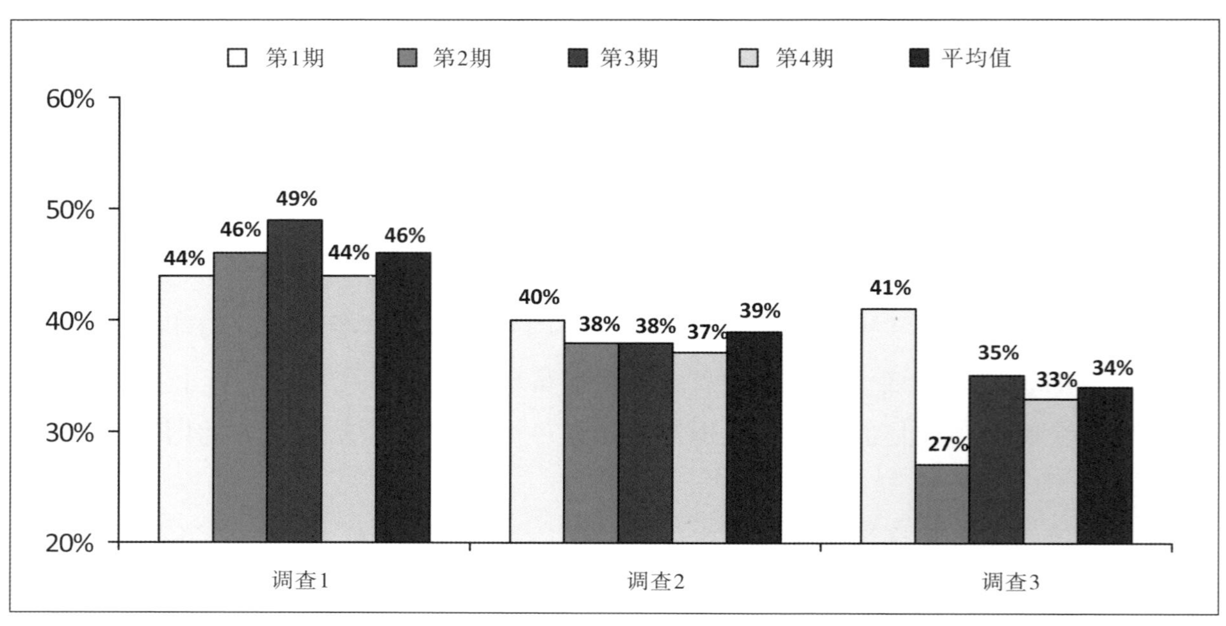

图 3　调查 1、2、3 中各期学生不同阶段“完全同意”和“部分同意”“大多数美国是富有的”这一观点的百分比

我曾认为美国是世界上最富有的国家，那里的每个人都生活得轻松快乐，但这次青年交流学习项目改变了我的看法。

虽说美国是世界上最大的经济体，但当地人的生活仍然很简单。

美国人勤奋工作，希望努力走出他们的低谷和低迷的经济。美国是一个伟大的国家。

美国是个努力工作的好地方，人们用自己的努力工作换取财富。如果你努力工作，那你就有更好的机会。尽管目前情况不好，但我认为你仍然可以在美国做得很好。

我的寄宿家庭都很关心现在的经济形势。因为现在物价更高了，他们的工作也没有了保障，这让他们很担心。

即使在经济发展形势不好的情况下，美国人也会抓紧充分利用当前形势下他们所拥有的一切。

在美国政治制度其他方面，各组大部分受访者只对美国民主的力量有了进一步好的认识。如下面图4至图5所示，在交流项目结束后，大多数项目参与者仍旧同意或更加坚定了“美国是一个运转良好的民主国家”、“美国为所有人提供均等机会”、“美国有保护个人的法律/规章”、“美国人享有出版自由”。调查2和调查3的变化，证明很多参加项目的学生开始寻找时机，去比较美国民主制度运行和他们本国民主制度运行的不同。

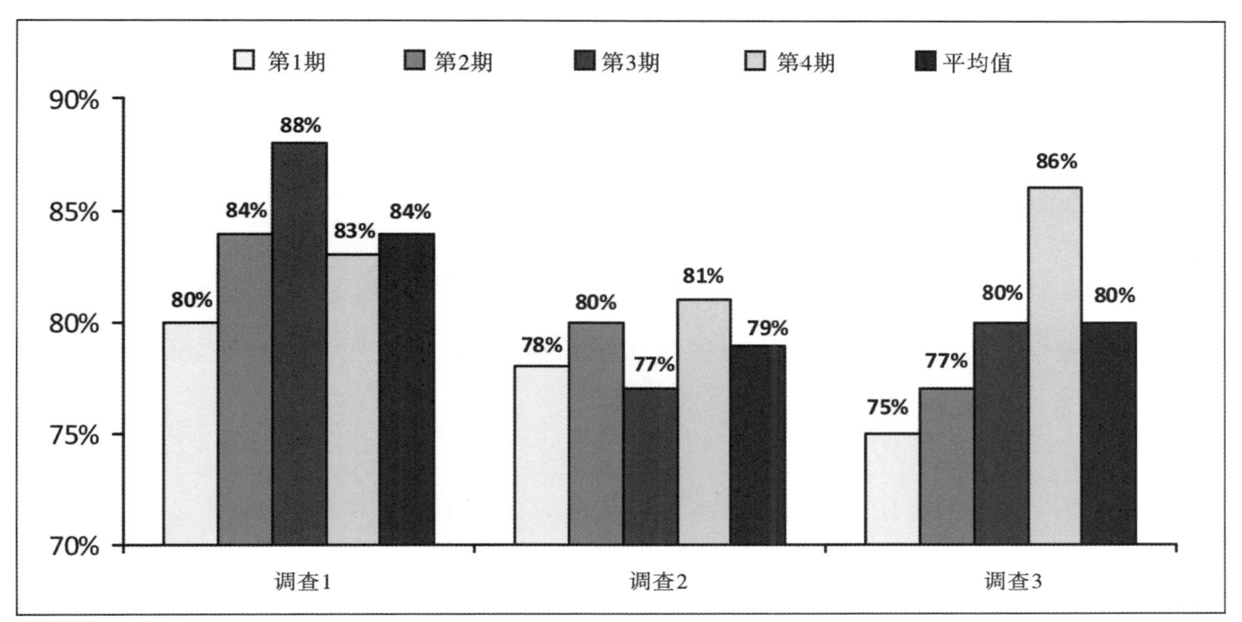

图4　调查1、2、3中各期参加项目学生不同时期对“美国是一个运行良好的民主国家”持“完全同意”和“部分同意”的百分比

当问到“想起美国时第一个出现在脑海里的是什么”和“美国的生活和你本国的生活有什么不一样”时，“自由、平等和民主”一直都是这些开放性问题的主要回答。这也更加证明了他们对美国自由、法律和民主有了更深入的看法。

以下来自调查中各种开放性问题的引述，说明参加青年交流学习项目的学生，在美国期间对实践中的美国民主制度是如何看待的。

“美国是个均衡的民主国家。政府的权力得到很好的平衡。”

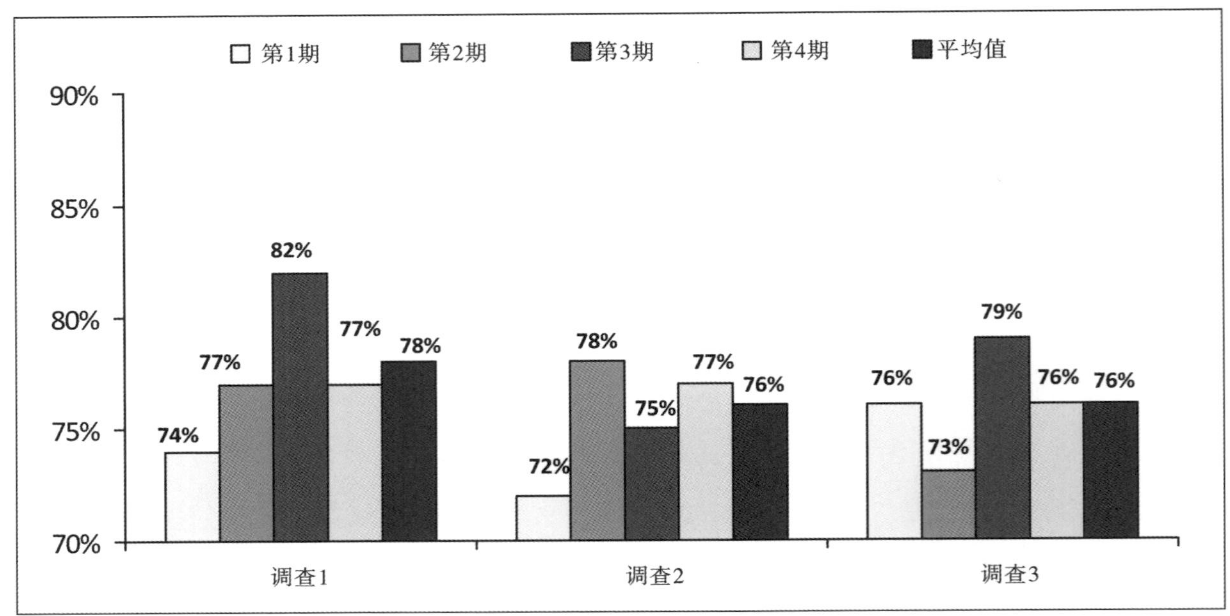

图 5　调查 1、2、3 中各期参加项目学生不同时期对“美国为所有人提供均等机会”持“完全同意”和“部分同意”的百分比

“我知道了在美国民主是如何良好运转的。每个人都有言论自由、均等机会并且尊重他人。”

“美国由不同背景的人构成，他们一起居住，一起工作。美国人和代表他们的美国政府有所不同，但是运转起来很好。”

“我知道美国是个将所有文明与文化统一起来，保护所有个体权利的地方。”

“美国民主制度和政府有很大不同。如果你虐待自己的孩子，那么有人会领走你的孩子替你抚养。在菲律宾，没有人会关心这种事。美国政府保护儿童、老人和一切。我不想说我们国家的政府愚蠢，可能是因为我们国家的政府缺少资金。”

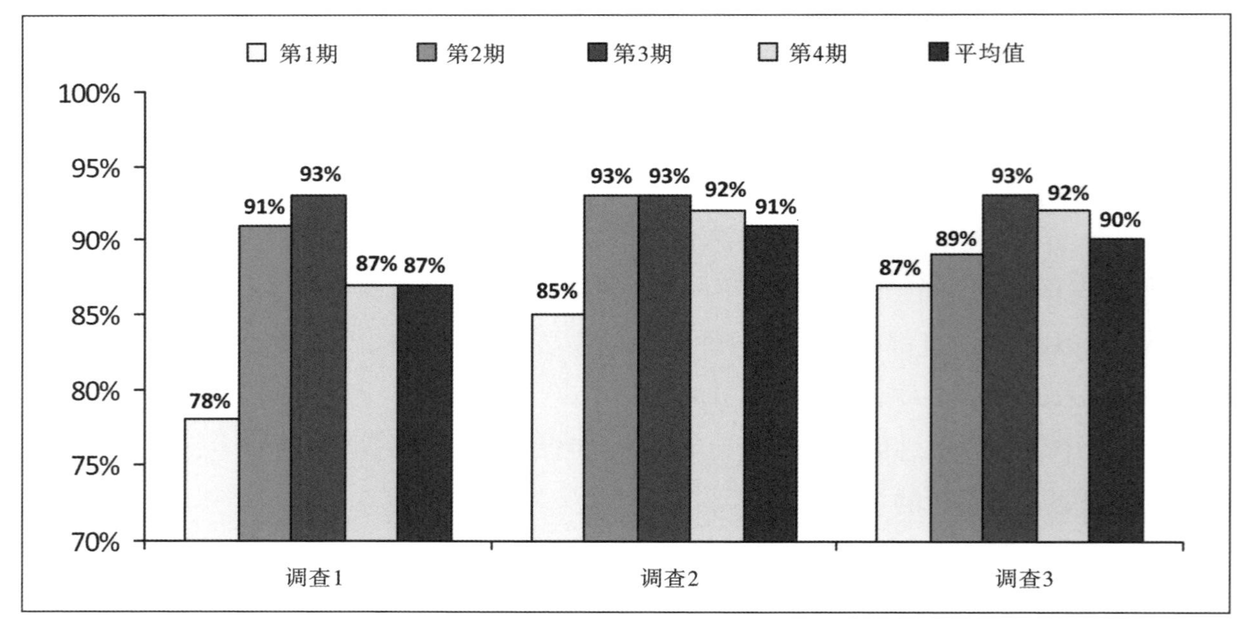

图 6　调查 1、2、3 中各期参加项目学生不同时期对“美国有法律/规章保护个人”持“完全同意”和“部分同意”的百分比

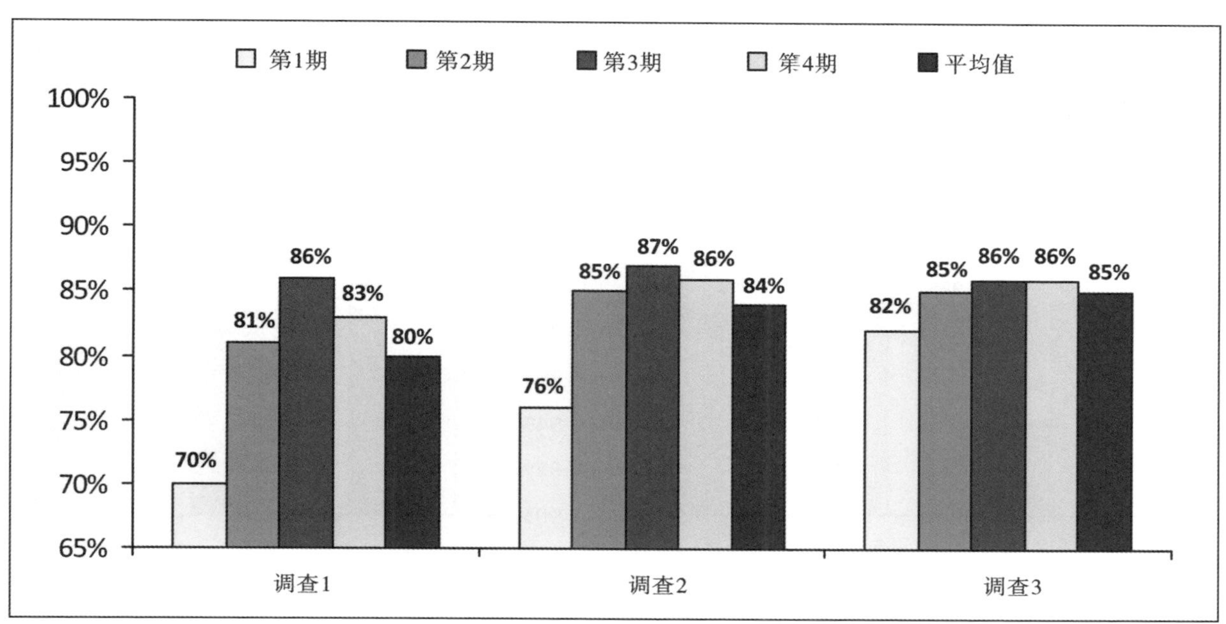

图 7　调查 1、2、3 中各期参加项目学生不同时期对“美国人享有出版自由”持“完全同意”和“部分同意”的百分比

关于个人权利和机会均等的观点

在每期青年交流学习项目过程中和结束后，在美国的一年让参加项目的学生增强了自己对个人权利和全体机会均等的信念和价值观念。

目标：为符合要求国家的青年提供了解社会中个人权利的机会

结果：参加青年交流学习项目的学生对社会中个人拥有的社会权利、公民权利和经济权利有了更敏锐的认识和更坚定的信仰

在四期项目中，多数参加青年交流学习项目的学生，在来美国前已经对社会中个人拥有的权利有了强烈信念。事实上，在调查 1 中，除了一个例外(“旅行自由的权利”)，四期中至少 80%的学生认为，图 8 所示的九种个人权利“非常重要”或“比较重要”。

在“医疗保健”、“教育”、“言论自由”和“工作权利”上，调查 1 中超过 90%的学生在参加青年交流学习项目前，就认为上述权利很重要，并且在项目结束回国后仍保持同样观点。

虽然如此，即便在参加青年交流学习项目前大多数人就认为实践自己信仰的权利和自由旅行的权利“非常重要”或“比较重要”，参加该项目后，认为以上两种权利重要的比例持续增加。以第 4 期为例，认为实践自己信仰的权利和自由旅行的权利“非常重要”或“比较重要”的比例分别由 85%上升到 93%，85%上升到 96%。认为这些权利“非常重要”的比例增幅更加明显，如图 9 所示，认为宗教信仰自由权利“非常重要”的比例由调查 1 中的 68%上升到调查 3 中的 79%，认为旅行自由权利“非常重要”

的比例由调查 1 中的 51%上升到调查 3 中的 75%。

图 8g，8h，8i 所示，总体来看，参加青年交流学习项目的各期学生认为获取信息权、适当住房权和法律平等权重要的比例稍有上升。考虑到参加项目之前这些学生对这些问题已有强烈的看法，有多少学生通过参加交流学习项目对这些问题变得热心就很重要了。

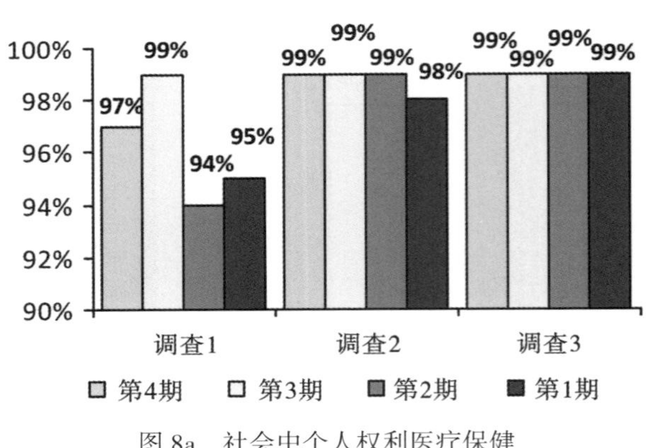

图 8a　社会中个人权利医疗保健

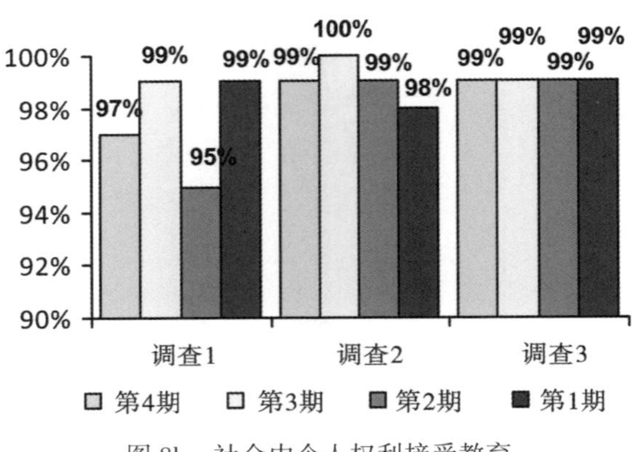

图 8b　社会中个人权利接受教育

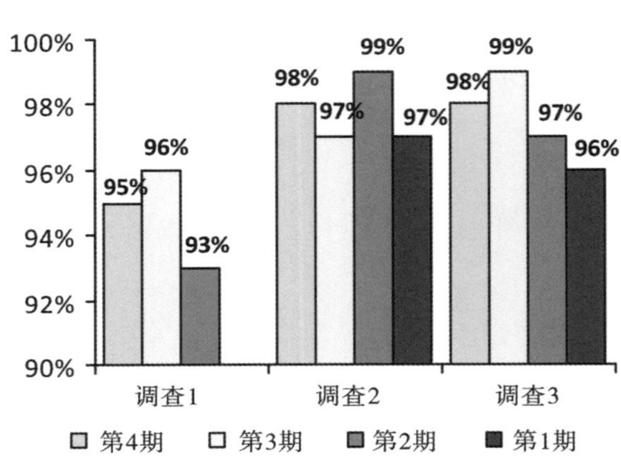

图 8c　社会中个人权利言论自由

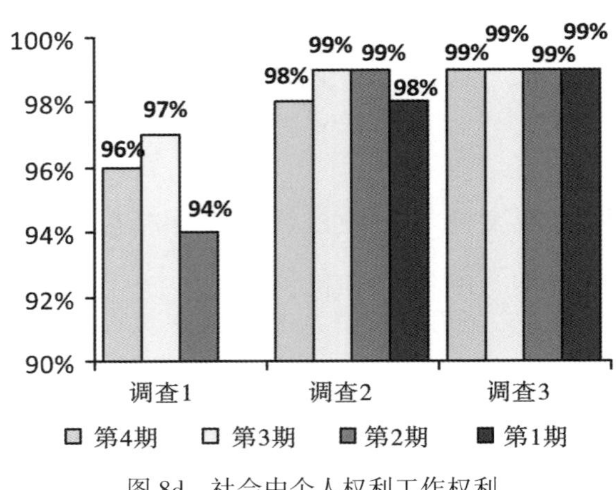

图 8d　社会中个人权利工作权利

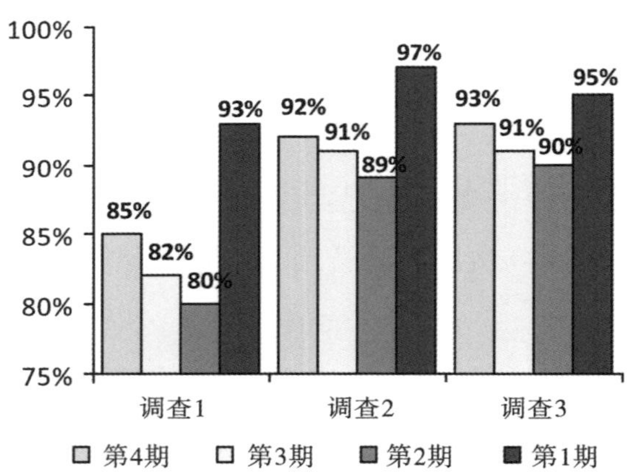

图 8e　社会中个人权利宗教信仰自由

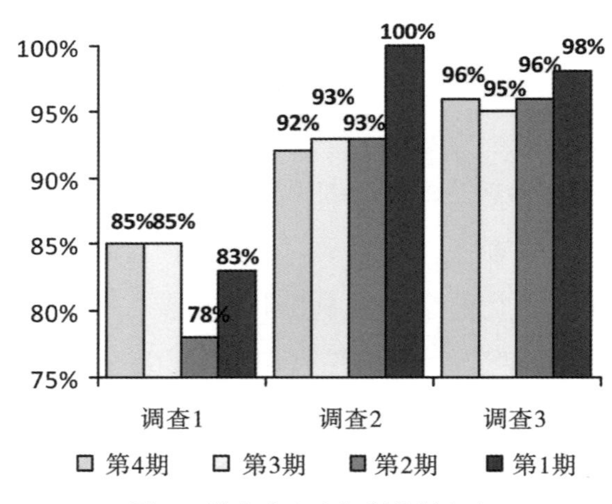

图 8f　社会中个人权利旅行自由

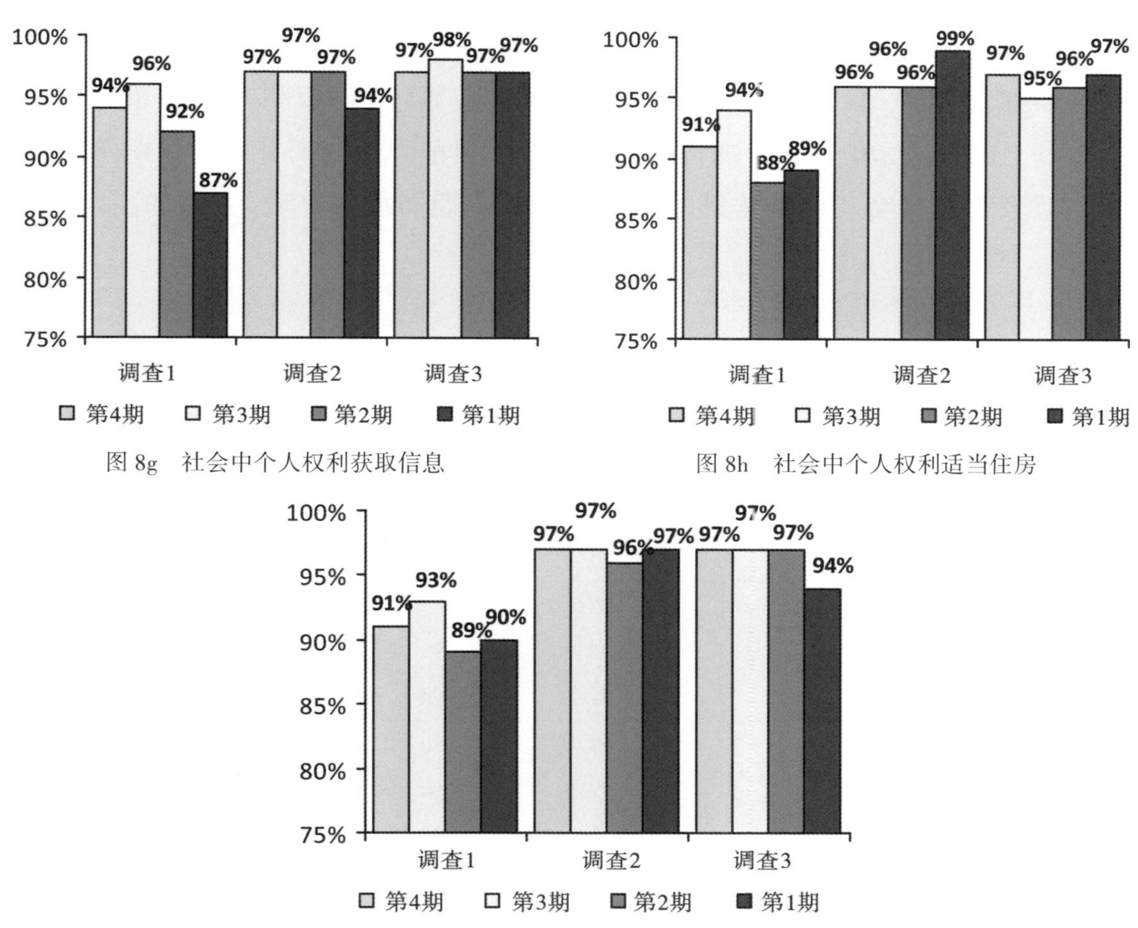

图 8g　社会中个人权利获取信息

图 8h　社会中个人权利适当住房

图 8i　社会中个人权利法律面前平等

图 8　调查 1、2、3 中各期学生在不同阶段对社会中个人权利认为“非常重要”和“比较重要”的百分比

在图 9 中展示的所有权利，第 4 期学生认为它们“非常重要”的比例，从调查 1 到调查 2 有明显增加，在项目结束回国一年后的调查 3 中比例仍然继续上升。

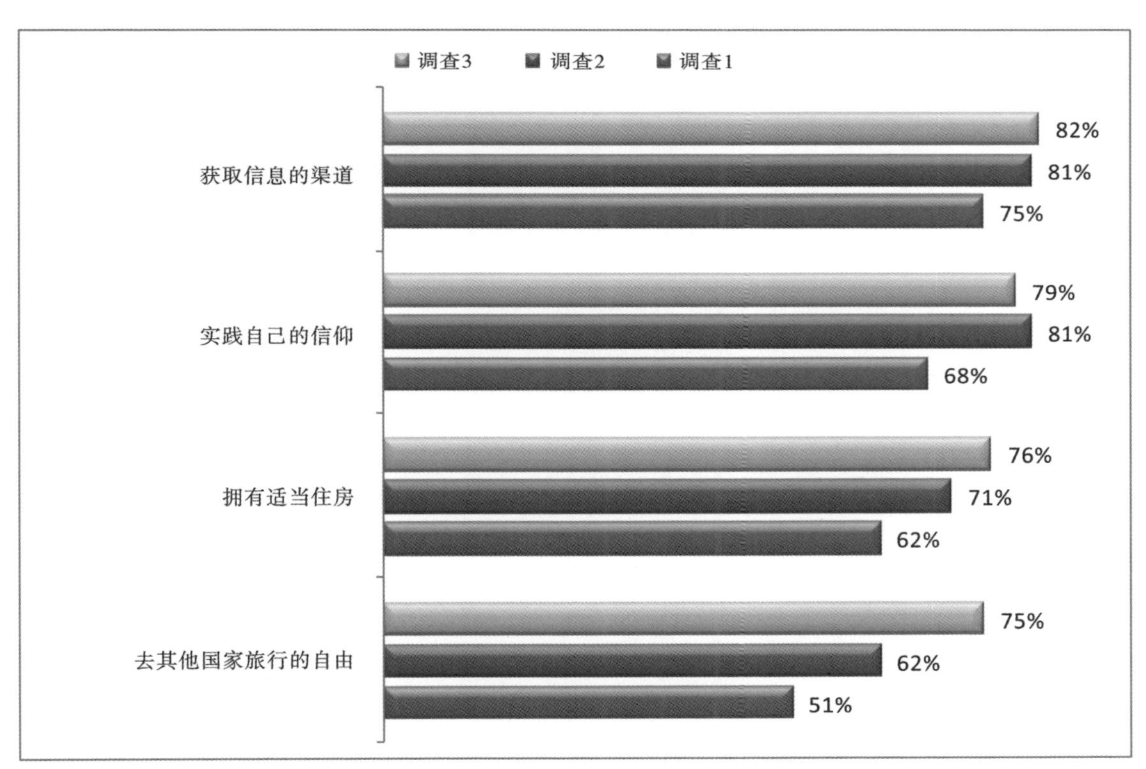

图 9　第 4 期学生不同阶段认为个人权利“非常重要”的百分比

他们参加交流项目的经历，不仅让他们对个人权利有了更坚定的信仰，参与项目的学生也更加坚信所有人，不论性别、宗教、民族、残障，都拥有平等机会享有这些权利的重要性。

与在个人权利上的看法相似，在参加青年交流学习项目前，参与调查1的各期学生绝大多数都部分同意或完全同意表6中机会均等的表述。因此，不同时期同意各个表述人数的总百分比没有很大变化。

表6 各期学生不同阶段对平等权利意见变化（调查1、2、3中持“完全同意”和“部分同意”的百分比）

权利	调查	第1期	第2期	第3期	第4期	平均值
少数民族宗教应有平等机会	1	94	91	92	90	92
	2	94	96	96	97	96
	3	95	95	95	98	96
残疾人应有平等机会	1	92	87	88	91	90
	2	95	92	95	96	95
	3	91	94	93	96	94
少数民族应有平等机会	1	93	90	90	88	90
	2	97	94	97	96	96
	3	92	92	96	97	94
男性/女性对家庭应负有共同责任	1	89	92	92	94	92
	2	90	96	94	96	94
	3	93	94	97	94	95
男性/女性应享有平等机会	1	93	92	95	95	94
	2	93	96	96	95	95
	3	94	95	98	96	96

尽管这些变化很小，但应该指出调查1和调查2之间有很大变化，而调查2和调查3中人们的观点相对保持不变。

值得指出的是，对这些权利“非常同意”的比例有明显变化。以第4期学生为例，在调查1中只有68%的人坚信少数民族应享有平等权利，71%的人认为残疾人应享有平等机会，但在调查3中这一比例分别上升至89%和83%。

下面是一些参加项目学生的话，说明了他们对美国社会为所有美国人，不论种族、宗教和民族，提供均等权利和机会做法的欣赏。

美国为每个人提供均等的机会，不管他的出身背景如何。

（我学到的最重要的事）就是每个人，不论宗教、背景、民族和肤色，都获得了平等权利。

我知道了美国真正相信他的人民应有平等的权利。

我在美国期间知道了每个人都有过上好生活和自由的机会。

我知道在美国你和周围的人拥有一样的权利，即使你没有他们富有，没有同样的高学历或奢华的生活。

对美国人的看法

目标：为参与项目国家的青年提供学习了解美国社会、人民、价值和文化的机会

结果：参加青年交流学习项目的学生对美国社会、人民、价值和文化有了进一步了解

在青年交流学习项目中，学生不断提出他们希望更多地了解美国社会、美国人和美国文化。一些学生说他们目前关于美国的了解来自在媒体、朋友和家庭。因此，他们想更多地了解关于美国、美国人和美国文化的第一手资料。

在来到美国前，对大多数参加青年交流学习项目的学生来说，参加该项目的主要动力就是“更好地了解美国社会、美国人和美国文化”。① 在学生回国一年后进行的调查3中，几乎所有参与调查的学生都认为他们达到了这一目的。② 不仅如此，如表7、表8所示，绝大多数参与调查3的学生认为青年交流学习项目让他们“更好地”了解了美国人和美国文化。

表7 各期对美国文化的了解(调查2、3中参加项目学生对美国文化“有更好了解”和“较好了解”的百分比)

	第1期	第2期	第3期	第4期	平均值
调查2	97%	98%	98%	99%	98%
调查3	94%	100%	99%	100%	98%

表8 各期对美国人的了解(调查2、3中参加项目学生对美国文化“有更好了解”和“较好了解”的百分比)

	第1期	第2期	第3期	第4期	平均值
调查2	99%	100%	98%	98%	99%
调查3	96%	100%	100%	100%	99%

结果是，几乎所有参与调查3的学生相比他们去美国前，对美国人有了更好的印象。第1期学生比例最低，即便如此，仍有80%的人对美国人看法有所改观，另外几期学生对美国人有更好印象的比

① 第4期调查1中，这是学生最多的回答，在被问到“你去美国最重要的三个原因是什么?”时，82%的人选择了这个回答。这也同过去几期学生的回答一致——第3期(83%)，第2期(75%)，第1期(未问及)。

② 在回答调查3中问题“现在离青年交流学习项目已经过去一年了，你认为通过交流学习项目，你收获最大的三点是什么?”时，回答最多的答案仍是“这个经历增加了我对美国社会、美国人和美国文化的了解。”第4期中，有80%的学生选择这个回答，同前几期学生的回答一致——第3期(78%)，第2期(81%)和第1期(82%)。

例占到 90%。

表 9　各期对美国人的看法（调查 3 中对美国看法有“极佳改善”和“较好改善”的百分比）

	第 1 期	第 2 期	第 3 期	第 4 期	平均值
调查 3	84%	96%	97%	96%	94%

开放性问题和关注小组的回答显示，一些参加项目的学生对美国生活中的一些消极方面有所了解，他们大多数是从个人谈话、电视节目、电影、新闻和美国媒体了解到的。

“来美国之前，我认为美国就应该像纽约一样。我在一个小镇里，那儿是一片开阔的农场区。没有高楼大厦。在小城镇，人们友好和善，但在大城市里，没人有空理你。”

“美国并不是都像好莱坞电影里展示的那样……美国不都是纽约和洛杉矶……美国有很多小镇，他们在地图上就是一个小点，但是他们却给一些人的生活带来很大不同，比如特宾（Turpin）这个小镇。美国并不是像媒体中表现的那样脱离生活的氛围。”

“（我知道了）那里的人们和传统观念里的美国人有很大不同。他们友爱、关心他人，就像一个大家庭一样，并不像人们想象的吵闹、傲慢、无礼。”

“美国太多元了。是的，我曾以为所有美国人的头发都是金色的。”

“我去德克萨斯之前，我以为那里一切都像是狂野的西部。”

他们参加青年交流学习项目不仅改变了他们对美国的刻板印象，也改变了他们对美国人和美国社会的态度和理解。

“（我知道了）美国不是一个道德败坏的国家，媒体所描述的是错的，我们在近距离亲眼见到他们之前不能对其作出判断。”

“我了解到，大多数美国人是好人……我们阿拉伯人受到本地报刊的影响，经常对他们持有错误的看法。对美国人来说，也是一样。”

“我发现穆斯林国家僵化地认为美国人讨厌穆斯林，但并不是那样。”

“（我知道）美国人尊重我的宗教信仰（伊斯兰教）。”

参加青年交流学习项目的学生们，一直提到他们在美国感受到的友好，这种感受不仅来自他们的寄宿家庭、他们所上的学校、他们居住的社区，也来自他们一年中接触到的其他人。

“你不可能对美国人进行概括。我在家一直用已有的刻板眼光看待美国，但我发现不用这种眼光看待美国会更好。”

“我了解到并且欣赏美国人的乐于助人。我想如果世界上所有人，都能向美国人学习乐于助人，世界一定会变得更好。”

“(美国人)是我见过的最友好的人。”

“美国人很友善。这和美国的国家形象形成鲜明对比。”

在结束一年交流学习后，美国给参加青年交流学习项目的学生，留下的正面积极形象，通过调查2中的一个开放问题“当你想到美国时，第一反应是什么?”的答案就能反映出来(见表10)。美国正面积极形象位于回答最多的五个答案中。

表10　想到美国时第一个出现在脑海里的东西(调查2中第2、3、4期学生给出的最多的五个答案)

	第2期	第3期	第4期
自由/民主/平等	24%	31%	27%
美国社会/文化的正面形象	35%	13%	13%
接受家庭/朋友	8%	10%	18%
友好/愿意分享文化/欣赏他人*	—	15%	15%
多样性	—	10%	11%

*这两项未收入第2期调查中

表11显示，从项目开始前的调查1到跟踪调查3中，参与调查学生中至少80%同意美国人“友好且开放”。受调查者们对美国人的开放、直率和能重新做出一番事业的信心的积极评价在项目前及项目后的调查中一直保持相对稳定，但调查1和调查2的结果有很大差异。需要指出的是，第一期学生在参加项目前和项目结束后的不同观点，很可能是受在2003年项目开始前美国发动伊拉克战争的影响。

表11　各期学生不同阶段对美国看法的改变(调查1、2、3中持“非常同意”和“比较同意”的比例)

标准	调查	第1期	第2期	第3期	第4期	平均值
美国人友好且开放	1	81	87	90	83	85
	2	86	90	90	89	89
	3	81	89	89	89	87

续表

标准	调查	第 1 期	第 2 期	第 3 期	第 4 期	平均值
美国人表达他们自己的观点即使这些观点与政府有冲突	1	73	74	79	76	76
	2	79	83	87	89	85
	3	83	84	85	89	85
美国人相信他们能为社会做贡献	1	62	72	78	73	71
	2	80	75	75	75	76
	3	81	76	81	77	79
美国人拥有不同背景的朋友和熟人	1	74	80	85	79	80
	2	80	79	79	79	79
	3	85	77	81	80	81
美国人对我们国家的人很友好	1	55	74	76	74	70
	2	68	75	75	71	72
	3	70	74	74	73	73

虽然表 11 显示，各次调查中的数据比较一致，但调查 1 的高数据和学生在开放问题中填写的答案并不完全一致，这说明了阿拉伯人、穆斯林和这些国家的人们，在来美国前对美国带有的负面感受。由于他们在美国城市或城镇的经历，很大一部分消极观点后来都消失了。

调查 3 中对开放性问题的回答与表 10 中量化数据一致，发现参加青年交流学习项目学生，在美国居住期间学到的最重要的东西，就是美国人很友好而且欢迎外国人。

“对于美国，我了解到的其中最重要的一点，并且希望我自己的国家效仿的就是美国接受差异。我很欣赏这一点。美国从不同中寻找相似点，尊重不同的东西，我认为全世界都需要学习这一点。不论你来自哪里，你的背景如何，你在美国总会受到欢迎和欣赏。”

“来自不同国家的很多不同的人在美国和平相处。”

“美国人对待少数民族很友好很包容。”

“大多数美国人对不同的文化和拥有不同文化背景的人都很虚心。”

“在我的学校有个男同性恋。学生和他一起工作，一起组织整个演讲，发起捐款抵制歧视，这都是他们自己完成的。我之前从没遇到过男同性恋！但是他很好！”

学生对开放性调查问题的回答，以及关注小组，同样都表达出他们对美国社会种族、民族多样性，以及不同背景的人们，是如何互相尊重、和谐生活的深刻印象。

“我知道了美国人并不像我来美国之前想象的那样。我了解到美国人很友好，他们对不同文化背景都能接受。他们也很乐于助人。”

“我知道了美国人很愿意，对拥有不同文化的人，敞开大门打开心扉，去更多地了解他们。”

“美国是来自不同背景的人们的家。他们和平相处，平静地生活，平等对人，不论种族、宗教和语言。容忍和接受是将他们带到一起的最重要因素。”

“我住在美国时学到的最重要的东西就是要尊重每一种文化、每个民族和各种生活方式。取笑另一种宗教或民族会导致严重后果，因为我的民族和宗教也会被取笑，就像力和反作用力一样。”

“我知道了不是所有美国人都是种族主义者——说实话，在我去美国之前，我很害怕在学校里被美国学生欺负，但你去了之后就会发现事实并不是那样。他们对你很尊重，也很关心你。”

此外，参加青年交流学习项目的各期所有学生，对美国人公开表达讨论他们的观点、通过进行社区服务，来改变社会的决心印象深刻。

“表达自己的信仰和想法，并找到能接受它们的人，这种感觉太好了，虽然那些人并不和我有一样的想法。”

“美国人表达自己的观点。他们相信自己在学校或在社会都能起到重大作用。”

“他们对言论自由的想法近乎完美。”

“我学到了每个人都应有机会获得自由并过上好生活，这是通过他们的天赋和美德得到的，而不是财产。我还学到了，每个人应该能经常在公开场合，没有恐惧地表达他们的感情和观点。”

问到一个开放性问题“你住在美国期间，学到的最重要的一个东西是什么?”时，学生们的回答如下：

“在美国期间我知道了每个人都能去奋斗拼搏。我们每个人都有言论自由，每个人都拥有平等的权利。”

“(我知道了)美国人对国家利益有真实的感受。他们把自己当做一个国家并为他们国家的共同目标而工作。”

“(在美国学到的)最重要的东西就是个人平等，特别是每个人拥有均等的机会。他们愿意帮助他人并一起工作，做出一点成就。”

参加青年交流学习项目的学生观点上的其他变化进一步证明了他们的交流经历是如何改变他们固有的印象。其中一个就是对美国个人自由的观点的变化。调查 3 中，虽然大多数学生仍然认为“美国人拥有太多自由”，但人数相对调查 2 已经有了下降。在他们回国一年后，各期中仍然持有此观点的人数更少(调查 3 中有 51%~63%的人这么认为)，而在项目刚结束时的调查 2 中，这一比例更高(66%~67%的人这么认为)。

结束交流项目的关注小组，对美国个人的自由观给出了深刻的见解。参加交流项目的学生，有时对真实的美国少年的生活方式感到吃惊，他们认为少年学生同老师、家长和社会中的长辈关系太过随意、不庄重。同时，相比他们自己国家的情况，美国少年对长辈的尊重更少。

“美国少年拥有比我们约旦少年更多的自由。但是，即使这些孩子如此自由，他们的父母也知道他们和谁在一起、在哪儿，并能将他们带回家，这是很好的。”

“我很好奇美国老师对他们的学生如此关爱。你不仅仅只是教室里的一个学生，他们还想知道你一切都好，你家里一切都好。”

“我很好奇美国孩子会有多少时间是在商场里度过的，而且他们的父母并不介意这个事实。我想不错的地方就是，父母们可以到商场来把孩子安全地接回家。”

“在我们国家，家里人经常不知道你的去向。和家人在一起很重要，因此美国与有些国家不同的地方就在于，孩子们可以离开父母出去一起玩。”

关于自己国家的观点

目标：鼓励参加青年交流学习项目的学生从另一视角看待他们的国家

结果：参加交流学习项目的学生对他们的国家感到更加骄傲，同时更深切体会到他们社会中存在的缺点，并坚信需要改变这些缺点

在整个项目过程中，每期学生都说在美国的一年让他们对美国有了更多的了解，同时也开阔了他们的眼界并提醒他们自己本国文化的价值。对一些学生来说，离家一年让他们能通过不同视角看待自己的社区和国家，也能让他们了解国外对他们社区和国家的看法。几乎所有参加交流学习项目的学生都能很快认识到，他们的国家和美国一样，有优点也有弊端，但对一些学生来说，对自己出身的自豪，以及对自己国家诚挚的爱和感激，已经植入他们的脑海里。

“在美国的时候，我意识到我应该为自己和自己的国家感到骄傲。”

“我知道了我的国家历史多么悠久，多么伟大，人们多么友好，多么幽默，以至于能从遇到的难题中寻找快乐。”

“我的国家看重并且尊重家庭的价值，这对我来说是特别好的事。”

“我的国家很美，有很多美丽的地方值得游览，但另一方面，印度尼西亚在教育上仍然很落后。”

“我的国家有很多值得我自豪的东西，但也有一些让我不高兴的东西，我应该努力为此做些什么(来改变它)。”

“我之前对我的父母不心存感激。但现在离家一年，我真的非常感激他们。”

“我知道我的国家可以发展得像美国那么好，甚至比美国更好。我们要相信自己，努力工作。”

在四期项目中，学生们经常提到自己国家深厚的文化和自然美景。一些学生也更加意识到，社会中家庭、个人关系，以及他们与家庭和本国朋友联系的重要性。另外，在离家这段时间里，一些学生更加爱国了。

“我现在知道了我的国家才是我想去的地方，他有着灿烂的文化和美丽善良的人民。”

“我知道了祖国的历史和文化是多么深厚和优秀，他对我人生和性格产生了多么大的影响，以及为什么我在来美国之前没有意识到这些的原因。”

“在我离家这段时间里，我意识到我的家庭和朋友对我来说是多么重要。”

“我意识到，无论走到哪里都带着自己国家的文化，这一点非常重要。世界上其他地方还有人不知道我们文化的存在，以及它曾经产生的影响。”

“我认识到我们国家的人们是如此亲近，关心他人。他们保持联系并经常愿意帮助他人。”

另一方面，参加青年交流学习项目的学生们很快认识到，他们的国家并不完美，在某些方面，他们的国家在发展上远远落后于其他国家。学生们关注的其他领域，包括教育体制的欠缺，国家公民自由权利过少，缺少社区服务以及社会缺少鼓励人们继续工作以达到更好。

“我意识到我们国家没有让人们过上体面的生活。我们国家的经济和美国相差太远，并不能抚养所有的人。”

“我是个女孩，不幸的是在我们国家，女孩被视为二等公民。我不能接受这个事实。”

“民主、透明和平等并没有我认为的那么明显。我们国家的少数民族就没有美国少数民族那么多机会。”

“我认识到我们还有很多工作要做，让这个国家繁荣起来，同其他国家竞争。我意识到我们国家在发展中落后别的国家太远了。”

“我相信我们国家能在经济、教育和发展上走得更远。”

“土耳其人应该更加融入他们居住的社区……比如成立非政府组织。”

“(我认识到)我们国家需要更多社区服务，并给与学生更多机会。”

参加交换项目后，学生对自己国家的复杂观点和感情，在调查 2 中对开放问题的答案里非常明显。如表 12 所示，在调查 2 中，当学生们被要求说出想到自己国家时第一个出现的事情时，前五个回答都反映出他们对祖国的深深感激和骄傲，以及承认他们的国家还需改变和发展。

表 12　想到自己祖国时第一个出现在脑海里的东西(调查 2 中第 2、3、4 期学生最多的五个回答)

	第 2 期	第 3 期	第 4 期
家人/朋友/家庭	20%	18%	25%
需要改变/改善	23%	19%	16%
更强的欣赏/骄傲/喜爱*	—	13%	11%
对本国社会/文化的积极印象	16%	11%	10%
美丽/伟大的国家	6%	6%	10%

* 在对第 2 期学生的调查中未提及

乐观的是，很多学生对他们国家的变化和未来感到乐观。他们渴望投入其中，为国家的进步做一点贡献。由于在美国参加了社区服务，学生们充满力量建设祖国美好未来，他们希望成为参与建设的一部分。

“我的国家现在缺少很多东西，比如社区服务、学生课后活动和个人自由。如果我们一起努力就可以让这些变成现实。”

“我认识到我们都要努力工作，让我们的国家繁荣起来。这不是一个人能完成的。”

“(我认识到在我的国家)我们的确需要振奋信心，重新评价自己，同世界作比较……我们离国际标准还很远。”

“国家可能各不相同，但当你看他们的核心时，会发现每个国家都有共同的基本精神，不同的地方是人们如何运用这些精神。我的国家精神很足——他需要做的就是运用这种精神不断在发展的道路上前进。”

在美国度过一年的另一个好处是，它帮助参加交流项目的学生，了解他们的国家在外国人眼中是怎样的，以及他们的国家在国际社会中的地位。对一些学生来说，他们很高兴自己的国家在国际社会已经站稳脚跟，并受到其他国家的尊重。

“印度是世界上的新兴力量。他是一个挑战同时也是有实力的伙伴。我通过我的朋友和同事了解到这些。被了解和承认的感觉太好了!”

“我知道我的国家是世界组成中很小的一部分，但是我的国家必须参与建设一个更好的世界。”

“我的国家也许没有其他很多国家那么发达……但是(我们)有潜力让社区、我们的国家和世界变得更好。”

“(我的国家)完全有可能成为世界的领导者之一。”

三、个人成长和领导技能开发

目标：在美国期间学习领导技能使学生们回国后能够运用所学技能

结果：参加交流学习项目的学生学到很多新技能，其中一些技能在他们回国后得到提高。他们充满信心并体会到肩负的权力。

青年交流学习项目中的一个重要组成部分，就是通过例如社区服务、公共演讲、研讨会、参与性活动等，进行领导技能开发。该项目在此方面获得了成功，通过交流项目，学生们在学习多种领导技能和交流技能中收获颇丰。反过来，这些新技能给了他们做事时更多的自信、参与其中的权力感和进行改变的能力。

在项目结束后的调查 3 中，当被要求将自己的领导水平同去美国前做比较时，各期学生都表示他们各方面能力都有了明显进步。他们在独立性、灵活性和进行公开场合讲话时的信心方面进步最大。

表 13 参加交流学习项目的学生对领导技能提高的评价①(调查 3 中各期学生评价自身能力为“极好”的平均比例)

技能	参加项目前	参加项目后	增加百分数
独立自主、自力更生	6%	66%	+60
同与你不同的人紧密工作	10%	63%	+53
在公众场合讲话	8%	61%	+53
处事灵活性	13%	63%	+50
愿意对你的社区进行(好的)改变	11%	61%	+50
为未来做打算	11%	58%	+47
表达思想和感受	11%	58%	+47
带领团队并激励他人	11%	56%	+45
听取他人的意见/关切	16%	58%	+42
解决问题	13%	53%	+40
管理自己的时间	8%	43%	+35
自我理财	11%	42%	+31

① 上表是关于“在去美国前和现在(距离交流项目结束一年后)你将怎样对下列个人性格和技能的重要性进行排序?”问题的答案。

表 13 展示了学生们对自身技能评价为“极好”的变化，但是在他们对自身技能感受上有一些整体的戏剧性变化。表格中列出的大部分技能，调查 3 中对自己评价为“好”或“极好”的人数是去美国参加项目前的两倍。例如，在第 4 期学生中，在他们去美国前的调查 1 中只有刚刚超过三分之一(39%)的人认为他们理财技能“好”或“极好”，而现在对自己的理财技能有信心的比例达到了 81%。

“对钱进行创造性管理可以让我省下一些钱。”

“在我们收集班费时，钱由我管理。”

“去美国前我真的不懂理财。这也许是因为别人并没有希望我理财，那是我父母的事。但我到美国后，我不得不学习如何节约开支。”

“(现在)我对理财很在行。我刚到美国时痴迷于购物，所以我的钱包一直是空的。后来我知道花钱应该聪明些，因为我不能总向家里要钱。”

调查 3 中，学生们认为，这些技能是他们在青年交流学习项目的经历中，学到的最重要的技能。① 表 14 表明包括表达自己的想法/信念和倾听别人，以及自信与决心、独立自主/自力更生、英语口语技能、领导能力和思想开明等在内的交流技能，被评为在参与交换活动期间所学到的最重要的技能。②

表 14　从交流经历中学习到的最有用的一项技能、知识(调查 3 中第 2、3、4 期学生回答最多的五个答案)

	第 2 期	第 3 期	第 4 期
信心/决心	17%	14%	17%
交流沟通技巧	8%	20%	17%
独立自主/自力更生	15%	14%	17%
英语说话技巧	14%	19%	14%
领导能力	16%	13%	10%
思想开明/灵活性	13%	15%	5%

“在公共场合讲话对我来说是最有用的技能。因为它能把畏惧和压力转化成愉快和乐趣。”

“我学会了相信自己，对自己做的事充满信心，尤其是我学会了更加耐心地用不同方式对待不同的人。”

“我的沟通交流技巧有了很大提高。曾经我说话和自我表达都存在问题。让我很感激的是，

① “你认为在美国的经历中你学到的最重要或最有用的一项技能或知识是什么?”

② 由于回答问题的因素，这些数据只是概数。很多接受问卷调查的人列出了不止一个技能。

现在我再也没有这些问题了。”

“我学到的最重要的技能就是如何更自由地表达自己。”

“我知道了在其他人讲话的时候，我应该真正听他们讲话，设身处地站在他们的立场上，而不是边听边想一个比他更好的答案。”

“我学会了自己做决定并且对自己的决定充满信心。我想这一点是我在家时从没学过的。”

“自力更生的本领让我在各行各业受益，我现在几乎在生活的方方面面都使用到它。”

“我现在更多依靠自己，我自己可以办到我需要做的，尤其是身边没有人能为我提供帮助的时候。”

相似地，如表 15 所示，参加青年交流学习项目的学生说整个交换项目中，他们最喜欢的是“自我成长，信心，独立，宽容”和“提高自身能力和知识”。

表 15　交流经历中最喜欢的事情(调查 2 中第 2、3、4 期学生回答最多的五个答案)

	第 2 期	第 3 期	第 4 期
结识朋友/和人交往	49%	46%	54%
自我成长/信心/独立/容忍*	–	16%	25%
美国文化，生活方式	7%	17%	24%
提高我的技能，知识	41%	21%	21%
接受家庭	15%	15%	16%

* 对第 2 期学生的调查中未作为答案

对一些参与青年交流学习项目的学生来说，用更短的时间、承受更小的压力来完成简单的任务是主要收获。在过去，时间管理对一些参与学生是个问题(对每个国家的青少年是常见问题)，因此提高控制和计划时间的能力对许多人来说就是主要收获。

“(我知道了)时间是宝贵的。在有限的时间里只有组织好时间、人和任务才能够完成很多事。”

“我用一年时间拿到了预科文凭，而不是规定的两年时间。除了在很短时间内完成我的所有计划，我还要处理各种问题，组织好我的工作和时间。最终，我在班里排名第一。”

对于不同性别的学生，在大多数方面他们感觉，通过青年交流学习项目所收获的大致相同。然而，有极少数情况，参加该项目的女生称她们在“灵活性”、“当众讲话”、“愿意在社区做些改变”和“带领团队，激励他人”上的收获比男生稍多。

青年交流学习项目对技能学习的作用

在对四期学生的跟踪调查(调查3)中，学生们强调参加青年交流学习项目以多种方式让他们受益匪浅。当问到“住在美国对你学习下列技能有多大作用”时，至少90%的受访学生认为该项目对大多数技能的学习有帮助。如表16所示。

表16　各期学生收获的技能(调查3中学生认为青年交流学习项目对学习技能“非常有帮助”和“比较有帮助”的比例)

在美国参加交流学习项目期间学到的技能	非常/比较有帮助			
	第1期	第2期	第3期	第4期
提高英语水平	94%	97%	97%	93%
学习新技能	93%	95%	96%	97%
提高领导技能	86%	95%	95%	95%
学习团队协作	92%	94%	95%	95%
义务和社区工作	92%	93%	95%	95%
创造有用的联系	91%	92%	92%	92%
上大学	85%	85%	90%	89%
为工作做准备	81%	84%	86%	83%

有趣的是，第4期学生认为，参加交流项目的经历对学习技能有用的比例，延续了前3期的增长，有97%的学生称参加交流项目对他们学习新技能有用。同样，项目传授新的领导和团队协作技能的能力，证明了它对学生们学习技能是有益的。

对第4期学生来说，青年交流学习项目提高英语水平的能力，位于前五大重要技能之中。为期一年的交流项目中，学生们学到的其他技能包括电脑技能、语言技能、家务技能(烹饪、熨衣服、清洁卫生和工作)。很高比例的项目参与者，在回家后报告这些学习技能的重要价值。

自信心和权力感

青年交流学习项目的另一个特色，就是培养参与者的自信和增强其权力感。在调查1中，参加项目的学生称，他们对交流和自己对社会的价值缺乏信心。很多学生没有找到他们在自己社区或社会中的作用，因此他们对自身价值没有信心。他们不相信自己身上所具备的更多能力，也没有意识到蕴藏在他们身上的潜力。

在来美国之前，第4期学生在调查1中，只有不到一半的人相信，他们可以影响周围的人或改变他们的社区。只有一半的人相信，他们在生活中可以做出选择或做些什么，让他们的家庭变得更好。

但是，在美国度过一年后，三分之二的学生认识到了他们对各自家庭、社区和社会的价值。

乐观来看，一年之后进行调查 3 时，这些数据仍然保持原先水平，65%的人相信他们可以影响周围的人，64%的人相信他们能为社区做些事情，超过 70%的人意识到他们的生活中有多种选择，他们也为自己的家庭做了实事。下面是各期学生对自己变得更加自信的描述：

“青年交流学习项目极大地增强了我的自信，现在我接待他人的时候基本没有障碍了。”

“我更清楚我是什么样的人，也更确定在我的生命中想达到什么目标，我对目标进行追求的意志力也更强了。”

“现在我在班级前讲话或者在组里讨论时完全没有障碍了。社交方面，我一般都可以和陌生人进行交谈。”

如表 17 所示，第 4 期的很多学生现在坚信，他们可以影响他人和影响改变他们的家庭和社区。特别是，调查 3 中有 2/3（64%）的人现在坚信，他们能够影响他人，而在项目开始前，这一比例只有 40%。对于他们的家庭环境，68%的学生认为他们在家庭中的角色，比以前更加重要，并且他们能够做出积极贡献——这一比例比他们来美国之前的比例（50%）高出 18%。然而，仍有一些保留看法，即便他们变得更有信心，回家后过去的传统和在家里的地位仍然很难改变。对此评论如下：

“我回家后，家里人和朋友们很难接受我的改变，他们不明白参加交流项目的经历可以改变一个人。他们不理解我思想变得更加开放……但是随着时间的流逝，他们理解了我的观点，接受了我的改变。他们事实上受到了我的影响。”

“在美国期间我改变了自己的一些观点，但是即使我能影响周围的人，影响我家里人却很难，改变对他们来说很难。”

“在我的国家，人们没有自由进行选择。我指的不是政府给予的权利，而更多的是一个人在他/她家里的感受。我发现我们国家的社会和个人的关系很近，它能要求（有时强迫）人们遵循某些传统或对某些问题统一看法（尤其是在家庭结构下）。

表 17　不同阶段权力感的增加（调查 1、2、3 中各期学生“非常同意”的平均百分比）

	调查者“非常同意”的平均百分比			
	调查 1	调查 2	调查 3	调查 1 至调查 3 平均增加百分比
我感觉我能影响周围的人	40%	65%	64%	+24
我感觉能为我的社区做贡献	40%	58%	57%	+17
我感觉我在生活中有很多选择	50%	72%	71%	+21
我感觉我能为家里做贡献	50%	70%	68%	+18

表 18 各期学生不同阶段权力感的增加(调查 1、2、3 中"完全同意"的百分比)

	"完全同意"的百分比			
	期	调查 1	调查 2	调查 3
我感觉我可以影响周围的人	1	40	67	59
	2	41	60	65
	3	41	62	67
	4	39	67	65
我感觉我可以为我的社区做贡献	1	44	68	73
	2	51	70	70
	3	53	72	71
	4	53	73	72
我感觉我的生活中有很多选择	1	46	72	62
	2	51	64	66
	3	53	74	68
	4	52	71	71
我感觉我能为家庭做出贡献	1	37	59	46
	2	36	55	48
	3	44	56	58
	4	41	63	64

对于权力感，男生和女生之间有更明显的不同。如表 19 所示，相对男生，参加交流项目的女生始终表现出她们更能影响他人、为社区家庭做贡献、在生活中做选择的能力。

表 19 男、女学生不同阶段权力感的增加(调查 1、2、3 中各期学生"完全同意"的平均比例)

"完全同意"的学生(所有调查及各期学生)	总人数	男性(%)	女性(%)
我感觉我可以影响周围的人	56%	54%	58%
我感觉我能为我的社区做出贡献	52%	49%	55%
我感觉生活中有很多选择	65%	63%	67%
我感觉我能为我的家庭做贡献	63%	62%	65%

在下面的表格中，接受调查的第 2、3、4 期学生在所有调查中对四个权力陈述持同意态度的总体比例较高，比例随着时间推移而微微上升(在调查 3 中至少有 80%)。

第 2、3 期学生现在相信他们影响他人的能力的比例变化更加明显，在调查 1 中比例由 80%上升到 87%，在调查 3 中 90%上升到 94%。同样，学生在感觉他们是否在生活中拥有选择的余地和能够为家庭社区做贡献的问题上，认同的比例从 85%上升到 95%。

在开放性评论中，学生们给出了他们回家后如何影响他人，并为他们的家庭和社区做出贡献的例子：

"我告诉人们我(在美国)学到了什么，这大大改变了他们对美国人的看法。"

“现在我感觉家里在做决定时，我是很重要的一部分。”

“当人们跟我交谈时，我(相信我)能给他们带来积极影响。”

“我刚回到家时，我很难被家里人理解。他们不听我的意见观点，所以在最开始他们不接受这些。而现在他们看出来我能给家里做出贡献，改变家庭。”

四、行为变化

目标：支持参加项目的学生们把在参加交流项目期间所学知识和技能回国后投入实践

结果：参加交流项目的学生积极参与组织的社团/活动，经常扮演领导角色。他们尤其积极参与社区服务。他们也运用学到的交流沟通技能向他人宣传美国和美国人，来消除存在的固有印象。

青年交流学习项目的目标之一，就是评价、评估学生们将多少他们学到的新技能、知识、信心和权力感，在回家后运用到实际中，以及他们如何将这些新技能在他们的社区和学校、大学进行运用。第四部分——行为变化将关注青年交流学习项目是如何改变参加该项目学生的行为的。

总体上看，大多数参与青年交流学习项目的学生们在来美国之前就已经参与到有组织的社团并进行了很多活动。令人振奋的是，如图10所示，在美国期间，他们的参与程度极大增加了，有90%的人参与进有组织的社团和活动中。学生回家后，该比例由稍高的90%下降至不到80%和85%左右。

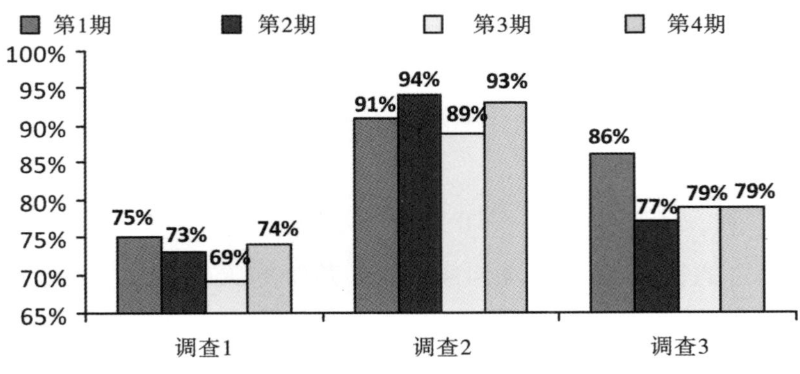

图10　各期学生不同阶段参加有组织的社团/活动①(调查1、2、3中参加组织活动的百分比)

调查1：“你参加了任何有组织的活动或社团吗？”

调查2：“在美国度过的一年中，你参加过任何有组织的活动或社团吗？”

调查3：“自从交流项目结束后，你参加过有组织的活动或社团吗？”

从这个开放性回答中，可以看出比例下降的原因不是由于学生缺少兴趣，而是由于他们缺少参与

① 这些数据代表对下列问题回答“是”的人数占总人数的百分比。

学校和社区活动的这种机会。很多学生在评论中表达出他们对回家后缺乏这种机会的失望。

"我的学校和我在美国读书时的学校不一样，它没有那么多社团和活动，这令我失望。"

"我在美国家里可以做的事，回国后在自己家里却不允许做。我在美国比在家更自由。"

"我的社区不会像我在美国生活的社区那样组织很多活动，因此我没有那么多机会参与其中。"

在图 11 中可以看出，与总体趋势一致，参加交流项目学生在美国期间参与活动的最高值。但是，交流学习项目结束后，他们在本国参与社区服务的比例仍然比参加项目前高很多。

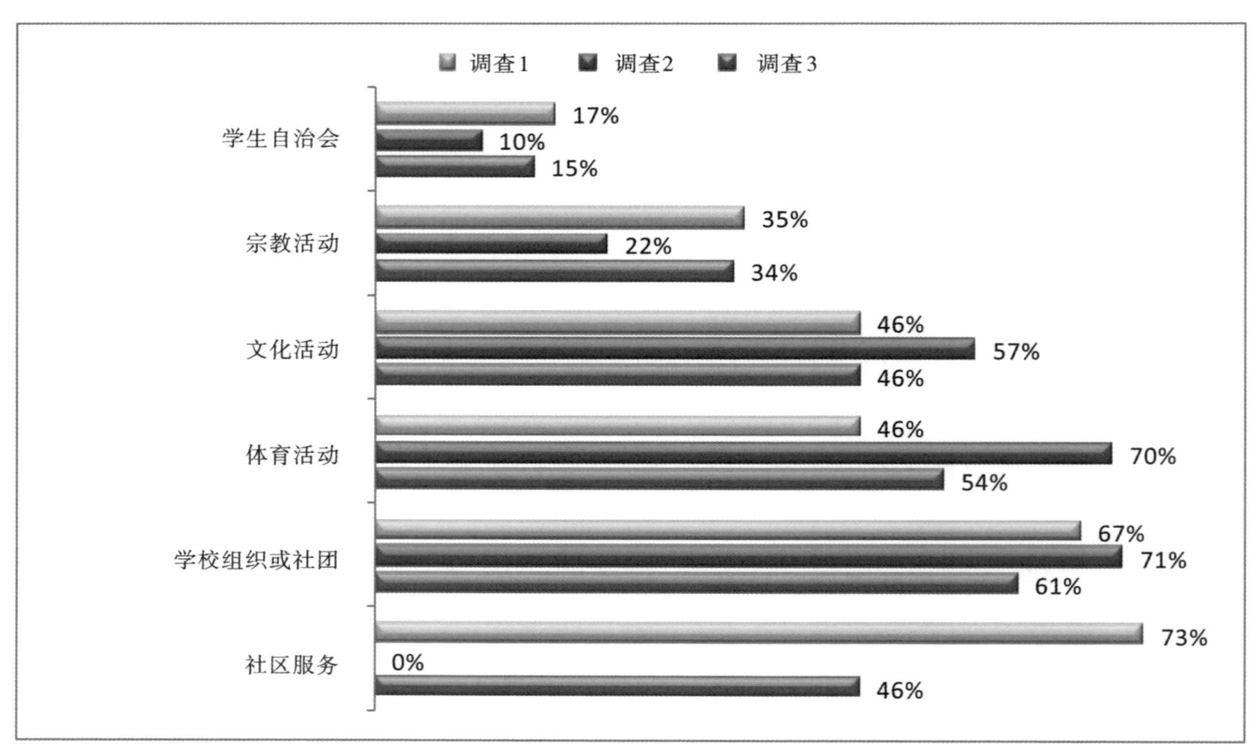

图 11　各阶段参加活动/社团①(第 4 期学生参加组织活动的百分比)

在表 20 中我们可以看到，各期学生在参加交流学习项目后非常乐于参加有组织的活动。特别是第 4 期学生比前几期学生参与的比例更高，第 4 期中有 73%的人参与青年交流学习项目组织的活动，67%的人参与学校组织、社团，35%的人参与文化活动，还有 17%的人参与学生自治会。因此，这些表明该项目会随着时间的流逝继续影响参与者的行为。

只有参与体育和政治活动的比例有所降低，考虑到这些学生来自的地区和国家，就可以理解比例降低的原因：学生来自的地区和国家体育器材缺乏，可能并不像在美国那样受欢迎，政治是高度敏感的领域，青少年不应该参与，有时参与政治会引起家庭和社区的愤怒和否决。

① 调查 2 中，"社区服务"没有列入此问题的备选答案中。但是，如"社区服务参与"的表 21 所示，调查 2 中有 95%的学生在美国期间参加过社区服务。而且，表 21 所示，在调查 3 中对"过去你是否参与过社区服务或志愿工作?"这个问题的回答时，有 84%的人做出肯定回答，比本表中的 71%还要高。

表 20　各期学生参与社团/活动①(调查 3 中参与组织活动的百分比)

活动	第 1 期	第 2 期	第 3 期	第 4 期	平均值
青年交流学习项目校友活动	56%	65%	69%	73%	66%
学校组织或社团	46%	54%	62%	67%	57%
体育	48%	51%	52%	46%	49%
文化活动	27%	35%	40%	46%	37%
宗教活动	29%	18%	30%	35%	28%
学生自治会	9%	2%	12%	17%	10%
政治活动	8%	13%	8%	7%	9%

从表 20 中可以看出，和前几期一样，第 4 期学生在来美国之前，有将近一半学生(45%)已经活跃于领导角色中。在参加交流学习项目期间，假设的领导角色(“领导”或“助理”)比例达到 65%。回过来看其他各期学生时，可以发现如下趋势：

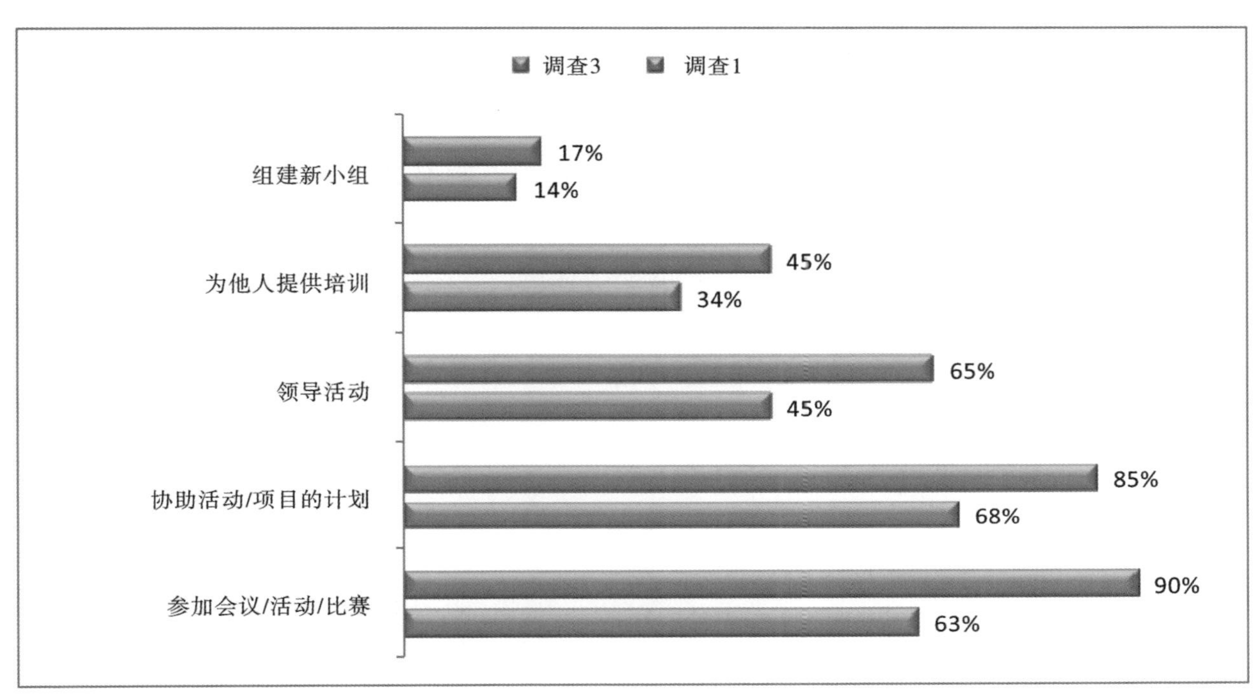

图 12　第 4 期学生在社团/活动中的角色②(调查 1、3 中第 4 期学生参加活动的百分比)

· 四期学生中，至少三分之一在结束交流学习项目后更愿意参与“为他人进行培训”。

· 调查 3 中，各期学生至少有 80%现在参与进活动计划工作中，而调查 1 中这一比例只有

① 这里不包括“社区服务”的数据。尽管各期学生参与社区服务的比例很高，但回答这个问题的数据仍低于回答具体问题的数据，如“过去一年中你是否参加过社区服务或志愿工作?”这将在下面“参与社区服务”中进行讨论。

② 由于选项中措辞不同，调查 2 的数据不能直接进行比较。调查结果如下：

· “参与者/总人数”：94%；
· “领导/助理”：65%；
· “培训人员/顾问”：17%；
· “公司创办人”：7%。

60%多。

·调查 3 中至少有 70%的学生现在“帮助计划设计活动、项目”，而调查 1 中这一比例只有 60%到 65%。

表 21　各期学生在活动中扮演角色的比较(调查 3 中第 1、2、3、4 期学生在活动中扮演各种角色的百分比)

角色	第 1 期	第 2 期	第 3 期	第 4 期	平均值
参加会议，活动，比赛	82%	87%	91%	90%	88%
协助计划活动	73%	70%	80%	85%	77%
领导竞赛/活动	42%	48%	52%	65%	52%
为他人提供培训	34%	34%	47%	45%	40%
组建新小组	17%	16%	17%	17%	17%

社区服务参与

四期交流项目中，几乎所有学生在美国期间都参与过社区服务活动。前面章节提到过，学生在美国进行社区服务的经历，在他们心中植入了强烈的渴望，渴望回国后在自己社区里参与类似活动。

实际上，各次调查 3(回家一年后)的结果清楚显示，绝大多数学生确实坚持了他们继续进行社区服务的承诺，平均 80%的学生称他们参与了社区服务或当地社区的志愿工作。表 22 展示了四期学生在美国期间(调查 2)的参与比例和回家后(调查 3)的参与比例。

表 22　各期学生社区服务参与(调查 2、3 中第 1、2、3、4 期①参加社区服务的百分比)

	调查 2	调查 3
第 1 期	83%	76%
第 2 期	93%	78%
第 3 期	95%	84%
第 4 期	94%	84%

对很多参加青年交流学习项目的学生来说，他们在自己学校和社区中展示的能力带给他们和他们家庭强烈的自豪感，他们学习的新技能和能力也被周围的人认可，这也促进了青年交流学习项目的成功。

“作为一个参加了青年交流学习项目的学生，你必须同你碰到的人分享你的经历，他们才认可你曾经是一个交换生。我把自己在正规地方，比如在学校、青年中心和很多可以获得信息的地方学到的知识分享给我的朋友、家庭和社区。我也在学校和任何参加志愿工作的地方同老师进行非正式的讨论。人们看到经过在美国一年的时间我长大了，变得成熟了，我丰富的知识给他们留

① 此表展示回答下面问题的数据，“过去一年里你是否进行过社区服务或志愿工作?”。调查 1 没有设计这个问题，因此无法进行直接比较。但是，对调查 1 中问题“你参加了什么活动/社团?”，在各项活动中，学生选择“社区服务”的比例如下：第 1 期(30%)，第 2 期(43%)，第 4 期(39%)。

下深刻印象。”

“我从美国回来后，人们发现我离家一年里变化很大。我长大了，更成熟了，更有信心了，更愿意分享我的想法和观点了。我家人对我现在在社区取得的地位和尊重很骄傲。”

参与社区服务和志愿工作的形式有：同慈善机构一起帮助穷人和流浪人员、在孤儿院为儿童工作、帮助改善环境并打扫社区、在交流组织进行义务工作、为飓风和洪灾受害者提供帮助、募捐，为孩子、同学和成人提供家教。对很多参加交流项目的学生来说，同组织和社区一起帮助孩子是焦点，最具吸引力。

“我收集了一些衣服并多次把它们送到孤儿院去，同时也去那里照顾弃婴。”

“我在当地医院当志愿者，帮助那些被父母遗弃在那里的宝宝。”

“我们和学校的朋友一起组成了一个新团队做一些社区服务，我们帮助粉刷了一所旧学校，参观了老年中心，为贫困孩子募集资金。”

“我和我在学校的其他朋友们在学校收集食物、衣服、玩具和其他物品，然后送去孤儿院，在那里我们呆了一整天，最后我们把收集到的东西，当作暑期实践的礼物送给他们。”

“我在一所疗养院义务服务，帮助那里的员工照顾老人。”

如本报告第二部分所提到的，参加交流学习项目的学生们说，在美国一年的经历让他们更加坚信，残疾人应拥有平等权利的重要性。很多学生在自己的社区，通过帮助残疾人来实践他们的观点。

“在土耳其的伊斯坦布尔，我义务帮助来自不同国家的残疾儿童，度过微笑儿童节(Smiling Child Festival)。”

“我在一家叫‘Risala’的组织义务工作，帮助他们为孤儿、残疾人和穷人筹集资金。他们为盲人制作盒式磁带，为聋人准备书籍。”

“我在我的大学做义工，去年我替大学的盲人同学代笔书写考试试卷。”

“我在一所残疾人学校帮忙。那里的孩子有很多困难，因此帮助他们十分必要。”

“我朗读一本书并且把声音录下来送给失明儿童。”

"我做了一次筹款人，和我的高中学校一起帮助许多残疾儿童过上更好的生活。"

同时，参加交流学习项目的学生们称，在美国期间他们不仅提高了英语说、听、写能力，而且还提高了电脑水平，这给了他们帮助别人的机会，帮助其他学生和社区里的人提高他们的技能。这些工作也需要他们的领导技能，并提醒他们作为团队的一部分如何工作。

"我在我们社区义务教英语，并且告诉他们我在美国见到的一些令人鼓舞的事情。"

"我在公共健康医疗机构教女医生们英语和计算机技能。"

"我一直教我的弟弟妹妹们英语，因为我希望他们有稳固的技能，当他们长大时这些在生活中会对他们有所帮助。"

"我教学生们一些领导能力，帮助他们在学生会中成为一名领导者。"

"我为学校和社区里我认识的很多人修理电脑。"

通过青年交流项目活动，参与者们在一年内义务从事或做多种社区服务工作，下列引证可以作为证明：

"我为社区里需要帮助的和贫困的儿童，义务做数学和英语老师。在大学里我组织慈善活动帮助穷人。我参与帮助巴基斯坦灾后重建，同时我也参与抵制虐待儿童和其他几个正在进行的项目工作。"

"我做了很多社区服务，帮助改善当地环境。仅在过去的一年里，我就做了超过100个小时的义工。"

"我加入了一个儿童权利团体，帮助他们组织活动，并且参与活动其中。我帮助自己学校招募参加青年交流学习项目的新学员。我和我的朋友们还打算在秋季学期，办一个交流社团。我们还对街头流浪儿童，做了一个视频文件，并把它交给更高权力部门，向他们提出这个被国家忽视了几十年的问题。"

"我在一家孤儿院义务工作，参加筹款活动，还在我的高中负责运行一项回收再利用项目。"

"我帮邻居做清洁，在确定我们片区污水管道线路中发挥了作用。我花时间陪需要特殊照顾的儿童，为城市不同地方的贫困儿童授课、植树、等等。"

此外，一些参与社区服务的学生说他们已经"创办了社区服务活动"。

“我建立了自己的小组。我们同其他组织一起做社区服务。我们现在负责市里的很多项目，包括：交换书籍和学校设备，为贫困或需要帮助的人发放免费物品，还有不到一周我们就要在市里举办儿童节(Festival of the Child)了。”

“今年夏天我举办了一个运动夏令营，由我和朋友们一起管理。”

“我为我所居住城市的国际文化交流组织(AFS)翻开了新篇章。在我的高中，我成为不同活动的领导者，并且还主管解决许多家庭事务。”

传播对美国的新理解

衡量青年交流学习项目是否成功的另一个标准，就是参加交流学习项目的学生们，如何运用自己学到的沟通交流和领导技能，来向他们国家的人们，分享自己对美国和美国人的新理解，甚至消除美国在他们国家人民心中的负面刻板印象。

各期学生在回国后一年时间里，都通过正式或非正式的形式，同他们家人、朋友和社区里的其他人，分享他们在美国的经历。①

“我几次在学校公众场合讲话，在学校或家里发起几次关于国家、国际问题的讨论，这些都让我传播了在美国学习到的知识。”

“在家庭聚会上、和家人朋友一起的时候、在高中、在很多课堂上、在各种场合，我都同其他人分享我在美国的经历。”

“我和朋友在一起的时候，或者在学校里和老人在一起的时候，以及对美国持有各种各样看法的不同人，分享我在美国的经历。”

对于这一信息的沟通交流方式，如下表23所示，四期学生都用到了以下沟通交流方式：

· 所有参加交流学习项目的学生都与家人和朋友进行过至少一次讨论。

· 90%参加交流学习项目的学生与家人和朋友进行过10次以上讨论。

· 80%参加交流学习项目的学生在学校至少进行过一次正式介绍。

① 各期学生在调查3中表示他们分享过参加交流学习项目经历的比例分别为：第1期(98%)，第2期(97%)，第3期(97%)，第4期(97%)。

· 70%参加交流学习项目的学生至少在一次社区活动中进行过介绍。

· 60%参加交流学习项目的学生至少接受过一次媒体采访。

· 50%参加交流学习项目的学生至少在宗教场合进行过一次正式介绍。

表 23　各期学生分享关于美国的信息(调查 3 中第 1、2、3、4 期学生同他人分享信息的百分比)

	第 1 期	第 2 期	第 3 期	第 4 期	平均值
和家人/朋友进行 10 次以上讨论	86%	85%	89%	85%	86%
至少在学校进行过 1 次正式介绍	76%	87%	75%	81%	80%
至少在 1 次社会活动中进行过介绍	70%	72%	58%	64%	66%
至少接受过 1 次媒体采访	62%	63%	47%	48%	55%
至少在宗教场合进行过 1 次正式介绍	59%	61%	33%	37%	48%

各期参加交流学习项目的学生都相信，他们分享信息的努力产生了非常积极的效果。平均来说，如表 24 所示：

· 90%参加交流学习项目的学生认为，因为他们分享的信息，家人和朋友“现在更加了解美国人”。

· 90%参加交流学习项目的学生认为，他们的家人和朋友“现在更加了解美国”。

· 90%参加交流学习项目的学生认为，他们的家人和朋友“现在对美国人有了更多正面的积极看法”。

· 80%参加交流学习项目的学生认为，他们的家人和朋友“现在对美国有了更多正面的积极看法”。

表 24　各期学生分享信息的积极影响(调查 3 中第 1、2、3、4 期学生称分享信息带来积极影响的百分比)

家人和朋友现在……	第 1 期	第 2 期	第 3 期	第 4 期	平均值
更加了解美国人	84%	95%	93%	93%	91%
更加了解美国	88%	90%	91%	93%	91%
对美国人有更积极的看法	84%	89%	85%	88%	87%
对美国有更积极的看法	76%	80%	84%	87%	82%

通过参加校友活动保持联系

许多参加交流学习项目的学生，一直通过参与组织的青年交流学习项目校友活动，来保持与其他学生和组织者的联系。将近三分之二的学生，已经参与进青年交流学习项目校友活动，并有平均 17%

的学生称，他们有在未来继续参加的打算。

表 25　各期参与青年交流学习项目活动的学生（调查 3 中第 1、2、3、4 期学生已经参与或打算参与的百分比）

参加青年交流学习项目校友活动	第 1 期	第 2 期	第 3 期	第 4 期	平均值
已经参加过	59%	65%	59%	68%	65%
未来打算参加	18%	20%	16%	15%	17%

前面已经提到过，各期学生在回国后，都有在社区服务活动中进行合作。此外，有很多人和同学，参加由交流组织协调的讨论组、讲座和社会活动。这些活动不仅帮助他们在自己国家的时候与青年交流学习项目网络保持联系，也帮助他们以在美国学习的课程为基础，增加新的项目参与者。

“我在巴基斯坦，为 2006—2007 年度青年交流学习项目学生进行出发前准备训练。”

“我和青年交流学习项目保持密切联系，尤其是通过我的学校，因为他们鼓励其他学生参加美国的青年交流学习项目。”

“我参加每月召开的会议帮助这个项目发展下去。”

“我喜欢同他们保持联系，不仅因为通过青年交流学习项目，我认识了很多好朋友，也因为我希望看到这个项目不断取得成功。这个项目有益于美国和我们国家开展各个层次的对话。我们很感谢这个项目，因为我们现在很需要。”

如图 13 和表 26 所示，最受欢迎的青年交流学习项目校友活动，包括交流机构组织的社交聚会和项目新学生招收活动——在过去一年中，大多数参加过交流学习项目的学生，至少参加过一次这种活动。

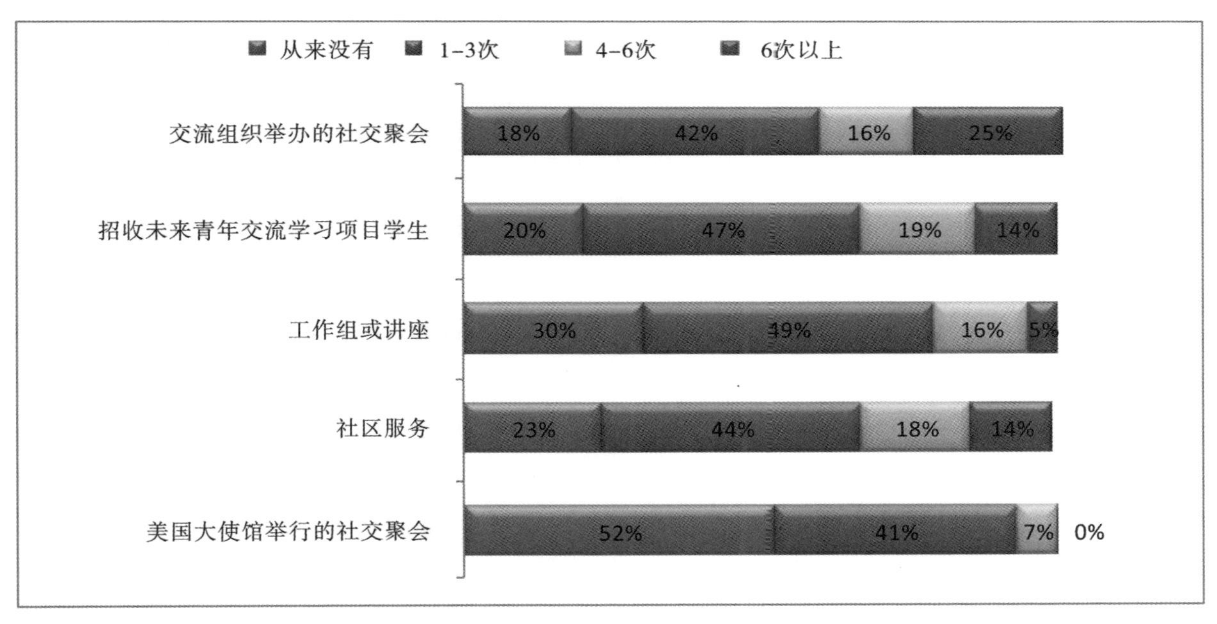

图 13　第 4 期学生参加青年交流学习项目校友活动（调查 3 中参加青年交流学习项目活动的百分比）

表 26　各期学生参与青年交流学习项目校友活动频率（调查 3 中参加青年交流学习项目校友活动的百分比）

活动	至少参加过 4 次				
	第 1 期	第 2 期	第 3 期	第 4 期	平均值
交流组织举办的社交聚会	43%	35%	39%	41%	40%
社区服务	19%	31%	34%	32%	29%
招收青年交流学习项目新学生	20%	32%	32%	33%	29%
工作组或讲座	26%	32%	28%	21%	27%

在开放性问题回答中，很多学生写到他们参加项目新学员招收工作。他们似乎为能够帮助挑选未来学员，为他们提供培训与指导感到非常自豪：

“我在自己所在城市茂物（Bogor）的国际文化交流组织当义工。我是茂物国际文化交流组织项目第一批选拔的协调人。我们在学习和媒体上宣传国际文化交流组织项目和青年交流学习项目。”

“我为参加青年交流学习项目的学生组织社交聚会。在这些社交活动中我为其他交流学生提供建议。”

对美国人进行其他国家文化社会知识教育

有趣的是，美国虽然有优秀的教育体制，很多参加交流学习项目的学生，对美国本土学生和成人对美国和世界有限的知识，感到震惊。在调查研究过程中，很多参加交流学习项目的学生说，美国的教育体制还没有到能够教授美国学生关于其他国家地理、经济和文化知识的程度。他们说美国人的开放和对学习他们国家和社会的渴望，给他们留下深刻印象。

“虽然美国人对我们国家的了解不多，但他们有意识地去学习，对每个人的观点都能接受，很少反对。”

“他们对阿拉伯国家和阿拉伯人了解不多，但通过青年交流学习项目，我们可以帮助他们了解阿拉伯。”

“有人问我‘如果你来自非洲，那你怎么不是黑人呢’？我没有觉得受到侮辱，因为他们很好奇而并没有粗鲁的意思。有些人愿意问问题，因此他们学到了知识。”

五、联系

目标：建立私人和组织联系

结果：参加交流项目的学生同接受家庭、朋友和在美国遇到的其他人保持经济联系

调查2(项目结束时)中，参加交流学习项目的学生，希望与寄宿家庭、朋友和他们在美国遇到的其他人保持联系。跟踪调查证实，各期参加交流学习项目的学生，实现了他们的期望，一直按承诺与朋友保持联系：

· 40%的学生同他们的寄宿家庭联系过至少一次；

· 30%的学生同他们的美国朋友或同学保持联系；

· 30%的学生与其他参加交流学习项目的学生保持联系；

· 20%的学生与他们在美国认识的其他国家学生保持联系；

· 10%的学生与在美国时的老师或指导老师保持联系；

· 接近10%的学生同他们在美国认识的其他人保持联系，包括邻居、教堂/清真寺成员、青年交流学习项目员工或他们的交流机构。

表27 调查3中第1、2、3、4期学生(学生和在交流项目中遇到的学生每周保持联系的百分比)

	第1期	第2期	第3期	第4期	平均值
接受家庭	42%	46%	33%	32%	38%
美国朋友	33%	38%	33%	35%	35%
交流项目同学	37%	30%	25%	29%	30%

续表

	第 1 期	第 2 期	第 3 期	第 4 期	平均值
外国同学	25%	19%	16%	16%	19%
老师/导师	7%	11%	6%	3%	7%

并且，同前几期学生一样，有超过三分之一的学生称，他们在美国参加交流学习项目时认识的人——寄宿家庭、美国朋友、参加项目的学生或他们遇到的其他人——在项目结束后来拜访过他们。

六、对交流经历的满意程度

对四期学生的调查中，要求参加青年交流学习项目的学生，对交流项目的满意程度进行评级。各期学生总体满意度(非常/比较满意)非常高，90%的学生评价称整个交流经历是成功的。更积极的是，几乎所有参加交流项目的学生(97%)说他们会向其他人推荐参加这个项目，在定性研究中已经十分明显，参加交流学习项目的学生，通过与他人分享交流经历，以及项目对他们的价值，来吸引他人。

参加青年交流学习项目的学生，对交流项目不同方面的满意度如下：

· 90%的学生对项目计划感到满意。

· 90%的学生对他们的寄宿家庭感到满意。

· 90%的学生对他们在美国的社会经历感到满意。

· 80%的学生对当地协调人员的帮助感到非常/比较满意。

· 80%的人享受参与围绕项目组织的活动的过程并感到满意。

· 60%的学生对他们在美国期间参与宗教活动的能力感到满意。

表 28　对交流经历的满意程度(调查 2 中各期学生对项目“非常满意”和“比较满意”的平均百分比)

对在美国期间生活各方面的满意度		非常/比较满意(调查 2 中的数据)	四期学生平均值
对在美国一年的总体满意度	第 1 期	93%	94%
	第 2 期	93%	
	第 3 期	94%	
	第 4 期	94%	
对当地协调员帮助的满意度	第 1 期	85%	83%
	第 2 期	82%	
	第 3 期	82%	
	第 4 期	82%	

续表

对在美国期间生活各方面的满意度		非常/比较满意(调查 2 中的数据)	四期学生平均值
对项目导向/目标的满意度	第 1 期	90%	89%
	第 2 期	87%	
	第 3 期	90%	
	第 4 期	90%	
和接受家庭一起生活	第 1 期	90%	88%
	第 2 期	89%	
	第 3 期	88%	
	第 4 期	84%	
青年交流学习项目活动(如：领导项目)	第 1 期	84%	82%
	第 2 期	79%	
	第 3 期	85%	
	第 4 期	80%	
在美国的社会生活	第 1 期	91%	91%
	第 2 期	90%	
	第 3 期	90%	
	第 4 期	91%	
在美国的宗教生活	第 1 期	60%	59%
	第 2 期	56%	
	第 3 期	61%	
	第 4 期	60%	
你会向别人推荐青年交流学习项目吗?	第 1 期	95%	97%
	第 2 期	98%	
	第 3 期	98%	
	第 4 期	98%	

七、回家后面临的挑战

在对四期参加交流项目的学生调查中，我们发现回家给学生带来一些挑战。平均16%的学生称回家对他们来说“非常困难”，更有35%的学生称回家“比较困难”。平均只有17%的学生称在美国度过一年后回家，对他们来说完全没有任何困难。

表29　调查3中第1、2、3、4期学生回家所面临困难的百分比

	第1期	第2期	第3期	第4期	平均值
非常困难	14%	21%	16%	14%	16%
比较困难	38%	32%	32%	36%	35%
不怎么困难	31%	30%	32%	35%	32%
完全没有困难	17%	17%	18%	15%	17%

当问到他们面临什么困难时，参加交流项目的学生称最困难的是，重新适应教育体制和整体的文化冲击。大多数学生称他们会努力重新适应，但对即将失去在美国时的自由，感到很反感。

“重新适应我之前的生活对我来说有难度。我习惯了美国的生活方式。”

“重新与我的家人、朋友和其他人建立亲密关系对我来说有困难。因为这一年里，他们和我都发生了变化。”

“和我住在美国时相比，听到不同意见和不同观点变得更困难了。”

“(我们国家的)教学模式让我很头疼。在我们国家，几乎所有课程只有讲授，而没有与实际应用结合起来，特别是自然科学学科。”

“我和我的家人之间有很多冲突。我们国家的社会不能接受我说话的开放性。”

“我猜想我在行为方式上只改变了一点点，但一些人抱怨说他们认为我完全变了一个人。”

“重新适应生活方式对我来说有困难，比如我的父母会干预我的生活，告诉我应该怎么做。(回家后)我就失去了在美国时作为一名女性/女生拥有的自由和权利。”

很多参加交流项目的学生说，感觉家里的一切都变了，他们的国家也变得陌生了。一些学生称重新适应文化、生活方式、社会结构、社会期望、食物等等方面，对他们来说存在困难。甚至有很多学生在重新使用他们的母语上存在困难。

“反文化冲击对我来说适应起来比较困难，似乎我回家以后对一切都不了解，一切对我来说都是陌生的。”

“我在我的祖国出生成长，而我现在重新适应那里的生活却存在困难。对从小生长于此的祖国，最近我却感觉到像是一个陌生的国家。”

“重新适应我们国家的标准，比如食物、衣服、礼节等等，还是有困难的。事实上，我现在仍处在……反文化冲击中。”

“由于我的口味改变了，回家后我不想吃东西。”

“回家后第一个月，我使用母语交流还存在困难。”

“我回国后，说话时有一半是英语。”

“我的口音变了，有一段时间我的朋友很难听懂我在说什么。”

“(母语)还有点难，因为我还没了解(过去一年中出现的)最新的俚语。”

其他是关于教育和他们之前就读的学校的困难。对很多参加交流项目的学生来说，他们在美国的学习并不能算入他们高中毕业的要求中，因此，他们还要重新再多读一年来达到毕业的要求。这就给他们带来了在学校结识新朋友、追赶课程进度和一些社会问题。有些友谊变得岌岌可危，还有些参加交流项目的学生感到他们被自己原来的世界遗弃了。其他一些学生比较幸运，他们在美国的学习可以算入毕业要求中，因此他们可以直接进入大学学习，这样就减轻了放逐感。

“对我来说适应年龄比我小的新同学还存在困难。”

“现在的教学模式和我早已习惯的模式差异很大。我感觉重新适应原来的课堂风格很困难——在这里完全是为了教学，同老师交流的空间很少。”

“我没有重新再读一年，因此我不得不在一年内完成两年的学业。”

“我发现重新适应很困难。由于我离开他们太久，我的很多老朋友都不接受我了。因为我在新年级里，我只有努力结识新朋友并且融入其中。我感觉我和学校里其他人都不一样，因此这对我来说很难。”

“我很幸运我们学校承认我在美国的学习。这就是说我回国后可以和我的朋友们一样准备大学入学考试。这样适应起来更容易一些。”

“在我们国家，学校教授的全部是记忆，和学习一些你将来不会用到的东西。但是在美国，你可以上你感兴趣和喜欢的课程，这就能让你轻松通过考试，并得到本应获得的评分。”

“我回来后，我的一些朋友不能很快地接受我。他们继续着他们的生活，觉得我变化太大难以再融入他们。在学校重新建立友谊花费了大量工作和时间。”

所有四期学生都经常提到，相比他们住在美国寄宿家庭时，所经历所见的自主权利而言，回国后他们面临重新适应家庭环境，以及在家时缺乏自主的困难。

很多参加交流项目的学生说，(拥有更多自主权利)并不是因为寄宿家庭不关心他们，或特意给他们(更多自主权利)。在美国家长的教育方式下，他们感到更轻松。美国父母给他们自己的孩子和交流项目学生更多自由，把他们当作更加成熟的，能做出理智决定的少年看待，而不是一切都需要父母为他们做决定和选择的“小孩”。

这一观点在参加交流项目的女生中更多，因为在她们的国家，女性没有和男性相同的自主权利。

“在家里很多事情是不允许我做的，虽然我认为我已经足够成熟，并且有责任处理它们，而且在美国时我就做过这些事。”

“有一段时间我试着告诉人们我变了，不再是一个儿童或小孩子了。让他们接受的那段时间很艰难。”

“我父母不接受我变了的事实。”

“我不得不忘记在美国的一切，忘记我在那里拥有的自由。”

“我适应不了有人告诉我‘你不能做这不能做那’。”

“重新遵守父母制定的规矩我感到很困难。他们还没习惯一个反叛他们制定的规矩的孩子。每个人都感到新奇，因为我过去从没有反叛过，他们也没有习惯我反叛的态度。”

其他一些参加交流项目的学生，在尝试解释他们对美国人和美国新看法时，遇到困难。在来美国之前，大多数学生同意他们对美国的看法，和他们朋友、家人对美国的看法一致，但现在他们从美国回来后，尝试说服人们他们的看法是错误的。对一些人来说，做到这一点可能容易一些。很多参加交流项目的学生称，他们不得不十分努力地说服人们，他们说的是真的。他们的家人也很难打破，对美国已有的固有形象的认识(和参加交流项目的学生来美国前一样)，因此说服他们要花一些时间。在一些情况下，人们仍然坚持原来的观点。但积极的方面是，大多数学生说人们开始接受新的观点了，因为人们知道他们说的是事实。他们听到有关美国的故事越多，他们就越能认识到以新形象出现的美国有它的优点。

“有时很难让我们社区的人们理解美国。他们不相信，媒体和电视上描述的美国，和我经历的有如此大差距。”

“家人和朋友花了一些时间，来理解我对美国和自己国家的感想。”

“在我去美国之前，我也很难接受与我对美国看法不同的见解和观点。因此我一年后回国，也理解人们很难接受我告诉他们的经历。”

“如果人们只从某一方面看到某事，再说服他们从另一个方面看待某事就很难。我花了很长时间说服人们，美国人是很友好的，并且和我们有很多相同之处。”

“我住在美国时，就像是阿富汗驻美大使。但我回到阿富汗却不知道如何做美国最好的代表了。”

虽然学生们在回国后遇到各种困难，但第 4 期中一半学生称，重新适应原来的生活几乎不存在或没有困难。事实上，有少数学生还强调，他们参加青年交流学习项目的经历有助于他们应对类似过渡。

“青年交流学习项目的经历，已经帮助我去适应不同的人和地方。”

“对于这种转换我没有遇到困难，因为我已经准备好回家，并且努力做出改变了。”

“最开始我感到奇怪，但我马上又感到一切都很好。我家人希望我回家，而且他们尊重我已经成熟、长大了的事实。”

“我的兄弟姐妹们，让我能更好地重新适应原来的生活，因为我们又在一起了。他们告诉我这一年里发生了什么变化，帮助我重新适应家庭和学校生活。”

八、结论

对青年交流学习项目前四期的评估，清楚地证明该项目成功地达到了它的目标：(1)增进了对美国的学习和了解；(2)加强领导技能；(3)更多参与社区及组织上的活动；(4)让在美国的经历，成为他们美好的回忆，并与他们在美国交流学习时，认识的人建立长久联系。纵向研究，不仅让我们能看到，并记录参加青年交流学习项目的学生们，作为个人是如何发展与成长的，而且让我们看到并记录，他们对美国的观点和理解是如何变化的。

研究结果凸显出该项目参与者，在参加该项目后对美国社会和文化，有了更深入和细微的了解，更加包容外国人和外国文化，领导能力和交流技巧得到提高，拥有促进社区及社区外变革的权力感。青年交流学习项目的长期影响，在项目结束一年后的调查中体现出来，前四期参加项目的学生，仍然致力于参加，并为他们社区的改变做贡献，不断改变他们周围的人，关于美国的观点，以及保持同寄宿家庭和朋友们的联系。

总而言之，此评估展示了从他们项目前培训到为期一年的美国学习，到参加校友活动的过程。参加青年交流学习项目的学生们，展示出他们在对美国的了解、态度、行为，以及他们在本国社区角色定位上，产生的巨大长期改变。参与者本人的言论，很好的证明了该项目所产生的影响：

> “我开始回忆我在参加青年交流项目中遇到的每个学生。我的那些回忆给了我希望和患难与共的感觉。青年交流学习项目把我们聚集到一起。它为我们设定了共同的目标。我意识到在这个项目下，我们有同样的目标，为了共同目的工作，那就是‘促进和平’。虽然我们肤色不同，我们是一个整体，拥有共同的目标！事实上，我们肤色不同，但齐心协力！”

九、统计信息

下表展示的是四期参加青年交流学习项目，所有学生的个人信息统计。参加交流项目的学生男女比例相对平衡。大多数参加项目的学生来自主要中心城市(首都或大城市)。此外，大多数学生是穆斯林，另外有少数基督徒。

表 30　第 1、2、3、4 期学生信息统计

	第 1 期	第 2 期	第 3 期	第 4 期
男性	53%	55%	51%	48%
女性	47%	45%	49%	52%
首都	34%	30%	28%	27%
大城市	41%	44%	39%	39%
城镇/小城市	21%	21%	24%	28%
乡村	4%	5%	9%	6%
穆斯林	82%	80%	80%	73%
基督教徒	13%	14%	15%	17%
无宗教信仰	2%	3%	5%	5%
印度教	-	1%	4%	3%
佛教	-	1%	2%	1%
其他	3%	1%	2%	1%

大多数参加交流项目的学生来自受过良好教育、品行端正的家庭。一半以上学生的母亲和将近三分之二学生的父亲，拥有大学及以上学历。基本所有参加交流项目的学生，家里拥有电视机、收音机和移动电话。大多数学生家里有电脑，三分之二以上的学生可以上网。

表 31　第 1、2、3、4 期学生媒体拥有率、使用率

活动	拥有率/使用率			
	第 1 期	第 2 期	第 3 期	第 4 期
电视	98%	98%	98%	96%
收音机	96%	96%	94%	93%
电话	91%	88%	86%	82%

续表

活动	拥有率/使用率			
	第 1 期	第 2 期	第 3 期	第 4 期
移动电话	92%	96%	97%	97%
电脑	84%	85%	90%	87%
互联网	76%	73%	75%	70%

表 32　调查 1 中第 1、2、3、4 期学生父亲拥有中等教育学历及以上的比例

教育	父亲(%)			
	第 1 期	第 2 期	第 3 期	第 4 期
中等/职业技术教育	–	28%	28%	27%
大学及以上	–	55%	58%	58%

表 33　调查 1 中第 1、2、3、4 期学生母亲拥有中等教育学历及以上的比例

教育	母亲(%)			
	第 1 期	第 2 期	第 3 期	第 4 期
中等/职业技术教育	–	30%	32%	29%
大学及以上	–	51%	53%	52%

附录 1—青年交流学习项目参与者统计（按国籍、分期和交流组织）

（根据调查 1 参加学生的人数）

交流组织	国家	第 1 期	第 2 期	第 3 期	第 4 期	总数
国际文化交流组织	埃及	14	37	40	41	132
	印度尼西亚	20	36	87	80	223
	土耳其	19	17	37	36	109
	马来西亚	20	–	30 *	36 * *	86
	菲律宾	–	41	40	39	120
	沙特阿拉伯	–	–	15	–	15
	印度	–	–	35	32	67
	泰国	–	–	–	15	15
国际文化交流组织总计						767
美国机构	阿富汗		40	39	36	115
美国机构总计						115
爱优生	巴勒斯坦（加沙+约旦河西岸）	2	23	26	31	82
	约旦	1	17	26	29	73
	科威特	7	13	12	14	46
	黎巴嫩	9	24	41	34	108
	巴基斯坦	29	40	45	43	157
	叙利亚	6	13	16	–	35
	突尼斯	3	6	14	22	45
	也门	12	20	27	31	90
	伊拉克	–	–	17	11	28
	以色列	–	5	15	12	32
	摩洛哥	–	–	22	28	50
	阿曼	–	3	8	4	15
	卡塔尔	–	–	5	–	5
	加纳	–	–	–	16	16
	其他国家	–	–	–	–	0
爱优生总计						782
国际和战略关系研究所	尼日利亚	22	15	19	20	76
国际和战略关系研究所总计						76
Nacel Open Door	阿尔及利亚	–	–	23	4	27

续表

交流组织	国家	第 1 期	第 2 期	第 3 期	第 4 期	总数
	孟加拉国	-	10	20	18	48
NACEL OPEN DOOR 总计						75
所有国家参与学生总数		164	360	659	632	1815

注释：由于学生抵达和离开的原因，参加学生人数在全年有波动。例如：

*第 3 期中，30 名马来西亚学生在一月份抵达，他们并没有完成调查 1(项目前调查)。但是他们参与了调查 2 和调查 3。

* *第 3 期中，36 名马来西亚学生在一月份抵达，并参加了所有三次调查。

附录 2—交流组织

国际文化交流组织-美国全国办公室(AFS-USA)

国际文化交流组织-埃及全国办公室(AFS-EGYPT)

国际文化交流组织-加纳全国办公室(AFS-GHANA)

国际文化交流组织-印度全国办公室(AFS-INDIA)

国际文化交流组织-印度尼西亚全国办公室(AFS-INDONESIA)

国际文化交流组织-马来西亚全国办公室(AFS-MALAYSIA)

国际文化交流组织-菲律宾全国办公室(AFS-PHILIPPINES)

国际文化交流组织-沙特阿拉伯全国办公室(AFS-SAUDI ARABIA)

国际文化交流组织-泰国全国办公室(AFS-THAILAND)

国际文化交流组织-土耳其全国办公室(AFS-TURKEY)

爱优生全球青年交流组织(AYUSA)

2003—2004——巴基斯坦，约旦，约旦河西岸，加沙，科威特，黎巴嫩，也门，叙利亚，突尼斯

2004—2005——巴基斯坦，约旦，约旦河西岸，加沙，科威特，黎巴嫩，也门，叙利亚，突尼斯，阿拉伯联合酋长国，摩洛哥，伊朗

美国—中东教育和培训服务股份有限公司(AMIDEAST)

美国—中东教育和培训服务股份有限公司-伊拉克办公室(AMIDEAST-IRAQ)

美国—中东教育和培训服务股份有限公司-叙利亚办公室(AMIDEAST-SYRIA)

美国—中东教育和培训服务股份有限公司-突尼斯办公室(AMIDEAST-TUNISIA)

美国—中东教育和培训服务股份有限公司-摩洛哥办公室(AMIDEAST-MOROCCO)

美国—中东教育和培训服务股份有限公司-约旦办公室(AMIDEAST-JORDAN)

美国—中东教育和培训服务股份有限公司-约旦河西岸/加沙办公室(AMIDEAST-WEST BANK/GAZA)

美国—中东教育和培训服务股份有限公司-也门办公室(AMIDEAST-YEMEN)

美国—中东教育和培训服务股份有限公司-科威特办公室(AMIDEAST-KUWAIT)

美国—中东教育和培训服务股份有限公司-黎巴嫩办公室(AMIDEAST-LEBANON)

美国—中东教育和培训服务股份有限公司-阿曼办公室(AMIDEAST-OMAN)

国际教育和资源网络(INTERNATIONAL EDUCATION & RESOURCE NETWORK，iEARN)

iEARN 孟加拉共和国(2005 年后半年开始招收 2006-2007 期学生)

iEARN 以色列

iEARN 巴基斯坦

对艺术教育重新投资——通过创新型学校赢得美国的未来

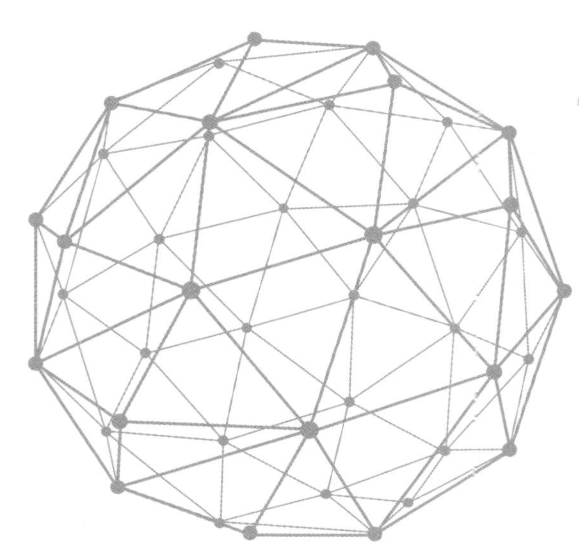

* 文件由总统艺术与人文委员会发布于 2011 年 5 月 。

总统艺术与人文委员会(the President's Committee on the Arts and the Humanities, PCAH)是于1982年里根总统任期内创办的就文化问题为白宫提供建议的顾问委员会。美国总统艺术与人文委员会直接与美国政府及三个主要文化机构——美国艺术基金会(National Endowment for the Arts, NEA)、美国国家人文基金会(National Endowment for the Humanities, NEH)和博物馆与图书馆服务研究所(the Institute of Museum and Library Services, IMLS)共同工作。此外，它还和其他联邦伙伴、私人部门一起解决关于艺术与人文方面的政策问题，发起并支持关于这些方面的重要项目并承认这一领域的先进之处。总统艺术与人文委员会关注的核心领域是艺术与人文教育、文化交流和社区复兴。委员会由个人成员和联邦成员组成，第一夫人任委员会荣誉主席。

经过委员会联邦成员和个人成员的努力，总统艺术与人文委员会在成立的近30年间编写了大量优质资料，完成了国内和国际重要研究和政策分析，促成了许多重要联邦文化项目的立项。这些成就依赖于美国总统艺术与人文委员会的独特角色，将白宫、联邦机构、民间组织、公司、基金会和个人结合起来，帮助美国政府对文化生活进行投资。美国总统艺术与人文委员会的主要任务是利用艺术和人文的力量为活跃社会、儿童教育、提升公民创造性和提高民主优势做出贡献。

荣誉主席：

米歇尔·奥巴马(Michelle Obama)

联席主席：

乔治·史蒂文斯(George Stevens, Jr.)

联席主席：

马戈·莱昂(Margo Lion)

副主席：

玛丽·施密特·坎贝尔(Dr. Mary Schmidt Campbell)

执行理事：

蕾切尔·戈斯林(Rachel Goslins)

目录

执行摘要

2008年10月，当时的参议员奥巴马(Obama)发表了一份关于支持艺术的强有力的纲要(Platform in Support of the Arts)。在这份纲要中，他要求对美国艺术教育进行重新投资，重塑美国这个伟大国家的创造力和创新力。接受这项提议以来，总统艺术与人文委员会在过去的十八个月间，深入回顾探讨了艺术教育的现状，对近期关于记录在案的益处的研究进行了调查，并且对发展艺术教育的潜在机遇进行了预测。我们发现越来越多的研究支持有艺术氛围的学校所带来的教育效果，同时我们也发现，由于一些地方涌现出大量不同的建设性活动，而另外一些地区则没有发展艺术教育的权利，导致各地区进行艺术教育的施行有巨大差异。

现在，我们国家迫切需要对美国的教育进行重大变革。长期以来的高辍学率(达到50%甚至在一些地区更高)证明，很多学校已经不能督促、激发学生们学习了。越来越多的高中毕业生仅仅局限于学习开设的课程知识，缺乏在今后学习和工作中取得成功所需要的创造性和批判性思维。在这种大环境下，艺术教育带来的成效——包括更多学术成果、学校参与和创造性思维——已经变得越来越重要。几十年的研究表明，高质量的艺术教育和许多领域重要的教育成效有紧密一致的联系。尽管学习的大多数领域是复杂的，研究基础尚未证明其存在因果联系，但上述研究结果是正确的。艺术融合模式，即把课堂教学同艺术联系结合起来，已经对学校改革和缩小成果差距产生了可喜效果。最近，神经科学的最新研究已经让我们更加了解到，在学习过程中融入艺术方式，有利于关键期人们的大脑发育。

与此同时，由于预算限制和强调高风险考试，学校的艺术教学质量正处于下坡路。除非在他们最需要的时候，最能激发这些学生思维的课堂任务和工具——艺术、音乐、运动和表演——他们能接触到的变得越来越少。不幸的是，对于低收入地区学校的学生们尤其如此，分析显示这些学校根本没有接触艺术的机会。

一个好的发展就是艺术教育在全国有了新的进展。如同在近期几份高层人物报告中提到的，政策制定者们、民间和商业领导们越来越认识到艺术所扮演的潜在角色，能激励创新，为教师们提供更有效的课堂教学策略，督促学生学习以及在学校里创造一个高效环境。另一个进展就是教育者们和艺术界对推广艺术融合模式、在学校使用受过良好培训的教学艺术家的热情。艺术融合模式已经在一些非常成功的长期项目中得到运用，以此来增加学习艺术的机会，督促学生深入学习知识内容，并作为一项有效的学校改革策略。教学艺术家们同样是未充分利用的资源，他们中间很多人希望并且能够胜任学校中的长期工作。

总统艺术与人文委员会在调查开始时就认识到，有很多不同的利益相关方对艺术教育感兴趣。在此领域里取得任何一个重要进步都需要以目标为指导达到空前团结，协调当地政府、州政府、联邦政府机构、教育者、职业协会和艺术界的行动。共同的目标是推广艺术教育，让更多美国学校里的学生，特别是那些得不到充分发展的学校的学生，能享受到全面（综合）教育带来的益处。基于在过去一年中我们了解到的需求和机会，总统艺术与人文委员会为不同利益相关方的行动制定了五项建议，来发展艺术教育。这些制定的行为建议用来明确在综合、全面的K-12教育（K-12 education）（译者注：幼儿园至高中阶段教育）中，艺术对所有学生都是合适的，统一并共同努力，使得不到充分发展的学生和社区，能够得到艺术教育，并为高质量的艺术教育，积累有说服力的实证基础。

（1）在不同途径间建立合作。总统艺术与人文委员会敦促职业协会的领导们同联邦及各州机构共同工作，在不同艺术教育工作者之间建立并阐明他们之间的联系，这些人包括：以标准本位方式工作的艺术家；受过艺术融合模式训练的教师和以项目为基础的教学艺术家。总统艺术与人文委员会认为，国家领导组织之间的合作应超越关于艺术教育领域中艺术教学实施模式的内部争论，来解决一些更紧迫的问题：平等公平的权利以及为更多学校注入充满创新性的环境。

（2）在艺术融合领域进行发展。第二点建议聚焦于艺术融合的推广。总统艺术与人文委员会鼓励通过以下方式，来达到艺术融合领域的发展：加强教师准备工作和职业发展、对准可用艺术资金、建立通过社区学习讨论小组分享艺术融合观点的机制。在本推荐中，我们为地区和各州艺术教育机构、私人投资者明确了角色分配。

（3）为教学艺术家提供更多校内机会。我们坚信，在提高我国公立学校艺术教育质量和活力的方面，在该国家工作的艺术家们，代表着一些未被充分利用的和不发达的资源。总统艺术与人文委员会建议通过长期的学校工作，增加教学艺术家的职能，同艺术家和学校老师一起合作。这应包括在教育学及课程中支持高质量专业发展。我们从地区和各州艺术机构中、从与奥巴马总统艺术政策运动纲要（President Obama's Arts Policy Campaign platform）中，提出的“艺术家团队”（“Artists Corps”）相类似的兵役计划中，看到了领导此次改革的机会。

（4）利用联邦和各州政策强化艺术在K-12教育（译者注：幼儿园至高中教育）中的地位。这一建议将焦点放在联邦及各州教育领导们要提供政策来指导运用艺术提高课程严格性、教师质量和低水准学校水平。提高学生创造和创新能力是保证国家竞争力的中心任务。为了做到这些，联邦和州政府不能仅仅把艺术当作全面（综合）教育的一项支出。

（5）扩大艺术教育实证收集的焦点。最后，关于艺术所带来的益处的实证基础是必须的，且留有空间用于扩大对艺术相关系统性数据收集，特别是发展创造性和加强学校参与。教育者们需要实际工具，衡量学生们在艺术氛围中学习取得的进步——这项投资与联邦教育署对复杂学习进行的，更权威评估的投资吻合。从联邦的角度看，政策制定者应帮助利益相关方，对作用和平等权利提出明智可靠的论据和决定。这需要政策支持正在进行的有关可用机会的数据收集工作，包括教师素质，地方和国家层面的资源和设施。

总统艺术与人文委员会希望全国所有城市和城镇的学校，都充满创造性思维和新创意的能量，充满艺术、音乐和运动。我们所有的研究都将“艺术教学”作为考量学校成功的标准，在运用艺术教学方式学校里，已经半途而废的学生，当他们对电影、设计、戏剧甚至嘻哈音乐的热情被老师点燃时，他们又会重新投入到学习中去。学习速度快、保持积极性的优秀学生也会获得奖励。

总统艺术与人文委员会随时准备同公立机构及私人部门进一步发展合作，实施这些建议。

前言

阿恩·邓肯(Arne Duncan)，美国教育部部长

现在，进行艺术方面的教育比以往任何时候都更加重要。在全球经济中，必须拥有创造力。今天的工人们不仅需要有提高产量的知识和技能，还需要创新能力。看看苹果手机的发明人和谷歌的开发者：他们不仅拥有智慧，而且拥有创新思维。他们把自己的知识和创造性结合起来，改变了我们交流、社交和做生意的方式。创造性经历是工程师、企业管理者和数以百计从事其他职业人员，日常工作生活中的一部分。为了在今天和未来取得成功，美国儿童需要善于创造、足智多谋和富有想象力。而培养创造力的最好方式就是艺术教育。

《对艺术教育重新投资》提出了支持艺术教育的有力观点，并指出艺术教育在学生和知识创新经济环境下取得成功的准备环节中起到的重要作用。这份报告向我们展示了艺术教育同其他学科成就之间的联系。它证明了创造艺术的过程——无论是以书写、表演、雕刻、摄影、电影、舞蹈还是绘画等方式——为儿童在各个领域取得成功做了准备工作，而不仅仅是成为艺术家。最重要的是，这份报告强有力地证明了创办艺术教育学校和雇用艺术家可以起到补充促进其他科目，如文学、历史、科学和数学学习的目的。

我相信所有学生都应享有以更有意义的方式深入体验艺术的机会。学习艺术和扮演艺术家角色的机会是全面课程和完整教育不可缺少的一部分。对戏剧、舞蹈、音乐和视觉艺术的学习，可以帮助学生们探索仅仅用文字或数字表达不出来的现实、关系和思想。完美艺术中的表达和创造能力，可以培养学生解决问题的创新技能，并能将它运用到其他学科领域，也为他们提供了团队工作的经验。同等重要的还有，艺术教学能够帮助学生在其他学科取得成功。视觉艺术教学可以提高阅读速度，学习乐器或掌握音乐符号，可以帮助学生们在数学学习中获得成功。阅读、数学和写作要求学生们理解并使用符号——这和画肖像画组合形状与色彩、用音符学习分数都是相似的。艺术经历本身就是有价值的，但同时他们也能活跃其他科目的学习，这使他们成为21世纪完整教育中不可缺少的一部分。

作为一个家长，我见证了一名艺术教学者，丰富我女儿和儿子学习能力的过程。我女儿和儿子就读的公立小学将科学课编排进整个课表中。学校的音乐老师写关于科学的歌，并教会孩子们去唱。在他的音乐室里，孩子们唱和重力、沉淀、岩石和行星有关的歌曲。学生们为固体、液体、气体歌唱、拍手和舞蹈。在节假日纪念美国英雄时，普佐先生(Mr. Puzzo)为学生们写关于英雄的歌曲。多年以后，当学生们坐下参加他们的学术能力评估测试(SAT)时，他们边哼普佐先生的歌，边回忆起歌中有关历史和科学的内容。这些音乐经历不仅提供了掌握事实的记忆方法。他们还提供了体验创造性学习的机会。他们让学生在音乐经历中，享受创造性过程本身的充实、美和力量。

作为一个主管教育的领导，我也看到了艺术教育的力量。我当芝加哥公立学校(Chicago Public

Schools)执行总裁的时候，我开始相信艺术教育是学校改革的一部分。同芝加哥艺术与教育合作计划(Chicago Arts Partnership in Education，CAPE)合作时，我们把当地艺术家和教师引进学校，让艺术课程同其他学术科目相结合。研究表明，在加入芝加哥艺术与教育合作计划的学校上学的学生，其标准化评量的成绩要好于在没有将艺术融合进科学的学校的学生。一样重要的是，研究人员发现，与芝加哥艺术与教育合作计划的艺术家们合作的学校在学校文化上做出了积极改变，为学生们在学术、社会和艺术方面取得突飞猛进的进步，创造了良好环境。

然而令人遗憾的是，现在很多学校未能给学生提供全面的艺术体验，来帮助他们投入其他学术领域并取得成功，并培养他们学习在创新经济中发挥作用的技能。事实往往是，学生们被无聊的课本所束缚。今天的课程不能激发学生的好奇心，不能激发他们对学习的热爱。如本篇报告所述，艺术能极大推动学生们取得成就，减少纪律问题，增加学生从大学毕业的可能性。报告证明，艺术教育在缩小少数民族与白人之间的成就差距中起到了重要的作用。并且报告给出艺术教学学校的例子，这些学校的老师和访问艺术家们，运用艺术的魔力照亮了文学、社会课程、数学、科学和其他课程。

奥巴马总统已经做了一个具有很强说服力的提案，提案指出，创新和教育会帮助美国人赢得未来。他坚信艺术教育能造就具有创新思维的人，而他们将成为美国国家政府、商业和非营利部门的领导。让今天的学生成为未来的创新者与经济领导者，他们需要拥有作为音乐家、舞蹈家、画家、雕塑家、诗人和剧作家的经历——简言之，他们要成为未来发展我们国家经济的创造创新人才。他们也需要保持丰富和充满生机的文化，来滋养美国人的内心和灵魂，与世界各国进行交流。

在《对艺术教育重新投资》中，总统艺术与人文委员会解释了，为什么美国学校没能为学生提供全面学习和接受艺术教学的机会，而正是这些机会去为他们未来的成功做好准备。我鼓励教育者、学校董事会成员、商界、慈善领导者和艺术家，阅读这份报告并将它视为行动的呼吁。

介　　绍

总统艺术与人文委员会(PCAH)是1982年由总统下达行政命令成立的，它针对文化问题为白宫(the White House)提供建议。美国总统艺术与人文委员会直接与美国政府及三个主要文化机构——美国艺术基金会(NEA)，美国国家人文基金会(NEH)和博物馆与图书馆服务研究所(IMLS)共同工作，就文化问题为白宫提供建议。美国总统艺术与人文委员会还和其他联邦机构、私人部门一起，为发起支持关于艺术与人文的项目而工作。委员会由个人成员和公共成员组成，第一夫人任委员会荣誉主席。总统任命的个人成员包括著名艺术家、慈善家、企业家，以及全心全意支持艺术和人文事业的州政府官员。联邦公共成员包括美国艺术基金会(NEA)会长、美国国家人文基金会(NEH)会长、博物馆与图书馆服务研究所(IMLS)所长、国会图书馆馆长、美国内政部部长、美国国务卿、美国教育部部长以及其他联邦文化机构，如国家艺术馆、约翰·肯尼迪表演艺术中心和史密森学会的领导。

总统艺术与人文委员会成立以来，在编纂汇编方面取得了令人印象深刻的成绩，包括主要政策报告、实地会议和召集本领域人员发起或设计成功的联邦项目，如“拯救美国的财富”(*Save America's Treasures*)、国家艺术与人文青年计划奖(原“向高处进发”)(*The National Arts and Humanities Youth Program Awards*, *formerly Coming Up Taller*)和电影前进计划(*Film Forward*)。这些计划每一个都由两个或以上联邦机构合作完成，或由政府和私人共同支持。总统委员会的作用就在于它独特的地位可以连接联邦文化机构、艺术与人文委员会和私人部门。每任第一夫人都是聚焦国家关注的重要文化问题的最佳人选。

总统艺术与人文委员会认为艺术与人文是公立学校必须开设的课程，于学校本身是必须的，同时也能促进学生更加投入他们的学习中。总统艺术与人文委员会已经同多个艺术和教育领域的伙伴开展这方面的研究。① 在本届政府领导下，总统艺术与人文委员会一直支持在校内和校外进行的艺术与人文教育，使其作为一种方式去联系处于危险状态学生、创建卓越与合作的文化、鼓励年轻人开发创造力和创新思维。这就是总统委员会在这份报告中解决问题的方法。

总统的责任

奥巴马总统在2008年竞选期间建立了由艺术家、文化界领导、教育者和拥护者组成的艺术政策委

① 例如，1999年，美国教育部支持出版了总统艺术与人文委员会(PCAH)/艺术教育合作伙伴的两份研究报告：《抢占艺术先机：重视艺术教育学区的启示》和《变化的冠军：艺术对于学习的作用》。这些报告证明了艺术在教育中的价值，特别是对于处于危险状况的学生，他们在生活中接触文化资源的机会非常有限。其他总统艺术与人文委员会(FCAH)关于艺术教育的出版物见www.pcah.gov。

员会(Arts Policy Council)为关于艺术的政策问题提供建议。这一组织由乔治·史蒂文斯(George Stevens, Jr.),现任总统委员会联席主席马戈·莱昂(Margo Lion)和委员会许多现任成员共同管理。支持艺术提案中声称:

对艺术教育重新投资

为了保持在全球经济中的竞争力,美国需要重新激发创造创新能力,这两者是造就伟大美国的法宝。要达到上述目标,我们必须培养儿童的创造技能。除了给我们的孩子们提供为适应新的全球范围内竞争所需的科学和数学技能,我们还要鼓励他们从有意义的艺术教育中获得创造性思维的能力。不幸的是,很多学区都在缩减艺术教育和音乐教育的时间。

提案中的一部分特别建议成立一个“艺术家团队”,让艺术家们走进低收入地区的学校和低收入群体社区。

由于在总统艺术与人文委员会和其他联邦部门对这些问题进行深入调研之前,这些问题已有十几年未被调研过了。如果我们要对艺术教育进行有效投资,就有必要了解这一领域目前存在的挑战与机遇。① 因此,总统艺术与人文委员会对艺术教育带来的益处,以及全国较低服务水平的公立学校进行了考察。分析完成后将会为联邦政策制定者和其他利益相关方提供一套总体建议,建议会遵循奥巴马总统艺术政策提案中的思想和决定,为所有美国儿童提供取得成功的有利条件,来扩大艺术教育的益处,并在全国学校进行艺术教育。

调查研究和审议过程

总统艺术与人文委员会在过去十八个月中,一直从多种渠道收集,如何以最好的方式为欠发展学校提供艺术教育机会的信息。总统艺术与人文委员会雇用了个人顾问和研究人员,为他们的调查研究提供指导,并回顾这一领域既有的研究和数据。

总统艺术与人文委员会回顾了过去联邦政府在支持学校、社区雇用艺术家方面做出的努力,从公共事业振兴署(Works Progress Administration, WPA)到《综合就业培训法》(Comprehensive Employment and Training Act, CETA)以及对开创性研究和近期关于艺术教育成果和范例的研究。② 与此同时,工作组、焦点小组和信息分享对话在全国范围展开,同时还对利益相关方和来自各个领域的专家进行采访。这些包括联邦机构、各地区和州艺术组织、职业协会、宣传团体以及当地具有创新性教育、服务和艺术的项目。

总统艺术与人文委员会也对全国模范艺术项目进行实地走访。尽管不可能同对该领域拥有专业看法的所有人进行交谈,但委员会收集的信息已经令人印象深刻了,信息涵盖了各种各样的观点、看法

① 尽管调查范围并不宽,一些联邦机构的调查研究着眼于这一时期艺术教育零散的方面,比如:针对八年级艺术成绩的国家教育进步评估研究(the National Assessment of Educational Progress' study of 8th grade arts performance),美国政府问责办公室(U. S. Government Accountability Office)对艺术教育普及程度的报告,以及最近的美国艺术基金会对艺术家与和艺术参与关系的分析。

② 过去做的努力包括附录C,附录A中对中药研究的摘要和附录B中对样本模型项目的描述。

和经验。

经过几个月的磋商，对达到总统要求的最佳方式的看法逐渐形成，总统艺术与人文委员会的许多最初假设也得以验证。受访者反复强调国家关于将艺术改变教学和学习放在中心地位的价值。他们同意教育面临危机和转型，对于联邦政府，现在是作出重要声明，为更多学校、提供高质量艺术教育价值的最佳时机。

委员会发现了两个令人信服的主题。第一，多样和动力强大的提供艺术教育的方式在全国涌现，并对国家产生了影响。这些方式通常是通过非营利性社区艺术组织、有远见的校长、个人慈善家和家长团体共同支持和领导进行的。几乎所有社区——事实上，几乎每个学校——对于解决如何将更多的艺术带入学校这一难题的方法，存在很大差别。结果就是全国存在纷繁复杂的艺术教育服务，[①] 各种模式混合在一起，包括：由艺术专家进行标准化连续艺术授课；[②] 正式与非正式艺术结合方法；[③] 以及对艺术家们采取长期或短期实习授课的方式。[④] 它还包括各种组织、学校和州政府官员，他们的角色和出发点因人、因地而异。不存在适合每个社区的固定模式，对艺术教育倡导者来说，没有一个单一的方案能解决他们面临的经济、教育和后勤保障的挑战。然而，在一些情况下，一些社区和学校即使在困难的经济环境下，已经刻画出适合本校学生的艺术教学模式，并取得了显著效果。我们也知道，虽然国家领导和联邦政府为艺术教育提供更多资源，但单一的新国家项目并不一定是促进艺术教育的最有效途径。很多人建议总统艺术与人文委员会，实行并对现有方式进行建设，来提高艺术教育的质量、让艺术教育服务更多学生。我们也十分谨慎，无意破坏目前为招聘更多艺术专家和实行连续艺术授课所做的努力。

第二，需要解决艺术教育分配长期不平衡的问题，才能让更多学生体会到艺术教育学校环境的益处。最近分析显示，从有记载的艺术教学方式优点中获益最多的学校往往是这样一些学校：这些学校既不承认艺术教育的优点，也没有为学生提供艺术教育的条件。目前的预算危机和课程缩减，使一些学校不得不在最需要艺术教学的时候，缩减他们的艺术教学课程。这种情况凸显出有条件利用艺术教育益处的学校和没有条件利用艺术教育学校的差别。

总统艺术与人文委员会努力聚焦前十年间艺术教育研究和途径的长处，进而阐明学校和社区如何成功地在今天的经济和教学环境中把艺术带入公立学校。本报告包括这些要素：关于目前的关键教育需求的主要调查结果的描述，创造机会把更多艺术带入学校，艺术举措中潜在的可衡量的益处。我们也提供了具体的行动建议。总统艺术与人文委员会成员已经将他们自己的教育经历加入糅合的想法中。在公立学校接受艺术教育的经历改变了许多委员会成员、商人、政府官员和执业艺术家们的人生轨迹。我们满怀热情，承诺为没有得到应得教育的学生和学校提供艺术教育。

① 一些人甚至质疑艺术教育的复杂性会损害人们对其价值的认同。(德赖弗(Driver)，2010)

② 艺术专家(有时称艺术教育专家)是经过认证并取得在 K-12 教育阶段教授各种艺术学科的人。他们授课前需准备：儿童发展、教育学、艺术培训以及课堂管理等知识和技能。

③ 艺术融合是运用艺术策略培养技能并在课堂教学中进行不同学科交叉授课，包括阅读，数学，科学和社会学。近些年来，这一方式已经成为一些学校成功的改革方案的基础，并激发了教师、学校管理者和研究增加学生全面和投入学习问题政策研究者的热情。

④ 教学艺术家是一种职业，他们本身是艺术家，同时也在学校授课。他们会去缺少艺术教师的地方，也提供短期或长期授课，他们有丰富的阅历和专题式学习经验。

事例：艺术教育的成果

从过去二十年来关于艺术教育的理论和政策建议中，可以清晰地看出艺术教育在 K-12 教育学前阶段的价值。在过去的十年间，美国州长协会(the National Governors Association)、各州教育协会(the Education Commission of the States)、美国国家教育委员会协会(the National Association of State Boards of Education)、美国劳工部(the SCANS Commission，Department of Labor)、主要州立学校官员委员会(the Council of Chief State School Officers)①——所有对全面教育有兴趣的职业团体——都开始运用传统艺术教育倡导机构使用过的方式来提升宣传艺术教育的价值。这些传统倡导机构包括：美国艺术基金会(the National Endowment for the Arts)、艺术教育合作伙伴机构(the Arts Education Partnership)、各州艺术机构全国会议(the National Assembly of State Arts Agencies)和美国艺术协会(Americans for the Arts)。去年的美国市长会议(Conference of Mayors)有来自全国 1 200 多个城市的市长出席，会议敦促各学区应利用联邦和各州资源，提供直接的艺术教育，并将艺术同其他核心课程相结合。②

在提高文化品位、教学艺术技巧和方式价值的同时，领导团体特别强调艺术教育在下面一个或几个方面发挥作用：

· 学生成绩，尤其是在高风险测试中的阅读和数学成绩，包括把从艺术中学到的迁移技巧应用于其他学科领域——比如，音乐课中学习到的空间-时间思维技巧；

· 学生动机与参与，包括提升出勤率，增强毅力、注意力，提高求知欲望和知识探索能力；

· 开发学生思维习惯，包括解决问题，批判性和创造性思维，处理模糊问题和复杂问题的思维，多种技能的融合以及协同工作的能力；

· 提高社会能力，包括合作与团队协作技能，社会容忍和自信。

每组所包含的不同行为能力都有调查研究和评估的支持，并进行了多方面描述。下面我们着重举例，包括：具有里程碑意义的研究发现和针对艺术教育效果的近期评估；更多著名研究和经常被引用作为支持艺术教育论据的调查汇编参考附录 A。

基础研究

艺术教育合作伙伴机构(Arts Education Partnership，AEP)在汇编关于学术成果的调查研究中发挥了

① 见附录 D，参考书目，参见各主要任务和国家团体报告。全面教育政策对艺术教育在 K-12 公共教育体系中地位的看重从下面几点可以体现出来：48 个州通过的艺术教育标准和在 40 个州已经实施的高中毕业艺术成绩要求(各州教育协会：Education Commission of the States；州立艺术机构全国会议：NASAA)。

② 2010 年美国市长会议关于艺术教育的决策部分(USCM 2010 Resolutions section on Arts Education)。

重要作用。它的第一份调查综述《变化的冠军》(菲斯克，1999)(*Champions of Change*(Fiske，1999))中收录了七个关于艺术参与程度与在数学、阅读测试中取得高等级和高分的关系的研究。其中就包括被广泛接受的卡特罗尔研究，卡特罗尔第一次对国家教育纵向研究(National Educational Longitudinal Survey，NELS)①中的数据进行调查，试图发现艺术参与和学术成绩的联系。定量结果(例如，标准考试分数，成绩等级和辍学率)显示，经济条件较好的学生比社会经济地位较低的学生有更多机会参与体验艺术。但是，较多参加艺术活动的学生包括少数民族和低收入学生，在学校的表现比较少参加艺术活动的学生好，上学时间也比他们长，并且这种差距随着时间的推移越来越明显。参加乐队和合唱团的低收入学生在国家教育纵向研究测试中的成绩较其他学生高；参加戏剧表演的低收入学生比未参加或较少参加戏剧表演的学生阅读熟练度更高，积极的自我意识更强。

艺术教育合作伙伴机构(AEP)在第一部汇编后又推出了《重要联系：在艺术中学习，学生的学习和社会发展》(迪西，2002)(*Critical Links：Learning in the Arts and Student Academic and Social Development*(Deasy，2002))。本书收录了62个独立研究，包括一些元分析，其中一些研究发现从艺术(视觉艺术，舞蹈，戏剧，音乐，多元艺术)中获得的技巧可以运用到其他学科领域中。② 其他一些研究称从艺术中取得了积极收获，例如：思维习惯，自我激励，社交技巧，包括容忍、移情以及如何与同龄人积极交流。

两个受到高度评价的研究，是关于艺术能否通过增加学生对学习的动力和积极性，来降低辍学率。早在国家推行校外学习项目以前，人类学家雪莉·布莱斯·希斯(Shirley Brice Heath)就对附近低收入社区中的非学校青年组织进行过研究。她的研究发现，每周至少参加九个小时艺术学习的学生，在学习上取得好成绩的几率是其他学生的四倍，出勤率也是其他学生的三倍(希斯，1998)(Heath，1998)。希斯的发现可信度很高，因为她并没有特别针对艺术教育进行研究——她的发现是来自另一个调查的意外收获。在这方面继续调查，教育研究人员米尔布丽·麦克劳克林(Milbrey McLaughlin)，在对低收入社区青年生活状况进行纵向研究时发现，那些参加艺术项目的人，更容易在学业上成为高分者，入选班级办公室和参加数学或科学博览会(麦克劳克林，2000)(McLaughlin，2000)。

近期评估结果

上述研究成为倡导艺术教育的人们，长期以来的核心论据。后来一些关于艺术教育效果的基础研究遭到质疑，称研究仅仅是对艺术教育进行描述，而缺乏对艺术教育特点的充分分析，说明艺术教育能够产生积极效果。③ 但是，最近在这方面有了一些新的进展，包括更新了之前的研究，更新了对艺术学习是如何影响大脑，进行深入研究所用的工具和技术，艺术融合能给全校带来积极作用的证据也越来越多。

纵向跟踪调查。2009年，詹姆斯·卡特罗尔(James Catterall)对之前参加过国家教育纵向研究测试的学生进行跟踪调查，这些学生现在的年龄在25岁左右。调查发现早年参加艺术学习与总体学习成功

① NELS数据库包括在过去10年里，从25000个学生中获得的国家数据。

② 内容包括艺术与基本阅读技巧、识字与语言发展、写作、数学和科学之间关联的研究。

③ 2000年，《美学教育》杂志中的一篇文章在艺术教育支持者中引发了争论。文章提出应根据与艺术教育和学习效果两者相关的联系，而不应根据两者偶然联系来下结论。文章对艺术学习效果报告进行了更清晰的说明，并激发了深入研究的兴趣。2004年，艺术教育合作伙伴机构制定了一项研究日程，邀请各个领域的研究人员对涉及艺术和艺术对教育影响的复杂认知发展进行研究。

(“表现优异”“doing well”)和进入社会后产生的作用(“做得好”“doing good”)有持续紧密关系。随着时间的推移，参加艺术学习的学生比其他学生具有更加明显的优势。最重要的是，参加艺术学习的低收入学生比未参加艺术学习的学生更易升入大学，在大学中的表现也更好，获得工作的机会更大，愿意为他们的社区进行义务工作，并通过选举的方式参与政治。卡特罗尔通过多种比较发现，参加艺术学习的低收入学生的表现更像来自高收入家庭的一般学生。卡特罗尔的研究继续指出，艺术在能力发展中所起到的作用对那些感到孤立或被排斥的学生尤其重要，比如英语学习者。这些发现意义重大，因为在教育研究中很少能遇到对有明显差异的不同组进行纵向比较的机会(卡特罗尔，2009)(Catterall，2009)。

一些研究将学生出勤和学习动机与艺术参与联系起来。美国司法部(U. S. Department of Justice)的一个研究称参加艺术项目可以减少犯罪和吸毒，增强自尊，更加积极地与同龄人和成年人进行交流。在艺术上体验过成功的学生，欣赏他们通过努力和坚持收获的结果，并且参加其他学习任务的动力更加强烈(伊斯雷尔，2009)(Israel，D.，2009)。在去年公布的一项研究中，达拉斯的“大思想”项目(Dallas' *Big Thought* program)发现坚持参加美术学习的学生，比较少参加艺术课程的学生，在阅读成绩上具有很大优势，所有参加创造性活动社团或小组的学生，在阅读和数学成绩上都具有优势(布兰森等，2010)(Bransom *et al.*，2010)。

艺术融合的证据。在过去十年中，有记录的艺术融合的益处越来越多，尽管直到最近研究人员才开始理解，艺术融合在教育改革试点中具有独特潜力。虽然不同的人对艺术融合这个词的理解不同，但可以大致将其定义为“通过”或“使用”艺术进行教学，以此将不同艺术学科和其他课堂教学技巧和科目联系起来(伯纳福德，2007)(Burnaford，2007)。近几年来，艺术融合已经成为一些学校成功改革方案的基础，并激发了教师、学校管理者和政策研究者对其教学效果的热情。研究现在已经证明，艺术融合模式不仅同学生在学习、社会中取得的成绩有重大关系，并且同教师教学效率、学校文化和氛围提升有重大关系。艺术融合模式效率高，并且同时解决了一些问题。最重要的是，采用艺术融合模式的学校，在全校各个地方都能发现他给学校带来的巨大收获，并且这种巨大收获，在最难相处和经济条件差的学生身上也得以体现。

关于艺术融合的益处，在之前的研究(菲斯克，1999)(Fiske，1999)中称，艺术融合方式在提高出勤率、减少纪律问题、提升毕业率和考试成绩上取得了成功；在激励难以接近的学生方面，为学有余力的学生提出更高挑战方面，都取得了成功。明尼苏达的研究(英格拉姆和赖德尔，2003；德莫斯和莫里斯，2006)(Ingram and Reidel，2003；DeMoss and Morris，2006)论证了艺术融合模式，对经济困难学生和获得阅读能力的英语学习者，所具有的特别的益处——这并不奇怪，因为有效的语言教学技巧和视觉艺术、戏剧技巧是有相似之处的。

当艺术融合作为学校改革和提升策略被使用的时候，学校范围内取得的成绩也被观察到了。美国教育部部长阿恩·邓肯(Secretary of Education Arne Duncan)，提到他在芝加哥公立学校时美好的艺术经历，这是芝加哥艺术与教育合作计划(Chicago Arts Partnership in Education，CAPE)①的中心。芝加哥19 所参与艺术与教育合作计划采取艺术融合模式的小学，在过去六年的学区阅读和数学测试中的平均成绩，一直高于其他学校(卡特罗尔和沃尔多夫，1999)(Catterall and Waldorf，1999)。此外，加入芝

① 由于与其相关的调查研究，我们在这里单独提到芝加哥艺术与教育合作计划(CAPE)，同时芝加哥还有其他一些值得一提的项目将艺术带入公立学校。AIM 项目就是一个很好的例子，它是社区艺术合作中心的艺术融合项目，该项目把教学艺术家带进课堂与学生和教师一起工作。另外一个主要赞助方是有 50 年历史的城市网关项目，该项目把它的许多项目聚焦于具有光明前景的艺术融合。

加哥艺术与教育合作计划，也给学校带来了更好的氛围，比如：领导能力得到加强，专注教学，教师间关系更加融洽和积极参与决策制定。

芝加哥艺术与教育合作计划研究人员，也开始研究艺术融合是如何促进学生投入学习的(德莫斯和莫里斯，2002)(DeMoss and Morris，2002)。与传统教学经历相比，艺术融合学习小组始终让学生参与复杂的分析认知活动，包括那些完成学习任务有困难的学生。参与艺术融合学习小组的学生，反映他们对学习模式并不感到厌烦或失望，反而表现出独立学习的兴趣。而未参与艺术融合学习小组的学生则反映感到失望；参与艺术融合学习小组的学生，则对学科中的问题表现出更加强烈的兴趣。

也许对艺术融合益处进行最广泛和系统性研究的，是北卡罗来纳州的 A+学校(现在在俄克拉荷马州和阿肯色州也建立起 A+学校)。A+学校是一种基于艺术融合教学的全面教育改革模式，并将加德纳的多元智能理论(Gardner's theory of multiple intelligences)、最近的大脑研究发现、舞蹈、戏剧、音乐、视觉艺术和创造性写作结合进来。对北卡罗来纳州 A+学校，进行了超过十二年的研究，发现其对学生成绩、家长参与和社区参与、其他学习方法和成功是有帮助的。最明显的是，A+学校中占学生总数更多比例的困难和少数民族学生在州阅读和数学测试中的成绩和来自更好学校的学生一样。取得这种成绩让人印象十分深刻，因为其他学校为了针对高风险测试，都将重心放在基本技能的培养上，而 A+学校在没有缩小课程范围的情况下，在州阅读和数学效能核定考试中取得了同样成绩(科比特，麦肯尼，诺布利特和威尔逊，2001)(Corbitt，McKenney，Noblit，and Wilson，2001)。

对俄克拉荷马州 A+学校的评估，强调了艺术融合在全校范围内的价值。研究发现将 A+模式融入学校政策和日常教学实践学校的学生——与把艺术融合视为附加物的学校学生相比，在态度方面有很大不同(前者觉得学校生活具有挑战性，有趣，愉快)。俄克拉荷马州报告学业成绩指数中的数据，在统计上表明了 A+学校学生较州平均和区平均水平学生，具有很大优势。即便俄克拉荷马州 A+学校少数民族和经济困难学生的比例，比北卡罗来纳州更高，还是取得了上述成绩(巴里，2010)(Barry，2010)。

去年，对马里兰州蒙哥马利县(Montgomery County，Maryland)进行了一项设计苛刻的评估研究，研究表明艺术融合可以带来更大收获。研究对三所采用艺术融合模式的学校(arts integration-focused schools，AIMS)和三所对照学校，进行了为期三年的对比。在三年间，AIMS 学校大大缩小了贫困少数民族学生，同其他学生的成绩差距。少数民族和低收入学生比例最高的 AIMS 学校，三年间将阅读差距和数学差距分别缩小了 14 个百分点和 26 个百分点。在对照学校里，高水平学生数量实际上在同一时期下降了 4. 5%(RealVisions，2007)。研究开始前，在阅读和数学方面拥有最少高水平学生人数的学校，三年间高水平学生人数增加了 23%。

蒙哥马利县的评估，也包括对教师学习如何把艺术融入教学的经历进行跟踪。几乎所有教师(79%)同意他们已经“完全改变了教学方式”，(94%)的老师认为他们学到了“教授批判思维技巧的其他方法”。蒙哥马利县艺术融合教育取得的成果，促使马里兰州教育部(Maryland State Department of Education)投资对艺术融合进行跟踪调查，并且开发对艺术学习的测评方法(ExCLAIMS，2010)。①

大脑研究。在最近过去的五年里，研究人员开始运用科学方式来探究艺术教育的益处，深入探索艺术学科中的具体行为，是以何种方式影响学习和技能转移的，特别是在神经科学领域，已经开始解

① 给学生带来收获的同时，艺术融合也表现出它是将社区带入并投身于艺术教育的极好方式。在达拉斯，“大思想”项目已经证明艺术融合是如何把学校、社区合作伙伴、家庭、校内校外学习体系投资者联系起来的。这样的成果是，达拉斯学区能够为每个小学生每周提供视觉艺术和音乐的学习机会，并为数以千计的学生增加校外艺术学习机会。

密某种艺术经历影响认知发展的复杂方式——研究会给教育领域带来重要启示，包括将艺术经历带给学生们的益处最大化。

在支持大脑研究的达纳基金会(Dana Foundation)领导下，来自七所大学的认知神经科学家已经开始运用高科技，包括大脑成像，对艺术训练和学习成绩联系进行正式研究(阿斯伯里和里奇，2008)(Asbury & Rich，2008)。渐渐地，科学家们发现了证据，证明早期艺术教育给大脑功能发展奠定了基础。下面是研究发现(一些发现验证了之前的发现)的一些例子：

音乐训练与语音意识的发展密切相关——这是早期阅读技能最重要的预测指标之一。①

参与某种艺术练习的儿童注意力和整体智力会得到提升。注意力的训练可以带来其他认知领域的进步。

高水平的音乐训练与工作记忆和长时记忆信息中的信息处理能力有联系。

艺术融合的效果，特别激起了神经学家对学习技能跨学科转移问题的关注。位于约翰·霍普金斯大学(Johns Hopkins)的神经教育行动(Neuro-Ed Initiative)研究员，假设艺术融合——需要对信息以多种方式进行重复，能帮助将知识储存在长期记忆中。大脑会优先处理具有情感标识的信息(比如，通过音乐或戏剧学习具有更大优势)，并转化成长期记忆。在大脑多个区域对信息进行编排和重复，可能会引起神经物理结构上的真正变化(拉德克利夫，2010)(Rudacliffe，2010)。这一创新成为更系统地探讨艺术学习，如何支持学习迁移的几大研究项目之一。老师观察到学生的学习方式各有不同——一些学生通过肢体运动获得最好学习效果，而其他学生则首选通过视觉或听觉方式学习，类似科学研究也能帮助解答这一问题。

除了针对艺术的研究之外，教育研究者们还进行了严格的研究和元分析，这些研究和分析已经开始揭示，在其他内容范围内复杂的学习过程。以非艺术教育为研究对象的研究，已经证实多种学习经历对艺术教育都有影响。例如，阅读研究人员发现形象化可以使阅读理解获得巨大提升(沙纳汉等，2010)(Shanahan, *et al.*, 2010)。形象化意味着儿童在阅读的同时可以在头脑中创造画面——很明显，这种技能可以通过教学生画画、为图画上色、用行动示范或表演他们想象中的东西培养起来。

① 语音意识和音乐训练与一个特殊大脑路径的发展有关。语音意识是对独立声音的感知和发声能力，它对帮助儿童学习拼读文字有非常重要的作用(国家阅读小组，2000)(National Reading Panel，2000)。

需要：危机中的教育体系

美国教育部部长邓肯提出主要教育改革迫在眉睫的观点，得到了奥巴马总统和其他部门所有领导的响应。人们普遍认为，美国公立教育体制并没有为美国幼儿园至12年级教育阶段的孩子提供足够支持，并且提供幼儿园至12年级教育的公立学校，必须进行大的变革来达到政府制定的美国在2020年要成为全球高等教育领导者的目标。在学校尝试培养具有文化多样性的学生、寻找方式如何运用信息技术，重塑学习方式的时候，为了达到制定的目标，学校领导和教师需要抓紧找到，让更多学生投入有意义的学习中的新方法。

辍学率

教育失败最明显的表现就是全国高中生出现的惊人的辍学率，并且面对提前离校会给收入造成巨大负面影响的证据面前，辍学率仍然继续居高不下。① 自从2001年以来，全国范围辍学率在25%到30%间浮动，而且人口统计学和地理学显示的数据更糟。据估计，接近50%的来自少数民族条件较差家庭的男学生，在毕业前离校(教育研究中心社论项目，2010；斯旺森，2009)。据估计大约有200万学生升入高中，而只有不到一半学生如期毕业——学校现在成了众所周知的“辍学工厂”(巴尔凡茨，2010)(Balfanz，2010)。全国立法者大会意识到教育当前面临问题的严重性，已经将减少辍学率、提高学生成绩作为2011年的最重要议题之一。最近毕业率有小幅上升(在连续几年下降后，2008年回升到75%)，让人们看到了政策能扭转毕业率下降趋势的一丝希望。②

对这些趋势原因的研究为我们展示了一幅连续的画面：学生称他们感到厌倦，大约有一半学生说课堂教学无趣(即使成绩很好的辍学学生也这样认为)，超过三分之二的学生说，他们缺乏努力学习的动力，并且对他们的期望值很低(布里奇兰等，2006)。学生们早在六年级就表现出辍学的危险信号，主要表现在高缺课率、学习效率低下、成绩下降和捣乱行为(儿童趋势数据库，2010；皮特尔，2008)

对新技能的需要

辍学率数据令人沮丧，但政策制定者和商业领导也十分关心高中毕业生的技能水平。缩小课程范

① 2007年，未完成高中学业的人收入中间值为24 000美元，而完成高中学业的(包括获得全国性高中毕业生文凭的人)收入中值为40 000美元(国家教育统计中心，2009)(National Center for Education Statistics，2009)。

② 2008年的数据为可获得的最新国家数据。预计2010级有将近130万学生辍学(教育研究中心社论项目，2010)。美国承诺联盟计算毕业率需要在过去六年的基础上增加五倍才能在2020年达到奥巴马总统提出的90%毕业率目标。

围仅仅注重基本知识技能的教授，并不是解决问题的答案。许多高中毕业生在大学学习和将来工作中，缺乏能给他们带来成功的技能。这些技能有时被称为“21 世纪技能”，或思考习惯，包括解决问题的能力、批判性和创造性思维、处理模糊问题和复杂问题的能力、多技能综合运用能力以及进行交叉领域工作的能力。

领导们担心美国会失去在创造和创新上的竞争力，而制定更加严格的学习成绩标准并不能满足需要，同时还需要重视创造力和想象力的开发。最近的金融危机让前所未有的注意力集中在通过改变用工要求来保持全球竞争力上。许多国家工作组都提出报告称要通过学校改革来发展这些重要技能：

- 在《他们真的准备去工作了吗》中，会议委员会、21 世纪技能合作伙伴和其他组织提到，雇员不仅要重视基础技能，更要把应用技能，例如解决问题的能力、合作能力、创造能力视为在工作中取得成功的关键（会议委员会，2006）。
- 2010 年 7 月《新闻周刊》标题为“创造力危机”的封面故事，引起人们对不断拉宽的创造力鸿沟的关注，在过去二十年间，美国学生在创造力测试中的成绩有明显下降。报告关注了将近 30 万份儿童和承认的托兰斯创造思维测验分数，指出美国年龄较小的儿童（在幼儿园到 8 年级的时间区间内）在分数上有下降趋势。[①]
- 在《艰难抉择或艰难时期》中，美国劳动力技能新委员会呼吁对学校教育重新思考，避免美国在国际经济中失去地位（美国劳动力技能新委员会，2006）

给教育工作者们的任务是严峻的。他们必须寻找到接触、激励更多学生的方法，与此同时，还要教授更多具有挑战性的内容和“21 世纪技能”。现在的学生更多被电子设备吸引，而教育工作者们必须创造一个和学习任务有关的令人振奋的环境，让他们从老师、书本或其他人那里获取新知识、表达自己的观点。对于那些仍然被僵化课程安排、标准化考试压力和大幅预算缩减，所束缚的老师和校长来说，他们的任务太重了。

国家领导人、学校董事会甚至职业教师联合会都已经重新思考学校的结构和管理、学生应学习的内容、如何做最好准备以及帮助教师完成越来越高的要求。[②] 这次的改革与近几十年进行的学校提升有质的不同。改革者们现在正在呼吁进行学习转化，即学生学习内容和学习方式的彻底改变。此次重大变革需要美国社会各界的承诺和参与。

学校中艺术的弱化

前面章节已详细谈到，越来越多的数据和看法一致认为学校中的艺术是推动学习变化积极发展的潜在力量。[③] 然而，美国的公立学校中，学生接触艺术的机会越来越少。一些数据表明，不到一半的成年人称他们在学校参加过艺术课程——而在 20 世纪 80 年代这一比例还是 65%。在参加艺术课程比

① 报告中同样关注到相比其他国家，美国在创造力培养上的落后（比如：英国，欧盟成员国和中国），这些国家现在都在把衍生练习、以问题为基础的学习方法、现实世界质询和创新融入课程安排和教学实践中（布朗森和梅里曼，2010）（Bronson & Merryman，2010）。

② 美国教育部迫切建立的“冲向顶峰”国家资助金要求申请者保证资金用在 K-12（小学志高中阶段）的学习、准备、职业发展上，来保证合格教师、增加特许学校数量和其他管理模式，最终提高 K-12 教育的满意度。

③ “事例：艺术教育的成果”（Case：Arts Education Outcomes）部分通过可衡量的事实证明了艺术教育和艺术融合的效果，这些事实包括：学生积极性，学习成绩和教师效率。各研究的详情见附录 A。

例出现下降之前，从20世纪30年代到80年代，参加艺术课程的人数比例稳步增长。① 这一比例的降低，让人们对美国艺术经济的健康发展产生担忧，因为艺术教育能最好地预测几乎所有艺术活动参与程度(拉布金和赫德伯格，2011)(Rabkin and Hedberg，2011)。

目前推行艺术项目面临很大压力，全国的学校董事会都在解决预算问题，他们现在面临的问题是能否保证提供艺术教育的开支，而不是在原有的基础上扩大规模。紧缩的学校预算是一个主要问题，但也有一些人指责因强调基础技能而导致的课程缩减。教育政策中心的一项研究表明，在30%的学区出现了艺术教育时间缩短的情况，而30%的学区中每个学区都至少有一所艺术教育状况不佳的小学②(麦克默里，2007)(McMurrer，2007)。

现在很难对当前提供艺术教育的情况做出准确描述，因为并没有关于学校提供何种教育以及学生在艺术教育中表现如何的连续数据统计。③ 在调查研究阶段，几乎各州艺术机构与会代表称由于总体预算减少，他们的艺术教育预算和学校中进行艺术教育的时间，都有所减少。而这却可能是学生同执业艺术家接触的唯一机会；美国大多数州都大量削减或完全取消了具有艺术教育资格的学校数量，或减少执业艺术家教学的时间。④

少数州通过调查来决定当地艺术支出。华盛顿州最近的一项调查显示，33%的小学生平均每周接受艺术教育的时间不到一小时，将近10%的学校完全没有提供正规的艺术教育。63%的校长对他们学校提供艺术教育的时间不满意(艺术教育研究计划，2009)(Arts Education Research Initiative，2009)。其他州的调查结果也不容乐观。俄亥俄州调查显示，学生每周接受视觉艺术和音乐教育不足一小时的地区在增加，而支持艺术教育教师职业发展的各种方式却在减少(俄亥俄州艺术教育联盟)(Ohio Alliance for Arts Education)。⑤ 不仅如此，在这种高度责任制的环境下，一些人相信学校将会只开设高风险测试涵盖科目的课程。虽然几乎每个州都有艺术标准，但只有不到三分之一的州要求艺术成绩——因此没有多少机会证明学生的艺术学习。

艺术机会的不公平

即使在一些地方维持着一定水平的艺术教育资金，学校和学生获得艺术教育的机会却分布不均。越来越多的证据表明，最困难以及拥有最多需要艺术教育学生的学校，往往接触艺术的机会最少。这种情况同其他教育资源不均的情况相似，而在实际中，这种不均就意味着最不可能获得机会的就是那些学生，他们从更多的动力与生活或工作技能中获益最多，而那些动力与技能，是要在学校里通过艺术教育才能培养出来的。应国会要求，进行了关于是否能接触到艺术教育的调查，发现报告艺术教育

① 拉布金在回顾了1982年到2008年"艺术公共参与调查"的数据之后，得出这一结论。

② 参与改革的学区中都至少有一所小学被认定为没有达到"不让一个孩子落后"(No Child Left Behind Act)设定的年度进步指标。

③ 美国教育部国家教育数据中心(National Center on Education Statistics，NCES)即将发布的报告会简单涉及小学和中学艺术教育的有效性以及艺术家是否可以进行艺术教学。国家教育数据中心未来将发布的报告会提供过去十年间艺术教育情况和变化的更多指标。

④ 许多州的艺术机构都经历了大幅度的预算缩减。例如，佛罗里达州机构，全州艺术活动，包括艺术教育，只有不到100万美元经费，而这一经费之前高达3 900万美元。密歇根州艺术机构2002年有2 900万美元经费，而现在全州艺术活动的经费只有200万美元。

⑤ 俄亥俄州最近进行了一项新调查；初步调查结果显示大多数高中和几乎所有初中都不开设戏剧课，只有少数学校开设舞蹈课。80%以上的老师称他们没有接受过艺术职业培训。与艺术有关的日程数量减少，三分之一以上的学校在三年中没有一次与艺术相关的集会。

时间减少的教师比例有很大不同。在被认定为需要改善和/或少数民族学生比例较高的学校中，教师们更愿意报告艺术教育时间减少了(美国国家审计署，2009)(U. S. Government Accountability Office, GAO, 2009)。需要关注的是，对少数民族群体(非裔美国人和拉丁美洲人)进行的艺术参与调查中，相比其他人，只有一半人称在学校接受了艺术课程的学习。① 从 20 世纪 80 年代起，这些群体中的儿童接受艺术教育的比例大大减少——只有 49%的非裔美国人和 40%的拉丁美洲裔儿童接受过艺术教育(拉布金和赫德伯格，2011)。

对艺术教育取得的成果进行衡量，结果证实了体制的不公平。2008 年进行的美国国家教育进展评价(2008 National Assessment of Educational Progress in the Arts)聚焦于音乐和视觉艺术领域，在城市上学的来自低收入家庭的学生、非裔美国学生和拉美裔学生在技能评估时取得的分数大大低于他们的同学(凯佩尔等，2009)(Keiper et. al., 2009)。

最近关于纽约市高中生的一项研究十分形象，该研究通过毕业率来比较各学校的艺术资源。毕业率倒数三名的学校(毕业率低于 50%)在艺术教育方面做得最差——每个学生拥有的认证艺术教师数量更少，专有的艺术空间更少，艺术和文化伙伴关系更少等等。调查报告结尾称“在纽约市这个世界文化首都里，公立学校的学生享受不到平等的接受艺术教育的机会……在艺术能发挥最大作用的地方，学生们接受艺术教育的机会却是最少的”(艺术教育中心，2009)(Center for Arts Education, 2009)。

在加利福尼亚，斯坦福国际研究所(SRI International)对全州艺术教育的一项调查，得出了相似结论。虽然加利福尼亚教育法(California's Education Code)要求所有学校为学生开设四门艺术课程，但将近三分之一的学校没有开设任何艺术课程。即使开设了艺术教育课，不同社会经济地位之间也存在很大不同。极端贫困的学生中只有 25%的人上过音乐课，而较贫穷的学生中则有 45%的学生接触过音乐课。其他学科的情况大致相同。缺乏艺术教育机会最常提及的原因，是由于关注提高测试成绩，而导致艺术教育资金不足(斯坦福国际研究所教育政策中心)(Center for Education Policy)。

纽约市和加利福尼亚进行的研究令人尤为沮丧，但是两地进行的研究是在 2010 年最近一波资金缩减之前完成的。毫无疑问，现在的情况更糟糕。

① 拉布金在回顾了 1982 年到 2008 年“艺术公共参与调查”的数据之后，得出这一结论。

机遇：转折点

虽然总体形势表现糟糕，最近几年一些因素已经明显证实，接受艺术教育的机会会覆盖更多学生——获得教育人员、商业领导、家长、艺术家和大众成员的支持，一定会在达成重要教育共识上取得成功。这些因素包括：

- 对发展学生创造力和解决问题技能感兴趣的新伙伴的加入——艺术教育能直接促进技能的培养和形成；
- 更多关注艺术融合的潜力，以此为更多的年轻人带来艺术，并获得其他好处；
- 希望通过系统、有活力的方式，进行教学的社区教学艺术家队伍不断壮大；
- 成功的艺术教育方法和模式大量出现，包括艺术融合模式，该模式能作为向更多学校推广艺术教育的基础。

对这些因素的更多了解，对于理解国家及时地进一步向公立学校推广艺术教育非常重要。

创造力的新伙伴

国家特别工作组的报告将艺术教育带来的收获，同知识经济下对劳动力需求的变化紧密联系在一起(全国州长协会，2001；国家教育和经济事务中心，2006；会议委员会，2006)(National Governors Association, 2001; National Center on Education and the Economy, 2006; Conference Board, 2006)。去年的IBM2010全球首席执行官大调查(*IBM* 2010 *Global CEO* survey)发现60个国家的首席执行官相信创造力是最重要的领导素质、创造力能帮助雇员应对复杂状况(IBM, 2010)。会议委员会近期做的一项研究发现，雇主将创造力和创新力排在员工前五大需具备的重要素质中，他们相信展现创造力的最重要的基本功，就是发现新的行为模式或新的行动组合，以及将不同领域的知识融合起来的能力。以上雇主还将艺术学习列为衡量具有潜在创造能力员工的第二大重要指标，仅仅位于公司表现记录之后(利希滕伯格等，2008)(Lichtenberg *et al.*, 2008)。职业研究生学位项目越来越肯定艺术在发展先进工作技能中的作用。至少有40个工商管理硕士学位项目以开设设计课程为特色。设计课程帮助学生在市场中取得竞争优势；同环境美学结合的创新设计，创造和操纵符号、声音的技能，人类工效学和对顾客偏好的理解能力(各州艺术机构全国会议，时间不详)(NASAA, n. d.)。

欧盟(EU)已经承认创造性在教育中的重要性。作为2009年欧洲创造年的一部分，来自欧盟27个成员国的教师在调查中谈了他们的展望。超过95%的老师认为创造力是应该在学校中培养发展的基本能力也应该运用到所有学科领域。欧盟中60%的教师称他们之前接受过创新性教育法的培训，40%的教师直接接受过关于创造性的培训(昆廷，2009)(Quintin, 2009)。①

虽然艺术不是培养发展创造力的唯一途径，进行艺术教学的途径却与三种与创造力相关的能力的平衡非常一致，这就是著名的创造型发展理论：

- 综合能力或激发新奇想法的能力；

- 分析能力或批判性思维的能力，包括选择哪种想法付诸实践；

- 实践能力或将想法转化成行动的能力(斯滕伯格和威廉斯，1996)(Sternberg & Williams, 1996)。

在斯滕伯格和威廉斯的创造力理论中，很容易看出艺术技能发展的地位、实践的价值以及卓越模式的重要性。另外很明显的一点是，很多种不同的艺术教育方式都能起到培养发展这些创造性能力的作用，比如基于学习标准的方式、艺术融合的方式、聘请教学艺术家及艺术专家的方式。其他倡导提高学习者创造性的较有影响的人物，例如肯·罗宾逊(Sir Ken Robinson)和丹尼尔·平克(Daniel Pink)，他们运用更类似于艺术学习的名称来确定相似概念，比如：平克关于交响乐、故事、设计、戏剧、意义和移情的专业术语。

艺术融合的承诺

在调查阶段，我们发现支持和推广艺术融合的热情很高。艺术融合是运用艺术策略在不同学科的课堂教学中培养技能。只要充满激情地有效实施艺术融合模式教学，学生就能受到高质量的艺术教育和其他课程的教育，如阅读、数学、科学以及融合课程计划内其他科目的高质量教育。正如我们最近在这一领域和新闻中发现的一样，通过艺术去学习其他科目具有无限可能性：年轻英语学习者通过学习舞蹈来练习英语副词；代数老师帮助学生进行数字设计创造，来证明学生们对数学关系的理解；中学生在学习声音和声波形式的过程中创造并弹奏乐器。

艺术融合具有的优势有以下几点根据：

---

① 托马斯·弗莱德曼最近在《纽约时报》(*New York Times*)中形容美国教育部是“国家安全的中心”，他提到我们已经很多年“没有接受过教育”了。他继续引用《全球成就鸿沟》(*The Global Achievement Gap*)一书作者关于在知识经济中学生需要具备的新的基本技能的说法：进行批判性思维和解决问题的能力；有效交流的能力以及合作的能力(瓦格纳，2008)(Wagner, 2008)。

· 来自知名艺术融合模式的大量证据，例如：A+学校，它不仅在学习上取得了很大进步，而且改善了学校氛围和教师合作关系（本报告前面部分已详细谈到）；

· 对教学整体提高的潜在贡献，包括以问题为中心对教师技能进行辩论，以方案为中心、质疑为导向的学习，成绩评估以及运用现实技术和产品进行跨学科工作；

· 艺术融合模式与关于学习的新研究成果（所倡导的）一致，包括个性化；通过多种形式反复和加强学习内容；熟练掌握符号系统以及从具体到具象再到抽象的连续过程；

· 以高效、合算的方式对课程安排进行讨论。

全国有很多已存在的艺术融合实践，可以对他们进行加强改进，并作为典型推广到其他社区。2002年以来，联邦政府已经通过教育部下的艺术教育模式发展与推广奖金项目（Department of Education's Arts in Education-Model Development and Dissemination grants program），对艺术融合项目进行投资。奖金项目需要关于将艺术融入小学、初中课程的策略计划的正式文件和评估。今年，奖金投入对于学习艺术融合中的有效策略，起到多大作用会被公诸于众。该领域的人都盼望着成果评估的结果，结果的发布，可能激起人们对艺术融合技术和效果的更大兴趣。

授课教师、艺术专家和教学艺术家的专业培训，对提高高效艺术融合项目的有效性非常重要。过去十年间有很多典型项目，为参与艺术融合教学的教学艺术家、授课教师和学校管理者，开发出了优质培训项目。在研究阶段中，来自马里兰州学校联盟（Arts Education in Maryland Schools Alliance，AMES）艺术教育部的工作人员，分享了他们在艺术融合培训中所用的信息，来满足课堂教师和教学艺术家更多培训的需求。学校工作室（STUDIO in a School），A+学校和全国范围内的很多组织多年来也在不断完善这一领域、不同学科的职业培训发展。

在最近的一次艺术教育慈善会议上，辩论小组成员讨论了艺术融合的价值，将其称为"过去二十年中这一领域最重要的创新……"，并指出学校管理者对艺术融合持的开放态度的潜力，是增加学生接受艺术教育最重要的可行方法。但是，他们同时意识到艺术融合需要继续发展：质量标准要更明确清晰，重视发展系统化实施方案，分享成功实践经验（麦卡恩，2010）（McCann，2010）。

教学艺术家是未被充分利用的资源

在整个调查过程中，我们也开始欣赏工匠艺术家为社区服务的潜力和愿望。艺术教育领域的许多领导人物指出教育艺术家的价值，特别是作为长期居民的一部分的价值，并且我们发现教学艺术家，对很多典型艺术教育项目来说是不可缺少的。[①] 教学艺术家是"混合执业人员"（"hybrid professionals"），他们是其所在领域的专家，同时教授艺术技能和领导艺术融合项目。他们长期以来在艺术教育提供系统里占据重要地位，但是由于缺乏长期系统工作的资源、缺乏专业信息、执业结构不完善以及

① 关于依赖于教学艺术家的典型项目的描述见附录B。

培训和认证不连贯，他们发挥的作用受到了限制。但是，未来他们有扩大艺术教育范围，为更多学生提供接触艺术机会的潜力。

教学艺术家和艺术专家起到的作用不同。通常来说，艺术专家负责编排符合国家标准的系统性课程安排，通常要贯穿于一系列规定课程中。教学艺术家一般专注于以项目为基础的学习活动，让学生投入到，例如：创作一曲学生合唱歌曲或创作一个表演剧之中。教学艺术家作为授课教师的搭档，帮助教师计划并讲授融合艺术的课程，比如：将视觉艺术和音乐融入世界文化的学习中。他们可以弥补各领域艺术教育不平衡的状况，特别是一些专门领域，例如舞蹈和戏剧。最重要的是，教学艺术家向学生们介绍执业艺术家的生活，这经常被用来当作典型人物激励年轻艺术家，此外教学艺术家还将学生、学校与社区资源联系起来。

新的证据显示全国有大量职业艺术家，渴望作为教学艺术家进行工作。一些教育项目，例如国家音乐服务项目(Music National Service)，已经为新项目雇用了教学艺术家，并且每个空闲职位都已经吸引了多达一百个求职者。① 例如“学校工作室”(STUDIO in a School)和“城市网关”项目(Urban Gateways)等已经建立的项目，称他们也有很多人选可以选择，因为对教学感兴趣的执业艺术家人数，大大超过预算内需要招聘的人数。多年来，州立艺术机构一直招收职业艺术家，来保证参与教学艺术家的人数。但不幸的是，由于国家预算危机影响到艺术和教育领域，很多州已经减少了对学校艺术家住所的支持力度。

最近一项关于教学艺术家的调查结果②显示，职业艺术家将艺术教学看作，把他们对艺术的热情传给年轻学生的一种途径。教学艺术家把他们的角色定位为，为学生起到正面模范榜样作用、同授课教师搭档并共同执教，以及接触难以接触的学生。欣慰的是，几乎所有职业艺术家，称他们的教学对自身艺术也起到了积极作用。几乎所有(96%)的人依旧继续作为职业艺术家进行工作，但大多数(71%)的人称他们在业余时间进行教学，平均每周教学时间为一天。基本所有人(84%)都说如果工作时间允许，他们会把更多时间投入到教学中去。

教学艺术家显然很重要，他们在通过扩大覆盖范围来实现，在发展欠佳的学校中普及高质量艺术教育的工作中扮演了重要角色。长期投入教学中，使得教学艺术家能充分融入学校，并系统地进行工作。他们有时间来制定课表，同学生建立良好关系，并与艺术专家和授课教师进行合作。用一名相关人士的话说，为了有效扮演多重艰巨角色，教学艺术家们不能仅仅在上课时“空降”，下课后就“撤退”。

为教学艺术家扩宽教学机会，需要注重准备和获得支持，因为教学艺术家不一定接受过教学方法和模式的培训。一些模范项目，已经为教学艺术家制定了涉及面广泛的职业发展项目，其中包括正式课程工作和研讨会以外的指导顾问技能。一些艺术管理人员和大学已经开始对教学艺术家正规资格认证产生兴趣，目前只在少数地区有资格认证项目。例如，费城艺术教育合作伙伴机构(The Philadelphia Arts in Education Partnership)同宾夕法尼亚艺术委员会(Pennsylvania Council on the Arts)合作，为同授课教师一起工作的教学艺术家和供职于家庭培训项目的艺术专家，设计了一种研究型认定项目。

---

① 信息由基夫·加拉格尔(Kiff Gallagher)提供给总统艺术与人文委员会(PACH)，基夫·加拉格尔是在2010年4月1日会议上国家音乐服务项目的创始人。

② 对教学艺术家国家调查和艺术经理人访谈进行的初步分析是有芝加哥大学国家民意研究中心(NORC)的尼克·拉布金(Nick Rabkin)完成的。

继续打造最好的艺术教育

在教育急需改革的情况下，我们很高兴关于艺术和艺术融合成效的研究成果变得越来越多；全国各地典范艺术项目可以作为采取最佳行动和可行建议的来源；此外专家们也准备好支持对艺术融合进行升级扩展，以及采用其他方式进行艺术教育。

2009 年，哈佛“零计划”(Harvard's Project Zero)的研究人员对一项研究进行了总结，该研究记录了保证在校内外获得艺术经历的必须要素，并且保证了学生和老师都能从艺术教育投资中获得回报。结果产生了一套方法(工具)，用来检验艺术教育质量、反映影响质量的关键决策，以及分析决策者们在保证高质量项目中观点应具有的一致性(赛德尔等，2009)(Seidel *et al.*, 2009)。

许多独立方也做出了可作为合作伙伴和范例的项目，包括有远见的家长们的努力、非盈利艺术组织和学校领导。附录 B 中有对典范项目的描述和名称列表。在调查研究阶段，一些组织提供了他们认为有用的方法。例如，全国社区艺术教育指导协会(National Guild for Community Arts Education)衡量考察，学校社区合作时运用的标准，以及青少年听众计划项目(Young Audiences)，用于评估教学艺术家的成绩考核标准和考核过程。

现在时机已经成熟，典范项目可以作为继续建设的现成基石，在艺术教育需要升级扩展的领域也学到了经验和教训。随着一系列艺术教育模式将要建立，从“为美国教书”(Teach For America)等项目激励美国最优秀最聪明的人致力于教育事业的成功实践中，得到了经验，我们知道现在拥有一个千载难逢的机遇，来利用艺术的优势，为学生、教师和学校创造对他们影响深远的利益。

结论和建议：建立充满艺术氛围的学校

在过去的一年中，艺术教育带给全国学生的影响，激发了总统艺术与人文委员会的灵感，并给总统艺术与人文委员会留下了深刻印象。此外，许多校长、学校负责人、社区艺术组织、艺术专家、授课教师以及教学艺术家付出了巨大努力，甚至在面对极大挑战的情况下，依然用艺术教育充实学校生活，这也给总统艺术与人文委员会留下了深刻印象。正如奥巴马总统在他的竞选演讲中所说，现在是对艺术教育重新投资的时候了。我们要找到让学生保持兴奋、充满动力和留在学校继续上学的办法，我们必须为他们提供毕业以后在工作上取得成功的能力。

总统艺术与人文委员会成员对一系列艺术教育项目进行了回顾，同政策制定者和专家进行商议，并针对如何提高现有国家艺术教育活动价值，以及如何加强各个活动之间的统一性，进行周密商讨。总统艺术与人文委员会，早时就认识到艺术教育的不断进步，会使各个方面的投资者负起责任。商业人士、政府、教育者和其他艺术团体，在扩展学生接受高质量艺术的教育途径上，都有各自的职责。之前提到过，总统艺术与人文委员会，为不同投资者的行动提供建议。本报告的五个建议，旨在明确艺术在教育中的地位，关注扩大艺术教育投入的努力，特别是未享受到应有艺术教育的学生和社区，并为高质量艺术教育提供有力证据。

总统艺术与人文委员会在做这些决定时遵循两个基本原则。第一，艺术是美国文化和生活的重要组成部分，每个学生都应当享有在学校接受艺术教育的权利，这样才是完整的教育。正如科学和社会学被认为是独立于其他学科之外的重要学科一样，艺术在课程安排中应该得到同样明确的地位。①

第二，几十年的研究和经验表明，高质量的艺术教育在达到一系列教学目标中具有重要作用。艺术可以激励学生；激发好奇心、培养创造力；教授“21 世纪技能”，如解决问题的能力和团队工作能力；促进学校范围内的合作。当然在这些领域肯定还有未了解的信息，但毫无疑问的是对艺术教育价值的调查是积极和一致的。

总统艺术与人文委员会相信，这些建议针对艺术和教育领导们的要求提供了实用性解答。虽然其中不包含大量新内容，不涉及对现行方案的大改动，这些建议仍然需要联邦、各州和当地领导紧密合作来达成一个统一意见。因此，具体建议会支持负责不同任务领导的行动，但都是为了一个共同目的，即保证更多学生、教师和学校能够享受到艺术教育带来的好处。

① 在《2000 年目标》(Goals 2000)、1994 年的《改革美国学校法》(Improving America's Schools Act of 1994)和 2002 年重新授权的《不让一个孩子落后》(No Child Left Behind Act)教育法中在这个方面都有很大进步。

建议

1. 建立不同方法间的合作

目前在学校课程安排中，有几种广泛运用的提供艺术教育的方法，每一种都有不同职业协会和倡导团体鼎力支持。

- 以标准为本位的方式(即获得认证的艺术专家讲授一系列艺术课程，包括视觉意识、音乐、舞蹈和戏剧)为大多数教育者所熟知。这一方法是传统艺术教育的基石，现在仍然有很多人认为这是一种很好的方法。我们承认很多学校正在做的工作，是雇用具有高级资质的艺术专家来维持全面艺术教育项目进行下去。但是，许多学校由于预算和时间限制，以及缺乏一些领域具有资质的专家，并不能为四种艺术科目提供高质量教学。
- 艺术融合作为一种补充方法，更多依赖于授课教师(常常同教学艺术家和/或艺术专家共同上课)，他们把艺术知识和技能的讲解融入其他学科的教学中，如数学、科学和阅读。提倡者担心艺术融合方法，作为一种提供艺术教育的廉价方式，会被一些学校管理者取消。可以理解，他们担心由于过分关注艺术融合，可能会破坏艺术技能的连续教学，降低艺术指导的质量，降低艺术专家的地位。
- 教学艺术家项目主要包括来自不同领域的职业艺术家，他们在学校进行业余教学，往往是短期教学或做项目。教学艺术家可以带来现实社会的经验、将他们的教学同社区相联系，为学生充当表率作用，并为缺少各艺术学科全职艺术专家的学校提供教学帮助。但是，由于短期教学以及与学生老师共同工作准备不充分，他们的教学效果会受到影响。

我们呼吁职业协会的领导同联邦和各州机构共同工作，支持加强不同艺术教育方式间的联系。总统艺术与人文委员会认为，国家领导机构之间的合作，应该努力增加运用不同艺术教学方式、具有创新性和充满艺术氛围学校的数量，跳出关于运用何种教学方式的内部讨论，把更多精力放在如何让学生拥有平等机会，接受艺术教育的问题上。① 当然，在实际中，学校雇用各科艺术专家的人数、采取艺术融合的形式、教学艺术家创造的混合教学途径都不相同，这些现象是由于融资机会、可用资源和人员之间的妥协让步产生的。但是，倡议过多关注艺术教育的实行方式，而不是艺术教育的质量和针对社区需求而做出改变的灵活性，这影响了倡议的效果，并且混淆了将更多艺术教育带进学校的主要原因。我们建议要行动起来，把授课教师队伍、艺术专家和教学艺术家如何共同工作，制定课程安排、授课、互相学习的过程展现出来。这可能需要国家和各州领导参与宣传工作，为他们提供团队培训机会，并为展示范例提供资金帮助。我们相信通过合作努力，会全面提高艺术教学的质量，提高艺术教育在相关人士、政策制定者和当地学校官员眼中的地位。

① 在一场由“艺术资助人”(Grantmakers in the Arts)和“教育资助人”(Grantmakers for Education)机构共同举办的会议的同时，我们得出了这个结论。会议提出了类似问题，包括对“跳出艺术教育界内部分散状况，将合作推向新高度”的讨论(麦卡恩，2010)。

2. 发展艺术融合领域

很多人称要继续使用艺术融合模式，我们对模范艺术融合项目、培训艺术专家所做的努力，以及运用艺术融合模式进行教学的授课教师有所了解。由于艺术融合模式没有受到和以标准为本位方式同样的重视，因此我们需要发展和支持艺术融合领域来实现它承诺达到的全部效果。我们认为只有当授课教师亲自接触过那些融入了艺术教学的策略，并通过更深入的学习与艺术专家和教学艺术家进行合作过的课程，艺术在课程安排中才占据一个更稳固安全的位置。

艺术融合不属于任何一家机构或职业协会，因此发展潜力，包括对教学质量的评估和立法都是敞开的。艺术融合领域的继续发展，应依靠高等教育机构最初做出的承诺(包括职前教育和职中教育)、职业发展提供方(包括国家艺术和教育机构、非盈利性艺术组织)以及提供定向支持的州立机构和私人投资者。

很多项目大多关注服务他们自己的社区；各个项目也有很大区别，包括专家和艺术家参与的角色，学生参与的选择和强度以及项目效果证据的可得性。总统艺术与人文委员会认为国家组织应起到以下作用：为参加模范艺术融合项目的一个或多个社区提供帮助，来确定运用艺术融合模式的最佳方式；组织课程小组；综合培训途径方法，以及创建一个收集评估结果的通用框架。模范项目也可能作为发展实验点和创新实验点，例如：用于艺术融合模式培训，教学艺术家资格认证或综合课程小组的发展。最后，为了传播和复制信息，这对国家组织承担起建立和保持关于艺术融合项目及其特点(包括效果的证据)、集中独立信息源的责任是有益的。

总统艺术与人文委员会，十分重视为艺术专家及授课教师提供更多机会，进行艺术融合教育的艺术和职业发展职前培训，包括以远程学习方式进行的职前培训。由于艺术融合对知识和教学有很高要求，艺术专家要通过获得持续不断的支持才能有所收获，包括听课授课的权利、使用工具的权利、听取专家意见的机会，以及与同事建立良好关系并获得专业培训。职业倡导团体的另一个重要作用，就是加强资格认证要求，将职前教育中的艺术融合培训包括进去。

3. 增加教学艺术家的校内机会

在调查研究过程中，我们学到了将职业艺术家的专业技能和职业经验，带入学校中以激发学生兴趣的有效方法。职业艺术家们对这种服务机会很感兴趣，这些机会让他们能运用他们的才能，促进教育进步和影响年轻人，这给我们留下了深刻印象。通过雇用教学艺术家，学校可以扩展接受艺术教育的机会，并使更多学生参与进来，但是这种情况必须要保持下去并得到支持(和短期驻扎教学或短期活动不同)。总统艺术与人文委员会认为，增加支持力度和职业发展来让更多学校雇用更多教学艺术家签署多年工作合同是极具可能的，这和奥巴马总统竞选演讲中提到的“艺术家团队”概念类似。我们鼓励国家相关方面人员和联邦、各州及当地投资方进一步探索这种行动的可能性。

如果教学艺术家进行长期和实质化的工作，他们就需要达到和其他教师相似的教学效果标准。他们需要额外培训，包括教学法培训、艺术融合、课程标准、儿童发展、计划和评价、课堂管理技能，以及同其他授课教师合作的技能培训。如上所述，总统艺术与人文委员会承认教学艺术家同艺术专家和授课教师进行合作，来使学生最大程度地投入到艺术当中去的价值。虽然很多州立艺术机构，目前为从事短期教学的教学艺术家，提供某些形式的培训，但如果创立一个更加集中高效的培训方式，运用远程学习方式为特别艺术领域提供培训，就更具价值并且效果会更好。学校和教学艺术家就可能对适合他们角色的一种资格认证感兴趣。在扩展和优化教学艺术家培训中，地区和州立艺术机构都是极具合作价值的领导部门。

4. 运用联邦和各州政策强化艺术在 K-12 教育中的地位

总统艺术与人文委员会认为，各地学校决策者需要明白无误、直接认真听取联邦及各州教育机构领导，关于艺术如何才能适应当前主要任务的陈述(各州同样需要联邦教育机构领导的指导)。教育者们希望联邦和州政府，能够就预期希望同他们进行交流，确定标准和政策，为他们展示范例以及为他们展示艺术，如何才能达到联邦和州教育机构的要求，为所有儿童提供适合他们的全面教育。他们需要政策指导和更清晰的例子，展示艺术在增加课程活力、提高教师质量，以及提升艺术在表现不佳学校成绩中的作用和地位。充满艺术氛围的学校所取得的成就和效果，不管是那些在教学中融入艺术，还是那些通过其他方式或考虑而重视艺术的学校，都应参与进成功学校改革策略的讨论中去。联邦和各州政府十分有必要将艺术从全面教育附属品的范畴中移出去。

和“21 世纪技能艺术路线图合作伙伴”(Partnership for 21st Century Skills Arts Map)描述的如何运用艺术发展批判性思维、解决问题的能力、交流沟通、创造力和创新类似，教师需要了解关于如何通过艺术达到共同核心标准(Common Core standards)的信息。取得成绩和进步的联邦和各州项目，例如蓝丝带学校项目(Blue Ribbon Schools program)，能够凸显将艺术融入教学的获奖学校。美国教育部下的教育科学研究所，可能会创建一个座谈小组，根据其在数学、文学、行为和其他领域进行研究获得的综合成果，为艺术教学中的具体实践提供意见。

5. 扩大收集艺术教育实证的范围

过去十年间，人们越来越强调，并把更多精力放在建立艺术教育与学生成绩的联系上，起初是以学生的阅读和数学测验成绩为衡量标准。我很高兴这个研究取得了可喜的教育效果，并且我们仍将在这一领域投入更多资源。但是，我们也看到可以衡量与艺术教育相关的其他重要教育成果，比如，取得关于参与艺术教育和创造力关系的实证就非常重要。对教育考和政策制定者来说“21 世纪技能”非常重要，我们认为，知道更多关于如何以及在何种情况下，艺术教育能发展学生的发散性思维十分重要。人们普遍接受艺术教育能发展学生创造力的观点，但我们需要更确切的信息，以及能够被当地学区学习运用的衡量方法。

关于艺术教育对增加学生在校率和学习毅力的效果，还需要更多确凿信息。这种效果可以通过指标反映出来，例如通过学生出勤、摩擦冲突、行为习惯问题报告以及其他数据点反映出来。主要来自教师报告和学生自我报告的证据表明，参与艺术教育对提高学生学习投入程度有积极效果。为了解释为什么参与艺术能提高学生总体成绩的理论，有必要收集关于艺术教育激励作用的客观信息。

此外，教师和管理者需要支持改进艺术项目和跟踪相关效果的方法。各州和地区机构可以运用实际且适当的方式，帮助学校确认并记录艺术教育的益处，包括何种艺术教育最可能最大限度地达到何种益处(例如，学生投入程度和动力、知识学习、教师成效、教师合作等)。艺术学习评价在这里也是一种重要的方法。艺术能力的熟练程度很难在大范围内准确连续衡量，但是没有衡量结果，教师就难以估量学生的进步程度，研究人员也不能证实通过艺术教育取得的学习成果。在联邦政府的帮助下，测试开发人员正在设计新一代测评方法。我们呼吁关注以学校和班级为单位衡量其艺术能力，同时也要关注其他表现。

最后，政策制定者们经常感到奇怪，为什么目前很难得到一个全国范围学生接触艺术教育机会和参与艺术教育程度的综述。目前拥有的关于各学校、各州或各地区艺术教育可用率的数据，大多来自各州志愿工作者或个体研究人员的努力。联邦政府应该帮助艺术教育领域和政策制定者，针对艺术教育的影响和接受艺术教育的均等机会，得出可靠论据并做出决定。这就要求制定政策来支持收集艺术教育机会的数据，数据包括教师质量、资源以及当地和各州设施情况。即使政策和资金没有发生大的变动，各州和地区负有提供艺术教育机会的责任，这对于有关方面倡导艺术教育和评估艺术教育成效是十分重要的。

总统艺术与人文委员会，建议联邦和个人投资者支持这种实证的收集工作，同时也支持发展用来衡量进步的方法。虽然数据收集工作复杂且与数据来源有很大关系，但提高证实、跟踪这些成果的能力，对于了解和不断发展艺术潜力，来解决目前教育面临的许多挑战，大有裨益。

结论

总统艺术与人文委员会希望全国城市、乡村中的学校都活跃着创造性思维、新鲜想法的能量，学校中到处都是艺术、音乐和运动。所有研究都认为成功的学校是“充满艺术氛围的”——在“充满艺术氛围的”学校中，当他们对电影、设计、戏剧甚至嘻哈音乐的热情被老师点燃时，有可能放弃学业的学生会重新找回他们在学习中的动力。表现良好的学生也会在这种氛围中获益，他们学习速度加快，并一直保持充足的学习动力。

总统艺术与人文委员会的目标，就是帮助美国学校建立一种让每个学生都能投入学习的环境，学生来到学校进入班级渴望学习，学生充满自信，有纪律地说话、书写、解决问题，他们与生俱来的创造力和创新能力，在学校得到培养和鼓励。我们希望看到教师在课堂里寻找学生一起学习的新方法，和同事合作在课堂中获得最佳表现。我们希望建立的学校是这样的：每个学生在学校里都能感到他或她在某一方面或某些方面有特长，所有教师在学校里都能感到他们有接触学生的方法。正如在全国旅行中看到的，这样的(上面描述的)学校会培养出具有创造能力的学生，能力强的教师以及具有专注精神的社区。总统艺术与人文委员会随时准备同公立机构和私营部门合作，进一步发展并实施上述建议，为所有学生提供接受高质量教育的机会和渠道。

附录 A：对艺术教育益处的经典研究

在调查研究阶段，总统艺术与人文委员会确定了一些描述艺术培训和艺术融合方案的评估和调查研究方案。下面是一些经常被引用，作为支持肯定艺术教育价值的研究例子和研究汇编(先列出来)。这不是一份完整表格，也不是一份清单，但是它展示了可用信息的范围以及研究所跟踪的成果种类。

来源	摘要
费斯克： 《变化的冠军：艺术对于学习的作用》，华盛顿特区，艺术教育合作伙伴和总统艺术与人文委员会 Fiske, E. (Ed.). (1999). *Champions of change: the impact of the arts on learning.* Washington, DC: The Arts Education Partnership and the President's Committee on Arts and Humanities	汇编包括七项研究展示参与艺术活动程度与数学、阅读取得分数成正比例的关系。研究也展示了对学习不感兴趣的学生，以及艺术是如何通过项目学习与合作在学生间建立起联系的。
迪西： 重要联系：在艺术中学习，学生的学习和社会发展 华盛顿特区：艺术教育合作伙伴 Deasy, R. J. (Ed.). (2002). *Critical links: Learning in the arts and student achievement and social development.* Washington, DC: The Arts Education Partnership	该书收集了62个当前最具代表性的研究范例，关注通过在艺术的氛围中学习发展起来的认知能力，例如思考技能、解决问题的能力，以及将艺术技能转化为阅读和数学技能的能力。对学生上学动机变化，以及学生自信的增长做了跟踪研究。所有62项研究加在一起，展示了教育工作者关心的65个艺术与其他产出的关系问题。
麦卡锡：沉思的礼物，重新评估艺术收益的争论 McCarthy, K. F. *et al.* (2004). *Gifts of the muse: Reframing the debate about the benefits of the arts.* Santa Monica, CA: RAND	这份兰德报告(RAND report)对艺术带来的个人及公共益处的证据做了全面调查，并做出总结：国家关于这些益处的讨论应该将讨论重心放在不仅惠及个人、给公共利益带来好处的艺术本身的"内在"乐趣上。教育工作者们关心的益处包括：注意力的集中、感情的容纳、认知水平的提高、社会联系以及公共意义的表达。
史蒂文·森：第三空间，当学习重要的时候 Stevenson, L. M. & Deasy, R. J. (2005). *Third space: When learning matters. Washington*, DC: Arts Education Partnership	通过学校案列研究发现，案例研究对象包括接收危险学生，并运用艺术融合进行教学的学校。案例研究的发现描述了学校如何激励学生在阅读、写作和表达上取得进步，以及学校如何通过艺术融合，在校园中建立起积极向上的小环境。

续表

来源	摘要
鲁珀特： 关键证据：艺术如何成就学生 华盛顿特区： 国家艺术机构全国大会和艺术教育伙伴关系 Ruppert, S.(2006). *Critical evidence: How the arts benefit student achievement*. Washington, DC: National Assembly of State Arts Agencies and the Arts Education Partnership	与艺术与各科目技能联系有关的摘要，同时也包含关于艺术在《不让一个孩子落后》中法律地位的信息。本书关注艺术给学术成绩和社会技能带来的效果。
布拉福德 文献综述：艺术融合框架、研究和实践 华盛顿特区：艺术教育伙伴关系 Burnaford, G. *et al*.(2007). *Arts integration frameworks, research, and practice: A literature review*. Washington, DC: Arts Education Partnership	该书对写于1995年至2007年关于艺术融合的文献资料进行了描述，涵盖了艺术融合所有方面的内容，还包括研究发现一章内容。附录提供了 *Critical Links* 次级分类中与艺术相关的学术和社会成效的详细目录，以及在认知、学习动力研究范畴内分学科研究(例如：视觉艺术、舞蹈)的详细目录。
赛德尔 素质：理解艺术教育的卓越性 哈佛教育研究学院，马萨诸塞州剑桥市 Seidel, S. *et al*.(2009). *The qualities of quality: Understanding excellence in arts education*. Cambridge, MA: Harvard Graduate School of Education	哈佛大学"零计划"研究人员，对达到并保持高水平艺术学习的挑战进行了探索。该报告包括对艺术教育七个目标进行了探讨，七个目标包括：思维和性格习惯的发展、审美意识、参与公民事务、个人发展和表达。该报告包括了一套方法，为在达到并保持高水平艺术教育的决定制定上提供帮助。
阿斯伯里 学习、艺术和大脑： 达纳协会关于艺术和认识的报告团 纽约：达纳出版社 Asbury, C. & Rich, B.(Eds.)(2008). *Learning, arts and the brain: The Dana Consortium report on arts and cognition*. New York: Dana Press	达纳基金会支持来自七所大学的神经科学家，进行研究工作，来解开艺术培训和学习之间的联系。参与研究的认知神经科学家，发现接触艺术和认知及注意力的提高有"紧密联系"。
温纳 & 赫兰特 艺术和学术成就：证据显示什么？ 艺术教育杂志 Winner, E. & Hetland, L.(2000). *The arts and academic achievement: What the evidence shows*. Journal of Aesthetic Education, 34	回顾了五十年来对艺术与提高学术成绩关系的研究，包括很多公开的论文。这些作者对效果进行计算并进行了一些元分析。该文确认了一小部分研究，这些研究发现了艺术学习和特定学习科目成效具有可靠的因果联系。很多研究都是相关的，研究人员建议进行额外研究和理论构建，来加强这一领域的发展。
卡特罗尔，沙普洛岩长(日)，参与艺术并在中学取得成功，包括在变化的冠军中 Catterall, J. S., Chapleau, R. & Iwanaga, J.(1999). *Involvement in the arts and success in secondary school*. Included in *Champions of Change*(see above)	通过运用含有25 000名学生数据的国家教育纵向研究数据库，加州大学洛杉矶分校(UCLA)的研究人员发现学生参与艺术的程度与标准化测验成绩相关。更多参与艺术活动的学生，与其他学生相比，看电视的时间更少，在学校更不易感到厌烦并且更乐于参加社区服务。不论来自何种社会经济阶层，艺术参与程度高的学生比参与程度低的学生在校期间表现更好，在校学习时间也更长。

续表

来源	摘要
卡特罗尔、沃尔多夫 芝加哥教育艺术合作伙伴关系摘要评价，包括在变化的冠军中 Catterall, J. S., & Waldorf, L. (1999). *Chicago Arts Partnerships in Education: Summary evaluation.* Included in *Champions of Change* (see above)	研究人员对芝加哥艺术与教育合作计划(CAPE)产生的影响做了为期六年的研究，不仅回顾了测试分数，还对学生和教师进行调查。六年来学生成绩数据显示，相比芝加哥其他公立学校，学生们更喜欢芝加哥艺术与教育合作计划(CAPE)的学校。在50多项比较中，实施芝加哥艺术与教育合作计划(CAPE)的学校得分都超过其他学校。
诺布利特 A+学校计划：创建和维持以艺术为基础的学校改革 纳尔逊： 艺术与教育改革： A+学校项目4年试点的经验教训 Noblit et al. (2009). *Creating and sustaining arts-based school reform: The A + schools program.* New York: Routledge Nelson, C. A. (2001). *The arts and education reform: Lessons from a 4-year pilot of the A + schools program.* Greensboro, NC: Thomas S. Kenan Institute for the Arts	目前针对A+项目学校已经做了很多研究，大多数研究是由诺布利特、纳尔逊和科比特的团队进行的。对项目实施、合作关系、网络建设和职业发展的描述性研究同对学生、教师、学校和社区所产生的效果的研究同时进行。研究已经确定了收到良好效果的A+学校所必须具备的因素，并将这些学校，特别是将拥有众多贫困学生的学校，作为学校改革范例。
希斯 & 罗奇 通过语言学习生活艺术：社区组织的报告 华盛顿特区：美国艺术协会 Heath, S. B, Soep, E., & Roach, A. (1998). *Living the arts through language-learning: A report on community-based organizations.* Washington, DC: Americans for the Arts 2(7)	人类学家希斯对120个社区组织进行了为期十年的研究，希望发现学生放学后都做些什么、这些时间会对学生的成绩产生什么影响。在研究的第七年，希斯发现参与艺术活动的儿童表现良好。她继续进行深入研究，发现参加艺术项目的学生在行为动机、毅力、批判性分析、做计划这些方面收益颇多。

附录 B：连接艺术家和学校的项目

调查研究中我们发现有很多旨在将艺术带进学校的例子，这些项目往往是以州立艺术机构和社区组织为基础，由多个合作伙伴共同建立。我们非常清楚，全国范围内还有很多实力非凡的项目，包括我们提及的一些，没有列入下面的目录。我们并不打算列出所有项目的清单，而只是提供几个代表性例子，代表目前运行的各种机构和服务项目。

项目	特征概述
艺术学习领导联盟 加利福尼亚州，阿拉梅达县(伯克利地区) Alliance for Arts Learning Leadership Alameda County，CA（Berkeley area）	该联盟是一个合作网络，组成机构及人员有：县教育署、阿拉梅达县艺术委员会、阿拉梅达县 18 个学区及学区领导者、教师和艺术专家、社区艺术合作伙伴、高等教育的代表以及家长。该联盟旨在帮助相关人员进行职业发展，具体形式有：开设资格认证课程帮助老师和教学艺术家成为艺术融合专家，为学校提供指导以及帮助他们形成合作网络。
A+学校项目 北卡罗来纳州(总部位于 SERVE 中心和州立艺术机构)，俄克拉荷马州(总部位于中央俄克拉荷马大学)，阿肯色州 A+ Schools Program North Carolina（based at SERVE and state arts agency），Oklahoma（at University of Central Oklahoma），Arkansas	A+学校项目是一种学校整体改革模式，这种模式将艺术看作各学科老师教学和学生学习的基础。A+学校结合了跨学科教学、实践学习和市场艺术授课。作为授课和评估考核的一部分，学生经常有机会学习艺术和技术，并将学到的知识投入实践。学校教师每天会为每个儿童教授艺术课程，包括：戏剧、舞蹈、音乐以及视觉艺术，视觉艺术每周至少上一次课。该项目的一个主要方面是为教师和教学艺术家提供培训，并把他们加入合作网络，在网络上学校管理者和教师可以接受全州范围内同行专业人士的指导。最近的 A+会议关注数学、多元智能、艺术以及通过艺术体验激发学生进行写作。
田纳西艺术家团队项目 田纳西州(总部位于州立艺术机构) Artist Corps Tennessee Tennessee（based at state arts agency）	田纳西艺术家团队项目，是为教学艺术家提供结合艺术学习目标和服务学习目标培训的项目。艺术家驻扎项目关注解决社区内部可确认的需要，包括社会公平问题。田纳西州立艺术委员会，已经为艺术与服务学习的结合提供了指导，这样项目就能着力关注公民权利发展，问题解决，创造力和领导技能的问题。
项目组织	**特征概述**
艺术家团体组织 华盛顿州，国王县（西雅图地区） Arts Corps King County，WA（Seattle area）	艺术家团体组织是一个为 K-12 教育阶段年轻人提供多种形式艺术课程的教育组织。其在校内校外都设有教学地点，并有专业教学艺术家提供艺术课程教学，包括数字媒体和诗歌/口语。该组织和超过 35 个项目合作伙伴一年中可以接受 2500 名学生，并且已经开始将艺术教育的地位上升至校内、校外都要进行的基础学习。四分之三教学点中的大部分学生都能够享用免费或折价午餐。

续表

项目	特征概述
马里兰州学校联盟艺术教育项目(AEMS) 马里兰州 Arts Education in Maryland Schools Alliance (AEMS) Maryland	马里兰州学校联盟艺术教育项目的任务是为建设高质量、系统性艺术教育提供支持，让马里兰州所有学校里的儿童接受这种艺术教育，科目包括：舞蹈、音乐、戏剧和视觉艺术。马里兰州学校联盟艺术教育项目的重点在艺术融合，为管理者和教师提供关于艺术融合的系统培训，举办会议，提供远程超范围服务，并按照全州政策进行工作。
大范围艺术项目 威斯康星州，密尔沃基 Arts at Large Milwaukee, WI	大范围艺术项目同学校进行合作，建立由各年级教师组成的项目团队和多种学科。团队将学习放在首位。该项目帮助团队人员与高等教育机构、艺术家、艺术组织和社区组织建立长期伙伴关系。教师参加研讨会、服务以及高等教育课程，学习成功艺术融合模式教学的技巧并安排艺术融合课程。
大思想项目 得克萨斯州，达拉斯 Big Thought Dallas, TX	大思想项目的任务是把培养想象力作为日常学习的一部分。该组织协调学校和文化组织的伙伴关系，来确认并填补城市中已有项目的缺口。通过这些伙伴关系，他们的“让思想茁壮成长”项目(Thriving Minds)提供免费或低收费的校外或(家庭)就近充实项目，包括音乐、舞蹈、视觉和表演艺术、科学、厨艺、技术等内容。项目人员也对艺术教育效果进行研究和评估。
纽约艺术教育中心项目(CAE) 纽约市 Center for Arts Education of New York (CAE) New York City.	(纽约)艺术教育中心把提倡提高艺术教学与学习和公开透明的公共参与结合起来，为纽约市学校提供多种艺术教育支持。(纽约)艺术教育中心为授课教师提供艺术融合培训，为教学艺术家提供学校工作培训，为校长提供特别培训，使他们能够实施并保持艺术教育项目能够进行下去。(纽约)艺术教育中心不仅为教授传统艺术学科的教学艺术家居住条件，也为教授媒体艺术的教学艺术家提供住所。按照《学校艺术支持草案》(School Arts Support Initiative, SASI)，(纽约)艺术教育中心同纽约市的中学进行合作，将不提供或提供极少艺术教育的学校转变为艺术氛围浓厚的学校，合作项目包括：职业发展、提供信息以及对学校领导团队的支持。
创造性教育中心(CCE) 佛罗里达州，棕榈滩县 Center for Creative Education (CCE) Palm Beach County, FL	创造性学习中心为教师和管理者提供艺术融合、多元智能理论和课程设计布局培训。创造性学习中心的跳跃(LEAP)项目(通过艺术合作丰富学习)(LEAP (Learning Enriched through Arts Partnerships)是一个利用教师、艺术家合作和团队教学的项目。艺术家和教师合作进行课程计划。该中心的大多数项目，针对来自低社会经济地位地区和邻近少数民族的，处于K-12教育阶段的危险儿童。
芝加哥艺术与教育合作计划项目(CAPE) 伊利诺伊州，芝加哥 Chicago Arts Partnerships in Schools (CAPE) Chicago, IL	芝加哥艺术与教育合作计划项目(CAPE)旨在建立发展教师、艺术家、艺术组织之间的长期伙伴关系，提供多种服务，包括建立伙伴关系、提供艺术融合培训、课程安排与发展以及为居民提供教学艺术家。
罗盘项目(COMPAS) 明尼苏达州(项目覆盖全州范围，总部位于明尼阿波利斯圣保罗都会区) COMPAS Minnesota (serves full state, based in Minneapolis-St. Paul)	作为拥有55年艺术项目和40年艺术教育经验的罗盘项目(COMPAS)，为艺术家定居、表演、举办研讨会、职业发展和通过艺术进行社区建设，提供全方位帮助。罗盘项目有艺术教育伙伴机构、青年就业项目、农村艺术、高级程序开发项目和医疗项目以及资助措施。

续表

项目	特征概述
高层次思维学校项目(HOT) 康涅狄格州(总部位于州立艺术机构) Higher Order Thinking (HOT) Schools Connecticut (based in state arts agency)	在加入高层次思维学校项目(HOT)的学校里，艺术是充满活力的学科，每一种艺术形式都有其独特的课程安排，这样可以让学生们学到在其他学科中学不到的知识。加入高层次思维学校项目的学校将艺术同各个学科相结合，创造充满艺术氛围的环境，激励学生将各学科领域和想法联系起来。加入高层次思维学校项目的学校建立起民主的学校文化，学校和社区的每个人都可以加入进来。
约翰肯尼迪表演艺术中心项目 华盛顿特区 The John F. Kennedy Center for the Performing Arts Washington, DC	肯尼迪表演艺术中心提供多种艺术教育项目，包括为特区内城区的教师、教学艺术家和学校管理者提供艺术职业学习的“通过艺术改变教育项目”。这些发展项目是为了教授教育工作者艺术知识以及艺术融合技能，同时也包括专家级教学艺术家们在课堂中指导和共同教学的技能。经由“通过艺术改变教育项目”发展起来的项目，可以通过肯尼迪中心的教育伙伴项目，在全国范围内共享。
林肯艺术教育中心研究所(LCI)项目 纽约市 Lincoln Center Institute for the Arts in Education (LCI) New York City	林肯艺术教育中心研究所(LCI)提供一系列活动，将教师和学生与纽约市的文化资源联系起来，培养想象力、树立审美认识。著名的林肯中心国际教育者研讨会研究所，每个夏天为教师提供深度培训。林肯艺术教育中心研究所(LCI)同纽约城区各校教育组共同工作；提供的支持包括职业发展，适应与教学艺术家共同工作，并为他们提供观看表演和参观博物馆的机会。
国家音乐服务项目 加利福尼亚州，圣弗朗西斯科 Music National Service San Francisco, CA	国家音乐服务项目在五个城市(西雅图、奥克兰、圣弗朗西斯科、芝加哥和新奥尔良)成立了音乐家团队，作为国家试点计划，其成立目的是让音乐走进急需音乐教育的学校和社区机构。招聘的音乐家需工作一年，同年轻人、学校和社区一起，通过音乐教学和参与社会活动做些建设性工作。该组织主要关注“21 世纪技能”的发展，以及通过音乐增强社区力量。这个项目目前主要将精力放在加利福尼亚州。
艺术融合导师计划项目(AIM) 伊利诺伊州，芝加哥和埃文斯顿 Project AIM Chicago and Evanston, IL	哥伦比亚学院的社区艺术合作中心，开办了艺术融合导师计划项目(Arts Integration Mentorship Project, AIM)，该项目对艺术和文学学习同时进行关注。该项目通过与哥伦比亚学院的教学艺术家，在社区艺术组织中任职的芝加哥地区教师共同合作，完成上述计划项目。艺术家和教师学习如何共同设计艺术融合课程计划，让学生们通过艺术和数学提高阅读和写作能力。
P. S. 艺术项目 加利福尼亚州，洛杉矶(在加州中部/南部工作) P. S. ARTS Los Angeles, CA (working throughout Southern/Central CA)	P. S. 艺术项目招募、雇用、担保、培训职业艺术家来制定课程安排并在日常工作日进行课堂教学。该组织也为授课教师开设艺术相关的讨论组，把创造性表达和艺术共同融入核心教学课程。目前采取的方式包括一种较保守的模式，每个学校选取一到两名传统艺术课教师，由具有授课经验的专业艺术家进行一个学年的培训。P. S. 艺术项目也提供一种创新型融合艺术模式(Integrated Arts Model, IAM)，该模式为每个课堂配备三名教学艺术家，每个教学艺术家都有其专业领域，三人专业领域各不相同，他们三人在课堂上轮流授课。

续表

项目	特征概述
丝绸之路连接项目 纽约市 Silk Road CONNECT New York City	丝绸之路连接项目，是为全纽约市来自发展落后社区的中学生们，提供的一个为期两年的多学科项目。该项目基于将东亚和地中海地区连接起来的文化、经济和技术交流。学生同专业艺术家一起共同工作，与马友友和丝绸之路演奏团一起进行一次高水平演出。不仅如此，丝绸之路项目让包括为年轻音乐家准备的，辅助媒体材料和研讨小组，得以进入初中和高中生的学习中。
学校工作室项目 纽约市 STUDIO in a School New York City	学校工作室项目，是一个为纽约市学校提供帮助的，稳固可靠项目。该项目有很多不同组成部分，包括长期选择，即让工作室艺术家每周有四天时间驻校，在五年时间里驻校时间逐渐减少至每周两到三天。授课教师和学生们一起参加工作室课堂课程，让授课教师熟悉艺术材料、工具和技术。授课教师逐渐更多地参与课堂教学，并把艺术学习扩展到其他课程领域。作为提供教学地点和辅助教学人员的回报，学校可以获得为教师举办职业发展研讨会，以及质量很好的艺术材料。
城市网关项目 伊利诺伊州，芝加哥 Urban Gateways Chicago，IL	城市网关项目提供文学、表演、媒体和视觉艺术方面的常规项目，对于提供项目，可以选择一次性接触或与“有线艺术学校”（“Arts-Wired Schools.”）进行长时间全方位接触。有线艺术学校提供一下核心项目：艺术家驻扎项目、旅游与表演、职业发展、父母/家庭与社区研讨会。
青少年听众项目 24 个州的艺术学习组织分支机构 Young Audiences Arts for Learning branches in 24 states	青少年听众项目拥有将近十万个艺术教育项目，其科目包括：音乐、戏剧、视觉和设计艺术、舞蹈和文学艺术。这些项目包括表演展示、讨论小组、驻扎项目、以及为老师提供的职业发展服务。该项目拥有 4600 名专业教学艺术家，每年在 7500 所学校开展各种项目。

附录 C：联邦和其他国家项目(部分)

总统艺术与人文委员会回顾了一些国家大型服务计划的历史和特点，以此了解在招聘和选择志愿者时需要注意的各个方面和选择、动机和利益、培训和支持、服务条件、组织结构和资金水平。

项目	特征概述
综合就业培训法(CETA)项目 Comprehensive Employment and Training Act (CETA)	《综合就业培训法》是美国劳务部于 1973 年创建的一部法律，来解决已经失业一年到两年的失业人员，以及青年暑期工作问题。该法律为失业人员提供职业培训，主要关注人群为低收入人群、长期失业人群以及特殊人群。 法案以分散化方式继续实施，当地公共机构作为主要赞助方。赞助方可以接受提议，并为多种组织提供多种形式的帮助，来增加就业机会。该法并不单独针对艺术项目；但是充实文化在很早之前已经进入资助范畴。当第一份为艺术家准备的工作获得赞助方批准后，该法案招聘艺术家的资金，很快就在更多地方得到使用。在该法案项目实施的前三年中，200 个主要赞助方用 7 500 万美元资金创造了 7 500 个艺术岗位。 该资金每年额度为 29 亿美元到 95 亿美元不等。在鼎盛时期，该项目创造了大约 72 500 个工作岗位。项目于 1981 年停止。
公共事业振兴署(WPA)项目 Works Progress Administration (WPA) Federal Project Number One arts-related components included: Federal Writers Project; Federal Arts Project; Federal Theater Project; Federal Music Project; Historical Records Survey	公共事业振兴署是最大的新政机构，其存在时间为 1935 年至 1943 年。公共事业振兴署实施公共工作项目和与艺术有关的项目。联邦一号项目关注艺术创作，例如：公共艺术、各州指导手册、戏剧、音乐等等。联邦一号项目包括艺术教育并在 22 个州建立了 100 家社区艺术中心；超过 200 万学生参加公共事业振兴署艺术课程。该项目特别强调保护，保护少数民族文化形式和历史。 公共事业振兴署既是一个集中的组织也是一个分散的组织，因为每个项目都有其自身在全国的发展方向。管理结构由联邦工作人员组成的地区、各州以及当地公共事业振兴署办公室组成(例如：31 个州和纽约市和联邦剧院单位；每个州有编辑小组对作家进行监督)。 公共事业振兴署的目的是为失业人员提供工作和收入，基本前提是该工作必须对社会有利、与工人技能对口、保证他们的技能得到运用而遗忘以及保证工人的尊严。次级目标是为公共设施提供艺术支持。该项目包括一些技能培训。艺术家每周工作最多 30 个小时，按当地的现行工资水平领取工资(这就造成全国各地工资差异很大)。应聘艺术家需要达到职业标准并且在一些项目中需由小组成员进行选择。 公共事业振兴署的资金总数为 114 亿美元，艺术项目占到项目总数的 7%。在鼎盛时期，公共事业振兴署招聘了 330 万人(据估计有 355 万人符合条件)，包括 4 万名艺术家。

续表

项目	特征概述
和平团队项目 Peace Corps	和平团队项目建立于1961年，做为一个独立的联邦机构，为技术工人提供服务机会来满足参与项目乡村的需求，并增强不同文化间的理解。志愿者通过与举办项目的乡村签订协议，同政府和私人机构共同工作。自从项目成立以来，和平团队项目已经拥有大约20万名志愿者。 和平团队项目对志愿者进行集中招聘和选择，应聘成功的志愿者将进行为期两年的服务。之后志愿者将在工作地点接受语言、文化、技术能力的强化训练以及健康/安全检查。志愿者选拔过程十分严格；职位要求有特定教育和技术能力。志愿者享有生活补助，转移补助，学生贷款延期偿还权利以及医疗福利。 目前有7 700名志愿者在76个乡村工作；2009年的财政预算为3.726亿美元。
美国志愿队项目 包括：各州及国家美国志愿队项目，美国志愿队美国服务志愿者项目(VISTA)和美国志愿队全国公民社区团(NCCC) Americorps includes: AmeriCorps State and National, AmeriCorps VISTA , and AmeriCorps NCCC (National Civilian Community Corps)	美国志愿队项目是应1993年《国家社区服务合作法》发起的，该项目整合了早期项目。由当地和国家组织构成的网络，包括两个需要进行国家级管理的项目：美国志愿队美国服务志愿者项目(VISTA)和美国志愿队全国公民社区团(NCCC)。美国志愿队项目为全美国急需帮助的社区提供以队为单位的服务，并帮助发展培养社区领导。志愿者在教育、青年项目和社区振兴领域进行工作。 国家拨款直接发给公共立构、非盈利性组织和集成医疗企业(IHE)。州长任命的州立服务委员会，为赞助服务项目的非政府及政府实体提供拨款。接受拨款的组织负责招收、选择和监督美国志愿队成员。 进行为期10至12个月服务的志愿者，既可以作为全职也可以作为兼职工作，并赚取一定的薪水。一些志愿者享有生活补助，一些志愿者则能分配住房。很多机构都提供教育奖金(全职工作奖金为4 725美元)。每年有大约75000名志愿者参加到服务项目中来(从项目成立起至今以后超过40万名志愿者)。2010年国家和各州美国志愿队项目财政预算为3.72亿美元，美国志愿队美国服务志愿者项目(VISTA)财政预算为9 900万美元，美国志愿队全国公民社区团(NCCC)财政预算为2 900万美元。
"为美国教书"(TFA)项目 接受联邦经费支持的非盈利性项目 Teach for America (TFA) Included as a nonprofit program that receives some federal funding	"为美国教书"(TFA)项目成立于1990年，为进行K-12阶段之前教育的低收入学校提供其急缺科目教师资源。该项目的目标是提高学生成绩，并鼓励校友成为投身扩大教育机会事业的领导。"为美国教书"(TFA)项目招聘近期从顶尖大学毕业的学生，进行两年教育工作。人员选择过程非常严格。"为美国教书"(TFA)项目集中进行名额申请、人员选择和人员分配工作。尽管参与项目的学生不必要必须拥有教师资格证，但在进行人员分配时，要考虑各州及地区的要求，例如：对学分的要求。 教师参加暑期强化准备并继续进行课程学习，以获得资格证。地区/当地"为美国教书"项目主管对骨干教师进行监督，并提供后续支持和职业发展培训。项目教师在享受当地学校教师同等薪水和福利之外，还享受教育津贴。 "为美国教书"项目目前每年拥有7 000名教师，分布在26个城市和农村地区的1 000所学校里，总共有大约17 000名校友。在2009年财政预算中，"为美国教书"项目接受了2 000万美元的联邦资金(占项目预算的14%)。其他资金来源包括基金会、公司、个人以及各州和当地投资者。

附录 D：参考文献

Alliance for Excellent Education. (2007). *The high cost of high school dropouts: What the nation pays for inadequate high schools.* [Issue Brief]. Washington, DC: Author. Retrieved from www. all4ed. org/files/archive/publications/HighCost.pdf

Americans for the Arts. (2003). *YouthARTS toolkit.* Washington, DC: Author. Retrieved from http://www.artsusa.org/youtharts/download.asp

Anne Arundel County Public Schools. (2010). ExCLAIMS! *Excellence via cloud learning for arts integration in Maryland Schools.* (AACPS) (I3) grant. Annapolis Maryland: Author

Arts Education Partnership. (2004). *The arts and education: New opportunities for research.* Washington, DC: Author.

Arts Education Partnership. (2007-2008). *Arts education state policy database.* Washington, DC: Author. Retrieved from http://www.aep-arts.org/database

Arts Education Research Initiative. (2009). *K-12 arts education, every student, every school, every year: a report on arts education in Washington.* Olympia, WA: Washington State Arts Commission

Asbury, C., & Rich, B. (Eds.). (2008). *Learning, arts and the brain: The Dana Consortium report on arts and cognition.* New York: Dana Press

Balfanz, R., Bridgeland, J. M., Moore, L. A., & Fox, J. H. (2010). *Building a grad nation: Progress and challenge in ending the high school dropout epidemic.* Washington, DC: America's Promise Alliance

Barry, N. (2010). *Oklahoma A+ Schools: What the research tells us* 2002-2007: Edmond, OK: Oklahoma A+ Schools, University of Central Oklahoma. Retrieved from http://www.aplusok.org/history/reports/

Bodilly, Susan J. (2008). *Revitalizing arts education through community-wide coordination.* Santa Monica, CA: RAND

Bransom, J., Brown, A., Denson, K., Hoitsma, L., Pinto, Y. Wolf, D. P. & Wolf, T. (2010). *Creative learning: People and pathways.* Dallas: Big Thought

Bridgeland, J. M., Dilulio, JJ., & Morison, K. B. (2006). *The silent epidemic: Perspectives of high school dropouts.* Washington, DC: Civic Enterprises

Bronson, P., & Merryman, A. (2010, July 10). The creativity crisis. *Newsweek online.* Retrieved from http:// www.newsweek.com/2010/07/10/the-creativity-crisis.html

Brown, S., Campbell-Zopf, M., Hooper, J., Marshall, D., & McLaughlin, B. (n. d.). *Research-based communication tool kit.* Washington, DC: The National Assembly of State Arts Agencies. Retrieved from http://www.nasaa-arts.org/Research/Key-Topics/Arts-Education/Research * Based-Communication-Toolkit.php

Burnaford, G. et al. (2007). *Arts integration frameworks, research & practice: A literature review.* Washington, DC: Arts Education Partnership. Retrieved from http://www.aep-arts.org/files/publications/arts_integration_book_final.pdf

Casner-Lotto, J., & Benner, M. W. (2006). *Are they really ready to work? Employers' perspectives on the basic knowledge and applied skills of new entrants to the 21st century U. S. workforce.* New York, NY: The Conference Board, the Partnership for 21st Century Skills, Corporate Voices for Working Families, and the Society for Human Resource Management. Retrieved from http://p21.org/documents/FINAL_ REPORT_PDF09-29-06.pdf

Catterall, J. S. (n. d.). Involvement in the arts and success in secondary school. *Americans for the Arts Monographs* 9 (1). Retrieved from http://www.americansforthearts.org/NAPD/files/9393/Involvement%20in%20the%20Arts%20and%20Success%20in%20Secondary%20School%20%28%2798%29.pdf

Catterall, J. S., Chapleau, R., & Iwanaga, J. (1999). Involvement in the arts and human development: General involvement and intensive involvement in music and theater arts. In E. B. Fiske (Ed.), *Champions of change: the impact of the arts on learning.* (pp. 1-18). Washington, DC: The Arts Education Partnership and the President's Committee on Arts and Humanities. Retrieved from http://www.aep-arts.org/files/publications/ChampsReport.pdf

Catterall, J. S., & Waldorf, L. (1999). Chicago arts partnerships in education: Summary evaluation. In E. B. Fiske (Ed.), *Champions of change: the impact of the arts on learning.* (pp. 47-62). Washington, DC: The Arts Education Partnership and the President's Committee on Arts and Humanities. Retrieved from http://www.aep-arts.org/files/publications/ChampsReport.pdf

Catterall, J. S. (2009). *Doing well and doing good by doing art: The effects of education in the visual and performing arts on the achievements and values of young adults.* http://tiny.cc/Oprbg

Center for Arts Education—See Israel, D. below

Center for Education Policy. (2005-09). *An unfinished canvas: Arts education in California.* Series of publications and presentation based on series of publications. Menlo Park, CA: SRI International

ChildTrends DataBank. *Dropout Rates.* Retrieved from www.childtrendsdatabank.org

Conference Board—See Casner-Lotto above

Corbett, D., McKenney, M., Noblit, G., & Wilson, B. (2001). *The A+ schools program: school, community, teacher, and student effects.* (Report #6 in a series of seven policy reports summarizing the four-year pilot of A+ schools in North Carolina). Winston-Salem, NC: Kenan Institute for the Arts

Deasy, R. J. (Ed.). (2002). *Critical links: Learning in the arts and student achievement and social development.* Washington, DC: The Arts Education Partnership

DeMoss, K., & Morris, T. (2002). *How arts integration supports student learning: Students shed light on the connections.* Chicago, IL: Chicago Arts Partnerships in Education (CAPE)

Driver, C. E. (2010). Can the arts become part of the 'basics' of our public education? In *Thought leader forum on arts and education: Assuring equitable arts learning in urban K-12 public schools.* Report of conference hosted by Grantmakers in the Arts and Grantmakers for Education. Seattle, WA: Grantmakers in the Arts

Dynarski, M., Clarke, L., Cobb, B., Finn, J., Rumburger, R., & Smink, J. (2008). *Dropout prevention: A practice guide.* (NCEE 2008-4025). Washington, DC: National Center for Education Evaluation and Regional Assistance, Institute of Education Sciences, U. S. Department of Education

Education Commission of the States. (2004). *An arts-rich education helps prepare students for a changing world.* Denver, CO: Author

Education Commission of the States. (2005). *State policies regarding arts in education.* Denver, CO: Author

Education Commission of the States. (2006). *Governor's commission on the arts in education: findings and recommendations.* Denver, CO: Author

EPE Research Center (2010). *Diplomas count: Graduation by the numbers, putting data to work for student success.* Editorial Projects in Education, 29(34)

ExCLAIMS! —See Anne Arundel above

Fiske, E. B. (Ed.). (1999). *Champions of change: the impact of the arts on learning.* Washington, DC: The Arts Education Partnership and the President's Committee on Arts and Humanities. Retrieved from http://www.aep-arts.org/files/publications/ChampsReport.pdf

Friedenwald-Fishman, E. (2009). *Building public will for arts education.* Presentation at Access, Equity and Quality in Arts Learning Conference, Seattle, WA

Golden, S. (2007). *Profiles in excellence: Case studies of exemplary arts education partnerships.* New York, NY: National Guild of Community Schools of the Arts

Government Accounting Office (2009). *Access to arts education: Inclusion of additional questions in Education's planned research would help explain why instruction time has decreased for some students.* Washington, DC: Author

Guttman, J. S. (2007). *Partners in excellence: A guide to community school of the arts/public school partnerships from inspiration to implementation.* New York, NY: National Guild of Community Schools of the Arts

Harris, L., & Princiotta, C. (2009). *Reducing dropout rates through expanded learning opportunities.* (Issue Brief). Washington, DC: NGA Center for Best Practices

Heath, S. B, Soep, E., & Roach, A. (1998). Living the arts through language-learning: A report on community-based organizations. *Americans for the Arts* 2(7), 1-20

IBM Corporation. (2010). *Capitalizing on complexity: Insights from the* 2010 *IBM global CEO study.* Armonk, NY: Author

Ingram, D., & Reidell, E. (2003). *Arts for academic achievement: What does arts integration do for students?* Minneapolis, MN: Center for Applied Research and Educational Improvement

Israel, D. (2009). *Staying in school: Arts education and New York City high school graduation rates.* New York City: The Center for Arts Education

Johns Hopkins University, School of Education. (n. d.). *Neuro-Education initiative.* Baltimore: MD, Author. Retrieved from http: //education. jhu. edu/nei/

Keiper, S., Sandene, B. A., Persky, H. R., & Kuang, M. (2009). *The Nation's Report Card: Arts* 2008 *music &visual arts.* Washington, DC: National Assessment of Educational Progress

Lichtenberg, J., Woock, C., & Wright, M. (2008). *Ready to innovate: Are educators and executives aligned on the creative readiness of the U. S. workforce?* New York, NY: The Conference Board

Longley, L. (1999). *Gaining the arts advantage: Lessons from school districts that value arts education.* Washington, DC: The President's Committee on Arts and Humanities

McCann, J. (2010). *Thought leader forum on arts and education: Assuring equitable arts learning in urban K-*12 *public schools.* Report of conference hosted by Grantmakers in the Arts and Grantmakers for Education. Seattle, WA: Grantmakers in the Arts

McCarthy, K. F., Ondaatje, E. H., Zakaras, L., & Brooks, A. (2004). *Gifts of the muse: Reframing the debate about the benefits of the arts.* Santa Monica, CA: RAND

McLaughlin, M. M. (2000). *Community counts: How youth organizations matter for youth development.* Washington, DC: Public Education Network

McMurrer, J. (2007). Choices, changes, and challenges: Curriculum and instruction in the NCLB era. Washington, DC; Center on Education Policy

Morgan Management Systems. (1981). *CETA and the arts and humanities: Fifteen case studies.* Washington, DC: U. S. Department of Labor

National Art Education Association. (2009). *Learning in a visual age: The critical importance of visual arts education.* Reston, VA: Author

National Assembly of Local Arts Agencies. (1994). *Arts Corps: The first three years.* Washington, DC: Author

National Assembly of State Arts Agencies. (2009). *Arts education state profiles project.* Washington, DC: Author

National Assembly of State Arts Agencies. (March 2010). *Support for arts education. State agency fact sheet.* Washington, DC: Author

National Center for Education Statistics (NCES). (September, 2009). *Dropout and completion rates in the United States*: 2007. (NCES 2009-064). Washington, DC: Author

National Center on Education and the Economy. (2007). *Tough choices or tough times: The report of the new Commission on the Skills of the American Workforce.* Washington, DC: Author

National Governors Association, Center for Arts and Culture. (2001). *Creativity, culture, education and the workforce.* Washington, DC: Author

National Governors Association, Center for Best Practices. (2002). *The impact of arts education on workforce preparation.* Washington, DC: Author

National Guild for Community Arts Education. (2010) *Partners in arts education grant program: program overview*: 2010-2011 *academic year.* New York, NY: Author

National Institute of Child Health and Human Development. (2000). *Report of the National Reading Panel. Teaching children to read: An evidence-based assessment of the scientific research literature on reading and its implications for reading instruction.* (NIH Publication No. 00-4769). Washington, DC: U. S. Government

Printing Office

Nelson, A. L. (2008). *The art of collaboration: promising practices for integrating the arts and school reform.* Washington, DC: Arts Education Partnership

Nelson, C. A. (2001). *The arts and education reform: Lessons from a 4-year pilot of the A+ schools program.* Greensboro, NC: Thomas S. Kenan Institute for the Arts

New Commission on Skills of the American Workforce—See national Center on Education and the Economy above

Noblit, G. W., Corbett, H. D., Wilson, B. L., & McKenney, M. B. (2009). *Creating and sustaining arts-based school reform: The A+ schools program.* New York: Routledge

Ohio Alliance for Arts Education. (2006, August). *An overview of arts education in Ohio and OAAE's advocacy agenda.* Columbus, OH: Author

Partnership for 21st Century Schools. (2010). 21*st Century skills map: The arts.* Tucson, AZ: Author

Pytel, B. (2008). *Predicting dropouts: Middle school data foretells who will drop out.* Retrieved from http://www.suite101.com/content/p

Quintin, O. (2009). *Creativity in schools in Europe: A survey of teachers.* Brussels: European Commission Joint Research Center, The Institute for Prospective Technological Studies

Rabkin, N. (2010). Looking for Mr. Good argument: The arts and the search for a leg to stand on in public education. In *Thought leader forum on arts and education: Assuring equitable arts learning in urban K-12 public schools.* Report of conference hosted by Grantmakers in the Arts and Grantmakers for Education. Seattle, WA: Grantmakers in the Arts

Rabkin, N. & Hedberg, E. C. (2011). Arts education in America: What the declines mean for arts participation. Research Report #52. Washington, DC: National Endowment for the Arts

Real Visions. *Montgomery County Public Schools Arts Integration Model Schools Program* 2004-2007. *Final Evaluation report.* (2007, June). Berkeley Springs, WV: Real Visions

Rudacliffe, D. (2010, September 1). This is your brain on art. *Urbanite: Baltimore Magazine.* Retrieved from http://www.urbanitebaltimore.com/baltimore/this-is-your-brain-on-art/Content? oid=1296770

Ruppert, S. (2006). *Critical evidence: How the arts benefit student achievement.* Washington, DC: National Assembly of State Arts Agencies and the Arts Education Partnership

Sabol, F. R. (2010). *No Child Left Behind: A study of its impact on art education.* Reston, VA: National Art Education Association

Seidel, S., Tishman, S., Winner, E., Hetland, L., & Palmer, P. (2009). *The qualities of quality: Understanding excellence in arts education.* Cambridge, MA: Harvard Graduate School of Education, Project Zero

Shanahan, T., Callison, K., Carriere, C., Duke, N. K., Pearson, P. D., Schatscheinder, C., & Torgeson, J. (2010). *Improving reading comprehension in kindergarten through 3rd grade: A practice guide* (NCEE 2010-4038). Washington, DC: National Center for Education Evaluation and Regional Assistance, Institute for Education Sciences, U. S. Department of Education

Sternberg, R. J. & Williams, W. M. (1996). *How to develop student creativity.* Alexandra, VA: ASCD

Stevenson, L. M., & Deasy, R. J. (2005). *Third space: When learning matters.* Washington, DC: Arts Education Partnership

U. S. Conference of Mayors. (2010). Resolutions related to the arts and humanities. Washington, DC: Author

U. S. Department of Labor, Employment and Training Administration. (1978). *The partnership of CETA & the arts: Six reprints from Worklife magazine.* Washington, DC: Author. ED173490

Wagner, T. (2008). *The global achievement gap: Why even our best schools don't teach the new survival skills our children need—and what we can do about it.* New York: Basic Books

Weiss, S. (2004). The arts in education. *The Progress of Education Reform*, 5(1)

Wells, A. S. (1989). Middle school education—The critical link in dropout prevention. *ERIC/CUE Digest No.* 56. New York, NY: ERIC Clearinghouse on Urban Education

Winner, E., Hetland, L., Veenema, S., Sheridan, K., & Palmer, P. (2006). Studio thinking: how visual arts teaching can promote disciplined habits of mind. In P. Locher, C. Martindale, L. Dorfman, & D. Leontiev (Eds.), *New directions in aesthetics, creativity, and the arts* (189-205). Amityville, New York: Baywood Publishing Company

Winner, E., & Hetland, L. (2000, Fall/Winter). The arts and academic achievement: What the evidence shows. *Journal of Aesthetic Education*, 34

致　谢

在调查研究阶段，总统艺术与人文委员会工作人员、委员会成员以及我们的顾问经常会进行非正式咨询，召开会议进行讨论，和很多利益相关方一道进行实地考察。我们对那些慷慨地同意参与并分享深入看法的人表示感谢。我们特别要感谢下列对本报告作出极具价值贡献的组织：

美国总统委员会艺术与人文教育工作组(PCAH Working Group on Arts and Humanities Education)；美国教育部(U. S. Department of Education)；美国艺术基金会(National Endowment for the Arts)；国家和社区服务公司(Corporation for National and Community Service)；美国劳工部(U. S. Department of Labor)；佛罗里达州文化事务司(Florida Division of Cultural Affairs)；马里兰州艺术理事会(Maryland State Arts Council)；密歇根州艺术与文化事务理事会(Michigan Council for Arts and Cultural Affairs)；新泽西州艺术理事会(New Jersey State Council on the Arts)；北卡罗来纳州艺术理事会(North Carolina Arts Council)；俄亥俄州艺术理事会(Ohio Arts Council)；宾夕法尼亚州艺术理事会(Pennsylvania Council on the Arts)；田纳西州艺术委员会(Tennessee Arts Commission)；华盛顿州艺术委员会(Washington State Arts Commission)；威斯康星州艺术委员会(Wisconsin Arts Board)；新英格兰艺术基金会(New England Foundation for the Arts)；南方艺术(组织)(South Arts)；美国市长会议(U. S. Conference of Mayors)；艺术教育伙伴组织(Arts Education Partnership)；各州艺术机构全国会议(National Assembly of State Arts Agencies)；美国艺术协会(Americans for the Arts)；国际美术院长协会(International Council of Fine Arts Deans)；全国艺术教育协会(National Art Education Association)；国家社区艺术教育协会(National Guild for Community Arts Education)；美国交响乐团联盟(League of American Orchestras)；VSA；纽约艺术教育中心(Center for Arts Education of New York)；马里兰州艺术教育学校联盟(Arts Education in Maryland Schools Alliance)；艺术团体(组织)(Arts Corps)；约翰·肯尼迪表演艺术中心(the John F. Kennedy Center for the Performing Arts)；林肯中心研究所(Lincoln Center Institute)；纽约大学 Tisch 艺术学院(New York University, Tisch School of the Arts; Music National Service)；国家音乐服务(Music National Service)；纽约公民团队(NYC Civic Corps)；为美国教书(组织)(Music National Service)；瓦特之家项目(Music National Service)；城市网关项目(Urban Gateways)；芝加哥艺术教育合作计划(组织)(Chicago Arts Partnerships in Education)；玛格丽特·A. 卡吉尔基金会(Margaret A. Cargill Foundation)；教学艺术家研究项目(Teaching Artists Research Project, TARP)；学校工作室(STUDIO in a School)；北卡罗来纳州 A+学校项目(A+ Schools Program, North Carolina)；P. S. 艺术(组织)(P. S. ARTS)；丝绸之路项目——连接丝绸之路(Silk Road Project-Silk Road Connect)；伊利诺伊州芝加哥霍勒斯·格里利小学(Horace Greeley Elementary School, Chicago IL)；伊利诺伊州芝加哥 Telpochcalli 小学(Telpochcalli Elementary School, Chicago, IL)；北卡罗来纳州门罗本森·海特艺术小学(Benson Heights Elementary

School of the Arts，Monroe，NC）；北卡罗来纳州夏洛特社区特许学校（Community Charter School，Charlotte，NC）；马里兰州巴尔的摩罗兰公园小学（Roland Park Elementary School，Baltimore，MD）；马里兰州肯辛顿，肯辛顿·帕克伍德小学（Kensington Parkwood Elementary School，Kensington，MD）；加利福尼亚州圣莫尼卡市威尔·罗杰斯小学（Will Rogers Elementary，Santa Monica，CA）；纽约市布朗克斯区金融与技术实验学校 MS223（MS 223 The Labratory School of Finance & Technology，Bronx，NY）。

在此要特别感谢为本次报告编写提供支持、指导和建议的个人，他们是：美国教育部的邓肯部长（Secretary Duncan）及他的员工，特别是吉姆·谢尔顿（Jim Shelton）、大卫·霍夫（David Hoff）和蒂姆·塔滕（Tim Tuten）；内政委员会的梅洛迪·巴恩兹（Melody Barnes）主任及他的员工，特别是罗伯托·罗德里格兹（Roberto Rodriquez）和劳伦·邓恩（Lauren Dunn）；美国艺术基金会的兰德斯曼（Landesman）主席及他的员工，特别是琼·茂川（Joan Shigekawa）和帕特里斯·沃克·鲍威尔（Patrice Walker Powell）；丹尼斯·肖勒（Dennis Scholl）；默娜·格林伯格（Myrna Greenberg）；凯尔朋·默迪（Kalpen Modi）；桑德拉·鲁珀特（Sandra Ruppert）；约拿单·卡茨（Jonathan Katz）；妮娜·欧兹鲁·通杰利（Nina Ozlu Tunceli）；诺拉·哈尔彭（Nora Halpern）；纳瑞克·罗梅（Narric Rome）；希瑟·努南（Heather Noonan）；汤姆·科克伦（Tom Cochran）；约拿单·赫尔曼（Jonathan Herman）；克里夫·加拉格尔（Kiff Gallagher）；汤姆·卡希尔（Tom Cahill）；理查德·凯斯勒（Richard Kessler）；斯科特·诺普-布兰登（Scott Noppe-Brandon）；德博拉·里夫（Deborah Reeve）；尼克·拉布金（Deborah Reeve）；苏珊娜·沃什伯恩（Susannah Washburn）；玛丽·卢申（Mary Luehrsen）；罗斯·威纳（Ross Wiener）；克里斯汀·巴格诺尔（Cristin Bagnall）；玛丽·安·米尔斯（Mary Ann Mears）；埃米·拉斯马森（Amy Rasmussen）；朱莉·辛普森（Julie Simpson）；克里斯滕·格里尔-帕利亚（Kristen Greer-Paglia）；维基·维蒂埃罗（Vicki Vitiello）；洛丽·舍曼（Lori Sherman）；米歇尔·伯罗（Michelle Burrows）。以上所有人对本报告内容均不负责任，本报告仅代表总统艺术与人文委员会的观点。

总统艺术与人文委员会成员名单

米歇尔·奥巴马，荣誉主席

联席主席
乔治·史蒂文斯
华盛顿特区
制作人，作家，导演

联席主席
马戈·里昂
纽约州，纽约市
剧作家，马戈·里昂有限公司

副主席
玛丽·施密特·坎贝尔
纽约州，纽约市
纽约大学 Tisch 艺术学院院长
帕梅拉·乔伊纳
里基·阿里奥拉
佛罗里达州，迈阿密
Inktel Direct 公司主席兼 CEO

马德琳·H. 伯曼
密歇根州，富兰克林
社区领导

查克·克洛斯
纽约州纽约市
视觉艺术家

弗雷德·戈德林
加利福尼亚州，宝马山花园
戈德林战略咨询公司企业家

霍华德·戈特利布
伊利诺伊州，伟而美
峡谷之鹰合作机构主要合伙人

特里萨·海因茨
华盛顿特区
海因茨家族慈善，海因茨基金主席

希拉·约翰逊
弗吉尼亚州，普莱恩
萨拉曼德酒店管理公司创始人兼 CEO

加利福尼亚州，圣弗朗西斯科
真诚伙伴有限公司创始人

维多利亚·S. 肯尼迪
加利福尼亚州，宝马山花园
教育顾问

裘帕·拉希莉
纽约市，布鲁克林
作家

理查德·J. 科恩
明尼苏达州，圣保罗
明尼苏达州参议院议员

葆拉·H. 克朗
伊利诺伊州，芝加哥
亨利·克朗公司负责人

克里斯汀·福里斯特
加利福尼亚州，拉贺亚
克里斯汀·福里斯特促进组织负责人

利兹·曼尼
纽约州，纽约市
执行董事，FilmAid International

汤姆·梅恩
加利福尼亚州，洛杉矶
建筑师，墨菲西斯建筑事务所创立人

奥利维亚·摩根
华盛顿特区
《施莱佛报告》主任编辑

爱德华·诺顿
纽约州，纽约市
演员，作家，制作人

萨拉·杰西卡·帕克
纽约州，纽约市
演员，制作人

肯·所罗门
加利福尼亚州，圣莫尼卡市
Ovation 电视台台长

布赖恩·洛德
加利福尼亚州，洛杉矶
创造性艺术家机构合伙人及总经理

安妮·卢扎托
纽约州，纽约市
顾问

马友友
剑桥大学，硕士
音乐家，艺术指导，丝绸之路项目

亚历克萨·维斯那
特克萨斯州，奥斯丁
社区志愿者

弗里斯特·惠特克
加利福尼亚州，洛杉矶
演员，作家，制作人和社会活动家

安娜·温特
纽约州，纽约市
《VOGUE》杂志主编

达米安·沃策尔
纽约州，红约市
舞蹈家，导演，制作人，艺术活动家

乔治·C. 沃尔夫
纽约州，纽约市
导演，作家，制作人

艾尔弗雷·伍达德
加利福尼亚州，圣莫尼卡
演员，社会活动家

安迪・斯潘
加利福尼亚州，洛杉矶
安迪・斯潘 & 合伙人机构主席

吉尔・库珀・尤德尔
新墨西哥州，圣塔菲
律师

雷金纳德・范・李
纽约州，纽约市
博思艾伦咨询公司副经理

阿格尼丝・瓦里斯
纽约州，纽约市
阿格瓦化学和摩达瓦药品公司
创立人和董事长

克里・华盛顿
纽约州，纽约市
演员，活动家

(接依据职权分类)
罗科・兰德斯曼
美国艺术基金会会长

吉姆・利奇
国家人文基金会会长

鲍威尔伯爵三世
美国国家艺术馆馆长

大卫・鲁本斯坦
约翰・肯尼迪表演艺术中心主席

肯・萨拉查
美国内政部部长

依据职权：
詹姆斯・H. 比林顿
美国国会图书馆图书管理员

希拉里・R. 克林顿
美国国务卿

G. 韦恩・克拉夫
史密森学会秘书长

阿恩・邓肯
美国教育部部长

蒂莫西・F. 盖特纳
博物馆和图书馆服务协会会长

马沙・N. 约翰逊
美国总务管理局局长

美国政府资助国际交流与培训项目
年度报告 2012

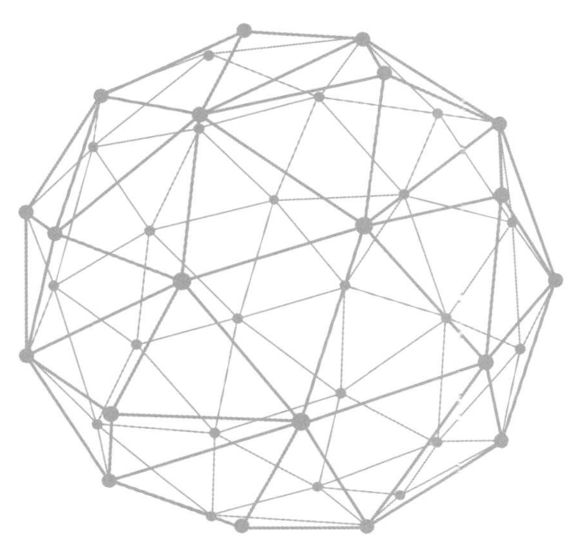

* 文件由美国政府资助的国际交流和培训的跨部门工作组发布于 2012 年。

前　　言

“亲善、慷慨和通过交流项目促进相互理解是面对当今世界挑战的关键。”

——美国国务卿希拉里·罗德海姆·克林顿(Hillary Rodham Clinton)

华盛顿特区(Washington, DC)

公共外交是美国外交政策的组成部分。公共外交通过关键外交政策工具的使用，支持美国国家政策，促进实现国家利益，维护国家安全稳定。这些工具包括教育、文化和其他国际交流和培训项目，通过这些项目，增强外国公众对美国的理解。在打破误会和误解的同时，这些项目也会通过对话的形式影响国外观众的态度和意见。著名记者爱德华·莫洛曾经说过，“国际交流中的真正关键的环节是最后三英尺，而个人接触就是连接这三英尺的桥梁，即两人之间的交谈。”

如今，即使直接见面交流并不容易，也仍然有其他方法来实现公共外交目标。例如，通过实质性项目中的虚拟交流，现在美国人可以和其他国家的人们取得联系。一些通信工具，比如社交媒体，充当着与新的受众和美国国际交流与培训项目中的校友进行对话的平台。公共外交真正将新旧方法结合起来，以解决从外交和发展到国防这一系列的外交政策问题。

美国政府资助的国际交流和培训的跨部门工作组(IAWG)支持努力促进国际交流与培训项目的协调发展，提高效率和成效。在如今这个时代，我们有可能事倍功半，但能够改变世界各国的个体声音及公众力量已经扩大，国际交流和培训项目提供了一种经济划算的方式使人们没有暴力和冲突的情形下，形成一种建立在共同兴趣和相互理解基础之上的交流。

2012财政年度报告文件记载了美国联邦政府参与的国际交流和培训，反映了这些项目如何推动政府部门职责，支持美国战略目标。这代表了大多数政府内外的工作状况。谢谢大家。你们拉近并改善与其他国家人民的关系的努力，在支持美国外交政策和促进国家和国际安全方面起着非常重要的作用。

安·斯托克(Ann Stock)

IAWG主席

目　录

内政部
司法部
劳工部
国务院
交通部
美国财政部
退伍军人事务部
环境保护局
美国联邦通信委员会
联邦存款保险公司
联邦选举委员会
联邦能源管理委员会
联邦海事委员会
联邦仲裁调解局
联邦贸易委员会
总务署
美洲基金会
日美友谊委员会
国会图书馆
海洋哺乳动物委员会
考绩制度保护委员会
千年挑战公司
美国宇航局
国家首都规划委员会
国家信用社管理局
美国国家民主基金会
美国国家艺术基金会
美国国家人文基金会
国家铁路客运公司
美国国家科学基金会
国家运输安全委员会
核管理委员会
政府道德办公室
开放世界领导力中心
和平队
证券交易委员会
小企业管理局

鸣　　谢

美国政府资助的国际交流和培训的跨部门工作小组(IAWG)在此特别感谢联邦政府以下成员，他们在这一年内提供了宝贵的帮助。他们配合参与财政年度数据收集活动，回答我们的疑问，评估并改进我们单调的内容，并按要求提供数据或其他信息，甚至在短时间内，充分说明了他们对IAWG的承诺和支持。我们非常感谢他们的响应能力和专业精神。显然，没有他们的帮助，我们不可能完成这份报告。同时，特别感谢花时间追踪海外信息的国务院外交人员。

非洲发展基金会

大卫·布莱恩(David Blaine)
多丽丝·马丁(Doris Martin)
威廉·许尔希(William Schuerch)

建筑和交通障碍合规委员会(无障碍委员会)

佩吉·格林威尔(Peggy Greenwell)
凯西·约翰逊(Kathy Johnson)

广播理事会

安吉拉·麦凯恩(Angela McCain)
约翰逊·威尔奇(John Welch)

民航巡逻队

贝芙·斯克金斯中校(Bev Scoggins)
史蒂文·特鲁普(Steven Trupp)

商品期货交易委员会

杰奎琳·H. 梅萨(Jacqueline H. Mesa)
玛拉·西尔伯斯坦(Myra Silberstein)

哥伦比亚特区法院和罪犯监督机构

杰奎琳·巴克斯(Jacqueline Bacchus)

贝弗利·S. 希尔(Beverly S. Hill)
克利福德·基南(Clifford Keenan)
艾德丽安·波蒂特(Adrienne Poteat)

特拉华河流域委员会

卡罗尔·R·科利尔(Carol R. Collier)
克拉克·鲁珀特(Clarke Rupert)

农业部

布伦达·迪恩(Brenda Dean), 林务局
里马·艾德(Rima Eid), 林务局
杰米拉·法戈贝内(Jamilah Fagbene), 对外农业服务
艾德·杰勒德(Ed Gerard), 对外农业服务
奥斯汀·格拉多斯(Austin Graydus), 对外农业服务
斯科特·刘易斯(Scott Lewis), 对外农业服务
卡利阿卡·米尔德里(Khaliaka Meardry), 对外农业服务
黛比·尼普(Debbie Nip), 对外农业服务
卡琳娜·拉莫斯·海德(Karina Ramos-Hides), 对外农业服务
埃米尔·鲁迪(Amir Roohi), 对外农业服务

商务部

大卫·伯恩哈特(David Bernhart), 国家海洋和大气局
朱莉安娜·布莱克威尔(Juliana Blackwell), 国家海洋和大气局
冈萨洛·希德(Gonzalo Cid), 国家海洋和大气局
托马斯·戴尔(Thomas Dail,), 美国经济分析局
阿尔文·埃德萨(Arwen Edsall), 国家海洋和大气局
雷内·埃皮(Rene Eppi), 国家海洋和大气局
格伦·费里(Glenn Ferri), IPC
乔伊·福斯特(Joy Foster), 国家标准技术研究所
史蒂芬·加德纳(Stephen Gardner), 商业管理培训生项目
旺德·霍华德(Wanda Howard), 国家海洋和大气局
丹尼尔·赫尔利(Daniel Hurley), 国家电信和信息管理局
伊桑·杰瑟普(Ethan Jessup), 美国气象局
恩里克·拉马斯(Enrique Lamas), 普查局
克莱门·柳西(Clement Lewsey), 国家海洋和大气局
卡米纳·兰多诺(Carmina Londono), 国家标准技术研究所
埃里克·马德森(Eric Madsen), 国家海洋和大气局

约翰·米歇尔(John Mitchell),国家海洋和大气局
史蒂夫·莫里森(Steve Morrison),国家海洋和大气局
琳达·南卡罗(Linda Nancarrow),普查局
杰弗里·纽曼(Jeffrey Newman),美国经济分析局
卡罗尔·L·波波夫(Carole L. Popoff,),普查局
安吉·赖利(Anggie Reilly),美国专利商标局
阿里亚·雷蒙迪(Aria Remondi),国家海洋和大气局
达林·罗伯茨(Darlene Roberts),美国气象局
特蕾西·罗林斯(Tracy Rollins),工业与贸易管理局
乔·桑蒂洛(Joe Sandillo),商业管理培训生项目
克莱尔·桑德里(Claire Saundry),国家标准技术研究所
凯西·A·史密斯(Cathy A. Smith),国家标准技术研究所
丽萨·索博尔(Liza Sobol),工业与贸易管理局
韦利卡·斯特德曼(Velica Steadman),美国专利商标局
彼得·韦(Peter Way),普查局
卡特丽娜·丹迪·威利(KaTrina Dandie Wylie),国家电信和信息管理局

国防部

卡弗里·阿德瓦尼(Kaveri Advani),国家安全教育计划
安东尼·杜兰特(Anthony Durant,),国防安全合作局
杰弗里·盖洛德(LTC Jeffrey Gaylord),国防部长办公室
凯·贾金斯(Kay Judkins),国家安全合作局
埃德·麦克德莫特(Ed McDermott),国家安全教育计划
詹姆斯·麦戈伊(James McGaughey),国家安全合作局
迈克尔·纽金特博士(Michael Nugent),国家安全教育计划
艾莉森·帕茨(Alison Patz),国家安全教育计划
托马斯·斯梅德(Thomas Smeder),国家安全合作局

教育部

洛文·贝恩斯(Loveen Bains)
卡莉·博格迈尔(Carly Borgmeier)
尼森·查维金(Nisan Chavkin)
辛西娅·克劳德(Cynthia Crowder)
芭芭拉·德维塔(Barbara DeVita)
辛西娅·杜津斯基(Cynthia Dudzinski)
扬迪·杜普里(Jandi DuPree)
谢丽尔·吉布斯(Cheryl Gibbs)

罗宾·吉尔克里斯特(Robin Gilchrist)
米歇尔·吉尔福伊尔(Michelle Guilfoil)
拉尔夫·海恩斯(Ralph Hines)
艾丽萨·伊里翁(Alissa Irion)
唐尼·雷恩(Tawny Lane)
香农·莱德勒(Shannon Lederer)
苏珊·莱曼(Susan Lehmann)
科里什·马瑟(Krish Mathur)
丽塔·福伊·莫斯(Rita Foy Moss)
理查德·那西欧(Richard Nuccio)
卡洛琳·佩雷拉(Carolyn Pereira)
桑比亚·奇弗斯·巴克利(Sambia Shivers-Barclay)
杰西卡·巴雷特·辛普森(Jessica Barrett Simpson)
安德鲁·史密斯(Andrew Smith)
艾米·威尔逊(Amy Wilson)

能源部

约翰·布尔登(John Boulden)
威廉·布莱恩(William Bryan)
多琳娜·克黎儿(Dorlinda Collier)
卡洛斯·克莱德(Carlos Corredor)
詹妮弗·埃马努尔森(Jennifer Emanuelson)，健康安全卫生办公室
阿隆达·福特(Aronda Ford)
巴雷特·N·冯托斯(Barrett N. Fountos)
帕梅拉·金特尔(Pamela Gentel)，化石能源办公室
罗宾·希伯伦(Robyn Hebron,)，能源效率和可再生局
黛布拉·亨特(Debra Hunter)，MA
威廉·D·杰克逊(William D. Jackson)
斯蒂芬·李(Steven Lee)
贝丝·洛雷塔(Beth Loratto)
伊丽莎白·欧玛丽(Elizabeth O'Malley)，SC
杰拉德·帕特森(Gerald Petersen)
爱德华·雷格尼尔(Edward Regnier)
迈克尔·史密斯(Michael Smith)
朱莉·斯夸尔斯(Julie Squires)，MA
梅喜·索恩(Umeki Thorne)
卡利萨·范德梅(Carissa Vandermey)

雪莉·维尼(Shirley Veney)
约瑟夫·F·维斯博士(Joseph F. Weiss)
安德鲁·维斯顿·道克斯(Andrew Weston-Dawkes)
詹尼特·亚林顿(Jeanette Yarrington)

卫生与公众服务部

凯文·比亚利(Kevin Bialy),国家卫生研究所
史黛丝·钱伯斯(Stacey Chambers),国家卫生研究所
布莱恩·P·戴利(Brian P. Daly),国家卫生研究所
尼克拉·格林(Nicole Greene)
史蒂夫·古斯特(Steve Gust),国家卫生研究所
堂娜·希特(Donna Hiett,),疾病防治中心
乌恩尼·延森(Unni Jensen),国家卫生研究所
史蒂芬·J·科恩(Stephen J. Korn),国家卫生研究所
理查德·M·克劳斯(Richard M. Krause),国家卫生研究所
伊斯雷尔·莱德汉德勒(Israel Lederhendler),国家卫生研究所
刘媛(Yuan Liu),国家卫生研究所
詹姆斯·W·麦肯尼(James W. McKearney),国家卫生研究所
凯思林·米歇尔(Kathleen Michels),国家卫生研究所
劳伦·蒙哥马利(Lauren Montgomery),食品及药物管理局
卡特里娜·皮尔森(Katrina Pearson),国家卫生研究所
克里斯蒂安·罗宾斯(Christiane Robbins),国家卫生研究所
贝弗利·沙夫(Beverly Schaff),国家卫生研究所
苏达·西瓦拉姆(Sudha Sivaram),国家卫生研究所
尼可·史密斯(Nicole Smith),疾病防治中心
胡安·特伊科(Juan Tayco),国家卫生研究所
卡门·罗莎·托雷斯(Carmen-Rosa Torres)
罗宾·瓦格纳(Robin Wagner),国家卫生研究所
戴尔·韦斯(Dale Weiss),国家卫生研究所
马科达·威廉姆斯(Makeda Williams),国家卫生研究所
钱达·温菲尔德(Chanta Wingfield),疾病防治中心
坎德拉里奥·萨帕塔(Candelario Zapata),国家卫生研究所

国土安全局

史蒂芬·C·阿达维(Stephen C. Adaway),移民与海关执法局
卡迈勒丁·阿里(Kamaluddin Ali),移民与海关执法局
香农·阿利奇(Shannon Arledge),联邦应急管理局

斯蒂芬妮·阿塔曼(Stephanie Ataman),海岸警卫队
玛利亚·巴肯(Maria Bakken),特勤局
杰勒德·布兰德利(Gerard Bradley),海关与边防局
乔安娜·玛利亚·布朗(Joanna-Maria Brown),公民及移民服务局
史蒂夫·布赫(Steve Bucher),公民及移民服务局
凯利·伯内特(Kelly Burnett),联邦执法培训中心
琳达·卡彭特(Linda Carpenter),联邦应急管理局
大卫·钱尼(David Chaney),特勤局
马歇尔·希格(Marshall Heeger),移民与海关执法局
德西蕾·金(Desiree King),移民与海关执法局
盖里·科兹洛斯基(Gary Kozlusky),移民与海关执法局
布莱恩特·麦克雷(Bryant McCray),海关与边防局
基·派克(Ki Pak),海关与边防局
瓦纳萨·皮彭堡(Vanessa Piepenburg),移民与海关执法局
拉塞尔·波尔森(Russel Polson),联邦执法培训中心
尼古拉斯·拉坚斯基(Nicholas Raudenski),移民与海关执法局
埃本·罗伯特(Eben Roberts),移民与海关执法局
约瑟芬·萨拉查(Josephine Salazar),公民及移民服务局
梅里尔·索伦伯格(Merril Sollenberger),联邦应急管理局
乔伊斯·斯塔德尼克(Joyce Stadnick),公民及移民服务局
特里萨·斯蒂尔(Teresa Steele),海岸警卫队
杰里·特纳(Jerry Turner),海关与边防局
罗伯特·瓦特(Robert Watt),海关与边防局
卡尔文·韦伯(Calvin Webb),移民与海关执法局
斯迈利·怀特(Smiley White),联邦应急管理局
凯西·伍德(Kathy Wood),国内备灾中心

住房和城市发展部

阿尔文·拉姆博士(Alven Lam)

内政部

弗雷哈·阿斯拉姆(Freeha Aslam),调查地质勘探局
琳达·贝内特(Linda Bennett),国家公园管理局
罗伯特·加贝尔(Robert Gabel),鱼类和野生动物局
罗斯玛丽·纳姆(Rosemarie Gnam),鱼类和野生动物局
罗恩·古尔德(Rowan Gould),鱼类和野生动物局
斯科特·霍尔(Scott Hall),地质调查局

谢利·亨特(Cheri Hunter)，海洋能源管理局
理查德·艾维斯(Richard Ives)，垦务局
埃米莉·科尔克雷西(Emily Kilcrease)，岛屿事务处
大卫·克鲁森(David Krewson)，国家公园管理局
凯文·孔克尔(Kevin Kunkel)，海洋能源管理局
詹姆斯·米歇尔(James Mitchell)，鱼类和野生动物局
利安娜·普林西比(Leanna Principe)，垦务局
赫伯特·拉斐尔(Herbert Raffaele)，鱼类和野生动物局
米歇尔·德纳(Michele Redner)，地质调查局
泰科·赛托(Teiko Saito)，鱼类和野生动物局
布伦特·瓦尔奎斯特(Brent Wahlquist)，露天矿复垦管理局

司法部

卡洛凯撒·卡斯塔涅达(Carlocesar Castaneda)，海外检察发展、援助和培训办公室
埃米莉·陈(Emily Chen)，反垄断局
蒂姆·康奈尔(Tim Connell)，联邦调查局
詹姆斯·法恩斯沃思(James Farnsworth)，缉毒局
辛西娅·菲尔林(Cynthia Fearing)，联邦调查局
巴利·费格逊(Barry Ferguson)，联邦调查局
帕姆·古杰(Pam Goodger)，联邦调查局
安杰拉·科尼卡(Angela Konik)，联邦调查局
兰迪·莱格雷德(Randi Laegreid)，国际犯罪调查训练援助计划
威廉姆斯·兰茨(William Lantz)，海外检察发展、援助和培训办公室
科尔·詹姆斯·麦卡塔姆尼(James McAtamney)(退休)
莱斯利·美诺(Leslie Miele)，缉毒局
阿尔弗雷多·菲尼克斯(Alfredo Phoenix)，烟酒枪枝及爆炸物管理局
艾琳·皮普萨克(Irene Piepszak)，烟酒枪枝及爆炸物管理局
兰迪·皮埃尔·卡纳尔(Randi Pierre-Canal)，国际犯罪调查训练援助计划
尼古拉斯·波尔克(Nicholas Polk)，海外检察发展、援助和培训办公室
安德里亚·普莱斯(Andrea Price)，烟酒枪枝及爆炸物管理局
R. 凯尔·特雷维利安四世(R. Carr Trevillian IV)，国际犯罪调查训练援助计划
贝丝特·鲁贝尔博士(Beth Truebell)，海外检察发展、援助和培训办公室
安妮·珀塞尔·怀特(Anne Purcell White)，反垄断局

劳工部

帕特丽夏·巴特勒(Patricia Butler)，国际劳工事务局
玛利亚·欧金尼奥(Maria Eugenio)，国际劳工事务局

布莱恩·格拉夫(Brian Graf)，劳工统计局
苏达·哈利(Sudha Haley)，国际劳工事务局
凯瑟琳(塞莱斯特)·赫尔姆(Cathryn (Celeste) Helm)，国际劳工事务局
桑德拉·波拉斯基(Sandra Polaski)，国际劳工事务局
桃瑞丝·森科(Doris Senko)，国际劳工事务局
罗伯特·谢帕德(Robert Shepard)，国际劳工事务局
拉胡安·伍德森(Lajuan Woodson)，劳工统计局

国务院

艾达·艾贝尔(Ida Abell)，教育和文化事务局
彭德尔顿·阿格纽(Pendleton Agnew)，近东事务局
玛哈·阿马尔(Maha Ammar)，教育和文化事务局
大卫·本策(David Benze)，近东事务局
汤姆·布朗(Thom Browne)，国际毒品和执法事务局
迈克尔·卡特尔(Michael Carter)，教育和文化事务局
希拉·凯西(Sheila Casey)，教育和文化事务局
塔妮娅·乔米亚克·萨尔瓦多(Tania Chomiak-Salvi)，教育和文化事务局
安德鲁·丘奇(Andrew Church)，国际安全暨防核武扩散局
哈维尔·科尔多瓦(Javier Cordova)，国际毒品和执法事务局
约翰·考克斯(John Cox)，国际信息局(国际情资计划局)
乔恩·克罗奇托(Jon Crocitto)，情报及研究局
帕特丽夏·埃尔曼(Patricia Ehrnman)，非洲事务局
艾米·福雷斯特(Amy Forest)，教育和文化事务局
丹妮娜·福斯特(Daniella Foster)，教育和文化事务局
詹妮弗·高尔特(Jennifer Galt)，东亚和太平洋事务局
杰拉尔德·吉伯特(Gerald Guilbert)，国际安全暨防核武扩散局
雷·哈维(Ray Harvey)，教育和文化事务局
凯伦·霍金斯(Karen Hawkins)，教育和文化事务局
克里斯特尔·希尔(Crystal Hill)，教育和文化事务局
萨宾·辛顿(Sabin Hinton)，东亚和太平洋事务局
罗兰达·S·赫希(Rolanda S. Hirsch)，欧洲事务局(欧洲暨欧亚事务局)
米切尔·约翰逊(Michelle Johnson)，教育和文化事务局
沙利塔·琼斯(Shalita Jones)，教育和文化事务局
理查德·凯尔(Richard Kyle)，欧洲和欧亚事务局(欧洲暨欧亚事务局)
卡洛琳·兰茨(Carolyn Lantz)，教育和文化事务局
西沃恩·莱纳德(Siobhan Leonard)，外交安全局
马修·卢森霍普(Matthew Lussenhop)，教育和文化事务局

海蒂·曼利(Heidi Manley),教育和文化事务局
克里斯·迈纳(Chris Miner),教育和文化事务局
多萝西·莫拉(Dorothy Mora),教育和文化事务局
苏珊·纳尔逊(Susan Nelson),情报及研究局
米歇尔·E·普罗克特(Michele E. Proctor),西半球事务局
特里·卢卡尔(Terri Rookard),非洲事务局
里克·露丝(Rick Ruth),教育和文化事务局
利·苏尔斯(Leigh Sours),教育和文化事务局
格雷格·斯坦顿(Greg Stanton),国际毒品和执法事务局
琳达·蒂贝茨(Lynnda Tibbets),外交安全局
迈克尔·泽姆克(Michael Ziemke),国际安全暨防核武扩散局

交通部

阿伊莎·阿米德(Aysha Ahmed),国家公路交通安全管理局
史蒂芬·贝宁格(Steven Beningo),运输统计局
安妮塔·布莱克曼(Anita Blackman)SLSDC:圣罗伦斯海道发展公司
乔治·博萨(George Bouza),联邦公路管理局
盖尔·布朗(Gale Brown),联邦公共交通管理局
丽塔·达吉亚尔(Rita Daguillard),联邦公共交通管理局
菲利斯·戴维斯(Phyllis Davis)
罗杰·迪恩(Roger Dean),联邦公路管理局
大卫·德卡尔姆(David DeCarme),交通部长办公室
迈克尔·德罗莎会长(Michael DeRosa),美国商船学院
格雷格·霍尔(Greg Hall),海事管理局
黛博拉·欣茨(Deborah Hinz),材料管道运输安全署
罗纳德·海因斯(Ronald Hynes),联邦铁路局
黛博拉·约翰逊(Deborah Johnson),运输统计局
斯蒂芬·克恩(Stephen Kern),联邦公路局
提摩西·克莱因(Timothy Klein),研究和创新技术管理局
马丁·库贝克(Martin Koubek),国家公路交通安全管理局
哈娜·迈尔(Hana Maier),联邦公路局
玛丽·乔·玛尔辛西克(Mary Jo Marzinzik),联邦航空局
马修·迈德韦德(Matthew Medwid),联邦航空局
亚历山大·纽科默(Alexandra Newcomer),联邦铁路局
芭芭拉·佩尔蒂埃(Barbara Pelletier),联邦铁路局
威廉·奎德(William Quade),联邦车辆安全管理局
伊恩·桑德斯(Ian Saunders),联邦公路局

鲍勃·托马森(Bob Thomasson), 联邦车辆安全管理局
恩苏克·威尔士(Eunsook Welsh), 国际事务办公室
朱迪思·威廉姆斯(Judith Williams), 联邦车辆安全管理局
威廉·威廉姆斯(William Williams), 联邦公路局
埃扎纳·温蒂奈(Ezana Wondimneh), 国家公路交通安全管理局

财政部

欧内斯汀·科克伦(Earnestine Cochran), 国税局
玛利亚·阿雷法罗·坎比(Maria Arevalo Cumbie), 货币监理署
德洛拉·吉(Delora Jee), 货币监理署
玛丽·肯普(Marie Kemp), 国税局
特里萨·拉特里奇(Teresa Rutledge), 货币监理署
托马斯·史蒂文斯(Thomas Stevens), 国税局
卡蒂卡·汤普森(Kartika Thompson), 国税局

退伍军人事务部

伊丽莎白·罗德里格斯(Elizabeth Rodriguez)

环境保护局

戴安娜·吉尔哈特(Diana Gearhart)

联邦通信委员会

罗伯特·萨默斯(Robert Somers)

联邦存款保险公司

弗瑞德·S. 卡恩斯(Fred S. Carns)
盖尔·韦尔莱(Gail Verley)

联邦选举委员会

史蒂芬妮·卡卡莫(Stephanie Caccomo)
阿特·福斯特(Art Foster)
艾米·派克(Amy Pike)
杜安·皮尤(Duane Pugh)
凯文·萨利(Kevin Salley)
扎伊纳布·史密斯(Zainab Smith)

联邦能源监管委员会

茱莉亚·博韦(Julia Bovey)

米里娅姆·克莱顿(Miriam Clayton)
萨拉·麦金莱(Sarah McKinley)
桑德拉·华尔斯坦(Sandra Waldstein)

联邦海事委员会

劳伦·恩格尔(Lauren Engel)
桑德拉·里斯(Sandra Reese)

联邦调停处

艾莉森·贝克(Allison Beck)
艾琳·B·霍夫曼(Eileen B. Hoffman)

联邦贸易委员会

克劳迪娅·B. 法雷尔(Claudia B. Farrell)
詹姆斯·哈米尔(James Hamill)
劳伦斯·凯里特(Lauren Skerritt)

总务署

玛莎·戴维斯·琼斯(Martha Davis-Jones)
玛莎·多里斯(Martha Dorris)

美洲基金会

伊迪丝·贝穆德斯(Edith Bermudez)
曼纽尔·努涅斯(Manuel Nunez)

美日友谊委员会

玛格丽特·三堀(Margaret Mihori)

国会图书馆

贾尼斯·海德(Janice S. Hyde)
肯尼斯·麦凯(Kenneth Mackie)
珍妮特·斯塔克韦瑟(Janet Starkweather)

海洋哺乳动物委员会

凯茜·琼斯(Cathy Jones)
提摩西·J. 瑞根(Timothy J. Ragen)

考绩制度保护委员会

莫利・莱基(Molly Leckey)
威廉・斯宾塞(William Spencer)

千年挑战公司(世纪挑战账户公司)

丽贝卡・戈德史密斯(Rebecca Goldsmith)
玛格达・伊斯梅尔(Magda Ismail)
约琳・桑加克(Jolyne Sanjak)

国家航空航天局

凯文・C. 科诺尔(Kevin C. Conole)
丽萨・哈克利(Lisa Hackley)
约翰・豪(John Hall)
詹姆斯・希金斯(James Higgins)

国家资本计划委员会

巴里・萨克斯(Barry Socks)
菲利斯・维瑟尔斯(Phyllis Vessels)

国家信合社管理局

大卫・M・马奎斯(David M. Marquis)
丹尼尔・莫兰(Daniel Moran)

全国艺术捐赠基金

吉奥马尔・奥查娅(Guiomar Ochoa)
佩妮・奥赫达(Pennie Ojeda)

全国民主捐赠基金

萨利・布莱尔(Sally Blair)
杰西卡・路德维格(Jessica Ludwig)
泽克齐斯・斯宾塞(Zerxes Spencer)

全国人文捐赠基金

克里斯汀・卡尔克博士(Christine Kalke)
詹森・罗迪(Jason Rhody)
珍妮弗・乌恩塔兰(Jennifer Untalan)

全国铁路客运公司

约翰·卡滕(John Carten)
沙龙·霍金斯(Sharron Hawkins)

国家科学基金会

汤娅·L. 巴特勒(Tonya L. Butler)
大卫·施通纳(David Stonner)

国家交通安全委员会

萨米亚·阿布贝克尔(Samia Abubaker)
詹姆斯·阿里纳(James Arena)
伊莱恩·杰弗逊(Elaine Jefferson)
保罗·舒达(Paul Schuda)

核管理委员会

琳达·米切尔(Linda Mitchell)

政府伦理局(政风处)

简·利(Jane Ley)
温迪·庞德(Wendy Pond)

行政管理和预算局

布莱恩特·琼斯(Bryant Jones)

开放世界领导中心

维拉德·布查南(Vera DeBuchananne)
约翰·欧基夫(John O'Keefe)
简·萨尔古斯(Jane Sargus)

美国和平部队

凯尔西·易卜拉欣(Kelci Ibrahim)
萨缪尔·泰勒(Samuel Taylor)

证券交易委员会

罗伯特·费舍(Robert Fisher)
衣索比斯·塔法拉(Ethiopis Tafara)

玛丽卡·威廉姆斯(Malika Williams)

小型企业管理局

简·布尔曼(Jane Boorman)

社会保障总署

安妮·斯瓦格尔(Anne Zwagil)

田纳西流域管理局

琳达·图陶(Linda Tootle)

美国国际发展署

詹姆斯·宁德尔(James Nindel)
杰弗瑞·谢安(Jeffrey Shahan)
琳达·沃克(Linda Walker)

公民权利委员会

拉特丽斯·福西(Latrice Foshee)
丽诺尔·奥斯特洛夫斯基(Lenore Ostrowsky)

美国政府审计总署

帕姆·桑兹(Pam Sands)

美国大屠杀纪念馆

苏珊娜·布朗·弗莱明(Suzanne Brown-Fleming)
布莱恩·伯登(Brian Burden)
乔·埃琳·德克尔(Jo-Ellyn Decker)
罗伯特·埃伦赖希(Robert Ehrenreich)
罗宾·哈普(Robin Harp)
特蕾西·洛克(Traci Rucker)
保罗·夏皮罗(Paul Shapiro)
道恩·汤姆金斯(Dawn Thompkins)

美国和平研究所

迈克尔·格林汉姆(Michael Graham)

美国邮政署

莫迪·德尔加多(Modi Delgado)

利·爱默生(Lea Emerson)

美国贸易发展署

汤姆·哈迪(Tom Hardy)
布伦达·赫格(Brenda Heggs)

越南教育基金会

桑达尔基·古纳瓦德纳(Sandarshi Gunawardena)
琳妮·麦克纳马拉博士(Lynne McNamara)

伍德罗·威尔逊国际学者中心

阿琳·查尔斯(Arlyn Charles)

获取更多信息请联系：
美国政府资助的国际交流和培训的跨部门工作组人员
埃里克·N·安德森，主管
玛丽·欧波义耳·弗兰科，编辑
华盛顿特区西南第四大街 301 号，20547
E-mail：IAWGmail@ state. gov

行 动 纲 要

美国政府资助的国际交流和培训的跨部门工作组(The Interagency Working Group on U.S. Government-Sponsored International Exchanges and Training，缩写：IAWG)发布了其 2012 财政年度报告，回顾了过去一年来 IAWG 活动项目和 2011 财政年度项目目录。

IAWG 由时任总统创立于 1997 年，第二年在国会的授权下，努力促进美政府发起的国际交流和培训的协调发展，提高其效率及成效。在过去的 15 年中，非常值得欣慰的一点是 IAWG 已经适应了自己的任务，并开发出可以达到工作组目标的产品和服务。

这份报告主要分为三章：

第一章：往年回顾——概括列出了工作组 2012 年财政年度活动项目，以达到国会的要求，满足联邦交流和培训社区的需求。

第二章：2011 年财政年度活动项目目录——提供联邦政府对于国际交流和培训项目的项目统计。这个目录包括 64 个联邦政府部门和 223 个国际交流与培训项目机构信息，涉及 300 多万名参与者，以及超过 2.1 亿美元政府投资。

第三章：重复评估——提出了 IAWG 的行政和司法任务，以评估政府资助的国际交流和培训项目中的重叠和交叉部分。项目目录的组织结构中没有相似项目之间简单的比较。这一章重新将交流和培训项目划分为 5 个宽泛的主题方法或类别，讨论了每个类别内重叠的潜在可能性。

年度报告还包含一系列的附录，内容包括有关 IAWG 及其活动的一些其他详细信息，以及对美国政府资助的国际交流与培训项目的一些补充信息。

第一章：往年回顾

2012 财年是 IAWG 为政府提供关于美政府资助的国际交流和培训项目情报的第十五个年头。在过去的一个财政年度里，IAWG 侧重于扩展其政府交流和培训项目，使新的成员组织加入其中，另外，将会重新进行与国际交流与培训项目的活动有关的美国战略及活动的高级形式和机构间对话。

该工作组努力打破机构间的沟通障碍，促进联邦项目赞助者的社群意识。通过促进坦诚沟通和合作，我们可以达成首要目标，即促进所有美国政府赞助的国际交流与培训活动的协调程度、效率和效力。

IAWG 任务

IAWG 成立于 1997 年，旨在促进所有美国政府赞助的国际交流与培训活动的协调程度、效率和效力。目前，共有 15 个联邦部门、49 个独立机构将数据提交给 IAWG，与其合作开展国际交流和培训活动。IWAG 的法定主席是美国主管教育和文化事务的助理国务卿（Assistant Secretary of State for Educational and Cultural Affairs，缩写：ECA），内设该工作组的工作人员。

IAWG 最初的工作任务是：

· 收集、分析、上报所有美国政府部门和机构提供的关于引导国际交流和培训活动的数据。

· 促进相关美国政府部门和机构在面对引导国际交流和培训活动方面存在的共同问题和挑战时，能够更好地理解和合作，包括在政府和非政府部门中建立国际交流和培训活动情报交易场所。

· 确定参与到该国际交流和培训项目中的各个美国政府部门和机构，在行政和计划方面的活动重叠和交叉，以确定每个该国际交流与培训项目如何促进美国外交政策的制定，并就此提出报告。

· 为所有该国际交流和培训项目制定一个协调和具有成本效益的战略，比如通过提高效率、巩固项目、消除重复，或任意两种以上的方法，以实现最少节约 10% 的成本为目标的一项行动计划。

· 为所有该国际交流和培训项目提出关于常见性能标准的建议，并发表报告。

- 调查私营部门的国际交流活动，并制定扩大国际交流和培训项目中公共和私营伙伴关系的战略，并加大私营部门对该项目的支持。

自成立以来，IAWG 一直在努力执行这些任务，回应其不同成员所提出的问题和挑战。所有联邦支持项目共同使命是让人们交换信息、分享想法、促进相互理解。然而事实上，这些项目正如资助他们的美国政府组织一样多种多样，每个项目都有自己独特的目标，反映出主办组织的目的。项目主题涵盖各个领域和学科，面向几乎所有国家，参与者十分广泛，从青少年到经验丰富的专业人员都有。

这种多样性强化了这些项目在达到各个美国外交政策目标方面的作用。由于联邦交流和培训方面的复杂性，为了满足联邦项目管理者的需要和优先权，IAWG 将通过以下途径实现其目的：

- 汇报国际交流和培训项目的情况；
- 建立以交换关于最佳做法和挑战的看法的社区(平台、社群)；
- 提高工作效率和成效；
- 促进公营部门与私营机构的合作；
- 推进以结果为导向的项目管理；
- 阐明交流和培训在美国外交政策方面的重要作用。

IAWG 去年的主要活动和成就如下。

国际交流和培训项目情况汇报

IAWG 的主要工作是收集数据、分析和汇报美国政府部门和机构进行国际交流和培训活动的情况。本报告包括对 2011 财政年度项目稿件的统计数据，以及对此的有关调查结果和分析情况。在 IAWG 数据收集、信息管理和情况汇报的过程中，系统和工具的使用是关键。

数据收集、信息管理和情况汇报

IAWG 每年都会收集所有赞助或参与国际交流和培训活动的联邦组织的数据。IAWG 会编译查看数据，生成年度项目目录，本报告将在第 2 章对此进行介绍。

IAWG 利用联邦交流数据系统(Federal Exchanges Data System，缩写：FEDS)对美国政府主办的国际交流与培训项目进行数据收集、管理和情况汇报。FEDS 成为最重要的传播工具，通过它，IAWG 成员能够提供和查看项目数据和信息。为方便数据的收集，成员通过一个在线远程数据录入系统，将他们各自的项目数据输入到联邦交流数据系统中。此外，成员还可以使用该系统，生成对 IAWG 所收集数据的情况汇报。

联邦交流数据系统使得 IAWG 能够生成报告和研究，并评估该项目中任何存在重叠交叉的可能性。项目目录和相关 IAWG 报告主要服务于联邦国际交流和培训社区的成员，以及其他联邦利益攸关者、非政府合伙人及公众。它也是美国政府试图通过交流和培训以构建国际关系努力的结晶。

数据收集和联邦交流数据系统变化

联邦交流数据系统以一个财政年度为单位跟踪项目，包括项目参与者数目、就业和活动领域的参与情况、资金来源、战略目标和其他配套数据。

联邦交流数据系统帮助，创立了这份年度报告里的联邦项目目录。该系统还可以根据需要提供美国政府主办的国际交流与培训项目相关查询的特别报告。年度统计包括数以百计的交流和培训项目，参与者数以百万计，资助总额达数十亿美元。

据报道，2011 年联邦交流数据系统进行了升级。行政部分升级已差不多完成，对生产部分的升级将移至 2013 年初。这将在变化中联结去年已完成的远程数据输入系统，以提高系统性能和过程效率。报告方面将在 2013 年年初进行升级，为系统用户提供“所见即所得”(WYSIWYG)的报告。目前情况并不是这样，这就使联邦用户输入数据进行信息分析和比较更加困难。实际上，这样的升级将通过用户电脑屏幕上所显示的反映书面报表，并反映去年数据输入组件年升级时的新界面。联邦交流数据库仍需要升级，这又取决于可利用的资源和资金数量。

信息中心网站

IAWG 网站网址是 www.iawg.gov，为机构间成员和一般公众都提供了单一访问点。通过这一点可以访问所有 IAWG 年度报告，联系成员和合作机构，访问积极参与国际交流和培训项目的非政府组织(NGOs)，并获得一系列与管理和协调国际交流与培训项目有关的其他报告。

机构间成员也可以访问只有成员才可以访问的受密码保护部分，在这里他们可以访问 IAWG 的存储库数据以生成关于所有联邦交流和培训活动的特定项目或自定义报表的标准报告。

现已提出改版后的网站要求，并且网站正在向着更新更有活力的方向发展。

建立实践社区

IAWG 致力于推动建立一个强大的实践社区，人们通过这个社区可以发现创新思想，共享的最优方法，并能够共同面对挑战。合伙建设国际交流和培训项目是利用有限资源的重要途径。伙伴关系是政府当局的对外接触工作的核心宗旨。

促进公私伙伴关系及资源利用

美国政府必须与其他单位合作，并利用资源来面对新世纪的挑战。美国国务院将伙伴关系定义为“与非政府伙伴协作的工作关系，双方共同商定工作目标、结构设置、管理方式和角色职责，共同作出决策。成功的伙伴关系的特点是股票互补、拥有开放性和透明度、互惠互利、风险分担和奖励共享，以及问责制”。①

在出席上一届 IAWG 全体会议的代表的推荐下，IAWG 公私合作论坛于 2012 年 4 月举行。论坛的目的是为 IAWG 的成员就公私伙伴关系进行交流提供平台。

这次会议于美国国际开发署处举办并由其合作资助，并由美国国际开发署创新和发展联盟办公室提供特定支持，参与人员是来自公共和私营部门的一个专家小组。大多数 IAWG 特约机构代表参加了本次盛会。

考虑到国际交流和培训社区的多样性——目前包括 60 多个不同的联邦机构——所有这些成员机构在使命、目的、规模、范围和能力方面拥有巨大差异，在理解程度、参与度，甚至公私伙伴关系情况方面也有不同。许多组织对公私伙伴关系似乎有不同的的定义和处理方法，这就是为什么定期进行这类讨论是必要的。

本论坛对公私伙伴关系发展情况进行了高层次概述，目的在于为参会成员之间的讨论和理解建立共同基础。

小组成员意见和建议包括以下几点：

公私合作的主题与 IAWG 的所有成员高度相关，因为他们可以——特别是在预算有限的情况下，帮助扩大国际交流和培训项目的范围和影响力，目前急需找到更高效率的方法，特别是因为大多数赞助国际交流项目的机构不能独自满足所有需求。需求在不断增加，机构必须在私营部门的帮助下，依靠资源和组织技术来进行这些重要项目。

公共和私人部门都有核心竞争力和能力——很多，但并不重叠。因此，利益获取途径主要是设法以伙伴关系进行合作，利用彼此的技术和资源，以实现双方共同目标。正如一位小组成员所说，伙伴关系是巧实力，而不是软实力。伙伴关系使人们通过解决问题明白首要的事情，提供讨论平台、思想创新和解决方案。

公私合作伙伴关系的概念在不断演变。就在五到十年前，企业的角色主要是慈善。但现在不一样了，尤其是在预算紧张的情况下，企业需要利用好每一美元。

如今，公私合作很少是关于金钱交易了，更多的是交换思想、信息和数据，并朝着特定的经济、环境、社会或其他共同的目标和价值观而努力。

企业和政府的角色正在转换。事实上，发展中国家的私营部门有了显著的进步，政府必须决定是走在前面还是被甩在后面。

政府如何利用这一新的发展方向？

公司仍旧需要政府，而现在政府需要利用这一点来影响这些不同的活动。业务活动往往被狭义地定义为一次性事件。政府可以提供战略背景和方向，并为使用政府方针进行战略规划提供支持和力量。

① 定义出自全球合作关系计划网站合作指南部分。

公司仍然需要政府，因为政府拥有号召性的权威。这种力量往往被低估。现在政府需要利用这一点影响私营部门活动。

此外，还有一些事情是只有政府可以做到的。例如政府往往比企业更了解当地社区。因此，政府会给企业带来机会。相反，在某些情况下，私营部门组织可能会进入一个国家，公然进行某些政府不能做的项目，新颖的伙伴关系要利用好这些不同的情况。

企业会想配合并使政府参与到其中，但想要深入到政府中通常很难。企业不知道应与谁对话。另一方面，公共部门往往不懂业务的需要以及他们与美国政府机构合作的动机是什么。

要参与到其中首先要开始学习如何提出正确的问题，详细制定出需要及兴趣领域也很重要，这包括对公司和非政府组织，关于与美国政府机构合作的基本期望的理解，反之亦然。要想建立并保持长期伙伴关系，信任是必不可少的。

企业与政府之间也有巨大的文化和语言差异，以及在过程、灵活和透明度方面的差异。例如，政府雇员如果不遵守特定过程的规则和规程，就会进监狱，然而在私营部门，这些行为却是允许的。急需“译者”来帮忙，为私营和公共部门各自不同的文化交流提供一扇窗口。

政府对失败的恐惧也往往高于企业。然而，要想做出成绩，失败是必不可少的；失败往往是创新之母。那些政府成员，必须学会如何更好地管理风险。正如一位小组成员指出的那样，“政府需要学习如何将失败的代价降到最低。”

这个完全可以做到，只是需要一些创造力。拿投标流程来说，既耗时又昂贵。要促成公私合营的伙伴关系，与其拿出一套完整的计划，不如做一个简洁的类似只有五页的计划，重点在于要有新颖的想法。将这些对“迷你计划”的要求写入联邦公报中，能够获得更大反响，然后选择和利用最好的一个(些)。从小型项目开始或将大型项目分割成更易于管理的部件，可以减轻风险。

很明显，当今世界很多问题是无法靠任何一个单独国家的力量解决的，更不用说一个联邦机构了。我们需要着力于能召集有关人员和组织，来努力实现美国政府目标的力量。正如一位小组成员指出的那样，“如果我们想要以更少的代价做得更好、更快，我们需要学习如何合作。”

公私合作关系是政府和民间团体的交集。因此，同样重要的是当地利益相关者应参与其中，以确保民间团体的想法能被听到。必须了解问题和关注点所在，这就要求深度聆听其需求。这有助于提升信任，为建立合作文化开启了一扇大门。

公私合作关系从根本上说，是通过将许多不同专业领域的人们集合在一起，来解决问题。他们应该被称作是“罕见的联盟”，提供一个重要平台来进行信息共享、联合解决问题、政府和私营部门共同发起项目。在国务卿的支持下，他们也得到了国会两党支持。

公私合作关系是一种对话形式，而不是独白。必须关注公私合作的广泛范围，并致力于探索我们各自的盲点。我们现在需要资源共享，进行合作。每一个美国政府机构应该有维系公私合作关系的一个单点，以改善对与政府机构的公私合作关系感兴趣的外部组织和利益攸关方的参与情况。

开发新的公私合作关系的需要将继续扩大。通过跨部门讨论，我们可以进一步建立有关公私合作关系的实践团体并敞开大门，解决常见的问题，就该领域的最佳实践交流看法。

国际青年发展(International Youth Development)

由美国农业部(U. S. Department of Agriculture，缩写：USDA/ NIFA)成立的一个非正式的有关国际

青年发展的普通员工工作小组，在跨机构的支持下已经发展为两个月开一次圆桌会议的规模。每次会议集中在不同的话题和主题上，由不同的机构主办。上一个财政年度中有三个会议在此举行：两个在美国农业部，一个在国务院。

这些跨部门会议的目的是分享彼此机构和项目的信息，调查机构间的合作机会。

常见的兴趣主题包括：

- 建立更开放的沟通渠道。
- 分享机构/计划的最佳方案，以提高资源利用率。
- 建立青年网络；改进校友跟踪项目及其发展。
- 改进评估和测量方法，特别是对青年投资的影响的评估。
- 确保项目的工作力度不会重复，而是相辅相成、相互支持。

参加这些会议的已经有 10 个机构，其中既有国内也有国外任务。团队精神和协作机会已经考虑在内。参加这些会议的兴趣在不断增加，所以后续会议已经纳入计划。

提高效率和成效

IAWG 负责设法提高开展国际交流和培训的效率和成效性。IAWG 为不同的项目发展提供指导方针和资源。它也着力于促进资助或运营国际交流和培训项目的美国政府部门和机构之间的理解合作。

校友发展国际交流和培训项目

在出席上一届 IAWG 全体会议的代表的推荐下，IAWG 校友发展论坛于 2012 年 6 月举行。该论坛目的在于使 IAWG 的会员参与到关于最佳实践的对话中，并交流关于开发、建设和改进校友项目的观点。

这次论坛于刚刚庆祝了其 50 周年纪念的和平队总部处举办并由其合作资助，由第三目标及返回志愿服务和平队办公室(Peace Corps Office of Third Goal and Returned Volunteer Services)提供特定支持，参与人员是来自公共和私营部门的一个专家小组。大多数 IAWG 特约机构代表参加了本次论坛。

校友主题与 IAWG 的所有成员高度相关，他们可以帮助扩大国际交流和培训项目的范围和影响力——特别是在预算有限的情况下。然而，在机构是否追踪和校友的参与度方面有巨大差异。通过跨机构对话可以应对共同挑战和分享关于最佳方案的想法，如此，在校友发展的基础上可以建立一个实践社区。

该论坛提供了一个校友发展的高级概述，目的显而易见，即建立IAWG成员间基本理解和共识。

如第一个四年度外交和发展审议(Quadrennial Diplomacy and Development Review，缩写：QDDR)提到的那样，“……美国外交一定远远超出了传统的范围，新的主角参与到其中，尤其关注民间团体……我们必须扩大可接触到的民众基础——包括青年和女性——鼓励更多人参与到项目中……”以及就共同感兴趣的领域扩展人脉网和行动中心。

我们还必须决定如何在预算紧张的情况下，最有效地利用资源。美政府国际交流和培训项目的校友，可以帮助我们扩大项目影响力。

作为充满活力的人际网络的一部分，美政府国际交流和培训项目的校友可以全心全意地支持帮助我们克服挑战和障碍，以确保达到重要目标和利益。幸好我们想方设法吸引住了他们，他们还提供更多知识、经验和智慧。如果我们想要利用他们个人和世界各地的集体力量，就必须吸引住他们。

然而，美国政府作为一个整体，并没有特别有效地追踪和吸引住项目校友。例如，没有一个单独的数据库，能够使美国大使馆和其他国外岗位的国家团队可迅速进入并找到项目校友，不管任何类型，只要适合参与特别活动、项目、会议、对话和其他项目，甚至能够为从美国或其他地方来到第三世界国家的人们充当主人、向导或导师。

尽管吸引住如此多的校友，可以带来潜在的协同效应，但这些跨项目资产共享是有限的，更不用说跨机构了。

关于校友何时或如何参与其中，也没有一套共同的参与规则。此外，美政府国际交流和培训项目校友可能都有各自明显不同的经历，是由各自的项目任务、目标、构成、位置、持续时间和活动决定的。因此，他们可能会有不同的看法和兴趣，特别是关于是否保持或如何保持与校友军团的联系，更不用说其他项目的校友。所以，寻找共同点和激励措施以吸引项目校友也是非常重要的。

但是如何定义国际交流和培训领域的校友？利用校友的主要优点是什么？发展校友项目共同的挑战是什么？建立校友追踪和参与系统共同的挑战是什么？我们如何设法利用彼此的校友和资源来取得战略成就或实现其他共同目标？

讨论集中于如何做到这一点和如何做好这一点以建设一个更动态、更高效和更有效的政府。机构代表就实践经验和教训交流想法，这些经验教训可以应用于国际交流和培训领域。小组成员意见和建议也会跟进。

在国际交流和培训项目的背景下，校友的定义可以随项目变化而变化，但通常是指已经完成项目的人。如果参与者只是启动但没有完成项目的话，一般不称其为校友，这通常有赖于导致参与者提早离开这个项目的时机和环境。

项目校友通常想加入到整个网络中。大多数之前的项目参与者想与通过项目相关联的同行保持联系。他们通常想了解国内发生了什么，甚至还有项目和机构中所发生的事情。

校友与拥有共同利益的团体也有联系。很多人认为加入拥有共同工作、学习和活动领域的校友组织得到的机会很多，前景美好。事实上，加入一个国际校友组织可以帮助使世界的大道更加平坦，打开通向社区和国家的大门。

由于许多校友已是或即将成为各自领域内卓有建树的人，与组织保持联系可以获得显著的职业和个人利益。事实上，许多美政府国际交流项目校友，是现任或前任国家元首、诺贝尔奖得主和其他名人。这一点本身是一个能吸引校友的动机。然而，校友并非都是出于同样的动机。所以一个推荐做法是，每个项目“类别”中至少要有一个人，作为连接者来鼓励个人加入校友群并保持活跃。

另一个推荐做法是，在早期使项目参与者明白，作为校友应该扮演的角色是什么，这取决于他们各自项目的目标，并且要使参与者有得到回馈的感觉。接受培训和在交流项目早期就获得对校友资源的访问权限的项目参与者不仅可以学习如何利用资源，在其他项目参与者和校友离开这个项目之前吸引住他们，他们往往自身也能继续保持积极性。所以让项目参与者将你教给他们的东西付诸行动。

战略计划

机构必须努力发展长期伙伴关系。没人知道下一个危机或任务是什么。因此，在世界各地尤其是偏僻的地方都拥有关系对国家安全利益可是至关重要的。这种情况下，项目校友成为重要联系人。

因此，对于在什么情况下以及如何吸引校友，必须制定重要的战略计划。正如一名小组成员指出的那样，友谊和合作关系不是一天建立的。能做成什么，预算至关重要。较多的预算通常可以发展更多的关系，但许多项目机构并没有那么多预算。

所以，正如一位小组成员所说，“你要将魔法粉撒到何处?”

将战略计划纳入项目设计，可建立关于项目校友将返回何处的动态信息。随着外交重心不再是传统的政府间接触，交流和培训项目则越来越重要，尤其是因为他们往往指向关键问题和领域，比如教育、妇女权利和青年发展。

随着金融资源减少，机构需要利用他们的边际资产来吸引不同的校友。校友团体之间的差异是明显的，但也有共同主题。机构可以利用这些共同感兴趣的领域作为激励校友发展的措施。

在资源共享方面，项目和跨部门间良好的协调是找到共同点以及提高校友项目的效率和成效的关键。

为了根据不断变化的需求发展能力，也为某些地方选择性地招募新的交流参与者，以便为将来发展建立人脉，校友项目可能还需要调整。必须注意将不同的群体组织在一起。确保对于该完成的事有明确的指示。

然而，现实情况是，大使馆的关注点往往是如何使新人参与到项目中，校友发展往往被摆在次要的位置上。特定项目的期满日是一个重要推动因素，还有一些限制因素，如员工规模和员工岗位频繁变化，这都可能损害到关系。

校友项目的建立，即将就任和即将离职员工之间的过渡，与即将就任的顾问列表共享，以及大使馆之间的联系人共享，都会促进校友和活动的持续发展。只是记得要尊重现有的关系。通过使项目校友参与其中，又使大使馆参与人员扩大了一圈。

追踪项目校友

然而，如果你不知道你的校友在哪里，那你就无法追踪了。这对许多机构来说是个挑战，特别是对那些没有校友或最近才成立了项目参与者校友办公室的机构来说。找到正确的现住址和其他联系信息是建立一个校友库最重要的因素之一，尽管可能非常耗时和耗力。

关于为什么很难定位到校友和得到其回应，有多方面的原因，从职业变化和迁居到信息过量，与其他多个协会、事件和活动混淆。调查和官僚疲劳是另一个因素。

还有一些人可能只是因为个人或其他原因，不想成为庞大校友数据库的一部分。例如，对有些国家来说，与美国持续保持联系也有负面影响。政府也可能限制加入某些类型的不管是文化还是其他方面组织。在这种情况下，不管是因为害怕群体形成还是怕失去控制权，成立校友会是不可能的了，只能找另外一个合适的方法。

域名为 Dot. Gov 或 Dot. Mil 的网站偶尔也会上黑名单，但是可以通过另外一个域名 Dot. Org 进行访问。

在适当的时候，使用代理来保护信息更为有效，有些情况下，一个非政府组织在访问渠道、获取信息和灵活性方面会比美国政府产生更大的影响。

合格的非政府组织或私人承包商可以并且应该经常对某些有关政治、道德或其他问题的进程提供适当帮助。例如，“国家和平队网络”与和平队就咨询能力方面进行合作，帮助招募新成员。

有些情况下，参与者不知道项目是由美国政府资助的也情有可原。但在其他情况下，参与者为他们的项目是由美国政府赞助而感到庆幸。

此外，许多社会媒体工具可以使一些校友通过其他方式保持联系。虽然校友的需求和要求在不断改变，然而很多项目、校友网站和其他宣传工具却往往是静态的。因此，应提供动态网站。开发社区的利益，包括成员心里话。正如一名小组成员指出的，提供网络便利……但不要管理他。

数据库和网络开发

建立和维护数据库，尤其是联合数据库，从跨部门的角度来看，存在各方面的挑战。

数据共享存在风险，所以必须建立信任以及标准参与、流程及协议规则。另一个是成本问题。然而，汇集资源来创建一个更大的共享校友数据库可以降低长期成本。然后就是数据所有者的问题了。校友到底为谁“所有”？

例如，非政府组织和私人组织，经常有单独的或多个不同的，关于项目参与者联系信息和数据的数据库。然而，这些不同的数据库的所有者，往往不愿意把他们的数据库与另一个结合起来，每个人都想要牢牢控制住自己手里的名单，政府里这样的事情也是常有的。

为什么很多组织想要完全控制他们的数据库，这也完全可以理解，数据库一般都很昂贵。另外，经常有一些涉及到隐私的问题，以及其他隐私规定方面的问题。例如，欧盟的隐私法可能与美国不同。

一个最佳方案是让参与者控制各自的数据，更新自己的信息。这就减少了信息管理工作，可能会避免一些如隐私法案及大宗买进利益的问题。

各种组织的不同运作方式也为吸引校友带来了困难。对不熟悉的项目或流程，人们通常是不愿意共享信息和资金的。而且由于许多组织之间没有交流沟通，甚至同一领域的组织也都各干各的。另外，太多较小的数据库也是一个问题。首先，如何将关于项目和参与者数据信息的一个个小点联系起来——特别是从政府的角度来看？

统一的系统可以解决这个问题，并且降低长期成本。比如对数据所有者来说，可根据需要通过联邦数据架构共享数据和信息。此外，联邦政府开发并资助的数据系统可以进行共享，如政府解决方案（Government Owned Solutions，缩写：GOTS）。非营利组织还可以免费使用共享软件和公开技术。

建立一个系统化的方法来追踪项目校友非常有效。

校友参与情况建议

定位校友需要花费大量的时间、资源和精力，但是一旦定位成功，机构就不能只依靠自己的名声，仅仅保持联系。相反，机构必须经常激励和动员校友让他们参与进来。

想在项目结束后仍与校友继续保持联系，那就要给校友提供激励机制，可能包括其使用专业工具和资源的权利，以及专业发展、会议和其他机会。就业是另一个诱因。工作机会可使许多之前的项目参与者回来。还要宣传校友的成就，比如工作升迁。

为将校友保持在消息圈内，一些机构定期给校友发送定制信息的电子邮件，也可能包括其他机构校友群类似信息的链接。收件人可以选择接收或者屏蔽这些电子邮件，对所接收到的东西有足够的控制权，所以并不会觉得受到骚扰。另一个机构标明并上传校友出版物和成就。项目参与者会提前签署一项协议，约定可以公开信息。

另一个推荐做法是在国际交流和培训项目刚开始的时候，就让后置事件超越项目的范围。设计使用的校友系统在实际项目中使参与者感到舒适，所以他们有可能会在离开后仍继续使用该系统。

建立人际关系：使用简单的交流方式。例如，发送生日快乐祝贺邮件，这个方法可以有效地增加毕业生的互访频率，还可以得知他们的联系方式以及近期的成就。而且毕业生以个人名义互相走访可有助于巩固朋友关系，所以应去毕业生的住处拜访。拜访项目网站并参加当地的活动，把握好毕业生接待工作，重振毕业生计划，考虑建立驻海外机构以促进宣传和参与度。

抓住一切合适的机会发展合作伙伴关系。比如说，国防部将国外的合作伙伴带入他们的项目中。这些合作伙伴关系对于建立人际关系至关重要。但是国际伙伴的嗅觉和洞察力可能不那么明显。

还有给毕业生一些定期的刊物，好比行为研究的数据库或者其他的什么免费福利，例如国际旅行什么的。让他们知道你一定能够发现了他们并邀请到他们。

形成一种在身份或者状态的象征——他们是精英队伍中的一员。通过丰富的网络接触形成一种互相促进的环境。调查清楚群体的需求，并进行以内容为基础的讨论。

毕业生的未来发展

校友项目在美国政府中的发展、跟踪和参与度各不相同，并且关于共享资源的行动还很缓慢，但是进步是不可否认的。例如在国家教育和文化事务署有一份关于毕业生的存档显示有超过 75 万的项目参与者，而且这个数字还在增加。这份档案仅仅包含了 ECA 项目的信息以及它的前身美国新闻署的历史信息，不过一份即将解密的升级档案将允许每位美国的海外任职者在一个更加广泛的数据库中查询非 ECA 毕业生信息。政府部门也已经建立了国内外的毕业生协调员来跟进和联系之前的项目参与者；并向美国大使馆提供培训和帮助。ECA 也拥有一个超过 10 万人的网络在线社区，并且正筹备扩张网络在线工作至其他美国政府项目。

在短期内，预计联邦政府用来追踪和参与从过去到现在美国政府支持的国际贸易和培训参加者的能力将持续提升。并且在未来的 10 到 15 年内，可能达到一种局面——美国机构和大使馆有强大的能力来追踪和团结毕业生，此外还能实现跨部门资源和数据共享。

促进结果导向的项目管理

IAWG 继续促进以结果为导向的国际交流和培训项目管理工作。

在过去的一年中，IAWG 人员会见了机构利益相关者，担任事务委员会成员 ，并提供项目管理指导。IAWG 成员为项目评估、性能测量以及其他工具和指标提供了资源。IAWG 对于寻求私人部门帮助的咨询也作出了回应，向他们提供美政府国际交流和培训项目数据及成果，以进行项目情况分析和统计。

IAWG 继续与美国和外国使馆密切合作，为国际交流项目的发展、实施和管理问题提供资源。

第 108A 条共同教育和文化交流法案

对于美国政府成员，包括由外国政府资助的国会议员在内，IAWG 成员在创建国际交流项目中起着管理的作用。这包括在外国政府代表、国会议员及其员工、美国政府其他成员以及公众中进行的对于第 108A 条共同教育和文化交流法案的实地调查。

1961 年的第 108A 条共同教育和文化交流法案修订版(也称为海斯法案) ，授权美国国务院批准联邦雇员经授权可参与外国政府资助的文化交流项目。

第 108A 条共同教育和文化交流法案协议，旨在在政府和美国之间制定正式的、有明确目标和行动的长期交流项目。正式的文化交流项目通常包括领导和具有专业知识或技能的专家，以及其他有影响力的知名人士之间的访问和交换。这些项目有助于增进美国和其他国家人民之间的相互了解。

IAWG 与一些美国和外国使馆进行非常密切的合作，以发展第 108A 条共同教育和文化交流法案授权下的交流项目。IAWG 人员也与国务院所有区域办事处的国家事务官员进行合作，以对咨询和正式请求作出回应，并根据国务院法律顾问办公室的法律原则，对决定进行审查，并使众议院和参议院道德委员会成员参与到有关特定访问、项目要求或项目问题的讨论中，比如建立第 108A 条共同教育和文化交流法案项目旅游政策。

现在有大约 90 个批准成立的第 108A 条共同教育和文化交流法案项目，代表 60 多个不同的国家和政府(一些政府有多项协议)。预计明年将进行新项目的请求、更新、修改或现有项目的终止。

达成美国外交政策目标

国际交流和培训项目，为不同国家的人们提供探索共同兴趣、传递知识技能和增进相互了解的机会，是改善国际关系和伙伴关系以及进一步达成美国外交政策目标的基础。IAWG 通过发展和提高国际交流和培训项目的效率来响应并支持美国外交政策目标。

国际交流和培训项目达成的战略目标

IAWG 要求联邦项目赞助商汇报他们的项目与美国外交政策的联系，特别是 2007—2012 财政年度中美国国务院/美国国际开发署联合战略计划①中列出的战略框架。

下表表明了达成战略计划目标②的项目，在对 IAWG 进行汇报的 2011 财政年度项目中所占百分比。请注意每个被汇报的项目可达成多个战略目标。

达成国务院/国际开发署联合战略计划目标的项目在经汇报的国际交流培训项目中所占百分比			
战略目标 1：实现和平与安全	48%	战略目标 5：提供人道主义援助	22%
战略目标 2：实现公正、民主管理	32%	战略目标 6：增进国际理解	54%
战略目标 3：以人为本	45%	战略目标 7：加强领事和管理能力	11%
战略目标 4：促进经济增长和繁荣	51%		

① 可在 http://www.state.gov/s/d/rm/rls/dosstrat 查看完整文档。该联合战略计划与 1993 年政府绩效与成果法(GPRA)一致。

② 该框架包括七个关键目标和 26 个战略重点，是该计划转型外交努力的核心。

第二章：项目目录

1961年共同教育和文化交流法案(The Mutual Educational and Cultural Exchange Act of 1961)修订版(美国法典22条)要求IAWG编纂美国政府国际交流和培训项目年度目录，提供详细信息让感兴趣的利益相关者了解项目方案最新情况及其发展动向。它为发展中国家及区域特殊性项目概述提供资源，是提供现有成功联邦项目参照标准的研究工具，是识别并解决任何重复项目的一种手段。通过增大项目管理者获得的信息数量，该目录可以促进项目的协调发展，并帮助组织将可利用资源最大化。

IAWG对美国政府资助的国际交流和培训项目定义如下：

· 完全或部分、直接或间接由美国政府基金拨款资助的活动，包括不同国家之间人们为了交流想法、发展技能、促进相互了解和合作的活动。

· 在美国政府的支持下，发生在国内或第三国的活动。

· 交流或培训项目，其参与者通过使用远程学习项目或其他科技驱动的技能，比如电话会议、视频会议、光盘只读存储器(或类似媒体)或互联网用来共享信息或发展技能。

· 仅出于协调的目的而寻求美国援助的项目，也被认为是由美国政府资助的。

这一宽泛的定义包括许多各种不同的通过不同途径和方法提出外交政策和目标的项目。大部分的联邦组织参与到某种形式的国际交流和培训活动中。IAWG与这些联邦组织密切合作，表明了美国政府资助的交流和培训活动在全球的广度和深度，体现了这些项目在达成美国战略目标中的重要角色。

研究方法概况

为制作项目目录，IAWG向联邦政府呼吁每年应公布其管理或参与到国际交流与培训项目的数据。我们的目标则是获取能得到的最完整精确的数据。我们已经采取一些措施来达到这个目标，这其中包括尽可能接触项目管理者，更新并改善我们的数据搜集系统，从在不同的机构任职的联络人那里获得更多的反馈。这项正在进行的过程，已经催生合作组织机构产生越来越多的合规报告数据。

IAWG尽可能地去获取关于国际交流和培训项目的最广泛信息用来制做年度目录。因此，我们所说的该类项目是一个广义的概念。这些项目可能包括在所属国接受培训的个人，或是接受过数字视频会议或远程学习项目等虚拟培训的个人。通过将这些项目和参与者计入清单，一方面 IAWG 认识到联邦政府越来越倾向于使用低成本的方法，另一方面 IAWG 还能创建有关联邦政府国际交流和培训项目的最全面、最完整的目录。

IAWG 使用一系列的方法来核实联邦政府资助的国际交流与培训项目，包括网络研究，立法回顾，文件分析以及咨询事宜。大多数与 IAWG 合作的组织都十分负责任地将所能获取的最精确、最完整的数据提交给 IAWG。然而其中有很多组织缺少工作人员，或是自身已经承担了过多的项目。因此，IAWG 的工作人员与联邦数据提供者直接合作来指导他们进行数据收集，帮助他们进行操作并完成整个程序，这可以减轻他们应对年度报告面临的负担，并且有助于内部数据管理。不幸地是，数据管理继续影响着 IAWG 收集的数据质量。此外，联邦政府部门提供的不连贯或是不完整的数据依旧是个问题。

IAWG 的数据收集、管理和报告系统，也就是联邦交流数据系统(FEDS)，不仅能授权 IAWG 创建年度项目目录，还为合作机构提供直接使用 IAWG 数据的机会，并且创建了专为特别资助支持机构、世界范围内的地区或国家，以及国外政策目标定制的临时报告。IAWG 还使用联邦交流数据系统，为联邦政府、学术机构和非政府组织等创建自定义的报告或简要报告。

2011 财政年度项目目录信息汇总

上报项目总数①	223
部门/机构报告	64(共有 15 个部门和 49 个独立机构)
参与者总数②	3 058 386
美方参与者	61 938
国外参与者	2 996 448
美国政府资助投入总数	$ 2 144 483 271
部门/机构拨款	$ 1 895 613 541
跨部门转移	$ 248 869 730
非美国政府资助投入总数	$ 777 195 923
外国政府	$ 674 973 594
私有部门(美国)	$ 73 400 776
私有部门(国外)	$ 27 050 673
国际组织	$ 1 770 880
所有投入资金总数③	$ 2 921 679 194

① 请注意，虽然清单中包括 223 项由联邦政府支助的国际交流和培训项目，联邦政府资助部门，主要是美国国务院、美国能源部、美国国家科学基金会和美国国际开发署，上报的数据则为无数的小项目和活动的集合。因此，活动的规模实际上要大于这些数据所显示出的。

② 参与者数量根据不同机构上报的数据估算。

③ 并不是所有项目都提交了各类的资金数据，而且项目资金可能包括大型项目经费。这些经费恰恰包括了交流和培训的部分。整体数据也由此估算出来。以许多国际访问项目为例，联邦政府并未向其提供资金来开展通报会和短期咨询。参与者可能从其他的途径获得来美资金，但这些资金鲜为人知或无源可循。

联邦资助者

2011财政年度，15个内阁部门和49个独立的机构或委员会向IAWG上报了共计223个国际交流和培训项目。为了呈现最为完整的项目目录，IAWG彻查了各个独立机构、董事会、委员会和半官方机构，以确定其是否资助国际交流及培训项目。附录B中列出的联邦政府后有评注，表明其是否资助国际交流和培训并提交给IAWG有关资助项目的报告数据。

2010财政年度的项目目录中有上报的45个项目并未列入此报告。这45个项目中的大部分在2011财政年度中断或无任何活动开展。另外几个项目之前上报时为独立项目，现在则与其他项目合并。

IAWG还在2011财政年度项目目录中加入了另外几个项目。新项目或恢复的项目包括：

哥伦比亚特区的法庭服务与罪犯监督机构：

——预审服务机构(Pretrial Services Agency)；

农业部，对外农业局(Foreign Agricultural Service)：

——阿富汗农业扩张计划(Afghanistan Agricultural Extension Project)；

——巴基斯坦(Pakistan)流域复原；

商务部，国家大气管理局(National Oceanic Atmospheric Administration)：

——国家全球大地测量管理局(National Geodetic Survey International Administration)；

——国家海洋渔业局(National Marine Fisheries Service)；

教育部，学生安全与健康办公室(Office of Safe and Healthy Students)：

——关于美国民主的审议；

能源部，卫生安全办公室(Office of Health, Safety, and Security)：

——西班牙项目(帕洛马雷斯 Palomares)；

——环境政策和协作办公室(Office of Environmental Policy and Assistance)；

——执行和监督办公室(Office of Enforcement and Oversight)；

美国卫生与人力资源服务部，食品药品管理局(Food and Drug Administration)：

——FDA国际访问者项目(FDA International Visitors Program)；

——科学培训和专业交流项目(Science Training and Exchange Professional Program)；

卫生与人力资源服务部，国家卫生研究院(National Institute of Health)：

——国家癌症研究院(National Cancer Institute)；

卫生与人力资源服务部，全球事务办公室(Office of Global Affairs)：

——卫生外交项目(Health Diplomacy Programs)；

——边境卫生委托计划(Border Health Commission Programs)；

美国国土安全部，联邦执法培训中心(Federal Law Enforcement Training Center)：

——国际执法培训中心(International Law Enforcement Training Center)；

——登船和教员发展研讨会(Vessel Boarding and Instructor Development Workshop)；

——武器教员发展培训研讨会(Firearms Instructor Development Training Workshop)；

美国国土安全部，交通安全管理局(Transportation Security Administration)：

——国际培训；

美国国务院，教育文化事务局(Bureau of Educational and Cultural Affairs)：

——对欧洲、欧亚大陆和中亚援助；

美国千年挑战公司：

——千年挑战公司培训活动；

美国大屠杀纪念馆：

——教育专区；

——大屠杀幸存者与遇难者信息中心(The Holocaust Survivor and Victims Resource Center)。

下图依据上报的项目参与者数量列出项目主要资助方。美国技术顾问将培训作为整体项目计划的一部分，因此并未计入 2011 财政年度提交给 IAWG 的数据中。①

联邦资助项目参与者：美方参与者　　　　联邦资助项目参与者：外国参与者

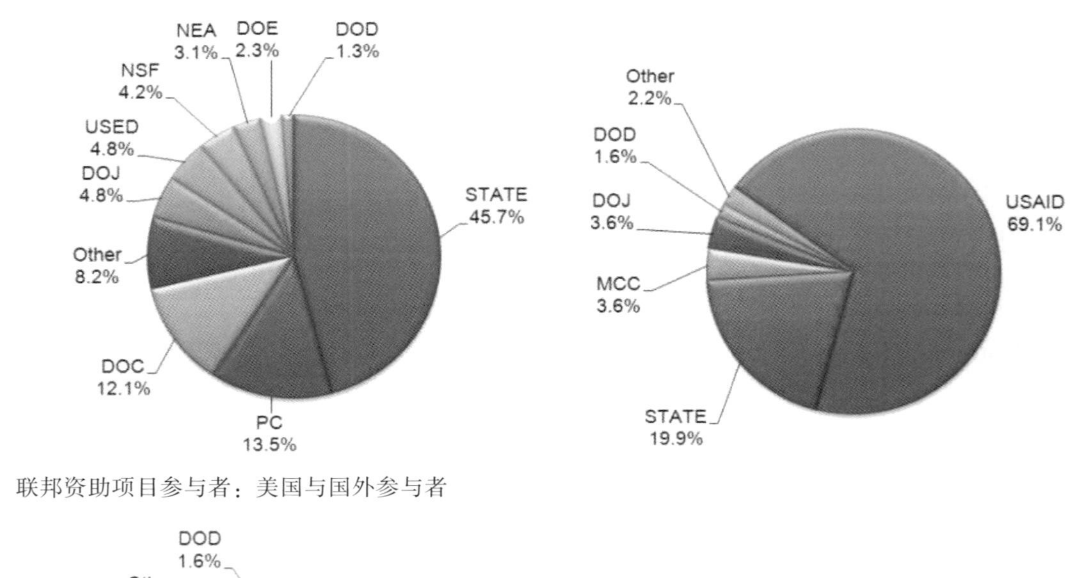

联邦资助项目参与者：美国与国外参与者

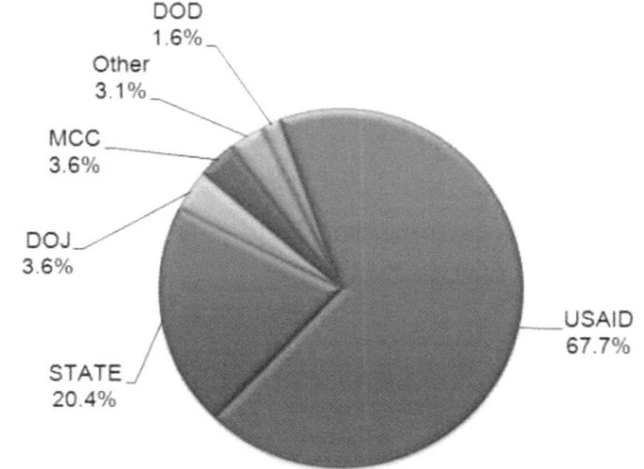

注：

DOC：美国商务部

DOD：美国国防部

DOE：美国能源部

DHS：美国国土安全部

DOJ：美国司法部

MCC：千年挑战公司

NEA：全国艺术基金会

NSF：美国国家科学基金会

OTHER：其他联邦政府资助方

PC：和平队

STATE：美国国务院

USAID：美国国际开发署

USED：美国教育部

投入资金数据②

在 2011 年度上报的约为 21 亿美元的联邦政府基金中，88%来源于政府部门或机构拨款，12%来源于政府部门和机构间的基金转移。

① 本部分资金数据是经过取整的。

② 本部分资金数据是经过取整的。

联邦政府投资使用了来自非政府资源的7.77亿多美元的资金。约有84%的基金来源于外国政府，16%的资金来源于私有部门(12%为美国私有部门，4%为国外私有部门)，不到1%的基金来源于国际组织。

美国政府利用非政府基金的能力充分表明这些国际交流和培训项目的重要价值，同时还表明了联邦政府如何通过有限的经费完成大量项目的。

一半以上向IAWG提供数据的联邦政府部门都没能充分展现或表明美国非政府组织对项目做出的贡献。例如，如果所有的款项都未通过项目办公室记录，那么某些组织则不知道整个项目的开销。这样的结果就是美国非政府组织对交流和培训项目的实际资助很有可能比上报的数据多得多。这种对美国非政府组织所提供资金信息的匮乏的现象与前一个财政年度的上报信息相一致。

下图是关于2011财政年度上报的所有项目资金投入方的数据：

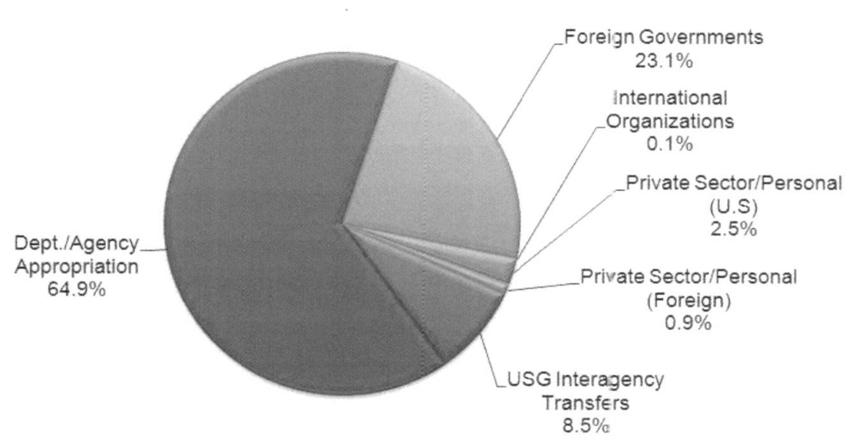

2011财政年度上报的所有项目资金投入方的数据

下表显示了报告给机构间工作组的各地理区域项目资金来源的百分比。

地理区域	报告的资金(美国政府与非美国政府)	百分比①
东亚与太平洋	$ 439 921 015	15%
欧亚	$ 196 355 834	7%
欧洲	$ 483 377 830	16%
近东	$ 434 296 288	15%
南亚	$ 285 731 135	10%
撒哈拉以南非洲	$ 615 231 155	21%
西半球	$ 320 139 745	11%
其他地区	$ 146 626 191	5%

① 数字与百分比已经过取整。

参与国的地域分布

200 多个国家执行或参与美国政府资助的国际交流和培训计划。[①] 下图显示了各参与国的世界分布情况：

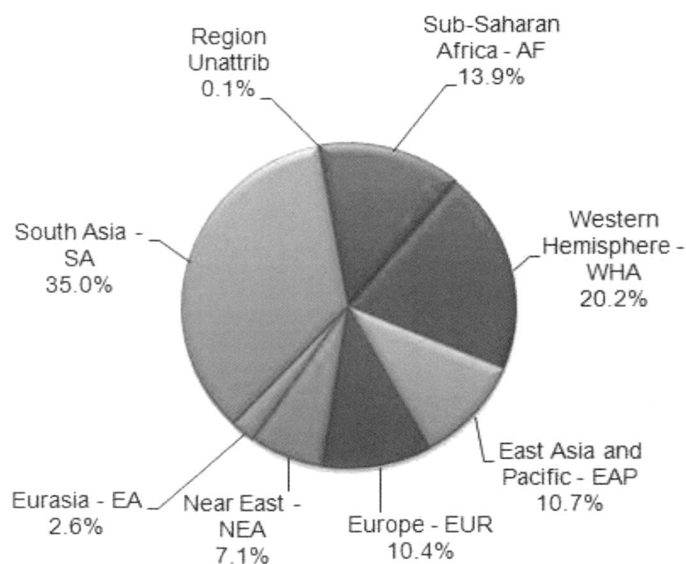

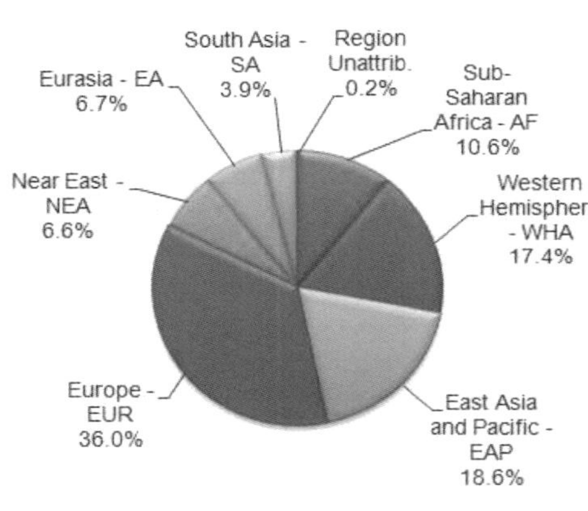

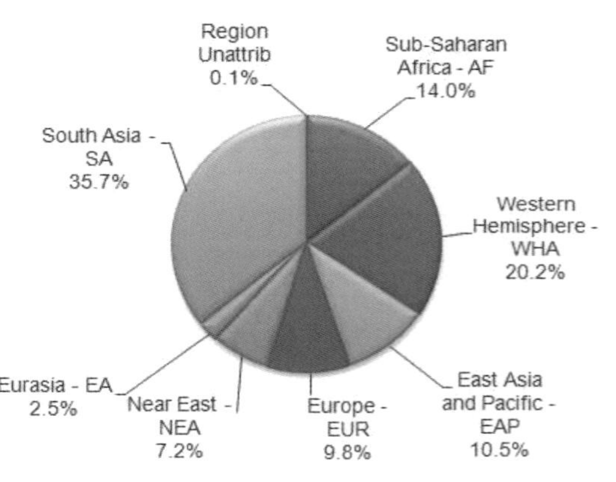

达成外交政策目标

2007—2012 财年国务院美国国际开发署战略计划概述了美国外交政策和发展援助的七大战略目标和相应的优先级别。(IAWG) 机构间工作组要求联邦计划赞助者报告他们的计划如何支持这些战略

① 列表包括独立国家和选定的有依赖关系的地区及特殊主权领域。

目标。

实现和平与安全：在2011财年，108项联邦计划意见书提议促进政治经济自由，保护所有人民的尊严与人权，以实现“奠定全球安全格局”的目标。

优先计划领域包括：

反恐；

大规模杀伤性武器和常规破坏性武器；

安全合作和安全部门改革；

冲突预防，缓解和应对；

跨国犯罪；

国土安全。

公正民主执政：在2011财年，78项联邦计划意见书提议增强民主制度有效效力，推动民主团结进程。

优先计划领域包括：

法律和人权的规则；

善治；

政治竞争和建立共识；

公民社会。

以人为本：在2011财年，108项联邦计划意见书提议通过提供更有效、更负责的健康、教育等社会服务以帮助各国不断提升国民的福祉，持续改善其生产力水平。

优先计划领域包括：

健康；

教育；

对弱势群体的社会服务与保护措施。

促进经济增长与繁荣：在2011财年，109项联邦计划意见书提议借助外交与发展的辅助效应，实现开放市场的经济增长与繁荣。

优先计划领域包括：

强化私有市场；

贸易与投资；

能源安全；

环境；

农业。

提供人道主义援助：在2011财年，43项联邦计划意见书提议要实现的目标是针对难民、国内流离失所者、冲突与灾害的受难者、脆弱的移民及其他相关项目的需求，广泛地支持旨在拯救生命，减轻痛苦，将冲突、灾害、流离失所的经济成本降到最低的项目。

优先计划领域包括：

保护，援助和解决方案；

防灾减灾；

有序人道的迁移管理方法。

促进国际理解：在 2011 财年，123 项联邦计划意见书提议要实现的目标是在人员、观点、信息的双向流通中增进参与、互助与对话，该过程旨在促进美国与其他各国之间相互学习，建立相互尊重、和平有益的国家关系。

优先计划领域包括：

提供积极的愿景；

极端主义边缘化；

培育共同利益与价值观。

加强领事和管理能力：在 2011 财年，20 项联邦计划意向书提议的目标是解决美国国内以及世界各地的行政问题。

优先计划领域包括：

领事服务（签证，护照，美国公民服务）；

主要管理职能（人力资源，信息技术，安全，设施，规划和问责制）。

非美国政府项目赞助商（自 2011 年 9 月 30 日起）

项目目录中联邦政府赞助的活动只占由美国组织发起的总交流和培训方案和活动的一小部分。无数人在民营企业、大学、协会、非营利性组织和其他实体的赞助下，参与国际交流和培训。

其中许多组织提供的项目并不是由联邦政府发起、资助或者实施的。非政府组织在国际交流和培训中发挥了重要作用，包括约见德国劳工领袖的组织，款待南非教授的大学以及帮助培训阿富汗医生的医疗机构。非美国政府部门在教育与文化项目方面提供了重要资源，并开创了一个良好的协同效应，最终进一步增强美国的战略目标与实现国家利益。

其他组织与美国政府有着直接的伙伴关系。①例如，国务院教育与文化事务局（教育暨文化局）指定某些政府或者非政府的组织作为国家交流访问者项目部的赞助商。交流访问者项目由教育暨文化局主管，推进教育、艺术以及科学领域的人员、知识和技能的交流。这些“指定赞助商”为外国人提供来美国进行临时教学、授课、学习、观察、研究、咨询、培训或者展示特殊才能的机会，以此促进美国与其他国家之间的文化与教育交流。

机构间工作组年度项目目录包括由指定政府组织和非政府合作伙伴赞助和实践的项目。不过，年度清单不包括未经政府组织指定的非政府机构的项目信息。机构间工作组可能在未来添加此类信息。

从 2003 年 8 月开始，美国境内外国学生和交流访问者的信息必须录入学生和交流访问者信息系统。这种电子数据库使联邦政府能够追踪和汇报所有持有 F 和 M 学生签证，以及持有像美国政府与非美国政府实体资助的交流项目使用的 J 签证进入美国的所有外国学生和交流访问者。学生和交流访问者信息系统使得学校和交流访问者项目赞助者能够收集、维护、共享国际学生和交流访问者的信息从

① 机构间工作组在交流与培训的公私伙伴关系方面有大量的著述。机构间工作组将美国政府交流与培训的合作伙伴定义为与一个美国政府机构有正式关系或者由它赞助的任意实体，两者基于特定的培训活动、交流、研究项目或者共同的使命合作，旨在促进交流思想，培训技能，激发人的能力发展或者促进相互理解与合作。

他们获得签证文件开始一直到他们在美国的项目结束为止。

由于所有参与者的信息都以电子方式保存，联邦政府能够第一时间获得所有交流项目与他们参与者的最新信息。学生和交流访问者信息系统也使得机构间工作组能够提供众多私营部门项目更广阔的图景，为实现美国外交政策目标作出巨大贡献。

以下为指定交流访问者的各个类别，每个类别参与者的数量以及每个类别指定赞助者的数量的总括信息。

交流访问者项目参与者类别

交流访问项目有特定类别的指定赞助商。机构可以申请多个类别的指定权。以下的名单反映了截至 2012 年 9 月 30 日访问者类别、外国交流参与者数量、以及每个类别非政府指定赞助者的数量。

- 外国医生交流——外国医学院毕业生可以申请修读美国许可的医学院或者科研机构的医学教育或者培训的毕业生课程。外国医学院校毕业生教育委员会(ECFMG)会给优秀参与者颁发证书，该机构是唯一被批准可以授权医生在美国医学机构工作的组织。外国交流参与者的数量：2153。指定赞助商数量：1。

- 互惠交流——18—27 岁的外国侨民通过提供照看儿童服务可直接参与寄宿家庭的家庭生活。反过来，他们有机会在美国高等教育机构①完成至少 6 学分时的教育。外国交流者为 13 312 人，非政府组织指定赞助商为 14 人。

- 营队辅导员交流——外国大学生、青年工人和至少 18 岁的其他特殊资格的个人夏天可以在美国营队当四个月的辅导员。所有项目参与者必须在到达美国之前被安排好正规的露营设施；或许是美国露营协会信誉良好的一员；或许隶属于国家非营利组织；或由赞助商检查、评估和批准。②外国交流者为 18 129 人，非政府组织指定赞助商为 23 人。

- 学院和大学交流——外国学生来到美国在得到认可授予学位的高等教育机构学习和研究。学生可以参加学位和非学位项目。③外国交流者数量为：学生 37 601 人；实习生：2 185 人。非政府组织指定赞助商数量为：学生 779 人；实习生 146 人。

- 实习生交流——外国大学生或最近毕业的外国大学生参与了结构化和有人指导的基于工作的学习计划，使他们提高了学术研究能力，认识到拥有基于工作的经历的必要性，该计划还提供在工作中接触美国技术、方法、知识和专业技能的机会，并提高实习生的美国文化和社会知识。

---

① 该报告中包含的信息节选自学生和交流访问者信息系统(SEVIS)。该系统反映了项目赞助商提供的关于交流访问者(J-1 签证)的数据。由于数据收集和条目正在进行，该系统里的数据并不固定，可能会发生变化。

② 参见美国联邦法规 22 条 62. 30 营队辅导员交流法规。项目赞助商见 http：//j1visa. state. gov/programs/camp-counselor.

③ 参见美国联邦法规 22 条 62. 23 学院和大学生交流法规。其他相关材料见 http：//j1visa. state. gov/programs/college-and-university-student.

外国交流者为 19 605 人，非政府组织指定赞助商为 75 人。①

· 教授和研究学者交流——外国教授和研究学者来到美国进行最多五年的访问，从事研究、教学、讲课、观察或咨询研究机构、企业研究机构、博物馆、图书馆、高等教育认证机构或类似机构等活动。②外国交流者数量为：教授 1 322 人；研究学者 28 892 人，非政府组织指定赞助商数量为：教授 376 人；研究学者 660 人。③

· 中学生交流——外国中学生来到美国认证的公立或私立中学完成一年的学术研究。学生生活在寄宿家庭中或住在认可的寄宿学校里。外国交流者为 25 073 人，非政府组织指定赞助商为 80 人。

· 短期学者交流——外国参与者对美国进行为期六个月的短期访问，目的是在研究机构、博物馆、图书馆、高等教育认证机构或类似机构讲课、观察、咨询、培训或展示特殊技能。外国交流者为 19 147 人，非政府组织指定赞助商为 602 人。

· 专家交流——拥有专业知识和技能的外国专家对美国进行长达一年的访问，目的是观察、咨询或展示特殊技能，主要领域有大众传媒、环境科学、青年领袖、国际教育交流、博物馆展览、劳动法、公共管理和图书馆学。外国交流者为 1 329 人，非政府组织指定赞助商为 102 人。

· 夏季工作/旅行交流——成年的外国大学生可以来到美国，在学年之间长达 4 个月的暑假中，通过在季节性或临时性的工作岗位任职来体验美国文化。多数学生来美国之前就已有就业安排。对于那些来自免签证国家的并且没有预先安排就业的参与者，赞助商必须确保参与者有足够的经济来源能在找到工作之前维持自己的生活；并为参与者提供离岗前信息，解释如何能够在美国找到工作和稳定安全的住所；且识别合适的工作的标准和被项目排除在外的职位类别；对于一周后仍没有自己找到工作的参与者，应做出合理的努力来保证他们获得合适的工作；指导参与者使其了解当获得工作机会时，他们有通知赞助商的义务，以便赞助商可以在 72 小时里及时审查。外国交流者与 2012 夏季的数目一样，为 79 800 人，非政府组织指定赞助商为 46 人。

· 教师交流——外籍教师有机会在美国认证的初级和中级教育机构进行长达三年的教学工作。该项目参与者必须满足以下条件：获得国籍或法定住所所在国家的中小学教书资格，拥有至少有三年的教学或相关专业经验，并达到在美国所任教的州的标准。外国交流者为 1 208 人，非政府组织指定赞助商为 62 人。

· 实习生交流——在美国以外国家的任职岗位，具备至少一年相关工作经验，或在美国以外国家

① 参见美国联邦法规 22 条 62. 22 实习生交流法规。其他信息见 http：//j1visa. state. gov/programs/intern.

② 参见美国联邦法规 22 条 62. 20 教授和研究学者交流法规。医学专业研究生中的国外内科医生或培训和短期学者不包含在此类。其他相关材料见 http：//j1visa. state. gov/programs/professor-and-research-scholar.

③ 教授和研究学者类别中的赞助商数目有重叠。

的任职岗位，具备五年的工作经验的外国大学毕业生，通过参与美国的一个结构化培训项目有机会提高自己所选择的职业方面的技能，并有机会扩大他们关于美国技术、方法或专业技术方面的知识。外国交流者数量：实习生 8 924 人，非政府组织指定赞助商数量：实习生 92 人。

美国政府项目目录

专为部门和机构设计的项目目录，提供详细的一个个组织，对每个向 IAWG 汇报的美国政府资助的国际交流和培训项目的记账信息。以下类别的信息会出现在每个项目目录里：

汇报机构项目数据合计

以下信息出现在每个部门或机构目录第一页的页眉，反映了该部门或机构所有项目汇报数据。

· 美国政府资助总额——美国政府在项目/活动上花费资金的总和(机构拨款和跨部门转账)。

· 机构拨款——由执行机构拨款预算中拨给项目和活动实施的美国政府基金。员工工资和管理费用一般不包含在此类。

· 跨部门转账——由执行机构以外的机构提供给项目/活动实施的美国政府基金。

· 非美国政府资助——非 USG 机构提供的金融出资或成本分担，如外国政府、私营部门(美国和外国)和国际组织。(许多机构没有量化或收集此信息。)

· 资助总额——所有资金来源的总和。

· 参与者总数——所有汇报的机构项目参与者的数目合计。根据部门/机构情况，这些数据可能包括没有到过居住国家以外地方的项目参与者。美国参与者可能包括——但不限于政府雇员、承包商、赠款接受者和私营部门合作伙伴。有些机构没有就美国培训师和技术顾问作出信息汇报。

· 注意事项——IAWG 力求尽可能准确地呈现信息。考虑到不同机构的数据管理和报告实践不同(甚至在同一个机构内项目也不同)，并不是所有的数据都有可比性。因此，IAWG 对报告中包含的数据附上了解释性说明，如下所示：

  ◇参与者总数仅包括外国参与者；无国内参与者。外国参与者中没有人在本国进行培训，所有的参与者均出国进行交流或培训活动。

  ◇参与者总数仅包括外国参与者。无国内培训接收者。当所汇报的项目包括国内培训接收者时，只有那些出国参与交流或培训活动的人包含在其中。

✧参与者总数包括跨国境参与者和国内培训接收者。一个机构所有的无论是在美国、他们自己的国家或是第三个国家参与了交流或培训活动的项目参与者。(例如，如果一个美国训练师前往波斯尼亚进行50 名外国人的培训，那么该美国教练和这50 名外国人就会被计入参与者总数。)

✧总数量的参与者包括部分——不是所有的国内培训接收者。同一个机构里的项目以不同的方式汇报数据。有些项目包括国内培训接收者，而有的没有。因此，这些数据是同一机构里不同项目汇报信息的混合。

✧美元数值代表较大项目的支出，其中包括交流和培训项目。只有一部分机构项目活动满足 IAWG 定义的交流和培训活动。报道的项目资金数据包含了与交流和培训项目不相关的项目或活动支出(如设备和建筑物)。因此，报道的基金数额超过了实际的交流和培训项目成本。

✧美元数值代表较大项目的支出，其中包括交流和培训项目。机构项目报告数据的方式不同：有些项目报道仅仅花费在交流与培训上的资金；有些则报道更广范围的活动资金，交流和培训活动只是这些活动的一部分而已。

✧并不是所有项目都提交了所有类别的资金数据。IAWG 表示资金为“0”(美元)的数据和表示“未跟踪到”的数据之间做出了区分。汇报数据为“0”的项目明确表示他们没有从 6 个 IAWG 认可的资金来源中的任何一处收到资金。“未跟踪到数据”是指项目从六类资金来源处的某一处收到了资金，但没有追踪资金的来源和数量。如果机构报道的任一项目没有明确报道给定类别的资金，则会出现这条说明。

主要报告机构的联系信息

本节包含每个向 IAWG 报告数据的部门或机构的邮件地址、公开咨询电话和网站信息。

部门/机构项目描述

本节包括向 IAWG 报告数据的部门或机构的描述以及被报告项目和活动的描述。

项目具体数据

部门或机构里每个项目的数据合计出现在每个程序的描述下面。(类似于上面所提到的说明也会出现)。

美国政府资助总额	机构拨款	机构间转移	外国政府	私营部门(美国)	私营部门(外国)	国际组织	资助总额	参与者总数
$ 179 400	$ 179 400	$ 0	无记录	无记录	无记录	无记录	$ 179 400	66

参与者总数包括跨国境参与者和国内培训接收者。

非洲发展基金会
西北眼街 1400 号
华盛顿 20005-2248
www.adf.gov · 202-673-3916

美国非洲发展基金会(ADF)为当地小型和微型企业、合作社和制片人协会、非政府组织和对无法参与其他发展项目的边缘化人群有益的社区团体提供高达 $ 250 000 的赠款。ADF 在非洲的非政府伙伴组织帮助申请者制定可行的计划并提供技术和管理援助。ADF 的国家项目协调员负责筛选、监控投资。

基层开发项目：

基金会的目的是增进非洲与美国人民之间的友谊和理解；支持在本地进行的，旨在增加社区发展的机会的自助开发活动；促进与提升成效并扩大非洲人民在其发展过程中的参与度；鼓励开发机构的建立和发展，这些机构应设在非洲当地特定的国家并能够回应该国家穷人的需求。

战略目标：以人为本。

美国政府资助：

机构拨款	机构间转移	美国政府资助总额
$ 179 400	$ 0	$ 179 400

非美国政府资助：

外国政府	私人部门(美国)	私人部门(国外)	国际组织	非美国政府资助总额
无记录	无记录	无记录	无记录	无记录

参与者总数：

美国参与者总数	国外参与者总数	参与者总数
0	58	66

参与者总数包括跨国境参与者与国内受训者。此处数据代表两种类型的参与者。

美国政府资助总额	机构拨款	跨机构间转移	外国政府	私营部门(美国)	私营部门(外国)	国际组织	资助总额	参与者总数
$ 0	$ 0	$ 0	无记录	无记录	无记录	无记录	$ 0	672

参与者总数包括跨国境参与者和国内培训接收者。

建筑和运输障碍合规委员会(无障碍委员会)

西北 F 大街 1331 号

华盛顿 公共事务办公室　20004-1111

www.access-board.gov · 202-272-0080

无障碍委员会是一个致力于为残疾人创造无障碍条件的独立的联邦机构。在具有重大意义的包括《美国残疾人法案》(ADA)在内不同法律的指导下，委员会建立并坚持关于环境、运输车辆、通信设备、电子和信息技术的访问权利等问题的指导原则和标准。结构化的委员会充当联邦机构之间的协调员并直接代表公众，尤其是残疾人。一半的成员是大多数联邦部门的代表，另一半是由总统指定的公众人物，多数成员都是残疾人。

委员会国际访问者活动：

委员会接待来自外国的访问者，一起讨论如何促进残疾人无障碍通行。主题涉及新技术、产品开发、新的访问规则制定。委员会并没有正式的国际访问者项目。国际访问者通过联邦和其他国际访问者项目编制组织与委员会联系在一起。这个活动没有正式的预算或拨款。

美方人员就第 508 条规定(http://www.access-board.gov/508.htm)提供培训，并在《美国残疾人法案》(http://www.access-board.gov/ada/)指导下提供关于最近修订的建筑和设施通行标准的培训。

战略目标：以人为本；增加残疾人便利条件。

美国政府资助：

机构拨款	跨机构间转移	美国政府资助总额
$ 0	$ 0	$ 0

非美国政府资助：

外国政府	私人部门(美国)	私人部门(国外)	国际组织	非美国政府资助总额
无记录	无记录	无记录	无记录	无记录

参与者总数：

美国参与者总数	国外参与者总数	参与者总数
8	664	672

参与者总数包括跨国境参与者与国内培训接受者。此处数据代表两种类型的参与者。

美国政府资助总额	机构拨款	跨机构间转移	外国政府	私营部门(美国)	私营部门(外国)	国际组织	资助总额	参与者总数
$ 350 849	$ 120 303	$ 230 546	无记录	无记录	无记录	无记录	$ 350 849	377

参与者总数包括跨国境参与者和国内培训接收者。

广播理事会
西南独立大道 330 号
华盛顿　20237
www.bbg.gov · 202-203-4400

广播理事会(BBG)是负责监督美国所有非军事国际广播服务的联邦机构。理事会的使命是“通过向海外关注播报准确、客观的美国和世界新闻和信息，促进和维护自由和民主”。该理事会广播公司播报范围已覆盖世界各地的 125 多个市场(经济体)的讲 65 种语言的 1 亿多人。

广播公司包括美国之音(VOA)、马蒂电台和马蒂电视台、自由欧洲广播电台/自由广播电台、自由亚洲广播电台、萨瓦电台和自由之声电视台(阿拉伯语)。美国国际广播局为以上提到的电台服务提供工程和技术支持，还有为美国之音和马蒂电台和马蒂电视台提供的其他行政和项目支持。

国际媒体培训中心项目(International Media Training Center Program，缩写：IMTC)：

国际媒体培训中心(IMTC)是国际广播局市场营销和项目安置办公室的组成部分。IMTC 积极践行其通过发展自由和独立的媒体以发展和维护全世界民主的使命。IMTC 特别注重为新兴或发展中的民主国家的当地媒体提供培训。IMTC 项目为重要媒体从业人员提供媒体从业相关技能和学科培训。项目一般包括在东道国或整个美国举行的研讨会，涉及销售和管理、新闻写作、编辑、制作、调查报告和发布平衡的新闻等话题。在美国本土举行的研讨会大约有 6~15 名参与者。

战略目标：公正、民主管理；以人为本。

美国政府资助：

机构拨款	机构间转移	美国政府资助总额
$ 120 303	$ 230 546	$ 350 849

非美国政府资助：

外国政府	私营部门(美国)	私营部门(外国)	国际性组织	非美国政府资助总额
无记录	无记录	无记录	无记录	无记录

参与者总数：

美国参与者总数	国外参与者总数	参与者总数
7	370	377

参与者总数包括跨国境参与者与国内培训接受者。此处数据代表两种类型的参与者。

美国政府资助总额	机构拨款	机构间转移	外国政府	私人捐赠(美国)	私人捐赠(外国)	国际性组织	资助总额	参与者总数
$ 139 996	$ 139 996	$ 0	无记录	$ 99 390	无记录	无记录	$ 239 386	142

所有参与者均跨越国境，没有参与者在国内接受培训。

民间航空巡逻队

714 号大楼 南汉塞尔大街 105 号

亚拉巴马州　麦克斯韦尔空军基地 36112-6332

www.capmembers.com・877-227-9142

民间航空巡逻队是一家非营利性慈善组织，代表美国空军提供人道主义服务。创立 60 多年来，近 6 万名民间空中巡逻志愿者——其中有 25 000 名青少年和 35 000 名成人通过在这家组织的服务使通用航空业受益匪浅。他们致力于拯救生命、完成反毒品飞行任务、维护国土安全、抢险救灾、鼓舞年轻人、帮助美国教育工作者。

民间航空巡逻队的资产包括但不限于：550 架组织所有的飞机，近 4000 架成员所有飞机，950 辆地面交通工具，还有世界上最发达的通讯系统。但民间空中巡逻队最大的财富还是它的志愿者。在包括训练用时情况下，民间航空巡逻队成员每年飞行时数超过 10 万小时。

组织成员不同程度地参与不同性质的工作，这样可以满足每个人的需要和兴趣。民间航空巡逻队的一个特别之处在于：它提供的训练可以帮助成员实现他的志愿“工作”职责的愿望。成员们可以经过选举从而服务于例如飞行指导、任务小组、人事、招募、管理、公共事务或者其他的一些民间空中巡逻日常运行所必须的“工作”。

国际航空学员交流计划(International Air Cadet Exchange Program)：

国际航空学员交流计划目的在于促进不同国家的对航空业有共同兴趣的年轻人之间的了解、善意和友谊，其总目标在于实现“全球化视野下的个性发展”。该计划由国际航空学员交流协会主管，这个协会由来自至少 20 个国家的国家航空合作组织组成，其中就包括美国民间航空巡逻队。参与者包括 17~21 岁的实习生和陪同的家长。该计划主要包含一些航空和文化活动包括家庭寄宿活动。民间航空巡逻队的成员如果参加国际航空学员交流计划，会得到来自政府和民间航空巡逻队的资助。

每个成员组织负责实习生及其家长往返该成员组织所在的国家到东道国的交通费，以及在该国期间的开销。每个国家实际的资金支持都不同，但大多数都依赖于本国航空和工程工业、国家航空俱乐部、青年航空组织和私人捐赠。有些国家的青年航空组织有政府资助，所以他们的项目可以直接拿到政府资助。来访东道国的实习生和家长，除了私人自己发生的费用外不产生其他费用。

国际航空学员交流计划的邀请函常会扩展到成员组织以外的国家，这就导致了参与国数目的逐年递增。如今，基于每个国家的参与能力，会员数量每年都会浮动。

战略目标：实现和平与安全；促进人道主义援助；促进国际理解。

美国政府资助：

机构拨款	机构间转移	美国政府资助总额
$ 139 996	$ 0	$ 139 996

非美国政府资助：

外国政府	私营部门(美国)	私营部门(外国)	国际组织	非美国政府资助总额
无记录	$ 99 390	无记录	无记录	$ 99 390

参与人总数：

美国参与者总数	国外参与者总数	参与者总数
74	68	142

所有参与者均跨越国境，没有参与者在国内接受培训。

美国政府资助总额	机构拨款	机构间转移	外国政府	私人捐赠(美国)	私人捐赠(外国)	国际性组织	资助总额	参与者总数
$ 66 800	$ 66 800	$ 0	无记录	无记录	无记录	无记录	$ 66 800	274

所有参与者均跨越国境，没有参与者在国内接受培训。

美国期货交易委员会
拉斐特中心 3 号
西北第 21 大街 1155
哥伦比亚特区 华盛顿 20581
www.cftc.gov · 202-418-5645

美国期货交易委员会旨在促进经济健康增长，保护消费者权利，通过期货交易法规保证市场公平公正。鉴于此，它也涉及分析影响期货交易或被其影响的经济事件。

技术援助计划(Technical Assistance Program)：

国际事务办公室在以下几方面帮助商品期货交易委员会制定国际政策：(1) 在国际事务的处理中提供信息和技术支持，帮助委员会协调各种各样的国际活动；(2)为委员会提供外国监管体制的信息，分析国外监管的进展；(3)在国际事务方面，帮助其他的委员会办公室检查所提议的被要求的行动；(4)从国外资源中获取信息；(5)为国外监理人员提供信息；(6)为委员会参加国际组织和会议提供帮助；(7)对技术援助的请求进行协调和帮助；(8)组织委员会国外监理人的每年一度的培训座谈会。

战略目标：实现和平与安全；公正、民主管理；促进经济增长与繁荣；促进国际理解。

美国政府资助：

机构拨款	机构间转移	美国政府资助总额
$ 66 800	$ 0	$ 66 800

非美国政府资助：

外国政府	私营部门(美国)	私营部门(外国)	国际性组织	非美国政府资助总额
无记录	无记录	无记录	无记录	无记录

参与人总数：

美国参与者总数	国外参与者总数	参与者总数
29	245	274

所有参与者均跨越国境，没有参与者在国内接受培训。

美国政府投资总额	机构拨款	机构间转移	外国政府	私营部门(美国)	私营部门(外国)	国际组织	资金总额	参与者总数
$ 45 540	$ 45 540	$ 0	无记录	无记录	无记录	无记录	$ 45 540	2 993

参与者总数包括跨国境参与者和国内培训接收者。

消费品安全委员会(The Consumer Product Safety Commission，缩写：CPSC)

地址：4330 East West Highway
Bethesda MD(马里兰州)
邮编：20814
电话：3015047783
网址：www.cpsc.gov

消费品安全委员会(CPSC)的职责是保护广大群众，使他们远离由该机构管辖的一万五千多种消费品可能造成的重伤，甚至死亡的不合理风险。消费品事故造成的死亡、伤病和财产损失每年要造成美国八千多亿美元损失。CPSC致力于保护消费者及家庭远离有火、电、化学、机械风险的或易伤害儿童的商品。CPSC努力确保众多消费品，如玩具、打火机和日用化工的质量，使过去30年与消费品相关的伤亡率下降了30%。

消费品安全委员会国际交流和培训活动(CPSC International Exchange and Training Activities)：

CPSC在其位于马里兰州·贝塞斯达(Bethesda，Maryland)的总部和国际机构所在地为政府官员和私人部门进行培训。每年将近12个外国的相应组织代表团来访问CPSC。访问代表团在访问时会对CPSC的使命和组织结构有一个全面的认识，并会详细地了解到CPSC对特定领域消费品的特定要求，同时也会接受CPSC提供的有关风险评估、市场监管和数据分析程序的技术培训。此外，CPSC的职员也会访问其他国家，并为监管机构或自愿加入的机构提供有关产品方面的培训。

所有在CPSC总部进行的培训由外国参与机构提供资金。大部分在国外进行的培训由外国政府或私人部门提供资金。然而，CPSC只记录了可报销资金的总额。下文的数据不包括由其他机构直接支付的花费金额。

CPSC对国外生产商和监管机构进行的宣传也是其使命的一部分。宣传的目的在于提高国外生产商和监管机构对美国商品安全要求的意识，并让他们遵循安全要求，同时宣传也是为了帮助国外监管机构提高预防不安全产品生产的能力。在2011财政年度期间，CPSC为2 785人进行了培训，包括生产商、工程师、国外政府官员等。

战略目标：促进经济增长和繁荣；以人为本；促进国家间的理解。

美国政府投资：

机构拨款	机构间转让	美国政府总投资
$ 45 540	$ 0	$ 45 540

非美国政府投资：

外国政府	私营部门(美国)	私营部门(外国)	国际组织	非美国政府投资
无记录	无记录	无记录	无记录	无记录

参与者总数：

美国参与者总数	外国参与者总数	参与者总数
208	2 785	2 993

参与者总数包括跨国境参与者与国内培训接受者。此处数据代表两种类型的参与者。

美国政府总投资	机构拨款	机构间转移	外国政府	私营部门(美国)	私营部门(外国)	国际组织	资金总额	参与者总数
$ 0	$ 0	$ 0	无记录	无记录	无记录	无记录	$ 0	103

参与者总数包括跨国境参与者和国内培训接收者。

哥伦比亚特区法律服务和罪犯监管机构（The Court Services and Offender Supervision Agency for the District of Columbia，缩写：CSOSA）

地址：西北印第安纳街道 633 号，华盛顿特区

电话：2022205300

网址：www.csosa.gov

哥伦比亚特区法律服务和罪犯监管机构(CSOSA)是依据 1997 年国家首都振兴和自治改进法案(the National Capital Revitalization and Self-Government Improvement Act of 1997)(公共法 Public Law 105-33，复兴法案 Revitalization Act)成立的。复兴法为哥伦比亚特区(District of Columbia)减免了一些国家级的财政责任，并重新规划了几项刑罚功能，包括假释、成人缓刑、预审服务等。

按照复兴法 CSOSA 将哥伦比亚特区政府的三个独立的机构整合成一个独立的机构。这个新的机构具有原本来自华盛顿高级法庭(D. C. Superior Court)成人缓刑法功能，以及监管原本来自华盛顿假释局(D. C. Board of Parole)的假释功能。假释决定、修饰和撤销功能被纳入美国假释委员会(United States Parole Commission，USPC)。华盛顿预审服务局(D. C. Pretrial Services Agency，PSA)负责监管预审罪犯，现已成为 CSOSA 内一个有自己的预算和组织机构的独立机构。CSOSA 于 2000 年 8 月 4 日被认证为独立的联邦行政部门。

一直以来，CSOSA 为将近一万六千名成人假释或监管罪犯以及在华盛顿特区被判为州内监管的成年人提供社区监管服务。预审服务机构负责评估和监管预审犯人，帮助法庭作预审释放决定，并每天要监管将近 6000 名犯人。

CSOSA 的使命是提高公众安全，预防犯罪，减少累犯以及促进司法部门和社区的密切合作，致力公平管理。预审服务机构已经为国家的首都服务了 40 多年。预审服务机构协助哥伦比亚特区的高级法庭和美国地区法院的司法人员拟定释放建议，为等待审判的罪犯提供监管和服务，以确保那些在尊重宪法无罪推定预设下有条件释放的罪犯回到法庭和不参与犯罪活动。

社区监管项目（The Community Supervision Program，缩写 CSP）：

社区监管项目(CSP)为缓刑、假释或监管释放的成人罪犯提供社区监管，该项目是一种犯罪预防策略，它强调公共安全，着重通过集密切监视，例行药品检测，治疗扶持服务和渐进制裁于一体的完整系统来促使罪犯再次成功地融入社区。此外，CSP 还提供有关缓刑和假释决定的关键信息来促进法庭和美国假释委员会的发展。在 2011 财政年度期间，美国联邦和州的公共安全官员前往巴西和墨西哥，提供培训并分享抵抗违法药品使用、完善惩教机构和促进罪犯再次成功进入社会等策略。

战略目标：实现和平与安全；民主、公正管理；以人为本。

美国政府投资：

机构拨款	机构间转让	美国政府投入总资金
$ 0	$ 0	$ 0

非美国政府投资：

外国政府	私营部门(美国)	私营部门(外国)	国际组织	非美国政府投入总资金
无记录	无记录	无记录	无记录	无记录

参与者总数：

美国参与者总数	外国参与者总数	参与者总数
16	36	52

参与者总数包括跨国境参与者与国内培训接受者。此处数据代表两种类型的参与者。

预审服务机构(Pretrial Services Agency，PSA)：

预审服务机构的任务是评估、监管罪犯并为其提供服务，它还与司法部门合作协助法庭作出预审释放决定。预审服务机构在促进社区安全，并遵循宪法无罪推定预设的前提下，确保预审犯人按时回到法庭。PSA 执行两项至关重要的任务以促进哥伦比亚特区司法的有效运行。首先，PSA 调查并公示新逮捕归案的罪犯的统计信息和犯罪历史资料，提供释放选择，帮助司法人员和执法机关决定释放条件；其次，PSA 负责监管在预审期获拘留保释的罪犯，检查他们是否符合释放条件，并通过一系列监管和治疗方案或者撤销释放建议使罪犯合作以及通知他们定期进行法庭听证会。

在 2011 财政年度，来自阿根廷、智利、秘鲁的高级政策分析师来到美国视察美国各种各样的预审服务机构，并将其视为预审法律学院(Pretrial Justice Institute)和美国司法研究中心(Justice Studies Center for the Americas)合作的一部分。

美国政府投资：

机构拨款	机构间转移	美国政府投入总资金
$ 0	$ 0	$ 0

非美国政府投资：

外国政府	私营部门(美国)	私营部门(外国)	国际组织	非美国政府投入总资金
无记录	无记录	无记录	无记录	无记录

参与者总数：

美国参与者总数	外国参与者总数	参与者总数
21	30	51

参与者总数包括跨国境参与者与国内培训接受者。此处数据代表两种类型的参与者。

美国政府总投资	机构拨款	机构间转让	外国政府	私营部门(美国)	私营部门(外国)	国际组织	总资金	参与者总数
$ 0	$ 0	$ 0	无记录	无记录	无记录	无记录	$ 0	42

所有参与者均跨越国境，没有参与者在国内接受培训。

特拉华河流域委员会(The Delaware River Basin Commission，缩写：DRBC)

地址：25 State Police Drive，西特伦顿，新泽西州 08628-0360
邮政信箱：7360
电话：6098839500
网址：www.drbc.net

特拉华河流域委员会(DRBC)在特拉华河流域合约(the Delaware River Basin Compact)签订那一天即1961年10月27日成立，是致力于环境保护的先驱。合约的签订标志着联邦政府和一些州政府第一次平等合作，成立河流流域规划开发和监管机构。DRBC的成员包括特拉华州(Delaware)、新泽西州(New Jersey)、纽约(New York)和宾夕法尼亚(Pennsylvania)的州长们，以及联邦政府的代表，即陆军工程兵北大西洋分部(U.S. Army Corps of Engineers North Atlantic Division)的总指挥。委员会的项目有水环境保护、水资源分配、监管审查(监管)、节水措施、流域规划、旱灾管理、洪灾损失减少、娱乐和公众宣传/教育。13539平方米的特拉华河流域对联邦政府和四个盆地州来说至关重要。它为一亿五千多万的人口，包括流域边界外的约7百万人在内提供了生活用水和经济来源。美国最大的两个城市纽约和费城的部分甚至全部用水都来自特拉华河流域。

特拉华河流域委员会国际访者项目(DRBC International Visitors Program)：

DRBC接待在诸如水污染控制、节水、水域规划、组织结构、项目审查程序、洪灾损失减少和水供应/旱灾应对等方面感兴趣的国际代表团。事实上，五个独立自主的政府机构平等协作，共同管理公共资源，不仅引起了美国其他河流管理者的注意，也引起了世界其他国家同行们的关注。

在2011财政年度期间，DRBC在位于新泽西州西特伦顿(West Trenton)的委员办公室招待了3个代表团，共计42名访者。2010年10月第一个代表团来访，包括7名来自中国清华大学(Tsinghua University)(环境科学和工程系(Department of Environmental Science and Engineering)和珠海水集团公司(Zhuhai Water Group Company)的访者。DRBC的四位职员参与了简报工作，还有另外3位提供后勤服务支持。第二个代表团于2011年3月到访，包括19名来自中国国家环境保护部环境监管局(Chinese National Ministry of Environmental Protection-Bureau of Environmental Supervision)的访者。4名DRBC的员工参与了简报，另外3名员工提供后勤服务支持。第3个代表团于2011年6月到访，包括16名来自韩国(Republic of Korea)环境保护部的汉江流域环境保护处Han River Basin Environmental Office under the Ministry of Environment)的访者。3名DRBC的访者参与了简报，还有两名提供后勤服务支持。

DRBC 没有记录有关招待国际访者的费用。

战略目标：为人类投资；促进国际交流理解；水资源的了解与保护；致力于水资源保护、恢复和增强

美国政府资助：

机构拨款	机构间转让	美国政府总投资
$ 0	$ 0	$ 0

非美国政府资助：

外国政府	私营部门(美国)	私营部门(外国)	国际组织	非美国政府投入总资金
无记录	无记录	无记录	无记录	$ 0

参与者数目：

美国参与者总数	外国参与者总数	参与者总数
0	42	42

所有参与者均跨越国境，没有参与者在国内接受培训。

美国政府总投资	机构拨款	机构间转让	外国政府	私营部门(美国)	私营部门(外国)	国际组织	总资金	参与者总数
$ 28 449 663†	$ 7 011 125	$ 21 438 538†	无记录	$ 100 000†	无记录	$ 120 332†	$ 28 669 996†	1 338

参与者总数包括跨国境参与者和国内培训接收者。

美元数额包括交流与培训项目在内的大型项目支出。

† 表示并非所有项目都提交了各类资金数据。

农业部（The Department of Agriculture，缩写：USDA）

通讯地址：西南独立大道 1400 号，华盛顿特区
邮编：20250
电话：2027204632
网址：www.usda.gov

美国农业部(USDA)致力于提高和保持农业收入，拓展农产品的国外市场。农业部帮助抑制并消除贫穷、饥饿和营养不良。USDA 致力于通过帮助土地所有者保护土壤、水、森林和其他自然资源来保护环境，维持可持续的生产力。农业发展、信用和保护项目是实行国家增长政策的关键所在。农业部的研发资金直接或间接地造福所有美国人。农业部通过审查和评级服务，确保了日常食物供应的质量标准。

对外农业服务（The Foreign Agricultural Service，缩写：FAS）：

对外农业服务(FAS)主要负责为美国农业部提供海外市场信息，评估和发展项目。FAS 还负责美国农业部的出口扶持项目和国外食物扶持项目。FAS 通过由农业咨询员，随员，海外贸易官员以及美国的分析师、市场专员、谈判专家和其他专家团队组成的人际网络来执行任务。

阿富汗农业推广项目(Afghanistan Agricultural Extension Project)：

美国农业部旗下的国家粮食和农业研究所(National Institute of Food and Agriculture)和对外农业服务部携手合作，为美国的赠地大学联盟提供资金来帮助阿富汗巩固其农业推广体系。由加州大学戴维斯分校(the University of California-Davis)领导的赠地联盟将与阿富汗的农业、灌输和畜牧部(Afghanistan's Ministry of Agriculture, Irrigation, and Livestock，缩写：MAIL)通力合作，为阿富汗选定区域的农业生产者和其他农业客户提供更加有效的，以需求为驱动力的扩展服务。该项目将注重为省级和区级的扩展服务人员提供专业的发展培训，以提高扩展能力来满足农民的需求，并最终树立公众对 MAIL 提供重要服务能力的信心。

该项目预期目标有以下几个方面：培养具备有效扩展信息和知识的专业技能和适当的方法论的人

才；提高公众接触和使用政府扩展服务的机会；完善扩展培训模式和优先需求的教育资料；完善为农业部门女性职员提供的服务；农业大学、农业高职高专学校和农业技术学校实行扩招，培养未来的扩展服务人才；采取多元化的方式来满足农民对研究创新性技术的需求，促进提供与扩展相关服务的众多部门间的合作。

战略目标：取得安全与和平；促进经济增长与繁荣；为人类投资；促进国际交流理解。

美国政府资助：

机构拨款	机构间转让	美国政府投入总资金
$ 0	$ 15 800 000	$ 15 800 000

非美国政府资助：

外国政府	私营部门(美国)	私营部门(外国)	国际组织	外国政府投入总资金
无记录	无记录	无记录	无记录	无记录

美元数额包括交流与培训项目在内的大型项目支出。

参与者数目：

美国参与者数目	外国参与者数目	参与者总数
5	5	10

所有参与者均跨越国境，没有参与者在国内接受培训。

科克伦奖学金项目(Cochran Fellowship Program)：

科克伦奖学金项目为全世界满足以下条件(如中等收入国家，新兴民主国家，新兴市场国家)的国家的农业从业者提供在美国的短期培训。能获得培训机会的有在农业贸易政策、农业商业发展管理、动植物和食物科学研究、扩展服务、农业营销和许多其他领域从事的中高级专家和管理人员。获得培训机会的个人来自公共和私营部门。所有的培训都在美国进行。培训项目是和美国的大学、美国农业部、其他政府机构、农业企业和农业资讯机构共同设计和组织的。科克伦奖学金项目是美国农业部(USDA)、对外农业服务(FSA)、能力建设和发展办公室(Office of Capacity Building and Development，缩写：OCBD)以及行业和科学交流部(Trade and Scientific Exchanges Division ，缩写：TSE)项目的一部分。自 1984 年项目启动，科克伦奖学金项目已经为来自全世界 123 个国家的 14 200 名国际参与者提供了在美国的培训机会。这个项目是美国农业部农业事务(USDA Agricultural Affairs)和美国驻外大使馆工作的政治/经济官员联合管理的。项目的主要目标是通过支持国际经济发展、贸易能力建设和改善卫生和植物检疫体系(SPS)来促进农业贸易，并提高美国农业的国际竞争力。

在 2011 财政年度，科克伦奖学金项目为非洲和中东 22 个国家的 109 名农业人员，亚洲 9 个国家的 86 名人员，东欧和欧亚大陆的 16 个国家的 122 名人员和拉丁美洲和加勒比的 25 个国家的 104 名人员进行了培训。

战略目标：促进经济增长与繁荣。

美国政府资助：

机构拨款	机构间转让	美国政府投入总资金
$ 2 561 772	$ 1 660 060	$ 4 221 832

非美国政府资助：

外国政府	私营部门(美国)	私营部门(外国)	国际组织	非美国政府投入总资金
无记录	无记录	无记录	20 332 美元	20 332 美元

参与者总数：

美国参与者数目	外国参与者数目	参与者总数
0	421	421

所有参与者均跨越国境，没有参与者在国内接受培训。

教职员交流项目（The Faculty Exchange Program）：

教职员交流项目将来自发展中国家农业学院的合格的农业教育人员带进美国，学习一个学期，提高他们的知识水平以及教授农业科学和农业经济的能力。农业经济学分支包括农业营销、农业企业管理和土地法。农业科学分支关注动物健康、食品品质、食品检测、评级标准和有害生物风险评估。

战略目标：促进经济增长与繁荣；以人为本；促进国际交流理解。

美国政府资助：

机构拨款	机构间转移	美国政府投入总资金
$ 100 000	$ 350 000	$ 450 000

非美国政府资助：

外国政府	私营部门(美国)	私营部门(外国)	国际组织	非美国政府投入总资金
无记录	无记录	无记录	无记录	无记录

参与者总数：

美国参与者总数	外国参与者总数	参与者总数
0	12	12

所有参与者均跨越国境，没有参与者在国内接受培训。

诺曼 E. 博洛格国际农业科学与技术奖学金计划(Norman E. Borlaug International Agricultural Science and Technology Fellowship Program，缩写：BFP)：

诺曼 E. 博洛格国际农业科学与技术奖学金计划(BFP)成立于2004年，该奖学金计划的命名是用来表示对诺贝尔获奖者诺曼 E. 博洛格的尊敬。BFP合作者、美国政府赠地的大学、农业部组织、国际研究中心以及其他一些组织为处于职业中早期农业研究的科学家和一些来自发展中国家和中等收入国家的政府工作者提供为期12个星期的合作研究。参与者在离开之后能够将在美国所学到的东西应用到自己的研究规划和教学当中，同时也可以同自己国家的相同研究方向的同事分享自己的经历。该计划旨在通过加强科研知识学习和合作研究来改善实用农业，从而促进食品安全和经济发展。

BFP于2011年为来自25个发展中和中等收入国家的48位科研者提供了合作研究的机会。BFP成功地实施 Borlaug 农业行政领导才能计划——于 2008 年成立，一项新的在食品、环保、能源法领域具有权威的 BFP 新子计划。该项机会主要针对来自前苏联和撒哈拉以南非洲地区的高等农业政府工作人员，并以提高他们的领导能力和帮助他们同美国政府工作人员建立联系为目的。

一些作为他们在美国期间的美籍导师做了如下报告。他们在美国进行了大约 6 个月的学习之后，美籍导师去他们的国家进行为期 5 到 10 天的回访。

战略目标：促进经济增长和繁荣；以人为本；促进国际交流。

美国政府资助：

机构拨款	机构间转移	美国政府资助总额
$ 1 124 183	$ 627 713	$ 1 751 896

非美国政府资助：

外国政府	私营部门(美国)	私营部门(国外)	国际机构	非美国政府资助总额
无记录	无记录	无记录	$ 100 000	$ 100 000

参与者总数：

美国参与者总数	国外参与者总数	参与者总数
51	73	124

所有参与者均跨越国境，没有参与者在国内接受培训。

巴基斯坦水土保持项目(Pakistan Watershed Rehabilitation)：

该计划的目的是论证和宣传在巴基斯坦农村地域中水土保持和灌溉改善两个方面最好的技术和实例。农业部同国际中心在干燥地区的农业领域(ICARDA)进行合作，合作伙伴也包括两所省级农业机构、两所巴基斯坦大学以及两所巴基斯坦农业研究委员会的机构。另一个更明确的目的是通过同一系列特别是巴基斯坦研究站、组织机构以及高校合作来保证和支持该合作计划能够论证和宣传巴基斯坦在农村地域中水土保持和灌溉改善两方面最好的技术和实例；从而建立巴基斯坦良好的科研教学能力，从而帮助农村地域的农民提高水利用率，回收水处理，以及水土保持；同阿富汗的技术和实践进行对比交流从而共同进步学习。该计划的期限是 2011 年 9 月至 2014 年 8 月。

该项计划启动于 2011 财年末，仅有 1 项实施该计划的研讨会。该研讨包括大约 55 名参与者，其中有 3 名美国参与者，52 名巴基斯坦参与者。

战略目标：保证和平和安全；促进经济增长和繁荣；以人为本；促进国际交流。

美国政府资助：

机构拨款	机构间转移	美国政府资助总额
$ 0	$ 2 830 000	$ 2 830 000

非美国政府资助：

外国政府	私营部门(美国)	私营部门(国外)	国际机构	非美国政府资助总额
无记录	无记录	无记录	无记录	无记录

参与者总数：

美国参与者总数	国外参与者总数	参与者总数
3	52	55

参与者总数包括跨国境参与者与国内培训接受者。此处数据代表两种类型的参与者。

科研合作交流计划（Scientific Cooperation Exchange Program）：

在中国农业部门与美方达成公识向中美科学家、政府工作人员、私营部门代表提供有关农业和商业合作的科研信息后，农业部于 1978 年成立了科研合作交流项目（SCEP）。SCEP 计划促进美国农业发展，鼓励长期合作，营造积极的商业氛围，提高两国之间全面的关系。每年有 20 支科研团队进行交流学习，10 支来自中国，10 支来自美国。

战略目标：促进国际交流。

美国政府资助：

机构拨款	机构间转移	美国政府资助总额
$ 400 000	$ 0	$ 400 000

非美国政府资助：

外国政府	私营部门（美国）	私营部门（国外）	国际机构	非美国政府资助总额
无记录	$ 100 000	无记录	无记录	$ 100 000

参与者总数：

美国参与者总数	国外参与者总数	参与者总数
40	42	82

所有参与者均跨越国境，没有参与者在国内接受培训。

科研学者访问计划（Visiting Scientist Program）：

科研学者访问计划向外国研究者提供同来自农业部农业研究组织和其他农业部下属机构的研究者交流合作的机会。国外研究者均可参加短期（1~2 个星期）和长期（最多 5 年）访问，他们可以参加技术研讨会、学术会议等。

战略目标：以人为本。

美国政府资助：

机构拨款	机构间转移	美国政府资助总额
$ 1 174 287	无记录	$ 1 174 287

非美国政府资助：

外国政府	私营部门（美国）	私营部门（国外）	国际机构	非美国政府资助总额
无记录	无记录	无记录	无记录	无记录

参与者总数：

美国参与者总数	国外参与者总数	参与者总数
0	47	47

所有参与者均跨越国境，没有参与者在国内接受培训。

美国林务局(United States Forest Service，缩写：USFS)：

美国林务局(USFS)对美国联邦林务局具有管理责任。它的任务是在可持续发展原则下通过达到高质量的土地管理以满足人民的多样化需要。林务局管理 155 处国家森林、20 处国家草地、遍布于美国 44 个州总面积超过 19.1 亿公顷的 8 处土地利用项目、未开垦的土地以及波多黎各岛屿。国家森林为多个处于濒危物种的鸟类、动物以及鱼类提供了避难所。大约 0.35 亿公顷的土地为荒地，175 000 公顷的土地是原始地区，那里没有丰富的木材。

美国林务局(USFS)通过基础研究和应用研究来促进科研信息和技术发展，这些科研技术用于保护、管理、使用和维持美国森林和牧场中的自然资源。它也负责青年环保计划和国家森林志愿者计划，并与劳工部在同森林有关的工作计划和高级顾问服务计划有合作关系。

美国林务局国际访问计划(USFS International Visitor Program)：

国际计划办公室为来自非洲、亚太、欧洲、欧亚大陆、拉丁美洲和加勒比海以及中东地区的自然资源经理、科研学者和学生提供培训和科研交流的机会。这些国际访问学者代表着他们的政府组织、非政府组织、学术机构以及私营部门。

国际访问者的工作与土地管理者在土地使用、环保以及政策制定等重要科研领域的科研密切相关。这包括生态服务系统；入侵物种；移徙种，其中包括鸟类和蝴蝶类；保护区管理；水管理系统；牧场管理系统；消防管理；非法采伐；娱乐；灾难预防和反应。

尽管一定数目的长期研究经费也是被资助的，但是大部分 USFS 国际访问学者都参加短期的培养计划。该计划是农业部研究站、总部以及地区办公室主持的。参与者同自然资源管理专业人员、国家森林管理者、私有土地拥有者、土地管理学校的人员以及其他联邦机构的专业人员一起沟通交流。

在其中的一些交换中，林务局与联邦机构包括农业研究机构、美国土地管理局、美国国务院等合作。参与者通过对一些共同重点问题的探讨，将每个合作机构的职责深化。这些合作关系有利于扩大资助，这样将会有更多的海外同僚可以参与到这些重要的培训和研究交流中。在机构的总资助下，资金的等级将同等于 USDA 机构以及 USFS 合作机构的资助等级。

通过本计划，参加者给自己国家以及本国的同僚带回了有价值的信息并将之付诸行动。因为许多主题研究领域如气候变化对世界森林未来是至关重要的，所以研究者继续同美国的同僚们一起进行联合的研究。

战略目标：以人为本；加强领事和管理能力。

美国政府资助：

机构拨款	机构间转移	美国政府资助总额
$ 1 650 882	$ 170 766	$ 1 821 648

非美国政府资助：

外国政府	私营部门(美国)	私营部门(国外)	国际机构	非美国政府资助总额
无记录	无记录	无记录	无记录	无记录

参与者总数：

美国参与者总数	国外参与者总数	参与者总数
0	587	587

所有参与者均跨越国境，没有参与者在国内接受培训。

美国政府资助总额	机构拨款	跨机构间转移	外国政府	私营部门(美国)	私营部门(外国)	国际组织	资助总额	参与者总数
$ 19 612 548†	$ 7 431 379	$ 12 181 169†	$ 16 050†	$ 6 199†	$ 4 500†	$ 279 957†	$ 19 919 254†	16 699

参与者总数包括跨国境参与者和国内培训接收者。

美元数额包括交流与培训项目在内的一些大型项目支出。

† 表示并非所有项目都提交了各类资金数据。

商务部

华盛顿特区西北宪法大道 1401 号

公共事务办公室　20230

www.doc.gov · 202-482-4883

美国商务部(DOC)致力于促进美国国内外商业发展。它通过竞争激烈的自由企业制提供信息及帮助，以提升美国在世界经济中的竞争力；管理企业项目以避免不公平的对外贸易竞争；为企业和政府规划者提供社会和经济统计和分析；为日益增长的科学、工程和技术发展提供研究支持；致力于增进我们的理解，增加地球环境和海洋资源能够带来的效益；授予专利和注册商标；对通讯业进行规划，制定相关政策；帮助促进国内经济发展；帮助发展少数小型企业。

商务部的国际活动旨在通过合作研究和业务、科技专业人才培训促进国际经济发展和技术进步。

经济分析局(Bureau of Economic Analysis，缩写：BEA)：

美国经济分析局(BEA)是国家的经济会计——通过收集并解释不同的源数据勾勒出一幅连贯完整、前后一致的美国经济图景。作为主要的联邦统计机构，BEA 统计美国国内、国际和地区经济账目，包括国内生产总值、投入产出账、个人收入以及国内收支平衡信息。

BEA 国外来访者情况概述：

根据要求，BEA 安排国际来访者就相关项目会见 BEA 人员。这些非正式的会议是免费的。BEA 项目官方语言为英语，赞助商会根据需要提供口译或翻译服务。

2011 财政年度，23 名 BEA 官员会见了来自 7 个国家的 16 名外国官员。

战略目标：促进经济增长繁荣。

美国政府资助：

机构拨款	机构间转移	美国政府资助总额
$ 0	$ 0	$ 0

非美国政府资助：

外国政府	私人部门(美国)	私人部门(外国)	国际组织	非美国政府资助总额
无记录	无记录	无记录	无记录	无记录

参与者总数：

美国参与者总数	国外参与者总数	参与者总数
0	16	16

所有参与者均跨越国境，没有参与者在国内接受培训。

BEA 海外培训和演示：

作为国际统计组织领头人，经济分析局有时需要派员工到国外参加会议或情况通报会。
战略目标：促进经济增长繁荣。
美国政府资助：

机构拨款	机构间转移	美国政府资助总额
$ 0	$ 0	$ 0

非美国政府资助：

外国政府	私人部门(美国)	私人部门(国外)	国际组织	非美国政府资助总额
无记录	无记录	$ 4 500	无记录	$ 4 500

美元数额包括交流与培训项目在内的大型项目支出。
参与者总数：

美国参与者总数	国外参与者总数	参与者总数
11	144	155

参与者总数包括跨国境参与者与国内培训接受者。此处数据代表两种类型的参与者。

国际贸易管理局(International Trade Administration，缩写：ITA)：

国际贸易管理局(ITA)鼓励、帮助、主张通过实行国家出口战略促进美国出口，专注于大型新兴市场，为国内企业提供行业和国家分析，并通过处于战略地位的美国出口援助中心和来自 75 多个国家的 108 个国内商业服务办事处和 140 个全球职位和商业中心为新上市和新的海外企业提供支持帮助。

ITA 为进一步确保国内企业平等进入外国市场，以国家的名义支持竞争海外市场的出口商，并执行重要的贸易合同和协议，如世界贸易组织(WTO)、北美自由贸易协定(NAFTA)以及其他自由贸易协议。

此外，ITA 通过实施可补救不公平贸易行为的反倾销和反补贴税法和协议，与不公平进口贸易展开竞争，从而保障就业，保持美国工业的竞争力。

美国企业实习培训专门项目(Special American Business Internship Training Program，缩写：SABIT)：

美国企业实习培训专门项目(SABIT)是为欧亚企业和民间团体领导人提供的技术援助项目。该项目协助欧亚企业参与者进行其产业和地区发展，为美国商界提供能帮助解决该地区市场准入问题的可靠合作伙伴。

SABIT 为欧亚高层管理者提供培训。SABIT 项目的目标是促进市场主导型经济增长和稳定。该项目就市场经济原则、企业发展、融资、质量和标准问题以及公平商业行为方面为参与者提供美国行业特定培训。参与者可将所获知识应用于机构组织中，从而提高生产率和效率，并有助于吸引投资、发展自身组织。美国机构和公司非常善于利用该培训以促进美国与欧亚大陆之间的贸易和投资发展。此外，SABIT 项目还提供具体的例子来说明法治、市场透明度和公民社会是如何在市场经济中起作用的。该项目能够促进区域主要企业和公民社会代表之间的合作。许多 SABIT 项目校友回到自己的国家后，会与来自其他国家的项目参与者建立业务联系。

SABIT 项目为就欧亚校友在会计标准、中小型企业管理、金融管理、社交媒体、销售等方面提供后续培训。该项目还组织校友圆桌会议以增进来自不同行业和地区的校友之间的合作。

该项目工作已扩展到巴基斯坦和阿富汗等其他国家。

在 2011 财政年度，SABIT 针对欧亚大陆开展以下领域的九个项目：葡萄酒营销和推广；知识产权；协会发展；机场建设；乳制品加工及包装；建筑节能；旅游业；水资源管理、运输服务和物流。SABIT 在阿富汗建设和食品加工包装方面推出了两个项目，还在俄罗斯(Russia)、土库曼斯坦(Turkmenistan)、乌克兰(Ukraine)和乌兹别克斯坦(Uzbekistan)举行了许多校友培训会议。SABIT 总共为来自欧亚大陆的 328 人和来自阿富汗的 31 人提供了培训。

战略目标：公正民主管理；促进经济增长和繁荣；以人为本；增进国际理解；美国公司/商业发展市场准入和合规问题。

美国政府资助：

机构拨款	跨机构间转移	美国政府资助总额
$ 499 993	$ 2 530 000	$ 3 029 993

非美国政府资助：

外国政府	私人部门(美国)	私人部门(国外)	国际组织	非美国政府资助总额
无记录	无记录	无记录	无记录	无记录

参与者总数：

美国参与者总数	国外参与者总数	参与者总数
0	359	359

参与者总数包括跨国境参与者与国内培训接受者。此处数据代表两种类型的参与者。

国家标准和技术局（National Institute of Standards and Technology，缩写：NIST）：

国家标准和技术局(NIST)的使命是发展和促进测量手段、标准和技术，以提高生产力，促进贸易以及提高生活质量。为完成使命，国家标准和技术局的实验室与国际研究专家们通过访问研究项目和贸易标准相关的项目进行合作。商业部技术管理的一个机构——国家标准和技术局于 1901 年成立，成为美国的第一个联邦自然科学研究实验室。

国家标准和技术局交流访问者项目(NIST Exchange Visitors Program)：

交流访问者项目提供外国科学家机会和国家标准和技术局的科学家，工程师于感兴趣的项目共同工作。该研究通常是博士级别的，涉及化学、物理和工程测量学领域。

一个访问学者参加国家标准和技术局项目的时间跨度平均接近 16 个月。

交流访问者项目的目的、目标和基本理念是获得独特的国外技术知识和技能，发展工作关系，洞悉国外机构工作的性质从而支持美国政府帮助某些国家经济发展的政策，并与美国政府和联合国工业发展组织等国际组织一起实行项目。

战略目标：实现和平与安全；促进经济增长和繁荣；促进国际理解。

美国政府资助：

机构拨款	机构间转移	美国政府资助总额
$ 5 928 513	$ 0	$ 5 928 513

非美国政府资助：

外国政府	私营部门(美国)	私营部门(外国)	国际组织	非美国政府资助总额
无记录	无记录	无记录	无记录	无记录

参与者总数：

美国参与者总数	国外参与者总数	参与者总数
0	277	277

所有参与者均跨越国境，没有参与者在国内接受培训。

国家标准和技术局国际访问者项目(NIST International Visitors Program)：

国际访问者计划为国际访问者提供机会了解美国标准和计量系统，以及国家标准和技术局的校外课程的机会。它还为 NIST 的员工提供了解其他国家类似的机构或项目的学习机会，接触国外的计量和标准活动，促进彼此合作。国外访问者项目的平均长度为一天。NIST 欢迎世界各地的访问学者，特别是那些来自国外计量机构的学者。

战略目标：实现和平与安全；促进经济增长和繁荣；促进国际理解。

美国政府资助：

机构拨款	机构间转移	美国政府资助总额
$ 0	$ 0	$ 0

非美国政府资助：

外国政府	私营部门(美国)	私营部门(外国)	国际组织	非美国政府资助总额
无记录	无记录	无记录	无记录	无记录

参与者总数：

美国参与者总数	国外参与者总数	参与者总数
0	3 031	3 031

所有参与者均跨越国境，没有参与者在国内接受培训。

贸易项目标准(Standards in Trade Program)：

贸易项目标准帮助美国工业克服由限制性规范标准、测试或其他合格评定、现有或发展中市场上的测量问题所导致的技术性贸易壁垒。它也鼓励在标准和合格测量规则中采用美国技术和概念促进和提高贸易发展。该项目正式成立于 1989 年，于 1995 年发展扩大，资金资助以年计算。

贸易项目标准通过工作研讨会、讲座、技术资料和技术专家会议，为政府机构和私营机构组织提供技术援助。

战略目标：促进经济增长与繁荣。

美国政府资助：

机构拨款	机构间转移	美国政府资助总额
$ 25 000	$ 0	$ 25 000

非美国政府资助：

外国政府	私营部门(美国)	私营部门(外国)	国际组织	非美国政府资助总额
无记录	$ 5 000	无记录	无记录	$ 5 000

参与者总数：

美国参与者总数	国外参与者总数	参与者总数
72	15	87

参与者总数包括跨国境参与者与国内培训接受者。此处数据代表两种类型的参与者。

国家海洋和大气管理局(National Oceanic Atmospheric Administration，缩写：NOAA)：

美国国家海洋和大气管理局(NOAA)是由国家海洋局(National Ocean Service，缩写：NOS)、美国国家气象局(National Weather Service，缩写：NWS)、国家海洋渔业局(National Marine Fisheries Service，

缩写：NMFS）、国家环境卫星、数据和信息局（National Environmental Satellite，Data，and Information Service，缩写：NESDIS）与海洋和大气研究办公室（Office of Oceanic and Atmospheric Research，缩写：OAR）组成。NOAA 预警危险天气，为海洋和天空绘制图表，指导利用和保护海洋和沿海资源，领导科学研究以提高我们对维持人类生存环境的理解和管理。

地球系统研究实验室，全球系统部/高级计算部门（Advanced Computing Section，缩写：ACS）：

NOAA 地球系统研究实验室全球系统分支的高级计算部门（ACS）均支持实验室里的模型活动，开发新硬件和软件技术，满足在高性能计算系统中更快更精确地运行高分辨率的天气和气候模型的需要。高级计算部门目前正开发运用于天气模型中的图形处理器单元。同时还开发了可扩展建模系统（Scalable Modeling System，缩写：SMS），为气象模型提供传统的并行支持。可扩展模型自 1993 年以来已被用于平行处理十几个天气和海洋模型。

战略目标：促进经济增长和繁荣，促进国际理解。

美国政府资助：

机构拨款	机构间转移	美国政府资助总额
$ 2.400	无记录	$ 2 400

非美国政府资助：

外国政府	私营部门（美国）	私营部门（外国）	国际组织	非美国政府资助总额
$ 0	无记录	无记录	无记录	$ 0

美元数额包括交流与培训项目在内的大型项目支出。

参与者总数：

美国参与者总数	国外参与者总数	参与者总数
1	50	51

参与者总数包括跨国境参与者与国内培训接受者。此处数据代表两种类型的参与者。

地球系统研究实验室，全球系统部门/信息系统分支：

信息系统分支的工作主要是收集和处理环境数据，提供工具和访问途径，以便预报员、分析师和研究人员使用这些数据，并提供途径使用户相互交流信息，并将其传播给客户。

信息系统分支的主要项目包括国家气象局的高级气象交互处理系统（Advanced Weather Interactive Processing System，缩写：AWIPS）和气象数据同化摄取系统（Meteorological Assimilation Data Ingest System，缩写：MADIS）的开发工作。

战略目标：促进经济增长和繁荣，促进国际理解。

美国政府资助：

机构拨款	机构间转移	美国政府资助总额
$ 0	$ 0	$ 0

非美国政府资助：

外国政府	私营部门(美国)	私营部门(外国)	国际组织	非美国政府资助总额
$ 13 000	无记录	无记录	无记录	$ 13 000

参与者总数：

美国参与者总数	国外参与者总数	参与者总数
3	0	3

所有参与者均跨越国境，没有参与者在国内接受培训。

国家环境卫星、数据和信息服务的国际活动：

国家环境卫星、数据和信息服务的国际活动(NESDIS)的使命是提供和确保及时从卫星和其他资源得到全球环境数据，以促进、保护和提高美国经济、安全、环境和生活质量。为履行其职责，NESDIS获得并管理美国国家环境卫星，提供数据和信息服务，并进行相关的研究。NESDIS 国际活动支持国家海洋和大气管理局(NOAA)的战略目标，其战略目标是提供预期短期的警告和预测服务，实施季节到年际气候预测，通过环境观测卫星评估和预测十年至百年的变化，为美国和世界各地的天气服务和为研究人员提供数据。由于气候和环境是全球性的问题，大部分工作涉及与外国政府、学术界和研究人员的合作。

战略目标：实现和平与安全；促进经济增长和繁荣；以人为本；促进人道主义援助；促进科学进步。

美国政府资助：

机构拨款	机构间转移	美国政府资助总额
$ 227 770	$ 0	$ 227 770

非美国政府资助：

外国政府	私营部门(美国)	私营部门(外国)	国际组织	非美国政府资助总额
$ 2 777	无记录	无记录	$ 40 172	$ 42 949

参与者总数：

美国参与者总数	国外参与者总数	参与者总数
74	10	84

所有参与者均跨越国境，没有参与者在国内接受培训。

国家大地测量国际活动：

国家大地测量(National Geodetic Survey，缩写：NGS)的使命是定义、维护、提供访问国家空间参考系统(National Spatial Reference System，缩写：NSRS)的途径，以满足我国经济、社会和环境的需要。为履行其职责，国家大地测量(NGS)必须与国际地理空间和测绘机构共享信息和比较方法。跨边境的集成数据对于确保国家大地测量(NGS)多项技术活动的准确性和可靠性是必须的。由于大地测量学本质上是全球性的，共享标准和惯例有众多好处。大部分工作涉及与国外政府机构、学术界和研究学者的信息共享、合作和训练。

战略目标：促进经济增长和繁荣。

美国政府资助：

机构拨款	机构间转移	美国政府资助总额
$ 11 000	$ 0	$ 11 000

非美国政府资助：

外国政府	私营部门(美国)	私营部门(外国)	国际组织	非美国政府资助总额
无记录	无记录	无记录	无记录	无记录

参与者总数：

美国参与者总数	国外参与者总数	参与者总数
10	63	73

参与者总数包括跨国境参与者与国内培训接受者。此处数据代表两种类型的参与者。

国家海洋渔业服务局(National Marine Fisheries Service)：

国家海洋与大气管理局的国家海洋渔业服务局是联邦机构商务部的部门，负责管理国家海洋生物资源和它们的栖息地。国家海洋和大气管理局的国家海洋渔业服务局负责美国专属经济区(近海 3~200 海里)的海洋生物资源的管理、养护和保护。NOAA 国家海洋渔业服务局用马格努森-史蒂文斯法提供的工具评定和预测鱼类资源的状况，确保遵循渔业法规和工作，减少浪费的捕鱼方式。根据海洋哺乳动物保护法和濒危物种法，NOAA 的国家海洋渔业服务局恢复受保护的海洋物种(如鲸鱼、海龟)，没有非必要地阻碍经济和娱乐机会。

在六个区域办事处和八个委员会的帮助下，NOAA 国家海洋渔业服务局能够与社区共同就渔业管理问题展开工作。NOAA 的国家海洋渔业服务局致力于促进可持续渔业，防止由于过度捕捞、物种减少、栖息地退化而失去经济潜力。NOAA 的国家海洋渔业局努力来平衡竞争激烈的公共需求。

战略目标：促进经济增长和繁荣；促进国际理解。

美国政府资助：

机构拨款	机构间转移	美国政府资助总额
$ 43 500	$ 0	$ 43 500

非美国政府资助：

外国政府	私营部门(美国)	私营部门(外国)	国际组织	非美国政府资助总额
无记录	无记录	无记录	无记录	无记录

参与者总数：

美国参与者总数	国外参与者总数	参与者总数
20	143	163

所有参与者均跨越国境，没有参与者在国内接受培训。

国家气象服务国际交流和培训项目(National Weather Service International Exchange and Training Program)：

NOAA 国家气象局提供美国领土、近海水域和海洋区域的天气、水文、气候预报和警报服务，以便保护生命和财产，促进国家经济发展。国家气象局(NWS)的数据和产品形成了一个国家性的信息数据库和基础设施，它们可以为政府机构、私营机构、公众和全球社区所使用。

国家气象局(NWS)从国际交流和训练项目中受益良多。这些国际合作伙伴为更精确的天气预报和更有利地保护美国利益作出贡献。例如，数百个航班(国内和国际航班)依赖于我们通过国际合作提供的适当航空气象保障。

通过多边和双边关系，国家气象局就共同的国际问题如空气质量、气候、水文、天气开展合作，确保高水准地预测和觉察干旱、洪涝、飓风、龙卷风、冬季风暴、海啸和其他天气事件。

战略目标：促进经济增长和繁荣；以人为本；促进人道主义援助；促进国际理解。

美国政府资助：

机构拨款	机构间转移	美国政府资助总额
$ 661 500	$ 0	$ 661 500

非美国政府资助：

外国政府	私营部门(美国)	私营部门(外国)	国际组织	非美国政府资助总额
$ 0	无记录	无记录	$ 195 010	$ 195 010

参与者总数：

美国参与者总数	国外参与者总数	参与者总数
264	37	301

所有参与者均跨越国境，没有参与者在国内接受培训。

太平洋海洋环境实验室活动(Pacific Marine Environmental Laboratory Activities，缩写：PMEL)：

太平洋海洋环境实验室(PMEL)在海洋学和大气科学领域开展跨学科的科学调查。目前的太平洋海洋环境实验室(PMEL)集中于开放海域观察，以支持长期监测和预测海洋环境，时间跨度从几分钟到几十年。

战略目标：促进经济增长和繁荣；以人为本；促进人道主义援助；促进国际理解。

美国政府资助：

机构拨款	机构间转移	美国政府资助总额
$ 18 200	$ 0	$ 18 200

非美国政府资助：

外国政府	私营部门(美国)	私营部门(外国)	国际组织	非美国政府资助总额
无记录	无记录	无记录	$ 28 200	$ 28 200

参与者总数：

美国参与者总数	国外参与者总数	参与者总数
6	76	82

参与者总数包括跨国境参与者与国内培训接受者。此处数据代表两种类型的参与者。

国家电信和信息管理局(National Telecommunications and Information Administration，缩写：NTIA)：

国家电信和信息管理局(NTIA)担任总统电信和信息政策的首席顾问，开发并代表了美国在国际通信会议和相关会议上的计划和政策，制定了联邦政府管理使用无线电频谱的政策，充当主要的联邦电信研究和工程实验室，并通过一些专门的项目提供资助。

全球环境下信息和通信技术政策制定：

国际事务部门的国家电信和信息管理局(NTIA)为信息和通信技术(Information and Communications Technology，缩写：ICT)政策制定者开展政策制定培训课程。该课程测验信息和 ICT 政策方法考虑到一些重要的国际政策议题和当今世界上进行的争论话题。参与者与正在积极参与各种国际组织(如国际电信联盟 ITU、亚太经济合作组织 APEC、欧洲邮电和无线电通信管理 CITEL、国际通信卫星组织 ITSO、互联网名称与数字地址分配机构 ICANN 和经合组织 OECD)的学者们交流讨论。培训侧重于 ICT 政策发展的基本概念，以便培养相关意识，提高政策制定者技能和与政府、工业和其他利益相关者互动的能力。本课程将涉及到利益相关者分析、政策的制定方案、共识的达成，重点是政策制定程序，这与区域和全球利益考虑相关，这也涉及到信息通信技术和政策制定者、公司和管理者所面临的快速变化的技术环境。

战略目标：促进经济增长和繁荣。

美国政府资助：

机构拨款	机构间转移	美国政府资助总额
$ 3 500	$ 0	$ 3 500

非美国政府资助：

外国政府	私营部门(美国)	私营部门(外国)	国际组织	非美国政府资助总额
无记录	无记录	无记录	无记录	无记录

参与者总数：

美国参与者总数	国外参与者总数	参与者总数
0	25	25

所有参与者均跨越国境，没有参与者在国内接受培训。

无线电频率和频谱管理课程：

国家电信和信息管理局(NTIA)的频谱管理办公室(Office of Spectrum Management，缩写：OSM)为发展中国家的公民开展无线电频率和频谱管理培训课程。大部分参与者是政府选拔雇员的管理者、工程师以及无线电频率和频谱管理的技术专家；其余人是电信承运商或私营企业的员工。该项目旨在通过教育和训练发展中国家的频谱管理人员了解美国频谱管理技术，从而提高美国的商誉和对美国的理解。

培训课程持续 2 周，总共有 80 多个小时，一般在 3~4 月份开展。该培训课程有利于今后的谈判，能促进支持美国在国际频谱管理问题上的政策，为参与者提供其真正的、实践的动手频谱管理经验。国家电信和信息管理局(NTIA)的频谱管理办公室(OSM)不对学生提供任何直接的资助。然而，它为美国电信训练学院(United States Telecommunications Training Institute，缩写：USTTI)出版课程目录提供资金，国家电信和信息管理局(NTIA)还提供设施，一个服务商，超过 35 个赠送者和所有培训课程的材料。一些学生支付自己的费用，而另一些则获得美国电信训练学院(USTTI)非盈利机构或其他如联合国等来源的援助。美国电信训练学院(USTTI)大部分的基金来自美国国际开发署和摩托罗拉，美国电话电报公司等私营机构。

该课程大体覆盖详细的频谱管理流程，包括国际和国内管理基础部分、典型的双边和多边协定。频率分配计划以课堂活动形式教授，班级需要为国家使用陆地移动频率带开发分配计划。频谱管理流程的计算机化展示包括演示美国最新的频谱管理软件。还有工程分析、电磁兼容性、频谱测量和监测、传播和技术标准的专门课时。

战略目标：实现和平与安全；公正民主管理；促进经济增长和繁荣；以人为本；促进人道主义援助；促进国际理解；加强管理能力。

美国政府资助：

机构拨款	机构间转移	美国政府资助总额
$ 10 003	无记录	$ 10 003

非美国政府资助：

外国政府	私营部门(美国)	私营部门(外国)	国际组织	非美国政府资助总额
无记录	$ 1 199	无记录	无记录	$ 1 199

美元数额包括交流与培训项目在内的大型项目支出。

参与者总数：

美国参与者总数	国外参与者总数	参与者总数
0	23	23

所有参与者均跨越国境，没有参与者在国内接受培训。

法律总顾问办公室(Office of General Counsel)：

法律总顾问办公室包括助理法律总顾问和所有商务部实体的首席律师。总法律顾问是商务部的首席法务官。

商业法律发展项目(Commercial Law Development Program，缩写：CLDP)：

法律发展项目(CLDP)成立于1922年，该项目是美国商务部的部门帮助美国在发展中国家和战后国家通过商业法律改革实现外交政策目标。

商业法律发展项目独特的，政府对政府的援助利用来自公共部门和私营部门的具有丰富经验的管理者、法官、政策制定者、商界领袖以及律师来发布结果，这使我们东道国的法律和司法环境发生有意义和持久的变化。

美国和外国都受益于商业法律发展项目。通过与美国大使密切合作，商业法律发展项目(CLDP)在40多个国家开展项目帮助发展法律基础设施以支持国内和国外的商业活动。美国商业受益于不断增长有透明的法律体系和公平监管的海外市场。商业发展项目(CLDP)的工作是帮助那些国家提高遵守国际和双边的贸易义务能力，并为美国商业参与竞争提供场地。CLDP充当技术援助的催化剂，帮助发展中国家改革，使他们的法律和监管实现现代化，促使经济增长，为人民提供更多机会。

CLDP律师，常驻顾问，计划专家，和行政人员具有多元文化的背景，并专长于国际商务、商业法律、贸易关系和发展援助。CLDP的大多数工作人员至少会流利地讲两种语言，很多CLDP的工作是在东道国的语言环境中进行的。本项目与许多商务部局、联邦司法部门以及其他美国政府机构和国际组织合作，CLDP设计并召开会议和研讨会，利用长期或短期顾问，训练在美国和其他国家的代表团以完善商业法律框架。

战略目标：促进经济增长和繁荣。

美国政府资助：

机构拨款	机构间转移	美国政府资助总额
$ 0	$ 5 827 000	$ 5 827 000

非美国政府资助：

外国政府	私营部门(美国)	私营部门(外国)	国际组织	非美国政府资助总额
无记录	无记录	无记录	无记录	无记录

参与者总数：

美国参与者总数	国外参与者总数	参与者总数
138	1 073	1 211

参与者总数包括跨国境参与者与国内培训接受者。此处数据代表两种类型的参与者。

美国人口普查局(U. S. Census Bureau)：

美国人口普查局每十年开展一次人口和住房普查；每五年一次州和当地政府、生产商、矿产行业、分销业、建筑行业和运输业的普查；根据州和地方政府部门的要求对费用展开特别普查；现如今的调查提供许多涉及各种主题的月度、季度、年度或其他的时间间隔的普查信息。它也制做当前美国对外贸易统计汇编，包括进口、出口和航运的数据；关于评估和人口预测的出版物；关于制造业、零售和批发贸易、服务业、建筑业、进出口贸易、州和地方政府的财政状况和就业情况和其他项目的现况报告。

人口部门：培训和技术援助：

美国人口普查局在 20 世纪 30 年代开启国际技术援助项目；它的正式培训项目开始于 1947 年。多年来，美国人口普查局国际项目已经帮助一些国家建立了官方统计机构。为了应对全球的发展中国家的要求，人口部门为各方面普查、调查和信息系统（包括样本设计、数据收集、数据处理、地理的支持、数据处理、分析和传播）提供技术援助、关于培训和培训材料、关于方法论的发展和材料和统计软件。

具体来说，人口部门：

——为发展中国家提供短期和长期的技术援助。

——为来自世界各地的发展中国家统计局的参与者提供实际的、应用型的统计和相关话题的培训。

——分配美国统计局设计开发的统计软件，以满足统计机构的需求。

——为其他国家开发和分配关于培训和方法材料。

——检测、分析、生产人口估计和预测，让世界上所有国家可使用人口数据。

——编译并评估亚洲、非洲和拉丁美洲国家的艾滋病毒/艾滋病流行率的数据。

——与超过 175 个国家和一些国际组织交换统计出版物。

在 2011 财政年度，人口部门在几个国家提供技术援助项目。此外，该项目由美国国际开发署赞助，并且与位于约旦（Jordan）首都安曼（Amman）的阿拉伯合作研究所培训与研究统计（Arab Institute of Training and Research in Statistics，缩写：AITRS）协力合作。

战略目标：执政公平化和民主化；促进经济增长和繁荣；以人为本；促进国际理解。

美国政府资助：

机构拨款	机构间转移	美国政府资助总额
$ 0	$ 2 402 000	$ 2 402 000

非美国政府资助：

外国政府	私营部门（美国）	私营部门（外国）	国际组织	非美国政府资助总额
无记录	无记录	无记录	无记录	无记录

美元数额包括交流与培训项目在内的大型项目支出。

参与者总数：

美国参与者总数	国外参与者总数	参与者总数
0	163	163

参与者总数包括跨国境参与者与国内培训接受者。此处数据代表两种类型的参与者。

美国人口普查局国际关系处：国家访问者项目（U. S. Census Bureau International Relations Office：International Visitors Program）：

美国人口普查局每年接收来自许多国家的访问学者来咨询其同行在人口和经济普查和调查领域的

问题，了解预算及管理程序等的支持功能、现场作业和区域活动以及出版和传播活动。这个项目的所有访问者都自行支付费用。

战略目标：促进经济增长和繁荣；以人为本；促进国际理解。

美国政府资助：

机构拨款	机构间转移	美国政府资助总额
$ 0	$ 0	$ 0

非美国政府资助：

外国政府	私营部门(美国)	私营部门(外国)	国际组织	非美国政府资助总额
无记录	无记录	无记录	无记录	无记录

参与者总数：

美国参与者总数	国外参与者总数	参与者总数
0	239	239

所有参与者均跨越国境，没有参与者在国内接受培训。

美国专利与商标局(United States Patent and Trademark Office，缩写：USPTO)：

美国专利和商标局(USPTO)负责执行专利法和商标法，其职权与授予使用发明的专利、设计和生产、以及商标注册的发行相关。美国专利商标局审查专利和商标注册的申请以确定申请人是否可以被授予专利或商标，在合适时批准授予专利和商标注册。美国专利商标局出版关于发行专利、商标核准注册以及各种有关专利和商标的出版物；记录专利和商标的分配情况；维护搜索空间和全国性的专利和商标储备库的网络，方便公众使用、学习已颁发的专利、注册的商标、待定商标申请和有关专利和商标的记录。它还提供记录的副本和其他文件。

技术援助计划：

美国专利商标局提供了各种现有的项目向发展中国家和转向市场经济的国家提供技术援助。项目侧重于在这些国家建立适当的系统保护知识产权(IPR)。他们还提供了知识产权保障执法培训。大多数美国专利商标局的项目持续一周。各种项目的目标是为期望减少由美国知识产权的盗版行为造成的损失的这些国家提供建议和专业知识。

全球知识产权学院(Global Intellectual Property Academy，缩写：GIPA)的创建增强了美国专利商标局培训并提升了能力，建设知识产权保护和执法的举措。该学院还包括美国专利商标局访问学者项目，该项目创建于 1985 年，为国外参与者提供教室和美国保护知识产权体系的实践研究。通过 GIPA，美国专利商标局使包括法官、检察官、警察、海关官员、专利、商标和版权官员、政策制定者在内的外国政府官员到美国学习、讨论和制定全球知识产权战略及实施。该项目的目标是促进更好地了解国际知识产权的财产的义务和规范，使参与者至少了解一种为各种知识产权学科提供与贸易有关的知识产权协议保护水平的方法，并促进各方在友好和支持环境下讨论知识产权问题。

战略目标：实现和平与安全；促进经济增长与繁荣；保护知识产权。

美国政府资助：

机构拨款	机构间转移	美国政府资助总额
$ 0	$ 1 422 169	$ 1 422 169

非美国政府资助：

外国政府	私营部门(美国)	私营部门(外国)	国际组织	非美国政府资助总额
$ 273	无记录	无记录	$ 16 575	$ 16 848

参与者总数：

美国参与者总数	国外参与者总数	参与者总数
6 878	3 478	10 356

参与者总数包括跨国境参与者与国内培训接受者。此处数据代表两种类型的参与者。

美国政府资助总额	机构拨款	机构间转移	外国政府	私营部门(美国)	私营部门(外国)	国际组织	资助总额	参与者总数
$ 228 864 738	$ 163 886 500	$ 64 978 238	$ 563 875 198†	$ 0	$ 0	$ 0	$ 792 739 936	48 522

参与者总数包括跨国境参与者和国内培训接收者。

美元数额包括交流与培训项目在内的大型项目支出。

† 表示并非所有项目都提交了各类资金数据。

国防部
公共事务
北费尔法克斯街 601 号
维吉尼亚州，亚历山大，22314
www.defense.gov · 703-428-0711

美国国防部(DOD)的使命是提供阻止战争和保护美国国家安全所需的武装力量。国防部雇佣并供养武装部队以捍卫美国宪法的实施并打败敌人；通过及时有效的军事行动确保美国国家财产及重要利益地区的安全；坚持国家政策，促进国家利益的实现。武装力量主要包括陆军、海军、空军和海军陆战队。在作为总司令的总统指导下，国防部长行使权力，引导方向和实现对部门的领导，包括国防部长办公室、参谋长联席会议、军事部门、统一作战司令部、国防部监察长、国防机构和国防部野外工作部门。为了完成这个任务，国防部雇佣了约 140 万名军人和约 724 000 名文职人员。此外，国家军事战略总力量还包括 135 万名国家警卫和预备役人员。

国防安全合作署(Defense Security Cooperation Agency，缩写：DSCA)：

安全合作是建立在美国和其他拥有相似的价值观和利益的主权国家之间的传统合作之上以达成共同的防御目标。安全合作包括一系列项目，这些项目经 1961 年美国对外援助法案修订版授权、武器出口控制法案修订版和相关法规授权，美国国防部或商业承包商根据以上法规提供旨在实现国家政策和目标的防御军资和服务。

DSCA 对 IAWG 提交的数据包括如下教育和培训活动：

——外国军事融资(Foreign Military Financing，缩写：FMF)资助培训

——外国军队销售(Foreign Military Sales，缩写：FMS)计划

——国际军事教育和培训(International Military Education and Training，缩写：IMET)

——专业军事教育(Professional Military Education，缩写：PME)交流

——国防部区域中心

——区域反恐合作计划(Regional Defense Combating Terrorism Fellowship Program)

国防部区域中心通过反对恐怖主义的思想、协调对共同安全威胁的意见、提高合作伙伴遵循军民规范的国家安全机构的能力支持安全合作目标。学术论坛建立了强劲、可持续的国际安全领导人网络，这可促进对政策的理解和相互支持，以面对安全方面的挑战、促进有效的安全社区并改善合作伙伴能力的可持续性，从而减少美国军队的负担。他们提供了关键的战略性的倾听和交流工具，协助美国决策者制定有效政策，向美国阐明外国视角并建立国外对美国政策的支持。

区域安全研究中心包括：

——非洲战略研究中心(华盛顿，埃塞俄比亚 Ethiopia，塞内加尔 Senegal)

——亚太安全研究中心(檀香山，夏威夷)

——美国半球防务研究中心（华盛顿)

——乔治 C. 马歇尔欧洲安全研究中心(德国)

——近东南亚战略研究中心(华盛顿，巴林国)

区域中心在国防部长办公室(政策)的监督下根据地理作战指挥官制定的运营方向，按照政策制定和实施活动。作为行政机构，美国国防安全合作局行使行政权力，通过编程、预算、对操作和维护成本进行财务管理、人力资源服务支持及人事管理来支持区域中心。

外国军事融资项目：

确保美国安全的主要方法是威慑会威胁到美国或其盟国的潜在侵略者。外国军事融资——即美国拨款资助防御军资、服务和培训——有力地支持美国外交政策，达成地区安全目标并使盟友及友邦提高自身防御能力，朝着共同的安全目标前进，共同分担任务。国会拨出国际事务预算中该项目的基金；国务院为合格的盟友和友邦分配资金；国防部实施项目。该项目通过提高与美国军队的互相操作性，满足国家合理的国防需求，促进了美国国家安全利益的实现。由于项目款项用于购买美国防御军资、服务和培训，因此它为强大的美国国防工业基地作出了巨大贡献，美国武装力量和美国工人也从中受益。

2011 财政年度经费(物资和培训)总计 53.7 亿美元，绝大多数基金被用于维护中东地区的稳定，此外被用于中东地区以加强自卫能力和保卫边界和沿海地区。在非洲，大部分的资金用于支持反恐项目和保卫边界和领海安全。大多数东亚和太平洋地区的项目基金被用于支持印尼国防改革、提高海上安全、反恐工作、机动性和救灾能力建设。在欧洲和欧亚大陆，项目资金用于支持波兰与其他盟友的现代化的互操作性项目。资金还用于继续整合新加入的北约成员国潜在的北约成员国和联盟伙伴，并协助伊拉克和阿富汗的重要联盟伙伴。在南亚和中亚，资金将继续被用于维持持久自由行动，应对国际和地区暴力极端主义，加强反叛乱计划与支持和平项目。最后，在西半球，为哥伦比亚提供的资金将继续用于支持缉毒和反恐行动及海上封锁项目。

战略目标：实现和平与安全。

美国政府资助：

机构拨款	机构间转移	美国政府资助总额
$ 0	$ 64 978 238	$ 64 978 238

非美国政府资助：

外国政府	私人部门(美国)	私人部门(国外)	国际组织	非美国政府资助总额
$ 0	$ 0	$ 0	$ 0	$ 0

参与者总数：

美国参与者总数	国外参与者总数	参与者总数
0	7 623	7 623

参与者总数包括跨国境参与者与国内培训接受者。此处数据代表两种类型的参与者。

对外军售项目：

对外军售(FMS)项目包括政府间美国防御军资、服务和培训项目(包括专业军事教育以及装备采购相关技术培训)的销售。

通过加强双边防御关系、支持同盟建设、加强美国军队与盟友之间的互操作性，可靠的军售促进了国家安全和外交政策目标的实现。

通过改善美国在国际贸易差额中的位置，维持国防工业基地的高技术工作，扩大生产线，降低关键武器系统如 M1A2 坦克、F-16 战机、AH-64 直升机和 F/A-18 飞机的单位成本，这些军售也为美国繁荣做出了贡献。

2011 财政年度对外军售总销量(物资和培训)约为 316 亿美元。包括专业军事教育(PME)和设备采购相关技术培训在内的军事训练和教育通过军售项目卖给外国。据报道，2011 财年通过军售项目卖给外国的军事训练和教育总额，超过 5.56 亿美元。

战略目标：实现和平与安全。

美国政府资助：

机构拨款	机构间转移	美国政府资助总额
$ 0	$ 0	$ 0

非美国政府资助：

外国政府	私人部门(美国)	私人部门(国外)	国际组织	非美国政府资助总额
$ 563 875 198	$ 0	$ 0	$ 0	$ 563 875 198

参与者总数：

美国参与者总数	国外参与者总数	参与者总数
0	21 581	21 581

参与者总数包括跨国境参与者与国内培训接受者。此处数据代表两种类型的参与者。

国际军事教育和培训：

国际军事教育和培训项目是一个低成本、高成效的美国安全援助组成部分。

项目的总体目标是：

——通过有效、互利的军事关系促进地区稳定目标的实现、增进美国和外国之间的理解和国防合作。

——提供旨在增强参与国家的军事力量的培训，支持与美国军队的互操作性和联合作战能力。

——提高外国军事和文职人员，在其政府和军队中培养和维护民主价值观、保护国际公认的人权的能力。

该项目提供专业和非政治性的培训，使外国学生接触美国专业的军事组织和程序，还有非军事部门控制下的军事组织运作方式。该项目强制要求参与者的英语达到熟练程度，这是学生参加课程所需沟通技巧的基本要求。该项目促进有价值的专业性和个人关系的发展，为支持或将一些国家转变为民主政府方面经常起到重大作用的社会关键行业带来影响，为其提供接触美国的机会。该项目为军人和其他参与者介绍了美国民主的组成部分，如美国司法系统、立法监督、言论自由、平等问题和对人权的承诺。

该项目旨在为外国军人和文职官员提供国防部主办的多种技术培训和专业军事教育活动。这些活动包括在约 150 所军事学校和军事驻地进行教授的 4000 多门课程，每年大约有 7000 名外国学生参与这些课程。

国际军事教育和培训(E-IMET)项目扩展版是国际军事教育和培训项目的一个组成部分，通过向重要军事和文职领导人展示如何克服武装部队、文职官员和立法者之间的沟通障碍，促进了对非军事力量控制军队的理解和尊重，使学生接触军事司法系统，促进了强有力的军文关系的发展。

国际军事教育和培训项目中，虽不太正式但仍非常重要的一部分是领域研究项目，该项目使学生接触美国的生活方式，包括对民主价值观、个人和人权的尊重和对法制的信仰。

国际军事教育和培训项目通过美军军事教育项目，帮助美国的盟友和友邦实现军队职业化，美国的盟友和伙伴国家由此产生的军事竞争力和自给自足能力，为美国带来集体安全、稳定与和平等各种不同的好处。随着外国军队对美国军事法则了解的增多，并将其融入自己的军队管理中，军事合作得到了加强。同样，军事互动、信息共享、共同规划和联合力量演习的机会以及进入外国军事基地和使用设施的基本要求都显著增加了。国际军事教育和培训项目能够培养对推进美国及全球安全利益和提升其盟友和伙伴国家的能力非常重要的军事联系。

在 2011 财政年度，美国为培训项目投资了约 1.01 亿美元，该培训项目有来自约 136 个盟国和伙伴国家的 6000 多名学生参加。

战略目标：实现和平与安全；公正、民主管理；促进人道主义援助；增进国际了解。

美国政府资助：

机构拨款	机构间转移	美国政府资助总额
$ 100 684 500	$ 0	$ 100 684 500

非美国政府资助：

外国政府	私人部门(美国)	私人部门(国外)	国际组织	非美国政府资助总额
无记录	无记录	无记录	无记录	无记录

参与者总数：

美国参与者总数	国外参与者总数	参与者总数
0	6 018	6 018

参与者总数包括跨国境参与者与国内培训接受者。此处数据代表两种类型的参与者。

专业军事教育交流项目（Professional Military Education Exchanges，缩写：PME）：

专业军事教育交流项目(PME)是一个将美国与其他国的军官互相交换，并令其分别在对方国内的军事学校接受为期一年的训练的项目。部分美国军官在PME交换协定的支持下前往海外接受军事培训，一切培训费用均由该项目支付。除参加该一对一交换项目的学员之外，其他在海外接受军事教育的美国学员的培训费用不包括在内。

专业军事教育交流项目由对外援助法案(Foreign Assistance Act，缩写：FAA)第544条(交流培训条款)授权批准，该条款授予美国总统在符合国际协议的前提下批准国外军事人员(非任期内)在美国专业军事机构接受免费军事培训的权力。此类国际协议由美国专业军事教育机构与海外类似机构以及国际组织签订，旨在每个财政年度为学员一对一交流互换项目提供支持。

战略目标：实现和平与安全；促进国际理解。

美国政府资助：

机构拨款	机构间转移	美国政府资助总额
0	0	0

非美国政府资助：

外国政府	私人部门(美国)	私人部门(国外)	国际组织	非美国政府资助总额
无记录	无记录	无记录	无记录	无记录

参与者总数：

美国参与者总数	国外参与者总数	参与者总数
0	52	52

所有参与者均跨越国境，没有参与者在国内接受培训。

区域战略安全中心——非洲战略研究中心(Africa Center for Strategic Studies，缩写：ACSS)：

非洲战略研究中心(ACSS)隶属于美国国防部，负责美国在非洲的战略安全研究、调研活动以及制定拓展计划。ACSS通过增强针对非洲国家的策略性能力来对美国的国家安全政策提供支持，并通过促进军民合作、尊重民主价值以及捍卫人权等方式来应对安全挑战。在ACSS组织的项目中，参与者将对复杂案例进行调查分析，并寻求各自解决方案。ACSS总部设在位于华盛顿特区的美国国防大学内，内设若干非洲问题研究小组，并获得来自塞内加尔和埃塞俄比亚区域办事处的协助。

由ACSS主导的项目包括由2012名参与者进行的12项研究计划以及15个短期项目，以及由1823人参与的26场前成员推广会议，还有由477人出席的6项特别提案活动。

固定项目(resident program)包括在ACSS的责任范围内促进共同利益团体的形成，例如两个在非盟(African Union，缩写：AU)要求下设立的海上安全和安保研究小组，一项针对在非洲年轻人中的社会经济倡导者的“激进化挑战”会议，以及一个西非国家经济共同体(Economic Community of West African

States，缩写：ECOWAS)战略层面研究小组。该小组负责多国间立法项目，由 ECOWAS 的反毒品联盟执行，以此来应对跨国毒品交易的威胁。

塞内加尔国防部长提出将女性纳入军事项目来增强可持续性机构职能的建议，被 ACSS 采纳。这一举措直接推动了性别平等化的进程，同时由非洲司令部(AFRICOM)倡导的联合准尉级别研讨会得以成立。该研讨会由非洲预备军事力量(African Standby Force，缩写：ASF)支持，旨在为改善未授衔军官职能提供价值性观点。

通过利用塞内加尔设在达喀尔(Dakar)和埃塞俄比亚在亚的斯亚贝巴(Addis Ababa)的区域办事处，ASCC 凭借其由 5200 人组成的前成员关系网继续拓展在非洲的活动范围。ACSS 在非洲拥有 29 个分支机构，其中包括新设在科摩罗联邦(Comoros)和坦桑尼亚(Tanzania)的两处。其中坦桑尼亚分会将重点放在 2011 财政年度报告中“时事拓展计划系列”中的维和活动以及应对边境威胁两项计划上，并提出总统与国防部长应在制定反毒政策方面发挥重要作用，以避免已在西非泛滥的毒品交易波及到坦桑尼亚；科摩罗分会则与非洲司令部和美国国防专员就有关石油危机应对和海洋安全进行共同讨论。而设在埃塞俄比亚的国际前成员分会则在对苏丹(Sudan)、索马里(Somalia)以及尼罗河(Nile River)问题进行的圆桌座谈中扮演着积极角色。

战略目标：实现和平与安全；公正、民主管理；促进国际理解；加强领事级别管理职能。

美国政府资助：

机构拨款	机构间转移	美国政府资助总额
2907392	0	2907392

非美国政府资助：

外国政府	私营部门(美国)	私营部门(外国)	国际性组织	非美国政府资助总额
0	0	0	0	0

参与人总数：

美国参与者总数	国外参与者总数	参与者总数
0	3820	3820

参与者总数包括跨国境参与者与国内培训接受者。此处数据代表两种类型的参与者。

区域安全研究中心——亚太安全研究中心(Asia-Pacific Center for Security Studies，缩写：APCSS)：

亚太安全研究中心(APCSS)位于美国夏威夷檀香山市，主要负责联络并授权安全工作人员通过集中领导、区域拓展、专业交流会议和相关政策研究等方式促进亚太地区合作，并建立合作关系。APCSS 处理区域和全球安全问题的方式是在夏威夷或亚太地区其他地方召开管理层研讨会，并通过该会议集中来自美国和其他亚太地区国家各部门的政府以及民间代表来制定整体性政府解决方案。

APCSS 主张国防部长办公室(Office of the Secretary of Defense，缩写：OSD)应将发展合作安全保障以及推进亚太区域内各国国家安全机构间的关系作为优先课题，同时，美国太平洋司令部也应将其视为行动宗旨。这样做的目的是在亚太各国之间建立合作伙伴职能，并使亚太地区具备应对紧急状况的能力。APCSS 一项显著的成果就是在亚太地区内现任以及未来的领导人之间建立了正式或非正式的关系网。这张仍在不断扩张的关系网为安全危机带来了合作解决方案。

APCSS 最近所做的转型努力促进了国际联盟伙伴、非政府组织、区域性舆论制造者以及其他美国和区域性类似机构之间的跨部门交流。APCSS 持续致力于发展有经验的安全工作人员，他们具有行动导向性，能够在 APCSS 的项目活动中为参与者获取知识，积累经验，以及拓展关系方面提供帮助。

在 2012 年财政年度报告中，来自 64 个国家的 993 名研究人员和参与者参加了 17 项固定区域性活动，总时长达到 19015 天。此外还新成立了 6 个 ACPSS 校友会，使得校友会总数达到 54 个。

从 2010 年秋季开始，APCSS 通过发展数十个共计拥有超过 1000 名成员的利益同盟来加强区域安全保障。这些利益同盟意图对构成重大安全威胁的基本原因进行考察，例如跨国极端主义和暴力袭击、海洋安全以及健康保障等。海洋安全同盟拥有近 200 名成员，旨在联合策划和组织一项在加拿大举行的针对其国内斯里兰卡和泰国非法移民问题的多边研讨会。作为同盟间加强跨部门交流的范例，其所有的调查和救援经验都将由一名前泰国皇家陆军成员与危机管理同盟分享，这对参加应变指挥系统的成员的未来发展很有帮助。

APCSS 通过一系列活动来促进机构职能和领导力的发展。例如其一年一度的多边研讨会就以“安全部门(SSD)：全国重点课题以及区域性解决办法”为题，召集社会各界的各阶层团队就重大安全部门改革提出建议性政策方案。在 2011 年财政年度报告中，SSD 的成果主要包括：由老挝总理办公室领导的 6 部门团队在制定新国家安全保障法和安全部门工作小组的初步框架方面取得的进展；由马尔代夫团队在制定首例国家安全保障框架和构建国家安保理事会雏形方面取得的进展以及由菲律宾工作小组最近发布的草案：“国家安全政策：捍卫民主成果，2011-2016”。

APCSS 还通过一系列综合项目为一些非政府权威性机构提供防御支援以应对危机。这些综合项目主要包括针对国家和区域性危机进行预防、准备以及应对的课程和附加研究小组。例如在某一关于媒体在危机管理中的战略角色的讨论会中，与会者一致同意媒体应做好防灾准备以及战略应对计划，并进行演习与模拟等活动。

此外，APCSS 的参与者们在学习 APCSS 的固定课程期间发起了一系列旨在建设重要机构职能的提议。这些课程为期数周，参与者们将在回国后将所学内容付诸实践。例如，一名来自尼泊尔国防部的参与者就成功地提出了目前与其他举措相比，改革与加强无力的政府管理职能才是联合毛主义叛乱分子的重中之重这一观点。

APCSS 的活动不限于正式计划，还包括人际网络的建设，将超过 3000 名安全员与影响者联结，APCSS 还通过虚拟网络将全球结合朋友、粉丝和追随者连结对话，此外，APCSS 还提供在线出版物，每月有 4000 下载量。

战略目标：实现和平与安全；公正、民主管理；促进国际理解；加强领事级别管理职能

美国政府资助：

机构拨款	机构间转移	美国政府资助总额
5258973	0	52

非美国政府资助：

外国政府	私营部门(美国)	私营部门(外国)	国际性组织	非美国政府资助总额
0	0	0	0	0

参与者总数：

美国参与者总数	国外参与者总数	参与者总数
0	683	683

参与者总数包括跨国境参与者与国内培训接受者。此处数据代表两种类型的参与者。

区域安全研究中心——美国半球防务研究中心（Center for Hemispheric Defense Studies，缩写：CHDS）：

美国半球防务中心（CHDS）位于华盛顿特区，是一个首要区域性论坛，旨在通过战略层面的防御、安全教育、辅助性研究以及对话的方式在西半球各国间促进建立伙伴关系并发展高效安全政策。它旗下的政府和民间研究人员与合作机构共同构成了利益同盟，并形成了一个相互支持的关系网，其目标是建立一个区域性的、合作更加密切、关系更加稳定的国际安全环境。

CHDS 下设 6 项固定课程，面向来自 25 个国家的 223 名参与者；以及拥有区域内 652 名参与者的 9 个会议、研究小组以及高级领导人研讨会项目。同时，CHDS 还在军事学院和其他合作单位开设了 5 项国家实验室课程，参与者人数达到 435 人。在 2011 财政年度，CHDS 接待了来自 15 个国家的 1233 名来访者。CHDS 的教授们来自 45 个国家，并在全世界 17 个国家向 8493 人开展了 103 项学术推广活动。此外，CHDS 还在 8 个国家的 504 名成员之间进行了 9 项前成员推广活动。

除 2011 财政年度固定课程基础项目（战略与防御政策、国土安全防御政策观点、以及跨部门合作和打击恐怖）之外，CHDS 还扩充了教员人数，增设了课程，加强了个人间与机构间的联系，并将注意力集中在美元动向等重要项目因素上。

为了稳固、维持并加强参与者、前成员和各机构之间的联系，CHDS 在其固定活动项目内持续开设一项由 NDU 授权的高级课程。此外，CHDS 还在美国美联国防学院首创了为期三周的高级课程，旨在促进关于国防政策的构想、执行和评估的高效意见交流。

同时，CHDS 也主持了一系列区域内部活动，包括两个负责维系前成员关系网和加强应对区域安全挑战能力的项目——这也是 CHDS 每年最大的研讨会项目——高级决策人研讨会的加勒比前成员分会以及次区域会议的南美洲前成员分会。CHDS 也为高级参与者就多个课题举行了一系列教员主导型活动，例如国家安全战略与立法事务等。

为了维持在两国以及多国间研究和交流领域的地位，CHDS 不断提升自身的研究能力和著作出版能力。2011 财政年度提案中包括由南方司令部司令员批准的一项题为“哥伦比亚复兴之路：安全与监管 1982—2010”的大规模案例研究，以及一项新题案“美国与拉美关系中的战略问题”。

CHDS 的推广项目仍在不断扩张。通过视频会议这一有效方法在遍布整个西半球的前成员中成功召开了研讨会。CHDS 的教授们参与了不计其数的区域内部活动，主要与学术和展示相关。其他 CHDS 前成员活动和研讨会由国内的前成员组织举办，并时刻充满活力，保持信息畅通。例如由一位前 CHDS 成员（同时也是前 APCSS 成员）在萨尔瓦多组织的一场为期两天的研讨会中，两位教授向 80 位萨尔瓦多与会者做了演讲展示，并由两名前 CHDS 成员进行了补充。此次演讲展示主要介绍了秘鲁和巴西的恐怖主义者以及有组织犯罪的问题。

战略目标：实现和平与安全；公正、民主管理；促进国际理解；加强领事级别管理职能。

美国政府资助：

机构拨款	机构间转移	美国政府资助总额
$ 2 830 610	$ 0	$ 2 830 610

非美国政府资助：

外国政府	私营部门(美国)	私营部门(外国)	国际性组织	非美国政府资助总额
$ 0	$ 0	$ 0	$ 0	$ 0

参与者总数：

美国参与者总数	国外参与者总数	参与者总数
0	1 511	1 511

参与者总数包括跨国境参与者与国内培训接受者。此处数据代表两种类型的参与者。

区域安全研究中心——乔治·C. 马歇尔欧洲安全研究中心(George C. MarshallEuropean Center for Security Studies，缩写：GCMC)：

乔治-C-马歇尔欧洲安全研究中心(GCMC)位于德国的加米施-帕腾基兴，是唯一一家美德联合机构。其主要负责对欧洲、亚欧大陆和北美的重大安全问题进行研究。在马歇尔计划理念的指导下，GCMC一直致力于凭借安全教育提案来提升欧洲-大西洋地区的战略价值。GCMC的各项目都秉承着一项基本理念：即21世纪的绝大多数安全问题都需要跨国界、跨部门以及跨学科式的合作来进行应对。

在2011财政年度报告中，GCMC面向超过900名参与者开设了11项固定课程。欧洲合作伙伴语言训练中心(Partnership Language and Training Center Europe，缩写：PLTCE)向来自美国和北约成员国的超过500名参与者提供了由12种语言授课的30个语言强化项目。GCMC还拥有包括前成员聚会、知名前成员系列活动、国会个别指导以及主要区域事务专家讲座等超过150个项目在内的综合推广活动。

和平伙伴关系联盟(The Partnership for Peace Consortium，缩写：PfPC)拥有68项推广活动，其中包括28个旨在制定区域内联合安全政策提案的工作小组会议和40个国防教育强化项目。后者分设于6个国家，旨在强化专业军事教育机构效能。来自30个国家的将近1300人参与了PfPC的项目。

在格鲁吉亚政府的要求下，为了强化可持续性合作伙伴机构职能，GCMC开展一些研讨会(由2010财政年度开始)转向在国家安全审查发展方面对格鲁吉亚政府进行协助。这些研讨会是由北约出资赞助的长期项目中的一部分，旨在通过国家安全审查进程来引导格鲁吉亚政府改良其国家安全审查制度，使之在2012年之前达到北约期望标准。

PLTCE为104支将要开往阿富汗的军队提供了任务关联型英语训练项目。来自波黑共和国、希腊、斯洛伐克、捷克、匈牙利、法国、波兰、克罗地亚以及斯洛文尼亚各个小队如期参加。在PLTCE的努力下，克罗地亚国防学院向加米施派出了指导员，目前正在开展本国的操作性指导与联络团队(Operational Mentor and Liaison Team，缩写：OMLT)项目。

为强化利益同盟，GCMC与塞尔维亚(Serbia)前成员机构正在共同开发一个跨学科项目，旨在将塞尔维亚的社会与政治变化与高科技相联系，从而使塞尔维亚的国防工业水平达到北约标准。该项目意在与欧盟防务局相联系，并由塞尔维亚国防部长批准和支持。

在国际安全问题的重要性不断上升的背景下，三名前GCMC成员在捷克国防部长的批准下起草了一份白皮书，对今后10到15年内捷克军事力量的发展趋势做了全新展望。此外GCMC还独家出版了一份多达144页的杂志，主要阐述了应加强摩尔多瓦-罗马尼亚(Moldovan-Romanian)地域间联系的观点。这份杂志以及前成员机构所做的努力促进了摩尔多瓦与欧洲和欧洲-大西洋地区的融合。

战略目标：实现和平与安全；公正、民主管理；促进国际理解；加强领事级别管理职能。

美国政府资助：

机构拨款	机构间转移	美国政府资助总额
$ 6 467 877	$ 0	$ 6 467 877

非美国政府资助：

外国政府	私营部门(美国)	私营部门(外国)	国际性组织	非美国政府资助总额
$ 0	$ 0	$ 0	$ 0	$ 0

参与者总数：

美国参与者总数	国外参与者总数	参与者总数
0	2 244	2 244

参与者总数包括跨国境参与者与国内培训接受者。此处数据代表两种类型的参与者。

区域安全研究中心——近东南亚战略研究中心(Near East-South Asia Center for Strategic Studies，缩写：NESA)：

近东南亚战略研究中心(NESA)主要负责通过建立稳定的互惠关系促进在安全事务上的区域合作，以及在学术环境中以开放诚恳的互动来促进有效交流和战略职能的方式来加强近东南亚地区的安全保障。NESA 在华盛顿特区和区域内制定计划，为安全部门专业人员建立专属论坛，以此来审查和评估当今区域安全环境中存在的各种挑战。NESA 为各国决策者提供了一个聚集和讨论的平台，并在美国政策目标的支持下寻求应对共同战略问题的合作解决方案。

NESA 的重点工作是对巴基斯坦、阿富汗、也门、伊拉克以及黎巴嫩在战略层面上的职能建设工作进行支持，并随时对海湾地区阿拉伯国家以及黎凡特、北非、埃及和印度的动向进行关注。此外，根据 2010 财务年度报告，位于巴林首都麦纳麦(Manama)的推进办公室强化了中心政府的执行职能；提升了对围绕基础改革进程进行的短期区域性安全会议以及建设战略伙伴职能活动的参与率；并使热点问题项目的参与度和效率都大幅提高。

在 2011 财年，NESA 主办的固定项目计划中包括由来自 56 个国家的 941 人参与的 8 个学术项目和 9 个前成员短期项目。此外，NESA 还有 26 项推广活动，参与者人数达到 2 367 人；以及由 52 人参与的 2 项特别提案。

NESA2011 年的基础研讨会计划以及推广计划与区域网络战略研究中心(Regional Network of Strategic Studies Centers，缩写：RNSSC)之间的协议得以延续，并得到了来自 NESA 全体员工和国家领导人的直接承诺。后者由 OSD，美军中央司令部(U. S. Central Command，缩写：CENTCOM)，AFRICOM，美国欧盟司令部(U. S. European Command，缩写：EUCOM)以及特别执行司令部(Special Operations Command，缩写：SOCOM)的目标和优先政策支持。

到第三季度为止，NESA 发展了 100 多名校友，并相较 2010 财政年度新增 3 个旨在发展校友的研讨会。NESA 在 2011 财政年度举办了 68 场活动，与会时长较去年增长 20%，行政费用支出较去年下降 15%。除基础研讨会之外，NESA 继续通过举行研究小组和讨论会和其他活动来对 OSD 和 CENTCOM 进行优先政策支持，这些活动能够提高我们的盟友和合作伙伴干扰、摧毁、击溃基地组织能力，实现阿富汗安全责任领导权的让渡，在巴基斯坦建立安全保卫职能，并使得伊拉克的军民转换成为可能。此外，NESA 是一个公认的优秀战略承诺平台，良好的声誉让其将视野“越过地平线”，致力于与土耳其(Turkey)和以色列(Israel)开展一系列双边项目；并与学术机构建立合作关系，以此推动印巴核安全问题提案以及对美国政府提供直接协助。

NESA 在重要战略方面取得了不计其数突破性成果，这是对 OSD 和 CENTCOM 的主要国家和目标的有力支持。

——NESA 直接与阿富汗和巴基斯坦办公室高级代表(Senior Representative for Afghanistan and Pakistan Office，缩写：SRAP)合作开发美-阿战略关系与巴基斯坦政策框架。NESA 建议在美-阿战略框架和 NESA 领导的 RNSSC 的发展中，美国和阿富汗高级领导人应继续研究与塔利班和解框架，该框架将与 2011 年秋天提交给卡尔扎伊总统。

——NESA 为黎巴嫩武装部队人员和指挥推荐课程和教师发展的变化，导致美国与其邻国的国家安全/国防战略进行了调整，战略前景有所变化。

——NESA 与也门政府举行了一系列双边研讨会，强化其在跨机构层面上实施国家安全战略规划的能力。在这一努力下，一批有能力领导也门走向未来的专业决策者诞生了。

——NESA 与渥太华大学合作建立了一个平台，在这里印度和巴基斯坦可以公开讨论战略问题，并提供下列事项：政府间轨道一号核安全会谈议程；印度和巴基斯坦出版社出版的公开声明，旨在敦促他们各自的国家领导人开始直接的关于大量核威慑、科技、政策问题的双边会谈，包括“冷启动”和巴基斯坦战术核武器；还有最近的印巴海军事件导致的印度与巴基斯坦(INDO-PAK)之间的海上事故(INCSEA)的过程。

——NESA-土耳其双边项目正在通过影响土耳其，使其撤回最近加沙船队冲突中马维马尔马拉号来重塑美国-土耳其和地区战略格局，并通过今年秋天的一系列双边活动，以与 OSD 和 DOS 进行的 360 度全方位战略研讨会告终，重塑美国与土耳其的关系。

战略目标：实现和平与安全；公正民主管理；增进国际了解；加强领事和管理能力。

美国政府资助：

机构拨款	机构间转移	美国政府资助总额
$ 4 804 430	$ 0	$ 4 804 430

非美国政府资助：

外国政府	私人部门(美国)	私人部门(国外)	国际组织	非美国政府资助总额
$ 0	$ 0	$ 0	$ 0	$ 0

参与者总数：

美国参与者总数	国外参与者总数	参与者总数
0	956	956

参与者总数包括跨国境参与者与国内培训接受者。此处数据代表两种类型的参与者。

打击恐怖主义区域防御合作计划(Regional Defense Combating Terrorism Fellowship Program，缩写：CTFP)：

打击恐怖主义区域防御合作计划(CTFP)是国防部安全合作的途径，它为国际安全人员提供教育和培训，是美国在世界范围内为打击恐怖主义所作出努力的一部分。

CTFP 的目标是建立和增强致力于支持美国打击恐怖分子和恐怖组织所作出的努力的由反恐专家和从业人员组成的全球网络；建设和加强合作伙伴国家打击恐怖主义的能力；对抗支持恐怖主义的国家。

战略目标：实现和平与安全；增进国际了解；建立打击恐怖主义专家全球网络；建设合作国家打击恐怖主义的能力；对抗支持恐怖主义的国家

美国政府资助：

机构拨款	跨机构间转移	美国政府资助总额
$ 26 704 583	$ 0	$ 26 704 583

非美国政府资助：

外国政府	私人部门(美国)	私人部门(国外)	国际组织	非美国政府资助总额
$ 0	$ 0	$ 0	$ 0	$ 0

参与者总数：

美国参与者总数	国外参与者总数	参与者总数
0	3 153	3 153

参与者总数包括跨国境参与者与国内培训接受者。此处数据代表两种类型的参与者。

负责人员和预备工作的国防副部长办公室(Office of the Under Secretary of Defense for Personnel and Readiness)：

负责人员和预备工作的国防副部长办公室的使命是制定政策计划、进行分析、提供建议、就国防部计划和项目作出指导。此外，该办公室还制定政策和计划、开发项目以确保全部力量就绪，作好有效、高效的准备以确保和平时期的运作，并作好应急计划和准备；制定并推行人力需求和总力培训政策、流程和标准；审查和评估计划和项目，以确保符合已批准政策和标准；参与国防部人员与预备工作功能相关的活动计划、制作和预算；促进部门内、部门间与其他联邦机构、地方政府与州政府及民间团体间的协调、合作和相互理解；服务于董事会、委员会和已经分配作用范围的其他组织，并在部门以外的人力和人员事务方面代表国防部长。

国家安全教育计划(National Security Education Program，缩写：NSEP)：

国家安全教育计划(NSEP)针对对美国国家安全至关重要的世界区域和语言，但未能充分代表国外对美国的研究。

NSEP 博伦奖学金和助学金项目资助美国本科生和研究生学习在非洲、亚洲、中欧和东欧、欧亚大陆、拉丁美洲和中东地区等世界关键区域一般不进行教学的语言。为了得到 NSEP 金融支持，所有博伦奖学金获得者应承担联邦服务义务，这就要求他们在有关美国国家安全责任的职位上工作至少一年。非洲语言计划是一个为博伦学者和研究人员提供的试点计划，重点关注一些重要的非洲语言，旨在让学生通过完成国内学习提高自身能力，接下来进行集中的、长达一学期的海外语言学习。

语言旗舰项目使学生精通包括阿拉伯语、中文、印度乌尔都语、朝鲜语、波斯语、葡萄牙语、俄语、斯瓦希里语和土耳其语在内的重要语言。旗舰项目学生将语言学习与他们选择的一门主要学科结合在一起，并完成为期一年的海外项目，该项目包括强化语言学习、直接进入当地大学就读以及获取专业实习经历。此外，语言旗舰项目奖将被授予美国大学中语言教育领域公认的领头人，并支持学校在语言教育方面进行创新，例如与开发了用中文、阿拉伯语和俄语教学的美国基础教育项目的创新型大学和学院系统建立合作关系。

项目全球官员，又叫做项目 GO 是 NSEP 签署的预备役军官训练军团计划。项目 GO 旨在提高未来军官的语言技能、区域性专业知识以及跨文化交际能力。

战略目标：实现和平与安全；促进经济增长和繁荣；以人为本；增进国际了解；集中的海外浸泡式研究；高级语言学习

美国政府资助：

机构拨款	跨机构间转移	美国政府资助总额
$ 13 570 413	$ 0	$ 13 570 413

非美国政府资助：

外国政府	私人部门(美国)	私人部门(国外)	国际组织	非美国政府资助总额
$ 0	$ 0	$ 0	$ 0	$ 0

美元数额包括交流与培训项目在内的大型项目支出。

参与者总数：

美国参与者总数	国外参与者总数	参与者总数
711	0	711

所有参与者均跨越国境，没有参与者在国内接受培训。

预备役军官国外交流项目(Reserve Officer Foreign Exchange Program)：

国防部预备役军官国外交流项目旨在为国民警卫队和预备役军官提供与动员职责相关的培训，同时提高他们的工作和与驻在国军方人员交流的能力。该项目为预备役军官提供了完成与其动员职责相关的年度培训的机会，同时可增进对其主要联盟伙伴培训、理论和运作的理解。

助理国防部长办公室(储备事务)在协调预备役人员管理、制定项目政策和与参与国家的防御部门进行协作中起到领头作用。每个预备役项目都各自负责管理他们的后备军的项目。预备役项目选择高素质官员参与项目。每个预备役项目会确定一个东道主预备役单位，来访的预备役军官可以发现与他们的军事专业有关的实质性的、高质量的培训机会。

参加交流项目的预备役军官受到能够与家庭成员分享的有价值的培训。他们会懂得盟军后备力量的价值，能够与相关动员力量进行有效合作。

一旦我们的部队退出当前的任务，那么不同国家预备役之间建立个人和专业关系的机会将大大减少。这样的项目可以维持我们健康的军事关系，增进我们对于彼此的预备役项目和对我们共同服务的联盟的了解。

战略目标：实现和平与安全。

美国政府资助：

机构拨款	跨机构间转移	美国政府资助总额
$ 657 722	$ 0	$ 657 722

非美国政府资助：

外国政府	私人部门(美国)	私人部门(国外)	国际组织	非美国政府资助总额
无记录	无记录	无记录	无记录	无记录

参与者总数：

美国参与者总数	国外参与者总数	参与者总数
85	85	170

所有参与者均跨越国境，没有参与者在国内接受培训。

美国政府资助款总额	机构拨款	机构间调拨款	外国政府	私人部门(美国)	私人部门(外国)	国际组织	资助款总额	参与者总计
$ 18 822 898	$ 18 822 898	$ 0	$ 12 589 571 *	$ 0 *	未跟踪	$ 4 678 *	$ 31 417 147 *	5 834

所统计的参与者包括跨国培训者和在本国受培训者。

所统计的费用包括用于较大项目上的费用，这包括用于交流和培训的费用。

*部分项目未提交完整的赞助金数据。

教育部 Department of Education(USED)

公共事务办公室

马里兰大街西南 400 号

华盛顿特区邮编 20202

www.ed.gov · 202-401-1576

美国教育部的使命是确保教育公平，向全国推行高质量教育。

高等教育办公室(Office of Postsecondary Education):

高等教育办公室下设有国际和外语教育服务处(International and Foreign Language Education Service, IFLE，前身为国际教育项目服务处 International Education Programs Service)和高等教育改进基金会(Fund for the Improvement of Postsecondary Education, FIPSE)。

国际和外语教育服务处负责执行 14 个项目，以拓展美国教育的国际视野，提高美国小语种外语的教学能力及进行相关区域研究的能力。国际和外语教育服务处的使命包括为外语和区域培训、课程发展、研究和广泛的国际教育活动提供资助金。

有 9 个项目基本在美国国内执行，它们是国家资源中心项目、外语及区域研究奖学金项目、国际调查与研究项目、语言资源中心项目、大学生国际研究与外国语言项目、商业与国际教育项目、国际商业教育中心项目、外国信息入径技术创新与合作项目和国际公共政策研究所项目。这些项目均由 1965 年美国《高等教育法》(Higher Education Act , HEA)第六条及其修正案批准。

另有 5 个项目在国外执行。其中 4 个依据 1961 年美国《交换教育与文化交流法案》(又称"富布赖特-海斯法案")实施，它们是博士论文海外研究项目、教职员国外研究项目、团队计划国外研究项目、国外研讨会项目和特殊双边项目研究项目。这些项目特别支持针对非西欧地区的区域研究计划。美国海外研究中心项目由美国《高等教育法》(HEA)第六条所批准。

高等教育改进基金会(FIPSE)为由《高等教育法》(HEA)第七条所批准的四个项目提供资助金，它们是欧盟-美国亚特兰蒂斯项目、北美高等教育流动项目、美国-墨西哥高等教育联盟项目、美国-俄罗斯项目。这些项目目前由国际和外语教育服务处(IFLE)负责执行。

美国海外研究中心项目(American Overseas Research Centers Program (AORC)):

美国海外研究中心项目向高等教育机构联盟提供资金，建立或运行一个美国海外研究中心，以促进研究生的研究学习、交流与区域研究。美国高等教育机构联盟从美国的公共或私立资源处获得超过一半的资助金，在该中心拥有永久办事处。享受免税待遇的组织也可以有资格加盟这个项目。

美国海外研究中心项目提供的资金可用于支付建立或运行中心或项目所需的部分或全部费用。这些费用包括但不限于以下方面：运行和维护海外设施所需费用；组织和召开会议所需费用；教学和研究资料费用；获取、修复和保存图书馆收藏品所需费用；邀请访问学者或教职工到中心教学或进行研究所需费用；教职工或工作人员的薪金；教职工、工作人员和学生出行费用；为大众学者和普通群众出版并传播资料所需费用。

战略目标：取得和平与安全；投资人力；促进国际理解；改善美国教育状况

美国政府资助款：

机构拨款	机构间调拨款	美国政府资助款总额
$ 1 120 334	$ 0	$ 1 120 334

非美国政府资助款：

外国政府	私人部门(美国)	私人部门(外国)	国际组织	非美国政府资助款总额
未跟踪	未跟踪	未跟踪	未跟踪	未跟踪

参与者总计：

美国参与者总计	外国参与者总计	参与者总计
946	0	946

所有参与者均有跨国；所有参与者均不是本国培训。

欧盟-美国亚特兰蒂斯项目(European Union-United States Atlantis Program):

欧盟-美国亚特兰蒂斯项目由高等教育改进基金会(FIPSE)提供资助，并由国际和外语教育服务处(IFLE)负责执行。亚特兰蒂斯项目的目的是从欧盟-美国这个新的层面展开以学生为中心的合作，从而成就欧盟与美国的平衡双赢。该项目的基本目标如下：促进欧盟人民与美国人民间的相互理解，包括对双方语言、文化与制度方面更全面的理解；提高人力资源发展的质量和跨大西洋的学生流动，包括促进人与人的相互理解；鼓励在高等和(或)职业教育和培训的新兴领域交流专业知识；支持在高等教育、职业教育、各培训机构、各专业协会、各公共权力机构、各企业以及其他协会间形成或发展合作关系；为跨大西洋合作引入一个新的合作层面，作为对(欧盟)各成员国与美国双边合作的补充，及作为在高等教育与职业培训领域发起的其他项目和策划上双方合作的补充。

战略目标：取得和平与安全；公正和民主地实行管理；促进经济发展与繁荣；投资人力资本；促进国际理解。

美国政府资助款：

机构拨款	机构间调拨款	美国政府资助款总额
$ 4 503 475	$ 0	$ 4 503 475

非美国政府资助款:

外国政府	私人部门(美国)	私人部门(外国)	国际组织	非美国政府资助款总额
$ 7 361 125	未跟踪	未跟踪	未跟踪	$ 7 361 125

所统计的费用包括用于较大项目上的费用，这包括用于交流和培训的费用。

参与者总计:

美国参与者总计	外国参与者总计	参与者总计
419	418	837

所有参与者均是跨国培训；所有参与者均不是本国培训。

富布赖特-海斯团队计划国外研究项目(Fulbright-Hays Group Projects Abroad Program):

富布赖特-海斯团队计划国外研究(GPA)项目为美国高等教育机构的美国教师、职前老师、教职工及学生提供海外学习的机会。它旨在成为促使美国学校系统全面发展并改进现代外语和区域研究的一种方式。

有资格参与该项目的有：高等教育机构、州教育部门、私人非盈利教育机构以及类似机构、部门和组织的联盟。

欲知该项目的详细情况和要求，请参看《美国联邦法规》，第 664 编，第 6 章，第 34 条；《联邦纪事》，第 63 册，第 168 号，1998 年 8 月 31 日，星期一，pp. 46358-46361，pp. 46366-46368；《联邦政府救济条目》，第 84. 021 号项目。

战略目标：取得和平与安全；促进国际理解；改善美国教育状况。

美国政府资助款:

机构拨款	机构间调拨款	美国政府资助款总额
$ 4 892 063	$ 0	$ 4 892 063

非美国政府资助款:

外国政府	私人部门(美国)	私人部门(外国)	国际组织	非美国政府资助款总额
未跟踪	未跟踪	未跟踪	未跟踪	未跟踪

参与者总计:

美国参与者总计	外国参与者总计	参与者总计
704	0	704

所有参与者均是跨国培训；所有参与者均不是本国培训。

富布赖特-海斯海外研讨会项目(Fulbright-Hays Seminars Abroad Program):

富布赖特-海斯海外研讨会(SA)项目为符合条件的美国小学和中学老师、课程专家和学院教职工提供参加短期海外研讨会的机会，研讨话题可涉及社会科学、人文学科或参与国的语言学习。

欲知此项目的详情，请参考《联邦政府救济条目》，第 84.018 号项目。

战略目标：取得和平与安全；促进国际理解；改善美国教育状况。

美国政府资助款：

机构拨款	机构间调拨款	美国政府资助款总额
$ 1 926 195	$ 0	$ 1 926 195

非美国政府资助款：

外国政府	私人部门(美国)	私人部门(外国)	国际组织	非美国政府资助款总额
未跟踪	未跟踪	未跟踪	未跟踪	未跟踪

参与者总计：

美国参与者总计	外国参与者总计	参与者总计
134	0	134

所有参与者均是跨国培训；所有参与者均不是本国培训。

北美高等教育流动项目(Program for North American Mobility in Higher Education)：

北美高等教育流动项目(即北美项目 North American Program)由高等教育改进基金会(FIPSE)资助，并由国际和外语教育服务处(IFLE)负责执行。北美项目是一个奖助金竞赛项目，由美国政府、加拿大政府和墨西哥政府联合运作。该项目通过资助至少涉及两个来自不同国家的学术机构的合作联盟形式，提倡在拓展的学术和专业学科的教育与培训中，以学生为中心，以北美为关注区域。该项目的资助期为 4 年。

高等教育北美流动项目旨在提高美国、加拿大和墨西哥三国的人力资源发展质量，探索帮助学生在北美地区就业的途径。为了实现这个目的，参与项目的联盟应达成以下目标：各北美教育机构相互承认学分且学分可通用；各北美教育机构开设可共享的、基本的或核心的课程；学习北美三国的语言，体验三国的文化；支持学生实习或获得相关的工作经验；促进各北美教育机构间学术人员的合作与交流。同时，该项目也鼓励各联盟通过拓展合作范围，和除了各高等教育与培训机构以外的机构的合作，比如与北美三国的企业、工业、各专业协会、各公共权力机构开展合作。

战略目标：取得和平与安全；公正和民主地进行管理；促进经济发展与繁荣；投资人力资本；促进国际理解。

美国政府资助款：

机构拨款	机构间调拨款	美国政府资助款总额
$ 1 221 750	$ 0	$ 1 221 750

非美国政府资助款：

外国政府	私人部门(美国)	私人部门(外国)	国际组织	非美国政府资助款总额
$ 1 705 200	未跟踪	未跟踪	未跟踪	$ 1 705 200

所统计的费用包括用于较大项目上的费用，这包括用于交流和培训的费用。

参与者总计：

美国参与者总计	外国参与者总计	参与者总计
167	124	291

所有参与者均是跨国培训；所有参与者均不是本国培训。

美国-墨西哥高等教育联盟项目(U.S. -Brazil Higher Education Consortia Program)：

美国-墨西哥高等教育联盟项目(即美国-墨西哥项目 U.S. -Brazil Program))由高等教育改进基金会(FIPSE)资助，并由国际和外语教育服务处(IFLE)负责执行。美国-墨西哥项目是一个奖助金竞赛项目，由美国政府、加拿大政府和墨西哥政府联合运作。在两国不断提升双边课程的背景下，该项目促进美国与墨西哥各大学建立合作关系，帮助两国大学本科生、研究生、教职工和工作人员互访交换学习。两国的课程创新和在异国的学习有利于提高学生的国际视野与文化视野。

战略目标：取得和平与安全；公正民主地实行管理；促进经济发展与繁荣；投资人力资本；促进国际理解；改善本科生教育状况。

美国政府资助款：

机构拨款	机构间调拨款	美国政府资助款总额
$ 2 729 905	$ 0	$ 2 729 905

非美国政府资助款：

外国政府	私人部门(美国)	私人部门(外国)	国际组织	非美国政府资助款总额
$ 2 461 726	未跟踪	未跟踪	未跟踪	$ 2 461 726

所统计的费用包括用于较大项目上的费用，这包括用于交流和培训的费用

参与者总计：

美国参与者总计	外国参与者总计	参与者总计
406	337	743

所有参与者均是跨国培训；所有参与者均不是本国培训。

美国-俄罗斯项目(U.S. -Russia Program)：

美国-俄罗斯项目由高等教育改进基金会(FIPSE)资助，并由国际和外语教育服务处(IFLE)负责执行。该项目旨在促进两国在高等教育领域的研究与各种教育活动的开展。它向两国高等教育机构间的合作提供资助以此帮助两国发展并拓展教育机会，尤其是帮助两国在语言上交互学习以及在科学、技术和人文学科教育上取得进步。

战略目标：取得和平与安全；公正民主地实行管理；促进经济发展与繁荣；投资人力资本；促进国际理解；改善美国教育状况。

美国政府资助款：

机构拨款	机构间调拨款	美国政府资助款总额
$ 1 061 520	$ 0	$ 1 061 520

非美国政府资助款：

外国政府	私人部门(美国)	私人部门(外国)	国际组织	非美国政府资助款总额
$ 1 061 520	未跟踪	未跟踪	未跟踪	$ 1 061 520

所统计的费用包括用于较大项目上的费用，这包括用于交流和培训的费用。

参与者总计：

美国参与者总计	外国参与者总计	参与者总计
54	32	86

所有参与者均是跨国培训；所有参与者均不是本国培训。

学生安全与健康办公室(Office of Safe and Healthy Students)：

学生安全与健康办公室负责执行、协调与推荐相关政策，以提高以下计划或活动的质量和水准：

—为反毒品与反暴力活动提供资金支持；为小学、中学与高等教育机构的学生的健康谋福利；提高学习条件的学校准备活动。这些活动可由其他联邦机构、州立或地方教育机构或其他公共或私人的非盈利组织执行。

—参与美国教育部项目政策、立法提案及涉及反暴力和反毒品的整体管理方针的制定与发展；并参与起草项目规范。

—参与涉及以下领域的跨机构委员会、团体或伙伴关系：反暴力和反毒品、学前准备、国土安全、青少年失踪与被剥削、青少年人口贩卖及校园卫生。

—同其他联邦机构一道，参与涉及反暴力和反毒品和学前准备的全国调查与数据收集计划进程。

—负责执行涉及公民权与公民教育的美国教育部项目。

公民之声：国际民主记忆库项目(Civic Voices：An International Democracy Memory Bank Project)：

“公民之声：国际民主记忆库项目”是一个创新项目，旨在最大限度地实现国际交流的专业发展价值，为拓展的公民教育社区附加重要价值。公民之声项目收集来自世界各地的民主活动人士提供的口述史料，建立一个充实的资料库。这些民主人士包括来自八个目标国的人士：哥伦比亚共和国、格鲁吉亚、蒙古国、北爱尔兰、菲律宾、波兰、南非和美国。参与教师将要求学生对这些积极人士进行采访，并将他们的故事上传到一个在线记忆库，以储存他们国家的民主奋斗遗产。这个项目有以下四方面的目标：

—教师在公民教育中融入探究式教学法和对比法以提高公民教育能力；

—学生在公民教学与社区调查活动中增长与公民相关的知识、能力与素质；

—成果包括收集第一人称叙述的在线记忆库和关于对比各国民主政治与公民参与的教师指南。

—合作组织将交流意见，相互协作以进一步改善高质量公民教育。八个目标国的教师会员组织将把公民之声项目收集的资料和开展的活动涵盖进他们日常运作的进程中。

项目进行的最后一年，公民之声项目的重点在于项目可持续性和资料的产出。所有合作国的培训将继续进行，不过培训的重点在于对已产出的资料的运用而不是进行采访收集新的资料。项目的另一个重点是确保将已完成的采访提交给项目组并上传到网上。

战略目标：取得和平与安全；公正民主地实行管理；投资人力资本；促进国际理解。

美国政府资助款：

机构拨款	机构间调拨款	美国政府资助款总额
$ 874 391	$ 0	$ 874 391

非美国政府资助款：

外国政府	私人部门(美国)	私人部门(外国)	国际组织	非美国政府资助款总额
未跟踪	未跟踪	未跟踪	$ 4 678	$ 4 678

所统计的费用包括用于较大项目上的费用，这包括用于交流和培训的费用。

参与者总计：

美国参与者总计	外国参与者总计	参与者总计
33	532	565

部分参与者是跨国培训，部分是本国培训。此统计包括了这两种情况。

美洲商议民主项目(Deliberating in a Democracy in the Americas(DDA))：

美洲商议民主项目旨在促进美国和拉丁美洲人民进行新一轮的民主原则和公民审议技巧的教授或学习。这项重要的任务由美国联邦教育部资助，并由芝加哥宪法权利基金会(CRFC)、洛杉矶宪法权利基金会(CRF)和街道普法公司共同执行。

美洲商议民主项目的目标是帮助美国和拉丁美洲的中学教师和中学生增长知识、能力与素质，动员他们有效参与到有争议的议题的商议中，这些议题涉及国家民主原则。该项目针对的中学教师和中学生将来自美国的加利福尼亚州、科罗拉多州、伊利诺伊州、马里兰州、明尼苏达州、北卡罗莱纳州以及弗吉尼亚州或来自哥伦比亚共和国、厄瓜多尔、墨西哥以及秘鲁。

在2011财年，来自以上各地区的134名教师和3 000多名学生加入了美洲商议民主项目。所有参与方都在2011年9月至11月举行了首轮教师职业发展大会。9个参与方在2011年10月至12月举行了第二轮教师职业发展大会。

所有参与方都建立了两两合作的关系。这些合作关系萌发于在墨西哥库埃纳瓦卡和秘鲁利马举行的教师职业发展大会。在该学年，这些合作关系得益于学生电视会议、师生在线交流以及教师交互访问而得到延续。

所有该项目基地的教师都反映他们与基地协调员的协商卓有成效。对学生而言，多名基地协调员反映，这种协商促进了学生的参与，提高了学生对异议的包容度，提高了学生的批判性思维能力和决策技能。

战略目标：促进国际理解；公正民主地实行管理；投资人力。

美国政府资助款：

机构拨款	机构间调拨款	美国政府资助款总额
$ 493 265	$ 0	$ 493 265

非美国政府资助款：

外国政府	私人部门(美国)	私人部门(外国)	国际组织	非美国政府资助款总额
未跟踪	$ 0	未跟踪	未跟踪	$ 0

所统计的费用包括用于较大项目上的费用，这包括用于交流和培训的费用。

参与者总计：

美国参与者总计	外国参与者总计	参与者总计
100	74	174

部分参与者是跨国培训，部分是本国培训。此统计包括了这两种情况。

国际事务办公室秘书办公室(Office of the Secretary, International Affairs Office)：

国际事务办公室职员为涉及美国教育的国际教育事件提供信息来源，促进美国与他国在教育领域发展和合作，协调教育部参与国际组织、研究和重大活动。

美国联邦教育部国际访问者项目(USED International Visitors Program)：

教育部每年接待约 1 000 名外国访问者。这些访问者包括在外国政府工作的个人，如教育部长、内阁阁员以及国家立法机关成员；学校首席管理员、校长以及教师、宗教领导者、非政府组织代表、新闻界人士、商业人士以及其他社会人士。

战略目标：投资人力；促进国际理解；改善美国状况。

美国政府资助款：

机构拨款	机构间调拨款	美国政府资助款总额
$ 0	$ 0	$ 0

非美国政府资助款：

外国政府	私人部门(美国)	私人部门(外国)	国际组织	非美国政府资助款总额
未跟踪	未跟踪	未跟踪	未跟踪	未跟踪

参与者总计：

美国参与者总计	外国参与者总计	参与者总计
0	1 354	1 354

所有参与者均是跨国培训；所有参与者均不是本国培训。

美国政府资助款总额	机构拨款	机构间调拨款	外国政府	私人部门(美国)	私人部门(外国)	国际组织	资助款总额	参与者总计
$ 5 514 094	$ 5 446 131	$ 67 963	$ 86 854 *	$ 0 *	$ 43 161 *	$ 1 730 *	$ 5 645 839 *	3 595

所统计的参与者人数只包括部分本国培训者。

所统计的费用包括用于较大项目上的费用，这包括用于交流和培训的费用。

* 部分项目未提交完整的资助款数据。

能源部 Department of Energy(DOE)
独立大道西南 1000 号
华盛顿哥伦比亚特区邮编 20585
www.energy.gov · 202-586-5000

能源部负责实施多项研究项目和业务项目，涉及能源、国家核能安全、环境质量以及科学。能源部的使命如下：建立一个安全、可靠、环境和经济可持续的能源系统；负责管理好国家核武器；清理维护能源部的设施；领导物理科学领域发展，推动生物、环境与计算机科学领域进步；为国有研究企业提供基本科学器材。为了完成这些使命，能源部参与了许多关联跨部门活动，签署了 200 多份双边或多边跨国协议，还参与了大量得到指定法律授权的国际协作。

能源部积极寻求在能源政策及相关目标上的国际合作。为实现能源部的使命，需国家实验室人员实施一个综合项目开展研究与发展活动，这些人员包括顶级科学家、工程师及其他技术人员。此外，能源部的项目提供从发电到国家战略石油储备的市场推广等各种基本能源服务和业务活动。频繁的国际交流和培训使其中许多项目受益，这也有利于强化能源安全计划，提高美国工业在世界贸易中的相对地位。

自 2003 年财年起，能源部一直积极完善和重组既有的管理基础设施，以支持国际交流、培训与协作确保能源部系统逐步承担了更多的责任。此外，在遵守新的立法规定的前提下，能源部一直支持新发动的、逐步展开的项目活动。那些新的立法规定不仅确保国土安全，而且尤其影响到美国政府赞助的一些跨国互利项目。这些互利项目旨在促进国际交流与培训，并促进联合科学/专业协作。

能源部管理办公室主导的交流学者项目是一个国际交流重点项目，这种国际交流将促进能源科学、技术进步、环境问题与国家安全领域的科学研究与开发。该交流项目的资助金来源不一，不过主要还是来自能源部和访问者本国的机构和(或)政府的合作资助。此外，能源部系统的其他交流学者项目同样推动了国际交流与培训，有利于实现能源部的远期的项目使命。

能源信息署(Energy Information Administration (EIA))：

能源信息署经国会批准于 1977 年设立，是能源部的统计机构，也是联邦政府的 10 个统计机构之一。能源信息署提供独立于政策的数据、预测和分析，以帮助制定合理决策，保证市场有效运转，提高公众对能源和能源与经济和环境的关系的理解。能源信息署也建立了广泛的国家能源档案。

能源信息署项目(Energy Information Administration Programs)：

能源信息署支持能源部的跨国项目，它与国际组织开展合作；开发数据和信息分享项目；并且参与利于能源部完成使命的跨国重大项目和各种会议。

战略目标：促进经济发展与繁荣；投资人力资本；促进科学进步。

美国政府资助款：

机构拨款	机构间调拨款	美国政府资助款总额
$ 30 740	$ 0	$ 30 740

非美国政府资助款：

外国政府	私人部门(美国)	私人部门(外国)	国际组织	非美国政府资助款总额
未跟踪	未跟踪	未跟踪	$ 540	$ 540

所统计的费用包括用于较大项目上的费用，这包括用于交流和培训的费用。

参与者总计：

美国参与者总计	外国参与者总计	参与者总计
20	0	20

所有参与者均是跨国培训；所有参与者均不是本国培训。

能源(Energy Resources)：

能源行动可促进能源系统的完善与实践活动的分配，为当代和后代人民提供洁净的、价格合理的、可靠的能源。化石能源办公室承担并推动对一般人购买得起的、对环境无害的化石燃料技术的研究、发展和示范。核能与科学办公室处理涉及现有核电站的技术问题，支持核能研究和核科学教育，提供防御和深空探索所需的能源系统，开发创造和应用同位素技术的技术，提供用于医学研究和工业的同位素技术。能效与可再生能源项目促进各领域，例如建筑、工业、交通及公用事业领域对能效与可再生能源技术的研究、开发和示范。

国家能源技术实验室(National Energy Technology Laboratory)：

国家能源技术实验室(NETL)的使命是解决产出与利用石化能源遭遇的环境、供给和可靠性方面的约束，为美国人民创造更雄厚的经济、更卫生的环境以及更安全的未来。

国家能源技术实验室的国际项目处理重要的涉外信息，帮助国家能源技术实验室与外国同行交流信息与意见；收集对正在进行的项目有重要意义的信息；完善美国技术、设备与服务；并适时推进美国联邦政府政策目标。

战略目标：促进经济发展与繁荣；投资人力；促进国际理解。

美国政府资助款：

机构拨款	机构间调拨款	美国政府资助款总额
$ 114 504	$ 67 963	$ 182 467

非美国政府资助款：

外国政府	私人部门（美国）	私人部门（外国）	国际组织	非美国政府资助款总额
未跟踪	未跟踪	$ 43 161	$ 1 190	$ 44 351

参与者总计：

美国参与者总计	外国参与者总计	参与者总计
72	461	533

所有参与者均是跨国培训；所有参与者均不是本国培训。

电力供应与能源可靠性办公室（Office of Electricity Delivery and Energy Reliability（OE））：

电力供应与能源可靠性办公室负责确保国家能源供应系统安全、可及时修复且可靠。该办公室致力于开发完善基础设施的新技术。基于基础设施情况而制定的电力政策和塑造电力系统的规划和市场运作的计划。它还致力于提高电网的应急能力，并在主要电路断电时协助修复电力。

它也负责收集、分析并传播与国际电力交易有关的信息。

电力供应与能源可靠性办公室参与了多种国际活动，有些活动涵盖国际交流和培训项目。它通过促进国际政策活动，参与能源部署外交来保证全球能源安全，也利用能源部和整个美国政府的信息来确认关键的外国能源供给情况，并为保证外国产品流向美国提供技术支持。

美国与加拿大和墨西哥的电力贸易正在扩大。电力供应与能源可靠性办公室授权向加拿大、墨西哥的电力出口，发放建筑、连接、运行和（或）维护国际交界区的电力传输设备的各项许可证，使北美三国都能实现最大的经济和可靠性效益。

战略目标：取得和平与安全。

美国政府资助款：

机构拨款	机构间调拨款	美国政府资助款总额
$ 582 328	$ 0	$ 582 328

非美国政府资助款：

外国政府	私人部门（美国）	私人部门（外国）	国际组织	非美国政府资助款总额
$ 82 144	未跟踪	未跟踪	未跟踪	$ 82 144

参与者总计：

美国参与者总计	外国参与者总计	参与者总计
123	1 415	1 538

所有参与者均是跨国培训；所有参与者均不是本国培训。

能效与可再生能源办公室(Office of Energy Efficiency and Renewable Energy(EERE)):

能效与可再生能源办公室(EERE)领导联邦政府开展的能效研究、开发和部署工作。该办公室的作用是对高风险、高回报的研发进行投资。这些研发对美国的能源未来有着重要意义，且仅仅靠私有部门是不能顺利实施的。因此各项项目活动是EERE联合私有部门、州政府和地方政府、能源部国家实验室和大学共同实施的。EERE也与美国和国际的利益相关方进行协作(包括经由履行协议、双边协议和三边协议建立的跨国合作与交流)，设立相关计划和方针，优化先进洁净能源的技术和实践活动的配置。这些协作项目是对EERE使命的反映，即通过促进能效和生产力的公有-私有部门合作，强化美国能源安全，改善美国环境质量，提高美国经济活力；向市场输入洁净、可靠、实惠的能源；通过为美国人民提供更好的能源选择来提高美国人民的生活质量，从而大大改善美国人民的日常生活。

能效与可再生能源项目(Energy Efficiency and Renewable Energy Programs):

能效与可再生能源项目的各项研究、开发和示范活动有利于促进各领域，例如建筑、工业、交通及公用事业领域对能效与可再生能源技术的使用。这些活动包括提供各种先进技术、系统和合作机会的信息，以提高能效，发展可再生能源，预防能源污染；协助美国工业开发洁净、可再生的、更经济的电力来源；提供不同技术领域，如太阳能、生物燃料、燃料电池、氢气、以及高温超导体的个案研究。

能效与可再生能源办公室与欧盟-美国能源委员会、国际能效合作伙伴关系(IPEEC)、国际可再生能源总署(IRENA)及国际能源总署(IEA)等团体一道，参与了许多国际行动、伙伴合作与重大项目，以深化全球对可再生能源和能效的认识与利用。这些团体的工作重心在于全球能源安全与市场、能源政策和技术研发与示范(RD&D)。例如，能效与可再生能源办公室和欧盟-美国能源委员会正在共同合作，协调可催生能源政策与部署的活动并共享信息，促进洁净能源技术的研发。

战略目标：促进经济发展与繁荣；促进国际理解。

美国政府资助款：

机构拨款	机构间调拨款	美国政府资助款总额
$ 3 880 867	$ 0	$ 3 880 867

非美国政府资助款：

外国政府	私人部门(美国)	私人部门(外国)	国际组织	非美国政府资助款总额
未跟踪	未跟踪	未跟踪	未跟踪	未跟踪

参与者总计：

美国参与者总计	外国参与者总计	参与者总计
993	0	993

所有参与者均是跨国培训；所有参与者均不是本国培训。

化石能源办公室(Office of Fossil Energy):

化石能源办公室承担并推动对一般人购买得起的、对环境无污染的化石能源技术的研究、开发、示范和实施活动。该办公室日益关注开发化石能源技术的新概念，这些技术能显著降低温室气体排放，维护国家能源安全，保证实惠的的化石燃料的可用性。

化石能源办公室国际项目(Office of Fossil Energy International Program):

化石能源办公室国际项目与其他利益相关方一道，有着支持能源部活动，维护美国联邦政府利益的使命。这是通过以下途径实现的：(1)与美国私营工业合作，明确和发展出口和跨国商机；(2)开发或实施有利于提高美国能源工业在国外市场中竞争力的项目或政策；(3)推广有利于改善全球环境，强化美国能源安全的技术和解决方案。所有的国际交流和培训都围绕着和煤炭、煤炭产品、天然气和石油相关的技术。

战略目标：促进经济发展与繁荣；以人为本；促进科学进步；促进可持续发展与国际利益。

美国政府资助款：

机构拨款	机构间调拨款	美国政府资助款总额
$ 344 595	$ 0	$ 344 595

非美国政府资助款：

外国政府	私人部门(美国)	私人部门(外国)	国际组织	非美国政府资助款总额
$ 4 710	$ 0	$ 0	未跟踪	$ 4 710

所统计的费用包括用于较大项目上的费用，这包括用于交流和培训的费用。

参与者总计：

美国参与者总计	外国参与者总计	参与者总计
180	223	403

部分参与者是跨国培训，部分是本国培训。此统计包括了这两种情况。

健康、安全与安保办公室(Office of Health, Safety, and Security(HSS)):

日本项目 Japan Program，即辐射效应研究基金项目 Radiation Effects Research Foundation (RERF)

健康、安全与安保办公室(HSS)持续向日本的辐射效应研究基金会(RERF)提供管理和金融支持。辐射效应研究基金会是一个研究组织，它旨在发现、应用并传播日本广岛和长崎地区原子弹爆炸对幸存者健康影响的信息。经由与国家科学院(National Academy of Sciences , NAS)签署的合作协议，能源部(DOE)提供资助金支持 RERF 雇佣美国科学家，资助他们的出行，并资助他们的家庭以及美国大学参与的其他交流与培训项目。

在2011财年，这个项目为7名科学家提供了薪金资助，并资助了他们的出行费用和家庭。DOE 和 NAS 的管理者也可获得出行资助。该项目取得的进步在于深化了对辐射对健康影响的认识，并将这些认识纳入了科学界。该项目也资助在日本举行的涉及RERF管理框架转型的会议。

战略目标：以人为本；开展辐射的健康影响研究，以修正国家/国际核辐射保护标准；实行医疗监督和环境监控。

美国政府资助款：

机构拨款	机构间调拨款	美国政府资助款总额
$ 72 381	$ 0	$ 72 381

非美国政府资助款：

外国政府	私人部门(美国)	私人部门(外国)	国际组织	非美国政府资助款总额
未跟踪	未跟踪	未跟踪	未跟踪	未跟踪

所统计的费用包括用于较大项目上的费用，这包括用于交流和培训的费用。

参与者总计：

美国参与者总计	外国参与者总计	参与者总计
22	0	22

所有参与者均是跨国培训；所有参与者均不是本国培训。

马绍尔群岛环境监测项目(Marshall Islands Environmental Monitoring Program)：

这个项目向约250名于1958年受太平洋核武器试验期间造成的局部核尘降带来的高强度电离辐射所危害的马绍尔群岛人提供资助，支付他们每年进行医学筛检和癌症治疗与护理的费用。这些受资助者住在马绍尔群岛、夏威夷和美国大陆。风险评估和采样系统在马绍尔群岛经营着多个医疗诊所，若是在当地无法对病人进行诊断和治疗，这些病人会被移交到火奴鲁鲁或夏威夷。环境监测和农业调查研究为确认比基尼环礁、埃尼威托克环礁、朗格拉普环礁以及乌蒂里克环礁的核辐射现状的特点提供测量数据和评估。作为环境监测内容之一，核辐射全身计数系统由位于马绍尔群岛共和国的三个地区的设备组成。这种监测的作用是测量食用当地食物造成的体内核物质沉积量。测量设备则由在美国劳伦斯利物莫国家实验室培训过的本土马绍尔技术师操作。自1986年第一个自由联合协定实施以来，美国联邦政府陆续向马绍尔群岛计划增投了超过6000万美元的资助金。

所有受资助者每年都接受了筛选检查，疑似癌症的人士被转移到了火奴鲁鲁接受医疗检查和治疗。

外国医疗人员在美国接受了继续教育培训。

许多美国公民在马绍尔群岛进行了调查，在多个环礁处收集了食物样品。这些收集的样品被运送到了美国进行分析。

该计划的重心是根据与美国国会签订的协议对朗格拉普环礁进行环境监测和食品安全评估，以帮助居民重返朗格拉普居住。

战略目标：投资人力；促进人道援助；实行医疗监督和环境监控。

美国政府资助款：

机构拨款	机构间调拨款	美国政府资助款总额
$ 191 217	$ 0	$ 191 217

非美国政府资助款：

外国政府	私人部门(美国)	私人部门(外国)	国际组织	非美国政府资助款总额
未跟踪	未跟踪	未跟踪	未跟踪	未跟踪

所统计的费用包括用于较大项目上的费用，这包括用于交流和培训的费用。

参与者总计：

美国参与者总计	外国参与者总计	参与者总计
21	15	36

所有参与者均是跨国培训；所有参与者均不是本国培训。

分类办公室(Office of Classification)：

分类办公室的目标是促进核能协作中的互惠互利，促进关于核武器信息的交流，以及通过核技术的转移加速在美国建立一个铀浓缩工厂。

战略目标：取得和平与安全。

美国政府资助款：

机构拨款	机构间调拨款	美国政府资助款总额
$ 2 741	$ 0	$ 2 741

非美国政府资助款：

外国政府	私人部门(美国)	私人部门(外国)	国际组织	非美国政府资助款总额
未跟踪	未跟踪	未跟踪	未跟踪	未跟踪

所统计的费用包括用于较大项目上的费用，这包括用于交流和培训的费用。

参与者总计：

美国参与者总计	外国参与者总计	参与者总计
1	0	1

所有参与者均是跨国培训；所有参与者均不是本国培训。

部分参与者是跨国培训，部分是本国培训。此统计包括了这两种情况。

执法与监督办公室(Office of Enforcement and Oversight)：

能源部的国家核安全管理局与英国国防部共同建立了一个长达10年的谅解备忘录，目的是交流维持核安全和进行核防卫的的最佳办法和最佳策略。

战略目标：取得和平与安全；促进国际理解；提高顾问和管理能力。

美国政府资助款：

机构拨款	机构间调拨款	美国政府资助款总额
$ 9 479	$ 0	$ 9 479

非美国政府资助款：

外国政府	私人部门(美国)	私人部门(外国)	国际组织	非美国政府资助款总额
未跟踪	未跟踪	未跟踪	未跟踪	未跟踪

所统计的费用包括用于较大项目上的费用，这包括用于交流和培训的费用。

参与者总计：

美国参与者总计	外国参与者总计	参与者总计
2	0	2

项目的部分参与者是跨国培训者，部分是本国培训者。此统计只统计了跨国培训者人数。

环境政策与救济办公室(Office of Environmental Policy and Assistance)：

环境政策与救济办公室为能源部制定环保政策、要求和期望，以保证环境得到有效的保护，并将危险最小化，并将之控制在环保法律、规范与标准的允许范围内。

在 2011 财年，一位美国代表来到奥地利参加了核辐射安全环境模拟的第三次会议。

战略目标：投资人力。

美国政府资助款：

机构拨款	机构间调拨款	美国政府资助款总额
$ 3 223	$ 0	$ 3 223

非美国政府资助款：

外国政府	私人部门(美国)	私人部门(外国)	国际组织	非美国政府资助款总额
未跟踪	未跟踪	未跟踪	未跟踪	未跟踪

参与者总计：

美国参与者总计	外国参与者总计	参与者总计
1	0	1

所有参与者均是跨国培训；所有参与者均不是本国培训。

俄罗斯健康研究项目(Russian Health Studies Program)：

根据辐射影响研究联合协调委员会(Joint Coordinating Committee for Radiation Effects Research, JCCRER)的协议，美国和俄罗斯科学家建立了密切的长期合作关系，双方正在研究核辐射给俄罗斯核能工作者和俄国核电站周围社区居民带来的严重的健康后果。俄罗斯健康研究项目是能源部资助的研究项目之一，由国际健康研究办公室(HS-14)负责执行。该项目的目的和目标是：(1)进一步了解长期的、低量至中等量的核辐射对健康有哪些影响；(2)明确伽玛射线、中子射线、阿尔法射线的辐射有哪些致癌的危险；(3)改进美国能源部和国际社会进行辐射防护的标准/实践，并使之生效。目前，能源部支持 7 个计划：2 个流行病学研究计划，4 个辐射量重构研究项目及一个工人组织资源库。到目前为止，所有的研究活动都集中在俄罗斯奥焦尔斯克市玛雅克同位素生产公司、该公司大楼周围的社区及乌拉尔山脉南部捷科河的沿岸。

玛雅克同位素生产公司是俄罗斯第一个核武器生产机构，它的的员工受到了长期的辐射，辐射量比美国工人要高 100 到 1000 倍。而美国的辐射量(平均每年不到 0.1 雷目的辐射量)低到难以检测出辐射所造成的健康危害。研究俄罗斯核能工作者和周围社区居民能使人们更好地明确在核能工厂工作的危险，并且使美国和世界辐射防护标准生效。由美国和俄罗斯的优秀科学家组成的外部科学评审组评估所有科学工作并提供输入的内容。

战略目标：以人为本；进行辐射的健康影响研究，以修正国家/国际核辐射、保护标准与做法。

美国政府资助款：

机构拨款	机构间调拨款	美国政府资助款总额
\$ 183 175	\$ 0	\$ 183 175

非美国政府资助款：

外国政府	私人部门(美国)	私人部门(外国)	国际组织	非美国政府资助款总额
未跟踪	未跟踪	未跟踪	未跟踪	未跟踪

所统计的费用包括用于较大项目上的费用，这包括用于交流和培训的费用。参与者总计：

美国参与者总计	外国参与者总计	参与者总计
21	21	42

所有参与者均是跨国培训；所有参与者均不是本国培训。

西班牙项目(西班牙帕洛马雷斯)(Spain Program (Palomares))：

1966 年，两架美国空军飞机在西班牙帕洛马雷斯海岸线附近上空进行空中加油时相撞。四个核武器中有两个落在了海洋里，两个在帕洛马雷斯陆地爆炸。那两个核武器的无核爆炸将钚扩散至整个崎岖陡峭的农业地区。美国国防部在事故发生后的几周内，对该地进行了整治。从那以后，能源部及其前身机构一直向一个环境监测研究项目和该地居民医疗的监督提供部分资金。能源部同时也提供科学和技术支持。该事件发生后，根据 1966 年的霍尔-奥特罗协议，美国能源部和西班牙联合王国启动了一个正式的合作研究项目。

该项目的主要目标有：评估放射性元素对人体健康的影响；更新未来陆地恢复必需的放射性详细目录；提升在干旱的乡村对超铀元素的环境使用知识水平。

战略目标：投资人力资本；实行医疗监督和环境监控。

美国政府资助款：

机构拨款	机构间调拨款	美国政府资助款总额
\$ 30 881	\$ 0	\$ 30 881

非美国政府资助款：

外国政府	私人部门(美国)	私人部门(外国)	国际组织	非美国政府资助款总额
未跟踪	未跟踪	未跟踪	未跟踪	未跟踪

所统计的费用包括用于较大项目上的费用，这包括用于交流和培训的费用。

参与者总计：

美国参与者总计	外国参与者总计	参与者总计
4	0	4

部分参与者是跨国培训，部分是本国培训。此统计只包括跨国培训的人数。

美国政府资助款总额	机构拨款	机构间调拨款	外国政府	私人部门(美国)	私人部门(外国)	国际组织	资助款总额	参与者总计
$ 101 341 944	$ 101 341 944	$ 0	$ 335 320 *	$ 568 459 *	$ 478 447 *	$ 0 *	$ 102 724 170 *	3 440

所统计的参与者包括跨国参与者和在本国受培训者。

所统计的费用包括用于较大项目上的费用，这包括用于交流和培训的费用。

* 部分项目未提交完整的资助款数据。

卫生和公共服务部(Department of Health and Human Services(HHS))

全球卫生事务办公室

独立大道西南 200 号

华盛顿哥伦比亚特区邮编 20585

www.hhs.gov · 202-690-6174

卫生和公共服务部是最为关切美国人民和关注民生的联邦行政机关的内阁级部门。不论如何，它比任何其他联邦政府机关都更多触及美国人的生活。准确地说，该部门是一个依靠人民为人民服务的部门，从新生儿到病人到老人都是它服务的对象。

疾病控制与预防中心(Centers for Disease Control and Prevention (CDC))：

疾病控制与预防中心负责通过领导疾病与可预防疫情的控制与预防工作并且应对突发公共卫生紧急事件，从而维护国家公共卫生。

学者交流项目(Exchange Visitor Program)：

学者交流项目促进并支持医疗和科学研究与发展。疾控中心提供诸如传染病学、被选择的传染疾病的诊断、实验数据管理系统、科学交流及生物统计学领域在内的专门的培训与工作经验，以及关于卫生调查和评估的基本知识的培训。

战略目标：以人为本；人道主义援助；疾病控制与预防。

美国政府资助款：

机构拨款	机构间调拨款	美国政府资助款总额
$ 1 264 470	$ 0	$ 1 264 470

非美国政府资助款：

外国政府	私人部门(美国)	私人部门(外国)	国际组织	非美国政府资助款总额
$ 335 320	$ 568 459	$ 478 447	未跟踪	$ 1 382 226

所统计的费用包括用于较大项目上的费用，这包括用于交流和培训的费用。

参与者总计：

美国参与者总计	外国参与者总计	参与者总计
36	679	715

所有参与者均是跨国培训；所有参与者均不是本国培训。

食品与药物管理局(Food and Drug Administration (FDA))：

食品与药物管理局负责保证人用药品和兽用药品、生物制品、医疗器械、美国食品供应、化妆品及辐射性产品的安全性、有效性和可靠性，从而保障公众健康。FDA 也负责促进药物创新，提高药效，为公众提供准确、科学的药物和食品信息，从而促进公众健康。FDA 在提高美国反恐能力和保证食品安全方面起着重要作用。

食品与药物管理局国际访问者项目(FDA International Visitors Program)：

食品与药物管理局的国际公共卫生的重要工作之一是接待国际学者。随着科学的全球进步和食品与药物产品生产全球合作的普及，尤其是 FDA 管理的产品的全球贸易的迅猛增长，FDA 最近几年在处理国际公共卫生问题方面起了越来越重要的作用，而这也是大势所趋。

国际访问者和 FDA 接待方都能从频繁的交流中获益，使国际公共卫生与管理社区的居民能相互学习。最重要的是，这些国际交流有利于促进全球公共卫生事业。正如传染病专家反复观察那样，下一个严重传染性疾病的爆发可能发生在不久的将来。在这样的情况下，全世界的顾客、病人和职业医生都将从以 FDA 的国际访问者项目为代表的国际交流中获益。FDA 并不向国际交流与培训提供资金和人员支持。一般来说，国际代表们在他们的访问中将拜访一个以上的办公室。

战略目标：以人为本；人道主义援助；促进国际理解。

美国政府资助款：

机构拨款	机构间调拨款	美国政府资助款总额
$ 0	$ 0	$ 0

非美国政府资助款：

外国政府	私人部门(美国)	私人部门(外国)	国际组织	非美国政府资助款总额
未跟踪	未跟踪	未跟踪	未跟踪	未跟踪

参与者总计：

美国参与者总计	外国参与者总计	参与者总计
0	159	159

所有参与者均是跨国培训；所有参与者均不是本国培训。

科学培训与专业交流项目(Science Training and Exchange Professional Program)：

国家毒物学研究中心(National Center for Toxicological Research，NCTR)是国际公认的 FDA 研究中

心，它通过提供创新的、关键的科学技术、培训和专业技术知识来提升公共卫生情况。NCTR 与来自政府、学术界和工业的研究者一道，通过开发、改良和应用现行的、新兴的技术，提高 FDA 管理的产品的安全评估。

NCTR 设立了科学培训与交流专业项目(Science Training and Exchange Professional Program, STEP)以推动并强化实验专业知识、工具和技术在 FDA 中心的共享。这项短期的培训与交流项目的设立目标是通过实习培训和(或)交流与新产品应用有关的新的实验方法与技术促进联邦机构科学家队伍的专业化发展。

STEP 发展项目的设立目标是建立一个涵盖整个 FDA 专业技术知识的不断更新的专家网络，促进信息分享与交流，建立并强化跨中心或跨机构协作。此外，参与方需认识和理解 NCTR 在完成 FDA 的公共卫生使命中所起的重要作用。

战略目标：以人为本；促进人道主义援助；促进国际理解。

美国政府资助款：

机构拨款	机构间调拨款	美国政府资助款总额
$ 400 000	$ 0	$ 400 000

非美国政府资助款：

外国政府	私人部门(美国)	私人部门(外国)	国际组织	非美国政府资助款总额
未跟踪	未跟踪	未跟踪	未跟踪	未跟踪

所统计的费用包括用于较大项目上的费用，这包括用于交流和培训的费用。

参与者总计：

美国参与者总计	外国参与者总计	参与者总计
0	5	5

所有参与者均是跨国培训；所有参与者均不是本国培训。

国家卫生研究所(National Institutes of Health(NIH))：

国家卫生研究所由 27 个分所或中心组成，是美国联邦政府最重要的生物医药研究机构。福格蒂国际中心(Fogarty International Center, FIC)是 NIH 开展国际项目的中心。

国际神经科学奖学金项目(International Neuroscience Fellowship Program)：

国际神经科学奖学金项目帮助获奖者在自己国家的学术与研究系统发展独立事业。该项目广泛的目标是增强外国神经科学研究机构的智力资本，尤其是那些经济资源有限的研究机构。这项资助项目还致力于提高国际神经科学研究的质与量，同时促进外国与美国的神经科学家建立长期的协作关系。

资助期完毕后，申请人必须表明他们有机会运用所学的新的技巧进行进一步研究，并引导和指导他们自己国家的其他人开展研究。所有的申请者必须来自低等或中等收入国家。这个持续项目是由国家神经紊乱与中风研究所(The National Institute of Neurological Disorders and Stroke, NINDS)负责执行。NINDS 的拨款是一次性拨款。它的分支机构不得挪用资助金。

在 2011 财年，NINDS 通过国际神经科学奖学金项目提供了一项奖学金。这项奖学金支持了对“C

型尼曼-皮克病(Niemann-Pick disease type C，NPC)的浦肯野细胞死亡中的神经轴突营养不良”的研究。

战略目标：促进科学进步。

美国政府资助款：

机构拨款	机构间调拨款	美国政府资助款总额
$ 57 210	$ 0	$ 57 210

非美国政府资助款：

外国政府	私人部门(美国)	私人部门(外国)	国际组织	非美国政府资助款总额
未跟踪	未跟踪	未跟踪	未跟踪	未跟踪

所统计的费用包括用于较大项目上的费用，这包括用于交流和培训的费用。

参与者总计：

美国参与者总计	外国参与者总计	参与者总计
0	1	1

所有参与者均是跨国培训；所有参与者均不是本国培训。

国家癌症研究所(National Cancer Institute)：

国家癌症研究所执行并支持癌症研究，负责培训医师和科学家，以及传播癌症检测、诊断、治疗、预防、控制、姑息治疗和存活率的信息。NCI 的大部分预算通过赠款和合同方式向来自美国和 60 个左右的其他国家的大学、医学院、癌症中心、研究实验室和私人公司提供资助。

NCI 的国际活动包括：支持外籍人士在美国以外的癌症研究；支持美国和外国参与方的协作研究；支持美国科学家到海外培训及外国科学家到美国培训。这些活动包括以下项目：

—短期科学家交流项目(STSEP)。该项目通过在一定程度上支持外国实验室的癌症研究员来美国交流访问，促进美国和外国优秀科学家进行协作研究。不管他是来自低收入、中等收入还是高等收入国家，同时，该项目也会考虑支持美国科学家到海外发展中国家的实验室进行访问。访问时间从 1 星期到 6 个月不等，时间越短就越能优先获得支持。

—NCI 癌症预防暑期课程。为期四周的暑期课程提供关于癌症预防与控制的原则和实践的专业指导。它的重点是癌症领域相关概念、方法、课题及应用。该项目的现有资源、科学数据和定量与定性研究法将会使参与者获得广阔的研究视角。该项目欢迎美国和外国人士参与，并在美国进行。

—增强非洲 HIV 相关恶性疾病研究能力项目。该项目由国家癌症中心和福格蒂国际中心共同资助，资助创新的培训项目来培训非洲研究团队，为未来各项计划的合作作准备。该项目获得的研究-培训赠款用于资助各种短期、中期和长期的培训及各种讲习班和网上培训，这样可以增强撒哈拉以南非洲地区 HIV 相关恶性疾病研究能力。

在 2011 财年，NCI 赞助了以下活动：(1)STSEP 为 5 个参与者提供了 1.8 万美元的资助；(2)NCI 为 35 个国际参与者参加 NCI 癌症预防暑期课程提供了 27.3 万美元的资助；(3)NCI 资助了喀麦隆、肯尼亚、尼日利亚、卢旺达、南非、坦桑尼亚、乌干达和赞比亚等国的 HIV 相关恶性疾病研究，以提高这些国家的 HIV 相关恶性疾病研究能力。NCI 还与福格蒂国际中心一道，向中国和赞比亚另提供了 25 万美元的资助。请注意这些资助金都是资助研究的，而不是资助个人的。这些旨在能力提高的资助金能够提高研究所的研究能力，也能提高个人的癌症研究能力。但是 NCI 没有跟踪受资助者的人数，因此这类数据不会反映在这个报告中。

战略目标：以人为本。

美国政府资助款：

机构拨款	机构间调拨款	美国政府资助款总额
$ 8 285 154	$ 0	$ 8 285 154

非美国政府资助款：

外国政府	私人部门(美国)	私人部门(外国)	国际组织	非美国政府资助款总额
$ 0	$ 0	$ 0	$ 0	$ 0

所统计的费用包括用于较大项目上的费用，这包括用于交流和培训的费用。

参与者总计：

美国参与者总计	外国参与者总计	参与者总计
8	46	54

部分参与者是跨国培训，部分是本国培训。此统计包括了这两种情况。

国家药物滥用研究所国际项目(National Institute on Drug Abuse (NIDA))：

为了将国家药物滥用研究所的使命付诸实施，本国际项目与国际和地区组织、美国联邦政府的其他机构以及参与关于药物滥用及其健康影响研究的非政府组织

一道协调各项活动。通过该项目，NIDA 建立起在技术咨询、科学交流、信息传播等方面的国际合作，并建立起国际交流联络网，还设立了研究助学基金。

战略目标：取得和平与安全；以人为本；促进科学进步

美国政府资助款：

机构拨款	机构间调拨款	美国政府资助款总额
$ 825 110	$ 0	$ 825 110

非美国政府资助款：

外国政府	私人部门(美国)	私人部门(外国)	国际组织	非美国政府资助款总额
未跟踪	未跟踪	未跟踪	未跟踪	未跟踪

所统计的费用包括用于较大项目上的费用，这包括用于交流和培训的费用。

参与者总计：

美国参与者总计	外国参与者总计	参与者总计
1	18	19

所有参与者均是跨国培训；所有参与者均不是本国培训。

国立卫生研究院访问项目访问学者项目(NIH Visiting Fellows)：

国立卫生研究院访问项目(National Institutes of Health Visiting Program)为外国科学家提供在 NIH 获

得生物医药科研训练/知识的机会。来自世界各地的访问学者在美国马里兰州的NIH贝塞斯达校区的基础临床科学实验室以及其他几个美国医疗队里进行研究。

NIH的知识、经验还有设备使其成为独特的国际资源，它致力于了解、预防和消除疾病。NIH一直在考虑与外国科学家进行联合研究，建立密切联系，这正是NIH实现其目标的必要条件。访问学者(攻读博士或博士后学位的)可获得科研训练的奖励。每一个受资助者都与一位高级NIH研究员一起工作，并在资助期间接受该研究员的监督或赞助。

战略目标：以人为本；关注全球健康问题—促进生物医药研究。

美国政府资助款：

机构拨款	机构间调拨款	美国政府资助款总额
$ 86 805 000	$ 0	$ 86 805 000

非美国政府资助款：

外国政府	私人部门(美国)	私人部门(外国)	国际组织	非美国政府资助款总额
未跟踪	未跟踪	未跟踪	未跟踪	未跟踪

所统计的费用包括用于较大项目上的费用，这包括用于交流和培训的费用。

参与者总计：

美国参与者总计	外国参与者总计	参与者总计
0	2 124	2 124

所有参与者均是跨国培训；所有参与者均不是本国培训。

全球事务办公室(Office of Global Affairs(OGA))：

全球事务办公室是领导全球卫生与国际事务的HHS办公室。OGA为HHS领导团提供国际卫生、家庭和社会事务，包括支持美国外交政策的卫生外交方面的建议，并指明方向。

边境卫生委员会项目(Border Health Commission Programs)：

为了满足建立一个国际委员会来解决边境卫生问题的需要，美国-墨西哥边境卫生委员会(United States-Mexico Border Health Commission，BHC)于2 000年7月正式建立。BHC的使命是通过领导国际行动来优化美国-墨西哥交界沿线地带的卫生和生活质量。这条交界带有2000公里长，连接美国的4个州(亚利桑那州、加利福尼亚州、新墨西哥州和得克萨斯州)和墨西哥的6个州(下加利福尼亚州、索诺拉州、奇瓦瓦州、科阿韦拉州、新莱昂州和塔毛利帕斯州)。BHC为联合两国和两国边境各州共同解决边境卫生问题提供了独特的可能性，为两国开展联合行动提供了必要的领导力量，将有利于提高边境居民的健康状况。

跨边境领导者(LaB)项目是一个时长9个月的两国领导力发展高级项目，为公共卫生和医疗专业人员而设立。它的目的是通过强化公共卫生领导力，处理跨边境的卫生问题，在美国-墨西哥边境地区发展一个活跃的联系公共卫生专业人员的网络以提高社区卫生。该项目建立在成人学习原则、行动学习原则、协作领导原则和跨边境领导原则的基础之上。

LaB 项目包括：迎新会、静修活动、94 小时的面对面会议和网络课程、团队计划和为期 3 个月的项目结束时为参与者举行的毕业典礼。

在 2011 财年，该项目经过了各种方式的评价包括领导技能的自我评估、各重大活动后的反馈调查及毕业典礼后的参与者调查。

团队计划优先关注的问题是由参与者指出的，包括糖尿病和肥胖症、HIV/AIDS 及肺结核共病。

战略目标：以人为本。

美国政府资助款：

机构拨款	机构间调拨款	美国政府资助款总额
$ 135 000	$ 0	$ 135 000

非美国政府资助款：

外国政府	私人部门(美国)	私人部门(外国)	国际组织	非美国政府资助款总额
$ 0	$ 0	$ 0	$ 0	$ 0

所统计的费用包括用于较大项目上的费用，这包括用于交流和培训的费用。

参与者总计：

美国参与者总计	外国参与者总计	参与者总计
1	15	16

部分参与者是跨国培训，部分是本国培训。此统计包括了这两种情况。

卫生外交项目(Health Diplomacy (HD) Program)：

卫生外交项目的目的是以双边性和地区性参与的方式完善卫生体系和卫生保健基础设施，使发展中国家能为大众提供更好的卫生保健，使大众能更好地预防、检测和治疗疾病。该项目既能提高卫生服务匮乏地区的卫生水平，又有利于为美国与其他国家的联络搭建桥梁。

在 2011 财年，HHS/OGA 卫生外交项目在中美洲、加勒比海地区和尼日利亚北部开发了培训项目。卫生外交项目的目标是以双边性和地区性的方式完善卫生体系和卫生保健基础设施，使发展中国家能为大众提供更好的卫生保健，使大众能更好地预防、检测和治疗疾病。该项目既提高了卫生服务匮乏地区的卫生水平，又建立并促进了美国与其他国家的联络。

在卫生外交项目的资助下，225 个在卫生服务匮乏地区工作的初级护理医生、护士和健康促进者接受了整合 HIV 预防与护理和相关传染疾病的初级护理的培训，其中预防的重点是防止 HIV 母婴传播。来自尼加拉瓜、巴拿马、危地马拉和多米尼加共和国的学生参加了一个创新型培训，这个培训综合了虚拟法、现场法和计划发展法，各参与者的知识水平平均提高了 20%。课程中需设立一个虚拟平台，如今该课程的虚拟因素已经可供中美洲和加勒比海地区的西语国家使用。选拔出来的学生到巴拿马进行了为期一周的实地培训。

来自上述四个国家的 27 位教员在整个课程过程中都会指导学生，以一对一的形式与学生一起设计地方干预计划。152 名学员把他们的成果提交给了相应部门，如卫生部、疾病控制和预防中心等。有些地方干预计划如今得到他们本国、美国疾病控制和预防中心等组织的赞助。

这样的培训方法针对的是基础医疗工作者，他们参加现行教育活动的机会有限，而这一方法不仅增加了学员参加培训的机会，而且节省开支。参与者参与此培训计划时，可以继续在欠保健社区工作。通过设计地方实地干预计划，他们将学习如何将理论知识付诸实践。来自中美洲和加勒比海地区国家的学员参加了一个关于评估区域人力资本需求、交流最佳方案的讲习班，而且他们很有兴趣将卫生外交项目培训带回祖国开展，他们对课程结果给予了良好评价。

在北尼日尼亚，卫生外交项目提供了三个实地课程，两个流行病学课程，一个保健管理课程，时长分别是两周和一个月；经测试，包括 15 名妇女在内的 87 个一线保健人员培训后的知识量平均增长了 15%。该项目鼓励并促进女性伊斯兰教保健人员参加这个北尼日尼亚培训项目，使得女性参与者从零参与增加到占总人数的 40%。在这个保守的伊斯兰教地区，妇女是不能离开家庭到如此远的地方参加培训会的，这个项目第一次使妇女参加了如此长期的卫生培训。这种培训可以帮助妇女晋升到管理层，为公用卫生领域做出重要贡献，例如提高地区妇幼保健水平。这个试点项目表明克服根深蒂固的社会成见是可能的，提高培训和卫生效果是可能的。

战略目标：以人为本。

美国政府资助款：

机构拨款	机构间调拨款	美国政府资助款总额
$ 3 570 000	$ 0	$ 3 570 000

非美国政府资助款：

外国政府	私人部门(美国)	私人部门(外国)	国际组织	非美国政府资助款总额
未跟踪	未跟踪	未跟踪	未跟踪	未跟踪

所统计的费用包括用于较大项目上的费用，这包括用于交流和培训的费用。

参与者总计：

美国参与者总计	外国参与者总计	参与者总计
0	347	347

部分参与者是跨国培训，部分是本国培训。此统计包括了这两种情况。

注意：所有的 HHS 成员机构，包括公共卫生服务部、医疗保险和医疗保健中心、儿童和家庭管理部以及老龄化管理部，都会为因交换项目或私人目的而来美国的上千外国访问者提供相应信息。这些信息涵盖有：HHS 的职责，包括医疗保险和医疗保健计划；老年人计划；针对儿童、青少年和家庭的服务；针对发育性残疾人、弱势群体、难民的服务；收入补助及其相关计划。这项活动并没有专项拨款。

美国政府资助款总额	机构拨款	机构间调拨款	外国政府	私人部门(美国)	私人部门(外国)	国际组织	资助款总额	参与者总计
$ 9 743 104	$ 1 647 052	$ 8 096 052	$ 228 085 *	未跟踪	$ 12 980 *	$ 64 870 *	$ 10 049 039 *	15 068

所统计的参与者包括跨国参与者和在本国受培训者。

所统计的费用包括用于较大项目上的费用，这包括用于交流和培训的费用。

* 部分项目未提交完整的资助款数据。

国土安全部(Department of Homeland Security (DHS))

国际事务办公室

哥伦比亚特区华盛顿 邮编 20528

www.dhs.gov · 202-282-9240

《国土安全国家战略》和 2002 年《国土安全法案》动员并组织我国的反恐卫国行动。这是一项十分复杂的任务，它需要整个社会集中力量，相互协调。为此，我们建立了国土安全部(DHS)，给由参与保家卫国行动的各组织和各协会组成的广泛的国家联络网提供一个统一的领导核心。该部门的第一个重要任务就是防止美国国内再次发生恐怖袭击。为了在减少恐怖袭击漏洞的同时，维持好经济安全和人员、物品以及商贸的自由跨境流通，国土安全部集中情报机关，分析恐怖威胁，守卫国家的边界和机场，保护国家重要的基础设施，并在灾难时采取联合行动帮助美国人民渡过难关。

海关与边境保护局(Customs and Border Protection (CBP))：

海关与边境保护局(CBP)是美国一个统一的边境机构。CBP 的首要使命是防止恐怖分子和他们的武器进入美国。要想实现这项重要的使命，我们不仅要提高美国边界和入境口处的安全性，还要提高物理边界以外的美国地区的安全—因此，美国的边界是国防的最底线，而不是最前线。

CBP 同时也负责逮捕非法入境者；阻止毒品及其他违禁品的流通；防止害虫和疾病损害农业和经济利益；防止美国企业遭受知识产权盗窃；调整并促进国际贸易，征收进口关税，并执行美国贸易的相关法律。

CBP 国际访问者项目(CBP International Visitors Program)：

在国际访问者项目的赞助下，来访的外国官员有机会向高级管理者和项目官员咨询有关边界安全的事宜，并参与相应的现场观察参观活动。

战略目标：取得和平与安全；促进经济发展与繁荣；以人为本。

美国政府资助款：

机构拨款	机构间调拨款	美国政府资助款总额
$ 0	$ 0	$ 0

非美国政府资助款：

外国政府	私人部门(美国)	私人部门(外国)	国际组织	非美国政府资助款总额
$ 0	未跟踪	未跟踪	$ 0	$ 0

所统计的费用包括用于较大项目上的费用，这包括用于交流和培训的费用。

参与者总计：

美国参与者总计	外国参与者总计	参与者总计
0	2 581	2 581

所有参与者均是跨国培训；所有参与者均不是本国培训。

联邦紧急事务管理署(Federal Emergency Management Agency (FEMA))：

联邦紧急事务管理署从事各项国际合作活动帮助国际社会更好地预备、预防、应对及恢复自然和人工灾难。紧急管理信息和专业知识的交流不仅能拯救生命，还能防止经济损失，并且增强国内外应急管理能力。增强外国应急管理能力使政府能在大型灾难发生时更好地响应，并减少外国灾难救助的成本。这也为其与其他政府和社会建立全球理解和工作关系提供了有效的途径。

FEMA 的国际合作活动包括：专家交换；参加 FEMA 的应急管理研究所和国家消防学院课程以及教员培训课程；参加专业和科学会议；派发 FEMA 出版物。

国内应急准备中心：

1998 年 6 月，国内应急准备中心(Center for Domestic Preparedness，CDP)作为一个培训中心开始为国家培训紧急应对人员。CDP 的居民和非居民跨学科培训课程促进了以下各应急学科的相互理解：应急管理、紧急医疗服务、消防、政府行政管理、危险材料、卫生保健、执法、公共卫生、公共安全通讯以及公共工程。

战略目标：促进人道主义援助。

美国政府资助款：

机构拨款	机构间调拨款	美国政府资助款总额
$ 0	$ 0	$ 0

非美国政府资助款：

外国政府	私人部门(美国)	私人部门(外国)	国际组织	非美国政府资助款总额
$ 83 283	未跟踪	$ 6 568	未跟踪	$ 89 851

所统计的费用包括用于较大项目上的费用，这包括用于交流和培训的费用。

参与者总计：

美国参与者总计	外国参与者总计	参与者总计
0	56	56

所有参与者均是跨国培训；所有参与者均不是本国培训。

应急管理研究所项目(Emergency Management Institute Programs(EMI))：

应急管理研究所是位于美国马里兰州埃米茨堡的国家应急培训中心的一部分。它通过一个全国性的居民和非居民的培训项目支持美国应急管理的行动，将灾难对美国公众的影响降到最低。应急管理者、消防员和选举出的官员接受了应急管理的多方面培训，包括应急计划、操作设计与评估、灾难管理、危险材料应对、灾难缓解以及消防管理。EMI 课程的设置满足了各种学习者的要求，同时又有重点，即如何使各方面的因素在紧急状态时一起合作拯救生命，保护财产。课程的内容集中于应急管理的四个步骤：灾难缓解、预备、应对以及恢复。培训的很大一部分是由州应急管理部门负责进行的，这些部门与 FEMA 建立了合作关系。

许多外国政府都请求加入 EMI 的居民和非居民培训项目。尽管 EMI 的课程中有许多是根据美国法律、法规和制度而开设的，但 EMI 还会根据空间的可能性为外国参与者开设涉及灾难缓解、预备、应对以及恢复的居民课程。申请者可通过合适的大使馆申请参加此项培训。此外，参加者必须达到以下条件：必须得到来源国批准；必须是身负应急管理责任的政府雇员；必须会说、会读、会写英语。

战略目标：促进人道主义援助。

美国政府资助款：

机构拨款	机构间调拨款	美国政府资助款总额
$ 0	$ 0	$ 0

非美国政府资助款：

外国政府	私人部门(美国)	私人部门(外国)	国际组织	非美国政府资助款总额
$ 1 607	未跟踪	$ 536	$ 952	$ 3 095

参与者总计：

美国参与者总计	外国参与者总计	参与者总计
0	26	26

所有参与者均是跨国培训；所有参与者均不是本国培训。

应急准备和灾害管理培训与技术支援项目(Emergency Preparedness and Disaster Management Training and Technical Assistance Program)：

FEMA 与外国政府一道，分享信息、协调方法、设定计划、提供培训与技术支援，以进行自然与人为灾难的预防、准备、应对和恢复工作。这样的交流有利于增加 FEMA 和美国的应急管理知识，告知并强化国内行动效力。

战略目标：取得和平与安全；以人为本；促进人道主义援助；促进国际理解。

美国政府资助款：

机构拨款	机构间调拨款	美国政府资助款总额
$ 57 871	$ 105 771	$ 163 642

非美国政府资助款：

外国政府	私人部门(美国)	私人部门(外国)	国际组织	非美国政府资助款总额
$ 103 105	未跟踪	$ 5 876	$ 35 236	$ 144 217

所统计的费用包括用于较大项目上的费用，这包括用于交流和培训的费用。

参与者总计：

美国参与者总计	外国参与者总计	参与者总计
72	751	823

所有参与者均是跨国培训；所有参与者均不是本国培训。

国家消防学院(National Fire Academy，NFA)是国家应急培训中心的一部分，提供相应培训和课程，以提高消防和应急服务能力，促使专业人员联合起来以便更有效地处理消防及相关紧急事件。NFA在马里兰州埃米茨堡的居民区中开设了课程，同时还与州和地方消防培训机构、学院和大学一道，在美国各地开设了课程。任何参与火灾预防和控制、紧急医疗服务或与火灾相关的紧急管理行动的人员，均可申请听取学院的课程。

外国政府若想参加NFA的课程，要求同EMI项目中所示一致。

战略目标：促进人道主义援助。

美国政府资助款：

机构拨款	机构间调拨款	美国政府资助款总额
$ 0	$ 0	$ 0

非美国政府资助款：

外国政府	私人部门(美国)	私人部门(外国)	国际组织	非美国政府资助款总额
$ 5 179	未跟踪	未跟踪	$ 0	$ 5 179

所统计的费用包括用于较大项目上的费用，这包括用于交流和培训的费用。

参与者总计：

美国参与者总计	外国参与者总计	参与者总计
0	13	13

所有参与者均是跨国培训；所有参与者均不是本国培训。

联邦执法培训中心(Federal Law Enforcement Training Center (FLETC))：

联邦执法培训中心(FLETC)的国际培训与技术支援部门(ITT)负责发展、协调、管理并履行FLETC的国际培训与技术支援，以更好执法，支持美国的外交政策。FLETC的国际项目有利于提高友邦的执法能力，有利于提高国土安全部和其他美国执法机构的协调与合作，在全世界范围内共同打击恐怖主义和其他跨国犯罪。自1995年以来，FLETC一直有参与国际执法学院(ILEA)项目。在过去这些年中，匈牙利、泰国、博茨瓦纳和萨尔瓦多都设立了国际执法学院。FLETC为每一个国际执法学院都提供学术、项目与行动方面的支持。

重点基础设施/关键资源保护讲习班(Critical Infrastructure/Key Resources Protection Workshop):

“重点基础设施/关键资源培训项目”的设立为负责重点基础设施/关键资源(CI/KR)保护的社区提供了一致的普遍参考、过程和工具，这样就给联邦、州和地方重点基础设施保护部门提供了基准点和绩效标准。这项课程的对象是负责国家基础设施保护计划实施、监察以及信息共享的安全专家、项目管理者、督察员、调查员和官员，尤其是那些负责由 7 号总统令确认的承担 CI/KR 保护任务的联邦工作人员。负责基础设施保护的外国工作人员也可以听取这项课程。

这项为期四天的课程涵盖了多个话题，将促进学员更好地理解如何保护好关键的基础设施。保护工作包括多项内容：设备硬化、增加弹性和冗余、在初步设备设计、启动设备或发起消极对策、安装安全系统以及实施大规模安全措施时考虑意外阻力。

战略目标：取得和平与安全。

美国政府资助款：

机构拨款	机构间调拨款	美国政府资助款总额
$ 0	$ 31 102	$ 31 102

非美国政府资助款：

外国政府	私人部门(美国)	私人部门(外国)	国际组织	非美国政府资助款总额
未跟踪	未跟踪	未跟踪	未跟踪	未跟踪

参与者总计：

美国参与者总计	外国参与者总计	参与者总计
0	60	60

所有参与者均是跨国培训；所有参与者均不是本国培训。

枪械教官发展培训讲习班(Firearms Instructor Development Training Workshop):

为期四天的枪械教官发展培训讲习班致力于提高学员的演示、研究和课程发展技能。该项目专注于 FLETC 如何直接传授关于不同类型枪械的技能以及与枪械指令相关的认知信息，例如射击技能、安全管理技能、非杀伤性瞄准、装弹技能、射程组织与管理技能以及课程发展技能。该讲习班的模式同 FLETC 的枪械教官发展培训项目模式一致。该讲习班的指导模块有：枪械射程安全、与学员在线互动、目标分析、FLETC 半自动手枪课程(讲座)和实践手枪课程(试验)、教员反应性射击(讲座和试验)、AK-74 突击步枪(讲座和试验)、溺水和残疾官员、非杀伤性瞄准、装弹基础技能(讲座)以及射程组织和管理(讲座)。

FLETC 在乌克兰有一个与此相同的项目，培训 13 名学员成为教官。

战略目标：取得和平与安全；公正民主地实行管理。

美国政府资助款：

机构拨款	机构间调拨款	美国政府资助款总额
$ 0	$ 33 456	$ 33 456

非美国政府资助款：

外国政府	私人部门(美国)	私人部门(外国)	国际组织	非美国政府资助款总额
未跟踪	未跟踪	未跟踪	未跟踪	未跟踪

所统计的费用包括用于较大项目上的费用，这包括用于交流和培训的费用。

参与者总计：

美国参与者总计	外国参与者总计	参与者总计
3	13	16

部分参与者是跨国培训，部分是本国培训。此统计包括了这两种情况。

FLETC 国际访问者项目(FLETC International Visitors)：

"FLETC 国际访问者/旅行项目"由 FLETC 公共事务办公室(PAO)和国际能力建设分部共同执行，负责招待来参观 FLETC(总部和卫星设备) 的访问者。这些访问/旅行有利于 FLETC 和同类外国组织之间建立牢固的工作关系。外国使团的参观目的有：观察 FLETC 的培训、与同行讨论培训和技术支援事宜、与美国执法部门建立工作关系以及/或了解同行的使命和责任。通常，访问代表们有机会会见 FLETC 的执行人员。来 FLETC 的国际访问者会得到美国联邦政府部门或机构的赞助。

战略目标：取得和平与安全。

美国政府资助款：

机构拨款	机构间调拨款	美国政府资助款总额
$ 0	$ 0	$ 0

非美国政府资助款：

外国政府	私人部门(美国)	私人部门(外国)	国际组织	非美国政府资助款总额
未跟踪	未跟踪	未跟踪	未跟踪	未跟踪

所统计的费用包括用于较大项目上的费用，这包括用于交流和培训的费用。

参与者总计：

美国参与者总计	外国参与者总计	参与者总计
0	43	43

所有参与者均是跨国培训；所有参与者均不是本国培训。

国际学员个人项目(International Individual Students Program)：

联邦执法培训中心每年通过国际学员个人项目接收国际学员。

该项目由 FLETC 领导层和国际能力建设分部共同管理。培训国际学员有利于 DHS/FLETC 和国际同类组织间建立起牢固的工作关系。FLETC 负责向国际学员提供培训。培训项目促使执法人员承担更多责任、促进各机构间的联络和互动，从而增强各执法机构间的合作，项目还帮助官员熟悉同行的使命和任务。所有来 FLETC 主场和卫星线上培训的国际学员个人都由参与该项目的外国政府执法机构或美国联邦政府部门/机构赞助。

战略目标：取得和平与安全；公正民主地实行管理；促进国际理解。

美国政府资助款：

机构拨款	机构间调拨款	美国政府资助款总额
$ 0	$ 0	$ 0

非美国政府资助款：

外国政府	私人部门(美国)	私人部门(外国)	国际组织	非美国政府资助款总额
$ 34 911	未跟踪	未跟踪	未跟踪	$ 34 911

所统计的费用包括用于较大项目上的费用，这包括用于交流和培训的费用。

参与者总计：

美国参与者总计	外国参与者总计	参与者总计
0	25	25

所有参与者均是跨国培训；所有参与者均不是本国培训。

国际执法学院(International Law Enforcement Academy)：

国际执法学院共有四个，它们为实现美国或世界的外交政策和执法目标而服务。国际执法学院(ILEAs)的使命是，加强打击犯罪的国际合作，保护美国人民和企业。此外还有以法治辅助民主统治；以加强执法促进自由市场的运行；以打击毒品走私和犯罪维持社会、政治和经济稳定。

为了实现以上使命，ILEAs 开展了很多活动以实现以下目标：

——支持区域和地区刑事司法制度建设和执法；

——加强 ILEAs 服务地区各国间以反毒品和犯罪问题为目的的合作；

——为外国执法人员提供政策和策略方面高质量的培训和技术支援；

——在不妨碍美国利益的前提下，促进 ILEAs 服务地区各国间的协调与合作，酌情推动地区的执法和谐；

——促使外国执法机关和从事集团犯罪及其他犯罪调查的美国执法机构的合作；

——帮助外国执法机关提高执法效率，增强队伍专业性；

——建立并发展美国执法机构与参与国及地区参与者的未来刑事司法的制度联系。

战略目标：取得和平与安全；公正民主地实行管理。

美国政府资助款：

机构拨款	机构间调拨款	美国政府资助款总额
$ 0	$ 303 027	$ 303 027

非美国政府资助款：

外国政府	私人部门(美国)	私人部门(外国)	国际组织	非美国政府资助款总额
未跟踪	未跟踪	未跟踪	未跟踪	未跟踪

参与者总计：

美国参与者总计	外国参与者总计	参与者总计
43	801	844

部分参与者是跨国培训，部分是本国培训。此统计包括了这两种情况。

了解人类行为·提高领导能力培训项目(Leadership Through Understanding Human Behavior Training Program)：

“了解人类行为·提高领导能力项目”致力于通过培训促使执法领导人建立更有效的工作组或团队。参与者将更好地了解自己；了解人际互动；了解他们的优势、劣势和他们在工作组或团队中的角色是如何影响一个任务的结果的。参与者学习如何适应并利用各自的优势更有效地完成任务。每一位雇员都需具备一定的“情商”和“人际交往技能”。该项目的初步目标是发展成员的自我意识以及识别不同行为模式的能力，从而建立起人际关系。一旦工作组/成员开始了解不同行为模式和价值体系的优势和益处，他们就能开发出有效的策略完成工作目标。

FLETC 在荷兰海牙的禁止化学武器组织开展“了解人类行为·提高领导能力项目”和执法人员情景领导能力Ⅱ的培训工作。这是一个起于 2011 年 9 月 5 日止于 2011 年 9 月 8 日为期三天的培训项目，对象是 33 名安全监督员和管理者。

战略目标：取得和平与安全。

美国政府资助款：

机构拨款	机构间调拨款	美国政府资助款总额
$ 0	$ 0	$ 0

非美国政府资助款：

外国政府	私人部门(美国)	私人部门(外国)	国际组织	非美国政府资助款总额
未跟踪	未跟踪	未跟踪	$ 14 025	$ 14 025

所统计的费用包括用于较大项目上的费用，这包括用于交流和培训的费用。

参与者总计：

美国参与者总计	外国参与者总计	参与者总计
4	33	37

部分参与者是跨国培训，部分是本国培训。此统计包括了这两种情况。

船舶登陆和教员发展讲习班(Vessel Boarding and Instructor Development Workshop)：

船舶登陆和搜索教员发展讲习班包括大量现场登陆和高利息船只(High Interest Vessels, HIVs)的搜索培训。学员将登陆一个大型货轮，进行询问，搜索船舱，确认并搜索出空仓和有限空间。在实战演练阶段，学员们实行一次"航行中高危船只"的登陆行动，并在开放水域对一个船只展开搜索。该讲习班的设计对象是登船并搜索不同规模海运船只的军队、联邦、州/地方以及国际执法人员。这项为期 6 天的课程包含以下内容

——航海术语
——船用索结工艺
——导航规则
——操作风险和安全意识
——船舶熟悉和操作
——海运单证的识别、护照和签证
——航行中的紧急情况处理程序
——登船前程序
——登船过程研究所
——船舶搜索技巧
——船舶战术接入技巧
——船舶战术接入/搜索技巧的实战演练
——领航雷达和海图标绘仪
——追踪、停船和靠近
——领航/登船研究所
——小型船只威胁概述
——静态安全区域概述
——移动安全区域概述

战略目标：取得和平与安全。

美国政府资助款：

机构拨款	机构间调拨款	美国政府资助款总额
$ 0	$ 69 277	$ 69 277

非美国政府资助款：

外国政府	私人部门(美国)	私人部门(外国)	国际组织	非美国政府资助款总额
未跟踪	未跟踪	未跟踪	未跟踪	未跟踪

所统计的费用包括用于较大项目上的费用，这包括用于交流和培训的费用。

参与者总计：

美国参与者总计	外国参与者总计	参与者总计
5	15	20

部分参与者是跨国培训，部分是本国培训。此统计包括了这两种情况。

移民和海关执法局(Immigration and Customs Enforcement (ICE))：

美国移民和海关执法局(ICE)是国土安全部最大的调查部门。ICE 由五个执法分部组成，这些分部

还下设一定的分支部门。这些部门一起采用新方法，利用新资源，为公众和联邦、地方和国际部门的执法伙伴提供了优秀的调查、封锁和安全服务。

国土安全调查部(Homeland Security Investigations (HSI))是ICE的主要调查部门。HIS的主要任务是执行关于边境管制、海关、贸易、外来移民及基础设施的联邦刑法和民法，提高国土安全和公众安全。HIS的非法融资和非法所得组(Illicit Finance and Proceeds of Crime Unit, IFPCU)在HIS的国际事务办公室(OIA)的支援下，通过多方面、国际化的执法行动和培训支持ICE完成使命。OIA是国土安全部最大的国际调查部门，拥有分布在47个国家的73个办事处。HIS的非法融资和非法所得组和OIA，与国内外其他执法部门一道，通过采取联合调查行动、执法能力构建和培训项目共同打击跨国犯罪。HIS-IFPCU和OIA的合作使ICE的行动指令跨越了国界，延伸到了海外国家。

注意：除了在此项报告中提到的项目，ICE在2011财政年度还进行了额外培训，包括跨境金融调查培训、伪造证件检测培训、知识产权(IPR)培训、人口贩卖培训、儿童剥削犯罪培训、强迫儿童劳动培训以及贸易基地洗钱培训。这些活动没有在参与方的账户和资助表中体现。

巨额资金走私国际培训项目(Bulk Cash Smuggling International Training Program)：

HIS-IFPCU向外国政府和执法人员提供调查各种金融犯罪的培训，包括巨额资金走私、非法融资和洗钱。我们将根据以下标准选择参与此项目的国家：战略首要任务、相关金融法状况、是否建立了可用的执法和金融基础设施。指导内容如下：洗白非法所得的途径、货币业务、贸易基地洗钱、外国财产没收以及实战演练等，展示了恐怖分子和/或犯罪组织收集、存储和转移非法所得的过程。国际社会参与方包括海关和边境代表、金融监督员、检察官、法官、金融分析师和中央银行官员。

该课程包括由2~4位HIS教员以及一位来自美国海关和边境保护处(Customs and Border Protection (CBP))的教员共同进行的3~5天的课堂指导。如可以，来自ICE专员办公室的地方学科专家也会补充一定资料。HIS-IFPCU负责开发课程流程和课程内容中也负责物流和聘请教员。该项目的资金一般由国务院的国际毒品和执法事务署提供。在有些情况下，财政部的技术支援办公室也会提供资助。

战略目标：取得和平与安全。

美国政府资助款：

机构拨款	机构间调拨款	美国政府资助款总额
$ 4 500	$ 692 000	$ 696 500

非美国政府资助款：

外国政府	私人部门(美国)	私人部门(外国)	国际组织	非美国政府资助款总额
未跟踪	未跟踪	未跟踪	未跟踪	未跟踪

所统计的费用包括用于较大项目上的费用，这包括用于交流和培训的费用。

参与者总计：

美国参与者总计	外国参与者总计	参与者总计
43	1 072	1 115

部分参与者是跨国培训，部分是本国培训。此统计包括了这两种情况。

HIS 司法鉴定研究所培训(HSI Forensic Laboratory Training):

HIS 司法鉴定研究所(HSI-FL)的前身是司法鉴定证件研究所，是唯一负责专门检查和确认出行证件和身份证件的犯罪研究所。它还拥有一个负责提高证件辨伪意识，扩大在场工作人员检验伪造证件的能力的行动组。HSI-FL 的造假证件检测项目的主要目标是：提高美国联邦政府官员的检测能力，将伪造证件带给美国的安全威胁降到最低；促进 ICE 和国内其他法律合作伙伴的行动合作，共同打击恐怖主义。国内外的执法机构都迫切需要证件检查方面的培训，这促使 ICE 和其他机构搭建起合作的桥梁。

HIS 司法鉴定研究所为帮助外地办事员识别伪造旅行和身份证件提供了一系列培训。HSI-FL 的大部分国际培训是为了让外国执法人员充分了解真正的身份证件是如何生成的，如何识别外地办事员常见的证件造假类型。

战略目标：(取得和平与安全)：

美国政府资助款：

机构拨款	机构间调拨款	美国政府资助款总额
$ 33 930	$ 3 178	$ 37 108

非美国政府资助款：

外国政府	私人部门(美国)	私人部门(外国)	国际组织	非美国政府资助款总额
未跟踪	未跟踪	未跟踪	$ 14 657	$ 14 657

所统计的费用包括用于较大项目上的费用，这包括用于交流和培训的费用。

参与者总计：

美国参与者总计	外国参与者总计	参与者总计
80	607	687

部分参与者是跨国培训，部分是本国培训。此统计包括了这两种情况。

交通安全管理局(Transportation Security Administration(TSA)):

交通安全管理局(TSA)于 2001 年设立并隶属于交通部，2003 年转移到了国土安全部，负责保障美国交通系统的安全，保证人民和商业的自由流动。

国际培训：

交通安全管理局从事多项培训活动，旨在向其他国家的航空和安全同行讲授航空安全操作、提高并保持航空安全和安保以及达到国际民航组织标准的概念和原则。

航空和交通安全法案(Aviation and Transportation Security Act (ATSA))和国土安全法案授权交通安全管理局在外国进行培训，帮助他们提高航空安全。

能力发展分支项目是 TSA 的国家战略办公室发起的正在进行的项目。能力发展分支项目致力于有效解决响应合作国家开展持续性航空安全培训和技术支援的需求，这些需求是应多个机构确认而出。

战略目标：取得和平与安全；促进国际理解。

美国政府资助款：

机构拨款	机构间调拨款	美国政府资助款总额
$ 182 751	$ 0	$ 182 751

非美国政府资助款：

外国政府	私人部门(美国)	私人部门(外国)	国际组织	非美国政府资助款总额
未跟踪	未跟踪	未跟踪	未跟踪	未跟踪

参与者总计：

美国参与者总计	外国参与者总计	参与者总计
71	924	995

部分参与者是跨国培训，部分是本国培训。此统计包括了这两种情况。

美国公民和移民服务处(U. S. Citizenship and Immigration Services (USCIS))：

美国公民和移民服务处(USCIS)维护国家安全，持续消除积压的外来移民裁定，采取措施提高外来移民服务。通过 USCIS，DHS 提供了许多管理服务以延续着美国欢迎外来移民的传统，例如外来移民与非外来移民赞助、身份调整、工作许可和其他许可、为合格的美国国籍申请者办理入籍以及处理避难所和难民等服务。

RAIO 避难处-培训(RAIO Asylum Division-Training)：

USCIS 难民·避难所·国际行动(Refugee，Asylum，and International Operations，RAIO))指挥部的避难处与其他政府一道，努力进行能力建设。它们的努力体现在以下活动中：接待来自外国避难处办事处及避难处培训课程的同行，并与他们分享培训资料。此外，避难处员工还到其他国家向它们提供避难所相关话题的技术支援和培训，并参加与强迫迁移相关问题方面的培训。这些培训项目不仅能交流意见、分享资料，还能建立起与来自国际和非政府组织的同行机构和个人间的联系，改进美国联邦政府的意见和政策。

2011 财政年度进行的部分培训涵盖以下活动：

——牛津大学强迫移民暑期课程。时间为 2011 年 7 月 11 日至 29 日。从事强迫移民工作的人员加入了这个为期 3 周的跨学科强化暑期课程项目。

——主题为“从国际视角看避难所和难民裁定中来源地信息(COI)的框架和角色”的培训会。会议时间为 2011 年 4 月 18 日，地点在哥伦比亚特区华盛顿总部。来自加拿大和丹麦的政府职员，及荷兰的难民董事会，参加了这个培训会。

——避难所办事员基础培训课程。时间为 2011 年 7 月 25 日至 9 月 1 日，地点在美国弗吉尼亚州的兰士登。来自瑞典移民董事会的代表参加了这个课程。

同时，在 2011 财年，RAIO 避难处还与来自阿灵顿难民办公室的高级俄罗斯代表团开展了采访观察、简报和讨论活动。该代表团学习了难民所项目的历史以及保护难民的可行的方式。

战略目标：取得和平与安全；公正民主地实行管理；投资人力资本；促进人道主义援助；促进国际理解。

美国政府资助款：

机构拨款	机构间调拨款	美国政府资助款总额
$ 0	$ 0	$ 0

非美国政府资助款：

外国政府	私人部门(美国)	私人部门(外国)	国际组织	非美国政府资助款总额
$ 0	未跟踪	未跟踪	未跟踪	$ 0

参与者总计：

美国参与者总计	外国参与者总计	参与者总计
1	35	36

部分参与者是跨国培训，部分是本国培训。此统计包括了这两种情况。

RAIO 国际行动处-外国访问者(RAIO International Operations Division-Foreign Visitors)：

在国务院“国际访问者领导能力项目”的资助下，难民・避难所・国际行动(RAIO)董事会的国际行动处接待有意聆听有关美国外来移民政策和程序的简报，并有意交流有关外来移民问题信息的外国访问者。涉及的话题包括但不限于以下方面：人口贩卖、避难所项目、难民项目和难民收容。访问造成的所有费用都由外国政府、访问者所属组织或其他美国联邦政府机构来提供。USCIS 学科专家(SMEs)向外国访问者就以上话题的各方面进行介绍。展示后，USCIS SMEs 和外国访问者将进行问答式对话。

战略目标：取得和平与安全；公正民主地实行管理；促进人道主义援助；促进国际理解。

美国政府资助款：

机构拨款	机构间调拨款	美国政府资助款总额
$ 0	$ 0	$ 0

非美国政府资助款：

外国政府	私人部门(美国)	私人部门(外国)	国际组织	非美国政府资助款总额
未跟踪	未跟踪	未跟踪	未跟踪	未跟踪

所统计的费用包括用于较大项目上的费用，这包括用于交流和培训的费用。

参与者总计：

美国参与者总计	外国参与者总计	参与者总计
0	76	76

所有参与者均是跨国培训；所有参与者均不是本国培训。

RAIO 国际行动处-培训(RAIO International Operations Division-Training):

难民·避难所·国际行动(RAIO)董事会的国际行动处向有意了解有关美国外来移民政策和程序信息,并有意交流有关外来移民问题信息的外国政府和非政府官员提供培训。该项目的费用由国际行动处、其他美国政府机构或外国政府提供。

战略目标:取得和平与安全;公正民主地实行管理;促进人道主义援助;促进国际理解。

美国政府资助款:

机构拨款	机构间调拨款	美国政府资助款总额
$ 0	$ 0	$ 0

非美国政府资助款:

外国政府	私人部门(美国)	私人部门(外国)	国际组织	非美国政府资助款总额
未跟踪	未跟踪	未跟踪	未跟踪	未跟踪

参与者总计:

美国参与者总计	外国参与者总计	参与者总计
0	4	4

部分参与者是跨国培训,部分是本国培训。此统计包括了这两种情况。

美国海岸警卫队(United States Coast Guard(USCG)):

美国海岸警卫队是一个多任务的海事军队。在和平时期下属国土安全部的美国海岸警卫队,在战时将由海军部长或直接由总统指挥。海岸警卫队是一个独特的联邦机构。作为美国海陆空三军之一的海岸警卫队不仅扮演着不可替代的、强制性的保卫国家的角色,还身负多项法规、执法、人道主义以及应急的职责。

海岸警卫队执行各种任务和行动,直接促进关键领域的海事安全和安保,如海事安全、海事执法、自然资源保护、海上动员、国家防卫和国土安全。在各种法律的委托下,海岸警卫队的任务包括海上搜索和营救、国际冰情巡逻行动、极地和国内水路的破冰、桥梁管理、助航、邮轮(游船)安全、船舶交通管理、关于海洋生物资源法律和条约义务的海上执法、毒品和非法移民的海上封锁以及港口安全和安保。

国际人事交流计划(International Personnel Exchange Programs):

海岸警卫队与相关外国国家一道,参加"国际人事交流计划",目前已与加拿大、挪威、英国及其他国家签订了正式协议。来自其他国家的参与者可根据需要临时加入。海岸警卫队队员不仅能从交流计划中获得经验,还能从来自其他国家海岸警卫组人员的经验中获利。这些交流使海岸警卫队及其伙伴军队警卫组更好地了解了对方的行动方式。这些交流没有特设基金资助。参加该计划的人员由来源地组织的预算拨款。

战略目标:取得和平与安全;公正民主地实行管理;促进经济发展与繁荣;投资人力资本;促进

人道主义援助；促进国际理解；提高海事安全。

美国政府资助款：

机构拨款	机构间调拨款	美国政府资助款总额
$ 0	$ 0	$ 0

非美国政府资助款：

外国政府	私人部门(美国)	私人部门(外国)	国际组织	非美国政府资助款总额
未跟踪	未跟踪	未跟踪	未跟踪	未跟踪

参与者总计：

美国参与者总计	外国参与者总计	参与者总计
0	6	6

所有参与者均是跨国培训；所有参与者均不是本国培训。

美国海岸警卫队学院项目(U. S. Coast Guard Academy (USCGA) Programs)：

美国海岸警卫队学院(USCGA)提供一个四年制的项目，本科生经过此项目强化课程学习之后可获得理学学士学位。该课程和其他军事和领导能力训练使得学员有能力在自己国家类似我海军部队里承担起军官的责任。这个学院项目有八项主要内容：土木工程、电机工程、船舶工程、海事工程、机械工程、操作研究、海洋与环境科学、政府以及管理。该专业计划涵盖领航和执法培训，另外还有暑期课程作为补充。暑期课程包括一般船上训练、随“老鹰”号出海的航海训练、军事训练以及其他操作经验。苛刻的体力训练是该项目不可分割的一部分。国际申请人必须经过美国外交使团获得本国政府的赞助，如达到年龄、学术、语言及面试要求则均可申请。联邦法令(Federal Statute)第 14 条，美国法典(United States Code, U. S. C.)第 195 项要求候选人的来源国必须事先同意报销 USCG 的教学开销。根据最新的世界银行高收入国家名单，少数国家可以获得全部或部分免费；不过各国可以选择向这个优秀的军事学院支付全额的学费。按照法律要求，USCGA 限招 36 名国际候选人。学院每年都会在 8 月至 9 月间向世界各地发放信息详细的录取通知书。

战略目标：取得和平与安全；公正民主地实行管理；促进经济发展与繁荣；投资人力资本；促进人道主义援助；促进国际理解；提高海事安全。

美国政府资助款：

机构拨款	机构间调拨款	美国政府资助款总额
$ 1 368 000	$ 0	$ 1 368 000

非美国政府资助款：

外国政府	私人部门(美国)	私人部门(外国)	国际组织	非美国政府资助款总额
未跟踪	未跟踪	未跟踪	未跟踪	未跟踪

参与者总计：

美国参与者总计	外国参与者总计	参与者总计
0	18	18

所有参与者均是跨国培训；所有参与者均不是本国培训。

美国海岸警卫队输出训练(U. S. Coast Guard Exportable Training)：

美国海岸警卫队通过海岸警卫队人员部署团队提供训练。这些部署团队通过移动教育队和移动训练队(Mobile Education and Training Teams，MET/MTT)的形式在主办国实行个性化训练和海上评估。训练将涵盖所有海岸警卫队的核心海事执法任务和能力、如搜索与营救、海洋环境保护、水路管理、国家安保及海岸警卫队平台的操作与维修。需求量最大的课程有：海洋环境保护、搜索与营救、负责人危机指挥与控制，以及国际海事办公室课程(International Maritime Officer Course)提供的专业领导能力发展。

战略目标：取得和平与安全；公正民主地实行管理；促进经济发展与繁荣；以人为本；提高人道主义援助；促进国际理解；提高海事安全。

美国政府资助款：

机构拨款	机构间调拨款	美国政府资助款总额
$ 0	$ 3 478 375	$ 3 478 375

非美国政府资助款：

外国政府	私人部门(美国)	私人部门(外国)	国际组织	非美国政府资助款总额
未跟踪	未跟踪	未跟踪	未跟踪	未跟踪

所统计的费用包括用于较大项目上的费用，这包括用于交流和培训的费用。

参与者总计：

美国参与者总计	外国参与者总计	参与者总计
334	1 749	2 083

部分参与者是跨国培训，部分是本国培训。此统计包括了这两种情况。

美国海岸警卫队国际访问者项目 *(U. S. Coast Guard International Visitors Program))：

海岸警卫队每年通过国际访问者项目接待国际访问者。这些访问被认为有利于使海岸警卫队和其对应组织建立牢固的工作关系。访问内容不仅有与海岸警卫队指挥官的首长会晤，还有与来自海事机构的官员的工作会晤。在这些会晤中，海岸警卫队解决政策和操作问题，并寻求与其他海事部门加强合作的机会。该国际访问者项目由海岸警卫队国际事务处(Coast Guard International Affairs)的全体人员负责他们，接待访问者到海岸警卫队总部，并协调访问者去USCG在美国各地的训练基地参观。大部分被美国海岸警卫队接待的访问者最初都是由另外一个美国联邦政府部门或机构资助的。

战略目标：取得和平与安全；公正民主地实行管理；促进经济发展与繁荣；投资人力；促进人道主义援助；促进国际理解；提高海事安全。

美国政府资助款：

机构拨款	机构间调拨款	美国政府资助款总额
$ 0	$ 0	$ 0

非美国政府资助款：

外国政府	私人部门(美国)	私人部门(外国)	国际组织	非美国政府资助款总额
未跟踪	未跟踪	未跟踪	$ 0	$ 0

所统计的费用包括用于较大项目上的费用，这包括用于交流和培训的费用。

参与者总计：

美国参与者总计	外国参与者总计	参与者总计
0	3 347	3 347

所有参与者均是跨国培训；所有参与者均不是本国培训。

美国海岸警卫队居民训练计划(U.S. Coast Guard Resident Training Programs)：

美国海岸警卫队向来自外国军事和民事机构的官员、现役人员和平民提供训练或技术支援，前提是他们符合海岸警卫队的操作和训练要求，符合适用法律和当局意愿，并受到另外一个有实际权威的美国联邦政府机构的赞助。大部分的训练是通过安保支援(Security Assistance)国际军事教育和训练(International Military Education and Training, IMET)项目和外国军事销售(Foreign Military Sales, FMS)项目、国际毒品和执法事务(International Narcotics and Law Enforcement Affairs)计划或者其他美国支援计划或主办国提供资金赞助的。训练途径有海岸警卫队训练中心的居民课程及船只转运在职训练(On-the-Job Training, OJT)。训练将涵盖所有的海岸警卫队核心海事执法任务和能力如搜索与营救、海洋环境保护、水路管理、国家安保及海岸警卫队平台的操作与维修。需求量最大的课程有海洋环境保护、搜索与营救、负责人危机指挥与控制，以及国际海事办公室课程(International Maritime Officer Course)提供的专业领导能力发展。

战略目标：取得和平与安全；公正民主地实行管理；促进经济发展与繁荣；以人为本；促进人道主义援助；提高海事安全。

美国政府资助款：

机构拨款	机构间调拨款	美国政府资助款总额
$ 0	$ 3 076 891	$ 3 076 891

非美国政府资助款：

外国政府	私人部门(美国)	私人部门(外国)	国际组织	非美国政府资助款总额
未跟踪	未跟踪	未跟踪	未跟踪	未跟踪

所统计的费用包括用于较大项目上的费用，这包括用于交流和培训的费用。

参与者总计：

美国参与者总计	外国参与者总计	参与者总计
0	586	586

所有参与者均是跨国培训；所有参与者均不是本国培训。

美国特勤局(United States Secret Service, USSS):

美国特勤局由联邦法规和总统令授权实施两项重要的任务：保护任务和犯罪调查任务。特勤局负责保护总统、副总统、他们的家人、国家元首以及其他指定的个人；调查危害这些被保护人安全的事件；保护白宫、副总统的住所、外交使团驻所，以及华盛顿哥伦比亚特区的其他建筑；设计并实施给指定国家安全事件的安全计划。此外，特勤局还负责调查以下内容：伪造美国义务与安全的违法行为；包括但不限于存取设备诈骗、金融机构诈骗、身份盗窃及计算机诈骗在内的金融犯罪行为；针对美国金融、银行及电子通讯基础设施的计算机攻击。

密情局国际培训项目(USSS International Training Program):

国际项目处国际培训项目的设立目标是向学员介绍涉及造假、金融诈骗、身份盗窃及计算机取证的调查步骤和流程。

战略目标：取得和平与安全；公正民主地实行管理；促进经济发展与繁荣；投资人力资本；促进国际理解；提高咨询和管理能力。

美国政府资助款：

机构拨款	机构间调拨款	美国政府资助款总额
$ 0	$ 302 975	$ 302 975

非美国政府资助款：

外国政府	私人部门(美国)	私人部门(外国)	国际组织	非美国政府资助款总额
未跟踪	未跟踪	未跟踪	未跟踪	未跟踪

所统计的费用包括用于较大项目上的费用，这包括用于交流和培训的费用。

参与者总计：

美国参与者总计	外国参与者总计	参与者总计
99	1 472	1571

部分参与者是跨国培训，部分是本国培训。此统计包括了这两种情况。

美国政府资助款总额	机构拨款	机构间调拨款	外国政府	私人部门(美国)	私人部门(外国)	国际组织	资助款总额	参与者总计
$ 0	$ 0	$ 0	未跟踪	未跟踪	未跟踪	未跟踪	$ 0	466

所统计的参与者包括跨国参与者和在本国受培训者。

住房和城市发展部(Department of Housing and Urban Development(HUD))

第七大街西南 451 号

华盛顿哥伦比亚特区 邮编 20410

www.hud.gov · 202-708-1112

住房和城市发展部(HUD)是负责执行各项计划以满足国家住房需求、提供公平住房机会、提高并改进国家社区水平的主要联邦政府机构。

政策发展与研究办公室(Office of Policy Development and Research):

政策发展与研究办公室监管住房和城市发展部的研究活动及其政策的发展负责实验性住房和技术研究。

HUD 国际访问者计划和国际活动(HUD International Visitor Program and International Activities):

住房和城市发展部(HUD) 在国际事务办公室体系内实行国际访问者计划。通过与其他国家及各个利益相关团体的合作，HUD 承担了种种符合各方共同利益的合作活动。HUD 为对美国政府住房和城市发展政策设计和管理感兴趣的外国政府官员和技术专家安排会谈。通过交流涉及住房金融和建设、城市规划、经济发展以及公共管理等话题的政策、管理经历以及数据，HUD 使美国和其他国家的城市发展政策调查研究更具国际化色彩。例如包括非政府组织和私人企业在内的国际社会对美国培育公-私合作关系提高低收入家庭的住房和工作机会方面的经验就很感兴趣。

来到 HUD 的国际访问者通常由外国政府资助或者通过由国务院和其他国际组织的赞助项目而获得资助。国际事务办公室没有一般项目资金资助这些交流计划。私人部门参与者需自费。

战略目标：取得和平与安全；公正民主地实行管理；促进经济发展与繁荣；投资人力资本；促进人道主义援助；促进国际理解；促进对美国房地产政策和项目的理解。

美国政府资助款：

机构拨款	机构间调拨款	美国政府资助款总额
$ 0	$ 0	$ 0

非美国政府资助款：

外国政府	私人部门(美国)	私人部门(外国)	国际组织	非美国政府资助款总额
未跟踪	未跟踪	未跟踪	未跟踪	未跟踪

所统计的费用包括用于较大项目上的费用，这包括用于交流和培训的费用。

参与者总计：

美国参与者总计	外国参与者总计	参与者总计
0	466	466

所有参与者均是跨国培训；所有参与者均不是本国培训。

美国政府资助款总额	机构拨款	机构间调拨款	外国政府	私人部门(美国)	私人部门(外国)	国际组织	资助款总额	参与者总计
$ 7 521 823	$ 1 737 995	$ 5 783 828	$ 1 436 099 *	$ 866 587 *	$ 826 710 *	$ 223 468 *	$ 10 874 687 *	1 951

所统计的参与者包括跨国参与者和在本国受培训者。

所统计的费用包括用于较大项目上的费用，这包括用于交流和培训的费用。

* 部分项目未提交完整的资助款数

内政部 Department of the Interior(DOI)

国际事务办公室
C 大街西北 1849 号
华盛顿哥伦比亚特区 邮编 20140
www.doi.gov · 202-208-3048

内政部使命是保护美国自然和文化遗产，尊重美国土著部落的联邦政府信托责任。内政部负责管理国家的公共土地和矿物、国家公园、国家野生生物保护区和西部水资源，并维护美国土著部落的联邦政府信托责任。内政部还负责迁徙野生生物保护、历史遗迹保护、濒危物种保护、地表矿物开采土地保护和恢复、测绘以及开展地质、水文和生物科学研究。内政部为实现以下目标已主导了近 100 年的国际活动：

(1)促进 DOI 完成国内职责，包括管理靠近国际边界的保护区；分享对国内项目有利的科学发现、科学技术和其他信息；保护迁徙野生生物；抗击跨边界火灾。

(2)完成 DOI 国会授权的国际活动保持一致，如大象、犀牛、老虎和大猩猩保护以及候鸟保护。

(3)履行美国条约规定的义务，如：

——濒危物种国际贸易公约(Convention on International Trade in Endangered Species, CITES)

——反沙漠化公约(Convention to Combat Desertification)

——西半球自然保护与野生生物保护公约(Convention on Nature Protection and Wildlife Preservation in the Western Hemisphere)

——1909 年美国—加拿大边界水域条约

——1944 年美国—墨西哥水域条约

——国际重要湿地公约(拉姆萨尔)

——1996 年美国—加拿大候鸟公约

——与墨西哥候鸟和狩猎哺乳动物条约

——防止倾倒废物和其他物质污染海洋公约(1972 年伦敦公约)

——与日本候鸟条约

(4)按白宫和国务院的要求支持美国外交政策。这些活动包括提供关于野生生物、水资源和其他自然资源(例如中东和谈中的水问题)的技术和科学意见；公园管理；应对环境威胁(例如监测火山和地震)。

海洋能源管理、规范和执行局(Bureau of Ocean Energy Management, Regulation, and Enforcement (BOEMRE))：

海洋能源管理、规范和执行局为联邦政府监测外大陆架(Outer Continental Shelf)上能源和矿产资源的安全和环保发展情况。BOEMRE 于 2010 年 7 月建立，其前身是矿务管理局(Minerals Management Service)。

海洋能源管理、规范和执行局项目 Bureau of Ocean Energy Management, Regulation, and Enforcement Program

为了实现国际化行动，BOEMRE 的工作主要是向国务院提供技术性意见负责；监测、发展和改进安全和环境标准；并与国际规范同行进行技术和信息交流。

战略目标：公正民主地实行管理；促进经济发展与繁荣；创造并实行一个管理石油天然气资源的优良监管体系；采取措施加强机构建设和合同神圣性；保护工人安全和环境安全。

美国政府资助款：

机构拨款	机构间调拨款	美国政府资助款总额
$ 24 000	$ 381 000	$ 405 000

非美国政府资助款：

外国政府	私人部门(美国)	私人部门(外国)	国际组织	非美国政府资助款总额
$ 5 000	未跟踪	未跟踪	未跟踪	$ 5 000

所统计的费用包括用于较大项目上的费用，这包括用于交流和培训的费用。

参与者总计：

美国参与者总计	外国参与者总计	参与者总计
41	320	361

部分参与者是跨国培训，部分是本国培训。此统计包括了这两种情况。

垦务局(Bureau of Reclamation)：

垦务局成立于 1902 年，其职责是向 17 个西部州的发展提供可靠地水源供给。它目前是美国最大的水源出售商，向超过 3 100 万人和 1 000 万英亩的灌溉地提供水源。同时，它也是第二大水力发电商和第五大电力公司。除提供水源和水力发电，它的各项计划还解决多种需求，包括洪水控制、休憩、水质量、鱼和野生生物栖息地以及其他环保问题。

垦务局在国际上一直很活跃，它总是将已有的专业知识与其他国家分享，其中大部分是有偿的。它培训了来自 80 多个国家的 10 000 名工程师和科学家。垦务局提供了多个领域的专业知识，包括水坝安全、水资源保护、水资源再利用、环境保护与恢复、整合水资源管理、水质量以及海水淡化。

垦务国际访问者项目(Reclamation International Visitors Program):

垦务局接待短期国际访问者访问，访问时长不超过 8 小时，该项目向访问者展示垦务局组织的概况，或带领访问者进行实地考察或参观任何一个设施。

战略目标：促进经济发展与繁荣；以人为本；实现可持续发展；促进水资源整合和水坝安全；水资源节约、回收、再利用。

美国政府资助款：

机构拨款	机构间调拨款	美国政府资助款总额
$ 0	$ 0	$ 0

非美国政府资助款：

外国政府	私人部门(美国)	私人部门(外国)	国际组织	非美国政府资助款总额
未跟踪	未跟踪	未跟踪	未跟踪	未跟踪

参与者总计：

美国参与者总计	外国参与者总计	参与者总计
0	706	706

所有参与者均是跨国培训；所有参与者均不是本国培训。

垦务培训项目(Reclamation Training Programs):

垦务局培训项目是为符合特定的要求而专门开设的。项目时长则各有不同。这些项目常将办公室和现场考察或参观学习与垦务局的设施及灌溉地区结合起来，同时也将私人部门和非政府组织的会面纳入其中。所有与培训项目有关的费用都必须由受培训者的政府或赞助机构支付给垦务局。垦务局并没有拨款赞助培训项目。

战略目标：促进经济发展与繁荣；投资人力资本；促进水资源整合和水坝安全；水资源节约、回收、再利用。

美国政府资助款：

机构拨款	机构间调拨款	美国政府资助款总额
$ 0	$ 0	$ 0

非美国政府资助款：

外国政府	私人部门(美国)	私人部门(外国)	国际组织	非美国政府资助款总额
$ 163 308	未跟踪	未跟踪	$ 0	$ 163 308

参与者总计：

美国参与者总计	外国参与者总计	参与者总计
0	41	41

国家公园服务处(National Park Service(NPS)):

国家公园服务处(NPS)致力于保护自然和文化资源使其不受破坏，保护为当代和后代的娱乐、教育和启蒙而建立的国家公园系统的价值。NPS受1961年教育和文化互利交流法案的批准，在国务院教育与文化事务局的支持下，设立了一些文化和教育交流项目。

NPS还设立了一些关于自然资源维护和保护的国际交流与合作项目。这是为了响应世界文化与自然遗产保护公约(Convention Concerning Protection of the World Cultural and Natural Heritage)的号召，在1973年由美国参议院批准的。项目负责确认并承认具有世界性价值的自然和历史遗产，并形成了一个体系方便成员国合作展开对这些遗产的保护、保持、展示以及恢复工作。

最后，作为对国内公园志愿者项目的补充，NPS鼓励外国居民到公园工作，帮助他们学习美国公园体系，并推进生物多样性和可持续发展的国际目标。

国际公园志愿者/交换访问者项目和技术支持项目(International Volunteers-in-Parks/Exchange Visitors Program and Technical Assistance Program):

国家公园服务处为合格的外国受训者、外国政府访问者及专家提供与公园相关的培训和发展的机会，以此推动国际教育与文化交流的普遍兴趣。

许多国际志愿者评论道：他们与公园工作人员和公众的互动使他们对美国和国家公园服务处有了赞赏之情。这些互动有利于促进NPS和外国同行的合作。我们与边境邻国甚至全球进行合作可能成为应对21世纪资源挑战、保护美国公园的重要途径。

国家公园体系一直被誉为“美国金点子”，全球的自然资源职业人士将美国国家公园服务处视为保护区管理的领头羊。每年通过NPS国际公园志愿者项目(International Volunteers-in-Parks Program, IVIP)，国家公园服务处的国际事务办公室(OIA)负责协调美国国家公园外国学员和公园职业人士的安置工作以及涉及公园管理几乎所有方面的培训项目。同时，NPS工作人员会到国外提供技术支持，并与外国公园和保护区分享最佳方案。他们还会出国参加国际自然与文化资源组织会议，在某些情况下，还会做展示或提供培训机会。

IVIP项目没有得到拨款赞助，交流所需费用需外国参与者自行承担，或者寻求其他组织资助。同样地，所有的NPS出国费用也需其他组织或其他联邦政府机构支付。NPS对美国国家公园IVIP参与者的资助内容仅限于提供住所。

NPS IVIP项目给美国国家公园和国际参与者提供了交流经验的渠道，而且这些经验对双方都是有利的。参与者学到了新的技巧，并有机会将他们所受的正规教育付诸实践，同时，美国国家公园的工作人员也得到了迎接挑战的非比寻常的视角。参与者还让美国国家公园的工作人员了解到外国研究所最近的研究发现，外国公园职业人士还会展示公园管理的其他方法。在2011财年，参与者参加了涉及多个领域的项目，包括：野生生物管理、火灾生态学、GIS应用、入侵性物种管理、解释、环境教育、废水管理、社区外展、渔业管理以及可持续旅游。美国国家公园及它们的姊妹公园将在人事交流和分享专业知识上合作，以应对共同面对的资源威胁，例如：气候变化、入侵性物种、空气污染、危害野生生物的疾病，以及迁徙类物种。

通过这样的交流项目，NPS 与美国和世界其他地区同行强化了伙伴关系并且提升了各地国家公园管理水平。项目邀请外国同行参观美国国家公园，将我国最好的一面展现给他们，培养人们跨文化理解能力。这个项目给那些未来将成为专业公园管理者与世界领导的青年环保主义者留下长久的印象。

战略目标：促进经济发展与繁荣；投资人力资本；促进国际理解。

美国政府资助款：

机构拨款	机构间调拨款	美国政府资助款总额
$ 19 791	$ 0	$ 19 791

非美国政府资助款：

外国政府	私人部门(美国)	私人部门(外国)	国际组织	非美国政府资助款总额
$ 4 598	$ 45 639	$ 51 087	$ 9 030	$ 110 354

所统计的费用包括用于较大项目上的费用，这包括用于交流和培训的费用。

参与者总计：

美国参与者总计	外国参与者总计	参与者总计
125	59	184

所有参与者均是跨国培训；所有参与者均不是本国培训。

国际事务办公室(Office of International Affairs)

国际技术支援项目(International Technical Assistance Program)：

在捐赠资金的赞助下，内政部向其他国家提供 DOI 工作人员专业知识方面的培训和技术支持，包括保护区管理、文化资源管理、环境教育、濒危物种保存、访问者、休憩管理、火灾管理、矿物管理、废弃开矿土地再利用、生态旅游、野生生物执法、资源管理、公园基础设施以及特许经营管理。这些专业知识来自各个部门机构。

DOI 技术支持的独特优势如下：

——DOI 向技术专家提供精深的应用型技术知识、国际经验和相关的语言技巧；

——DOI 促进美国自然资源管理者和他们接待的其他国家的同行间建立直接、可持续的交流关系；

——DOI 负责提供技术支持人员的所有薪金。事实上在每 50 000 美元的捐赠金中，DOI 会把其中的 25 000 美元用作支付薪金。

——DOI 会迅速回应技术支持的请求；

——为了保证该项目的可持续性，DOI 会雇佣大量的内部培训工作人员在专业的“培训师培训”讲习班任教；

DOI 的技术支持是有偿的。捐赠金会支付所有出行的费用和 DOI 技术工作人员的日薪，并且提供外场活动、设备以及项目管理方面的资助。

战略目标：促进经济发展与繁荣；以人为本。

美国政府资助款：

机构拨款	机构间调拨款	美国政府资助款总额
$ 0	$ 4 160 000	$ 4 160 000

非美国政府资助款：

外国政府	私人部门(美国)	私人部门(外国)	国际组织	非美国政府资助款总额
未跟踪	未跟踪	未跟踪	未跟踪	未跟踪

所统计的费用包括用于较大项目上的费用，这包括用于交流和培训的费用。

参与者总计：

美国参与者总计	外国参与者总计	参与者总计
68	20	88

所有参与者均是跨国培训；所有参与者均不是本国培训。

美国鱼类和野生生物服务处(United States Fish and Wildlife Service)：

美国鱼类和野生生物服务处是负责鱼类、野生生物、植物以及它们的栖息地的保存、保护和改善工作，从而为美国人民及其后代谋福利的主要联邦机构。该机构管理着9 400万英亩的国家野生生物庇护系统，执行联邦政府的野生生物法和濒危物种法案，管理候鸟种群，恢复国家级渔场，保存并恢复野生生物栖息地，并帮助外国政府进行各种保存工作。它还负责监测联邦援助项目的实施情况，该项目将数以亿计美元的钓鱼和狩猎消费税资金分配给各州的鱼类和野生生物机构。

美国鱼类和野生生物服务处国际项目(U.S. Fish and Wildlife Service International Programs)：

鱼类和野生生物服务处通过国际项目，与多个国家建立了多边合作关系，共同实施国际条约、公约和正在进行的保存物种及其栖息地的各个计划。国际自然保育部致力于提高世界相关地区保护和自然资源管理者、机构和社区保护野生生物物种及其栖息地的能力。科学权威部参与世界性的、以科学为基础的野生生物物种保护与优化工作，其重点关注用于世界交易的动植物的物种保护与优化工作。管理权威部负责执行国内法律和关于濒危野生动植物物种的国际贸易公约，以促进世界鱼类与野生生物资源的长期保存。随着野生生物贸易的膨胀和世界许多物种栖息地的丧失，该部门面临着越来越大的国际压力，也付出了很多努力保护由于交易而濒危的物种，如执行政策、加强能力建设、社区外展和教育以及技术支援活动等，这些对整体的物种保存工作有着广泛的意义。

战略目标：促进经济发展与繁荣；以人为本；保护鱼类、野生生物、植物及它们的生存环境。

美国政府资助款：

机构拨款	机构间调拨款	美国政府资助款总额
$ 1 167 471	$ 926 696	$ 2 094 167

非美国政府资助款：

外国政府	私人部门(美国)	私人部门(外国)	国际组织	非美国政府资助款总额
$ 109 000	$ 782 196	$ 633 718	$ 183 938	$ 1 708 852

参与者总计：

美国参与者总计	外国参与者总计	参与者总计
61	259	320

所有参与者均是跨国培训；所有参与者均不是本国培训。

美国地质调查局(United States Geological Survey(USGS))：

尽管美国地质调查局(USGS)是一个国内机构，然而它从事的地球和生命科学研究是不受政治界限的限制的。作为世界首要的科学机构，USGS 早已认识到与外国科学同行的交流和在外国的扩展研究和调查带来的科学益处。在全球的视野下，我们能从基本的科学原则中学习到很多，也能更好地将科技应用到解决重要管理问题的实践中去。毫不夸张地说，要想解决诸如气候变化和外来物种入侵的蔓延这类的问题，全球合作是唯一的出路。

内政部和整个美国都从 USGS 参与的技术支援活动获益良多，这些活动促进了各国学院在共同关心的问题上的交流，也提高了管理生态系统和自然资源的科学基础。DOI 也通过向 USGS 科学家提供独特的研究环境帮助他们了解一些基本的科学原则。

访问科学家和参与者培训项目(Visiting Scientist and Participant Training Programs)：

美国地质调查局负责实施两个不同的交流与培训项目。USGS 接待来美国参加 USGS 培训项目，并在美国进行调查研究的国际访问科学家。经过选拔的国际专业人士和学者参与的项目，包括但不限于以下学科：生物学、制图学、化学、工程学、地质化学、地质学、地球物理学、水文地理学、古生物学、遥感、地震学以及火山学等，他们还可参加其他相关的技术、管理和行政支持活动。

同时，USGS 也向海外派出本国的科学家参加合作性的调查研究，实施培训项目，同时也在海外接受培训。

战略目标：促进经济发展与繁荣；以人为本；促进人道主义援助。

美国政府资助款：

机构拨款	机构间调拨款	美国政府资助款总额
$ 526 733	$ 316 132	$ 842 865

非美国政府资助款：

外国政府	私人部门(美国)	私人部门(外国)	国际组织	非美国政府资助款总额
$ 1 154 193	$ 38 752	$ 141 905	$ 30 500	$ 1 365 350

所统计的费用包括用于较大项目上的费用，这包括用于交流和培训的费用。

参与者总计：

美国参与者总计	外国参与者总计	参与者总计
85	166	251

所有参与者均是跨国培训；所有参与者均不是本国培训。

美国政府资助款总额	机构拨款	机构间调拨款	外国政府	私人部门(美国)	私人部门(外国)	国际组织	资助款总额	参与者总计
$ 89 617 013	$ 2 921 555	$ 86 695 458	$ 4 679 *	$ 0*	$ 0*	$ 30 150*	$ 89 651 842*	110 344

所统计的参与者仅包括部分在本国受培训者。

所统计的费用包括用于较大项目上的费用，这包括用于交流和培训的费用。

*部分项目未提交完整的资助款数据。

司法部(Department of Justice(DOJ))

公共事务办公室
宾夕法尼亚大道西北 950 号
华盛顿哥伦比亚特区 邮编 20530
www.justice.gov · 202-514-2007

司法部(DOJ)以司法部长为首，负责执行联邦法律，致力于建立公正有效的联邦司法体系。司法部负责侦查、逮捕、起诉和监禁犯罪分子；维护美国人民的公民权利；执行保护环境的相关法律；保证企业在美国自由企业体系中良性竞争；保护消费者免受欺诈；执行美国的移民法律；在任何涉及美国政府的法律事件中代表美国人民。

司法部的国际培训活动帮助外国的执法和司法团体发展独立自主的体系，向全体人民保证公开、可靠和公正的司法。司法部的各单位将它们的专业知识应用到国际培训中，这有利于促进落实特定的美国外交政策目标。

反垄断局(Antitrust Division)：

在过去的六十年中，反垄断局一直致力于通过执行各种反垄断法，促进和保护竞争过程以及美国经济。反垄断法适用于几乎所有的工业和所有的商业层面，包括制造、运输、分配和销售层面。反垄断法禁止各种限制贸易的行为，例如价格垄断、可能降低市场竞争活力的公司兼并行为以及意图实现或维持垄断的掠夺性行为。

反垄断局对那些可能导致巨额罚款和判刑的故意违犯反垄断法的严重违法行为提起诉讼。当刑事诉讼不适用时，反垄断局会提起民事诉讼，寻求法院颁布禁止未来违反法律的指令，要求必要的补救措施来缓解违法行为造成的反竞争影响。反垄断局的许多成果都是由于与外国反垄断执法机构和各州总检察长达成的前所未有的合作和协作而得来的。

反垄断法历史性的目标是通过提高市场竞争活力以保护经济自由和机会。自由市场的竞争为美国消费者提供物美价廉的商品和更多的选择可能性。竞争为企业提供了在开放的市场和公平的舞台上不受反竞争限制地在商品价格和质量上展开竞争的机会。竞争同样也使国内的公司在考验中成长，其中的优胜者则走向了海外。

反垄断局国际技术支援项目(Antitrust Division International Technical Assistance Programs):

反垄断局实施国际培训活动以传输美国在竞争政策和执法方面的知识和经验，推动良性竞争政策和执法的完善，促进转型经济体中自由市场原则的应用。

在 2011 财年，DOJ 和联邦贸易委员会(Federal Trade Commission，FTC)继续向新兴的竞争机构，包括中国、印度、俄罗斯和土耳其的机构提供关于竞争法律和政策方面的技术支持。同时，DOJ 还给非经济合作与发展组织(Organization for Economic Cooperation and Development，OECD)国家提议的法律、法规和指导方针提供评论；DOJ 中新兴的机构的官员接待了许多访问和研究使团；DOJ 派遣官员和工作人员参加其他机构主办的专题研讨会和大会；向新兴的机构提供其他形式的支持，例如通过电子邮件、电话或视屏会议的方式提供处理案件和问题的意见。此外，DOJ 和 FTC 还派遣专家到参加 OECD 的地区训练中心活动，包括关于卡特尔和联合审查的讲习班。

战略目标：促进经济发展与繁荣。

美国政府资助款：

机构拨款	机构间调拨款	美国政府资助款总额
$ 35 791	$ 2 077	$ 37 868

非美国政府资助款：

外国政府	私人部门(美国)	私人部门(外国)	国际组织	非美国政府资助款总额
$ 679	未跟踪	未跟踪	未跟踪	$ 679

所统计的费用包括用于较大项目上的费用，这包括用于交流和培训的费用。

参与者总计：

美国参与者总计	外国参与者总计	参与者总计
11	0	11

所有参与者均是跨国培训；所有参与者均不是本国培训。

该项目部分参与者是跨国培训，部分是本国培训。此统计只包括跨国培训者。

酒精烟草与枪支炸药管理局(Bureau of Alcohol，Tobacco，Firearms，and Explosives(ATF))：

酒精烟草与枪支炸药管理局(ATF)是美国司法部为致力于预防恐怖主义势力、减少暴力犯罪并保护美国而设立的主要执法机构。ATF 的每一个人都承担着双重任务，一方面要执行联邦刑法，另一方面又要规范枪支炸药工业。ATF 致力于独立或合作调查并减少涉及枪支炸药、纵火、非法走私酒精和烟草的犯罪行为，AFT 还进一步支持联邦、州和国际执法行动；AFT 还提供创新型培训项目，支持其强制执法和监管执法功能。

ATF 国际培训支部(ATF, International Training Branch(ITB)):

ATF 的国际培训项目有利于提高美国参与国际合作的兴趣，促使美国帮助其他国家打击犯罪和暴力以维护社会、政治和经济稳定。为了实现这些目标，ATF 的国际培训项目为体系建设和执法能力的提高提供技术支援并培育美国执法机构与地区同类机构间的合作联系。项目产生了一个广泛的校友人际网，他们有可能成为各自国家未来的领导者和决策者。ATF 项目完成之后的外展活动方便校友们与美国同行交流信息或协助跨国调查。

ATF 国际培训支部(ITB)培训来自世界各地的外国执法官员，协调和帮助 ATF 完成美国政府的培训使命。ATF ITB 帮助确定外国执法机构的培训需求。

ATF 的美国大使馆专员和国际代表分别来自加拿大、亚洲、欧洲、中美洲和南美洲，他们也帮助 ATF ITB 协调国际培训工作，确认外国执法培训的附加领域。

国际培训活动包括本地培训，参与者来自国务院，包括区域安全官员部(Regional Security Officers, RSOs)、外交安全服务处(Diplomatic Security Service, DSS)和移动安全特殊队(Mobile SecurityDetachments, MSD)。在这些雇员被分配到世界各地的美国大使馆之前，ATF 向他们提供基本的爆破训练。但是考虑到本报告的目的，国务院雇员的培训数据不会记录到机构间工作组的数据框架内。

ATF 还向许多外国 K-9 爆破物探测队提供本地训练。这些国际训练行动也是在弗吉尼亚州皇家前线的美联社山堡(Fort AP Hill)和 K-9 训练中心进行。

ATF 与其他联邦、州和地方执法机构一道，向分别位于博茨瓦纳、萨尔瓦多、匈牙利和泰国的四个国际执法学院(International Law Enforcement Academies)授课，提供专业知识专门课程。ATF 提供的培训为期 1 到 2 周，涵盖的领域有枪支、爆炸物、纵火以及司法鉴定。

战略目标：取得和平与安全；促进国际理解。

美国政府资助款：

机构拨款	机构间调拨款	美国政府资助款总额
$ 0	$ 1 142 582	$ 1 142 582

非美国政府资助款：

外国政府	私人部门(美国)	私人部门(外国)	国际组织	非美国政府资助款总额
未跟踪	未跟踪	未跟踪	未跟踪	未跟踪

参与者总计：

美国参与者总计	外国参与者总计	参与者总计
144	1 461	1 605

刑事局(Criminal Division):

刑事局负责完善、执行所有联邦刑事法律，并监督它们的应用情况，那些专门分配给其他部门的法律除外。刑事局与 94 位美国检察官有按照 900 多条议会立法监督刑事案件以及某些民事诉讼的责任，刑事局的检察官起诉了许多国家级重大案件。除了直接的诉讼责任，刑事局还制定并实施刑事执行政策，并提供意见和支援。例如刑事局支持并监督敏感领域的执法，如参加证人安保项目；电子监控的使用；向司法部长、国会、管理与预算办公室(Office ofManagement and Budget)和或白宫提出关于刑法的意见；给联邦检察官和调查机构提供法律意见和支援；领导协调联邦、州、地方乃至国际的执法事宜。

国际犯罪调查培训支援项目(International Criminal Investigative Training Assistance Program(ICITAP))：

国际犯罪调查培训支援项目(ICITAP)与外国政府共同合作发展透明的、职业化的执法体系，以保护人权，惩治腐败，减少跨国犯罪和恐怖主义的威胁。ICITAP 既维护国家安全，也支持外交政策目标实现。

ICITAP 在组织上由美国司法部刑事局负责，在工作上则与美国国务院、美国国际开发署、美国国防部以及千年挑战公司有着密切联系。这些机构资助 ICITAP 的各个项目。

ICITAP 在美国政府的对外援助策略的框架内运作，它关注的也是司法部担忧的关键问题：国际恐怖主义和跨国犯罪。司法部(DOJ)要想保护好美国，就需要建立有效的国际执法合作关系，要想强化国家安全就需要提高海外民主，维护地区稳定与法治。

ICITAP 的重点是进行长期、综合、可持续的执法改革，改革涉及以下广泛的主题：

——组织发展

——恐怖主义和跨国犯罪

——刑事调查

——公共廉政和反腐败

——专业技巧和战术技巧

——法庭司法取证司法鉴定

——基础警察勤务

——学院和教员发展

——社区警务

——法律修正

——海洋和边境安全

——信息系统

——刑事司法协调

在过去的日子里，ICITAP 应对三种发展挑战的专业知识有了很大提高，它们的解决方法各不相同，分别是：(1)增强新兴民主体和发展中国家现有执法体系的执法能力；(2)帮助重要的盟国打击恐怖主义和腐败；(3)在冲突后重建或国际维和行动的背景下发展执法体系。

ICITAP 项目是与东道国合作设立的。项目实施的途径包括：现场进行、项目前评估、项目计划、管理和回顾；课程发展；课堂培训、专题研讨会和讲习班；实习；设备捐赠；捐赠协调；由长驻长期顾问提供的在职培训以及辅导。

为了实现这些项目，ICITAP 向多个联邦伙伴机构寻求专业支援，这些伙伴包括美国联邦调查局、美国缉毒局、酒精烟草与枪支炸药管理局、联邦执法官署、美国国内税务署、国土安全部以及美国监狱管理局等。更多项目信息请登录如下网址：www.usdoj.gov/criminal/icitap。

战略目标：取得和平与安全；公正民主地实行管理。

美国政府资助款：

机构拨款	机构间调拨款	美国政府资助款总额
$ 0	$ 60 976 390	$ 60 976 390

非美国政府资助款：

外国政府	私人部门(美国)	私人部门(外国)	国际组织	非美国政府资助款总额
未跟踪	未跟踪	未跟踪	未跟踪	未跟踪

所统计的费用包括用于较大项目上的费用，这包括用于交流和培训的费用。

参与者总计：

美国参与者总计	外国参与者总计	参与者总计
554	29 680	30 234

部分参与者是跨国培训，部分是本国培训。此统计包括了这两种情况。

海外公诉的发展、支援与培训项目(Overseas Prosecutorial Development, Assistance, and Training Program(OPDAT))：

海外公诉的发展、支援与培训项目办公室于 1991 年成立，旨在利用司法部的资源和专业知识来强化外国刑事司法部门体系，并提高国外司法行政水平。OPDAT 帮助外国同行做好了与美国在反恐、反腐上进行充分有效合作的准备，不仅如此，它还鼓励法律不完善的国家进行立法和司法部门的改革，提高外国公诉人、调查员和法官的技能，提高法治和对人权的尊重，这些都有利于美国和司法部实现执法目标和重点。

战略目标：取得和平与安全；公正民主地实行管理；促进经济发展与繁荣；以人为本；促进人道主义援助；促进国际理解；反腐败

美国政府资助款：

机构拨款	机构间调拨款	美国政府资助款总额
$ 0	$ 21 355 630	$ 21 355 630

非美国政府资助款：

外国政府	私人部门(美国)	私人部门(外国)	国际组织	非美国政府资助款总额
$ 4 000	$ 0	$ 0	$ 30 150	$ 34 150

所统计的费用包括用于较大项目上的费用，这包括用于交流和培训的费用。

参与者总计：

美国参与者总计	外国参与者总计	参与者总计
822	62 761	63 583

部分参与者是跨国培训，部分是本国培训。此统计包括了这两种情况。

海外公诉的发展、支援与培训（OPDAT）/国际访问者项目（Overseas Prosecutorial Development，Assistance，and Training/International Visitors Program）：

OPDAT 与美国国务院国际缉毒和执法事务局和美国国际开发署协调合作并受它们资助。美国通过帮助外国完善司法体系，提高法治，服务大众，加强了他们的民主政治，OPDAT 在这方面工作中起着关键的参与作用。

OPDAT 同样还担任司法部和各种私人或公共机构的联络员，这些私人或公共机构为想仔细观察美国联邦法律体系的外国官员提供赞助。有着特定兴趣的访问者，可以与来自司法部特定部门的实践者讨论以下议题：洗钱、有组织犯罪、资产没收、麻醉剂和其他毒品、伦理观与公共腐败、青少年司法与犯罪预防、民事权利以及国际司法支援与引渡。国际访问者项目设立的比较性法律对话有助于司法部促进国际法律支援与合作。

司法部的贡献是实实在在的。在 2011 财年，司法部检察官和其他官员从他们的日常活动中抽出了 682 个小时会见外国访问者，向他们提供美国司法体系的信息，回答他们的问题。他们没有使用资金补助。

战略目标：取得和平与安全；公正民主地实行管理；促进国际理解；提高咨询和管理能力。

美国政府资助款：

机构拨款	机构间调拨款	美国政府资助款总额
$ 0	$ 0	$ 0

非美国政府资助款：

外国政府	私人部门（美国）	私人部门（外国）	国际组织	非美国政府资助款总额
未跟踪	未跟踪	未跟踪	未跟踪	未跟踪

参与者总计：

美国参与者总计	外国参与者总计	参与者总计
0	2 190	2 190

所有参与者均是跨国培训；所有参与者均不是本国培训。

美国缉毒局（Drug Enforcement Administration（DEA））：

美国缉毒局的使命如下：（1）某些组织及其成员参与了受管制药物的生产、制造或分配活动，这些药物可能或必定会在美国非法交易，缉毒局需按照美国受管制药物的法律和法规将这些非法组织及成员绳之以法，将之交与美国刑事和民事司法体系接受审判；（2）推荐并支持某些致力于降低受管制非法药物在国内和国际市场上流通的可能性的非执法项目。

DEA 国际访问者简报和游览(DEA International Visitor Briefings and Tours):

国际培训科负责进行简要汇报，并向高级国际法律执行官提供考察 DEA 培训学院设备的游览信息。该项目的主要目标如下：(1)完善基本的基础设施以便在合作国实施反毒品执法活动；(2)讨论提高合作国反毒品执法人员技术技能的策略；(3)促进美国高级反毒品执法官员与外国高级反毒品执法官员在培训方面的合作。DEA 的海外反毒品的成效体现在东道国的有效执法培训体系建设取得的进步。正因为如此，访问 DEA 培训学院的官员通常会收到详细的简报和相应的 DEA 的人员统计数据文档；并且学习招聘与选拔 DEA 特工、情报研究员、转移调查员和药剂师的雇佣政策；他们还要意识到 DEA 学院基本培训和世界在职培训课程是有一定的绩效和评估标准的；最后他们将全面游览 DEA 培训设施。

战略目标：取得和平与安全；促进国际理解。

美国政府资助款：

机构拨款	机构间调拨款	美国政府资助款总额
$ 0	$ 0	$ 0

非美国政府资助款：

外国政府	私人部门(美国)	私人部门(外国)	国际组织	非美国政府资助款总额
未跟踪	未跟踪	未跟踪	未跟踪	未跟踪

参与者总计：

美国参与者总计	外国参与者总计	参与者总计
0	168	168

所有参与者均是跨国培训；所有参与者均不是本国培训。

国际毒品控制培训项目(International Narcotics Control Training Program):

DEA 国际培训科(International Training Section, TRI)与美国国务院国际缉毒和执法事务局协调合作，向世界警方官员提供反毒品培训，并负责培训的计划和发展。DEA 国家办公室/美国使团与东道国相互合作，根据受培训者要求提供培训计划，还有最大限度地接触最能实现 DEA/美国使团目标的领域。TRI 的目标包括：升级外国执法机构的反毒品执法能力；鼓励和支持关键国家发展独立自主的毒品调查培训计划；给予外国官员启动和继续高级毒品调查所必要的动力、技巧和知识；培育和增强各国间、外国警察和 DEA 人员间的合作和交流。

战略目标：取得和平与安全。

美国政府资助款：

机构拨款	机构间调拨款	美国政府资助款总额
$ 2 648 444	$ 845 642	$ 3 494 085

非美国政府资助款：

外国政府	私人部门(美国)	私人部门(外国)	国际组织	非美国政府资助款总额
未跟踪	未跟踪	未跟踪	未跟踪	未跟踪

参与者总计：

美国参与者总计	外国参与者总计	参与者总计
821	7 305	8 126

部分参与者是跨国培训，部分是本国培训。此统计包括了这两种情况。

联邦调查局(Federal Bureau of Investigation)：

联邦调查局(FBI)的使命如下：调查违反联邦刑法的行为，维护联邦刑法的权威；保护美国免受外国情报和恐怖主义活动的威胁；领导联邦、州、地区乃至国际机构并提供执法支援；在行使以上职责时，不得违背公共需要，不得违反美国宪法。

联邦调查局国际培训项目(Federal Bureau of Investigation International Training Programs)：

联邦调查局是美国司法部的主要调查机构。FBI 负责侦查和调查针对美国的犯罪行为，并履行其他国家安保义务。为了应对空前膨胀的跨国犯罪活动，FBI 如今在海外与外国执法机构建立了有效的合作关系，留下了活跃的身影。此外，为了促进国与国之间的合作，FBI 还向执法官员提供了基础和高级调查技能和原则方面的培训。FBI 不仅积极参与国际工作团体，还参与警察机构间中级监督人员的交流。FBI 与国际刑事警察组织(INTERPOL)的联系促进了犯罪调查信息的迅速交流，比如有关毒品走私和其他国际犯罪信息。

国际培训和支援组(International Training and Assistance Unit，ITAU)通过在世界各地培训外国执法官员为美国联邦政府提供可操作的调查支持和基础设施建设。FBI 的法律从属机构、各美国大使馆和外国执法代表共同明确外国执法机构的培训需要。ITAU 规划并协调特别国家的培训和支援。

国际培训有以下几种：本国培训、实际案例培训、美国基地培训(在位于弗吉尼亚州匡蒂科的 FBI 学院)以及在海外的国际执法学院(ILEAs)培训，它们分别位于博茨瓦纳首都哈博罗内、萨尔瓦多首都圣萨尔瓦多、匈牙利首都布达佩斯和泰国首都曼谷。

在美国国务院国际缉毒和执法事务局的资助下，ITAU 提供的培训涉及广泛的犯罪调查程序，所有程序皆需符合 FBI 调查当局的规定。

ITAU 还与美国国防部国防威胁降低局(Defense Threat Reduction Agency，DTRA)协作，为国际教员反扩散培训项目提供教员。

FBI 特工、其他联邦执法官员以及具备专项课程专门知识的州/地方警察到 ILEAs 或世界其他国家向外国执法官员提供短期的当地“在地”培训，或 1 到 2 周的培训研讨会，或在 ILEAs 的为期较长的研讨会。培训的重点领域通常有：金融犯罪、有组织犯罪、暴力犯罪和反恐。

同时，ITAU 也向受选拔参加美国弗吉尼亚州匡蒂科 FBI 学院的国家科学院项目(National Academy program)的外国学员提供支援。

战略目标：取得和平与安全。

美国政府资助款：

机构拨款	机构间调拨款	美国政府资助款总额
$ 237 320	$ 2 373 137	$ 2 610 457

非美国政府资助款：

外国政府	私人部门(美国)	私人部门(外国)	国际组织	非美国政府资助款总额
未跟踪	未跟踪	未跟踪	未跟踪	未跟踪

所统计的费用包括用于较大项目上的费用，这包括用于交流和培训的费用。

参与者总计：

美国参与者总计	外国参与者总计	参与者总计
620	3 807	4 427

美国政府资助款总额	机构拨款	机构间调拨款	外国政府	私人部门(美国)	私人部门(外国)	国际组织	资助款总额	参与者总计
$ 354 524	$ 354 524	$ 0	$ 120 004 *	未跟踪	$ 3 376 *	$ 6 752 *	$ 484 656 *	1 490

所统计的参与者包括跨国参与者和在本国受培训者。

所统计的费用包括用于较大项目上的费用，这包括用于交流和培训的费用。

* 部分项目未提交完整的资助款数据。

劳工部(Department of Labor)

公共事务办公室
宪法大道西北 200 号
华盛顿哥伦比亚特区 邮编 20210
www.dol.gov · 202-693-4676

劳工部负责促进并提高美国求职者、工薪阶级和退休人员的福利，具体做法是增加他们获得可赚钱的工作机会，保护他们的退休和医疗保健福利，帮助雇主寻找劳工，加强自由集体谈判以及追踪修订就业、价格和其他国民经济的测量结果。为了完成使命，劳工部实施了各种联邦劳工法，包括旨在保障工人获得安全、健康工作环境的权利、获得最低日薪和加班费的权利、不受就业歧视的权利、获得失业保险和其他收入补助的权利的法案。

国际劳工事务局(Bureau of International Labor Affairs(ILAB))：

国际劳工事务局在主管国际事务的副部长的带领下执行劳工部的职责。ILAB 与其他美国联邦政府机构合作研究并制定国际经济、贸易、移民和劳工政策，为促进美国实现外国劳工政策目标提供国际技术支援。ILAB 与其他美国政府机构一道，致力于创造一个更稳定、更安全、更繁荣的国际经济体系，使所有的工人都能获得更多的经济保障，分享日益蓬勃的国际贸易所带来的福利，获得更安全、更健康的工作场所，在这样的工作场所中国际公认的工人和儿童核心劳工标准得到尊敬和保护。

童工、强制劳工与人口贩卖项目(Child Labor, Forced Labor, and Human Trafficking Program)：

为了响应国会调查和报告世界童工状况的直接请求，童工、强制劳工与人口贩卖办公室(Office of

Child Labor, Forced Labor, and Human Trafficking, OCFT)于 1993 年成立。

随着国内外对童工的关注日益密切，OCFT 已经扩展了它的活动内容。如今，活动涉及以下内容：扩大对美国政府关于国际童工、人口贩卖问题的政策的研究并支持；加强对分配给致力于消除童工组织赠款的管理；提高关注这些国际问题的意识。

OCFT 负责童工，包括那些最恶劣的童工形式的重要研究。这项研究受 2000 年贸易与发展法案授权，向 DOL 年度“最恶劣童工形式的调查结果”提供信息，报告美国贸易受惠国在消除最恶劣童工形式上所做的努力。该报告会凸显有关各个受惠国所做努力的主要调查结果，还包括给特定国家的关于进一步解决这类问题所需的建议。这项研究也受 2005 年人口贩卖受害者保护修订法案的授权，支持 DOL 更新“强迫劳工和童工制造产品清单”，还按照 1999 年 13126 号总统令，支持修正“强迫劳工和童工制造产品清单”。这个报告和两个清单都已于 2011 年 10 月由美国劳工部出版。

在 2011 财年，OCFT 向 35 个国家致力于消除剥削性童工的 7 个项目提供了约 6 000 万美元的资助金，同时继续监管之前财政年度所资助的技术支援项目。

在 2011 财年，OCFT 在首都华盛顿为童工受资助者主持了一个为期 2 天地国际讲习班，为他们提供了一个讨论如何消除童工、交流在项目实施中发现的优秀方案、成果、挑战和经验。在这个讲习班中，CCFT 还向受资助者提供 DOL 政策和项目报告方面的指导，还让受资助者了解监督和评估影响的新方法。

战略目标：公正民主地实行管理；投资人力资本；促进国际理解；消除童工剥削；明确劳工/童工标准。

美国政府资助款：

机构拨款	机构间调拨款	美国政府资助款总额
$ 334 000	$ 0	$ 334 000

非美国政府资助款：

外国政府	私人部门(美国)	私人部门(外国)	国际组织	非美国政府资助款总额
未跟踪	未跟踪	未跟踪	未跟踪	未跟踪

所统计的费用包括用于较大项目上的费用，这包括用于交流和培训的费用。

参与者总计：

美国参与者总计	外国参与者总计	参与者总计
80	45	125

部分参与者是跨国培训，部分是本国培训。此统计包括了这两种情况。

ILAB/OIR 国际访问者项目(ILAB/OIR International Visitors Program)：

国际劳工事务局(ILAB)的国际关系办公室(OIR)是美国联邦政府中领导国际劳工组织和战略性世界区域的政策和相关项目的机构。OIR 对经济合作与发展组织的就业、劳工与社会事务委员会以及联合国、美洲的区域性团体、亚太经合组织以及其他国际组织中与就业、劳工相关的议题有着基本的联邦职责。

OIR 向其他联邦机构提供关于国际劳工标准地区政策问题和外国劳工动态的专家意见，还有关于劳工问题的各种报告，尤其是年度人权实践国家报告(工人权利)。

OIR 还负责劳工部的国际访问者项目。每年劳工部都会接待代表政府、企业集团、大学、工会以及其他政府和非政府组织的成千上百的国际访问者。这些访问者来到劳工部学习劳工法、执法实践以及向工人提供技能培训和就业服务的项目。同时，OIR 也从这些访问中获得了重要的关于访问者国家政策和实践的专业联系和信息，这些国家支持 OIR 的研究和协同职能。

战略目标：公正民主地实行管理；促进经济发展与繁荣；以人为本；促进人道主义援助；促进国际理解；完善劳工政策，处理劳工事务。

美国政府资助款：

机构拨款	机构间调拨款	美国政府资助款总额
$ 0	$ 0	$ 0

非美国政府资助款：

外国政府	私人部门(美国)	私人部门(外国)	国际组织	非美国政府资助款总额
未跟踪	未跟踪	未跟踪	未跟踪	未跟踪

参与者总计：

美国参与者总计	外国参与者总计	参与者总计
0	649	649

所有参与者均是跨国培训；所有参与者均不是本国培训。

贸易协定管理和技术合作(Trade Agreement Administration and Technical Cooperation)：

贸易和劳工事务办公室实施与贸易相关的劳工政策，协调支持自由贸易协定中劳工条款的国际技术合作；发展和协调与国际经济政策问题相关的劳工部职位，帮助美国制定和实施；这些问题的政策提供相关的服务、信息、专业知识和技术合作项目，从而有效支持劳工部完成国际职责，实现美国外国劳工各项政策目标。

在 2011 财政年度开展的各个活动中，DOL 专家与越南一道，提供以下方面的培训和咨询：(1)劳工监察政策和东盟(ASEAN)劳工监察大会的实践方案(2)劳工监察培训开发的战略性计划(3)劳工监察管理信息系统(4)处理劳工投诉的试点培训(5)企业自我评价(6)地区监察模式。

战略目标：公正民主地实行管理；促进经济发展与繁荣；以人为本；促进国际理解；明确劳工标准；实施劳工法；建立社会安全联络网。

美国政府资助款：

机构拨款	机构间调拨款	美国政府资助款总额
$ 20 524	$ 0	$ 20 524

非美国政府资助款：

外国政府	私人部门(美国)	私人部门(外国)	国际组织	非美国政府资助款总额
未跟踪	未跟踪	未跟踪	未跟踪	未跟踪

参与者总计:

美国参与者总计	外国参与者总计	参与者总计
10	436	446

部分参与者是跨国培训，部分是本国培训。此统计包括了这两种情况。

劳工统计局(Bureau of Labor Statistics(BLS)):

劳工统计局(BLS)是美国联邦政府在劳工经济状况和统计这一广阔领域的主要实地调查机构。劳工统计局负责收集、处理、分析和发布基本的就业、失业和其他劳动力特征的数据，还有消费者和生产者价格、消费支出、进口价格和出口价格数据；工资和职工福利数据，生产力和技术转变数据，就业预测数据，劳工统计的国际比较数据。

BLS国际技术合作处(BLS Division of International Technical Cooperation):

国际技术合作处(ITC)通过技术合作、专题研讨会和个性化的培训项目促进世界劳工统计的发展。在过去的65年中，BLS帮助世界各数据组织进行了劳工数据的收集、处理、分析、发布和使用。每年，ITC都会在首都华盛顿举行几场国际专题研讨会，话题涉及劳工和价格统计数据。研讨会参与者有来自世界各地的统计学家、经济学家、分析师及其他数据使用者。同时，为了满足某些个人和集体的特定需求，ITC还组织了一些特殊项目。参与专题研讨会、个性化培训项目或咨询需要缴纳一定的费用。参与者的资助金可以来自自己国家政府、联合国及其附属组织或国际组织(例如亚洲基金会)，资助项目在某些情况下也可以是美国国际开发署的国家任务。ITC的资金来自其他组织为参与者参加专题研讨会所交的学费。拨给BLS的款项并不用于资助参与者参加ITC专题研讨会。

战略目标：促进经济发展与繁荣。

美国政府资助款:

机构拨款	机构间调拨款	美国政府资助款总额
$ 0	$ 0	$ 0

非美国政府资助款:

外国政府	私人部门(美国)	私人部门(外国)	国际组织	非美国政府资助款总额
$ 120 004	未跟踪	$ 3 376	$ 6 752	$ 130 132

参与者总计:

美国参与者总计	外国参与者总计	参与者总计
0	44	44

所有参与者均是跨国培训；所有参与者均不是本国培训。

BLS 国际访问者项目（BLS International Visitors Program）：

劳工统计局国际访问者项目为关心劳工数据、价格指数和相关主题的外国访问者安排会见和简报。

战略目标：学习美国统计方法。

美国政府资助款：

机构拨款	机构间调拨款	美国政府资助款总额
$ 0	$ 0	$ 0

非美国政府资助款：

外国政府	私人部门（美国）	私人部门（外国）	国际组织	非美国政府资助款总额
$ 0	未跟踪	未跟踪	$ 0	$ 0

参与者总计：

美国参与者总计	外国参与者总计	参与者总计
0	226	226

美国政府资助款总额	机构拨款	机构间调拨款	外国政府	私人部门（美国）	私人部门（外国）	国际组织	资助款总额	参与者总计
$ 1 145 842 107	$ 1 107 498 777	$ 38 343 330	$ 88 666 119 *	$ 68 009 474 *	$ 22 763 820 *	$ 782 000 *	$ 1 326 063 520 *	624 283

所统计的参与者包括跨国参与者和在本国受培训者。

所统计的费用包括用于较大项目上的费用，这包括用于交流和培训的费用。

*部分项目未提交完整的资助款数据。

国务院（Department of State）

公共信息办公室
C大街西北2201号
华盛顿哥伦比亚特区 邮编20520
www.state.gov · 202-647-6575

国务院向总统提出关于制定和执行外交政策的意见。作为最高行政长官，总统对美国的外交政策负全面责任。国务院开展外交关系的基本目标是促进美国的长期安全和福祉。国务院确定并分析涉及美国海外利益的事实，提出关于政策和未来行动的建议，并采取必要的措施来实施已制定的政策。这样做，国务院就能与美国公众、国会、其他美国部门和机构，乃至外国政府不断进行磋商；与外国就条约和协议进行谈判；在联合国以及美国参与的50多个主要国际组织中为美国政府发声；在每年800多个国际大会中代表美国。

非洲事务局（Bureau of African Affairs）：

非洲事务局为国务卿提出意见，引导撒哈拉以南非洲的美国外交机构的行动。非洲事务局负责发展、协调和实施美国外交政策，这些政策涉及的问题有：非洲的民主政治以及非洲的粮食危机、艾滋病、教育、可持续发展、难民和经济繁荣。

后生成交流和培训项目（Post-Generated Exchange and Training Programs）：

后生成交流和培训项目包括各种专题研讨会、演说家项目、培训课程和大会，关注的议题有：新闻业与媒体伦理学、艾滋病、妇女问题、选举、英语教学、冲突解决和民主政治的推广。

战略目标：取得和平与安全；公正民主地实行管理；促进经济发展与繁荣；以人为本；促进人道

主义援助；促进国际理解。

美国政府资助款：

机构拨款	机构间调拨款	美国政府资助款总额
＄ 318 148 502	＄ 110 000	＄ 318 258 502

非美国政府资助款：

外国政府	私人部门（美国）	私人部门（外国）	国际组织	非美国政府资助款总额
未跟踪	＄ 180 000	未跟踪	未跟踪	＄ 180 000

参与者总计：

美国参与者总计	外国参与者总计	参与者总计
158	16 411	16 411

部分参与者是跨国培训，部分是本国培训。此统计包括了这两种情况。

外交安全局（Bureau of Diplomatic Security（DS））：

外交安全局是一个在国务院发挥基础作用的独特组织。外交安全局的工作人员有特工、工程师、外交信使、公务专员和承包商，他们团结协作，保证国务院安全、可靠地实施其外交政策任务。

外交安全局承担着广泛的全球责任，其中首要的责任是保护人民、信息和财产安全。在海外，DS 开发并实施高效的安全项目以保护在世界各地的美国使馆工作的所有人员的安全。在美国国内，DS 保护国务卿、美国驻联合国大使以及访问美国的首长以下级别的外国政要的安全。DS 开发并实施旨在保护国内所有共计 90 处的国务院设施，还有国务卿的住宅的安全项目。

反恐怖主义援助项目（Antiterrorism Assistance Program（ATA））：

反恐怖主义援助项目的目标是帮助伙伴国家的执法机构发展和强化他们的技术和战术能力，从而既能抵制恐怖主义所带来的威胁，又能传播对构建自由稳定社会意义重大的民主权利和人权价值观。

ATA 项目有着多重目标。这些项目希望提高伙伴国家应对和消除恐怖主义威胁所需要的操作和战术能力。ATA 培训项目提高并维持伙伴国家采取强劲、有效、果断的措施来摧毁恐怖主义网络、防止袭击的能力。一旦伙伴国家的能力提高了，美国在保护海外美国公民、美国商业和美国联邦政府利益时将如虎添翼。这也是美国国土安保的第一道防线的关键部分。

ATA 项目强化了美国执法官员与奋战在反恐一线的伙伴国家的执法官员之间的合作，促进美国外交政策目标的实现。ATA 支援在维持和增强伙伴国家发觉和逮捕恐怖分子的能力上起着关键作用。在海外被捕的绝大多恐怖分子，要么是单独被伙伴国家的安保局或警察局所逮捕，要么就是在与美国的密切合作下所逮捕。

在 2011 财年，来自全世界伙伴国家的学生参加了 537 个 ATA 培训重大项目，从课堂培训课程、战术航程活动到行政研讨会。

以下来自 2011 财政年度的例子，阐释了 ATA 项目在帮助伙伴国家发展和增强他们的反恐预备和能力时所涉及的广度和所带来的影响。

——ATA 训练阿富汗的国家女警保护国家领导成员，这是该国的首次全女子课程。这些女警学习武器装卸、防护编队、袭击场景、位置前移操作、通讯、防御战术，以及其他保护操作。她们被分配到总统府和其他总统办事地，保护女性访问者的安全。

——在阿富汗，总统保卫处的 17 个教员完成了教员发展培训，被批准向来自阿富汗各个执法与安全机构的军官提供培训；这是提高阿富汗安全服务的独立自主性，塑造阿富汗管理国内治安所迈出的重要一步。

——当隐藏在书本中的简易爆炸装置(improvised explosivedevices，IEDs)被递送到雅加达人民手中之时，接受了 ATA 培训和武装的印度尼西亚防爆小组技术员根据 ATA 技术操作规程，解除了爆炸威胁，拯救了生命，不仅无一人伤亡，而且拆弹时保存的证据还使 6 名嫌疑分子落网。

——在肯尼亚，边境巡查官接受了 ATA 和美国海关和边境保护局的培训，培训包括巡逻和编队、小部队战术、增大武力、地面导航及战术追踪等方面的技巧。他们的最终训练涉及了索马里人从肯尼亚走私动物和伊斯兰教青年党恐怖主义分子和武器进入肯尼亚事件。三天之后，一些毕业学员被部署到索马里边境将训练所学付诸实践，索马里边境是伊斯兰教青年党活动活跃的边境冲突的地点。学员们在作战时的管理技巧受到他们上级的认可，他们赞赏该培训有助于将恐怖分子逐出该区。

——受 ATA 培训的菲律宾国家警察网络犯罪部队的调查员，实施了对恐怖分子的闪存盘进行的一次物证鉴定。网络调查员利用从 ATA 习得的技术分析闪存盘的物证复制品，还有闪存盘中已删除的文件，揭露了一个主要武器生产工序的证据，证据包括显示有 100 多个非法制造的轻武器和火箭推进榴弹、数千发子弹、生产武器所需要的原材料等，武器照片还包括与供应商签订的生产原材料的协议复印件。

——ATA 和美国海军向肯尼亚和坦桑尼亚提供了海事安保方面的培训，提高他们在本国海岸线、湖区和河区进行巡逻和安保的能力。ATA 的培训内容包括海洋环境中的反恐操作，还有战备医学、囚犯处理、基本武器熟习、封锁及登船等。坦桑尼亚受训者回归祖国后，组成了特殊海事警察部队，向他们的同事提供在职培训，设立安全和安保技术操作规程，如今正担任领导层的顾问。

战略目标：取得和平与安全；公正民主地实行管理。

美国政府资助款：

机构拨款	机构间调拨款	美国政府资助款总额
$ 135 500 000		$ 135 500 000

非美国政府资助款：

外国政府	私人部门(美国)	私人部门(外国)	国际组织	非美国政府资助款总额
$ 0	$ 0	$ 0	$ 0	$ 0

参与者总计：

美国参与者总计	外国参与者总计	参与者总计
0	11 051	11 051

部分参与者是跨国培训，部分是本国培训。此统计包括了这两种情况。

东亚和太平洋事务局(Bureau of East Asian and Pacific Affairs)：

东亚和太平洋事务局负责在处理许多重大议题中开展、协调和实施美国外交政策，这些议题包括国家安全、经济繁荣、民主政治、人权、保护环境、防止大规模杀伤性武器扩散、打击恐怖主义和国际犯罪等。

后生成交流和培训项目 Post-Generated Exchange and Training Programs

东亚-太平洋地区的后生成交流和培训项目由多项交流活动、专题研讨会、培训项目和大会组成，这些活动有利于促进该地区稳定，维护民主政治和人权，鼓励经济繁荣，推进抗击跨国犯罪方面的合作，以及防止大规模杀伤性武器的扩散。

战略目标：取得和平与安全；公正民主地实行管理；促进经济发展与繁荣；以人为本；促进人道主义援助；促进国际理解；提高咨询与管理能力。

美国政府资助款：

机构拨款	机构间调拨款	美国政府资助款总额
$ 1 626 753	$ 960 204	$ 2 586 957

非美国政府资助款：

外国政府	私人部门(美国)	私人部门(外国)	国际组织	非美国政府资助款总额
$ 2 900	$ 9 992	$ 11 773	未跟踪	$ 24 665

所统计的费用包括用于较大项目上的费用，这包括用于交流和培训的费用。

参与者总计：

美国参与者总计	外国参与者总计	参与者总计
1 267	73 044	74 311

部分参与者是跨国培训，部分是本国培训。此统计包括了这两种情况。

教育与文化事务局(Bureau of Educational and Cultural Affairs)：

教育与文化事务局(ECA)的使命是通过教育与文化交流，强化和平关系的发展，提高美国人民与其他国家人民间的相互理解。通过构建相互理解的国际教育与文化项目，ECA促进美国外交政策首要任务的实现。美国国内外的国际教育与文化交流得到了青年、妇女、少数民族和欠发达地区人民的积极参与。国际教育与文化交流提高了美国的全球竞争力和美国对全球的理解。ECA被视为有效管理国际教育与文化项目的美国联邦政府领头羊。

在海外，教育与文化事务局的项目是由国务院、富布赖特基金会及美国的非政府组织一道共同执行的。这些机构对完成教育与文化事务局的使命起着重要作用。

欧洲、欧亚大陆与中亚援助计划(Assistance for Europe，Eurasia，and Central Asia(AEECA))：

欧洲、欧亚大陆与中亚援助计划在欧洲、欧亚大陆与中亚地区提供公民社会和民主政治建设公共外交项目。

该计划的适用对象是：阿尔巴尼亚、亚美尼亚、阿塞拜疆、白俄罗斯、波斯尼亚和黑塞哥维那、格鲁吉亚、哈萨克斯坦、科索沃、吉尔吉斯斯坦、马其顿、摩尔多瓦、黑山共和国、俄罗斯、塞尔维亚、塔吉克斯坦、土库曼斯坦、乌克兰以及乌兹别克斯坦。

资助金主要给予了当地的非政府组织和高等教育机构，帮助它们在各自的国家/地区实施公民社会和民主政治建设项目。这些项目必须坚持 AEECA 的立法语言。

战略目标：取得和平与安全；公正民主地实行管理；促进经济发展与繁荣；以人为本；促进国际理解。

美国政府资助款：

机构拨款	机构间调拨款	美国政府资助款总额
$ 0	$ 1 900 000	$ 1 900 000

非美国政府资助款：

外国政府	私人部门(美国)	私人部门(外国)	国际组织	非美国政府资助款总额
未跟踪	$ 68 944	未跟踪	未跟踪	$ 68 944

参与者总计：

美国参与者总计	外国参与者总计	参与者总计
40	104	144

所有参与者均是跨国培训；所有参与者均不是本国培训。

公民交流项目(Citizen Exchange Programs)：

公民交流办公室赞助专业、青年、文化和体育交流项目，以促进美国人民与世界其他国家人民之间的合作与协作。公民交流办公室向美国专家个人和美国非盈利机构，包括社区组织、专业人员协会、学院和大学提供资助金，支持有利于加强美国与外国的专业人士、艺术家和演员、教练与运动员以及青年社区间进行持续性与实质性联系的项目。

专业人员交流的重点涵盖多个全球关注的主题，即卫生、气候变化、经济发展和政府。交流的方式一般是双向交流：一方面美国人士到外国去了解，与外国人民共享的价值观和挑战，另一方面外国同行也来美国学习美国处理这些问题的方法。交流活动包括实习、专题研讨会和讲习班，还有到美国和海外各地的组织和机构的实地考察。

青年项目帮助美国高中生和外国高中生间建立联系，以促进高中生的相互理解、领导力发展、教育转型以及民主理想。学生可以通过学术年交流和短期强化项目到美国国内外进行交流。同时，青年项目也支持网上教育项目，还有给美国学生提供的大学前语言强化培训和文化沉浸式教学的项目。

文化项目的关注对象是美国艺术家、制片人、音乐家、作家、舞蹈团以及其他专业人士，他们展现了美国社会的创造力和多样性。文化交流利用艺术来表达了以下议题：宽容、冲突解决、知识产权、艾滋病意识和管理，以及文化机构管理的责任感。文化交流项目覆盖了对美国文化和价值观接触甚少的非精英群体。文化交流项目参与者还覆盖了在美国的外国艺术家，这类项目颇具雄心，有大师班、讲习班和各种演出。

体育项目是基层项目帮助(7 至 17 岁的)非精英少年了解体育竞技中的成功是如何转化为生存技巧

的进步和课堂内的成果。体育使者是与美国各种体育联盟合作挑选出来的美国运动员和教练，他们去往海外与孩子们一起活动。他们进行医疗指导、访问学校、参与少年关于领导力重要性和尊重多样性的对话。体育访问者是由美国海外大使馆提名的外国少年和少年教练。他们来到美国接受技术型体育训练、体育管理以及冲突化解培训，并且会频繁接触到有价值的美国体育运动；他们被鼓励回国之后利用他们新学到的技巧，为本国的少年进行医疗指导。国际体育规划倡议资助美国公共和私人非盈利[501(c)(3)]机构实施项目，项目重点或者是青年体育管理、培训体育教练以及体育与残疾或者是体育与卫生健康，还有那些促进和提高(7 至 17 岁的)非精英少年运动员的体育与健身基础设施的项目。

公民交流比赛将在教育与文化事务局的网站上全年公布，网址是：http：//exchanges. state. gov/grants/。

战略目标：取得和平与安全；公正民主地实行管理；促进经济发展与繁荣；以人为本；促进国际理解。

美国政府资助款：

机构拨款	机构间调拨款	美国政府资助款总额
$ 98 338 000	$ 0	$ 98 338 000

非美国政府资助款：

外国政府	私人部门(美国)	私人部门(外国)	国际组织	非美国政府资助款总额
$ 1 270 823	$ 4 287 221	未跟踪	未跟踪	$ 5 558 044

参与者总计：

美国参与者总计	外国参与者总计	参与者总计
9 099	14 669	23 768

部分参与者是跨国培训，部分是本国培训。此统计包括了这两种情况。

经济援助基金(Economic Support Fund(ESF))：

经济援助基金帮助处理与美国经济和政治外交政策利益问题，它向同盟国和民主转型期的国家提供资助，促进中东和平进程，资助经济稳定计划，常常是处于多方资助的状态。ESF 通过以下途径深化了美国外交政策利益：

——提高私营部门在经济中的地位，减少政府对市场的控制，促进就业，推动经济发展；

——支持法律体系根据法律运行，不断往高效、便利、独立方向进行完善，衡量的标准是利用法庭裁定侵害人权控诉或政府滥用职权控诉的频率是否上升。

——资助公有部门转型，包括为提高公共管理提供资助和培训，促进非集权化，以及加强地方政府、议会、独立媒体和非政府组织，从而发展并强化对可持续民主政治必要的机构。

——塞浦路斯-美国奖学金计划是经济援助基金计划的一部分。巴基斯坦富布赖特计划每年向 120 名硕士和博士候选人提供奖学金。巴基斯坦全球硕士生交流计划资助大约 95 名学生的一个学期的学习。

战略目标：取得和平与安全；公正民主地实行管理；促进经济发展与繁荣；投资人力；促进国际理解。

美国政府资助款：

机构拨款	机构间调拨款	美国政府资助款总额
$ 0	$ 27 802 854	$ 27 802 854

非美国政府资助款：

外国政府	私人部门(美国)	私人部门(外国)	国际组织	非美国政府资助款总额
未跟踪	$ 528 810	未跟踪	未跟踪	$ 528 810

参与者总计：

美国参与者总计	外国参与者总计	参与者总计
11	459	470

所有参与者均是跨国培训；所有参与者均不是本国培训。

富布赖特计划及相关学术交流计划(Fulbright Program and Related Academic Exchange Programs)：

J. 威廉·富布赖特教育交流计划(J. William Fulbright Educational Exchange Program)于二战后的1946年设立，已经成为美国于150个左右国家进行双边外交不可缺少的一部分。富布赖特计划仍是我国知识界参与国际合作的首要渠道。在总统任命的J·威廉·富布赖特外国奖学金董事会的政策指导下，教育与文化事务局与50个国家的双边富布赖特委员会和基金会，还有私人合作机构、美国学术界、非政府组织、美国使馆、外国政府以及教育机构一道，制定并执行富布赖特计划。私人合作机构在执行计划过程中，在保障私人部门协作和资金援助方面都起着关键性的作用。

富布赖特学术交流计划包括富布赖特学生计划、富布赖特学者计划、富布赖特教师计划，以及休伯特·H·汉弗莱奖学金计划。富布赖特计划每年都会提供近8 000份助学金和奖学金给美国和外国的研究生、大学教授和专业人士和中学教师，帮助他们在美国或海外学习、讲座、教学或研究。

富布赖特计划以“双国原则”而闻名。该计划意图支持双边首要任务，促进东道国政府与美国政府一道制定目标，并为该计划出资。在许多国家，东道国的出资已经与美国的出资齐平甚至超过了美国。这样一来，富布赖特计划就通过私人部门、非政府合作关系以及外国政府和其他美国联邦政府机构的分担，获得了大约一半的总资助金。教育与文化事务局的长期目标是实现与所有外国政府的费用均担。

由教育与文化事务局执行的其他相关的学术交流计划，也给交流参与者提供了资助，这些计划有：给美国本科和研究生提供的关键语言奖学金、给外国本科生和学者的美国暑期机构研究计划、支持外国学生到美国教育机构进行为期一学期或一学年学习的全球本科生奖学金、教师交流计划，以及给外国本科生的社区学院计划。

战略目标：公正民主地实行管理；促进经济发展与繁荣；投资人力；促进人道主义援助；促进国际理解。

美国政府资助款：

机构拨款	机构间调拨款	美国政府资助款总额
$ 243 087 000	$ 1 618 366	$ 244 705 366

非美国政府资助款：

外国政府	私人部门(美国)	私人部门(外国)	国际组织	非美国政府资助款总额
$ 76 200 625	$ 39 485 117	$ 21 030 331	未跟踪	$ 136 716 073

参与者总计：

美国参与者总计	外国参与者总计	参与者总计
3 917	6 201	10 118

所有参与者均是跨国培训；所有参与者均不是本国培训。

全球教育计划(Global Educational Programs)：

教育信息和资源部(Educational Information and Resources Branch (ECA/A/S))是教育与文化事务局的学术项目中的全球教育项目办公室的一个部门。教育信息和资源部资助和执行的计划有助于完善、支援和加强美国和其他国家进行教育交流所需的专业基础设施。教育信息和资源部对国际教育交流进行研究并收集相关数据，这促进了对某些议题的外交政策讨论，如外国学者对学术研究和教学的参与、美国学生海外留学的重要性等，这些讨论日益重要。

专业的交流基础设施，包括海外教育顾问和在国际教育领域工作的美国专业人士。这些基础设施提高了教育与文化事务局实施政府支持的学术交流计划的能力，援助了有意研究美国的国际学生和学者，也支持了美国的海外研究计划。教育信息和资源部的计划致力于帮助不同学术层面的教育交流参与者获得专业的援助，给他们以适当且积极的国际教育体验，不管他们是私人赞助还是公共资助。

更具体地说，教育信息和资源部使几乎遍布所有国家的教育咨询中心形成了一个联络网，从而促进了学生和学者的国际交流。这些中心被统称为USA教育咨询中心，提倡在美国进行研究。

英语项目办公室推广并支援英语计划，这些英语计划由美国大使馆和东道国的各机构赞助，以提高英语的教学和学习。国务院英语官员被派遣到16个大使馆，支持计划的实施。“英语人士计划”每年向全世界派遣104个教师和教师培训师，华盛顿办公室负责该计划，并资助包括英语专家在内的美国学者。为英语教学专业人士提供4到6周的培训，还监督“英语入门微学问计划”，该计划给普通的穆斯林青少年提供英语语言介绍，并让他们体验美国式的课堂。同时，华盛顿办公室也为英语教育专业人士出版教学用书和一份季刊。

战略目标：公正民主地实行管理；促进经济发展与繁荣；投资人力；促进国际理解。

美国政府资助款：

机构拨款	机构间调拨款	美国政府资助款总额
$ 59 076 000	$ 0	$ 59 076 000

非美国政府资助款：

外国政府	私人部门(美国)	私人部门(外国)	国际组织	非美国政府资助款总额
未跟踪	未跟踪	未跟踪	未跟踪	未跟踪

参与者总计：

美国参与者总计	外国参与者总计	参与者总计
273	20 943	21 216

部分参与者是跨国培训，部分是本国培训。此统计包括了这两种情况。

国际访问者领导力项目(International Visitor Leadership Program):

“国际访问者领导力项目”每年将大约 4 000 名参与者，从世界各地集中到美国，他们齐聚一堂，与专业同行互换意见，亲身感受美国。

“国际访问者”由美国大使馆的官员选拔，可以是政府、政界、新闻界、教育界、非政府组织或者其他领域的现任或潜在领导人，以支持“任务绩效方案”中指定的美国外交政策首要任务。该项目所涉及的议题从国际安全、民主政治、国家管理、法治和公民社会到贸易、经济发展、环境、艾滋病、多样性与宽容、国际犯罪、人口贩卖、新闻自由和艺术。290 多位现任和前任国家元首、2000 名内阁级部长，还有其他许多政府和私人部门的杰出领袖参加了国际访问者领导力项目。

根据与国务院的合作协议，许多非营利组织会合作帮助该项目的实施。该项目还倚靠国内的 95 个社区类组织参与其中，贡献经验技巧。社区类组织体系庞大，集聚着广泛的专业知识，包括大学、国际事务理事会和纯志愿者的组织。它们合称国际访问者委员会(Councils for International Visitors, CIVs)，它们接受位于首都华盛顿的国际访问者全国委员会的领导。

战略目标：取得和平与安全；公正民主地实行管理；促进经济发展与繁荣；以人为本；促进人道主义援助；促进国际理解。

美国政府资助款：

机构拨款	机构间调拨款	美国政府资助款总额
$ 96 047 000	$ 0	$ 96 047 000

非美国政府资助款：

外国政府	私人部门(美国)	私人部门(外国)	国际组织	非美国政府资助款总额
未跟踪	$ 590 766	未跟踪	未跟踪	$ 590 766

参与者总计：

美国参与者总计	外国参与者总计	参与者总计
0	5 296	5 296

所有参与者均是跨国培训；所有参与者均不是本国培训。

其他拨款计划(Other Appropriations Programs):

其他拨款计划是各个独立拨款交流计划的集合，包括东西方研究中心、艾森豪威尔交流助学金计划，和以色列-阿拉伯奖学金计划。

东西方研究中心(East-West Center)是一个教育和研究组织，于1960 年由美国国会建立，目的是深化亚洲、太平洋和美国地区国家和人民间的联系和理解。东西方研究中心为亚太地区和美国提供了一个在共同关心的问题上进行合作性研究、教育和对话的活跃平台，有利于建立一个和平、繁荣、公正的亚太社区。该中心的赞助资金来自美国联邦政府，该地区的私人机构、个人、基金会、企业和其他政府也会提供额外的资金支持。

艾森豪威尔交流助学金(Eisenhower Exchange Fellowships，EEF))计划于 1953 年建立，以纪念第 34 任总统德怀特·D·艾森豪威尔。该计划希望通过世界各地的新兴领导人交流信息、观点和视角，来深化国际理解并提高国际生产力。1990 年“艾森豪威尔助学金法案”给该计划批准了一项永久基金，还设立了一个信托基金。1992 年的“拨款法案”拨款 500 万美元建设永久基金，并将所得的利息和收入拨给艾森豪威尔交流助学金有限公司使用。1995 年，“拨款法案”向该基金额外拨款 250 万美元。参与该项目的候选人由杰出的公民从自己的国家选择，选出他们认为将会显著影响本国社区的个人。

以色列-阿拉伯奖学金计划(Israeli-Arab Scholarship Program)的赞助资金来于 1991 年由国会批准设立的基金的利息。该计划给高素质的阿拉伯裔以色列公民提供到美国进行研究生学习，体验美国的社会与文化的机会。参与的学生由一个优秀生竞赛选拔而出，该竞赛由以色列特拉维夫市美国大使馆的公共事务部执行。该计划是一个多年度计划。

战略目标：取得和平与安全；公正民主地实行管理；促进经济发展与繁荣；以人为本；促进人道主义援助；促进国际理解；提高咨询与管理能力。

美国政府资助款：

机构拨款	机构间调拨款	美国政府资助款总额
$ 21 298 556	$ 4 195 000	$ 25 493 556

非美国政府资助款：

外国政府	私人部门(美国)	私人部门(外国)	国际组织	非美国政府资助款总额
$ 386 000	$ 12 511 444	$ 1 101 000	$ 776 000	$ 14 774 444

参与者总计：

美国参与者总计	外国参与者总计	参与者总计
150	965	1 115

所有参与者均是跨国培训；所有参与者均不是本国培训。

学术交流特殊计划(Special Academic Exchange Programs)：

学术交流特殊计划由国会授权，以特定的方法完成福布赖特-海斯法案的目标，或完成福布赖特-海斯法案在特定世界地区的目标。这些计划包括埃德蒙德·S. 马斯基奖学金计划；美国海外研究中心计划；南太平洋、东帝汶与西藏特殊交流计划；残疾人交流清算所。

埃德蒙德·S. 马斯基奖学金计划(Edmund S. Muskie Fellowship Program)从欧亚大陆选拔杰出的公民，授予他们进修某些专业的硕士学位的奖学金，这些专业有：企业管理、经济学、公共政策教育、新闻、图书馆学以及环境研究。获得硕士学位的学员回国后可在政府、私营部门或者非政府组织求职。

按照与美国海外研究中心理事会签订的协议，ECA 将向美国海外研究中心(American Overseas Research Centers，AORCs)提供支持。这份协议支持美国学者在这些中心进行本科和硕士学习，还给一些中心提供有限的返回交流机会。

南太平洋、东帝汶与西藏特殊交流计划(South Pacific，East Timor，and Tibet special exchanges)奖励

本科生和硕士生来美国各大学进行交流。

残疾人交流清算所(Disability Exchange Clearinghouse)与美国残疾人通行国际组织(Mobility International USA)以协议的形式合作，共同确保残疾人士获得国际交流的机会。

战略目标：取得和平与安全；公正民主地实行管理；促进经济发展与繁荣；以人为本；促进国际理解。

美国政府资助款：

机构拨款	机构间调拨款	美国政府资助款总额
$ 38 095 000	$ 0	$ 38 095 000

非美国政府资助款：

外国政府	私人部门(美国)	私人部门(外国)	国际组织	非美国政府资助款总额
未跟踪	$ 10 066 092	未跟踪	未跟踪	$ 10 066 092

参与者总计：

美国参与者总计	外国参与者总计	参与者总计
2 530	603	3 133

所有参与者均是跨国培训；所有参与者均不是本国培训。

专业与文化交流特殊计划(Special Professional and Cultural Exchange Programs):

专业与文化交流特殊计划帮助外国公民了解美国政策、价值观和体系，分享美国人民的专业知识，扩大美国社会在全球事务和活动中的参与。交流主题涉及政策目标、美国使团的双边和地区目标，以及美国国会所关注的问题。

专业与文化交流特殊计划对国会来说有着特殊利益。例如国会-议院青年交流计划就是美国和德国政府官员间的交流计划。自1983财政年度起，国会两院都向该计划批准了赞助金，使17 000名美国和德国高中学生和年轻的专业人士参与该计划，通过在对方国家的正规学习和工作体验，提高他们的职业技能。其他特殊的计划包括麦克・曼斯菲尔德助学金计划、爱尔兰研究所、代议制政府研究所、阿旺・群培研究院计划、美洲国家青少年科学营。

战略目标：取得和平与安全；公正民主地实行管理；促进经济发展与繁荣；以人为本；促进国际理解。

美国政府资助款：

机构拨款	机构间调拨款	美国政府资助款总额
$ 7 844 000	$ 0	$ 7 844 000

非美国政府资助款：

外国政府	私人部门(美国)	私人部门(外国)	国际组织	非美国政府资助款总额
未跟踪	$ 192 088	未跟踪	未跟踪	$ 192 088

参与者总计：

美国参与者总计	外国参与者总计	参与者总计
383	558	941

所有参与者均是跨国培训；所有参与者均不是本国培训。

欧洲和欧亚事务局(Bureau of European and Eurasian Affairs)：

欧洲和欧亚事务局负责向国务卿提供关于该地区国家的建议，引导该地区美国外交机关的行动，贯彻有关欧洲和欧亚大陆外交政策。

后生成交流和培训计划：

欧洲和欧亚大陆地区的后生成交流和培训计划涵盖了大量的交流、专题研讨会、培训计划、大师班和大会，促进美国在多个议题上的利益，如国家安全、相互理解、地区稳定、北约扩张、强化民主、人权、公民社会。经济繁荣、反恐以及反核武器扩散等。

战略目标：取得和平与安全；公正民主地实行管理；促进经济发展与繁荣；投资人力；促进人道主义援助；促进国际理解；提高咨询与管理能力。

美国政府资助款：

机构拨款	机构间调拨款	美国政府资助款总额
$ 36 005 987	$ 333 812	$ 36 339 799

非美国政府资助款：

外国政府	私人部门(美国)	私人部门(外国)	国际组织	非美国政府资助款总额
$ 10 706 021	未跟踪	$ 462 128	$ 6 000	$ 11 174 149

参与者总计：

美国参与者总计	外国参与者总计	参与者总计
7 201	266 603	273 804

部分参与者是跨国培训，部分是本国培训。此统计包括了这两种情况。

情报研究局(Bureau of Intelligence and Research(INR))：

情报研究局借助全面的情报来源向国务院政策执行者提供富有价值的独立的事件分析，保障情报活动支持外交政策和国家安全的目标，INR 是国务院确保对敏感反情报活动和执法活动进行政策研讨的重点部门。INR 的基本使命是利用情报效力美国外交。

东欧和前苏联独立国家研究和培训计划(Research and Training Program on Eastern Europe and the Independent States of the Former Soviet Union)：

1983 年约瑟夫·比登和理查德·卢格和李·汉密尔顿共同起草了“东欧和前苏联独立国家研究和

培训计划法案(Research and Training for Eastern Europe and the Independent States of the Former Soviet Union Act)"的修订案，该修订案批准设立了"8 号计划"。根据该修订案，"8 号计划"的任务是支持和维持美国对欧亚大陆、欧洲中部与东部关键语言的调查与研究，并利用美国学者关于政策相关问题的专业知识为美国政府效力。该计划由国务院情报研究局负责管理，支持美国学者进行资源开放政策性研究。该计划的成果将会以政策论坛、大会、和电子发放的形式传播给联邦政府的决策人和分析家。学者与美国和海外同行，包括美国大使馆和军队，密切合作，掌握最新的新闻、发展动态和缓和因素。这样及时的、评判性的信息为决策人和分析家提供了额外的参考，使他们能更好地审视和分析问题。计划完成后，我们鼓励曾参与该计划的学者长期为政府效力。根据法案，"8 号计划"必需通过一个咨询委员会对该计划的实施情况进行年度回顾，为政策相关的提案提供专家意见。咨询委员会成员包括来自国防部、教育部、国务院、国会图书馆、大学和非政府组织的代表。

该计划持续支持研究该地区的美国专家组的先进研究，支持(国内和就地的)研究生和语言培训，支持公共传播研究数据、方法和成果，支持政府和私人部门专家相互交流与协作。由国会单独证实而确定的事实性知识，即关于东欧国家及从苏联独立出来的国家的事实性知识，对美国的国家安全，对我国的外交利益，对谨慎管理我们的国内事务至关重要。

因此，国会认为，美国联邦政府为以上职能提供稳定的经济资助，并提供补充资金(补充资金在最近得到了联邦、州、地方和私人的机构、组织和个人的补给)是符合国家利益的。资金援助有利于保持这些职能在全国范围内不分类别地、长期、持续、平稳地运行。"8 号计划"提供共分两个阶段的竞争性奖励，在联邦咨询委员会的支持下实施。那些有着大量而广泛的执行研究和培训计划经验的组织，以中间人的身份，执行全国的竞赛计划，选拔出适合参与关于东欧和欧亚大陆国家的高级研究和语言培训的美国学者、学生和研究所。美国的公共和私人非盈利组织和教育机构也有可实施"8 号计划"所赞助的计划。这些计划(1)促进和保持了美国掌握关于东欧和欧亚大陆国家的专门知识；(2)利用美国的专门知识为联邦政府效力；(3)推进了美国的对外援助和政策目标。同时，它们无疑也关系到美国国家政策、美国对知识和专门知识的持续掌握以及国家能力。

同时，该计划还支持建立与学术界的联系。情报界分析家和国务院政策人员将从与外界因素的接触中获益良多，不仅能探索新的观点和视角，还能开拓新的知识和研究。资助金将首先发放给在公开的优秀竞赛中选拔出来的组织。然后获得资助的组织将为学生、学者和专家主办竞赛。

战略目标：取得和平与安全；公正民主地实行管理；促进经济发展与繁荣；以人为本；促进人道主义援助；促进国际理解。

美国政府资助款：

机构拨款	机构间调拨款	美国政府资助款总额
$ 5 000 000	$ 0	$ 5 000 000

非美国政府资助款：

外国政府	私人部门(美国)	私人部门(外国)	国际组织	非美国政府资助款总额
未跟踪	未跟踪	未跟踪	未跟踪	未跟踪

所统计的费用包括用于较大项目上的费用，这包括用于交流和培训的费用。

参与者总计：

美国参与者总计	外国参与者总计	参与者总计
400	0	400

部分参与者是跨国培训，部分是本国培训。此统计包括了这两种情况。

国际信息项目局(Bureau of International Information Programs(IIP))：

国际信息项目局是帮助美国外交事务团体进行国际战略沟通的主要部门。IIP 设计、改进并实施了大量的战略性公众外交活动和战略性沟通项目，还利用网络和印刷出版物，设计、改进并实施了旅行和电子传播演说项目以及信息资源服务。

美国演讲者/专家项目(U. S. Speaker/Specialist Programs)：

国际信息项目局是负责向世界人民大力宣传美国政策和社会的主要联邦机构。在“美国演讲者/专家项目”的组织下，来自公共和私人部门的演讲者和专家为专业人士提供演讲和咨询，或主持讲习班和专题研讨会，涉及的主题有国际安全、贸易政策、民主政治，还涉及公民社会、教育、自由和公平选举、环境、法治及出版自由等话题。每年，IIP 项目会雇佣 1 000 多名美国演讲者/专家与外国听众讨论美国大使馆确定的一些话题。大部分演讲者会亲自去外国参加多日项目，而其他人则参与线上活动，例如数码视频会议(即双向电子和/或视听连接)、电话会议(即双向电话会谈)。

实施该项目的准则是“自由社会，自我代言”。项目参与者都是美国各领域的精英，见多识广，表达了他们在外交政策、政府管理、经济状况、商业、教育、人文科学、科技、法律等领域的专业看法。一个演讲者可能被安排往多个国家，谈论多个话题。

战略目标：取得和平与安全；公正民主地实行管理；促进经济发展与繁荣；以人为本；促进人道主义援助；促进国际理解。

美国政府资助款：

机构拨款	机构间调拨款	美国政府资助款总额
$ 4 097 797	$ 0	$ 4 097 797

非美国政府资助款：

外国政府	私人部门(美国)	私人部门(外国)	国际组织	非美国政府资助款总额
未跟踪	未跟踪	未跟踪	未跟踪	未跟踪

参与者总计：

美国参与者总计	外国参与者总计	参与者总计
667	0	667

部分参与者是跨国培训，部分是本国培训。此统计包括了这两种情况。

国际毒品和执法事务局(Bureau of International Narcotics and Law Enforcement Affairs(INL))：

国际毒品和执法事务局为总统、国务卿、国务院其他部门、联邦政府其他部门和机构提供关于制定反国际毒品和犯罪的政策和项目方面的建议。INL 毒品控制项目有两大基本目标：某些国家对于毒品控制有着重大联系和重要作用，美国要充分利用外交手段说服这些国家与美国建立双边和多边关系，促进他们与美国合作；利用该局的各项计划阻止毒品流入美国。

国际减需培训和技术支援(International Demand Reduction Training and Technical Assistance)：

国际减需培训和技术支援计划积极动员外国政府和机构多加警惕毒品滥用对社会造成的负面影响，以减少国际上对毒品的需求。此外，该计划希望通过国际舆论反对毒品贸易，借助地区和国际力量，支持反毒品政策、计划和策略。

战略目标：取得和平与安全；以人为本；促进国际理解。

美国政府资助款：

机构拨款	机构间调拨款	美国政府资助款总额
$ 6 007 345	$ 0	$ 6 007 345

非美国政府资助款：

外国政府	私人部门(美国)	私人部门(外国)	国际组织	非美国政府资助款总额
未跟踪	未跟踪	未跟踪	未跟踪	未跟踪

参与者总计：

美国参与者总计	外国参与者总计	参与者总计
111	5 994	6 105

部分参与者是跨国培训，部分是本国培训。此统计包括了这两种情况。

国际保障与反扩散局(Bureau of International Security and Nonproliferation)：

美国正采取行动反对核武器、化学武器和生物武器以及与之相关材料和运送系统的扩散，国际保障与反扩散(International Security and Nonproliferation，ISN)局负责领导这些行动。

ISN 局的任务有：

——带头利用双边和多边外交形式，促进国际社会在防止大规模杀伤性武器(weapons of mass destruction，WMD)扩散上的共识；

——带头采取外交手段应对特定的双边和地区的 WMD 扩散问题，包括如今伊朗、朝鲜和叙利亚的扩散威胁；建立并支持与中国、印度、巴基斯坦和其他关键国家或国家团体的对话；

——提高硬性安全，利用封锁和制裁手段，积极参加防扩散安全倡议(Proliferation Security Initiative，PSI)以处理非国家人员和恐怖集团所造成的 WMD 扩散威胁；

——与联合国、八国集团、北约、禁止化学武器组织(Organization for the Prohibition of Chemical Weapons，OPCW)、国际原子能机构(International Atomic Energy Agency，IAEA)等国际机构与组织密切合作，减少进而消除 WMD 所造成的威胁。

——支持国际社会采取行动预防、阻止和应对恐怖分子携带或使用 WMD；引领担任"打击核恐怖主义全球倡议"联合主席的美国联邦政府做好协调工作，协调约 75 个国家在预防、组织和应对核恐怖主义方面的合作。

出口管制和相关边境安保项目(Export Control and Related Border Security (EXBS) Program):

美国国务院、国际保障与反扩散局、出口管制合作办公室为“出口管制和相关边境安保计划”提供政策指导，互相协作，共同管理该项目。出口管制和相关边境安保项目致力于帮助其他国家，制定符合国际标准的战略性贸易管制体系，以防止 WMD 及其部件的扩散，防止先进性常规武器的任意输送。实现这一目标需要大量的支援，包括外交活动、多边大会、法律法规的咨询、各领域战略性贸易管制的培训(进口、出口、再出口、过境、转运)、设备、资金、与其他的非扩散和反扩散行动进行合作、以及开发和部署出口许可信息系统等。有效的国家出口管制体系的重要组成部分，包括法律法规框架、许可程序和做法、执行、政府-工业联系以及跨机构合作，EXBS 活动基本可化为其中的一种或多种。

在 2011 财年，EXBS 直接开办了 91 个技术出口管制讲习班、会议和大会。这一年中，约 1 886 名外国官员接受了培训，或者参加了讲习班或大会。EXBS 与阿富汗、亚美尼亚、保加利亚、克罗地亚、伊拉克、约旦、科索沃、黎巴嫩、马其顿王国、墨西哥、蒙古、摩洛哥、菲律宾、俄罗斯、吉克斯坦、泰国和越南合作开办法律/法规讲习班，与阿尔及利亚、亚美利亚、波斯尼亚和黑塞哥维那、马其顿王国、墨西哥、黑山共和国、巴基斯坦、波兰、罗马尼亚、俄罗斯、新加坡、斯洛文尼亚和塔吉克斯坦等合作开办许可制度讲习班，在克罗地亚、马来西亚和越南等地开展了工业-政府外展活动。EXBS 还向阿尔巴尼亚、亚美尼亚、阿塞拜疆、波斯尼亚—黑塞哥维那、智利、克罗地亚、希腊、印度、印度尼西亚、科索沃、吉尔吉斯斯坦、拉脱维亚、马其顿王国、马来西亚、黑山共和国、阿曼、菲律宾、波兰、沙特阿拉伯、塞尔维亚、新加坡、斯洛文尼亚、中国台湾、塔吉克斯坦、泰国、土耳其、乌克兰、阿拉伯联合酋长国以及越南等地提供了检查设备和探测设备培训。大部分的培训是由 EXBS 出资，由美国联邦政府执行机构所执行，同时，EXBS 也资助乔治亚大学、国际贸易中心和安全出口管制学院实施了“最佳方案交流”，并为 103 个外国官员进行了培训。

战略目标：取得和平与安全。

美国政府资助款：

机构拨款	机构间调拨款	美国政府资助款总额
\$ 8 321 287	\$ 0	\$ 8 321 287

非美国政府资助款：

外国政府	私人部门(美国)	私人部门(外国)	国际组织	非美国政府资助款总额
未跟踪	未跟踪	未跟踪	未跟踪	未跟踪

参与者总计：

美国参与者总计	外国参与者总计	参与者总计
456	1 886	2 342

部分参与者是跨国培训，部分是本国培训。此统计包括了这两种情况。

近东事务局(Bureau of Near Eastern Affairs)：

近东事务局帮助引导该地区国家内美国使馆的行动。近东事务局与海外各美国大使馆和领事馆以及首都华盛顿的各外国使馆密切合作。

后生成交流与培训项目：

近东后生成交流与培训计划涵盖各种交流会、专题研讨会、培训计划和大会，讨论解决政策方面的各种挑战，包括建设一个团结、稳定、繁荣的近东地区，支持该区进行经济、教育和政治改革。

战略目标：取得和平与安全；公正民主地实行管理；促进经济发展与繁荣；以人为本；促进人道主义援助；促进国际理解；提高咨询与管理能力。

美国政府资助款：

机构拨款	机构间调拨款	美国政府资助款总额
$ 21 575 741	$ 216 000	$ 21 791 741

非美国政府资助款：

外国政府	私人部门(美国)	私人部门(外国)	国际组织	非美国政府资助款总额
$ 23 000	$ 89 000	$ 49 671	未跟踪	$ 161 671

参与者总计：

美国参与者总计	外国参与者总计	参与者总计
962	52 093	53 055

部分参与者是跨国培训，部分是本国培训。此统计包括了这两种情况。

西半球事务局(Bureau of Western Hemisphere Affairs)：

西半球事务局通过支持民主政治、贸易及可持续经济发展，开展该区在毒品走私和犯罪、减贫、和环境保护等方面的合作，从而管理和促进美国在该区的利益。

西半球事务局与美洲的合作伙伴一道，利用自由贸易和良好的经济政策谋取广泛的发展，为来自各行各业的人民的福祉而投资，使公民享受更有效、更公正的民主政治服务。

西半球事务局致力于加强由以下各方组成的美洲国家间共同体：

——民主、稳定、繁荣的经济伙伴；

——帮助我国反对恐怖主义和毒品，保障边境安全的友好邻国；

——共同为促进共享的政治和经济价值观而奋斗的国家。

后生成交流项目：

西半球地区的后生成交流项目由各种交流、专题研讨会和大会组成，这些交流项目有利于促进美国在民主政治、贸易及可持续经济发展方面的利益。交流项目还培育了各国在毒品走私和犯罪、减贫及环境保护等方面的合作。

战略目标：取得和平与安全；公正民主地实行管理；促进经济发展与繁荣；以人为本；促进人道主义援助；促进国际理解。

美国政府资助款：

机构拨款	机构间调拨款	美国政府资助款总额
$ 7 429 809	$ 1 207 094	$ 8 636 903

非美国政府资助款：

外国政府	私人部门(美国)	私人部门(外国)	国际组织	非美国政府资助款总额
$ 76 750	$ 0	$ 108 917	$ 0	$ 185 667

所统计的费用包括用于较大项目上的费用，这包括用于交流和培训的费用。

参与者总计：

美国参与者总计	外国参与者总计	参与者总计
703	119 075	119 778

部分参与者是跨国培训，部分是本国培训。此统计包括了这两种情况。

美国政府资助款总额	机构拨款	机构间调拨款	外国政府	私人部门(美国)	私人部门(外国)	国际组织	资助款总额	参与者总计
$ 722 881	$ 399 303	$ 323 578	$ 1 861 566 *	未跟踪	$ 395 239 *	$ 183 200 *	$ 3 162 886 *	3 868

所统计的参与者只包括部分在本国受培训者。

所统计的费用包括用于较大项目上的费用，这包括用于交流和培训的费用。

* 部分项目未提交完整的资助款数据。

交通部 Department of Transportation

公共事务办公室
新泽西大道东南 1200 号
华盛顿哥伦比亚特区　邮编 20590
www.dot.gov · 202-366-4000

交通部是一个内阁级别的行政管理部门，它被赋予的使命是建立一个便捷高效、安全可靠的美国交通体系，这个体系不仅要符合国家的利益，而且应有助于提高美国人民的生活质量，不管是现在还是将来都是如此。交通部由交通部长领导，他是总统所有关于联邦交通项目的主要顾问。

交通部的组成包括秘书办公室(Office of the Secretary，OST))和 11 个操作管理机构：联邦航空管理局、联邦公路管理局、联邦客车安全管理局、联邦铁路管理局、国家公路交通安全局、联邦运输管理局、海事管理局、圣劳伦斯航道发展与合作局、管道和危险物品安全管理局、研究和创新性技术管理局(包括美国国家交通研究中心、美国运输统计局和美国交通安全研究所)和地面运输理事会。

OST 国际交通和贸易办公室和交通部的多个操作管理机构一道，共同参与国际合作、培训和交流活动。同时，OST 国际交通和贸易办公室还监管国内外交通政策的制定。2006 年至 2011 年的交通部战略计划列举了 5 个完善国家交通行业的政策目标和策略，即：保障安全、减少拥堵、全球连接、环境管理和环境安全、准备/应对。这些目标的胜利果实将会促进我国的经济福利，提高在全世界进一步实施技术支持和培训项目的机会。

实践证明，交通部的国际培训和技术交流项目对维护美国在海外的利益有着十分重要的意义，同时对外国交通同行也有益处，这些项目涉及的方面有：提升区域空中交通管制中心、公路施工与维修、实习、以需要为基础的课堂教学课程、城际交通、浏览旅游以及国际讲习班。

美国联邦航空管理局：

美国联邦航空管理局(Federal Aviation Administration，缩写：FAA)为美国提供一个安全、可靠、高效的全球航空航天系统，有利于保障美国国家安全和促进美国航空安全。作为国际航天界的领袖，美国联邦航空管理局能够应对不同的客户需求，变化的经济环境与多变的环境问题。

美国联邦航空局国际培训项目(FAA International Training Program)：

国际培训项目基于政府间协定及政府合同(通常合同双方为美国联邦航空局及受援国的民航局)为国外航空官员提供培训。受援国/组织通常报销美国联邦航空管理局产生的与培训相关的费用。国际组织如国际民航组织或是其他美国政府机构可以安排为某些培训项目提供资助。美国联邦航空管理局学院主要为国家空域系统操作人员提供航空技术及管理培训。培训内容涉及飞行标准，空中交通，维修技师/工程师，仪表飞行程序开发，教员开发，机场，航空英语等方面。为适应特定国家或地区的需求，部分培训内容可以进行特别定制。培训地点在国内或是在俄克拉何马州俄克拉何马城，也即美国联邦航空管理局学院所在地。

战略目标：实现和平与安全；以人为本；促进安全、可靠、高效的国际空域。

美国政府资助：

机构拨款	调处拨款	美国政府拨款总计
$ 7 165	$ 304 998	$ 312 163

非美国政府资助：

外国政府	美国私人部门	外国私人部门	国际组织	非美国政府资助总计
$ 1 736 726	未追踪	$ 196 082	$ 176 388	$ 2 109 196

参与总人数：

美国参与人数总计	外国参与人数总计	总参与人数
5	866	871

部分参与者在国外培训，部分在国内培训。此表中记录的数据涵盖这两种类型的参与者。

美国联邦航空管理局国际访问者项目(FAA International Vbitors Program)：

国际访问者项目旨在促进航空领域的合作与交流。该项目的既定目标在于交流信息和经验，鼓励和维系国际合作，促进美国联邦航空管理局的政策和程序以及美国的标准和设备的推行与认可，同时避免重复研究与劳动。美国联邦航空管理局接待的大部分国际访问者为政府官员，其中许多人从事空中交通管制工作。他们期待参观美国联邦航空管理局国内的空中交通管制设施。但是，也有相当一部分的访问者是高层的政策制定者及技术人员，他们愿与同行探讨有关航空安全的议题。所有与美国联邦航空管理局国际访问者项目相关的费用，都由国外民航局、私有化政府实体，或赞助公司来承担。

战略目标：实现和平与安全；以人为本；增进国际理解；促进安全、可靠、高效的国际空域。

美国政府资助：

机构拨款	调处拨款	美国政府拨款总计
$ 0	$ 0	$ 0

非美国政府资助：

外国政府	美国私人部门	外国私人部门	国际组织	非美国政府资助总计
未追踪	未追踪	未追踪	未追踪	未追踪

参与总人数：

美国参与人数总计	外国参与人数总计	总参与人数
0	2 443	2 443

所有参加者都在国外培训；无参与者在国内培训。

联邦公路管理局(Federal Highway Administration)：

联邦公路管理局(Federal Highway Administration，缩写：FHWA)致力于改进我们国家高速公路及其联运连接系统。在同其他伙伴合作的过程中，联邦公路管理局担负领导角色，并向合作伙伴提供专业技术、资源和信息支持，激发国家经济活力、提升人民生活质量，改善环境条件。美国联邦公路管理局直接负责管理部分公路的运输活动，包括制定标准，开展研究和开发技术，培训人员，提供技术援助，以及管理某些特殊路段(政府土地以及印第安人自有土地)的高速公路出入。此外，联邦公路管理局在资源分配上发挥了重要的作用；它还通过合作、项目及政策等方式，来促进国家和地方交通系统的战略发展和维护；它促使国家和地方交通系统，成为国家联合运输系统的有效和高效的组成部分。

国际推广项目(International Ontveach Programs)：

国际项目办公室领导联邦公路管理局为美国道路社区服务，为社区提供有关公路技术与市场的国际信息，并向发展中国家和转型经济体提供道路交通问题的技术援助。

——国际技术搜索项目：国际项目办公室负责管理国际技术搜索项目。后者主要担负识别，评估，并引进国外高速公路的技术和经验的任务。这些技术与经验应适应联邦、州和地方的高速公路的规划，并且经济高效。项目的终极目标在于通过引进国外的先进经验，为公众提供更好、更安全、更环保的道路。搜索团队由某一特定领域的专家们组成，负责审核的任务；他们被派往选定的某一发达国家，同国外同行进行磋商。参与者通常代表美国联邦公路管理局、州公路部门、地方政府、以及在适当情况下，代表交通运输行业和研究团体、私营部门和学术界。搜索队开展审核是同国家公路运输官员的美国协会(the American Association of State Highway Transportation Officials，缩写：AASHTO)、交通运输研究委员会(the Transportation Research Board，缩写：TRB)及国家合作公路研究计划(the National Cooperative Highway Research Program，缩写：NCHRP)专家组20-36合作进行的。由于该方案于1990年推出，截止目前已审核完成约70份项目。

——交流项目：国际项目办公室协助外国同行为他们的雇员建立长期交流计划。申请者可在联邦公路管理局交流 6 至 12 个月。通常情况下，联邦公路管理局不将美国政府资助的资金分配在这些长期交流计划上。资金支持由国外提供。

——访问者项目：国际项目办公室同时也为外国同行提供短期、临时的国际访问项目。申请对象为欲同美国联邦公路管理局内其他领域的官员，以及运输部的政府官员会面的访问者。美国联邦公路管理局认为，这种请求同样也适用于某些合适的组织，以及国家和地方的交通组织。

战略目标：实现和平与安全；促进经济增长与繁荣；投资人力资本；增进国际理解。

美国政府资助：

机构拨款	调处拨款	美国政府拨款总计
$ 356 334	$ 18 580	$ 374 914

非美国政府资助：

外国政府	美国私人部门	外国私人部门	国际组织	非美国政府资助总计
$ 97 840	未追踪	$ 6 447	$ 6 812	$ 111 099

这些费用代表包括交流培训等大项目的支出。

参与总人数：

美国参与人数总计	外国参与人数总计	总参与人数
136	106	242

所有参加者都在国外培训；无参与者在国内培训。

美国国家公路学会国际培训项目（National Highway Institute International training Program）：

美国国家公路学会（the National Highway Institute，缩写：NHI）国际项目团队致力于提升世界各地公路运输的专业知识，并促进公路运输技术向国际运输团体转移。主要活动包括赞助国际学员培训项目，协助建立技术转移中心，提供国际公路奖学金，并接待外国游客。美国国家公路学会向团体和个人提供培训课程。国际团体可购买课程，在选定的国家讲演学习；有兴趣的个体可购买已在美国讲演过的国际课程的单插槽。美国国家公路学会为技术服务办公室下的一个分支。

虽然在 2011 财政年度美国国家公路学会无员工出差海外，但是它接待了 23 名来自巴西、中国和坦桑尼亚的运输专业人士，并为 12 名来自韩国的交通专业人士开授了为期两周的合同培训课程。

战略目标：实现和平与安全；促进经济增长与繁荣；推进人道主义援助；运输人员及物资/提升防卫力量的机动性。

美国政府资助：

机构拨款	调处拨款	美国政府拨款总计
$ 0	$ 0	$ 0

非美国政府资助：

外国政府	美国私人部门	外国私人部门	国际组织	非美国政府资助总计
$ 27 000	未追踪	未追踪	未追踪	$ 27 000

参与总人数：

美国参与人数总计	外国参与人数总计	总参与人数
0	35	35

所有参加者都在国外培训；无参与者在国内培训。

联邦铁路管理局(Federal Railroad Administration)：

联邦铁路管理局(Federal Railroad Administration，缩写：FRA)推进铁路运输安全、环保健康和有效发展，确保满足目前以及未来所有顾客的需求。联邦铁路管理局鼓励政府出台政策向基础设施以及科技领域倾斜，鼓励资本投入基础设施及科技领域，充分发挥铁路的潜能。

联邦铁路管理局国际访问者项目和国际活动(FRA International Visitors Program and International Activities)：

联邦铁路管理局国际访问者项目是一项无资金支持的项目。它旨在协助外国政府拥有和经营的铁路系统与美国铁路行业，包括制造商、供应商和服务商，开展便捷的合作。在华盛顿特区，联邦铁路管理局代表为来访的外国政府和/或外国或美国政府，资助和支持的代表团提供技术简报、经济简报，以及有关美国铁路行业的一些探讨意见。为支持运输部出台的和/或政府出台的特定举措，联邦铁路管理局代表间或出国，为对方提供这方面的信息，并与他们探讨相关问题。此外，联邦铁路管理局间或对总部及现场的在岗员工提供安全检查培训，而因此产生的全部费用由外国政府承担。

战略目标：促进经济增长与繁荣；增进国际理解。

美国政府资助：

机构拨款	调处拨款	美国政府拨款总计
$ 0	$ 0	$ 0

非美国政府资助：

外国政府	美国私人部门	外国私人部门	国际组织	非美国政府资助总计
未追踪	未追踪	未追踪	未追踪	未追踪

参与总人数：

美国参与人数总计	外国参与人数总计	总参与人数
43	42	85

部分参与者在国外培训，部分在国内培训。此表中记录的数据涵盖这两种类型的参与者。

联邦运输管理局(Federal Transit Administration)：

联邦运输管理局(Federal Transit Administration，缩写：FTA)为美国运输部的 11 个经营管理部门之一。联邦运输管理局的使命在于改善美国社区的公共交通。联邦运输管理局负责管理有一定准则要求，同时又有一定自由度的项目。它每年拨付总额超过 100 亿美元来支持全美多种由地方规划、建造和运营的公共交通系统。这些系统包括：公交车、地铁、轻轨、市郊铁路、有轨电车、单轨铁路、客运轮渡及快速交通工具。

为使美国在 21 世纪迈入一个新的公共交通阶段，联邦运输管理局国际项目在国际推广上为美国提供了必要且关键的支持。项目的首要目标在于提升美国交通行业的全球竞争力。该项目由四个战略领域构成：贸易推广、技术转让、人力资源能力建设以及国际可访问性推广。

联邦运输管理局外国访问者：

国际公共交通项目组织并接待外国访问代表团，带领他们考察美国运行良好的货物和服务运输活动。国际访客通常在联邦运输管理局开展事实调查活动时与其联系，并提出访问申请。位于美国的外国使馆也可提出访问申请。此外，发展中国家项目旨在帮助他们建立大众运输系统。发达国家项目通常关注特定的技术领域、智能交通系统，并且保障残疾人士的访问机会。

战略目标：促进经济增长与繁荣。

美国政府资助：

机构拨款	调处拨款	美国政府拨款总计
$ 0	$ 0	$ 0

非美国政府资助：

外国政府	美国私人部门	外国私人部门	国际组织	非美国政府资助总计
未追踪	未追踪	未追踪	未追踪	未追踪

参与总人数：

美国参与人数总计	外国参与人数总计	总参与人数
0	34	34

所有参加者都在国外培训；无参与者在国内培训。

海事管理局(Maritime Administration)：

海事管理局的总任务在于促进美国商业运输船只的开发和维护，确保其总量充足且结构均衡，足以承载美国国内水路贸易和大部分的国外水路贸易；并能够在战时或国家紧急状态时作为海军和陆军的辅助机构发挥作用。

美国商船学院项目(the United States Merchant Marine Academy Programs)：

美国商船学院(the United States Merchant Marine Academy Programs，缩写：USMMA)培养专业的长官和领导者。这些长官与领导者需在我们的武装军队商船中，致力于服务美国的经济及国防利益，同时促进有效连接美国的多式联运运输系统的发展。学院还针对合格的国外学生开设了相关课程。就读于此的外国学生，可享受由个人或外国政府提供的全额资金。巴拿马政府通过人力资源培训与使用机构(the Instituto para la Formacion y Aprovechamiento de Recursos Humanos，缩写：IFARHU)向巴拿马学生提供贷款，便于他们就读美国商船学院。如果学生获得较高的学术认可，这些贷款可在其学院教育/培训项目中得到免除，或是如果巴拿马政府确认他们满足贷款免除的其他条件的也可。

战略目标：实现和平与安全；促进经济增长与繁荣，增进国际理解。

美国政府资助：

机构拨款	调处拨款	美国政府拨款总计
$ 0	$ 0	$ 0

非美国政府资助：

外国政府	美国私人部门	外国私人部门	国际组织	非美国政府资助总计
未追踪	未追踪	$ 192 710	未追踪	$ 192 710

参与总人数：

美国参与人数总计	外国参与人数总计	总参与人数
0	23	23

所有参加者都在国外培训；无参与者在国内培训。

美国国家公路交通安全管理局(the National Highway Traffic Safety Administration)：

美国国家公路交通安全管理局(the National Highway Traffic Safety Administration，缩写：NHTSA)的主要责任在于挽救生命，并防止道路交通事故造成的人身伤害或是经济损失。美国国家公路交通安全管理局的项目集中在两个方面：(1)设计和建造车辆和设备，其中包括制定和发布提高机动车辆和乘客安全性的法规，以及(2)设计行为问题的安全法规，特别是制定针对司机、乘客、行人和其他道路使用者的最优行为准则。

美国国家公路交通安全管理局国际活动(NHTSA International Activities)：

美国国家公路交通安全管理局在国际事务舞台上权力有限，因此并无一个正式的国际项目。国会唯一拨款支持的国际活动就是参加有关车辆安全标准全球统一化的会议。美国国家公路交通安全管理局无权向外国提供任何技术援助。只有在一些非常特别或是特殊的情况下，美国国家公路交通安全管理局可在运输部长或美国政府的另一个联邦机构的授权下，向某些外国国家提供专业知识援助。更多的时候，美国国家公路交通安全管理局，在总部招待来自国内和国外实体，不论其是政府人员或是私人，给予其在交通安全、研究及监管项目上的情况介绍。

战略目标：促进经济增长与繁荣；投资人力资本；增进国际理解。

美国政府资助：

机构拨款	调处拨款	美国政府拨款总计
$ 0	$ 0	$ 0

非美国政府资助：

外国政府	美国私人部门	外国私人部门	国际组织	非美国政府资助总计
未追踪	未追踪	未追踪	未追踪	未追踪

参与总人数：

美国参与人数总计	外国参与人数总计	总参与人数
0	57	57

这项项目涵盖在国外培训的以及在国内培训的人员。然而，这里表中所载数据只包括在国外培训的人员。

研究及创新科技署(the Research and Innovative Technology Administration)：

研究及创新科技署(the Research and Innovative Technology Administration，缩写：RITA)协调部门间的研究项目，并负责推动跨领域技术的部署，以提升美国的交通系统。国会指导研究及创新科技署的立法建设，研究及创新科技署具体领导运输部，从事以下几方面的工作：

——协调、促进和审查部门的研究及开发方案和活动。

——推进技术创新，包括智能交通系统。

——执行综合交通调查统计、分析和报告。

——提供交通和交通相关领域的教育和培训。

交通信息交流局(Transportation Information Exchanges)：

在国际领域，研究及创新科技署/交通运输统计局(Bureau of Transportation Statistics，缩写：BTS)收集分析和传播美国的国际贸易国际旅游及全球运输问题的数据和信息，并在部门内部与其他的统计和交通部门，以及其他国际组织开展国际交流与合作。这些活动促进了运输部战略目标的实现。交通运输统计局已被视为北美运输统计数据交换的领导机构。

战略目标：促进经济增长与繁荣；以人为本；增进国际理解；增强领事及管理能力。

美国政府资助：

机构拨款	调处拨款	美国政府拨款总计
$ 35 804	$ 0	$ 35 804

非美国政府资助：

外国政府	美国私人部门	外国私人部门	国际组织	非美国政府资助总计
未追踪	未追踪	未追踪	未追踪	未追踪

参与总人数：

美国参与人数总计	外国参与人数总计	总参与人数
11	67	78

部分参与者在国外培训，部分在国内培训。此表中记录的数据涵盖这两种类型的参与者。

美国政府资助总计	机构拨款	调处拨款	外国政府	美国私人部门	外国私人部门	国际组织	资助总额	总参与人数
$ 0	$ 0	$ 0	$ 21 248	未追踪	未追踪	$ 34 726	$ 55 974	720

总参与人数包括那些在国外培训的以及在国内培训的人员。

并非所有项目都提交了各个领域的资助数据。

美国财政部

公共信息

宾夕法尼亚大街 1500 号，西北

华盛顿特区 20220

www.treasury.gov · 202-622-2960

财政部的使命在于促进美国和世界经济的繁荣和稳定，管理美国政府的财政，维护美国的金融体系，保护国家的领导，确保美国远离毒品，安全健康，并继续建立一个强大的政府机构。该部通过履行以下四项基本职能来实践这项使命：制定和引入经济、金融、税务及财政政策；作为政府的财务代理为美国服务；贯彻法律；发行硬币和货币。

国家税务局(Internal Revenue Service)：

国家税务局(Internal Revenue Service，缩写：IRS)帮助美国纳税人了解及履行他们的税务义务，同时美国国家税务局本身树立执法诚信与公平的典范，以此向纳税人提供最优质的服务。这是其使命所在。

国家税务局国际访问者项目(IRS International Visitors Program)：

国际访问者项目(International Visitors Program，缩写：IVP)为国外税收官员和相关政府官员的访问和/或资料索取请求提供了一个中枢协调点。访问项目通常日程较短，但目的明确。多个技术领域的国税专家陪同他们一起考察，考察地主要在华盛顿特区。所产生的直接费用全部由参加者承担。

国际访问者项目也协调鉴定课题专家，这些专家在美洲税务管理中心(Inter-American Center for Tax Administration，缩写：CIAT)、欧洲内部税务管理组织(Intra-European Organization of Tax Administration，缩写：IOTA)以及经济合作与发展组织(the Organization for Economic Cooperaion and Development，缩写：OECD)等国际组织开展的海外活动中展示了他们的技术培训/信息。

战略目标：实现和平与安全；推进管理公正与民主；增进国际理解；增强领事及管理能力。

美国政府资助：

机构拨款	调处拨款	美国政府拨款总计
$ 0	$ 0	$ 0

非美国政府资助：

外国政府	美国私人部门	外国私人部门	国际组织	非美国政府资助总计
未追踪	未追踪	未追踪	未追踪	未追踪

参与总人数：

美国参与人数总计	外国参与人数总计	总参与人数
287	241	528

部分参与者在国外培训，部分在国内培训。此表中记录的数据涵盖这两种类型的参与者。

货币监理署(the Office of the Comptroller of the Currency)：

货币监理署(the Office of the Comptroller of the Currency，缩写：OCC)的主要使命在于规范国家银行和联邦储蓄协会。

对外技术援助项目(Foreign Technical Assistance Program)：

对外技术援助项目(the Foreign Technical Assistance，缩写：FTA)为国外监管组织和中央银行提供了广泛的培训和咨询资源。对外技术援助项目协调美国货币监理署的论题专家，为国外监管者提供高质量的技术援助、培训及咨询服务。

美国货币监理署的对外技术援助项目旨在帮助外国监管者发展、改进和完善其银行监管体系。该项目的目标是：

——建立、构建和维护与国外银行监管机构的关系。

——在协助东道国改善银行监管的过程中，加强监督我们银行的国际业务。

——帮助提高美国货币监理署考官和工作人员的国际专业知识。

——在监管部门为促进和鼓励外国监管当局采用国际标准。在向各种团体提供资源帮助时，予以协助。

以下是不同类型的对外技术援助项目/作业：

——国际对外技术援助访客简报

——美国货币监理署赞助商正式课堂培训

——现场参加银行考试

——借调

——美国政府资助项目

——国际货币基金组织/世界银行项目

以下是 2011 财政年度对外技术援助活动的一些重点：

国际访问者简报：

——来自六个国家的四十三名与会人员参观了解了美国货币监理署的运营。

美国货币监理署赞助的国际学校：

——来自 17 个国家的 50 名学员，加入了美国货币监理署赞助的，位于华盛顿特区的国际学校，这些学校有：反洗钱和反恐学校，银行监管问题学校，以及操作风险监管学校。

——来自六个拉美国家的 21 名学员加入了反洗钱学校。反洗钱学校由美国货币监理署教员在秘鲁首都利马授课。

——来自 12 个亚洲国家的 35 名学员加入了位于马来西亚吉隆坡的一个银行监管问题学校。

——来自 8 个亚洲国家的 24 名学员加入了位于马来西亚吉隆坡的操作风险监管学校。

借调：

——一名美国货币监理署的专家被借调至爱尔兰中央银行。

——一名美国货币监理署的专家被国际货币基金组织借调至捷克共和国。

战略目标：实现和平与安全；促进经济增长与繁荣；确保银行系统的安全、稳健发展。

美国政府资助：

机构拨款	调处拨款	美国政府拨款总计
$ 0	$ 0	$ 0

非美国政府资助：

外国政府	美国私人部门	外国私人部门	国际组织	非美国政府资助总计
$ 21 248	未追踪	未追踪	$ 34 726	$ 55 974

参与总人数：

美国参与人数总计	外国参与人数总计	总参与人数
9	183	192

部分参与者在国外培训，部分在国内培训。此表中记录的数据涵盖这两种类型的参与者。

美国政府资助总计	机构拨款	调处拨款	外国政府	美国私人部门	外国私人部门	国际组织	资助总额	总参与人数
$ 0	$ 0	$ 0	未追踪	未追踪	未追踪	未追踪	$ 0	644

总参与人数仅仅包括那些在国外培训的人员；无参与者在国内培训。

退伍军人事务部
佛蒙特大道 810 号，西北
华盛顿特区，20420
www.va.gov · 202-461-7600

退伍军人事务部(Veterans Affairs，缩写：VA)运行的项目，是为退伍军人及他们家庭成员服务的。福利包括因相关兵役造成的残疾或死亡而支付的补偿金、养老金、教育和康复费、住房贷款担保金、丧葬费、和包含疗养院、诊所和医疗中心的医疗保健项目。

退伍军人健康管理局(Veterans Health Administration)：

退伍军人健康管理局为在武装部队服役的合格的退伍军人提供医院、疗养院和家居护理以及门诊医疗和牙科护理服务。

培训活动：

退伍军人事务部共设有 163 个医疗中心，58 个区域办事处，并在美国拥有 120 个国家公墓。这些机构形成了一个紧密的网络。退伍军人事务部雇佣超过 20 万的人员在此工作。每年退伍军人事务部的一些员工出差到其他国家参加会议、专题讨论会以及各类培训活动。他们出席会议或研讨会、提交论文、与同行会晤，并提升他们的专业知识；其中大多数是医护专业人员(医生、牙医、护士、医学研究人员等)。退伍军人事务部本身并不组织管理会议，专题讨论会或退伍军人事务部雇员在其他国家参加的其他活动。这些项目是由各种非退伍军人事务部实体机构组织的，包括专业机构、高等院校、国际组织和政府机构等。然而，退伍军人事务部的员工每年都获得本单位提供的经费支持，报销从本单位前往国外参加会议、研讨会以及其他与工作相关的活动产生的费用。一般情况下，经费涵盖运输和/或住宿。在某些情况下，雇员可出席政府时间的会议；在其他情况下，他们必须请事假出席。

战略目标：以人为本；尊重、照顾并补偿美国退伍军人。

美国政府资助：

机构拨款	调处拨款	美国政府拨款总计
$ 0	$ 0	$ 0

非美国政府资助：

外国政府	美国私人部门	外国私人部门	国际组织	非美国政府资助总计
未追踪	未追踪	未追踪	未追踪	未追踪

参与总人数：

美国参与人数总计	外国参与人数总计	总参与人数
644	0	644

所有参与者在国外培训；无参与者在国内培训。

美国政府资助总计	机构拨款	调处拨款	外国政府	美国私人部门	外国私人部门	国际组织	资助总额	总参与人数
$ 0	$ 0	$ 0	未追踪	未追踪	未追踪	未追踪	$ 0	1 624

总参与人数仅仅包括那些在国外培训的人员；无参与者在国内培训。

环境保护局
国际和部落事务办公室
宾夕法尼亚大道1200号，西北
华盛顿特区，20460
www.epa.gov · 202-564-6613

环境保护局(the Environmental Protection Agency，缩写：EPA)努力确保所有来自社区、个人和企业，以及国家、地方和部落政府的美国人远离威胁人类健康和环境的显著风险。该机构的任务在于通过保护自然环境以及采用最佳的科学技术，促进社区和生态系统的多样化、可持续发展以及经济的有效发展。

环境保护局项目(Environmental Protection Agency Programs)：

生态系统和跨境污染并不受国际边界的控制。因此，美国国内的单边行动并不足以确保环境保护局某些重要目标的实现。源于其他国家的全球和跨国环境污染使美国陷入风险之中，这些污染破坏了美国在环保领域的投资，降低这些风险成为环境保护局最重要的环保目标之一。为促进多边合作，实现环境保护局的环境目标，环境保护局邀请外国访客参观美国的环保设施，了解美国的环保程序。美国和环境保护局有必要继续保持其领导地位，建立国际合作机制并提升技术能力，这些都是成功解决环保问题所必需的。当美国需要依靠其他国家的合作与协调来实现自身的环保目标时，国际活动办事处同美国国务院，其他联邦机构、州、部落和非政府组织共同合作，确保美国的环境利益得到适当考虑。以下这些立法和国际协议支持这些环保行动：清洁水法、清洁空气法案、北美环境合作协定、污染防治法、有毒物质控制法、1989年美国/苏联污染协议、世界贸易组织协定以及北美自由贸易协定。

环境保护局协调国际访问者项目的开展，为其提供便利服务。国际访问者项目为来自全球的国际访客安排在环保局的会晤。国际访问者项目在国际和部落事务办公室内开展活动，通常每年接待2000到3000人次(每天2~3组)。美国政府不向这个项目提供资金援助。与国际访客花费相关的外国和私人资助将不被追踪。

在世界范围内，我们将继续接待更多来自中国的访问者。

战略目标：以人为本。

美国政府资助：

机构拨款	调处拨款	美国政府拨款总计
$ 0	$ 0	$ 0

非美国政府资助：

外国政府	美国私人部门	外国私人部门	国际组织	非美国政府资助总计
未追踪	未追踪	未追踪	未追踪	未追踪

参与总人数：

美国参与人数总计	外国参与人数总计	总参与人数
0	1 624	1 624

所有参与者在国外培训；无参与者在国内培训。

美国政府资助总计	机构拨款	调处拨款	外国政府	美国私人部门	外国私人部门	国际组织	资助总额	总参与人数
$ 0	$ 0	$ 0	未追踪	未追踪	未追踪	未追踪	$ 0	625

总参与人数仅仅包括那些在国外培训的人员；无参与者在国内培训。

美国联邦通信委员会
国际访问者项目，国际局
第 12 街 445 号，西南
华盛顿特区，20554
www.fcc.gov/ib/ivp or http://fcc.us/visitfcc · 202-418-1483

美国联邦通信委员会(the Federal Communications Commission，缩写：FCC)通过广播、电视、电信、卫星和电缆管理州际及国外通信。它负责广播业务的有序发展与运营，且以合理的价格为全国和世界各地提供快速、高效的电话及电报服务。其职责还包括使用通信保障人民群众的生命、财产安全以及加强国防建设。

美国联邦通信委员会国际访问者项目：

美国联邦通信委员会国际访问者项目是国际局战略分析及谈判组的一个组成部分。国际局成立于 1994 年 10 月，负责处理所有国际通信及卫星方案和政策事务。国际局还在国际大会、会议及谈判上代表美国联邦通信委员会发挥重要作用。

国际访问者项目为外国代表团提供机会，他们可以与美国联邦通信委员会的人员进行非正式的讨论，而美国联邦通信委员会成员也会就有线广播、电信及通信议题向他们提供有关法律、技术和经济等方面的广泛意见。讨论的议题通常包括美国联邦通信委员会的组织结构、其作为一个独立的监管机构所承担的多重角色(包括授权，执行和规则制定程序)、其法定权力、法规及当前的诉讼程序。这种跨领域的交流旨在造福各方，这样，双方有特殊的机会来深入了解彼此的监管机构、监管政策和监管程序。电信网络的全球化进程不断推进，许多国家也同时试图修改自己的监管办法，以促进电信市场的私有化和提升自身的竞争力。这些会议的重要性不言而喻。国际访问者项目简报将通过向代表团提供亲身考察美国监管模式的机会(作为一种可行的方法)来推动这一进程。此外，国际访问者项目简报会提供了一个契机，促进信息及观点的交流。美国政府人员可以同其他政府人员共同协商国际协议，反映市场及监管的变化。美国联邦通信委员会不跟踪国际访问者的资金来源。美国联邦通信委员会项目的合作伙伴包括美国国际开发署、美国贸易发展署以及世界银行。

战略目标：实现和平与安全；促进经济增长与繁荣；推进通讯服务的发展。

美国政府资助：

机构拨款	调处拨款	美国政府拨款总计
$ 0	$ 0	$ 0

非美国政府资助：

外国政府	美国私人部门	外国私人部门	国际组织	非美国政府资助总计
未追踪	未追踪	未追踪	未追踪	未追踪

参与总人数：

美国参与人数总计	外国参与人数总计	总参与人数
0	625	625

所有参与者在国外培训；无参与者在国内培训。

美国政府资助总计	机构拨款	调处拨款	外国政府	美国私人部门	外国私人部门	国际组织	资助总额	总参与人数
$ 526 000	$ 0	$ 526 000	未追踪	未追踪	未追踪	未追踪	$ 526 000	1 686

总参与人数仅仅包括那些在国外培训的人员；无参与者在国内培训。

这些费用代表包括交流培训等大项目的支出。

联邦存款保险公司

第 17 街 550 号，西北

华盛顿特区，20429

www.fdic.gov · 877-275-3342

联邦存款保险公司(the Federal Deposit Insurance Corporation，缩写：FDIC)旨在通过提供至少 250 000 美元为银行及存款机构保险；通过识别，监控和应对存款保险基金的风险；并通过限制银行或储蓄机构衰退时对经济及金融体系造成的影响，来确保公众对美国金融体系的信心。

美国联邦存款保险公司不受国会拨款支持——它的资金来源于银行和储蓄机构为其存款保险范围支付的保费和美国国债投资的盈利。美国联邦存款保险公司在美国银行和储蓄机构承保超过 7 万亿美元存款。

联邦存款保险公司直接检查和监督超过 4900 所银行和储蓄银行的运行安全性和稳健性。这个数量超过银行系统机构的一半。银行可由各州或联邦政府特许建立。国家特许银行也有权选择是否加入联邦储备系统。美国联邦存款保险公司为未加入联邦储备系统的国家特许银行的主要联邦监管机构。此外，美国联邦存款保险公司也是其他保险的银行和储蓄机构的替补监事。

美国联邦存款保险公司还考察银行是否遵守消费者保护法，包括公平信用账单法、公平信用报告法、诚信借贷法案和公平债务催收作业法，仅举几例。最后，美国联邦存款保险公司审查银行是否符合社区再投资法案(the Community Reinvestment Act，缩写：CRA)的要求。该法案要求银行满足其特许服务的社区的信贷需求。

联邦存款保险公司国际项目(FDIC International Programs)：

联邦存款保险公司的宗旨在于促进稳定、维护公众对国家银行体系中的信心；通过应对存款保险基金风险，来促进存款保险机构的安全性和稳健性。

联邦存款保险公司国际项目包括技术援助方案、访客和信息项目、审查员培训项目以及参加与银行监管和存款保险相关的国际组织。

技术援助项目为外资银行监管机构、外国中央银行和其他外国政府机构提供现场培训、专家咨询和审查及决议援助，以加强外国银行体系、存款保险计划以及银行发展监督机制的发展，促进美国和他国开展信息交流。

技术援助请求必须来自：(1)官方来源(如中央银行的主席或董事)；(2)国际机构；(3)美国政府

办公室；(4)一个非盈利性组织。一般情况下，联邦存款保险公司将不会为一个商业实体或个人或就一个具体的商业项目或合同寻求帮助的组织提供技术援助。美国联邦存款保险公司可报销提供国际技术援助产生的费用。

访问者和信息项目协调美国联邦存款保险公司职员以及相关资源，以满足外国访问者的需求，提供他们所需的信息，以期最有效地利用联邦存款保险公司的资源，并为访问者提供优质的学习经验。美国联邦存款保险公司竭力满足会议与信息的需求，只要资源是可获取的。该需求也应维护美国利益，优化外资银行系统及其监督机制或促进与国外同行的关系的建立。接受标准与技术援助方案相同。大多数的访问在美国联邦存款保险公司所在地进行。

审查员培训项目向部分国家提供适当的、建设性的援助及技术培训，这些国家应致力于发展和保有技术娴熟的审查员劳动力。美国联邦存款保险公司的企业大学向来自外国央行和监管机构的培训要求提供赞助。他们将参与者派至弗吉尼亚州阿灵顿的塞德曼中心。学员将在那里的美国联邦存款保险公司审查员培训学校学习，并缴纳学费和住宿费。所花费的成本每年也将接受审核，同时在征集材料中详细备案。

美国联邦存款保险公司促进同国际金融协会改善关系，以发挥它在全球银行、存款保险和金融服务方面的领导和指导作用。这涉及到一个前提——美国联邦存款保险公司在国际金融协会中处于领导地位，并可参加就新兴议题召开的国际会议，以及举办有关这个议题的国际会议。

在 2011 年财年，联邦存款保险公司的工作人员与来自发展中国家、新兴经济体及发达经济体的许多人员分享了其专业知识，以期加强其在存款保险、监管及决心方面的能力。美国联邦存款保险公司主持了 107 次个人访问，总计涉及 858 名外国访问者，涵盖超过 58 个国家。联邦存款保险公司于本财政年度向四个国家提供技术援助。

联邦存款保险公司继续与国务院合作打击黑钱清洗活动及恐怖资金的全球流动。联邦存款保险公司举办了两次反洗钱培训，其中来自 10 个国家的 50 名人员参加了此次活动。此外，外国银行监管也加入了企业大学审查员培训学校，其中，来自 10 个国家的 190 名学生参加了风险管理银行监管课程的学习，课程可在四个核心学校中的任一学校习得。

战略目标：促进经济增长与繁荣；提升银行监管能力；改善存款保险制度。

美国政府资助：

机构拨款	调处拨款	美国政府拨款总计
\$ 0	\$ 526 000	\$ 526 000

非美国政府资助：

外国政府	美国私人部门	外国私人部门	国际组织	非美国政府资助总计
未追踪	未追踪	未追踪	未追踪	未追踪

这些费用代表包括交流培训等大项目的支出。

参与总人数：

美国参与人数总计	外国参与人数总计	总参与人数
588	1 098	1 686

所有参与者在国外培训；无参与者在国内培训。

美国政府资助总计	机构拨款	调处拨款	外国政府	美国私人部门	外国私人部门	国际组织	资助总额	总参与人数
$ 4 886	$ 4 886	$ 0	未追踪	未追踪	未追踪	未追踪	$ 4 886	105

总参与人数仅包括那些在国外参加培训的人员；无参与者在国内培训。

这些费用代表包括交流培训等大项目的支出。

联邦选举委员会(FEDERAL ELECTION COMMISSION)

E 街道 999 号，西北

华盛顿特区，20463

www.fec.gov · 202-694-1000

联邦选举委员会(the Federal Election Commission，缩写：FEC)是一个独立的拥有管辖权的机构，管理和民事强制执行有关竞选资金获取和支出的法律，以确保参与者在联邦竞选过程中守法。联邦选举委员会的宗旨在于通过向外界提供有关竞选资金的法律法规信息，向公众披露竞选资金活动并促使他们自愿守法。

联邦选举委员会的邀请项目(FEC Inrithtions Program)：

联邦选举委员会的使命在于通过管理、执行和制定联邦竞选财务法规政策，来防止联邦竞选过程中的腐败。联邦选举委员会的邀请项目是一项持续的工作，它负责协调公开露面、会议及委员和委员会工作人员的简报会。

该项目可应对联邦竞选委员会的委员及工作人员的公开露面请求，并协调跨部门间的沟通。国际访问者有机会参加联邦竞选财务法规说明会，接受联邦竞选委员会的出版物，并参观该机构。

在 2011 年财年，联邦选举委员会接待了来自 45 个国家的 97 名国际参观者。总体而言，来自韩国(南)和巴基斯坦的参观者最多。大多数参观者为政府代表国际组织代表及非营利性的专业人士。联邦选举委员会也派出专员和工作人员赴博茨瓦纳、巴西、格鲁吉亚、印度、印度尼西亚、约旦、墨西哥和突尼斯等国提供培训，并在国际选举会议上发言。

战略目标：增进国际理解。

美国政府资助：

机构拨款	调处拨款	美国政府拨款总计
$ 4 886	$ 0	$ 4 886

非美国政府资助：

外国政府	美国私人部门	外国私人部门	国际组织	非美国政府资助总计
未追踪	未追踪	未追踪	未追踪	未追踪

这些费用代表包括交流培训等大项目的支出。

参与总人数：

美国参与人数总计	外国参与人数总计	总参与人数
8	97	105

这项项目涵盖在国外培训的以及在国内培训的人员。然而，这里表中所载数据只包括在国外培训的人员。

联邦能源管理委员会
第一街 888 号，东北
华盛顿特区，20426
www.ferc.gov · 202-502-6088

联邦能源管理委员会(the Federal Energy Regulatory Commission，缩写：FERC)负责监督美国的电力公司、天然气工业、水电项目及石油管道运输系统。委员会尽可能地选择有助于培育市场竞争力的监管办法，同时确保以合理的价格获得可靠的服务，并在评估能源项目的公共利益时充分、公正地考虑项目对环境和社区造成的影响。

联邦能源管理委员会国际访问者项目(FERC International Visitors Program)：

通过国际访问者项目，联邦能源管理委员会与来自世界各地相应的专业队伍，分享其监管方式和经验教训。根据国外专业人士就美国国内能源监管议题，寻求进一步详细信息的要求，联邦能源管理委员会也将组织安排个人或小组会议和简报会。所有国际访客的费用都由他们的政府、国际组织或其他美国政府资助的项目承担。除了接待国际访客，联邦能源管理委员会的代表间或与其他美国政府机构组织的国际访问群体交流。美国参与者也会回应来自外国政府、国际组织和/或其他美国政府资助的组织的请求赴海外服务。

战略目标：促进经济增长与繁荣。

美国政府资助总计	机构拨款	调处拨款	外国政府	美国私人部门	外国私人部门	国际组织	资助总额	总参与人数
$ 0	$ 0	$ 0	未追踪	未追踪	未追踪	未追踪	$ 0	573

总参与人数仅包括那些在国外参加培训的人员；无参与者在国内培训。

美国政府资助：

机构拨款	调处拨款	美国政府拨款总计
$ 0	$ 0	$ 0

非美国政府资助：

外国政府	美国私人部门	外国私人部门	国际组织	非美国政府资助总计
未追踪	未追踪	未追踪	未追踪	未追踪

参与总人数：

美国参与人数总计	外国参与人数总计	总参与人数
38	535	573

所有参与者在国外培训；无参与者在国内培训。

美国政府资助总计	机构拨款	调处拨款	外国政府	美国私人部门	外国私人部门	国际组织	资助总额	总参与人数
$ 1 051	$ 1 051	$ 0	未追踪	未追踪	未追踪	未追踪	$ 1 051	20

总参与人数仅包括那些在国外培训的人员；国内培训人员不包含在此。

这些费用代表包括交流培训等大项目的支出。

联邦海事委员会(FEDERAL MARTIME COMMISSION)

总法律顾问办公室
北国会街 800 号，西北，1018 号房
华盛顿特区，20573
www.fmc.gov · 202-523-5740

联邦海事委员会(the Federal Maritime Commission，缩写：FMC)成立于 1961 年，是一个独立的监管机构。该委员会由五名委员组成。总统根据参议院的建议及许可任命委员，委员任期为五年。总统指定一名委员担任主席，也即该机构的行政总裁及行政官员。

联邦海事委员会执行的主要法规或法律条文是 1984 年的航运法、1988 年的外国航运惯例法、1920 年商船法的第 19 条款、公法编号 89-777。所有这些法律都根据 1998 年航运改革法进行了修订。

联邦海事委员会的监管职责如下：

——保护从事美国对外贸易的托运人和承运人不受损害美国航运利益或海上贸易的限制性或不公平的外国法律、法规或商业惯例的影响。

——审核公共承运人和海运码头经营人之间签订的协议，确保他们未造成过分反竞争效果。

——审核及保有远洋公共承运人和托运人之间的服务合同的备案资料，防范反竞争行为和其他不公平的禁止行为。

——确保公共承运人公布的价目表和收费公正合理，且不能不公平地削弱他们的私人竞争者。

——发行客运船舶证书，列明船主或租船人因人身伤害、死亡、或航行或巡航中的不履行而承担的财务责任。

——许可远洋运输中介机构，并确保他们履行盟约，以保护公众免受不合格、资不抵债、或不诚实的公司的侵害。

——调查公共承运人、码头营运人、以及远洋运输中介机构的做法，以确保他们不从事 1984 年的航运法，或其他联邦海事委员会执行的法规中，明令禁止的活动。

联邦海事委员会的国际访问者简报及国际活动(FMC International Visitor Briefings and International Activities)：

联邦海事委员会并无一个正式的国际访问者项目，但它通过其他行政机构以及与外国政府的直接沟通来回应这些群体对考察、培训及其他专业知识等方面的要求。联邦海事委员会与来自世界各地的相应的专业队伍共享其监管方法和经验教训。所有国际访客的费用都由他们的政府、国际组织或其他美国资助项目来承担。总法律顾问办公室的主要任务在于履行该机构的国际事务职能，并协调访问者项目。

美国参与者前往爱尔兰、巴拿马、中国、加拿大、秘鲁、日本和英国等地方。他们主要职责在于参加涉及各种海洋议题的大会及简报会。

战略目标：促进经济增长与繁荣；增进国际理解。

美国政府资助：

机构拨款	调处拨款	美国政府拨款总计
$ 1 051	$ 0	$ 1 051

非美国政府资助：

外国政府	美国私人部门	外国私人部门	国际组织	非美国政府资助总计
未追踪	未追踪	未追踪	未追踪	未追踪

参与总人数：

美国参与人数总计	外国参与人数总计	总参与人数
9	11	20

这项项目涵盖在国外培训的以及在国内培训的人员。然而，这里表中所载数据只包括在国外培训的人员。

美国政府资助总计	机构拨款	调处拨款	外国政府	美国私人部门	外国私人部门	国际组织	资助总额	总参与人数
$ 137 033	$ 0	$ 137 033	$ 15 927	未追踪	$ 12 469	$ 16 118	$ 181 547	452

总参与人数包括那些在国外培训的以及在国内培训的人员。

联邦仲裁调解局(FEDERAL MEDIATION AND CONCILIATION SERVICE)

K 街 2100 号，西北，201 室
华盛顿特区，20427
www.fmcs.gov · 202-606-5445

联邦仲裁调解局(the Federal Mediation and Conciliation Service，缩写：FMCS)协助合同双方在协商中通过自愿调解和仲裁服务来解决争端。合同双方包括以下主体：参与州际贸易的企业和工会、政府机构和工会，以及职场纠纷的劳资双方。同时，联邦仲裁调解局在合作过程中向工会和资方提供培训，以改善 1978 年的劳动管理合作法规范下的长期关系；向政府机构提供替代性争议解决服务和培训，包括简化行政争议解决法和 1996 年的谈判规则制定法规范下的管理式谈判；并向劳资联合委员会授予竞争性的拨款，以鼓励创新式合作。该机构向世界各国提供调解、简化、仲裁及其他争议解决方式的培训，并为国际代表团安排实地考察，使其能研究纠纷调解过程，并探索如何提升法治、如何提高经济效率及效用、及如何构建和谐的劳资关系。

国际劳资冲突管理项目(International Labor Conflict Margaret Program)：

国际争议解决服务部的一个重要目标在于通过协助劳方、资方和政府专业人士在国外开展集体谈判和其他形式的劳资合作，提升自身的能力，加强民主机构的构建。为实现这个目标，国际争议解决服务部向外国的专业调解人士提供培训和指导，以及各种形式的工作协作和制度层面上的合作。为进一步深化这一目标，该项目还协助国外的利益关系人设计相关制度，以永久制度化这种合作。随着越来越多的国外人员提出培训要求，联邦仲裁调解局还提供冲突管理和协调方面的培训，协助外国政府和个人解决种族间和其他公共政策相关的争议；并协助培训法官与律师，教授他们调解技巧和流程，协助法制项目的开展并提供替代方案。这些举措，旨在促使联邦仲裁调解局的争议，解决技术超越劳资管理的应用范畴。

与联邦仲裁调解局的使命相一致，在 2011 财政年度，联邦仲裁调解局已经向来自世界各国的政府官员、调解员和其他人员提供了一系列的培训课程和讲座。这些培训课程包括调解、集体谈判调解、解决冲突、调停等议题；它们时长不一，有时是一个会议，有时是为期几天的培训。某些培训课程专为美国以及一些其他国家的外国代表所设。服务的国家包括匈牙利、韩国、摩洛哥、新加坡、泰国和越南。比方说，在泰国所提供的培训是由朱拉隆功大学的和平与解决冲突的扶轮中心赞助的。参与项目的学生来自 20 个国家，他们工作的各个领域有：同非洲的孤儿和弱势儿童工作，向在华盛顿特区美洲开发银行领导力和发展中心咨询，为巴基斯坦农村贫困儿童提供教育与咨询，在津巴布韦开展国家愈合和和平建设的工作以及在关键的全球问题上开展对外宣传和交流。联邦仲裁调解局努力在冲突解决的领域做好国际工作，并持续发挥作用。

战略目标：实现和平与安全；推进管理公正与民主；促进经济增长与繁荣；投资人力资本；增进国际理解；掌握协商、仲裁、劳工管理协调及工作纠纷处理等技巧。

美国政府资助：

机构拨款	调处拨款	美国政府拨款总计
$ 0	$ 137 033	$ 137 033

非美国政府资助：

外国政府	美国私人部门	外国私人部门	国际组织	非美国政府资助总计
$ 15 927	未追踪	$ 12 469	$ 16 118	$ 44 513

参与总人数：

美国参与人数总计	外国参与人数总计	总参与人数
30	422	452

部分参与者在国外培训，部分在国内培训。此表中记录的数据涵盖这两种类型的参与者。

美国政府资助总计	机构拨款	调处拨款	外国政府	美国私人部门	外国私人部门	国际组织	资助总额	总参与人数
$ 490 978	$ 244 029	$ 246 949	$ 8 590	未追踪	未追踪	未追踪	$ 499 568	2351

总参与人数包括那些在国外培训的以及在国内培训的人员。

联邦贸易委员会(FEDERAL TRADE COMMISSION)

公共事务办公室

宾夕法尼亚大道600号，西北

华盛顿特区，20580

www.ftc.gov · 202-326-2180

联邦贸易委员会(the Federal Trade Commission，缩写：FTC)的目标在于发挥其作为美国经济体系的基石这一方面的作用——保持企业的竞争力，并防止自由企业制度被贸易垄断或贸易限制、或不公平的或欺骗性的贸易行为所束缚。该委员会负责促进竞争自由化及公平化。

联邦贸易委员会国际项目(FTC International Programs)：

联邦贸易委员会与世界各地的竞争保护和消费者保护机构一同促进合作，并朝着最佳实践努力。联邦贸易委员会已经与其国外同行建立了一个强大的合作关系网络，并在关键的多边关系上发挥带头作用。

在竞争领域，联邦贸易委员会同外国竞争机构，就共同关心的问题开展紧密合作，促使所达成的分析和结果合理且一致。我们还通过双边关系和国际组织，如国际竞争网络(the International Competition Network，缩写：ICN)和经济合作与发展组织(the Competition Committee of the Organization for Economic Cooperation and Development，缩写：OECD)的竞赛委员会，促进政策趋同。联邦贸易委员会担任国际竞争网络单方面行为工作组的联合主席，负责并购谈判和审查，并寻找办法促使技术援助发挥更为有效的作用。联邦贸易委员会还参与了双边反垄断合作协定和美国自由贸易协定的竞争章节的协商。

在消费者保护领域，联邦贸易委员会与外国法律执法机构就影响美国消费者的案例共同协作。通过与国外的消费者保护执法机构签订的合作备忘录、多边组织，如国际消费者保护与执法网络(the International Consumer Protection and Enforcement Network，缩写：ICPEN)和反垃圾邮件伦敦行动计划，我们进行执法行动的信息共享，并且开展调查性合作。我们还制定了相关的政策，促进消费者行使其选择权，鼓励消费者增添对国际市场的信心，并使其专注于电子商务和新兴技术，而这些政策的出台离不开以下国际组织的帮助：经济合作与发展组织用户政策委员会，经济合作与发展组织信息安全和隐私工作小组，亚太经济合作组织(the Aisa-Pacific Economic Cooperation，缩写：APEC)电子商务指导组及其资料私隐分组，以及亚太经济合作组织电信和信息工作组。

联邦贸易委员会还积极协助发展中国家向市场经济转型，促进竞争保护和消费者保护机构的发展。同时，它向这些机构提供咨询服务，并与司法部的反垄断部门合作实施技术援助方案。

战略目标：促进经济增长与繁荣；增进国际理解。

美国政府资助：

机构拨款	调处拨款	美国政府拨款总计
$ 244 029	$ 246 949	$ 490 978

非美国政府资助：

外国政府	美国私人部门	外国私人部门	国际组织	非美国政府资助总计
$ 8 590	未追踪	未追踪	未追踪	$ 8 590

参与总人数：

美国参与人数总计	外国参与人数总计	总参与人数
180	2 171	2 351

部分参与者在国外培训，部分在国内培训。此表中记录的数据涵盖这两种类型的参与者。

美国政府资助总计	机构拨款	调处拨款	外国政府	美国私人部门	外国私人部门	国际组织	资助总额	总参与人数
$ 41 300	$ 26 300	$ 15 000	未追踪	未追踪	未追踪	未追踪	$ 41 300	202

总参与人数包括那些在国外培训的以及在国内培训的人员。

总务署(GENERAL SERVICES ADMINISTRATION)
公民服务和技术创新办公室
第一街 1275 号，东北，11 楼
华盛顿特区，20417
www.gsa.gov · 202-501-0705

总务署(the General Services Administration，缩写：GSA)为联邦政府财产和文档制定相关政策，并且为其提供经济和高效的管理服务。这些财产和文档包括建筑物的建设和运营；物资的采购和分配；不动产和个人财产的利用和处置；运输、交通、通信的管理；政府范围自动数据处理资源计划的管理。其职能是通过以下三个层次的组织来履行的：中央办公室，地区办事处和现场活动。

全球政府创新网络，公民服务和技术创新总务署办公室：Global Government Innovation Network GSA Office of Citizen Services and Innovation Technologies

公民服务和技术创新总务署办公室全球政府创新网络(Office of Citizen Services and Innovative Technologies，缩写：OCSIT)的前身为政府间应对中心、公民服务和通信办公室。它的部分使命在于促进政府间的管理及电子政府相关的信息及经验在世界范围内共享。为促进这一目标的实现，公民服务和技术创新总务属办公室全球政府创新网络在几个国际项目中发挥了极其重要的作用，特别是在五国首席信息官理事会、信息技术政府管理国际理事会(网址：www.ica-it.org)、北美日、加拿大，墨西哥和美国参加的一年一度的电子政府首脑会议。该办公室还接待来自世界各地的外国访问者，访问者可与他们的美国同行在信息技术公共部门进行短暂会晤。通过这些会议，外国访客了解到了美国政府的经验，并就多种议题如云计算和公民服务的电子传递等议题分享了自己的经验。

战略目标：增进国际理解；加强领事与管理能力；共享技术信息，电子化政府以及公共管理经验。

美国政府资助：

机构拨款	调处拨款	美国政府拨款总计
$ 26 300	$ 15 000	$ 41 300

非美国政府资助：

外国政府	美国私人部门	外国私人部门	国际组织	非美国政府资助总计
未追踪	未追踪	未追踪	未追踪	未追踪

参与总人数：

美国参与人数总计	外国参与人数总计	总参与人数
72	130	202

部分参与者在国外培训，部分在国内培训。此表中记录的数据涵盖这两种类型的参与者。

美国政府资助总计	机构拨款	调处拨款	外国政府	美国私人部门	外国私人部门	国际组织	资助总额	总参与人数
$ 522 878	$ 522 878	$ 0	$ 0	$ 0	$ 0	$ 0	$ 522 878	379

总参与人数包括那些在国外培训的以及在国内培训的人员。

美洲基金会(INTER-AMERICA NFOUNDATION)
宾夕法尼亚大道 1331 号，西北，1200 号北
华盛顿特区，20004
www.iaf.gov · 202-360-4530

美洲基金会(the Inter-American Foundation，缩写：IAF)由美国国会于 1969 年创建，是美国政府的一个独立机构。该基金会的主要任务是通过私人、非政府组织(nongovernmental organizations，缩写：NGOs)和公共部门间的伙伴关系来推进拉美和加勒比地区的基层发展战略的实施。

策略如下：

(1)地方发展——认识到政府权力下放至拉丁美洲和加勒比市级地区的趋势，加强地方政府、非政府组织和当地居民间的合作和伙伴关系，促进基层发展；(2)社会投资——支持商业、企业、以社区为基础的组织和非政府组织在地方、国家和国际层面上的合作和伙伴关系，努力促进基层发展。

美洲基金会旅游补助(IAF Travel Grants)：

美洲基金会正在实施的旅费补助项目为专业学者、基层开发实践者、当地选举产生的领导人及其他参于研讨会的人员、学术交流和有关拉丁美洲和加勒比地区发展的国际论坛报销差旅费。美洲基金会间或还可能为这些参会的受助人提供后勤资源。该项目的一个重要关注点在于向通常被边缘化及受歧视的民族(宗教少数群体 、残疾人、土著人民和其他人群)中的个体及领导者提供资源，以满足该地区同龄人的需求，并探索平等权益的获取之道。

战略目标：推进管理公正与民主；促进经济增长与繁荣；以人为本。

美国政府资助：

机构拨款	调处拨款	美国政府拨款总计
$ 522 878	$ 0	$ 522 878

非美国政府资助：

外国政府	美国私人部门	外国私人部门	国际组织	非美国政府资助总计
$ 0	$ 0	$ 0	$ 0	$ 0

参与总人数：

美国参与人数总计	外国参与人数总计	总参与人数
0	379	379

部分参与者在国外培训，部分在国内培训。此表中记录的数据涵盖这两种类型的参与者。

美国政府资助总计	机构拨款	调处拨款	外国政府	美国私人部门	外国私人部门	国际组织	资助总额	总参与人数
$ 1 386 668	$ 1 286 668	$ 100 000	$ 0	$ 0	$ 0	$ 0	$ 1 386 668	170

总参与人数包括那些在国外培训的以及在国内培训的人员。

并非所有项目都提交了各个领域的资助数据。

日美友谊委员会(JAPAN-UNITED STATES FRIENDSHIP COMMISSION)

15 街 1201 号，西北，330 套房
华盛顿特区，20005
www.jusfc.gov · 202-653-9800

日本-美国友谊委员会(the Japan-United States Friendship Commission，缩写：JUSFC)作为一个独立的联邦机构由美国国会于 1975 年根据 94-118 公法创建。该委员会的主要职责分为两个方面：(1)文化事业；(2)教育和培训。该委员会支持文化机构与其他机构合作生产文化产品，鼓励文化机构开展个别艺术家交流活动。教育项目旨在培养在学术和非学术领域熟知日本的美国专家。教育项目向以下领域提供资金支持，如：广播媒体、语言教学、图书馆和信息资源的获取与管理，为课程开发而开展的师资交流。

文化事业项目(Cultural Affairs Programs)：

该委员会一直秉承这样的理念，艺术是一个民族创造性天赋之源。因此，它乐于见到美国和日本快速增长的艺术交流需求。然而，委员会也指出美国在日本开展的艺术活动种类不多、且传播的地域范围不广。美国在日本的表演和视觉艺术展览通常也只局限在有限范围，且活动开展不频繁；而最为常见的是一些个体推销者开展的以商业利益为主题的艺术活动。为改变这一趋势，该委员会已确定将着力引进美国视觉和表演艺术到日本，直至另行通知为止。实施这方面的举措，委员会旨在在质上和量上提高美国艺术和艺术家在日本的存在感。

战略目标：增进国际理解；加强领事与管理能力；让海外观众了解多样的美国文化。

美国政府资助：

机构拨款	调处拨款	美国政府拨款总计
$ 127 537	$ 100 000	$ 227 537

非美国政府资助：

外国政府	美国私人部门	外国私人部门	国际组织	非美国政府资助总计
未追踪	未追踪	未追踪	未追踪	未追踪

参与总人数：

美国参与人数总计	外国参与人数总计	总参与人数
20	10	30

部分参与者在国外培训，部分在国内培训。此表中记录的数据涵盖这两种类型的参与者。

教育和培训项目(Education and Training Programs)：

该委员会认为为增进美国公众对日本的了解，并促进美国与日本在经济、政治和安全事务方面构建更加平衡的关系，美国需加强发展新一代的美属日本专家，训练他们的语言和学科能力，提升他们的专业水准，并同时教与他们有关日本的其他各方面的知识(不论是学术上还是非学术上)，让他们充分了解日本。

与只涉及单一学科、机构、工程或区域的项目相比，该委员会将优先向涉及广泛学科和地理区域的项目拨付资金。

委员会仍希望不断地丰富与完善研究日本的基本国家资源。在图书方面，该委员支持从事下列工作的项目和组织：在全国范围内组织购买研究资料，并促进推广印刷版和电子版研究材料的获取。在语言培训方面，该委员支持有全国性项目的机构。

此外，委员会认为美国大众需拓展对两国间广泛的政治与经济关系的理解，这种理解不仅关乎当前也应涉及未来一系列的议题；而达成这种理解需要创造性的努力。对比日本人民对美国的了解，美国人民对日本了解远远不足，而且了解的渠道与机会也甚少。

战略目标：实现和平与安全；推进管理公正与民主；促进经济增长与繁荣；投资人力资本；增进国际理解；掌握一门重要的外语(日语)；为国会成员及工作人员培训。

美国政府资助：

机构拨款	调处拨款	美国政府拨款总计
$ 1 159 131	$ 0	$ 1 159 131

非美国政府资助：

外国政府	美国私人部门	外国私人部门	国际组织	非美国政府资助总计
$ 0	$ 0	$ 0	$ 0	$ 0

参与总人数：

美国参与人数总计	外国参与人数总计	总参与人数
100	40	140

部分参与者在国外培训，部分在国内培训。此表中记录的数据涵盖这两种类型的参与者。

美国政府资助总计	机构拨款	调处拨款	外国政府	美国私人部门	外国私人部门	国际组织	资助总额	总参与人数
$ 184 000	$ 184 000	$ 0	$ 253 906	$ 2 988	$ 177 068	未追踪	$ 617 962	50

总参与人数包括那些在国外培训的以及在国内培训的人员。

并非所有项目都提交了各个领域的资助数据。

国会图书馆(LIBRARY OF CONGRESS)

公共事务办公室
独立大道 101 号，东南
华盛顿特区，20540
www.loc.gov · 202-707-2905

国会图书馆(the Library of Congress，缩写：LOC)是世界上最大的图书馆，200 多年来一直辛勤地为国会及公众服务。1800 年，美国国会因参阅需要建立了该馆。图书馆目前已成为无与伦比的承载无尽信息及丰富创意的宝库。它收集知识、分享知识，服务美国。作为美国的首席版权图书馆，美国国会图书馆每年处理约一万个新项目，其中一半为永久性研究收藏。其他项目或是来源于捐赠，或是通过与国内、国际机构的交流而获得，或是通过购买取得等。国会图书馆系统地采集、保存、组织和服务这些收藏品。这本身便是一项宏大的事业。

美国国会图书馆向美国的图书馆提供多项免费服务，包括为盲人和肢体伤残者提供图书，创建分发给美国所有州的目录记录，为美国图书馆节省数亿美元。通过国家数字图书馆项目，美国国会图书馆创建了免费的在线访问，使读者能访问其目录、展区、独有的美式收藏区、及其网站上有关国会的资料。自 2000 年起，图书馆开始将其收藏品及其合作机构收藏的资源制作成数以百万计的电子访问项目。美国国会图书馆数字化项目的目标在于通过普及知识，并借助美国国会和私营部门的慷慨支持，构建一个公共与私人的合作关系，维护公民的知情权。

全球法律信息网(Global Legal Information Network)：

全球法律信息网(the Global Legal Information Network，缩写：GLIN)是一个合作性的、非营利的政府机关联合会或是政府机关指定机构的联合会。它通过互联网(www.glin.gov)向全球法律信息网数据库提供国家法律的信息。该数据库包含法律、法规、以及源自欧美、亚非等国的相关的法律材料。虽然许多国家和地区的法律数据库并非由全球法律信息网开发，然而这些数据库的主要服务对象为本地用户，而全球法律信息网旨在通过一个共同的搜索系统促进国际访问和比较法律研究。为了最大限度地增加公民访问本国法律，以及他国法律的机会，用户可通过 14 种语言搜索到该系统。

最初，国会图书馆的相关标准由国会图书馆的法律馆协助制定，这些标准涉及的内容包括选择文本，分析文本，总结摘要，分配索引词，及测试适用的硬件和软件等，此举属国际首创。每个全球法律信息网的合作伙伴国家必须参与全球法律信息网认可的培训项目，学习所有成员商定的标准和程序，促使法律信息为数据库所用。

战略目标：推进管理公正与民主；促进经济增长与繁荣；以人为本；增进国际理解。

美国政府资助：

机构拨款	调处拨款	美国政府拨款总计
$ 0	$ 0	$ 0

非美国政府资助：

外国政府	美国私人部门	外国私人部门	国际组织	非美国政府资助总计
未追踪	未追踪	未追踪	未追踪	未追踪

参与总人数：

美国参与人数总计	外国参与人数总计	总参与人数
0	13	13

所有参与者在国外培训；无参与者在国内培训。

国会图书馆交流访问者项目（LOL EXCHANGE Visitor Program）：

交流访问项目由学术项目和援款管理办公室的图书馆办公室协调。它鼓励学者、图书管理员、收藏专家和保护专家开展交流；促进他们分享专业上或是有关馆藏文件和服务的开发、或是特殊技能的专业培训等方面的知识，并推进材料保存技术的研发。项目同时致力于开展原创性研究，促进知识水平的提升；研究主要集中在约翰·W·克鲁格（John W. Kluge）中心进行。项目也支持学术利用图书馆宏大的图书资源。它通过举办公开讲座、讨论会，鼓励公开讨论；它将学术资源带入位于华盛顿特区的美国国会公共政策领域，向公众展示了一个新的审视联邦政府的视角。

战略目标：实现和平与安全；推进管理公正与民主；促进经济增长与繁荣；以人为本；推进人道主义援助；增进国际理解；提升外国语水平；保护国家传统及遗产。

美国政府资助：

机构拨款	调处拨款	美国政府拨款总计
$ 184 000	$ 0	$ 184 000

非美国政府资助：

外国政府	美国私人部门	外国私人部门	国际组织	非美国政府资助总计
$ 253 906	$ 2 988	$ 177 068	未追踪	$ 433 962

参与总人数：

美国参与人数总计	外国参与人数总计	总参与人数
0	37	37

所有参与者在国外培训；无参与者在国内培训。

美国政府资助总计	机构拨款	调处拨款	外国政府	美国私人部门	外国私人部门	国际组织	资助总额	总参与人数
$ 38 097	$ 38 097	$ 0	未追踪	未追踪	未追踪	未追踪	$ 38 097	12

总参与人数仅包括那些在国外培训的人员；无参与者在国内培训。

海洋哺乳动物委员会 MARINE MAMMALS COMMISSION
东西高速公路 4340 号，700 号房
贝塞斯达，MD 20814
www.mmc.gov · 301-504-0087

海洋哺乳动物委员会根据 1972 年的海洋哺乳动物保护法的第二章创建，是一个独立的行政机构。该委员会负责审查下列议题并就这些议题提出建议：关于保护海洋哺乳动物的国内和国际行动，所有联邦机构制定的保护海洋哺乳动物的政策。该委员会由总统任命的三名成员组成。一个九人组成的海洋哺乳动物科学顾问委员会协助委员履行他们的职责。委员会及其咨询委员会的工作由十四名固定人员全职负责履行。

在过去的三十年中，该委员会一直被视为一个重要的信息源。它为公众提供客观信息，为科研提供集中的具有重要促进作用的研究经费，并且作为独立的监督机构发挥作用。总统的海洋政策委员会已注意到了海洋哺乳动物委员会作为一个独立的监督机构所发挥的重要作用。

海洋哺乳动物委员会项目(Marine Mammals Commission Program)：

海洋哺乳动物委员会审查联邦机构的国内外行动及政策，并就此提供建议，以确保它们同保护海洋哺乳动物所指导的行为一致。该委员会利用资金以便其工作人员、委员、以及科学顾问参加各种海洋哺乳动物和海洋生态系统的管理和研究工作，并为自己规模不大、但非常重要的研究项目提供资金支持。此外，委员会促进重点多边机构和国际化管理及研究活动的发展与协调，而这些管理及研究活动在其年度报告上已明确列出。例如，委员会利用资金推进复原计划的开发、实施；协调多部门行动，保护夏威夷僧海豹、佛罗里达州海牛、和北大西洋露脊鲸。

在 2011 年财政年度，海洋哺乳动物委员会资助了 12 人，前往国内外参加保护海洋哺乳动物及其生态系统的会议。

战略目标：实现和平与安全；推进管理公正与民主；促进经济增长与繁荣；投资于民；推进人道主义援助；增进国际理解；提升外国语水平；保护国家传统及遗产。

美国政府资助：

机构拨款	调处拨款	美国政府拨款总计
$ 38 097	$ 0	$ 38 097

非美国政府资助：

外国政府	美国私人部门	外国私人部门	国际组织	非美国政府资助总计
未追踪	未追踪	未追踪	未追踪	未追踪

参与总人数：

美国参与人数总计	外国参与人数总计	总参与人数
10	2	12

所有参与者在国外培训；无参与者在国内培训。

美国政府资助总计	机构拨款	调处拨款	外国政府	美国私人部门	外国私人部门	国际组织	资助总额	总参与人数
$ 0	$ 0	$ 0	未追踪	未追踪	未追踪	未追踪	$ 0	163

总参与人数仅包括那些在国外培训的人员；无参与者在国内培训。

考绩制度保护委员会(MERIT SYSTEM PROTECTION BOARD)

M 街 1615 号，西北

华盛顿特区 20419-0001

www.mspb.gov · 202-653-7200

考绩制度保护委员会(the Merit Systems Protection Board，缩写：MSPB)根据 1978 年的公务员制度改革法案建立，是联邦政府择优聘用雇员制度的守护者。它的使命在于确保联邦雇员免受管理机构的侵害，即行政机构按照考绩制度的原则做出雇佣决定，且联邦考绩制度无禁止的人事行为。董事会通过以下举措完成其使命：听证并决定员工就机构行为提出的诉讼；听取并决定由特别顾问提出的案件；开展公务员制度和其他考绩制度的研究；监督人事管理办公室的显著行动和法规，以确定它们是否符合考绩制原则且无禁止的人事行为。

考绩制度保护委员会国际访问者项目：MSPB International Visitors Program

考绩制度保护委员会向有兴趣学习董事会运作的国际访问群体提供简报会。访问通常通过各国大使馆和其他非政府组织协调。

主要内容包括联邦考绩制度的原则和规定、判决和处理程序、以及公务员制度和考绩制度的研究。所有国际旅客的花费由本国政府、国际组织、或其他相关机构来承担。联邦考绩制度无预算支持此项目。

战略目标：推进管理公正与民主；保护联邦雇员免受不公正对待；建立并维护基于考绩的公务员制度。

美国政府资助：

机构拨款	调处拨款	美国政府拨款总计
$ 0	$ 0	$ 0

非美国政府资助：

外国政府	美国私人部门	外国私人部门	国际组织	非美国政府资助总计
未追踪	未追踪	未追踪	未追踪	未追踪

参与总人数：

美国参与人数总计	外国参与人数总计	总参与人数
0	163	163

所有参与者在国外培训；无参与者在国内培训。

美国政府资助总计	机构拨款	调处拨款	外国政府	美国私人部门	外国私人部门	国际组织	资助总额	总参与人数
$ 55 389 557	$ 55 389 557	$ 0	未追踪	未追踪	未追踪	未追踪	$ 55 389 557	108 320

总参与人数包括那些在国外培训以及在国内培训的人员。

这些费用代表包括交流培训等大项目的支出。

千年挑战公司(the Millennium Challenge Corporation)

十五街 875 号，西北

华盛顿特区，20005-2221

www.mcc.gov · 202-521-3600

千年挑战公司(the Millennium Challenge Corporation，缩写：MCC)于 2004 年由美国国会创建，是一个独立的美国对外援助机构，领导同全球贫困作斗争。千年挑战公司与世界上一些最贫穷、且致力于善政、经济自由、投资于民的国家建立伙伴关系。千年挑战公司向这些表现良好的国家提供大额援款，支持他们以国家为主导，通过可持续的经济增长来减少贫困。千年挑战公司援款旨在补充其他美国和国际发展项目所未能覆盖的部分以及为私营部门投资创造有利的环境。千年挑战公司的补助有两种类型：契约和门槛方案。

千年挑战公司培训活动(Millennium Challenge Corporation Training Activities)：

千年挑战协定是一个双边的、多年的国际协议，由美国和相关国家签订。它的目的在于通过各种项目和活动的实施促进经济增长、减少贫困。本报告中所列的数据基于千年挑战公司和下列国家之间签订的千年挑战协定：

——亚美尼亚(视图链接 http://www. mcc. gov/pages/countries/overview/armenia)

——贝宁(视图链接 http://www. mcc. gov/pages/countries/program/benin-compact)

——布基纳法索(视图链接 http://www. mcc. gov/pages/countries/overview/burkina-faso)

——萨尔瓦多(视图链接 http://www. mcc. gov/pages/countries/overview/el-salvador)

——加纳(视图链接 http://www. mcc. gov/pages/countries/overview/ghana)

——莱索托(视图链接 http://www. mcc. gov/pages/countries/program/lesotho-compact)

——马里(视图链接 http://www. mcc. gov/pages/countries/overview/mali)

——摩尔多瓦(视图链接 http://www. mcc. gov/pages/countries/overview/moldova)

——蒙古(视图链接 http://www. mcc. gov/pages/countries/overview/mongolia)

——摩洛哥(视图链接 http://www. mcc. gov/pages/countries/program/morocco-compact)

——莫桑比克（视图链接 http://www.mcc.gov/pages/countries/overview/mozambique）

——纳米比亚（视图链接 http://www.mcc.gov/pages/countries/overview/namibia）

援款涵盖了广泛的领域，如农业和灌溉活动；交通运输（公路、桥梁、港口）；供水和卫生；获取医疗服务；财务和企业发展；反腐败活动；土地拥有权和使用权；和受教育的机会。

在 2011 年财政年度，千年挑战公司完成了与亚美尼亚的五年协定。协定的目标锁定于亚美尼亚的灌溉基础设施和农业领域的战略投资。通过提高灌溉水的供应并向农民提供集中化的培训，协定的灌溉农业项目将帮助农民转型种植较高价值的作物，如杏和西红柿，不再种植低价值作物。种植这些高价值作物的土地预计将增长 21%。预计 20 年后，农民的年农业收入将提升 150%，而目前他们的基准仅为 310 美元。

如欲详阅千年挑战公司的主要成就概况，可登录以下网址：

http://www.mcc.gov/documents/reports/2012-001-0966-02-MCC_2011_annual_report.pdf.

战略目标：推进管理公正与民主；促进经济增长与繁荣；以人为本。

美国政府资助：

机构拨款	调处拨款	美国政府拨款总计
$ 55 389 557	$ 0	$ 55 389 557

非美国政府资助：

外国政府	美国私人部门	外国私人部门	国际组织	非美国政府资助总计
未追踪	未追踪	未追踪	未追踪	未追踪

参与总人数：

美国参与人数总计	外国参与人数总计	总参与人数
13	108 307	108 320

部分参与者在国外培训，部分在国内培训。此表中记录的数据涵盖这两种类型的参与者。

美国政府资助总计	机构拨款	调处拨款	外国政府	美国私人部门	外国私人部门	国际组织	资助总额	总参与人数
$ 6 199 659	$ 6 199 659	$ 0	未追踪	未追踪	未追踪	未追踪	$ 6 199 659	167

总参与人数仅包括那些在国外培训的人员；无参与者在国内培训。

美国宇航局(the National Aeronautics and Space Administration)

公开信息

E 街道 300 号，西南

华盛顿特区，20546

www.hq.nasa.gov · 202-358-3861

美国宇航局(the National Aeronautics and Space Administration，缩写：NASA)开展有关地球、太阳系及宇宙等科学知识的研究，促进相关知识的进步与交流；探索人类事业的发展空间；并在航空、航天、及相关技术方面展开研究和开发。美国宇航局签订国际协定、开展国际交流及培训项目，以期补充并拓展它自身的太空项目，促进美国太空政策目标的实现。

美国宇航局交流访问者项目(NASA Exchange Visitor Program)：

通过交流访问者项目，美国航天局与外国政府或研究机构妥善协商，安排外国研究或技术专家在美国宇航局从事一至三年的研究。每个研究人员携带各自专业领域独有的资格证书；他们将从事的工作或研究应直接有助于美国航空航天局任务目标的实现。国外机构负责对访问者的所有花费提供资金支持。

战略目标：支持美国的太空探索计划；促进科学进步。

美国政府资助：

机构拨款	调处拨款	美国政府拨款总计
$ 0	$ 0	$ 0

非美国政府资助：

外国政府	美国私人部门	外国私人部门	国际组织	非美国政府资助总计
未追踪	未追踪	未追踪	未追踪	未追踪

参与总人数：

美国参与人数总计	外国参与人数总计	总参与人数
0	31	31

所有参与者在国外培训，无参与者在国内培训。

常驻助理研究员项目(Resident Research Association Program):

常驻助理研究员项目为国际研究人员安排暑期实习岗位，或让他们在美国的研究院从事一至三年的研究任务。根据美国宇航局和美国国家研究委员会(the National Research Council，缩写：NRC)之间的合约安排及财政拨款支持，美国宇航局向美国国家研究委员会提供资金，支持其项目管理，并为美国宇航局工作的研究人员提供津贴补助。国家研究委员会项目同时也安排其助理研究员在其他几个政府机构工作，包括国防部、环境保护署、国家卫生研究院、美国国家标准与技术研究所、美国国家海洋和大气管理局和美国地质调查局。

战略目标：支持美国的太空探索计划；促进科学进步。

美国政府资助：

机构拨款	调处拨款	美国政府拨款总计
$ 6 199 659	$ 0	$ 6 199 659

非美国政府资助：

外国政府	美国私人部门	外国私人部门	国际组织	非美国政府资助总计
未追踪	未追踪	未追踪	未追踪	未追踪

参与总人数：

美国参与人数总计	外国参与人数总计	总参与人数
0	136	136

所有参与者在国外培训，无参与者在国内培训。

美国政府资助总计	机构拨款	调处拨款	外国政府	美国私人部门	外国私人部门	国际组织	资助总额	总参与人数
$ 0	$ 0	$ 0	未追踪	未追踪	未追踪	未追踪	$ 0	136

总参与人数仅包括那些在国外培训的人员；无参与者在国内培训。

国家首都规划委员会(National Capital Planning Commission)
第九街 401 号，西北
北大厅，500 套房
华盛顿特区，20004
www.ncpc.gov · 202-482-7200

国家首都规划委员会(the National Capital Planning Commission，缩写：NCPC)是联邦政府的中央规划机构，规划国家的首都和周边地区。该机构的管辖范围包括哥伦比亚特区、蒙哥马利和马里兰州乔治王子县；阿灵顿、费尔法克斯、劳登和弗吉尼亚州威廉王子县和弗吉尼亚州亚历山大市。

国家首都规划委员会负责保持和优化该区独特的自然、文化和历史资源，因为正是这些资源使得华盛顿成为世界上最受尊敬的首都之一。该机构的基本职能是为首都地区的联邦土地及建筑提供总体规划的指导，审查联邦和哥伦比亚一些地区提出的发展计划及项目，提出该区的全面开发计划，并准备联邦机构资本投资年报。

国家首都规划委员会外国访问者项目(NCPC Foreign Visitors Program)：

国家首都规划委员会屡次接到国务院、其他联邦机构和规划协会官员的要求，希望其能向外国代表团提供一个组织简报会。简报会不向参与者收取任何费用。根据代表团的规模和后续的讨论，通常会议时间控制在两到三个小时以内。且简报会主要关注以下主题，如纪念、交通、周边安全和公众参与。

战略目标：推进管理公正与民主；促进经济增长与繁荣。

美国政府资助：

机构拨款	调处拨款	美国政府拨款总计
$ 0	$ 0	$ 0

非美国政府资助：

外国政府	美国私人部门	外国私人部门	国际组织	非美国政府资助总计
未追踪	未追踪	未追踪	未追踪	未追踪

参与总人数：

美国参与人数总计	外国参与人数总计	总参与人数
0	136	136

所有参与者在国外培训，无参与者在国内培训。

美国政府资助总计	机构拨款	调处拨款	外国政府	美国私人部门	外国私人部门	国际组织	资助总额	总参与人数
$ 0	$ 0	$ 0	未追踪	未追踪	未追踪	未追踪	$ 0	10

总参与人数仅包括那些在国外培训的人员；无参与者在国内培训。

国家信用社管理局 National Credit Union Administration
公爵街 1775 号
弗吉尼亚州，亚历山大，22314
www.ncua.gov · 703-518-6300

国家信用社管理局(the National Credit Union Administration，缩写：NCUA)作为一个联邦机构，负责特许建立并监督联邦信贷联盟，并通过全国信用社股份保险基金(the National Credit Union Share Insurance Fund，缩写：NCUSIF)为联邦和大多数州特许信用社的存款投保。全国信用社股份保险基金是由美国政府整体信用与信贷支持的联邦基金。

国家信用社管理局国际访问者项目(NCUA International Visitors Program)：

公众和国会事务办公室(the Office of Public and Congressional Affairs，缩写：PACA)向公众、信用社、国会、媒体和国家信用社管理局员工提供国家信用社管理局及其职能、董事会的行动以及其他事项的信息。公众和国会事务办公室确保国家信用社管理局理事会及其工作人员了解未决议的国家立法，并协助其与国会议员和国会委员会的工作人员联络。国家信用社管理局欢迎外国代表团来详细了解信用社、信用社的管理及政策。这项活动无任何专项资金支持。

战略目标：促进经济增长与繁荣。

美国政府资助：

机构拨款	调处拨款	美国政府拨款总计
$ 0	$ 0	$ 0

非美国政府资助：

外国政府	美国私人部门	外国私人部门	国际组织	非美国政府资助总计
未追踪	未追踪	未追踪	未追踪	未追踪

参与总人数：

美国参与人数总计	外国参与人数总计	总参与人数
0	10	10

所有参与者在国外培训，无参与者在国内培训。

美国政府资助总计	机构拨款	调处拨款	外国政府	美国私人部门	外国私人部门	国际组织	资助总额	总参与人数
$ 604 564	$ 0	$ 604 564	未追踪	未追踪	未追踪	未追踪	$ 604 564	16

总参与人数仅包括那些在国外培训的人员；无参与者在国内培训。

美国国家民主基金会（National Endowment for Democracy）

F 街 1025 号，西北，800 室

华盛顿特区，20004

www.ned.org · 202-378-9700

美国国家民主基金会（the National Endowment for Democracy，缩写：NED）是一个由美国国会于1983 年创立的非营利性的拨款组织。它每年接受美国国会资助。基金会旨在加强与当地/本地民主力量的合作，促进民主选举进程；加强同致力于发展文化价值、民主多元化的外国机构和组织合作；并鼓励建立民主、推进民主进程，并且这些都需符合美国国家利益广泛关注的层面以及其他国家民主团体的具体需求。

美国国家民主基金会国际民主研究论坛主持两个相关的奖学金计划即里根-法塞尔民主奖学金项目和访问奖学金项目。（2011 财政年度，有一名肯尼亚研究员和两名美国研究员的访问奖学金资金没有落实。这则信息并没有输入到数据库中。）

里根-法塞尔民主奖学金项目（Reagan-Fasaier Democracy Fellows Project）：

里根-法塞尔民主奖学金项目是由联邦政府资助的国际交流项目，为来自世界各地的民主践行者、学者和记者提供为期五个月的学习机会，使他们能够在华盛顿特区的全国民主基金会就特定国家或地区的民主开展独立的研究。

该项目是美国国家民主基金会国际民主研究论坛的一个组成部分，为教育交流和专业发展提供了丰富的知识背景。而在住地，研究员回顾自己的经历，与同行交流，开展研究和写作，思考最佳的做法以及反思习得的经验教训，并在一个全球性的民主推介网络构建专业的关系。

里根-法塞尔民主奖学金项目每年举办两次奖学金会议，每次会议时长为 5 个月（10 月-2 月和 3 月-7 月）。在此期间，学员全职研究他们的项目。民主践行者专注于自己感兴趣的国家的民主发展战略和最佳做法；学者开展原创性研究，以便出版。项目可针对民主发展的经济、政治、社会、法律、文化方面等议题，并涵盖一系列的方法和解决途径。该项目为研究员准备了一系列丰富的活动，包括美国国家民主基金会和其合作伙伴机构的介绍会研讨会，圆桌会议和其他活动。在研究期间，研究员应展示他们的研究成果，并准备一份书面报告。所有奖学金包括每月生活津贴、医疗保险、研究补助和往返差旅费报销。

该项目主要是为了资助来自新兴的、有抱负的民主国家的个体。来自已然成型的民主国家的著名学者也有资格申请。申请时，民主践行者和记者应在各自领域有相当多的工作经历，而学者们也应拥有博士学位或同等学历。该项目不资助专业培训、实地考察或学生的学位工作。

民主研究国际论坛活动 2010—2011 年的重点包括：(1) 在里根-法塞尔民主奖学金项目的资助下，为来自 15 个国家的 17 名主要的民主活动人士、记者、律师、学者举行国际交流项目，包括以下国家：安哥拉、缅甸、喀麦隆、中国、哥伦比亚、格鲁吉亚、印度、伊朗、毛里求斯、墨西哥、尼日利亚、俄罗斯、乌克兰、美国和委内瑞拉，活动地点位于华盛顿特区；(2) 不断推进项目新成员的招募、项目拓展活动以及校友事务的开展；(3) 对处于危险中的民主人士予以支持；(4) 为研究员开展"民主课程"活动，包括研讨会、实地考察国家民主基金会民主促进机构的亲属单位、圆桌讨论、演示文稿和电影系列；(5) 出版 2010—2011 年里根-法塞尔民主奖学金项目简报。

2010—2011 年，里根-法塞尔民主奖学金项目通过多个项目参与教育与文化方面的交流，取得了有益的成果。国际论坛主办方为研究员准备了丰富的活动，包括研究员展示、研讨会和实地考察。通过这些活动，研究员们展示了他们的作品，分享了他们的想法，从专家那里汲取了知识，同时也深化了对美国国家民主基金会及其四个核心机构的认识。该项目还支持因专业会议和研讨会所需的出差，最大程度上增加研究员在美国境内的交流机会，并努力确保研究员有机会参观国会山、国务院，并可以接触到媒体、智囊团和城镇周围的大学。

战略目标：实现和平与安全；推进管理公正与民主；以人为本；增进国际理解。

美国政府资助：

机构拨款	调处拨款	美国政府拨款总计
$ 0	$ 604 564	$ 604 564

非美国政府资助：

外国政府	美国私人部门	外国私人部门	国际组织	非美国政府资助总计
未追踪	未追踪	未追踪	未追踪	未追踪

参与总人数：

美国参与人数总计	外国参与人数总计	总参与人数
0	16	16

所有参与者在国外培训，无参与者在国内培训。

美国政府资助总计	机构拨款	调处拨款	外国政府	美国私人部门	外国私人部门	国际组织	资助总额	总参与人数
$ 940 312	$ 632 312	$ 308 000	未追踪	$ 459 145	未追踪	未追踪	$ 1 399 457	1 912

总参与人数仅包括那些在国外培训的人员；无参与者在国内培训。

这些费用代表包括交流培训等大项目的支出。

并非所有项目都提交了各个领域的资助数据。

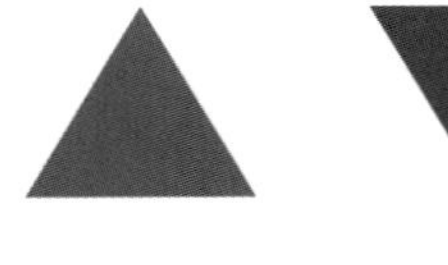

ART WORKS.
arts.gov

美国国家艺术基金会(National Endowment for the Art)

办公室主任

宾夕法尼亚大道 1100 号，西北，516 室

华盛顿特区，20506

www.arts.gov · 202-682-5570

美国国家艺术基金会(the National Endowment for the Arts，缩写：NEA)是一个公共机构：它致力于支持艺术上的卓越成就，不论是在传统领域还是新兴领域；将艺术带至所有美国人之中；并在艺术教育上发挥领导作用。

艺讯派驻(ArtsLink Residencies)：

艺讯派驻为美国艺术团体提供接待来自中欧、欧亚或是俄罗斯的艺术家或艺术经理的机会。这些艺术家可免费享受为期五周的住宿。艺术专业的访问者同美国的同行工作，创造艺术作品，并建立有利于艺术家和观众的个体以及机构关系。

战略目标：增进国际理解；欣赏艺术的多样性；促进艺术及文化交流。

美国政府资助：

机构拨款	调处拨款	美国政府拨款总计
$ 200 000	$ 0	$ 200 000

非美国政府资助：

外国政府	美国私人部门	外国私人部门	国际组织	非美国政府资助总计
未追踪	$ 187 100	未追踪	未追踪	$ 187 100

这些费用代表包括交流培训等大项目的支出。

参与总人数：

美国参与人数总计	外国参与人数总计	总参与人数
0	15	15

所有参与者在国外培训，无参与者在国内培训。

电影推介(Film Forward):

电影推介是一个文化交流项目，旨在通过电影放映及与电影人对话促进观众参与，增强世界各地不同文化的理解、合作和对话。电影推介是圣丹斯协会同总统的艺术与人文委员会共同的倡举。它与国家艺术基金会、国家人文基金会以及博物馆和图书馆服务研究所建立了合作关系。

战略目标：增进国际理解；欣赏艺术的多样性。

美国政府资助：

机构拨款	调处拨款	美国政府拨款总计
$ 144 000	$ 308 000	$ 452 000

非美国政府资助：

外国政府	美国私人部门	外国私人部门	国际组织	非美国政府资助总计
未追踪	未追踪	未追踪	未追踪	未追踪

这些费用代表包括交流培训等大项目的支出。

参与总人数：

美国参与人数总计	外国参与人数总计	总参与人数
20	1	21

所有参与者在国外培训，无参与者在国内培训。

国际文学交流(International Literary Exchanges):

美国国家艺术基金会国际文学交流资助跨文化的文学对话活动，并且这种活动需以创新的方式开展，旨在扩大文学的影响力。资助尤其关注当代文学翻译选集的出版。每个项目的一个重要组成部分便是大量的公共推广活动。通过推广，作家和观众聚集在一起，增进了彼此对文学作品及作品文化更深层次的理解。推广活动同时也将与会的各国作家带到了美国，他们可以参与阅读与讨论；同样，美国的作家也有机会同伙伴国家的观众进行互动。

战略目标：增进国际理解；欣赏艺术的多样性；促进艺术与文化交流。

美国政府资助：

机构拨款	调处拨款	美国政府拨款总计
$ 138 000	$ 0	$ 138 000

非美国政府资助：

外国政府	美国私人部门	外国私人部门	国际组织	非美国政府资助总计
未追踪	未追踪	未追踪	未追踪	未追踪

这些费用代表包括交流培训等大项目的支出。

参与总人数：

美国参与人数总计	外国参与人数总计	总参与人数
0	2	2

所有参与者在国外培训，无参与者在国内培训。

美国艺术家国际项目（U. S. Artists International Program）：

美国国际艺术家协会努力确保美国的音乐、戏剧和舞蹈团能够在海外国际艺术节上展现他们的艺术表现力和艺术创造力。通过促进典型的美国艺术家参加国际艺术节，美国国际艺术家协会为美国的艺术开发了潜在的观众，同时也增进了观众对美国艺术的表现力、多样性以及生命力的欣赏。美国国际艺术家协会还可提供特别的机会，促进美国和其他国家间的国际艺术交流，提升国际伙伴关系。

战略目标：增进国际理解；欣赏艺术的多样性；促进艺术与文化交流。

美国政府资助：

机构拨款	调处拨款	美国政府拨款总计
$ 174 512	$ 0	$ 174 512

非美国政府资助：

外国政府	美国私人部门	外国私人部门	国际组织	非美国政府资助总计
未追踪	$ 272 045	未追踪	未追踪	$ 272 045

参与总人数：

美国参与人数总计	外国参与人数总计	总参与人数
1 869	0	1 869

所有参与者在国外培训，无参与者在国内培训。

美日创意艺术家奖学金项目（US-Japan Creative Artists Fellowship Program）：

美日创意艺术家奖学金项目为任一领域的五名美国艺术创作者提供了在日本为期三个月的驻留。在日本，艺术家可以研究个别项目，项目的内容可能包括创造新的艺术作品或是追求个人的艺术目标。作为一个互惠项目，日本文化厅支持日本艺术家在美国从事类似的艺术活动。

战略目标：增进国际理解；欣赏艺术的多样性；促进艺术交流。

美国政府资助：

机构拨款	调处拨款	美国政府拨款总计
$ 100 000	$ 0	$ 100 000

非美国政府资助：

外国政府	美国私人部门	外国私人部门	国际组织	非美国政府资助总计
未追踪	未追踪	未追踪	未追踪	未追踪

参与总人数：

美国参与人数总计	外国参与人数总计	总参与人数
5	0	5

所有参与者在国外培训，无参与者在国内培训。

美国政府资助总计	机构拨款	调处拨款	外国政府	美国私人部门	外国私人部门	国际组织	资助总额	总参与人数
$ 915 144	$ 915 144	$ 0	$ 0	$ 72 361	$ 0	$ 0	$ 987 505	43

总参与人数包括那些在国外培训以及在国内培训的人员。

美国国家人文基金会(NATIONAL ENDOWMENT FOR THE HUMANITIES)
通信办公室
宾夕法尼亚大道 1100 号，西北
华盛顿特区，20506
www.neh.gov · 202-606-8446

美国国家人文基金会(the National Endowment for the Humanities，缩写：NEH)是由美国国会于1965 年建立的，以支持人文领域的研究、教育和公共项目的一个独立的资助机构。它资助以下项目：研究、保存、教师和教师专业发展、教育资源、博物馆展览、广播和电视纪录片、图书馆的公共项目以及国家人文委员会的活动。资助资格仅限于美国的非营利组织、州和地方的政府机构、联邦政府承认的印第安人部落政府、美国公民和在申请日期截止前，一直生活在美国或美国司法管辖区至少三年的外国公民。

美国国家人文基金会和德国研究基金会/美国国家人文基金会双边数字人文丰富数字集合计划(DFG/NEH Bilateral Digital Humanities Enriching Digital Collections Program)：

美国国家人文基金会和德国研究基金会(the German Research Foundation，缩写：DFG)共同合作，鼓励美国和德国的机构和学者之间开展数字人文项目合作。美国国家人文基金会和德国研究基金会/美国国家人文基金会双边数字人文丰富数字集合项目资助以下内容：新的数字化项目和试点项目、为丰富现有的数字化项目而增添重要的资料或是发展基础设施以支持美德数字化工作。

援款用于促进美国和德国的学者之间开展紧密的合作。例如，东密歇根大学的语言学家与法兰克福大学的同事合作，协调美国和欧洲区域记录濒危语言的词汇标准；以及洛杉矶加利福尼亚大学的学者与开罗的德国考古研究所合作，把从古埃及遗迹中收集的大量标准化的考古绘图和图像数字化。

战略目标：提升及传播人文知识。

美国政府资助：

机构拨款	调处拨款	美国政府拨款总计
$ 20 455	$ 0	$ 20 455

非美国政府资助：

外国政府	美国私人部门	外国私人部门	国际组织	非美国政府资助总计
$ 0	$ 0	$ 0	$ 0	$ 0

参与总人数：

美国参与人数总计	外国参与人数总计	总参与人数
10	0	10

部分参与者在国外培训，部分在国内培训。此表中记录的数据涵盖这两种类型的参与者。

独立研究机构的奖学金项目(Fellowship Programs at Independent Research Institutions)：

奖学金项目资金是用于研究的美国国家人文基金的组成部分。它选定某些支持国外人文学科研究的美国机构，为他们提供资金援助。资金援助有助于增加人们获取这些机构所拥有的资源的途径，并确保人文学者在国际研究领域的研究机会。而且，其他公共和私人资助者通常认为与社会科学、政策研究、或经济发展等领域的项目相比，国际研究领域的项目应优先受到资助。资助资格限于独立于高等教育机构的受到资助、监管以及管理的免税的非营利性机构。鉴于美国国家人文基金会的目的在于通过向人文学者提供额外的奖学金，以加强现有的奖学金项目，因此资格被进一步限制在已建立并与自己或其他私人供资机构仍维持奖学金项目的机构上。授予机构依据美国国家人文基金会指导方针，按照竞争性遴选程序，授予美国国家人文基金奖学金至获奖者。补助金向人文奖学金项目提供四到十二个月的资金支持。奖学金的覆盖时间必须是全职且连续的。该项目目前正在开展。项目宗旨在于增加人文学者研究外国文化的机会，并拓宽他们获取资源的途径，而这些资源来自独立图书馆、研究中心和国际研究组织。授予机构向个体学者颁发美国国家人文基金会奖学金，使其可继续从事自己的研究并与其他学者进行思想交流。

2011 年，被授予前一年度美国国家人文基金会资金的 32 名人文学者在 17 个国家的图书馆、档案馆、博物馆开展了研究。美国国家人文基金会提供的与基金相匹配的私人礼物，支持一个额外的相当于 1.3 倍全年奖学金同等的奖学金。美国国家人文基金会研究员在历史、文学、考古学、人类学、宗教历史、艺术史、音乐史、政治学等课题上开展研究，并出版了许多书籍和文章。美国国家人文基金会研究员最近的出版物包括约翰・沃尔布里奇(John Walbridge)撰写的《伊斯兰教的上帝和逻辑：理性的哈里发》，叶莲娜巴拉兹(Yelena Baraz)撰写的《书面的共和国：西塞罗的哲学政治》，埃丽卡伯恩斯坦(Erica Bornstein)撰写的《令人不安的礼物：新德里的人道主义》，以及小提摩西. 摩尔撰写(Timothy J. Moore)的《罗马喜剧中的音乐》。

战略目标：提升及传播人文知识。

美国政府资助：

机构拨款	调处拨款	美国政府拨款总计
$ 894 689	$ 0	$ 894 689

非美国政府资助：

外国政府	美国私人部门	外国私人部门	国际组织	非美国政府资助总计
$ 0	$ 72 361	$ 0	$ 0	$ 72 361

参与总人数：

美国参与人数总计	外国参与人数总计	总参与人数
33	0	33

所有参与者在国外培训，无参与者在国内培训。

注：支持国外研究项目的美国机构奖学金项目不享受单独拨款援助。独立研究机构奖学金项目上所示的金额为机构用于此目的的资金分配。所显示的资金数字为在上一财年授予机构的，但在所报告的财年开展研究的奖学金数额。报告中参与者的数字为在上一财年接受拨款资助，但在本报告财年开展研究的人数。

美国私营部门为独立研究机构奖学金项目捐助的资金仅代表针对美国国家人文基金会提供的联邦配套资金、经过认证的私人礼物部分的金额。私人捐款对受让机构奖学金项目的贡献水平实际上是非常高的。它的资金援助范围涵盖受让机构为奖学金竞争，机构工作人员，向研究员提供的服务，并在有住宅中心的情况下，设施维修等支出的行政成本。美国国家人文基金会补助只涵盖研究员津贴和一小部分的为奖学金竞争所做的广告以及开展遴选所花费的成本。

通过自主研发机构接受美国国家人文基金会资助而开展国外研究的个人总数可能会比这里报告的数字稍微低些，因为每年约有百分之五至百分之十的美国国家人文基金会研究员在不止一个国家开展研究。

在2011年财政年度，同样没有单独款项拨给这个项目——“美国国家人文基金会和德国研究基金会/美国国家人文基金会双边数字人文计划：丰富数字集合”。

所示金额为机构资金分配至培训及海外研究活动的成本部分。通过这些项目，这些活动被列入某些资助工程的前一财政年度中，但实际上是在报告的财政年度中开展的。

美国政府资助总计	机构拨款	调处拨款	外国政府	美国私人部门	外国私人部门	国际组织	资助总额	总参与人数
$ 0	$ 0	$ 0	未追踪	未追踪	未追踪	未追踪	$ 0	278

总参与人数仅仅包括那些在国外参加培训的人员；无参与者在国内参加培训。

国家铁路客运公司
马萨诸塞大道 60 号，东北
华盛顿特区，20002
www.amtrak.com · 202-906-3960

国家铁路客运公司(the National Railroad Passenger Corporation，Amtrak)根据 1970 年修订的铁路客运服务法建立，且依照哥伦比亚特区法律注册。它是通过开发、经营以及改善美国城际轨道客运服务来建立一个平衡的国家运输系统。虽然世界上没有铁路客运系统是获利的，全国铁路客运公司已经在很大程度上减少了对联邦政府的依赖，而同时也提高了自身的服务质量。

国家铁路客运公司外国访客(Amtrak Foreign Visitors)：

国家铁路客运公司接待有兴趣了解美国公共交通行业内的公司活动的国际代表团。国家铁路客运公司不开展任何正式的交流和培训项目，但欢迎国际游客能够灵活地对国家铁路客运公司进行临时性的访问。国务院、海外使馆人员、私人和其他政府官员可提出外国访客简报会的要求。

在 2011 财年，278 名外国游客前往美国讨论有关国家铁路客运公司的公共管理和运输问题，逾 100 名美国企业的专业人士同他们进行了会面，并给予了相关的建议。

战略目标：实现和平与安全；增进国际理解；促进双方对铁路工业及铁路运营的理解。

美国政府资助：

机构拨款	调处拨款	美国政府拨款总计
$ 0	$ 0	$ 0

非美国政府资助：

外国政府	美国私人部门	外国私人部门	国际组织	非美国政府资助总计
未追踪	未追踪	未追踪	未追踪	未追踪

参与总人数：

美国参与人数总计	外国参与人数总计	总参与人数
0	278	278

所有参与者在国外培训，无参与者在国内培训。

美国政府资助总计	机构拨款	调处拨款	外国政府	美国私人部门	外国私人部门	国际组织	资助总额	总参与人数
$ 41 903 459	$ 41 903 459	$ 0	未追踪	未追踪	未追踪	未追踪	$ 41 903 459	2 619

总参与人数仅仅包括那些在国外参加培训的人员；无参与者在国内参加培训。

美国国家科学基金会 National Science Foundation

美国国家科学基金会信息中心
威尔逊大道 4201 号
弗吉尼亚州阿灵顿，22230
www.nsf.gov · 703-292-5111

美国国家科学基金会(the National Science Foundation，缩写：NSF)支持开展研究和教育项目，促进科学和工程发展。它重点关注高品质、择优选定的研究项目——寻求对自然基本定律的更深层次的理解，而这些自然基本定律正是我们国家的未来福祉之所在。美国国家科学基金会的使命在于促进美国科学和工程发展。基金会开展国际活动有利地促进了其使命的实现。尤其是美国国家科学基金会认识到了以下几点的重要性：(1)美国研究人员和教育工作者通过国际合作推进他们的工作；(2)确保美国科学家和工程师的子孙后代在其早期职业生涯中获得国际研究经验。美国国家科学基金会跨学科项目符合科学和工程的国际性，它为美国科学家和工程师在国际研究方面提供了支持。美国国家科学基金会在国际活动上花费大约 3.5 亿美元。

国际科学与工程办公室(Office of International Science and Engineering)：

国际科学与工程办公室(the office of International Science and Engineering，缩写：OISE)支持在世界范围内开展有针对性的项目，促进美国科学家和工程师与他们的外国同事构建新型伙伴关系。国际科学与工程办公室有三个主要目标：(1)扩大合作研究机会；(2)为学生和初级研究人员提供国际研究经验；(3)确保美国参与世界范围内的先进研究。

——国际科学与工程办公室对研究生活动给予多方面的支持。除了在合作研究项目上给予研讨生援助，该办公室也向美国理工科研究生的少数特别项目提供资助。澳大利亚、中国、日本、韩国、新西兰、新加坡和台湾的夏季东亚太平洋研究学院为理工科研究生提供国际研究环境的一手经验，语言强化培训，以及这些国家的科学和科学政策基础设施方面的简介。国际科学与工程办公室支持综合研讨生教育和研究培训项目，该项目鼓励现有承授人及新申请成员开展国际活动，促进他们项目的教育和研究方面的发展；同时鼓励新一代的美国科学家和工程师获取国际经验，国际能力，以及拓展他们的前景。

——国际科研博士后研究奖旨在为处于职业生涯早期阶段的科学家和工程师，提供在国外为期 9~

24个月的学习机会，从而进一步实现国家科学基金会的目标——在美国和国外理工科社区之间构建富有成效的、长期的关系。这些奖项在美国国家科学基金会支持的任何科学或工程领域都有开设。获奖者必须在申请之日前两年内已获得博士学位或是在获奖日期前即将领取博士学位，或是拥有超越硕士学位水平的相当经验的美国公民或永久居民。

——泛美高级研究学院仿照北约高级研究学院设置短期课程。它的授课地点在美洲地区。约有8~12名国际讲师授课，他们都具有高级本科和研究生水平，同时有40~50名学生听课。能源部和美国国家科学基金会每年挑选部分机构，对其提供支持。

——积极研究经验是吸引数学、理工科领域有才华的学生，并留住他们的最有效的方式之一。通过国际学生研究经验项目，学生可以参与正在进行的研究项目或专门为此目的而设的研究项目，并感受到其中的意义所在。项目向本科生和研究生提供机会。他们可以通过这个项目在非美国环境下参与研究。

——国际研究和教育项目的伙伴关系促使美国机构同国外团体或机构建立合作关系，以推动具体的研究和教育目标的实现；并且他们双方做出可能的研究努力，而这种研究任何一方凭借自身都不可能完成。随着科学与工程的日益全球化，美国科学家和工程师必须能够与来自不同国家和文化背景的团队合作共事。国际伙伴关系正在解决许多关键的全球性的科学问题上发挥日益关键的作用。该项目旨在通过建立国际合作研究和教育的创新模式，促进美国机构的文化变革。这也有利于适应多样的学生参与模式与准备行为，并有助于发展多样化的、在全球范围内从事科学和工程的劳动力。

战略目标：以人为本；增进国际理解；促进科学进步。

美国政府资助：

机构拨款	调处拨款	美国政府拨款总计
$ 41 903 459	$ 0	$ 41 903 459

非美国政府资助：

外国政府	美国私人部门	外国私人部门	国际组织	非美国政府资助总计
未追踪	未追踪	未追踪	未追踪	未追踪

参与总人数：

美国参与人数总计	外国参与人数总计	总参与人数
2 619	278	2 619

所有参与者在国外培训，无参与者在国内培训。

美国国家科学基金会的许多国际项目都是与国外研究机构共同资助的，资助对象为国外研究机构的研究人员。美国国家科学基金会不统计涉及美国国家科学基金会支持的项目的外国研究人员。

美国政府资助总计	机构拨款	调处拨款	外国政府	美国私人部门	外国私人部门	国际组织	资助总额	总参与人数
$ 0	$ 0	$ 0	$ 0	$ 0	$ 0	$ 0	$ 0	353

总参与人数仅仅包括那些在国外参加培训的人员；无参与者在国内参加培训。

并非所有项目都提交了各个领域的资助数据。

国家运输安全委员会(The National Transportation Safety Board)

朗方广场 490 号，西南

华盛顿特区，20594

www.ntsb.gov · 202-314-6000

国家运输安全委员会(the National Transportation Safety Board，缩写：NTSB)是一个由美国国会下的独立的联邦机构，负责调查美国的民用航空事故并参与某些国际民用航空事故的调查。它还调查其他运输方式的严重事故，如铁路、公路、海运和管道，并提出自己的安全建议，防止事故再次发生。自 1967 年创立以来，该安全委员会已经调查了超过 133 000 项的航空事故和数以千计的铁路、海运、公路和管道事故。

国家运输安全委员会国际游客简报：NTSB International Visitor Briefings

美国国家运输安全委员会向国外访客提供国家运输安全委员会政策和程序简报，并安排访客和调查专家进行技术交流。此外，访客可同国家运输安全委员会的专家一起开展在职培训，培训内容涵盖事故调查、飞机性能、飞行记录分析、安全建议以及运输救灾援助等各个方面。

战略目标：实现和平与安全；促进经济增长与繁荣。

美国政府资助：

机构拨款	调处拨款	美国政府拨款总计
$ 0	$ 0	$ 0

非美国政府资助：

外国政府	美国私人部门	外国私人部门	国际组织	非美国政府资助总计
$ 0	$ 0	$ 0	$ 0	$ 0

参与总人数：

美国参与人数总计	外国参与人数总计	总参与人数
0	111	111

所有参与者在国外培训，无参与者在国内培训。

国家运输安全委员会培训项目(NTSB Training Program):

美国国家运输安全委员会开展国家运输安全委员会调查员培训课程已有多年。他们邀请和/或允许外国政府调查人员参加。国外研究者的参与促进了全球航空运输的安全,也使得国家运输安全委员会有机会对其他国家的安全工作提供技术支持。

位于弗吉尼亚州阿什伯恩的国家运输安全委员会培训中心和实验室为董事会提供了更好的机会,促进了他们与国际调查团体的交流。

除了在其总部的培训项目接待国外研究者,国家运输安全委员会也回应海外调查组的现场培训要求。

战略目标:实现和平与安全;促进经济增长与繁荣。

美国政府资助:

机构拨款	调处拨款	美国政府拨款总计
$ 0	$ 0	$ 0

非美国政府资助:

外国政府	美国私人部门	外国私人部门	国际组织	非美国政府资助总计
$ 0	未追踪	未追踪	$ 0	$ 0

参与总人数:

美国参与人数总计	外国参与人数总计	总参与人数
0	242	242

所有参与者在国外培训,无参与者在国内培训。

美国政府资助总计	机构拨款	调处拨款	外国政府	美国私人部门	外国私人部门	国际组织	资助总额	总参与人数
$ 7 200 000	$ 7 200 000	$ 0	$ 0	$ 0	$ 0	$ 0	$ 7 200 000	819

总参与人数仅仅包括那些在国外参加培训的人员；无参与者在国内参加培训。

核管理委员会 Nuclear Regulatory Commission

公共事务办公室
罗克维尔派克 11555 号
马里兰州洛克维尔，20852
www.nrc.gov · 301-415-8200

核管理委员会(the Nuclear Regulatory Commission，缩写：NRC)许可和管理民用核能，保障公众健康和环境安全。它授权个人和企业建设和运营核反应堆及其他设施；拥有和使用核材料。委员会制定许可规则，设定许可标准。它也有权仔细审查许可的个人和公司的活动，确保他们不违反委员会制定的安全规则。

核管理委员会的外国游客追踪项目(NRC Foreign Visitors Training Program)：

核管理委员会在其总部和区域办事处接待外国访客。这些访客包括高层人士和技术代表团。访问的目的在于推动双边合作协议和援助项目。访问的主要焦点是核反应堆的安全、法规以及研究；核材料的安全和放射性废物。核管理委员会不为这些访客提供资金支持。

战略目标：实现和平与安全；以人为本；发展和平使用核能的科学、技术、能源、工程及管理系统。

美国政府资助：

机构拨款	调处拨款	美国政府拨款总计
$ 0	$ 0	$ 0

非美国政府资助：

外国政府	美国私人部门	外国私人部门	国际组织	非美国政府资助总计
未追踪	未追踪	未追踪	未追踪	未追踪

参与总人数：

美国参与人数总计	外国参与人数总计	总参与人数
0	197	197

所有参与者在国外培训，无参与者在国内培训。

区域项目(Regional Programs)：

核管理委员会实施国际核安全活动项目。该项目支持符合美国国内和外交政策利益的防止核扩散活动，以及安全、可靠和环保使用核材料和能源活动。核安全领域的国际合作为美国提供了相当丰富的运行经验，这比单纯基于美国经验要有利得多，同时也有利于核管理委员会经济地识别和解决安全问题，并支持和提升世界范围内的核安全。

核管理委员会参与一系列互惠互利的项目，包括与国际核能界同行开展信息交流活动。核管理委员会目前与 45 个国家的监管部门仍然保持协议关系，台湾也是它的合作方之一。这些协议为双方提供了沟通渠道，确保双方能够及时互相通报，可能影响美国和外国发电厂的电力反应堆安全问题。它们是核管理委员会公众健康安全以及国家安全授权的重要组成部分，并为与其他国家在以下领域的双边合作奠定了基础，如核安全、物理安全、物料控制和会计、废物管理、环保等其他双方协商的领域。最后，核管理委员会构建渠道，向试图发展或改善他们监管机构和其整体核安全文化的国家，提供健康和安全信息，并帮助他们达成目标。

除了与其他国家开展双边合作项目，核管理委员会也与一些组织，如奥地利维也纳的国际原子能机构、法国巴黎的经济合作与发展组织核能机构等在核安全领域展开密切合作。

——从前苏联(the Former Soviet Union)新独立的国家

核管理委员会与以下国家的监管机构开展项目：亚美尼亚、阿塞拜疆、格鲁吉亚、哈萨克斯坦、吉尔吉斯斯坦、摩尔多瓦、俄罗斯、塔吉克斯坦、乌克兰和乌兹别克斯坦。核管理委员会协调一系列的安全和保障援助以及一些合作活动(如适用)，旨在通过培训、信息交流、合作努力以及设备采购，发展和加强核监管机构的独立性。

——先进的核国家

核管理委员会通过双边监管交流协议和国际访问同先进核国家开展合作。通过这些交流，核管理委员会获得了外国监管办法和运作经验等相关信息，这将有助于它自身的国内核管制。核管理委员会也亲自参与相关活动。这些活动旨在通过双边和多边组织，如国际原子能机构和核能源机构，提高国内和全球核安全。

——发展中国家

核管理委员会通过培训、信息交流和合作努力，同亚洲、拉丁美洲和非洲一些核项目不太完善的国家开展一系列安全保障援助和合作活动。活动旨在发展和加强核监管当局的独立性。

战略目标：实现和平与安全；投资于民；发展和平使用核能的科学、技术、能源、工程及管理系统。

美国政府资助：

机构拨款	调处拨款	美国政府拨款总计
$ 7 200 000	$ 0	$ 7 200 000

非美国政府资助：

外国政府	美国私人部门	外国私人部门	国际组织	非美国政府资助总计
$ 0	$ 0	$ 0	$ 0	$ 0

参与总人数：

美国参与人数总计	外国参与人数总计	总参与人数
622	0	622

所有参与者在国外培训，无参与者在国内培训。

美国政府资助总计	机构拨款	调处拨款	外国政府	美国私人部门	外国私人部门	国际组织	资助总额	总参与人数
$ 27 301	$ 1 444	$ 25 857	$ 6 090	未追踪	$ 6 291	未追踪	$ 39 682	2 084

总参与人数包括那些在国外培训的以及在国内培训的人员。

并非所有项目都提交了各个领域的资助数据。

政府道德办公室

国际援助和治理倡议办公室

纽约大道 1201 号，西北，500 套房

华盛顿特区，20005-3917

www.oge.gov · 202-482-9300

政府道德办公室(the Office of Government Ethics，缩写：OGE)是联邦政府行政部门内的一个独立机构。它负责指导行政部门的政策，防止联邦行政部门官员和雇员间发生利益冲突。政府道德办公室的主要职责包括制定行政机关的行为准则，签发解释刑事利益冲突限制的法规，为公众建立框架，为行政部门员工建立财务保密信息的披露系统，为行政部门道德官员及员工开发可利用的培训和教育项目以及支持和审查个体机构的道德项目，以确保它们正常运行。

国际技术援助和合作(International Technical Assistance and Cooperation)：

经美国外交政策机构的要求，政府道德办公室与外国政府在双边基础上开展合作，并通过多边论坛来协助他们制定和完善旨在防止腐败和促进政府廉正的项目。政府道德办公室通过提供技术援助和审查文件草案、召开数字视频会议、与其他国家开展资讯项目并参与多边反腐败会议来完成这项工作。政府道德办公室主要在以下几个方面共享相关知识和经验：(1)制定政府雇员行为准则，(2)就刑事利益冲突限制给予解释和建议，(3)建立公开和保密的财务信息披露制度，(4)开发道德培训和教育项目，(5)监测和评估道德项目的实施，以及(6)道德项目与其他政府旨在提高透明度和制度廉洁性的系统之间的关系。大多数项目都是与国际禁毒执法事务国家局和/或国际情资计划局合作开展的，并由他们请求提出，而且/或是由他们资助。

战略目标：推进管理公正与民主；防止腐败。

美国政府资助：

机构拨款	调处拨款	美国政府拨款总计
$ 1 444	$ 25 857	$ 27 301

非美国政府资助：

外国政府	美国私人部门	外国私人部门	国际组织	非美国政府资助总计
$ 6 090	未追踪	$ 6 291	未追踪	$ 12 381

参与总人数：

美国参与人数总计	外国参与人数总计	总参与人数
12	1 502	1 514

部分参与者在国外培训，部分在国内培训。此表中记录的数据涵盖这两种类型的参与者。

政府道德办公室国际访问者技术援助简报（OGE International Visitor Technical Assistance Briefing）：

政府道德办公室接待国外访客，探讨防贪措施——特别是行为准则、道德教育和培训、道德咨询和辅导和财务信息披露制度——以及道德项目与其他政府旨在提高透明度和廉洁性的项目之间的关系。大多数访客都是公务员。其他访客包括商界领袖、记者、非政府组织的领导者、律师、学者、法官、立法者和军事领导人。通过正在开展的项目，外国访客得以进一步认识和理解政府道德办公室的职能和活动。这对他们在自己的国家发展或完善道德项目是有帮助的。

战略目标：推进管理公正与民主；防止腐败。

美国政府资助：

机构拨款	调处拨款	美国政府拨款总计
$ 0	$ 0	$ 0

非美国政府资助：

外国政府	美国私人部门	外国私人部门	国际组织	非美国政府资助总计
未追踪	未追踪	未追踪	未追踪	未追踪

参与总人数：

美国参与人数总计	外国参与人数总计	总参与人数
0	570	570

所有参与者在国外培训，无参与者在国内培训。

美国政府资助总计	机构拨款	调处拨款	外国政府	美国私人部门	外国私人部门	国际组织	资助总额	总参与人数
$ 11 665 568	$ 11 377 800	$ 287 768	未追踪	$ 238 558	未追踪	未追踪	$ 11 904 126	1 083

总参与人数仅包括那些在国外参加培训的人员；无参与者在国内培训。

开放世界领导力中心 Open World Leadership Center

独立大道 101 号，东南，LA144 室

华盛顿特区，20540

www.openworld.gov · 202-707-8943

开放世界领导力中心是立法部门的一个独立机构，于 2000 年 12 月(PL106-554)为开展开放世界计划而成立，最初主要是同俄罗斯领导新秀交流。2003 年 2 月，美国国会扩大了开放世界的范围，将其他 11 个自由支持法案的国家和波罗的海国家囊括其中。自 2004 年 12 月以来，该中心已由美国国会授权，扩大到开放世界董事会指定的任何国家，而开放世界董事会成员包括美国国会领导人和私人美国公民。

开放世界目前为政治领导及公民领袖提供交流机会。这些领导人来自以下国家：亚美尼亚、阿塞拜疆、格鲁吉亚、哈萨克斯坦、吉尔吉斯斯坦、摩尔多瓦、俄罗斯、塔吉克斯坦、土库曼斯坦和乌克兰。该中心的华盛顿特区办公室设在美国国会图书馆。

开放世界项目(Open World Program)：

开放世界项目是一个立法机构发起的交流项目。新兴的欧亚政治和公民领袖及俄罗斯的文化领袖可以通过这个项目来到美国作短期的专业旅行。参与者通过走访特定的社区，与政府官员、商界及社区领袖、媒体和非政府组织(NGOs)等成员互动，可直接、深入地接触美国的民主和自由市场体系。开放世界的 17400 多名参观者都来自俄罗斯、乌克兰、摩尔多瓦、立陶宛、高加索和中亚地区，并在所有 50 个州和哥伦比亚特区的超过 1994 个东道社区逗留。项目参与者包括市长、法官、地方立法者、记者、联邦和地方官员、非政府组织董事、教育家和政党官员。代表们平均年龄为三十多岁，且其中的一半成员是女性。

文化领袖项目由国家艺术基金会支持开展。它向来自俄罗斯的艺术家、艺术管理者以及其他文化领袖提供短期访问美国大学、非营利性艺术机构以及类似机构的机会。艺术家们驻留此地，学习专业知识，提升自身的创造力；并且可以与美国同行和观众分享他们在艺术表现、艺术传统和艺术专业等领域的知识。

开放世界的特别之处在于它的规模和广泛的地域范围；它关注区域和地方的以及联邦层面新兴的领导人；它招聘母语非英语的首次访问者；它强调亲自动手，以社区为基础的项目设计和后访问网络；它提供家庭住宿；它是美国立法部门中唯一的交流项目。该项目最早由美国国会图书管理员詹姆斯 H. 比林顿(James H. Billington)提出。他是一名杰出的研究俄罗斯的学者。开放世界接受美国国会的方向指导、财务经费和项目支持。

与开放世界合作的东道组织派出当地会员或分支机构接待参与者。合作伙伴中大部分是经验丰富的非营利组织，它们同欧亚国家开展过交流项目。本地东道组织向参与者提供有深度的专业项目、文化和社区活动以及寄宿家庭(通常情况下)。

以下是2011财政年度的工作重点。它们为具有代表性的公私合作关系和立法举措。这些关系及举措是开放世界与代表团、主办方及校友在工作过程中一直支持并监控的：

——开放世界项目接待的第一批代表团是在2010年10月当选的吉尔吉斯斯坦新议会的成员。他们在华盛顿逗留期间，与多名国会议员会晤，并旁听了一次众议院的会议；他们出席了在约翰霍普金斯大学高级国际研究学院(School of Advanced International Studies，缩写：SAIS)举办的圆桌会议，他们分享了他们每个政党对区域唯一的完全民主国家的看法。匹兹堡和宾夕法尼亚州哈里斯堡也接待了他们，在那里代表们了解了市级以及国家级的立法过程。

——2010年12月，缅因州参议员奥林匹亚斯诺向俄罗斯车臣共和国的立法者代表团签发了一项联合决议。该决议鼓励和支持车臣地区的和平进程，并督促恢复公民社会和开展国际合作。决议由缅因州立法机关的170名代表签署。决议反映了缅因州支持该地区的稳定和和平。

——2011年3月4日，阿灵顿(弗吉尼亚州)姐妹城市协会与其目前的姊妹城市乌克兰的弗兰科夫举行了签约仪式。这种伙伴关系正是开放世界促成的正式成果。通过开放世界，阿灵顿接待了弗兰科夫的几个代表团，两个城市得以进一步发展他们在管理、社会项目及其他领域的紧密联系。基辅邮报驻华盛顿特区的通讯员尤利娅·梅尼利克称赞了两城市间的伙伴关系。她认为这种伙伴关系包含旨在促进乌克兰和美国企业之间合作的经济成分。

——开放世界在亚美尼亚开展的第一个项目是关于女性在爱荷华州得梅因的一项倡议活动。在这次访问中，一名来自埃里温的热衷报导具有争议性的政治及政府议题的报社记者渴望了解美国媒体对社会问题的影响。在看到美国人如何尊重他们的法律和司法制度后，这名代表在一篇名为“美国宪法是关于个人自由”的文章中向她的亚美尼亚同胞讲述了她的所见所闻。在另一篇名为“法律的结束便是暴政的起点”的文章中，她描述了普通市民如何接触到爱荷华州的领导人以及他们如何进行透明决策。在后续的写作中，这名记者出版了与一名德梅因注册记者的访谈，以及关于人口贩卖、人权以及家庭暴力等其他方面的文章。驻留美国的这十几日让我们的代表可以不偏不倚地观察美国以及美国人民，让更多的亚美尼亚人民了解美国人民。

——开放世界项目在科罗拉多州科林斯堡开展两个社会项目。负责俄罗斯维塞尼经济事务的副市长对此非常倾心。她已经开始在她负责的村庄里推行实施这两个项目了。第一个项目名为“周末袋”。来自低收入家庭的孩子周末时常无法吃到有营养的食品。因此．从周一到周五，他们中午尽量在学校吃得很饱。而现在，该村的管理机构向这些孩子提供装满水果的“周末袋”。第二个项目是为老人提供营养补充品。这些食品是由区域食品店捐赠的。

战略目标：推进管理公正与民主；促进经济增长与繁荣；投资于民；增进国际理解。

美国政府资助：

机构拨款	调处拨款	美国政府拨款总计
$ 11 377 800	$ 287 768	$ 11 665 568

非美国政府资助：

外国政府	美国私人部门	外国私人部门	国际组织	非美国政府资助总计
未追踪	$ 238 558	未追踪	未追踪	$ 238 558

参与总人数：

美国参与人数总计	外国参与人数总计	总参与人数
0	1 083	1 083

所有参与者在国外培训，无参与者在国内培训。

美国政府资助总计	机构拨款	调处拨款	外国政府	美国私人部门	外国私人部门	国际组织	资助总额	总参与人数
$ 218 843 000	$ 213 700 000	$ 5 143 000	未追踪	未追踪	未追踪	未追踪	$ 218 843 000	8 356

总参与人数仅仅包括那些在国外参加培训的人员；无参与者在国内参加培训。

和平队 Peace Corps
第 20 街 1111 号，西北
华盛顿特区，20526
www.peacecorps.gov · 800-424-8580

美国和平队的使命在于增进世界和平和友谊。它主要是通过以下方式实现的：向需要训练有素的人力资源的国家提供合格的志愿者，并且促进被帮助国家人民与美国人民相互间更好地了解彼此。该机构尽全力招募、训练来自世界各地的合格志愿者，并为之安排项目。美国和平队的项目得到美国国会预算支持。它按照东道主国家的要求派出志愿者。志愿者们向基层人民提供民间发展援助，并在当地开展跨文化交流，完成和平队的使命。

和平队志愿者服务项目(Peace Corps Volunteer Service Program)：

通过和平队志愿服务项目，志愿者培养民间关系，为各国间的和平奠定基础。他们继续遵循与全世界人民携手合作的传统，改善基础条件，创造新的机会。他们说当地语言，并且生活在他们工作的社区。在这个过程中，志愿者分享美国人民的文化及价值观，并成为美国文化及价值观的代表。通过这种方式，志愿者赢得当地人民的尊重，当地人民加深对我们国家的好感。回国后，他们将他们对当地的文化、风俗、语言和其他传统的深切体会与美国人民分享，帮助美国人民更好地了解世界其他文化。

战略目标：促进经济增长与繁荣；以人为本；推进人道主义援助；增进国际理解。

美国政府资助：

机构拨款	调处拨款	美国政府拨款总计
$ 213 700 000	$ 5 143 000	$ 218 843 000

非美国政府资助：

外国政府	美国私人部门	外国私人部门	国际组织	非美国政府资助总计
未追踪	未追踪	未追踪	未追踪	未追踪

参与总人数：

美国参与人数总计	外国参与人数总计	总参与人数
8 356	0	8 356

所有参与者在国外培训，无参与者在国内培训。

美国政府资助总计	机构拨款	调处拨款	外国政府	美国私人部门	外国私人部门	国际组织	资助总额	总参与人数
$ 91 850	$ 5 974	$ 85 876	未追踪	未追踪	未追踪	未追踪	$ 91 850	1 790

总参与人数涵盖那些在国外参加培训的人员及在国内参加培训的人员。

证券交易委员会(Securities And Exchange Commission)

公共事务办公室
F 街 100 号，东北
华盛顿特区，20549
www.sec.gov · 202-551-4120

证券交易委员会(The Securities and Exchange Commission，缩写：SEC)负责管理为投资者提供保障的联邦证券法；确保证券市场公正廉洁；并在必要时，通过制裁手段强制执行证券法律。

在 2010 年财政年度，美国证券交易委员会批准了一项新的战略计划。该计划涵盖机构的使命、愿景、价值观以及 2015 财政年度至 2010 财政年度的战略目标。计划还详细介绍了该机构正寻求达到的成果、战略和实现这些目标将采取的举措及用于衡量该机构进展情况的绩效标准。如欲查看该计划，可登录美国证券交易委员会的网站，访问以下站点：www.sec.gov/about/secstratplan1015f.pdf。

新战略计划的要点如下：

使命

美国证券交易委员会的使命在于保护投资者；维护公平、有序、高效的市场；并促进资本筹集。

愿景

美国证券交易委员会致力于推动一个值得公众信任的市场环境，一个透明、廉洁的市场环境。

价值观

美国证券交易委员会奉行诚信、责任、效能、团队合作、公平以及追求卓越的价值观。

战略目标和成果

目标 1 ：强化和强制遵守联邦证券法

成果 1. 1 ：美国证券交易委员会促进遵守联邦证券法。

成果 1. 2：美国证券交易委员会即时检测违反联邦证券法的行为。

成果 1. 3：美国证券交易委员会起诉违反联邦证券法律的行为，并使违反者承担相应的责任。

目标 2 ：建立有效的监管环境

成果 2. 1：美国证券交易委员会建立和维护监管环境，而良好的监管环境可促进高品质的信息披露，财务报告及管理，并防止注册人、金融中介机构和其他市场参与者滥用行为的发生。

成果 2. 2：美国资本市场以公平、高效、透明和竞争的方式运作，促进资本筹集和创新有用。

成果 2.3：美国证券交易委员会采用和管理规章制度，而在证券法下，依据这些规章制度市场参与者能够清楚地了解自己的义务。

目标 3：促进投资者获得所需信息，以便作出明智的投资决策。

成果 3.1：投资者可获得高品质的对投资决策有用的披露材料。

成果 3.2：通过了解投资者的广泛需求，向投资者提供机构规则制定和投资者教育课程。

目标 4：通过人力、信息和金融资本的有效调整和管理，提升委员会的绩效。

成果 4.1：美国证券交易委员会的工作环境能够吸引一支技术过硬和多元化的员工队伍，并且使他们很快进入工作状态，可以应对市场监管的动态挑战，并从中取胜。

成果 4.2：美国证券交易委员会拥有世界级多元化的领袖团队，他们向委员会员工提供动力，并为委员会决策战略方向。

成果 4.3：美国证券交易委员会内部，针对委员会成员开放的信息成为委员会范围内的共享资源。它得到了恰当的保护，并确保了一个协作的、以知识为基础的工作环境。

成果 4.4：资源决策和经营活动反映出良好的财务和风险管理原则。

美国证券交易委员会国际培训项目(SEC International Training Program)：

证券交易委员会国际培训项目的使命在于协助新兴证券市场发展所必需的监管基础设施，以增强投资者对市场的信心。美国证券交易委员会项目主要由其总部开设的课程组成，专家们以有成本效益的方式，向广大受众论述一系列广泛的议题。美国证券交易委员会的专家也前往海外培训。美国证券交易委员会国际事务办公室负责协调项目的开展。

每年春季美国证券交易委员会开展国际证券市场发展研究机构(市场发展机构)项目。这是一个行程密集的管理层次的培训项目，时间两周，主题涵盖全套的与证券市场开发和监督相关的内容。市场发展机构旨在促进市场发展，资本筹集以及在新兴市场国家建设完善的监管框架。

每年秋季美国证券交易委员会为外国证券监管机构提供一个为期一周的国际研究机构证券执行和市场监管(执行机构)项目。该项目促进市场诚信以及发展更密切的执法合作方式，包括开展美国证券交易委员会执法调查，投资公司和顾问视察，经纪交易商考试，和市场监管等方面的实践培训课程。

此外，美国证券交易委员会提供了专业的培训项目，内容涵盖执法，反洗钱，在全球各地区证券专业人士小型团体的市场发展问题。根据与美国国际开发署(the United States Agency for International Development，缩写：USAID)的跨机构协议，该项目的部分成本由美国国际开发署承担。

证券交易委员会还举办或参与区域和双边培训项目，而这些项目是为来自新兴市场的监管者准备的，且他们的费用不由美国证券交易委员会承担。

证券交易委员会只追踪通过美国证券交易委员会机构间协议，及与美国国际开发署签订的参与机构服务协议(Participating agency service agreements，缩写：PASAs)受到资助的研究员的资金。参与培训的研究员一般通过自筹、美国国际开发署当地的任务、世界银行、非政府组织或其他来源获取资金。事实上，大多数接受美国证券交易委员会培训的研究员未从美国证券交易委员会的机构间协议及参与机构服务协议处获得资金。美国证券交易委员会不追踪这些外部资金的来源。

战略目标：实现和平与安全；推进管理公正与民主；促进经济增长与繁荣；增进国际理解。

美国政府资助：

机构拨款	调处拨款	美国政府拨款总计
$ 5 974	$ 85 876	$ 91 850

非美国政府资助：

外国政府	美国私人部门	外国私人部门	国际组织	非美国政府资助总计
未追踪	未追踪	未追踪	未追踪	未追踪

参与总人数：

美国参与人数总计	外国参与人数总计	总参与人数
25	1 765	1 790

部分参与者在国外培训，部分在国内培训。此表中记录的数据涵盖这两种类型的参与者。

美国政府资助总计	机构拨款	调处拨款	外国政府	美国私人部门	外国私人部门	国际组织	资助总额	总参与人数
$ 0	$ 0	$ 0	$ 0	$ 0	$ 0	$ 0	$ 0	1 619

总参与人数仅包括那些在国外参加培训的人员；无参与者在国内培训。

小企业管理局(the Small Business Administration)
第三街 409 号，西南
华盛顿特区，20416
www.sba.gov · 202-205-6706

美国国会于 1953 年成立了小企业管理局(the Small Business Administration，缩写：SBA)。小企业管理局为美国企业的启动、运行以及发展提供资金、技术和管理援助。随着商业贷款、贷款担保和价值近一千亿美元的风险投资工具的投资组合的推出，其中包括近 75 亿美元的灾难贷款组合——小企业管理局成为小企业全国最大的单个金融资助人。

小企业管理局国际访问者项目(SBA International Visitors Program)：

小企业管理局国际访问者项目(IVP)是由小企业管理机构向外国游客和政要提供的礼貌服务。该国际访问者项目提供有关小企业管理局的项目和服务方面的简报。这些简报涵盖了各类主题，包括小企业管理局的成立，国会授权和立法历史；其组织结构、配送系统和举措方案；小企业管理局的四项技术程序化功能，向小企业提供(1)资金，(2)技术援助，(3)联邦采购机会，以及(4)联邦政府的规则制定机构和立法机构中的代表权和拥护权。同时经特殊要求，合适的高级行政人员也可向访问者提供某一项目的详细介绍。

小企业管理局每年一般接收 700 到 1500 名外国访问者。许多访问者都是美国国际访问者领袖项目部的一员。其他人员的来访则是由于以下机构直接提出了访问请求，如驻地大使馆、外交部、国会议员、外国商会、来自世界各地对口的中小型企业机构以及双边和多边机构，如世界银行。小企业管理局被视为一个重要的经济民主机构，同时也为乐于学习“美国模式”的国际访客提供了一个窗口。

战略目标：促进经济增长与繁荣。

美国政府资助：

机构拨款	调处拨款	美国政府拨款总计
$ 0	$ 0	$ 0

非美国政府资助：

外国政府	美国私人部门	外国私人部门	国际组织	非美国政府资助总计
$ 0	$ 0	$ 0	$ 0	$ 0

参与总人数：

美国参与人数总计	外国参与人数总计	总参与人数
0	1619	1 619

所有参与者在国外培训，无参与者在国内培训。

社会保障总署（SOCIAL SECURITY ADMINISTRATION，缩写：SSA）
国际项目办公室
3700 罗伯特·鲍尔大厦
6401 安全大道
巴尔的摩，马里兰州 21235
www.ssa.gov · 410-965-7385

社会保障总署（SSA）管理国家社会保险项目，它由退休、幸存者和残疾保险等项目组成，通常被称为社会保障。它也管理养老、失明者和盲人附加保障收入项目（Supplemental Security Income 缩写：SSI）。总署研究美国公民贫困和经济不安全感等问题，并提出建议通过社会保险有效解决这些问题。提出建议的美国人中有效通过社会保险的方法解决这些问题。总署还为美国公民分配社会保障号码，并为工人在他们社会保障号保留薪工记录。

社会保障署国际访问项目（SSA International Visitors Program）：

社会保障署国际项目部外国政府和非政府官员之间以及社会保障政府在社会保障和社会安全相关问题之间安排简要汇报和咨询磋商。

国际访问项目为外国社会保障官员和相关领域专家提供与社会保障署工作专家咨询各种问题的机会。对发展或重设社会保障系统感兴趣的个人和团体可以安排相关项目。如果时间允许的话，观察社会保障署在总部的各种运作或在领域的设施也可以列入计划当中。

社会保障署部为国际访问者提供资助资金。社会保障署国际访问项目参与者通常接受本国政府或国际援助组织的赞助。

战略目标：提高社会保障。

美国政府资助：

机构拨款	调处拨款	美国政府资金总计
$ 0	$ 0	$ 0

非美国政府资助：

外国政府	美国私人部门	外国私人部门	国际组织	非美国政府资金总计
无记录	$ 0	$ 0	无记录	$ 0

总参与人数：

美国参与人数总计	外国参与人数总计	总参与人数
0	262	262

所有参与人员出国接受培训。

美国政府资金总计	机构拨款	调处拨款	外国政府	美国私人部门	外国私人部门	国际组织	资金总计	总参与人数
$ 0	$ 0	$ 0	无记录	无记录	无记录	无记录	$ 0	53

所有参与人员出国接受培训。

田纳西州流域管理局（TENNESSEE VALLEY AUTHORITY，缩写：TVA）
社区关系协调员
400 西峰山，WT7 D-K
诺克斯斯维尔，田纳西州 37902-1401
www.tva.gov · 865-632-4851

田纳西流域管理局(TVA)是美国最大的公共电力系统，只属于美国政府。田纳西流域管理局由美国国会于 1933 年设立，主要提供防洪、导航和农业和工业的发展以及在田纳西州山谷地区推广电力使用。田纳西流域管理局在该地区的作用不可小觑，通过促进经济增长，提供可靠电力，繁荣河流系统来提升山谷区域经济价值。作为全国最大的公共电力系统，通过东南部七个州 158 个当地电力分销商和 60 多个直接服务客户，田纳西流域管理局为超过九百万人口提供电力。田纳西流域管理局最重要贡献是保持电力价格的竞争公共福利，例如电力供应、减轻洪水伤害、导航、土地利用、水质、供水和娱乐。

田纳西流域管理局国际访问/旅游项目（TVA International Visitors / Travelers Program）：

田纳西流域管理局项目工作关注历史，洪水控制，导航发展和电力生产。国际访问者来到管理局进行信息收集旅游观光等。田纳西流域管理局积极与世界共享信息。管理局并不接受支持项目的基金。政府访问官员参加田纳西流域管理局访问项目需要收费。

美国参与者也应按要求去国外参与各种活动工作。

战略目标：促进经济繁荣发展，投资人力资本。

美国政府资助：

机构拨款	调处拨款	美国政府资金总计
$ 0	$ 0	$ 0

非美国政府资助：

外国政府	美国私人部门	外国私人部门	国际组织	非美国政府资金总计
无记录	无记录	无记录	无记录	无记录

总参与人数：

美国参与人数总计	外国参与人数总计	总参与人数
32	21	53

所有参与人员出国接受培训。

美国政府资金总计	机构拨款	调处拨款	外国政府	美国私人部门	外国私人部门	国际组织	资金总计	总参与人数
$ 5 791 000	$ 5 791 000	$ 0	无记录	无记录	无记录	无记录	$ 5 791 000	813

所有参与人员出国接受培训。

美国贸易开发署（U. S. TRADE AND DEVELOPMENT AGENCY，缩写：USTDA）
1000 威尔逊大道，1600 号
阿林顿，弗吉尼亚州 22209-3901
www.ustda.gov · 703-875-4357

美国贸易开发署（USTDA）在发展中国家和中等收入国家促进经济发展和美国商业利益。该机构为各种形式的技术援助、早期投资分析、培训、定向访问和支持现代基础设施和公平开放贸易环境发展的业务研讨会提供资金资助。

美国贸易开发署战略地使用外国援助资金来支持在东道国的健全投资政策和制定决策，为贸易、投资和经济可持续发展创造了一个有利环境。由于有着独特的优势可以处理外交政策和商业的关系，美国贸易开发署与美国公司以及东道国合作，共同实现贸易发展目标。在完成其任务的同时，美国贸易和开发署重视能为美国商品和服务出口带来利益的经济部门。

USTDA 定向访问（USTDA Orientation Visits）：

定向访问，也称为反向贸易任务，向境外项目发起人提供来美国的机会，可以与潜在美国供应商见面并且亲眼目睹用以实现发展目标的美国产品操作。美国和国际参与者都可以从美国贸易开发署定向访问中受益。除了给国际参与者关于美国政策、程序和技术实质性信息外，美国参与者也可以得到关于国际发展需求和潜在采购机会的实质性信息。

在 2011 财年，1992 年美国人员会见了在美国的与会代表。他们不被算作美国在这项数据活动中的参与者。

战略目标：管理公平民主；促进经济繁荣发展；投资人力资本；促进人道主义援助。

美国政府资助：

机构拨款	调处拨款	美国政府资金总计
$ 5 791 000	$ 0	$ 5 791 000

非美国政府资助：

外国政府	美国私人部门	外国私人部门	国际组织	非美国政府资金总计
无记录	无记录	无记录	无记录	无记录

总参与人数：

美国参与人数总计	外国参与人数总计	总参与人数
0	813	813

所有参与人员出国接受培训。

美国政府资金总计	机构拨款	调处拨款	外国政府	美国私人部门	外国私人部门	国际组织	资金总计	总参与人数
$ 123，654，693	$ 120 792 779	$ 2 861 914	$ 4 901 088	$ 2 588 954+	$ 2 326 612+	无记录	$ 133 471，347+	2 071 694

所有参与人员包括出国接受培训的和国内接受培训的。

并非所有项目在所有类别中都提交了数据。

美国国际开发署（UNITED STATES AGENCY FOR INTERNATIONAL DEVELOPMENT，缩写：USAID）

教育办公室

经济增长、农业与贸易事务局

1300 宾夕法尼亚大道，西北

华盛顿特区 20523-3901

www.usaid.gov · 202-712-4273

美国国际开发署（USAID）作为一个独立的政府机构，在国务卿的总体政策指导下，提供社会经济发展和人道主义援助来推动美国海外经济政治利益。用于实现美国国际开发署项目的战略计划是国务院和美国国际开发署联合执行文件，这两个组织将通过对外援助部继续合作对被称为对外援助框架计划的执行。

美国国际开发署的参与式发展活动为美国以及海外发展带来直接利益。妇女的参与和世纪挑战帐户的广泛使用被认为各区域战略计划可持续发展成功的关键。

美国国际开发署按国务院和国土安全部（Department of State and Department of Homeland Security 缩写：DHS）的要求发放签证以及在国土安全部的学生交流访问信息系统（Student and Exchange Visitor Information System 缩写：SEVIS）输入数据。关于交流访问的选择和数据的收集，美国国际开发署设有内部系统和有关程序。关于数据收集和对所有由开发署资助的外国交流访客安全检查的国际开发署指导方针要进行不断监控，必要时进行强化。

美国国际开发署任务继续使用能为国内项目绘制更好蓝图的开发署网络报告系统全新便捷功能。

民主管理项目（Democracy and Governance Programs 缩写：DGP）

过去 50 年来，美国国际开发署为促进可持续民主提供技术领导和战略支持。美国国际开发署目标包括加强法治、尊重人权、促进更多公平的竞争性选举和政治进程、增加公民社会政治活跃发展、建设更透明和负责的管理、发展自由和独立的媒体。

战略目标：实现和平安全；管理公平民主。

美国政府资助：

机构拨款	调处拨款	美国政府资金总计
$ 18 802 986	$ 275 798	$ 19 078 784

非美国政府资助：

外国政府	美国私人部门	外国私人部门	国际组织	非美国政府资金总计
$ 2 773 889	$ 79 810	$ 143 508	无记录	$ 2 997 207

总参与人数：

美国参与人数总计	外国参与人数总计	总参与人数
0	217 640	217 640

有些参与者出国接受培训，有些国内接受培训。此处显示两类参与者有关数据。

经济增长和农业发展项目（Economic Growth and Agricultural Development Programs）

经济增长是发展中国家转型的关键。这是贫困国家减少和最终摆脱极端贫困的唯一方式。经济增长是国家通过生产他们需要的资源对抗全球金融危机的最可靠的方法——从资金不稳定市场到能源和食品不稳定市场——并致力于解决他们自己的文化盲点、不良卫生条件和在长期发展中存在的各种挑战。贫穷国家更容易引起冲突、藏匿恐怖活动，它们往往是非法移民、流行疾病以及贩卖毒品和人口等国际罪行的来源。

美国国籍开发署帮助发展中国家实现迅速、可持续，以确保公民福利为基础的广泛的经济增长。

农业发展已被证明是减少全球饥饿和贫困的增长引擎,。历史证据从 18 世纪的英国、19 世纪的日本以及现代中国表明，农业增长是工业增长和经济发展的关键因素。

通过利用美国大学、工业、非政府组织和私人自愿组织、多边发展合作伙伴和自己的技术人员的专业知识，美国国际开发署对农业发展的技术领导已有相当长的一段时间。美国国际开发署支持国家战略和投资，加强公共和私人机构，巩固农业的发展。这个机构作用于所有部门，从发展改良种子，加强行业的管理到加强农业产业价值链。美国国际开发署逐步形成发展农业综合方法：

——发展农业市场、贸易和金融。

——促进粮食和营养安全。

——资金援助科学和技术研究工作。

——组织志愿者进行技术援助和推广服务。

——支持与生物技术有关决策和方法。

——开发和支持与牲畜和可持续农业相关的健全项目。

战略目标：促进经济繁荣发展；促进人道主义援助。

美国政府资助：

机构拨款	调处拨款	美国政府资金总计
$ 25 037 192	$ 1 784 264	$ 26 821 456

非美国政府资助：

外国政府	美国私人部门	外国私人部门	国际组织	非美国政府资金总计
\$ 454 871	\$ 1 887 760	\$ 596 297	无记录	\$ 2 938 928

总参与人数：

美国参与人数总计	外国参与人数总计	总参与人数
0	593 691	593 691

有些参与者出国接受培训，有些国内接受培训。此处显示两类参与者有关数据。

教育与培训（Education and Training）

美国国际开发署的教育目标是改善生活，创造机会。为了实现此目标，美国国际开发署正在实施一项五年教育战略，教育：通过学习获得机会，集中资源，鼓励创新，努力满足为孩子、青少年和成年人获得高质量教育的全球需求。

美国国际开发署的教育策略是基于这样一个前提：教育是人类发展的基础，是广泛经济增长和减少贫困的关键，所以策略重点是到2015年实现以下三个目标：

目标1——提高小学1亿名儿童的阅读能力。

目标2——改善高等教育能力，和员工发展项目，用相关技术产生劳动力来促进实现国家发展目标。

目标3——为处于危机和冲突环境中的1500万学习者增加公平接受教育的途径。

战略目标：管理公平民主；促进经济繁荣发展；以人为本 。

美国政府资助：

机构拨款	调处拨款	美国政府资金总计
\$ 37 917 495	\$ 628 937	\$ 38 546 432

非美国政府资助：

外国政府	美国私人部门	外国私人部门	国际组织	非美国政府资金总计
\$ 817 568	\$ 400 319	\$ 1 344 881	无记录	\$ 2 562 768

总参与人数：

美国参与人数总计	外国参与人数总计	总参与人数
0	468 598	468 598

有些参与者出国接受培训，有些国内接受培训。此处显示两类参与者有关数据。

环境项目（Environment Programs）

自然资源是可用的，它为人们提供食物与其他产品，使人们保持健康的生活，并给人们提供充满了美丽的野生动物的风景。然而人口增长给许多国家的资源带来越来越大的压力，许多这样的资源，一旦使用，便无法再生。

美国国际开发署采用综合办法来管理自然资源。土地和水必须巧妙地管理以便生产粮食，维持预计到 2050 年九十亿人口的基本需求。农民耕用土地已被过量使用所以最多只能增长 10%的耕用土地，然而粮食供应必须增加 40%才能满足需求。水资源必须更有效地使用，如果人们要保持健康，水质量必须保持甚至进一步改善。每年预计二百多万名儿童死于喝脏水带来的疾病。

那些生活在森林里或者森林附近的人们必须保护森林。让这些人参与对全世界人民重要资源妥善管理的新方法正在发展运用于许多领域。健全措施收获木材既能实现经济目标也能实现环境管理目标，社区森林区域管理也将社区需要和促进生态旅游的创新举措巧妙结合起来。这类项目减缓在热带地区森林退化率速度。然而，非法摧毁性伐木仍然威胁到生态多样性保护。作为新医疗药物和其他福利的基础，生态多样性一旦失去，世界就不可能再让其恢复了。

美国国际开发署的自然资源管理项目与来改善健康状况，增加农业生产率，减缓或适应气候变化，以及环境管理等项目紧密联系。

战略目标：以人为本。

美国政府资助：

机构拨款	调处拨款	美国政府资金总计
$ 5 431 921	$ 133 092	$ 5 565 013

非美国政府资助：

外国政府	美国私人部门	外国私人部门	国际组织	非美国政府资金总计
$ 139 240	$ 129 219	$ 161 866	无记录	$ 430 325

总参与人数：

美国参与人数总计	外国参与人数总计	总参与人数
0	55 623	55 623

有些参与者出国接受培训，有些国内接受培训。此处显示两类参与者有关数据

人道援助（Humanitarian Assistance）

美国国际开发署美国对外灾难援助办公室（Office of U. S. Foreign Disaster Assistance 缩写：OFDA）负责处理所有类型的自然灾害，包括地震、火山爆发、飓风、洪水、干旱、火灾、虫害和疾病暴发。美国对外灾难援助部还对受到威胁的内战、恐怖袭击和工业事故等灾难的威胁的人类和牲畜提供援助。除了紧急援助，美国对外灾难援助部资金缓解活动减少复发性自然灾害的影响，并为灾害管理和能力建设提供培训。

由美国对外灾难援助资助的人道主义部门涉及下列领域：

——农业和粮食安全；

——经济复苏和市场体系；

——健康；

——人类协调和信息管理；

——人道主义研究、分析或应用；

——物质运输和救济；

——营养；

——保护；
——降低风险；
——住所和定居点；
——水、卫生和保健。
战略目标：促进人道主义发展。
美国政府资助：

机构拨款	调处拨款	美国政府资金总计
$ 1 640 305	$ 4 349	$ 1 644 654

非美国政府资助：

外国政府	美国私人部门	外国私人部门	国际组织	非美国政府资金总计
$ 94 055	无记录	无记录	无记录	$ 94 055

总参与人数：

美国参与人数总计	外国参与人数总计	总参与人数
0	375 691	375 691

有些参与者出国接受培训，有些国内接受培训。此处显示两类参与者有关数据。

人口、健康和营养项目（Population，Health，and Nutrition Programs）

美国国际开发署在全球卫生项目展现美国政府的承诺和决心：防止痛苦、拯救生命并为发展中世界的家庭创造更光明的未来。美国国际开发署承诺提高全球健康，通过提高基本卫生服务的质量可用性和使用来应对全球卫生挑战。美国国际开发署的目标是改善全球健康，包括儿童、孕妇、和生殖健康，减少堕胎和疾病，尤其是艾滋病、疟疾和结核。

战略目标：以人为本。

美国政府资助：

机构拨款	调处拨款	美国政府资金总计
$ 31 962 880	$ 35 474	$ 31 998 354

非美国政府资助：

外国政府	美国私人部门	外国私人部门	国际组织	非美国政府资金总计
$ 621 465	$ 91 846	$ 80 060	无记录	$ 793 371

总参与人数：

美国参与人数总计	外国参与人数总计	总参与人数
0	360 451	360 451

有些参与者出国接受培训，有些国内接受培训。此处显示两类参与者有关数据。

可获得的最准确数据被用来计算各国在美国培训领域的突破。当数据不可用时，则使用美国国际开发署平均数据。总体计算，各国以及作为一个整体的美国国际开发署参与者数量都被认为是准确的。

美国国际开发署资助个人(包括但不限于承办者、授予者、大学教授和来自其它联邦机构的员工),他们为美国国际开发署赞助的海外项目提供特定的技术专长。美国国际开发署将这些人作为技术专家/顾问,而不是“教练”、“学员”或“交换生”。一般活动课程都有“培训过程”,在工作组所设数据收集参数中这些项目不能独立进行或者以有意义方式获得。因此,由美国国际开发署提交数据不包括与美国技术专家/顾问有关数据。

在 2011 财年,参与者总数包括:

——国内培训:2061440;

——第三国培训:8467;

——区域培训:5414;

——基于美国培训:3682;

2011 财政年度总参与者:2 079 003。

重要的是要注意,仅仅美国项目需要美国国际开发署提供所需雇佣类型数据。它不是国内培训记录,是第三国家和区域培训的可选项目。因此,许多非美国培训其他参与者被归为雇佣类型数据“未知”类别。美国国际开发署致力于获得和报告每个项目地区尽可能多的项目数据。

美国政府资金总计	机构拨款	调处拨款	外国政府	美国私人部门	外国私人部门	国际组织	资金总计	总参与人数
$ 0	$ 0	$ 0	无记录	无记录	无记录	无记录	$ 0	6

所有参与者出国接受培训。

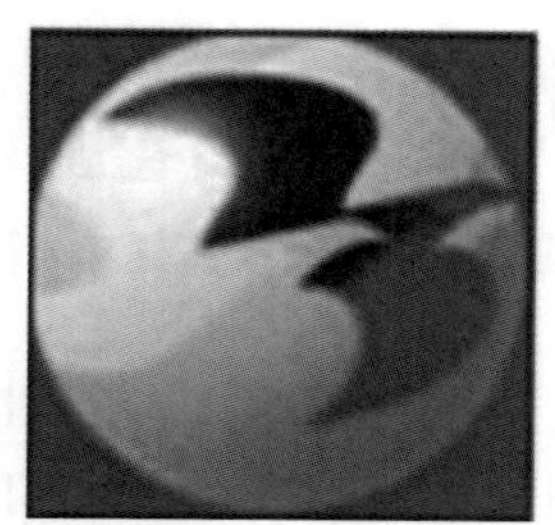

美国民权委员会（UNITED STATES COMMISSION ON CIVIL RIGHTS，缩写：USCCR）：

625第九大道，西北

华盛顿特区，20425

www.usccr.gov · 202-376-7700

由于种族、肤色、宗教、性别、年龄、残疾、国籍或在实施联邦民权法投票权等司法管理领域、平等的法律教育、就业和住房机会平等等造成的对法律公平保护的偏见和否定，美国民权委员会（USCCR）对这些信息进行收集和研究。美国民权委员会也向总统和国会提交报告、发现和建议，也作为国家公民权利信息清算所。

美国民权委员会国际访问项目（USCCR International Visitors Program）：

美国民权委员会为外国访问者提供关于各种主题和委员会工作的简要汇报。访问者包括教育、执法和政府专业人士。政府机构和民间组织要求工作简报。美国民权委员会不接收任何特定的拨款来进行国际工作简报。

战略目标：管理公平民主；促进国际间相互理解。

美国政府资助：

机构拨款	调处拨款	美国政府资金总计
$ 0	$ 0	$ 0

非美国政府资助：

外国政府	美国私人部门	外国私人部门	国际组织	非美国政府资金总计
无记录	无记录	无记录	无记录	无记录

总参与人数：

美国参与人数总计	外国参与人数总计	总参与人数
0	6	6

所有参与者出国接受培训。

美国政府责任署（UNITED STATES GOVERNMENT ACCOUNTABILITY OFFICE，缩写：GAO）

441G 街，西北

华盛顿特区 20548

www.gao.gov · 202-512-3000

美国政府责任署(GAO)是联邦政府立法机构的一个独立的、非党派、专业服务机构。美国政府责任署(GAO)支持美国国会履行宪法责任，帮助改善绩效，确保联邦政府为美国公民谋福利。通过为国会提供客观、基于事实、无偏见、非意识形态、平衡和公正的信息，美国政府责任署(GAO)服务于公众利益。

国际审计奖学金项目（International Auditor Fellowship Program 缩写：IAFP）：

美国政府责任署欢迎来自世界各地的审计人员参与年度国际审计奖学金项目。为中层到高层官员而设的四个月集中多面的学习项目是为了加强最高审计机构(Supreme Audit Institutions 缩写：SAIs)履行任务，增强责任和全球治理的能力。美国政府责任署于 1979 年启动这项项目来增加联邦政府海外支出和加强责任需要资金。人员参与课堂培训，观察重要管理会议，在各自最高审计机关获得政府间的经验和发展策略实现转变和知识转移。参与者被他们领导提名，期望他们将获得的知识和技能传输到各自的最高审计机关。

奖学金计划包括三个主要部分。定向会议提供研究员以下机会：学习美国政府责任署如何计划、管理和沟通工作结果，研究员同样也和他们的最高审计机关分享信息。第二部分包括审计在技术和管理方面工作课程，向研究员介绍在美国政府责任署的政策、程序和实践。学者探索各种审计技术与方法，重点在强调审计绩效和完成这类工作所需的知识技能。在第三部分，也是最后阶段，学者开始为回到自己审计处做准备。他们准备组织战略论文，作为参与项目的结果描述他们所希望实现的和投入时间学习引入改革技术。研究人员参与关注于知道技能，提供有效的课堂演示，正式的简报和领导开发技能的课程。

几位前研究员已经接管政策发展和高级管理职位。他们当中的很多人现在是他们各自国家的审计长、副审计长或政府官员。作为参与美国政府责任署项目的结果，一些学者已经执行专业标准和政策指导或者开发培训和专业发展策略。其他人已经建立了绩效或性能审计单位以及开发或更新战略计划。随着他们继续承担他们审计处逐渐增加的责任，研究人员与致力于培养专业标准和问责制的全球伙伴网络建立合作伙伴关系。

最高审计机关参与者负责确保资助旅行和生活开销。资金援助机构有美国国际发展署、联合国开发计划、世界银行、区域发展银行、国家发展援助机构和国家政府。

来自17个国家的20个参与者完成2011年美国政府责任署国际审计奖学金计划，使项目总共参与者超过来自100多个国家的480位成员。另外，在2011财政年度，项目的三个往届毕业生被任命为他们的国家总审计长（Auditor Genera 缩写：AG）。

除了政府审计部门全面和严格的课程，包括从会议数据分析到撰写报告、项目继续使多个责任合作伙伴监督工作组。在2011财政年度，在一些机构例如效率审查委员会、政府伦理办公室，公务员合作组织等等，工作组进行访问，并获得信息简报。文化交流是项目的特殊的方面，使同伴感觉受欢迎，熟悉华盛顿特区及其周边环境。许多社会活动不在专业工作日计划举行，在这一年中工作组出席情况也非常好。再次，国际政府责任署使研究者在文化交流日的多样性月计划参与丰富的活动，在这一项目中国际访问者提供展示，与国际政府责任署的高层，员工以及外部访问者进行接洽交流。

战略目标：管理公平民主；促进国际间相互理解。

美国政府资助：

机构拨款	调处拨款	美国政府资金总计
$ 0	$ 22 800	$ 22 800

非美国政府资助：

外国政府	美国私人部门	外国私人部门	国际组织	非美国政府资金总计
$ 547 200	无记录	无记录	无记录	$ 547 200

总参与人数：

美国参与人数总计	外国参与人数总计	总参与人数
0	20	20

所有参与者出国接受培训。

国际访问者项目（International Visitors Program）：

美国政府责任署应最高审计机关和其他外国政府官员的许多请求，接待他们访问美国政府责任署并获得审计实践和美国政府责任署工作成果的信息。由于请求数量超过美国政府责任署容纳它们的能力，美国政府责任署会对请求进行筛选和按重要性排名。美国政府责任署最先考虑最高审计机关、立法或议会代表团的访问要求。如果时间和人力资源充足，美国政府责任署还考虑(1)相关政府部门和事工部门请求；(2)要求访问相关主题与美国政府责任署审计团队利益相关。美国政府责任署优先考虑提前30天收到的国际访问请求，只要条件允许，就会进行必要的安排，如果合适的话，通知美国相关对应机构。

国际访问项目在美国国务院的国际访问领导项目的支持下(International Visitors Leadership Program 缩写：IVLP)接纳招待多个代表团。

战略目标：管理公平民主；促进国际间相互理解。

美国政府资助：

机构拨款	调处拨款	美国政府资金总计
＄0	＄0	＄0

非美国政府资助：

外国政府	美国私人部门	外国私人部门	国际组织	非美国政府资金总计
无记录	无记录	无记录	无记录	无记录

总参与人数：

美国参与人数总计	外国参与人数总计	总参与人数
0	349	349

美国政府资金总计	机构拨款	调处拨款	外国政府	美国私人部门	外国私人部门	国际组织	资金总计	总参与人数
$ 0	$ 0	$ 0	$ 0	$ 388 661	$ 0	$ 13 000	$ 401 661	832

参与者出国接受培训。数据代表较大交流培训项目开支。

美国大屠杀纪念博物馆（UNITED STATES HOLOCAUST MEMORIAL MUSEUM，缩写：USHMM）：
100 拉乌尔 · 瓦伦贝格纪念公园，西北
华盛顿特区 20024-2126
www.ushmm.org · 202-488-0400

美国大屠杀纪念馆（USHMM）是美国记录、研究和阐释大屠杀历史的国家机构，作为对数以百万计的大屠杀遇害者的纪念。

博物馆的主要任务是促进和传播关于这次空前悲剧的知识来为那些受害者保留记忆，并且鼓励参观者反思由大屠杀事件引起的道德精神问题以及民主国家公民的职责。

民防工作（Civic and Defense Initiatives）：

大屠杀公民教育国家研究所和国防计划部门为美国和国际军官提供培训项目。

三个美国大屠杀纪念博物馆职员去波兰参与领导项目。这次培训连同博物馆推广授权军事专业人士和授权促进预防种族灭绝共同进行。

战略目标：管理公平民主。

美国政府资助：

机构拨款	调处拨款	美国政府资金总计
$ 0	$ 0	$ 0

非美国政府资助：

外国政府	美国私人部门	外国私人部门	国际组织	非美国政府资金总计
$ 0	$ 2 804	$ 0	$ 0	$ 2 804

数据显示较大交流培训项目开支

总参与人数：

美国参与人数总计	外国参与人数总计	总参与人数
3	756	759

项目包含出国接受培训者和国内接受培训者。然而数据只显示出国接受培训者人数。

教育部门（Education Division）：

纪念博物馆的教育部门为学校教师协调培训项目全国教师推广行动计划旨在培训在美国公立和私立学校的中学教师精英，令其作为博物馆的代表。7 月份在接受纪念博物馆 5 天半的培训后，老师们继续完成拓展项目。

工作人员前往匈牙利、卢旺达、立陶宛、以色列、德国、波兰、英国、爱尔兰、韩国和捷克等国家进行教育交流项目。

战略目标：管理公平民主；以人为本；促进国际间相互理解。

美国政府资助：

机构拨款	调处拨款	美国政府资金总计
$ 0	$ 0	$ 0

非美国政府资助：

外国政府	美国私人部门	外国私人部门	国际组织	非美国政府资金总计
$ 0	$ 25 624	$ 0	$ 0	$ 25 624

数据显示较大交流培训项目开支

总参与人数：

美国参与人数总计	外国参与人数总计	总参与人数
14	0	14

项目包含出国接受培训者和国内接受培训者。然而数据只显示出国接受培训者人数。

国际档案项目部门（International Archival Programs Division 缩写：IAPD）：

博物馆国际档案项目部门的训练有素和工作积极的团队将去世界各地来定位和评估原始文件，并安排其被博物馆复制和接收，从而使数百万页的文件在一个位置能随时被学者和公众使用。掌握和发现大屠杀记录是困难且耗时耗力的工作。大量的材料仍被掩埋甚至被遗忘在政府和市政当局的仓库里、犹太人社区、私人公司、银行和其他机构以及全球范围内的私人收藏中。许多收藏也仍然是机密或受限制，从而个别研究人员无法获得。杰出专家劳尔·希尔伯格教授估计目前只对 20%的大屠杀记录进行了分析。

为了定位和取回这些材料，博物馆的国际档案项目部门人员在 40 多个国家和美国政府机构进行搜索和采购计划，已成功打开以前封闭的政府档案，并且使记录可随时获取。大量的机构、公共和私有文档也出现在犹太社区因大屠杀可能曾经消失或减少的位置，由于存储空间不足，纸张质量差以及时间流逝，从而使这些记录处在高风险、脆弱和危险的条件下。

一个美国大屠杀纪念馆员工去了罗马尼亚，在罗马尼亚国防大学教一周有关罗马尼亚大屠杀的课程。课程由 60 个参与者组成，既有不同的高级军官，也有罗马尼亚政府机构人员。这是项年度计划，即职员每年都要去罗马尼亚访问教授这门课程。

战略目标：促进国际间相互理解。

美国政府资助：

机构拨款	调处拨款	美国政府资金总计
$ 0	$ 0	$ 0

非美国政府资助：

外国政府	美国私人部门	外国私人部门	国际组织	非美国政府资金总计
$ 0	$ 3 206	$ 0	$ 0	$ 3 206

数据显示较大交流培训项目开支

总参与人数：

美国参与人数总计	外国参与人数总计	总参与人数
1	0	1

项目包含出国接受培训者和国内接受培训者。然而数据只显示出国接受培训者人数。

博物馆服务部门（Museum Services）：

通过博物馆服务部门，博物馆为符合资格的实习生和志愿者提供了一个了解大屠杀和博物馆操作的环境。包括大屠杀学者和博物馆专业人士一起亲手实践的项目和机会，了解他们的角色、责任和背景。项目为美国和外国志愿者提供实习机会。他们进行档案管理，收藏、展览和其它学术研究工作。海外志愿者参与的核心包含在博物馆的幸存者注册表的口述历史翻译项目中。

博物馆为来自以色列的人员提供三个无薪实习期。

战略目标：促进国际间相互理解。

美国政府资助：

机构拨款	调处拨款	美国政府资金总计
$ 0	$ 0	$ 0

非美国政府资助：

外国政府	美国私人部门	外国私人部门	国际组织	非美国政府资金总计
$ 0	$ 0	$ 0	$ 0	$ 0

总参与人数：

美国参与人数总计	外国参与人数总计	总参与人数
0	3	3

项目包含出国接受培训者和国内接受培训者。然而数据只显示出国接受培训者人数。

大屠杀幸存者和受害者资料中心（The Holocaust Survivor and Victims Resource Center 缩写：ARSP）：

50 多年来，行动和解和平服务（ARSP）一直致力于和平和解以及打击种族主义、种族歧视和社会排挤。

大屠杀幸存者和受害者资料中心主持一个来自德国的和平服务志愿者实习，来帮助资料中心研究和推广活动。

(ARSP)实习生向大屠杀幸存者及其家人提供研究服务；通过社交媒体网站主动帮助多个国家幸存团体及年轻的英语观众，参观博物馆展览，为华盛顿特区以及纽约犹太团体组织德-犹对话节目。

战略目标：实现和平与安全。

美国政府资助：

机构拨款	调处拨款	美国政府资金总计
$ 0	$ 0	$ 0

非美国政府资助：

外国政府	美国私人部门	外国私人部门	国际组织	非美国政府资金总计
$ 0	$ 0	$ 0	$ 13 000	$ 13 000

这些费用代表包括交流培训等大项目的支出

总参与人数：

美国参与人数总计	外国参与人数总计	总参与人数
0	1	1

有些参与者出国接受培训，有些参与者国内接受培训。然而，数据只显示出国接受培训这人数。

大学项目区（University Programs Division 缩写：UPD）：

大学项目区(UPD)负责建立美国与其他国际大学以及研究机构之间的关联网，来鼓励支持有关大屠杀的新的研究和奖学金计划；加强大学级别对有关大屠杀的教育来培训新一代大屠杀研究学者；对需要研究的作为学界探讨切商争论的关键问题进行学术性关注；以及提高美国学者以及来自不同专业学科的大屠杀学者之间的交流机会。通过设计发展、推广、协调学术项目，大学项目区(UPD)目前完成了这项使命：维持一周和两周的教授大屠杀课程的教授研讨会，持续两周的夏季学者研究组；在线和离线讲座；小组研讨和座谈会；与其他研究中心的学术项目；对关于美国大屠杀教育信息的收集，分析和宣传。

2011 财年，大学项目区为来自美国、加拿大、墨西哥和巴西的 62 名教授进行了三次学科研讨会；为整个美国大学校园进行了多个校园推广活动；为来自美国，以色列和德国的学者组织了夏季学者研究组；此外还有两次讲座。

战略目标：促进国际间相互理解；奖学金项目：

美国政府资助：

机构拨款	调处拨款	美国政府资金总计
$ 0	$ 0	$ 0

非美国政府资助：

外国政府	美国私人部门	外国私人部门	国际组织	非美国政府资金总计
$ 0	$ 78 177	$ 0	$ 0	$ 78 177

这些费用代表包括交流培训等大项目的支出

总参与人数：

美国参与人数总计	外国参与人数总计	总参与人数
6	27	33

有些参与者出国接受培训，有些参与者国内接受培训。然而，数据只显示出国接受培训这人数。

访问学者项目：

博物馆除了组织成百上千名国际游客参观博物馆展览和参与学术任务报告外，同样组织一些来自国外的学者和实习生利用博物馆的收藏，出席会议与在美国工作人员和学者合作，并训练成为大屠杀研究学者。包含国际参与者在内的学者交流项目主要是博物馆大屠杀高级研究中心的访问学者项目。

建立于 1998 年，博物馆大屠杀高级研究中心支持大屠杀研究领域的奖学金和出版物，促进提高美国大学大屠杀研究，探寻加强美国和外国学者交流之路，收集全世界与大屠杀相关的档案文件，组织训练下一代大屠杀研究学者。这个中心的目标是向从研究生和青年教师到提供博士后和高级专家，处于学术职业生涯任何阶段的学者制度支持。奖学金制度基于举荐和竞争基础，并授予来自不同专业领域学科的专家们。

除此之外，一系列美国专家学者参与博物馆的这项项目。美国参与者来此进行研究，并与国外同行进行交流。作为工作人员的美国学者参与研究项目并和国外同行紧密合作，指导他们的工作，并交换研究材料。

战略目标：管理公正民主，促进国际间相互理解，支持大屠杀学术领域的奖学金和发表刊物，促进大屠杀研究，探寻加强美国和外国学者交流之路，建立训练新一代大屠杀学者项目。

美国政府资助：

机构拨款	调处拨款	美国政府资金总计
$ 0	$ 0	$ 0

非美国政府资助：

外国政府	美国私人部门	外国私人部门	国际组织	非美国政府资金总计
$ 0	$ 278 850	$ 0	$ 0	$ 278 850

总参与人数：

美国参与人数总计	外国参与人数总计	总参与人数
0	21	21

所有参与者出国接受培训

美国政府资金总计	机构拨款	调处拨款	外国政府	美国私人部门	外国私人部门	国际组织	资金总计	总参与人数
$ 6 907 465	$ 0	$ 0	$ 0	$ 0	$ 0	$ 0	$ 6 907 465	1 919

所有参与者国外接受培训。

美国和平所（UNITED STATES INSTITUTE OF PEACE，缩写：IOP）

2301 宪政大街，纽约

华盛顿特区，20037

www.usip.org · 202-457-1700

美国和平所是国会一个独立非党派机构，目的在于阻止、管理、和平解决国际冲突。该所成立于 1984 年，其通过一系列项目来实现国会要求，这些项目包括：研究经费、奖学金、专业训练从高中到研究生教育项目、会议及工作组、馆藏服务以及发表刊物。

和平研究所董事会由美国总统任命并由参议院确认。该所法律顾问并不认为该所是满足行政指令 13055 的中介公司或机构。但是，和平所的政策是帮助提供政府需要的信息。

国际冲突管理及和平建设研究院（Academy for International Conflict Management and Peacebuilding 缩写：AICMP）：

过去的二十多年来，美国和平所通过拓展教育和训练项目，加强国内外从业人员，教师，和学生的知识和技能。现在作为国际冲突管理及和平件事研究院，该项目提供来自华盛顿和其他地区的定向从业人员的课程规划；在阿富汗，苏丹，巴基斯丹，哥伦比亚，伊拉克，海地等冲突地区建立冲突管理工作训练小组；为全世界的专家，教师和学生提供尽可能多的网络课程和资源。

该研究所(1)拥有具有有效和平构建能力的美国和国际公民，军人和非政府从业人员；(2)为决策者提供支持，以及提供制定冲突管理和和平构建健全政策的工具；(3)为冲突区域的政府官员和民间团体领袖提供构建和平的技术工具和演习；(4)加强教育机构能力和民间团体管理能力，来为新一代冲突管理和平构建者铺平道路。

这些年来，美国和平所已经训练了来自 170 多个国家 35 000 位参与者。

战略目标：实现安全与和平；公正和民主的管理。

美国政府资助：

机构拨款	调处拨款	美国政府资金总计
$ 6 907 465	$ 0	$ 6 907 465

非美国政府资助：

外国政府	美国私人部门	外国私人部门	国际组织	非美国政府资金总计
$ 0	$ 0	$ 0	$ 0	$ 0

总参与人数：

美国参与人数总计	外国参与人数总计	总参与人数
0	1 919	1 919

所有参与者出国接受培训

注释：

研究所资助项目有两个主要的赠款来源(征集和主动资助)。通过这个项目，该所财政资助国际和平和解决冲突信息研究、教育、训练和宣传。但是，只为了美国和平所国际交流训练资助而提取资金和成员信息是不可行的。所以，详细目录里并不包括该项目有关这方面资助的数据。

美国政府资金总计	机构拨款	调处拨款	外国政府	美国私人部门	外国私人部门	国际组织	资金总计	总参与人数
$ 179 721	$ 54 721	$ 125 000	无记录	无记录	无记录	$ 9 900 以上	$ 189 621 以上	852

有些参与者出国接受培训，有些参与者国内接受培训。并非所有项目都提交数据。

美国邮政署（UNITED STATES POSTAL SERVICE，缩写：USPS）
475 兰芳广场酒店，西南
华盛顿特区 DC 20260-0010
www.usps.gov · 202-268-6519

据邮政 1970 年重组法案规定，美国邮政署的任务是通过人们之间信件来往加强国家凝聚力，为各类团体提供交流渠道，并且以一致的价格提供迅速、可靠的邮政服务。美国邮政署为美国大众提供价格实惠、方便便捷的邮政服务和基础设施。防止信件被盗和丢失同样也是美国邮政署的责任。今天的美国邮政署正在致力于提高性能和承受能力，并且努力探寻灵活相应的解决方案，来应对在全球邮政商业环境下高科技带来的挑战。

美国邮政署国际交流项目（USPS International Exchange Program）：

通过此项国际交流项目，美国邮政署为外国邮政管理部门派出的对学习美国邮政署政策和项目以及在邮政自动化领域得到相关技术信息感兴趣的代表们安排约见、简报和技术交流和共同访问其邮政设施。这些代表们来自全球各地，大部分来自亚太地区，欧洲和西半球国家。平均停留时间为一到两天。除此之外，美国邮政署派遣自己的工作人员去其他国家的邮政部门学习更多知识。

没有为美国邮政署国际交流项目专设的拨款资金。资金是常规活动经费预算的一部分。

战略目标：实现安全和平，促进经济繁荣发展；促进国际交流理解；加强领事管理能力。

美国政府资助：

机构拨款	调处拨款	美国政府资金总计
$ 0	$ 0	$ 0

非美国政府资助：

外国政府	美国私人部门	外国私人部门	国际组织	非美国政府资金总计
无记录	无记录	无记录	无记录	无记录

总参与人数：

美国参与人数总计	外国参与人数总计	总参与人数
207	310	517

所有参与者出国接受培训

美国邮政署培训项目（USPS Training Program）：

通过该训练项目，美国邮政署训练来自国内和国外的邮政代表们。培训时间长短不同。
战略目标：实现安全和平，促进经济繁荣发展；促进国际交流理解；加强领事管理能力。
美国政府资助：

机构拨款	调处拨款	美国政府资金总计
$ 54 721	$ 125 000	$ 179 721

非美国政府资助：

外国政府	美国私人部门	外国私人部门	国际组织	非美国政府资金总计
无记录	无记录	无记录	$ 9 900	$ 9 900

总参与人数：

美国参与人数总计	外国参与人数总计	总参与人数
25	310	335

有些参与者出国接受培训，有些参与者国内接受培训，该处数据显示两类参与人数

美国政府资金总计	机构拨款	调处拨款	外国政府	美国私人部门	外国私人部门	国际组织	资金总计	总参与人数
$ 2 994 884	$ 2 994 885	$ 0	无记录	无记录	无记录	无记录	$ 2 994 884	583

有些参与者出国接受培训，有些参与者国内接受培训。并非所有项目都提交数据。

越南教育基金会（VIETNAM EDUCATION FOUNDATION，缩写：VEF）

2111 威尔逊大道，700 号套房

阿林顿，维吉尼亚州 22201

www.vef.gov · 703-351-5053

越南教育基金会(VEF)是美国国会于 2000 成立的一个独立的联邦政府机构，并由美国政府资助到 2018。由宪法授权，它的任务是在教育，科技，工程，数学，医学等领域通过教育交流来加强美越双边关系。

作为独立政府机构，越南教育基金会(VEF)直接向总统汇报工作。该基金会管理的理事会包括三名内阁成员(国务卿，教育部长和财政部长)；两名参议员和两名众议员以及 6 名总统任命者。越南教育基金会每年接受来自越南偿债基金资助的 500 万美元，这项基金作为越南政府对美国的债务偿还；这些都是由越南教育基金法案也成为越南教育基金授权法所规定。越南教育基金会的总部位于弗吉尼亚阿灵顿，另在越南河内设有办事处。

越南教育基金会主要有两项工作：一项是奖助学金以资助对越南、美国公民的；另一项是越南能力建设。前项工作是一项改革并且经济实用的模式，能满足基金会对发展越南科学技术顶尖人才的要求。

它包括三个项目：(1)奖助学金项目，即将越南公民派入美国攻读研究生，主要是博士学位，(2)访问学者项目，支持拥有博士学位的越南公民在美国顶尖学府通过调查，研究和观察活动来提高专业技术，(3)美国教师学者计划，鼓励美国专家去越南教授一至两个学期的课程。

能力建设项目被认为是和越南机构组织合作的一种方式，来提升他们在科学、技术、工程、数学和医学领域的能力，为访学归来的学者创造合适的条件。

能力建设项目（Capacity Building Program）：

能力建设项目由越南及美国科学学术团体之间的联合计划组成，为了最有效地共享知识、技术和资源。由于拥有灵活的基础设施、有效的管理、质量运营和高能力的人才，越南教育基金会能够迅速成功地响应要求，来发展适合越南学术、文化和社会经济背景的多种项目和计划模式。越南教育基金会发展这些模式、检测它们的有效性、恰当调整每项细节，目的是将成果转移在相关政府实体，教育机构以及科学家身上，以便他们能大规模地运用这些模式。所以，质量效率问题是越南教育基金会制定计划，执行监管项目活动的当务之急。

战略目标：实现安全和平，促进经济繁荣发展；促进国际交流理解；以人为本加强国际交流理解；提高越南科学、技术、工程、数学和医学领域的能力，促进美国和越南在这些领域的合作。

美国政府资助：

机构拨款	调处拨款	美国政府资金总计
$ 48 452	$ 0	$ 48 452

非美国政府资助：

外国政府	美国私人部门	外国私人部门	国际组织	非美国政府资金总计
无记录	无记录	无记录	无记录	无记录

总参与人数：

美国参与人数总计	外国参与人数总计	总参与人数
134	216	350

所有参与者出国接受培训

越南教育基金奖学金项目（VEF Fellowship Program）：

奖学金项目是越南教育基金会授权的一个主要项目，通过提高越南科学技术能力的国际交流项目来发展美越双边关系。

越南教育基金会为最有能力的越南公民提供奖学金，资助他们在美国科学、技术、工程、数学和医学领域研究生课程的学习。通过高度竞争、公开、透明的程序来选拔合适人选。

越南教育基金会通过高标准选拔能在美国学术环境下发展才能的尖子生。为了能拥有年轻的科学家和教师，基金会优先考虑拥有博士学位的在读研究生，也包括年轻的大学教师。

对工作经验和政治面貌没有要求。越南教育基金奖学金项目不论性别，宗教和社会政治背景，对所有有能力的越南公民开放。

通过强调他们作为交流使者的身份，并且举行越南教育基金会年度会议为他们回国做准备工作，越南教育基金会加深了研究院和访问学者在美国学习期间的交流联系。通过校友联络网和每年在越南举行的校友会议，越南教育基金会支持研究员在学业完成之后回国为祖国做贡献。

战略目标：实现安全和平，促进经济繁荣发展；促进国际交流理解；以人为本；加强国际交流理解。

美国政府资助：

机构拨款	调处拨款	美国政府资金总计
$ 2 609 878	$ 0	$ 2 609 878

非美国政府资助：

外国政府	美国私人部门	外国私人部门	国际组织	非美国政府资金总计
无记录	无记录	无记录	无记录	无记录

总参与人数：

美国参与人数总计	外国参与人数总计	总参与人数
0	225	225

所有参与者出国接受培训

越南教育基金会美国教师资助项目（VEF U. S. Faculty Scholar Grants Program）：

该项目派送美国教师为越南的大学教授英语课程，最短为一个学期(秋或春)，最长为一年。教课方式一种为在越南现场教学，一种为在美国视频教学。

该项目成立于2007年末，主要有三个目的：(1)通过教学和其它相关方式支持越南科学、技术、工程、数学和医学领域能力建设，(2)帮助越南机构处理特定教育需求，包括学科计划发展、调研机遇整合、学生研究成果鉴定和评估，(3)在美国和越南高等学府机构和教师之间建立积极可持续双边关系。自成立以来，已给予16项资助，并且已有17名美国教师参与这项项目。

越南教育基金会作为此次项目的组织者和资助方，越南主办大学和美国合作机构作为共同资助方。

到目前为止，大部分(59%)的美国教师学者采用视频授课，35%选择越南当地授课；此外，一名教师结合两种方式，即当面授课和视频授课。

截止2011年，11位教师已完成了在越南的教学项目。这些学者，目前作为美国教师学者项目的校友，通过教学和相关研究活动，致力于越南在科学、技术、工程、数学和医学领域能力建设。他们同样帮助越南机构发展教学计划，整合研究机遇，提高学生研究成果以及教师学生评估。通过这些教学项目，美国和越南高等学府机构和教师之间的关系已扩展为积极可持续双边关系。美国教师学者校友会作为越南教育基金校友联系网的一个整体，大部分成员都持续不断地支持越南教育基金会及其教师和学者团体的工作。

战略目标：实现安全和平，促进经济繁荣发展；促进国际交流理解；以人为本；加强国际交流理解。

美国政府资助：

机构拨款	调处拨款	美国政府资金总计
$ 267 486	$ 0	$ 267 486

非美国政府资助：

外国政府	美国私人部门	外国私人部门	国际组织	非美国政府资金总计
无记录	无记录	无记录	无记录	无记录

总参与人数：

美国参与人数总计	外国参与人数总计	总参与人数
5	0	5

所有参与者出国接受培训

访问学者项目：（Visiting Scholar Program）

越南教育基金会访问学者项目(VSP)面对越南公民开放，对公民的要求是在科学、技术、工程、数学和医学等越南教育基金会支持的领域拥有博士学位。

访问学者项目目的是：支持博士后专业发展包括学习、研究和观察工作在内的培训来与美国顶尖学府机构合作。这些自定设计的项目由作为导师的美国专家进行规划安排，历时5至12周，包括正规课程、研究小组、讨论会、实验、领域研究或者其它专业发展活动。回国后，访问学者必须用在美国所学的专业知识和技能来训练他人，所以，访问学者被认为是训练者。在这种程度上讲，越南教育基金会访问学者项目是训练者培训项目。

战略目标：实现安全和平，促进经济繁荣发展；促进国际交流理解；以人为本；加强国际交流理解。

美国政府资助：

机构拨款	调处拨款	美国政府资金总计
$ 69 069	$ 0	$ 69 069

非美国政府资助：

外国政府	美国私人部门	外国私人部门	国际组织	非美国政府资金总计
无记录	无记录	无记录	无记录	无记录

总参与人数：

美国参与人数总计	外国参与人数总计	总参与人数
0	3	3

所有参与者出国接受培训

美国政府资金总计	机构拨款	调处拨款	外国政府	美国私人部门	外国私人部门	国际组织	资金总计	总参与人数
$ 388 213	$ 388 213	$ 0	无记录	无记录	无记录	无记录	$ 388 213	55

所有参与人员派送国外，不在国内训练。

伍德罗·威尔逊国际研究中心（WOODROW WILSON INTERNATIONAL CENTER FOR SCHOLARS，缩写：WWICFS）

公众调查
伍德罗·威尔逊一号广场
1300 宾夕法尼亚大道，纽约
华盛顿特区，DC 20004-3027
www.wilsoncenter.org 202-691-4000

1968 年，国会成立了伍德罗·威尔逊学者国际中心，以纪念威尔逊总统。威尔逊中心是非党派机构，为开放、严肃、知情对话提供高级研究和中立的平台。

它带来了有影响力的思想家和实干家参与对话来面对当前以及未来公众政策挑战，坚定地相信通过这些探讨，将会出现更好更易理解的政策，为学界和公众事务提供桥梁。该中心位于里根大厦，处于作为美国公众事务中心华盛顿特区的核心地段。

伍德罗威尔逊国际研究中心项目（Woodrow Wilson International Center for Scholars Programs）：

奖学金项目作为该中心的特色项目已有 30 多年了。通过国际间激烈的竞争，将近 20 至 25 项奖学金颁给个人，他们在社会科学和人性很宽的范围内，做出与公众政策交织的国内国际话题相关的出色的项目提议。奖学金获得者在他们感兴趣的领域做研究，同时与华盛顿和威尔逊中心相关政策制定职员进行互动交流。

中心同样启用公众政策学者和高级学者作为伍德罗·威尔逊国际研究中心的短期或者长期附属职员。由于学者和实践人员来自不同的学科、专业、国家，并且拥有不同的见解。所以这些学者在教育改革、全球化、种族冲突和国家安全等话题上可以进行资源共享。

2002 年，凯南研究所宣布：位于伍德罗威尔逊国际研究中心，为乌克兰和俄罗斯联邦的学者和研究员所设的富布赖特-凯南研究中心奖学金项目（Fulbright-Kennan Institute ResearchScholarship Program）成立了。关于人权和解决冲突的加林娜·斯塔罗沃伊托娃奖学金于 1999 年 2 月演讲之后在莫斯科由当时的国务卿玛德莱娜·奥尔布莱特（Madeline Albright）成立。在那次演讲中，国务卿玛德莱娜·奥尔布莱特宣布在凯南研究所成立一项奖学金纪念俄罗斯主要的人权倡导者加林娜斯塔罗沃伊托娃（Starovoitova）。

墨西哥理工学院连同墨西哥外交事务委员会以及墨西哥学者来到研究中心来开展同美国和墨西哥有关各种话题的研究。

加拿大学院为主持加美关系的学者举办年度富布赖特-伍德罗・威尔逊国际研究中心会议。

亚洲项目与巴基斯坦奖学金基金合作主持年度巴基斯坦学者会议。学者有9个月的实习期。除此之外，澳大利亚和日本学者间竞争该项目名额。

战略目标：实现安全和平，促进经济繁荣发展；促进国际交流理解；以人为本；加强国际交流理解。

美国政府资助：

机构拨款	调处拨款	美国政府资金总计
$ 388 213	$ 0	$ 388 213

非美国政府资助：

外国政府	美国私人部门	外国私人部门	国际组织	非美国政府资金总计
无记录	无记录	无记录	无记录	无记录

总参与人数：

美国参与人数总计	外国参与人数总计	总参与人数
0	55	55

所有参与者出国接受培训

第三章：2011 财年评估副本

1961 年交互教育和文化交流法案经修订后，要求国际工作组审核任何美国政府签署的国际交流训练报告是否存在副本。

国际工作小组将纲领性副本视为由不同机构赞助的活动。机构提供给相同的目标受众资源，用类似的方法达到同类目的，只有这样才能达到重复的-不是互补的结果。重复的项目计划不同于互补或者重合的项目计划，因为减少一个或者多个的重复项目并不会对美国政府实现首要目的的能力带来不利影响。

为了达到这项要求，国际工作小组对所有活动进行年度审核，包括在国际工作小组年度数据收集程序中，使用报送给赞助方信息的《项目清单》。更加详细的评估副本对项目赞助方来说是过重负担，因为它们需要收集很多其他重要信息。因此，国际工作小组将对能证明可能重复的项目区域进行深入审核。

研究方法

国际工作小组评估由美国政府资助的国际交流培训项目的复本框架包括五个领域，通过这些领域项目的重复互补性能被识别和处理。

对任何一个国际交流培训项目组，重复水平由这五个领域出现的重复程度来测定。(根据重要性递减的顺序罗列这五个领域)

(1)主题-项目主题，例如商务拓展、公共事业管理、妇女领导权、犯罪调查等。这是在评估副本中最重要最基本的因素。

(2)目标国家/区域-国外参与人员来自何处，或者参与人员参与活动的地点。

(3)目标人群-适合项目的人群，例如：学生、年轻教授、政府代表、军事代表等等。

(4)预期结果-活动预期达到的效果。每个赞助机构的特定项目的预期结果可能有很大不同。例如，两个不同机构外语训练项目学习针对本科生同种语言的学习。一个项目规定学生在与安全问题相关的领域继续深造或就职是为了提高供安全相关组织使用的人类可用资源。另一个项目只是更普遍地帮助学生实现学术目的，或者促进学生本土大学的国际化水平。

(5)方法-项目实现方式有(实习、教室学习、在职培训、工作小组、远程教学以及切商咨询。)

国际工作小组将由联邦机构赞助的国际交流培训项目分为五大类，具体如下：

· 文化项目

· 国际访问项目/简报会

· 科学/技术研究发展

· 学科/教育项目

· 专业交流与培训

国际工作小组将每个项目归在最能反应效能的种类，即使许多项目可以被归为不止一类。然而，一些项目在不同种类罗列标注出来。

文化项目

为了评估副本，国际工作小组将文化项目定义为专门处理艺术，文化遗产，人性研究等问题的相关工作活动。

一些联邦项目赞助人将文化项目定义为为不同文化和价值观提供展示的机遇。这种跨文化受益方式存在于国际交流培训项目中，并且非常可取，因为它能促进互相理解共同合作。然而，狭义的定义对评估程序副本更有实际意义。根据国际工作小组的定义，文化项目代表美国政府国际交流培训方案最小子集。根据呈交给国际工作小组 223 报告，来自符合狭义定义的 6 个联邦实体的 16 份报告如下表格所示。

联邦实体的文化项目

国 务 院	
国务院教育和文化事务局/公民交流项目① ECA/Citizen Exchange Programs	关注美国艺术、电影制作、音乐家、作家、舞蹈剧团和其他能显示美国社会的创造性和多样性的专业特长者。文化交流运用艺术来处理相关问题，例如包容、冲突解决、知识产权、艾滋意识和控制以及文化机构的责任管理。对于那些很少直接展示美国文化和价值的非精英大众，相关工作也在进行。文化交流同样包括通过专业课程，工作小组和演出来接洽在美国的海外艺术家。文化项目的例子有： ——文化访问 ——博物馆和国外社区合作 ——智能化② smARTpowerSM ——美国纪录片展示项目 ——电影公司许可程序 文学与人文课程③ ——字里行间：写作经验 ——国际写作计划

① 呈交的报告整合项目，有可能包括或者不包括已列所有的项目

② 在这项新项目中，美国视觉艺术家和全世界团队合作，共创基于团队的艺术项目和接洽外国受众。

③ 国务院与全国教育协会共同执行这项项目。

续表

国　务　院	
	表扬艺术项目 ——中央舞台 ——美国舞蹈韵律项目① ——音乐序曲 ——美国海外音乐 ——卡内基大厅音乐交流 ——表演艺术活动 视觉艺术项目 ——国际双年展 ——巡回表演 ——视觉艺术项目
国务院教育和文化事务局/富布赖特项目和相关学术交流项目 ECA/Fulbright Program and Related Academic Exchange Programs	根据富布赖特校园音乐电视项目，美国学生能获得奖学金，在海外进行一学年关于国际音乐文化的研究，并通过视频，报告，博客和校园音乐电视来和同伴分享经验。
美日友谊委员会 Japan-United States Friendship Commission	
文化事业项目 Cultural Affairs Programs	关注将美国艺术(视觉和表演)呈现给日本，努力提高呈现给日本的美国艺术的质量和数量。
国家艺术基金会 National Endowment for the Arts	
艺术连接派驻 ArtsLink Residencies	美国艺术组织招待来自中欧，欧亚大陆，或俄罗斯的艺术家或艺术管理人进行为期五周的派驻实习。访问艺术专家和同行们在美国合作，建立受益艺术和观众的个人或机构间关系。
推进电影的发展 FilmForward	项目目的是通过电影展示和电影制片人对话来与观众接洽，为了发展国际间跨文化相互理解，合作和对话。②
国际文学交流 International Literary Exchanges	创新项目基金用来开拓关于文学跨文化对话交流，尤其是通过出版当代文学选集翻译的方式。每个项目的一个重要要素是大量的公众宣传，为了将作者和读者融为一体，能更深刻的了解文学作品及其文化背景。宣传工作将参与方作者带入美国进行阅读和探讨，同样地，美国作家也能够有机会与合作国家的受众交流。③
美国艺术国际项目 U. S. Artists International Program	项目提供为受邀参与全球盛宴演出的美国舞蹈、音乐、戏剧提供支持，并且为促进美国及其他国家的国际友谊提供专门机遇。
美日创意艺术家奖学金项目 U. S. Artists International Program	项目为 5 位来自不同学科的创意艺术家提供在日本的五个月派送实习时间。在日本期间，艺术家进行独立项目工作，包括新作品的创新或者追求个人艺术目标。(作为互惠项目，日本文化事务机构也支持日本艺术家在美国进行类似工作。)④

① 项目由全球美国舞蹈公司支持区域演出。
② 这是圣丹斯协会以及艺术和人文科学总统委员会的一项倡议，同时与国家人文基金会以及美国博物馆暨图书馆总署共同合作。
③ 美国教育协会与 2011 年之后停止自助国际文学交流项目。
④ 自 1978 年起，日美友谊委员会和美国教育基金会，与日本的文化事务机构和国际文化会馆共同合作来组织这项项目。

续表

国　务　院	
国家人文基金会① National Endowment for the Humanities	
德国科学基金会/国家人问基金会双边人文扩充数码数字收集项目 DFG/NEH Bilateral Digital Humanities Enriching Digital Collections Program	项目资助新数码项目和试点项目，对已存的数码项目提供更重要的资料或发展基础设施建设支持美-德数字工作。②
独立研究机构奖学金项目 Fellowship Programs at Independent Research Institutions	项目为人文学者探寻增长做国外文学研究的机遇，并且获取由个体图书馆、研究中心、国际研究组织提供的资料。国际人文基金会奖学金由授权机构授予，使个体学者能坚持自己的研究或者与其它学者交流思想。
开放世界领导中心③ Open World Leadership Center	
文化领导者项目 Cultural Leaders Program	为来自俄罗斯的艺术家、艺术管理者和其他文化领导者提供在美国大学、非盈利艺术机构和相似机构的短期派驻实习机会。项目强调专业与创新的发展，为参与者提供与美国同行和观众分享艺术印象、遗产和专业知识的机会。④
美国大屠杀纪念馆⑤ U. S. Holocaust Memorial Museum	
教育部门 Education Division	项目为学校教师协调训练项目。国家教师计划推广力图在美国公立和私立学校训练中学精英教师，将他们训练为纪念馆的代表。接受五天半的训练之后，教师完成推广项目。管理人员去捷克共和国、匈牙利、爱尔兰、以色列、德国、立陶宛、波兰、卢旺达、韩国和英国进行教育交流。
大屠杀幸存者和受害者的资源中心 The Holocaust Survivor and Victims Resource Center	大屠杀幸存者和受害者的资源中心召集为和平和解行动（Reconciliation Service for Peace 缩写：ARSP）服务研究宣传的志愿者。和平解救服务为大屠杀幸存者和家人提供研究服务；为幸存者团体在多个国家和年轻的英语国家受众通过媒体网络做宣传；举办纪念馆展览；为华盛顿特区及纽约的犹太团体共同组织德-犹对话项目。
国际档案项目部门 International Archival Programs Division	工作人员去国外访问，查找评估原始文件，安排其复制和获取，从而方便学者和大众在同一处获得数以百万计的文件档案。⑥
纪念馆服务部门 Museum Services Division	该项目向志愿者提供像美国和非美国公民一样的实习机会。他们工作包括档案管理、收集、展览和其它学术研究活动。很多海外志愿者也参与翻译美国大屠杀纪念馆幸存者纪念册的口述历史翻译项目。
大学项目处 University Programs Division	项目设计、发展、促进、协调以下学术项目：为教授大学级大屠杀课程的教授开展一周到两周的座谈会；为学者开展两周的夏季研究工作小组；现场和视频讲座，小组演讲和座谈会；与其它研究教学机构共同合作的学术项目；收集分析宣传有关在美国大屠杀教育信息。⑦
访问学者项目 Visiting Scholar Programs	美国大屠杀召集来自国外的学者和实习生来利用纪念馆的收藏，参加研讨会，与美国学者合作，训练成为大屠杀教育者。学术交流人员主要在美国大屠杀纪念馆大屠杀高级研究中心。

① 一项 2011 年闲置项目：开发数据。

② 美国国家人文基金会和德国研究基金会(DFG)共同合作，在美国和德国机构和学者间鼓励可收集数码人文项目。

③ 开放世界领导项目已被合并。

④ 项目受到美国国家认为基金会的支持。

⑤ 新项目呈交包括教育部门和大屠杀幸存者和受害者资料中心。大屠杀教育国际研讨会并没有于 2011 年在犹太殉难博物馆举办。

⑥ 在 2011 财年，一名美国大屠杀几年管的工作人员去往罗马尼亚，为来自罗马尼亚政府机构的 60 名工作人员教授一周的课程。

⑦ 2011 年，大学项目处为来自巴西，加拿大和墨西哥的 62 名教授进行了 3 场教师研讨会；一个来自以色列，德国和美国，9 名学者组成的夏季研究工作小组。

报告给我们的文化项目可重复性很小，一部分因为这些项目有限的关注点，以及因为他们反应的仅仅是赞助组织特定的指令和工作任务。

日美友谊委员会文化事务项目，例如，关注将美国视觉表演艺术展现给日本，质量上和数量上提高美国艺术和艺术家在日本的展示。美国大屠杀纪念馆的项目，另一方面讲，紧密关注在大屠杀历史的记载，研究和阐释上。

在这项分类中存在收集可能性。(以上)最明显的例子包括美国教育协会和开放世界文化领导项目①，美国教育协会和日美友谊协会项目。前进计划，作为圣丹斯研究所和艺术人文总统委员会的一项共同工作，得到了来自其它机构的额外支持。在多数案例中，不同的机构和项目目标减少了合作的可能性。

对机构预算和政策执行充满挑战的这些年中，项目来去都在联邦监管机构缜密的审查下。组织借宿项目，当资金有来源时则提供项目，或开启新项目，来进行新的工作或者相应领域展现出的需要和机遇。

美国国家人文基金会，在 2011 年终止了一项项目；这个项目将会报告能得到来自在 2012 年国际工作报告中支持的活动工作。其它 4 项国家人文基金项目，在前一年报导，已被定义为短期工作，并且在 2011 年不再是首要重点工作。②

然而，像往年一样，我们的数据并不完整。有些机构，例如史密森学会——作为世界上文化项目最主要的来源之一，并不向联合工作小组汇报工作。此外，作为支持文化遗产的保护和全球文化遗产保护问题的专业知识中心，国务院文化遗产中心也不提供数据。中心的特殊项目包括阿富汗的训练项目，以及与不同的政府和非政府机构合作支持文化保留遗产的收集。③

国际访问学者项目及其简要汇报

国际工作小组大致认为在国际访问学者项目中，参与者符合或者观察，或者和同行及其它相关访问职员学习美国政策、项目和活动。项目展示美国文化价值，提高相互理解。国际访问项目包括但不仅限于会谈、简要汇报、巡回访问和提供机会供专业研究。它们大致上并不包括直接培训、实习、课堂学习和在职培训。

在某些情况下，如果不是获取技术而是强调分享信息和会谈专业同行的话，我们将开展国际交流座谈会议。有从几个小时的简单专设的咨询到维持几周的高度结构化的不同程序项目。

总体来讲，国际访问项目的重复率很低。采用的方法(会谈，简要汇报，巡回观察)很相似，项目覆盖的主题直接反应出赞助组织和举办方的关注重点和专业知识。

欢迎来自全世界的国际访问学者，这些学者通常是组织方的专业人士。项目不同，预期结果则有所不同，但共同之处是都希望能够提高相互理解和发展持久的专业友谊。这些项目也因为其重要性在

① 美国教育协会在 2011 年之后终止了对这项项目文化参与者的资助。

② 短期工作包括德国研究协会/美国国籍人文基金 数字人文座谈会和工作小组项目；跨大西洋合作资助；复兴伊拉克；和重现阿富汗。

③ 包括国际文化产权保护项目；美国文化保留大使基金；伊拉克文化遗产项目；以及包括或者不包括国际交流训练数据的特别文化遗产项目。

公众外交的关键领域受到认可。

联邦机构处理项目管理方式不同。很多大项目通过内部或外部承办者来制定和管理项目；其他项目则分配给一个或多个职员，作为职责关键来处理。

大部分国际访问学者项目并不用美国政府基金来处理项目开销。对这些项目来说，美国政府资助的是工作时间(项目监管和会谈时间)和机构资源(会议面谈，简报材料)。国际参与者的数量也有很大不同。有些机构只着急少量的参与者，例如美国公民权利文员会(6 名)，然而其它的项目有很多，例如国务院教育和文化事务局国际访问领导项目(5 296 名)。

此外，国际访问学者在他们停留期间，参与不止一个联邦部门机构项目活动。很多联邦组织之间为国际访问学者提供关于特定主题大量信息。国际访问领导项目，比如说，有时派送他们的国外参与者去其它联邦部门机构来获得咨询和轰动信息。这些联邦组织同样会向访问者做报告。

联合工作小组指出有些联邦部门机构有不止一个访问学者项目，有些机构报告国际访问学者项目，将其作为更全面国际交流培训项目的一部分。这些较大技术资助项目或有公开训练项目的国际活动，将会在专业交流与培训部分更好地分类。

根据报告给联合工作小组的书籍，举办了一些国际访问学者项目或赞助机构内的国际访问学者项目的联邦机构罗列如下。带星号(*)的项目是被分为关注科学的国际访问学者项目活动。

美国建筑和运输无障碍委员会

合规委员会(访问)
美国期货交易委员会
特拉华流域管理委员会*
农业部
~农产品外销局*
商务部
~经济部分析局*
~国家标准技术局*
~美国人口普查局
~美国专利及商标办公室*
国防部
~国防安全合作局
区域安全研究中心
教育部
~国际事务秘书部
能源部
~环境管理*
~国家核能安全管理局*
卫生部
~食品和药物管理局*
~国立卫生研究院*
国土安全部
~海关和边境保护局
~联邦应急管理局
~联邦执法培训中心
~美国运输安全管理局
~美国公民和移民服务局
~美国海岸警卫队
住房和城市发展部
~政策发展和研究办公室
内政部
~海洋能源管理局,
监督和执行司*
~美国垦务局 *

~国家公园管理局＊
司法部
~刑事庭
~药品执行管理局
~国家公园管理局
~联邦调查局
劳工部
~国际劳工事务局
~劳工统计局
国务院
~非洲事务局
~东亚和太平洋事务局
~教育与文化事务局
~欧洲和欧亚事务局
~近东事务局
~西半球事务局
交通运输部
~联邦航空管理局＊
~联邦公路管理局＊
~联邦铁路管理局＊
~联邦运输管理局 ＊
~国家公路交通安全局＊
~研究和创新技术处
行政管理＊
财政部
~国税局
~通货监理署
退伍军人事务部
环境保护署＊
联邦通信委员会
美国联邦存款保险公司
联邦选举委员会
联邦能源管理委员会＊
联邦海事委员会＊
联邦调解调停局
联邦贸易委员会
总务管理局

国会图书馆
考绩制度保护委员会
国家首都规划委员会
国家信贷联盟署
国家铁路客运公司
全国运输安全委员会 *
核管理委员会
政府伦理局
小型企业管理局
社会保障总署
田纳西州流域管理局 *
美国民权委员会
美国政府责任署
美国大屠杀纪念馆
美国邮政署
美国贸易和开发署

科学/技术研究和发展

联邦部门和机构报告 91 项具有科学成分的意见书。在处理这项列表过程中，不到一半的意见书符合这章介绍的评估副本分类。

科学/技术项目包括科学团体成员和其它进行科学活动的专家；它包括所有的医学项目。

来自 14 个联邦机构的项目意见书被认为符合这项分类。商务部在这个项目中参与人数最多，接着是能源部，卫生部，农业部和内政部。其它项目长期赞助方有劳工部、国家航空和宇航局、国家社科基金、国家运输安全委员会、美国核管理委员会以及美国国际开发署(U. S. Agency for International Development 缩写：USAID)。

虽然联合工作小组并不拥有专业知识来处理这些项目的重复率，但是我们可以在科学项目中注明趋势和明显的共性。联合工作小组总结出几乎所有的科学技术研究发展项目明确地集中在赞助机构的委托项目上，所有与其它联邦政府赞助的项目具有非常低的重复率。

例如，商务部的项目不仅关注支持科技、工程、技术发展的研究，而且也关注地球物理环境和海洋资源带来的利益。类似的，内政部赞助的项目关注在保护提供国家公共土地，国家公园，国家野生动物保护基地和美国西部水资源，提供海外技术支持，分享专业知识技能。

有些项目(农业部和美国国际开发署)被列入在专业交流培训部。联合工作小组指出大部分的科学技术项目有专业和实用的经验成分，如下表所列①

① 科学研究发展项目用星号(*)标记，项目同样包含专业或实用经验成分。

联邦机构科学技术项目

<table>
<tr><td colspan="2">农　业　部
Department of Agriculture</td></tr>
<tr><td>外国农业服务项目
Foreign Agricultural Service</td><td>阿富汗农业推广项目 *
Afghanistan Agricultural Extension Project *
科克伦奖学金项目 *
Cochran Fellowship Program *
教师交流项目 *
Faculty Exchange Program *
诺曼·博洛格国际农业科技学者计划 *
Norman E. Borlaug International Agricultural Science and Technology Fellows Program *
巴基斯坦小流域治理计划 *
Pakistan Watershed Rehabilitation *
中国科学合作交流项目 *
Scientific Cooperation Exchange Program With China
科学家访问项目 *
Visiting Scientist Program *</td></tr>
<tr><td colspan="2">商　务　部
Department of Commerce</td></tr>
<tr><td>美国经济分析局
Bureau of Economic Analysis</td><td>美国经济分析局海外训练演示项目 *
BEA Overseas Training and Presentations *</td></tr>
<tr><td>国家标准技术局
National Institute of Standards and Technology</td><td>国家标准技术局交流访问者项目
NIST Exchange Visitors Program</td></tr>
<tr><td>国家海洋与大气管理局
National Oceanic Atmospheric Administration</td><td>地球系统研究实验室，全球系统部门/高级计算部分 *
地球系统研究实验室，全球系统分部/信息系统部门
国家环境卫星、数据和信息服务的国际活动 *
国家大地测量国际活动 *
国家海洋渔业服务
太平洋海洋环境实验室的活动
国家气象服务国际交流训练项目 *</td></tr>
<tr><td>信息管理局
National Telecommunications and Information Administration</td><td>全球环境下信息和通信技术政策制定 *
无线电频率和频谱管理课程 *</td></tr>
<tr><td>美国人口普查局
U. S. Census Bureau</td><td>人口司：培训和技术援助 *</td></tr>
<tr><td>美国专利商标局
U. S. Patent and Trademark Office</td><td>技术援助项目 *
Technical Assistance Programs</td></tr>
<tr><td colspan="2">能　源　部
Department of Energy</td></tr>
<tr><td>能源局
Energy Administration</td><td>能源信息管理局项目
Energy Information Administration Programs</td></tr>
</table>

续表

能源资源部 Energy Resources	国家能源技术实验室 * 电力传输和能源稳定办公室 *
能源效率和可再生能源办公室 Office of Energy Efficiency and Renewable Energy	能源效率和再生能源项目
化石能源办公室 Office of Fossil Energy	化石能源国际项目办公室
健康与安全办公室 Office of Health, Safety, and Security	日本计划(辐射效应研究基金会项目) * 马绍尔群岛环境监测计划 * 分类办公室 * 行政执法和监督办公室 * 环境政策和支持办公室 * 俄罗斯卫生研究项目 * 西班牙项目 (帕洛马雷斯) *
卫　生　部 Department of Health and Human Services	
疾病预防控制中心 Centers for Disease Control and Prevention	访问学者计划 * Exchange Visitor Program
食品和药物管理局 Food and Drug Administration	科学训练和交流专业项目 * Science Training and Exchange Professional Program
国家卫生研究院 National Institutes of Health	国际神经科学奖学金计划 * International Neuroscience Fellowship Program 国家卫生研究院访问学者 * NIH Visiting Fellows 国家癌症研究所 * National Cancer Institute 国家药物滥用研究所国际项目 * National Institute on Drug Abuse International Program
全球事务办公室 Office of Global Affairs	边境卫生委员会项目 * Border Health Commission Programs 卫生外交项目 * Health Diplomacy Programs
内　政　部 Department of the Interior	
内政部海洋能源管理、监督和执行司 Bureau of Ocean Energy Management, Regulation, and Enforcement	内政部海洋能源管理、监督和执行司 *
垦务局 Bureau of Reclamation	垦务培训项目 * Reclamation Training Programs
国家公园管理局 National Park Service	国际公园志愿者/交换访问学者项目和技术援助项目 * International Volunteers-in-Parks/ Exchange VisitorsProgram and Technical Assistance Program *

续表

国际事务处 Office of International Affairs	国际技术援助项目 International Technical Assistance Prcgram
美国鱼类及野生动物管理局 United States Fish and Wildlife Service	美国鱼类和野生动物服务国际项目 * U. S. Fish and Wildlife Service International Programs *
美国地质调查局 United States Geological Survey	访问科学家和参与者培训项目 Visiting Scientist and Participant Training Programs
劳　工　部 Department of Labor	
劳工统计局 Bureau of Labor Statistics	劳工统计局国际劳工统计局中心 * BLS International Labor Statistics Center
运　输　部 Department of Transportation	
美国联邦航空署 Federal Aviation Administration	国际航空国际培训项目办公室 Office of International Aviation International Training Program
海洋哺乳动物委员会 Marine Mammal Commission	
海洋哺乳动物委员会项目 Marine Mammal Commission Programs	
国家航空航天局 National Aeronautics and Space Administration	
国际和跨部门关系办公室 Office of International and Interagency Relations	美国宇航局交流访问者计划 NASA Exchange Visitor Program 驻地研究访问计划 Resident Research Visitor Program
国家科学基金 National Science Foundation	
国际科学与工程项目办公室 Office of International Science and Engineering Program	
全国运输安全委员会 National Transportation Safety Board	
国家运输安全委员会培训计划 National Transportation Safety Board Training Program	
核管理委员会 Nuclear Regulatory Commission	
核管理委员会区域项目 NRC Regional Programs	
美国国际开发署 United States Agency for International Development	

续表

经济增长和农业发展项目 *
Economic Growth and Agricultural Development Programs
环境项目 *
Environment Programs
人口、健康和营养计划 *
Population, Health, and Nutrition Programs
越南教育基金会
Vietnam Education Foundation
能力建设项目①
Capacity Building Program

学科/教育项目

联合工作小组将学科/教育项目定义为：在该类项目中，参与者主要目的是加入教育机构，或者为机构及其课程做出贡献。同样也包括致力于提高发展中国家教育体系的项目。

联合工作小组根据根基项目的级别和种类细分了学术项目，有从小学学生/教师交流培训项目到博士研究生研究和职业中期发展项目。项目通过学术级别分类来向联合工作小组汇报工作。处理多层级别学术工作的项目出现在所有适用的分类标题中。通过这种方式的分组，项目的潜在重复率和互补率将会凸显。此外，这种评估也作为对联邦政府的国际学科、教育交流项目的一个简短汇报。

初级和中级项目

在包含关注教师培训和课程发展的初级和中级项目工作的国际交流培训项目中，三个联邦实体对这些项目做了汇报。包含交流初中级学生项目活动很少，然而，一旦出现这类项目，主要还是目标集中在中级学生教师上。

国务院和教育部一向支持这类大多数项目，无论是从项目主题还是地理区域上。既然联邦机构知道每个机构提供多种不同项目，那么赞助机构中潜在重复率相对比较低。

教　育　部 Department of Education		
高等教育办公室 Office of Postsecondary Education	富布赖特海外项目 Fulbright-Hays Group Projects Abroad 富布赖特研讨会海外项目 Fulbright-Hays Seminars Abroad Program	现代外语和区域研究项目，包括从幼儿园到高中 12 级别的教师培训、研究和课程发展为教师和课程专家提供参与在社会、科学、人文、或者主办方语言短期研讨会的机会

① 这项项目是越南教育基金会四项项目之一，为了在科学学科团体内建立可持续双边关系，来发展在科学，药学和科技领域内有才能的领导者。额外的项目会在教育内别中罗列出来，同样也具有专业发展成分。

续表

教　育　部 Department of Education		
学生安全健康办公室① Office of Safe and Healthy Students 4	公民的声音：一个国际民主记忆银行项目	教师训练、社区研究项目，和公民教育能力建设
国　务　院 Department of State		
教育文化事务局 Bureau of Educational and Cultural Affairs	公民交流项目 Citizen Exchange Programs	非营利机构支持的专业、文化和青年交流项目
	经济支持基金项目 Economic Support Fund Programs	通过发展和加强可持续的民主所必须的机构来帮助美国向民主过渡
	傅尔布赖特和相关学术交流项目 Fulbright Program and Related Academic Exchange Programs	美国和国外教师和管理人员交流项目
	全球教育项目 Global Educational Programs	关注教学，教师培训和课程发展的英语项目
	其它拨款项目	在中级和大学级别的单独拨款交流项目和教育推广工作，包括东西方中心编程的，艾森豪威尔交换奖学金项目，和以色列-阿拉伯奖学金项目
	特殊专业和文化交流项目 Special Professional and Cultural Exchange Programs	中级学生和教师与前苏联和德国学生教师交换
欧洲和欧亚事务局 Bureau of European and Eurasian Affairs	后生成培训交流项目 Post-Generated Exchange and Training Programs	提升美国区域利益的不同种类的交流，研讨会，培训项目，硕士学位以及会议
美国国际开发署 U. S. Agency for International Development		
教育与培训		设计不同的工作来提高学前、小学、中等水平的教育

本科生水平项目

六个联邦机构报道了包括本科生项目。项目包括美国和国外学生海外留学、建立机构、课程发展和导师培训。这一类大部分项目由国务院和教育部发起。项目潜在重复率较低，因为大部分项目主题是特定的，因此，除了少数几个特别个例之外，大部分项目都具有独特性。此外，并非所有项目每年都进行。②

① 在2011年只有一个项目在进行中。

② 美国教育部的富布赖特教师海外研究项目，对旨与加强学术区域研究和语言项目所需奖学金提供机构赞助，但这一项目由于预算限制于2011年中止。

国防部	国防部副部长办公室-人事与战备 Office of the Under Secretary of Defense for Personnel and Readiness	国家安全教育项目 National Security Education Program	区域研究、语言程序和其关相关研究本科生和研究生奖学金项目
教育部	高等教育办公室 Office of Postsecondary Education	欧盟-美国亚特兰蒂斯号项目 EuropeanUnion United States Atlantis Program	提高欧美高等及职业教育
		富布赖特海外研讨会项目 Fulbright-Hays Seminars Abroad Program	为学校老师，课程专家和大学教师准备社会科学、人文、主办国家语言的短期研讨会
		北美高等教育流动性项目 Program for North American Mobility in Higher Education	资助高等教育联盟的发展
		美国巴西高等教育合作项目 U. S. -Brazil Higher Education Consortia Program	资助双方课程发展和学生交流
国土安全部 Department of Homeland Security	美国海岸警卫队 United States Coast Guard	美国海岸警卫队学院项目 U. S. Coast Guard Academy Programs	国外学生本科学位项目
国务院	非洲事务局 Bureau of African Affairs	后生成交流和培训项目 Post-Generated Exchange and Training Programs	多种项目包括研讨会，会议，工作小组，发炎项目，关注区域利益的培训课程
	教育与文化事务局 Bureau of Educational and Cultural Affairs	经济支持基金项目 Economic Support Fund Programs	发展和加强为可持续民主所必须的机构
		富布赖特项目和相关学术交流项目 Fulbright Program and Related Academic Exchange Programs	重要语言奖学金项目为美国本科和硕士生提供拓展语言融入海外研究。为学习阿拉伯语，阿塞拜疆语，中文，印度语系(孟加拉语、印地语、旁遮普语和乌尔都语)，印度尼西亚、日语、韩语、波斯语、俄语、和突厥语语言所设奖项美国夏季机构的研究 塞浦路斯-美国奖学金项目提供给塞浦路斯希腊族和土耳其-塞浦路斯学生在美国大学本科和硕士学位学习。 多种富布赖特项目提供了本科学位项目全球本科生奖学金
		全球教育项目	关注教学、教师培训和课程发展的英语项目
		其它拨款项目	在中学和大学的分别拨款交流项目和教育宣传工作，包括在东-西方中心的编程项目、艾森豪威尔交流助学金和以色列-阿拉伯奖学金项目

续表

		特殊学院交流项目 Special Academic Exchange Programs	对来自南太平洋、东帝汶和西藏学生的奖助学金资助，对各种组织推动交流的机会的支持
		支持东欧民主交流 Support for East European Democracy Exchanges	在支持民主实践和自由市场经济领域以及这一领域其它特殊项目的教育助学金
	欧洲和欧亚事务局 Bureau of Europe and Eurasian Affairs	后生成交流培训项目	在支持民主实践和自由市场经济领域以及这一领域其它特殊项目的教育助学金
运输部 Department of Transportation	海事管理局 Maritime Administration	美国商船学院项目 United States Merchant Marine Academy Programs	国外学生本科学位项目
美国国际开发署 U. S. Agency for International Development		教育培训项目	提高学前，初，中，高级及其以上教育的多项工作

研究生水平大学项目

在这一类 8 个联邦机构有项目。项目支持为学位和证书项目、论文研究、研究生专业培训和课程发展提供助学金。这一类大部分项目由国务院赞助。与本科生项目类似，这一类项目由于主题区域的特殊性，重复率较低。

国防部	国防安全合作署 Defense Security Cooperation Agency	专业军事教育交流 Professional Military Education Exchanges	为军官提供在国外军事人才学校的学术或全年培训
	负责人事和战备的副部长 Office of the Under Secretary of Defense for Personnel and Readiness	国家安全教育项目 National Security Education Program	供区域、语言和相关学习的本科生和研究生奖学金项目
教育部	高等教育办公室①	欧美亚特兰提斯项目 EuropeanUnion United States AtlantisProgram	欧盟-美国在高等和职业教育的发展
		富布赖特海外研讨会项目	会为教师，课程专家和大学教师在社会科学、人文、或主办国家语言举办短期研讨会
		美国-巴西高等教育合作项目 U. S. -Brazil Higher Education Consortia Program	双方课程发展和学生交换赞助

① 教育部富布赖特教师国外研究项目，以及教育部富布赖特博士国外研究项目都由于财政限制在 2011 年中止。前者为加强领域研究和学科语言项目所需的助学金提供机构赞助，后者为在现代语言和领域研究的博士候选论文提供助学金。

续表

国务院	非洲事务局	后生成交流培训项目	多种项目包括研讨会、会议、工作小组、演讲项目，关注区域利益的培训课程
	教育与文化事务局	富布赖特项目和相关的学术交流项目 Fulbright Program and Related Academic Exchange Programs	多种富布赖特学术交流项目 富布赖特国外学生项目奖授予在美国机构任何一个领域学习或研究学术领域一年多的优秀研究生优秀奖学金 富布赖特外语项目 富布赖特美国学生项目奖授予在海外学习研究的美国硕士生、本科生、艺术家和年轻教授优秀奖学金。项目包括英语教学等辅助成分。 富布赖特英语辅助教学项目支持美国学生在国外学校或者大学助教 助教项目为来自国外的年轻教师作为本地语言资源和教授课程提供助学金 国际富布赖特科技奖授予来美国进行博士学习的国外学生
		全球教育项目 Global Educational Programs	关注英语教学、教师训练和课程发展的英语项目
		其他拨款项目	在中学和大学的分别拨款交流项目和教育宣传工作，包括在东西方中心的编程项目，艾森豪威尔交流助学金和以色列-阿拉伯奖学金项目
		特殊学院交流项目	对来自南太平洋、东帝汶和西藏学生的奖助学金资助，对各种组织推动交流的机会的支持
		支持东欧民主交流项目 Support for East European Democracy Exchanges	在支持民主实践和自由市场经济领域以及这一领域其它特殊项目的教育助学金
	欧洲和欧亚事务局	后生成交流培训项目	在支持民主实践和自由市场经济领域以及这一领域其它特殊项目的教育助学金
	情报研究局 Bureau of Intelligence and Research	关于东欧和前苏联独立研究培训项目 Research and Training Program on Eastern Europe and the Independent States of the Former Soviet Union	高级研究、研究生和语言培训
	西半球事务局 Bureau of Western Hemisphere Affairs	后生成交流培训项目	在促进民主、贸易和可持续经济发展、毒品交易和其他犯罪问题上合作、减少贫困、和环境保护等领域的交流、培训、研讨会，会议
日美友谊委员会 Japan-U. S. Friendship Commission		教育培训项目	为促进区域研究提供项目资金和机构资助
国家科学基金 National Science Foundation		国际科学和工程部	支持本科，硕士和博士学生研究

续表

美国国籍开发署 U. S. Agency for International Development	教育和培训项目	建立高等教育和与发展国家研究合作，联盟和联络网而进行的多项工作
美国大屠杀纪念馆 United States Holocaust Memorial Museum	访问学者项目	关注大屠杀问题的学者交换项目和工作
越南教育基金会 United States Holocaust Memorial Museum	越南教育基金会奖学金项目 VEF Fellowship Program	为在科学、技术、工程、数学和医学领域研究的越南公民提供在美国研究生学习机会。

博士后研究项目

在这一类 7 个联邦实体进行报道。国务院赞助了大多数博士后研究项目。项目的使命目的都有所不同。所以项目的重复率很低。

请注意，基于这种重复评估的科学研究和开发部分，由国务院和卫生部赞助的研究生和博士后研究项目提出。

教育部	高等教育办公室	美国海外研究中心项目	建立和操作只关注区域研究的海外研究中心资助项目
		富布赖特海外研讨会项目	在社科、人文、主办国家语言为教师，课程发展专家和大学教师举办的短期研讨会
国防部	非洲事务局	后生成交流培训项目	关注区域利益的各种项目，包括研讨会、会议、工作小组、发言项目和培训课程
	教育文化事务局	富布赖特项目和相关学术交流项目	各种研究助学金和研究有关工作
		其他拨款项目	
		特殊学术交流项目	
		支持东欧民主交流项目	
	欧洲和欧亚事务局	后生成交流培训项目	多种促进美国区域利益交流项目，研讨会，培训项目，硕士课程和会议
	情报研究局	关于东欧和前苏联的独立国家研究和培训计划	高级研究，本科培训和语言培训
日美友谊委员会		教育和培训项目	为促进区域研究提供项目资金和机构资助
国家科学基金		国际科学与工程办公室	设立国际研究奖学金奖项，支持合作研究工作并联合工作小组和研讨会
美国国际开发署		教育和培训项目	设计各种工作与发展中国家建立更高的教育和研究合作伙伴关系、联盟和网络关系网
美国大屠杀纪念馆		访问学者项目	关注大屠杀问题的学者交流工作
越南教育基金会		美国教师学者资助项目	美国大学教师在越南国内教授大学教英语课程/或在线讲课，进一步的发展美-越可持续大学伙伴关系
		访问学者项目	在美国机构对越南公民追求研究领域科学、技术、工程、数学、和医学的学习进行博士后研究和培训

一般区域研究和语言培训——多个学术水平

联合工作小组将区域研究和语言培训项目视为对一个地区实施持续监测。审查的目的是确保所有语言培训项目都归为学术/教育项目。

在这一分类五个联邦机构做了项目报告。大多数项目由国防部、教育部和国务院赞助。分析显示没有内在重复率，因为大部分项目受众不同；关注语言、国家和区域不同；以及期待达到的美国战略目标不同。但是项目能从赞助者之间频繁分享操作时间和处理共同挑战的交流受益。

国防部	负责人事和战备的国防部副部长	国家安全教育项目	负责区域、语言和其它相关研究的本科生和硕士生奖学金项目
	地区安全研究中心 Regional Centers for Securities Studies	——非洲战略研究中心 Africa Center for Strategic Studies ——亚太地区安全研究中心 Asia-Pacific Center for Security Studies ——美国半球防务研究中心 Center for Hemispheric Defense Studies ——乔治马歇尔欧洲安全研究中心 George C. Marshall European Center for Security Studies ——东南亚战略研究中心 Near East-South Asia Center for Strategic Studies	五个区域中心赞助研究生学术项目，专业研讨会和工作小组，研究机会，和其他活动，促进提高美国和外国参与者对安全相关问题的理解和研究
教育部	高等教育办公室	美国海外研究中心项目	建立和管理海外研究和区域研究中心的赞助项目
		富布赖特海外小组项目	为高等教育机构学生和教师所设的现代外语教师和区域研究计划
		富布赖特海外研讨会项目	为教师、大学教师、课程专家在社科、人文或主办方语言短期研讨会项目
国务院	非洲事务局	后生成培训交流项目	英语教学是区域进行多项民主工作必不可少成分
	教育和文化事务局	全球教育项目	关注教学，教师培训和课程发展的英语语言项目
	情报研究局	在东欧和前苏联的独立国家的研究和培训计划	高级研究，本科项目和语言培训
日美友谊委员会		教育和培训项目	为促进区域研究提供项目资金和机构赞助
和平部队		和平部队志愿者服务项目 Peace Corps Volunteer Service Program	项目成分是基于社区的海外英语教学项目

专家交流培训

上报给联合工作小组的大部分国际交流培训项目包括专业交流和培训活动。如果我们不考虑大量更合适另一个重复评估类别（特别是在科学/技术类别）处理的项目，那我们只剩下大约 100 个项目。这些项目包括培训项目、人员和公民交流、合作项目和包括国际交流和培训组件技术援助项目。

大量的专业交流与培训项目报告连同他们处理不同主题、目的国家和人群、项目方法和预期结果，使评估这些程序中是否有重复成为一个棘手问题。与其他程序分支，赞助组织倾向于将项目工作集中在他们组织任务和专业领域，这限制了重复的可能性。例如，仅限外国同行组织代表人员交流培训计划无重复率，因为他们与每个参与的组织相比都具有不同特点。

主题和区域特定程序也不太可能与其他程序重复，因为他们关注范围很窄。换句话说，一个有着明确定义的目标受众的专门程序与另一个组织不太可能重复。包含多种工作，如国务院交流培训项目的多主题项目或项目组，很难评估并且更有可能与其他联邦工作重复。

专业交流项目虽然不能在上述分类中进行处理，但多半可以分为以下主要的四类：①

（1）经济贸易发展

（2）执法与安全

（3）民主和人权

（4）多主题项目

经济贸易发展

许多联邦机构赞助或参与项目旨在促进海外贸易和经济发展。绝大多数项目在主题或区域集中。，如那些商务部的专利和商标局赞助的特有主题项目重复率很低。定位区域的，如以下列出的国别贸易增强和管理培训项目，并没有减少重复率，但它确实通过促进国家层面的协调和监督，使更容易避免重复项目。

<table>
<tr><td colspan="2">非洲发展基金会
African Development Foundation</td><td>基层开发项目
Grassroots Development Projects</td></tr>
<tr><td colspan="2">商品期货交易委员会
Commodity Futures Trading Commission</td><td>技术援助项目
Technical Assistance Programs</td></tr>
<tr><td rowspan="2">农业部</td><td rowspan="2">农产品外销局
Foreign Agricultural Service</td><td>科克伦助学金项目
Cochran Fellowship Program</td></tr>
<tr><td>教师交流项目</td></tr>
<tr><td rowspan="5">商务部</td><td>经济部分析局</td><td>经济部分析局海外培训与演示</td></tr>
<tr><td>国际贸易局</td><td>美国企业特殊实习培训项目</td></tr>
<tr><td>国家标准技术局</td><td>贸易项目标准</td></tr>
<tr><td>法律顾问办公室</td><td>商法发展项目</td></tr>
<tr><td>美国专利与商标局</td><td>技术支持项目</td></tr>
<tr><td>劳工部</td><td>国际劳工事务局</td><td>贸易协议管理和技术合作</td></tr>
<tr><td colspan="2">联邦贸易委员会</td><td>国际项目</td></tr>
<tr><td colspan="2">美国政府责任署</td><td>国际审计奖学金计划</td></tr>
<tr><td colspan="2">美国国际开发署</td><td>经济增长和农业发展</td></tr>
<tr><td colspan="2">美国贸易开发署</td><td>贸易相关训练</td></tr>
</table>

① 在这些领域和可识别的子类别可能有一个有限的重叠程度。请注意，并不是汇报给联合工作小组的所有专业交流培训项目都包含在这四个类别中。

执法与安全

六个联邦机构报告了联邦执法与安全相关的专业交流培训项目。

像许多其他专业交流培训项目，项目赞助方往往注重仅限在自己专业领域，重复率相当低一些列出的项目还包括贸易和经济发展工作。①

美国海岸警卫队项目，包括重要的执法和安全相关工作，但列在多主题项目这一栏中。

<table>
<tr><th colspan="2">哥伦比亚特区法院服务和罪犯监管机构
Court Services and Offender Supervision Agency for the District of Columbia</th><th>预审服务机构</th></tr>
<tr><td rowspan="2">国防部</td><td>国防安全合作署</td><td>外国军事融资项目
对外军售项目
国际军事教育和培训计划
专业军事教育交流计划</td></tr>
<tr><td>国防部负责政策的副部长办公室
Office of the Undersecretary of Defense for Policy</td><td>区域防御打击恐怖主义奖学金计划</td></tr>
<tr><td rowspan="7">国土安全部</td><td>联邦紧急事务管理署
Federal Emergency Management Agency</td><td>国内应急中心
应急管理学院项目
应急准备和灾害管理的培训和技术援助项目
国家消防学院项目</td></tr>
<tr><td>联邦执法培训中心
Federal Law Enforcement Training Center</td><td>关键基础设施/资源保护小组
枪械指导发展培训小组
国际学生个人项目
国际执法学院
通过理解人类行为领导训练计划
登船和指导发展研讨会</td></tr>
<tr><td>移民和海关执法局
Immigration and Customs Enforcement</td><td>大量现金走私国际训练项目
Bulk Cash Smuggling International Training Program
国土安全调查法医实验室训练项目
HSI Forensic Laboratory Training</td></tr>
<tr><td>运输安全管理局
Transportation and Security Administration</td><td>运输安全管理局国际培训项目
TSA International Training</td></tr>
<tr><td>美国公民与移民服务局
U. S. Citizenship and Immigration Services</td><td>难民、庇护所、国际业务部门——培训项目
Refugee, Asylum, and International Operations (RAIO) Division-Training</td></tr>
<tr><td>美国海岸警卫队
United States Coast Guard</td><td>国际人才交流计划
International Personnel Exchange Program
居民培训计划
Resident Training Programs</td></tr>
<tr><td>美国特勤局
United States Secret Service</td><td>美国特勤局国际培训项目
USSS International Training Program</td></tr>
</table>

① 在执法和安全这类标注星号(＊)的项目同样也包括贸易和经济发展工作。

续表

司法部	反垄断局 Antitrust Division	垄断部门国际技术援助项目 * Antitrust Division International Technical Assistance Programs *
	美国烟酒枪械管理署 Bureau of Alcohol, Tobacco, Firearms, and Explosives	美国烟酒枪械管理署国际培训项目 ATF International Training
	刑事审判庭 Criminal Division	国际刑事调查培训援助计划 International Criminal Investigative Training Assistance Program 海外诉讼发展援助和培训项目 Overseas Prosecutorial Development, Assistance, and Training Program
	药品执法局 Drug Enforcement Administration	国际麻醉品管制培训项目 International Narcotics Control Training Program
	联邦调查局 Federal Bureau of Investigation	联邦调查局国际培训项目 Federal Bureau of Investigation International Training Programs
国务院	国际反毒品和执法事务局 Bureau of International Narcotics and Law Enforcement Affairs	国际需求减少培训和技术援助
(交通)运输部	联邦汽车运输安全局 Federal Motor Carrier Safety Administration	禁毒援助计划 * Drug Interdiction Assistance Program

民主和人权

许多联邦机构赞助项目，旨在促进民主管理制度和全世界对人权和法治尊重。除了下面列出的项目之外，许多项目列在多主题项目这一栏，尤其是那些国务院赞助的促进民主的和人权的项目。

此类项目主题多样化，包括但不限于解决冲突、促进自由独立的媒体、非政府组织发展、公平劳动行为、公民参与政府和加强机构管理。项目赞助方应该留心大量联邦计划出现这样的主题。虽然这些项目不会相互重复，赞助方分享最佳实践和基准测试程序可以提高项目总体效率和有效性。

广播理事会 Broadcasting Board of Governors		国际媒体培训中心项目 International Media Training Center Program
国防部	国防安全合作署	国际军事教育培训项目①
教育部	学生安全健康办公室	商议美国民主②
劳工部	国际劳工事务局	处理童工、强迫劳动和人口贩卖项目
国务院	教育文化事务局	援助欧洲、欧亚大陆和中美洲计划
联邦仲裁与调解局 Federal Mediation and Conciliation Service		国际劳工冲突管理项目 International Labor Conflict Management Program
国会图书馆		全球法律资讯网

① 有些在国际军事教育和培训项目的课程也处理民主和人权问题，大部分的课程在执法和安全这一栏中。

② 2011 年新项目报告

续表

国家民主基金会	里根-法塞尔民主奖学金项目 Reagan-Fascell Democracy Fellows Program
政府伦理局 Office of Government Ethics	国际技术援助和合作
美国国际开发署	民主管理项目 人道援助
美国和平研究所①	国际冲突管理和建设和平学院

多主题项目

大量的报告联合工作小组的专业交流和培训项目处理广泛的主题、话题和受众。由于项目的多样性和范围，他们可能是最容易与其他程序重复，所以应该仔细监控。国务院、美国国际开发署和和平部队之间紧密协调是必要的，以确保他们的项目互相补充和构建来共同实现联邦政府的外交政策目标。

如前面提到，如由日美友谊委员会赞助的地理特定项目和由美国海岸警卫队（专门从事海事执法、搜索和救援、海洋环境保护、河道管理以及其他海岸警卫队操作区域）赞助的主题特定项目不太可能与其他项目重复。联合工作小组还指出，美国海岸警卫队在项目中也包括经贸工作。

国土安全部	美国海岸警卫队	美国海岸警卫队出口培训 U. S. Coast Guard Exportable Training 美国海岸警卫队国际人才交流项目 U. S. Coast Guard International Personnel Exchanges Programs 美国海岸警卫队居民培训项目 U. S. Coast Guard Resident Training Programs
国务院②	非洲事务局	后生成交流培训项目
	东亚和太平洋事务局	后生成交流培训项目
	教育和文化事务局	公民交流项目 经济支持基金项目 特殊专业和文化交流项目 支持东欧民主交流计划
	欧洲和欧亚事务局	后生成交流培训项目
	近东事务局	后生成交流培训项目
	西半球事务局	后生成交流培训项目
	美国国务院国际信息局	美国发言者和专家项目 U. S. Speakers and Specialists Programs
日美友谊委员会		教育和培训项目
世纪挑战公司③ Millennium Challenge Corporation		培训工作

① 在 2011 年度没有的后冲突和平与稳定处理中心数据。

② 南亚和中亚事务局并没有呈交 2011 年数据。

③ 世纪挑战集团与 2011 年第一次呈交数据。

续表

和平部队	和平部队志愿者服务项目
美国国际开发署	教育和培训
伍德罗威尔逊国际学者中心 Woodrow Wilson International Center for Scholars	伍德罗威尔逊国际研究中心为学者所设项目 Woodrow Wilson International Center for Scholars Programs

结　　语

联邦政府的国际交流和培训项目的数量和范围，很难测评这些项目中是否有任何有意义的重复。

一些大型项目机构提供联合工作小组信息之前整合各项离散工作信息，所以关于主题，受众，方法和目的结果的具体细节并不总是有效的。然而，基于已有信息，联合工作小组能够开展重复评估，能够识别更高风险重复率的区域和通过协调避免重复的区域。

正如本章前面所述，主题内特定项目区域关注和目标受众使重复的可能性非常低。作为常规则，高度专业化赞助组织执行或参与高度专业化的交流培训项目。例如，其他组织是不可能与美国邮政服务交流培训项目重复的。

更广泛的授权和有众多项目的联邦组织与另一个联邦组织的工作有更大的重复可能性。

当一个组织的规模和范围和该组织收集的项目信息使项目计划使对其他联邦管理者不透明时，重复概率更大。

前几年的报告、库存数据显示，国务院和美国国际开发署赞助很大一部分联邦交流和培训项目（美国和外国）的参与者。①

联合工作小组认为美国大使馆和驻外机构在确保项目避免重复方面起很重要的作用，因为海外人员可以基于各种联邦项目选项，政治重点，改变或发展主办国环境来做调整，因而作出可靠的需求评估。大多数的美国国际开发署的项目和和平部队当地项目在国内开发和执行。

国务院的《四年外交和发展回顾》为提升美国的公民力量“提供了一个蓝图，以更好地提升国家利益和与美国军事更好的合作。”②

在其“超越华盛顿”目标中，四年度外交和发展审议旨在让驻外使团公使拥有改革方针和发展战略能力，以及能在美国和国际利益之间以更高效聚合的方式来加强，指引、联盟美国政府海外机构工作的新手段。结果到目前为止，表明审议正在发挥作用。国务卿克林顿简单说道：“如果我们不协调合作，我们就无法实现美国人民真正的需求。”③

* * *

联邦机构必须致力于国内和海外共同努力以确保所有利害关系方全方位知道美国政府和私营部门的交流和培训计划，然后调整项目确保广泛的美国政府活动产生清晰的，有凝聚力的和互补的尝试，在具有挑战性的预算有限的环境下，努力实现美国的外交政策目标。

① 在国务院和美国国际开发署 2007-2012 年战略计划的支持下进行联邦合作。

② “通过公民力量：第一个四年回顾”wwwhttp://www.state.gov/documents/organization/153142.pdf

③ 摘录电缆 00077799 非保密状态。

附录 A：授权：联合工作小组授权-112 部分(G)的共同教育和文化交流法案 1961(P. L. 87-256)，修订版(22 美国国会 § 2460(G))

APPENDIX A：MANDATE：IAWG MANDATE-
SECTION 112(G) OF THE MUTUAL EDUCATIONAL
AND CULTURAL EXCHANGE ACT OF 1961 (P. L. 87-256), AS AMENDED (22 U. S. C. § 2460 (G))

(g)美国政府国际交流培训项目工作小组 (1)为了执行分段(f)，目的提高美国政府国际交流培训项目的协调性、效率和有效性，政府资助的国际交流和培训，在美国新闻署间建立了高层联合工作小组，被称为美国政府赞助国际交流培训高级工作组(在本部分称为"工作小组")。

(2)本节目的，"政府资助国际交流和培训"是指美国政府基金全部或部分，直接或间接资助国家之间的民众运动，来促进共享思想、发展技能、促进相互了解和合作。

(3)工作小组组成如下：

(A)美国新闻署教育和文化事务副主任，作为主席。

(B) 一名国务院的高级代表，由国务卿指定。

(C) 一名国防部的高级代表，由国防部长指定。

(D) 一名教育部的高级代表，由教育部长指定。

(E) 一名司法部的高级代表，由司法部长指定。

(F) 一名国际开发署的高级代表，由开发署署长指定。

(G) 其它机构和部门的高级代表，由主席决定。

(4)国家安全顾问的代表们和管理和预算办公室主任可以参与工作小组，分别由顾问和主任自行决定。

(5)工作小组由美国信息署的教育文化事务局成立的一个联合员工处来支持。

(6)工作小组应当有以下目的和职责：

(A)对所有美国政府部门和机构所提供的开展国际交流和培训项目的数据进行收集、分析和汇报。

(B) 在执行国际交流与培训项目，包括通过建立政府和非政府部门国际交流和培训活动的信息清算所，来促进有着共同问题和挑战的美国政府部门和机构进之间的理解和合作。

(C)为了最有效和具有成本效益的使用联邦资源，美国政府各部门和机构识别包括美国政府赞助的国际交流培训项目管理和规划活动的重复率和重叠率，来确定每项政府资助的国际交流和培训计划如何政促进美国外交政策，并对此做报告。

(D)(i)在签订外交关系授权法案财政年 1998 年和 1999 年不迟于 1 年内，为所有美国政府资助国际交流和培训项目，包括一个通过提高效率，整合程序，或消除重复，或其中任何组合实现至 10%的成本节约目标的工作计划，该工作组应为它们开发一个具有合作性和成本效益的战略。

（ii）在签订外交关系授权法案财政年 1998 年和 1999 年不迟于 1 年内，该工作组应向相关国会委员会提交一份报告，阐述条款（i）所要求的战略和行动计划。

（iii）接下来的每一年工作小组应该对提交的战略和行动计划进行评估（i）.

（E）在签订外交关系授权法案财政年 1998 年和 1999 年不迟于 2 年内，所有美国政府资助的国际交流和培训计划的常见绩效指标提供意见，并出具报告。

（F）对私营部门国际交流活动进行调查，和在美国政府资助的国际交流和培训活动提供发展公私合作关系，以及利用私营部门支持的策略。

（G）在签订外交关系授权法案财政年 1998 年和 1999 年不迟于半年内，从在南非的美国国际开发署到美国新闻署的发展阿特拉斯或曼德拉奖学金计划，或者二者兼有，对这些项目转移资金和项目管理的可行性和可取性报告。报告应包括一个对南非富布赖特委员会能力的评估来管理项目，以及管理在一个机构下整合项目的成本节约。

（7）所有工作小组准备的报告应通过美国新闻署的主任提交给总统。

（8）工作小组应当至少每个季度见面一次。

（9）工作组的所有的决定应由成员的多数票决定。

（10）工作小组的成员没有额外的补偿。工作小组成员因为工作组服务而产生的任何费用应由该成员所在的部门或机构补偿。

（11）关于在（6）中发布的报告，一个成员可以提交异议，该意见作为工作组报告的一部分。

附录 B：美国政府组织赞助和报告的国际交流和培训项目

APPENDIX B：U. S. GOVERNMENT ORGANIZATIONS SPONSORING AND REPORTING INTERNATIONAL EXCHANGES AND TRAINING PROGRAMS

	管理国际交流培训			向 IAWG 提交数据		评论
	是	否	未知	是	否	
行政部门						
美国总统行政部门						
经济顾问委员会		X			X	
环境质量委员会		X			X	
国家安全委员会		X			X	
行政办公厅		X			X	
行政管理和预算局		X			X	
国家麻醉品控制政策办公厅		X			X	
政策发展办公厅		X			X	
科学和技术政策办公厅		X			X	
美国贸易代表办公室厅		X			X	
美国副总统办公厅		X			X	
白宫办公厅		X			X	
行政机构						
内阁级部门						
农业部	X			X		
商务部	X			X		
国防部	X			X		
教育部	X			X		
能源部	X			X		
卫生部	X			X		
国土安全部	X			X		
住房与城市发展部	X			X		
内政部	X			X		
司法部	X			X		
劳工部	X			X		

续表

	管理国际交流培训			向 IAWG 提交数据		评论
	是	否	未知	是	否	
国务院	X			X		
交通运输部	X			X		
财政部	X			X		
退伍军人事务部	X			X		
独立机构和政府组织						
非洲发展基金会	X			X		
中央情报局			X		X	工作组并未收集分类信息
商品期货交易委员会	X			X		
消费产品安全委员会	X			X		
国家和社区服务公司		X			X	
哥伦比亚特区法庭服务和罪犯监管机构	X			X		
核设施安全防护委员会		X			X	
环境保护署	X			X		
就业机会均等委员会	X				X	
美国进出口银行		X	X		X	
农业信贷管理局		X			X	
联邦通讯委员会	X			X		
美国联邦存款保险公司	X			X		
联邦选举委员会	X			X		
联邦住房金融委员会		X			X	
联邦劳资关系局		X			X	
联邦海事委员会	X			X		
联邦仲裁与调解局	X			X		
联邦矿山安全与健康评估委员会		X			X	
联邦储备系统	X				X	
联邦退休储蓄投资委员会	X			X		2011 年没有提交数据
联邦贸易委员会	X			X		
总务管理局	X			X		
博物馆和图书馆服务研究院		X			X	
美洲国家基金	X			X		
绩制度保护委员会	X			X		
世纪挑战集团	X			X		
国家航空和宇宙航行局	X			X		
国家档案和记录管理局	X			X		2011 年没有提交数据
国家首都计划委员会	X			X		
国家信用社管理局	X			X		
国家艺术基金会	X			X		
国家民主基金会	X			X		
国家人文基金会	X			X		

续表

	管理国际交流培训			向 IAWG 提交数据		评论
	是	否	未知	是	否	
国家劳工关系委员会		X			X	
国家仲裁委员会		X			X	
全国铁路客运公司(AMTRAK)	X			X		
美国国家科学基金会	X			X		
全国运输安全委员会	X			X		
核管理委员会	X			X		
核废弃物技术审查委员会	X			X		2011 年没有提交数据
职业安全与卫生审查委员会		X			X	
政府伦理局	X			X		
人事管理局	X			X		没有提交报告
美国特别检察官办公室	X			X		没有提交报告
海外私人投资组织		X			X	
和平部队	X			X		
退休金津贴保证公司	X			X		
邮资委员会	X				X	
铁路系统退休理事会		X			X	
证券交易委员会	X			X		
义务兵役制		X			X	
小型企业管理局	X			X		
社会保障总署	X			X		
田纳西州流域管理局	X			X		
美国国际开发署	X			X		
美国民权委员会	X			X		
美国国际贸易委员会			X		X	
美国邮政总局	X			X		
美国贸易和开发署	X			X		
越南教育基金会	X			X		
董事会、组委会和委员会						
联邦注册管理委员会			X		X	国家档案馆和记录管理署的一部分
文物保护咨询委员会		X			X	
美国战役纪念碑委员会		X			X	
阿巴拉契亚地区委员会	X				X	
建筑和运输障碍合规委员会	X			X		
北极研究委员会		X			X	
关节炎和肌肉骨骼机构间协调委员会		X			X	卫生部/国家卫生所的一部分
亚洲基金会	X			X		国务院监督下提交数据
巴里·戈德华特奖学金和优秀教育基金会		X			X	
广播理事会	X			X		
化工安全与风险调查委员会		X			X	

续表

	管理国际交流培训			向 IAWG 提交数据		评论
	是	否	未知	是	否	
公民咨询委员会		X			X	
艺术委员会	X				X	
美国外国投资委员会			X		X	财政部部分
纺织品协议执行委员会		X			X	商务部部分
从盲人或严重残疾购买委员会		X			X	
预防少年犯罪协调委员会		X			X	司法部部分
河流流域委员会	X			X		
濒危物种委员会		X			X	内政部部分
出口管理审查委员会		X			X	
联邦金融机构检查		X			X	
联邦融资银行		X			X	财政部部分
联邦教育机构总委员会		X			X	教育部部分
联邦实验室技术转移联盟		X			X	
联邦委员会图书馆和信息中心		X			X	国会图书馆部分
哈利·杜鲁门奖学金基金会		X			X	
伊利诺斯州和密歇根州运河国家遗产廊道委员会		X			X	
印度工艺品董事会			X		X	内政部部分
残疾人就业跨部门委员会			X		X	就业公平委员会部分
跨部门储蓄债券委员会		X			X	
威廉·富布赖特外国奖学金委员会	X			X		通过国务院/教育文化事务局提交数据
詹姆斯·麦迪逊纪念奖学金基金会		X			X	
日美友谊委员会	X			X		
注册精算师联合委员会			X		X	财政部部分
海洋哺乳动物委员会	X			X		
医疗保险支付咨询委员会		X			X	
候鸟保护委员会		X			X	
密西西比河保护委员会		X			X	国防部、部分
国家环境政策基金会莫里斯·尤德尔优秀奖学金		X			X	
国家图书馆和信息科学委员会		X			X	
国家残疾人事务委员会		X			X	
国家公园基金会		X			X	
纳瓦霍和霍皮印第安人搬迁办公室		X			X	
西北电力规划委员会		X			X	
巴拿马运河委员会		X			X	解散
奥利弗·温德尔·霍姆斯设备永久委员会		X			X	国会图书馆部分
残疾人就业总统委员会			X		X	劳工部门部分
完整和效率总统委员会		X			X	管理预算办公厅部分
外交情报咨询总统委员会		X			X	
普西迪奥信托基金			X		X	内政部部分-应由国家公园服务提交工作

续表

	管理国际交流培训			向 IAWG 提交数据		评论
	是	否	未知	是	否	
社会保障咨询理事会		X			X	
萨斯奎哈纳河流域委员会	X			X		2011 年没有提交数据
纺织品贸易策略组		X			X	美国贸易代表部分
贸易政策工作委员会		X			X	美国贸易代表部分
美国大屠杀纪念馆	X			X		
退伍军人节全国委员会		X			X	退伍军人事务部部分
总统学者白宫委员会		X			X	教育部部分
半官方机构						
法律服务公司		X			X	
史密森学会	X				X	未向工作组提交报告
美国法律学会	X			X		2011 没有提交报告
美国和平研究所	X			X		
伍德罗威尔逊国际学者中心	X			X		
其它						
民航巡逻组织	X			X		
联邦能源管理委员会	X			X		能源部独立组织
联邦执行董事会	X			X		2011 年没有提交报告
立法部门						
国会大厦的建筑师		X			X	
国会			X		X	
国会预算局		X			X	
美国政府责任署	X			X		
政府印刷局		X			X	
国会图书馆	X			X		
开放世界领导中心	X			X		
美国植物园			X		X	国会大厦建筑师的主持下进行操作
司法部门						
美国法院行政办公室			X		X	
联邦司法中心			X		X	
初级法院			X		X	
特殊法庭			X		X	
美国最高法院			X		X	
美国量刑委员会		X			X	

附录C：参与国家

APPENDIX C：PARTICIPANTS BY COUNTRY

东亚和太平洋——EAP

国家或地区	美国	国外	总计
澳大利亚	365	5 354	5 179
文莱	78	388	466
柬埔寨	463	17 825	18 288
中国	2 254	25 155	27 409
库克群岛	0	4	4
东亚和太平洋地区	37	1 720	1 757
东亚和太平洋不明地区	29	206	235
东帝汶	14	215	229
斐济	75	3 565	3 640
法属玻里尼西亚	4	0	4
中国香港	489	1 429	1 918
印度尼西亚	586	34 837	35 423
日本	1 129	5 919	7 048
基里巴斯	0	16	16
朝鲜	12	189	201
韩国	772	3 460	4 232
老挝	101	1 247	1 348
中国澳门	10	26	36
马来西亚	279	1 633	1 912
马绍尔群岛	51	126	177
密克罗尼西亚联邦	47	59	106
蒙古	417	10 972	11 389
缅甸	32	1 766	1 798
瑙鲁	0	1	1
新西兰	200	454	654
帕劳群岛	18	35	53
巴布亚新几内亚	17	146	163
菲律宾	963	114 438	116 401
皮特凯恩群岛	0	29	29

续表

国家或地区	美国	国外	总计
萨摩亚	41	103	144
新加坡	181	2 118	2 299
所罗门群岛	1	49	50
中国台湾	362	2 054	2 416
泰国	1 041	13 398	14 439
汤加	46	46	102
图瓦卢	0	7	7
瓦努阿图	69	8	77
越南	1 332	65 888	67 220
总计	11 515	315 895	327 410

欧　亚

国家或地区	美国	国外	总计
亚美尼亚	214	14 362	14 576
阿塞拜疆	268	3 805	4 073
白俄罗斯	36	3 549	3 585
欧亚大陆地区	261	77	338
欧亚大陆不明地区	0	0	0
格鲁吉亚	197	7 505	7 702
哈萨克斯坦	203	2 833	3 036
吉尔吉斯斯坦	183	2 714	2 897
摩尔多瓦	266	2 173	2 439
俄罗斯	1 073	4 240	5 313
塔吉克斯坦	174	4 498	4 672
土库曼斯坦	40	2 706	2 746
乌克兰	1 195	24 161	25 356
乌兹别克斯坦	52	1 168	1 220
总计	4 162	73 791	77 953

欧　洲

国家或地区	美国	国外	总计
阿尔巴尼亚	169	7 965	8 134
安道尔共和国	3	1	4
奥地利	671	1 628	2 299
比利时	209	1 387	1 596
波斯尼亚—黑塞哥维亚	105	65 648	65 753
保加利亚	372	1 299	1 671
克罗地亚	152	400	552
塞浦路斯	55	8 553	8 608

续表

国家或地区	美国	国外	总计
捷克共和国	341	2 792	3 133
丹麦	216	397	613
东欧地区	157	281	438
爱沙尼亚	134	395	529
欧洲不明地区	25	470	495
欧洲联盟	452	887	1 339
芬兰	285	274	559
法国	786	2 278	3 064
德国	10 394	15 126	25 520
希腊	275	1 584	1 859
格恩西岛	0	2	2
匈牙利	426	1 784	2 174
冰岛	51	88	139
爱尔兰	648	602	1 250
英国属地曼岛	0	13	13
意大利	395	1 269	1 664
泽西岛	0	1	1
科索沃	162	34 790	34 952
拉脱维亚	448	6 653	7 101
列支敦斯登	0	2	2
立陶宛	136	286	422
卢森堡	9	51	60
卢森堡(前南斯拉夫共和国)	201	1 679	1 880
马尔他	40	724	764
摩纳哥	1	1	2
北大西洋公约组织	0	226	226
荷兰	313	10 272	10 585
北爱尔兰自治区	0	5	5
挪威	172	1 307	1 479
波兰	313	86 640	86 953
葡萄牙	85	256	341
罗马尼亚	188	2 469	2 657
圣马力诺	0	2	2
塞尔维亚和黑山	181	14 765	14 946
斯洛伐克	156	1 042	1 198
斯洛文尼亚	39	670	709
西班牙	584	11 935	12 519
瑞典	218	445	663
瑞士	648	743	1 391
土耳其	1 079	2 120	3 199

续表

国家或地区	美国	国外	总计
英国	979	2 070	3 049

近　东

国家或地区	美国	国外	总计
阿尔及利亚	118	1 222	1 340
巴林岛	55	457	530
埃及	450	52 760	53 210
伊朗	4	65	69
伊拉克	242	20 306	20 548
以色列	260	5 381	5 641
约旦	1 175	25 773	26 948
科威特	73	590	663
黎巴嫩	74	6 208	6 102
利比亚	1	89	90
摩洛哥	820	42 587	43 407
近东地区	110	245	355
近东不明	0	85	85
阿曼	71	729	800
卡塔尔	88	6 353	6 441
沙特阿拉伯	138	10 564	10 702
叙利亚共和国	20	97	117
突尼斯	154	801	955
阿拉伯联合酋长国	71	1 388	1 459
约旦河西岸和加沙地带	165	37 359	37 524
也门	17	1 606	1 623
总计	4 106	214 503	218 609

不可归属区域

国家或地区	美国	国外	总计
不可归属区域	97	1 926	2 023
总计	97	1 926	2 023

南　亚

国家或地区	美国	国外	总计
阿富汗	533	486 081	486 614
孟加拉国	259	393 800	394 059
不丹	14	61	75
印度	1 042	33 115	34 157
马尔代夫	16	243	259

续表

国家或地区	美国	国外	总计
尼泊尔	147	125 309	125 456
巴基斯坦	239	27 432	27 671
南亚地区	5	649	654
南亚不明地区	0	89	89
斯里兰卡	135	2 607	2 742
总计	2 390	1 069 386	1 071 776

撒哈拉以南非洲地区

国家或地区	美国	国外	总计
安哥拉	4	236	240
贝宁	116	7 383	7 499
博茨瓦纳	181	1 803	1 984
布基纳法索	185	5 547	5 732
布隆迪	17	320	337
喀麦隆	237	836	1 073
佛得角	143	245	388
中非共和国	1	9	10
乍得	3	608	611
科摩罗	1	230	231
刚果	13	9 910	9 923
科特迪亚	3	159	162
刚果民主共和国	20	1 841	1 861
吉布提	4	327	331
赤道几内亚	1	34	35
厄立特里亚国	4	12	16
埃塞俄比亚	202	31 283	31 485
加蓬	15	271	286
冈比亚	132	260	392
加纳	678	28 300	28 978
几内亚	87	1 966	2 053
几内亚比绍	0	88	88
肯尼亚	623	9 139	9 762
莱索托	134	3 938	4 072
利比里亚	124	821	945
马达加斯加岛	162	12 356	12 518
马拉维	176	133 063	133 239
马里	201	4 287	4 488
毛里塔尼亚	22	423	445
毛里求斯	33	297	330
莫桑比克	184	30 665	30 849

续表

国家或地区	美国	国外	总计
纳米比亚	157	5 634	5 791
尼日尔	12	202	214
尼日利亚	176	43 976	44 152
卢旺达	152	38 232	38 384
圣多美与普林希比共和国	3	48	51
塞内加尔	502	1 988	2 490
塞舌尔	12	185	197
塞拉利昂	126	381	507
索马里	1	72	73
南非	403	9 082	9 485
撒哈拉沙漠以南的非洲地区	38	828	866
撒哈拉以南非洲地区未指明的地区	1	380	381
苏丹	18	394	412
斯威士兰	159	8 605	8 764
坦桑尼亚	390	4 086	4 476
多哥	138	656	794
乌干达	309	10 665	10 974
西撒哈拉	0	79	79

西 半 球

国家或地区	美国	国外	统计
安圭拉岛	1	10	11
安提瓜和巴布达	32	247	279
阿根廷	301	1 276	1 577
阿鲁巴岛	3	1	4
阿鲁巴岛	11	287	298
巴巴多斯	29	969	998
伯利兹城	100	729	829
百慕大群岛	4	18	22
玻利维亚	272	35 202	35 474
巴西	1 212	12 351	13 563
加拿大	1 455	12 180	13 635
加勒比地区	4	24	28
开曼群岛	9	9	18
智利	349	1 440	1 789
哥伦比亚	363	93 110	93 473
哥斯达黎加	415	3 586	4 001
古巴	5	5	10
多米尼加岛	6	43	49
多米尼加共和国	355	3 118	3 473

续表

国家或地区	美国	国外	统计
厄瓜多尔	402	23 709	24 111
萨尔瓦多	440	155 384	155 842
法属安地列斯(马提尼克瓜德罗普岛法属圭亚那)	4	8	12
格林纳达	1	28	29
危地马拉	407	25 300	25 707
圭亚那	103	444	547
海地	95	12 554	12 649
洪都拉斯	251	14 591	14 842
牙买加	153	1 207	1 360
墨西哥	1 268	78 371	79 639
蒙特色拉特岛	0	19	19
荷属安的列斯	7	12	19
尼加拉瓜	606	16 701	17 307
巴拿马	361	2 957	3 318
巴拉圭	365	1 715	2 080
秘鲁	711	16 469	17 180
圣基茨和尼维斯	0	19	19
圣卢西亚	3	61	64
圣文森特和格林纳丁斯	0	17	17
苏里南	51	55	106
特立尼达和多巴哥	41	563	604
特克斯和凯科斯群岛	0	20	20
乌拉圭	142	9 492	9 634
委内瑞拉	66	78 661	78 727
维尔京群岛	0	7	7
西半球区域	281	3 463	3 744
西半球不明区域	123	232	355
总计	10 807	506 664	617 471

附录 D：词汇表

AASHTO——美国国家公路运输官员协会
ACS——高级计算机处理部门
ACSS——非洲战略研究中心
ADA——美国残疾人法
ADF——非洲发展基金会
AEECA——欧洲、欧亚大陆，和中亚援助
AF——撒哈拉以南非洲
AFRICOM——非洲司令部
AIDS——艾滋
AITRS——阿拉伯统计数据培训和研究所
AORC——美国海外研究中心
APCSS——亚太安全研究中心
APEC——亚太经合组织
ARSP——和平和解服务行动
ATA——反恐援助计划
ATBCB——建筑运输障碍合规委员会(访问)
ATF——美国烟酒枪械管理署
ATSA——航空运输安全法案
AU——非洲联盟
AWIPS——高级气象交互处理系统
BBG——广播理事会
BEA——经济分析局
BFP——诺曼·博洛格大国际农业科技奖学金计划
BHC——边境健康委员会
BLS——劳工统计局
BOEMRE——海洋能源管理局监管和执法
BTS——运输统计局
CAP——民间空中巡逻队
CBP——海关和边境保护局
CDC——疾病预防控制中心
CDP——国内应急中心
CENTCOM——中央司令部

CFTC——商品期货交易委员会
CHDS——多元半球防卫研究中心
CIAT——美洲税务管理中心
CITES——国际濒危物种贸易公约
CIV——国际访问者项目委员会
CIVITAS——公民教育交流项目
CLA——公民教育交流项目拉美财团
CLDP——商业法律发展计划
COI——原产地信息
COMMIT——模拟海啸培训社区
CPSC——消费产品安全委员会
CRA——社区再投资法
CRFC——芝加哥基础宪法法案
CSOSA——哥伦比亚特区法院服务和罪犯监管机构
CSP——社区监督计划
CT——抗击恐怖主义
CTFP——打击恐怖主义奖学金计划
DDA——美国商讨实施民主
DEA——药品执行管理局
DFG——德国研究基金会
DHS——国土安全部
DOC——商务部
DOD——国防部
DOE——能源部
DOI——内政部
DOJ——司法部
DOL——劳工部
DOS——国务院
DOT——运输部
DRBC——特拉华河流域委员会
DS——外交安全部
DSCA——美国国防安全合作局
DSS——外交安全护卫
DTRA——国防威胁降低局
EA——欧亚
EAP——东亚和太平洋地区
ECA——教育与文化事务局
ECA/A/S——教育信息资源分部
ECC——出口管制合作
ECOWAS——西非国家经济共同体
EEF——艾森豪威尔交换奖学金项目

EERE——能源效率与可再生能源
EIA——能源信息管理局
E——IMET——扩大国际军事教育和培训
EMI——应急管理学院
EOD——爆炸性军械处理
EPA——环境保护署
ESF——经济支持基金
EUCOM——欧洲司令部
EUR——欧洲
EXBS——出口管制和边境安全
FAA——对外援助法案
FAA——联邦航空管理局
FAS——农产品外销局
FBI——联邦调查局
FCC——联邦通信委员会
FDA——食品和药物管理局
FDIC——美国联邦存款保险公司
FEC——联邦选举委员会
FEDS——联邦数据交流系统
FEMA——联邦紧急事务管理局
FERC——联邦能源管理委员会
FHWA——联邦高速公路管理局
FIPSE——高等教育提高基金会
FLETC——联邦执法培训中心
FMC——联邦海事委员会
FMCS——联邦仲裁调节局
FMF——外事军事融资项目
FMS——对外军售项目
FRA——联邦铁路局
FRA——富布赖特海外职员研究项目
FREEDOM——1992 年的俄罗斯及新兴欧亚民主国家自由开放市场法案
FRTIB——联邦退休储蓄投资委员会
FTA——对外技术援助
FTC——联邦贸易委员会
FY——财政年
GAO——美国政府问责局
GCMC——乔治马歇尔中心
GIPA——全球知识产权学院
GLIN——全球法律信息网络
GO——全球官员
GOL——IN——政府在线国际网络

GPA——富布赖特海外项目
GPU——图形处理器单元
GSA——总务管理局
HEA——高等教育法
HD——健康外交
HHS——卫生部
HIV——人体免疫缺损病毒
HPC——高性能计算
HS——14——健康研究
HSI——国土安全调查局
HSI——FL——国土安全调查局实验室
HSS——健康安全处
HUD——住房和城市发展部
IADC——美洲国防学院
IAEA——国际原子能机构
IAF——美洲国家基金
IAPD——国际档案项目部门
IAWG——美国政府资助的国际交流培训调处工作小组
ICA——政府管理信息技术国际委员会
ICARDA——国际干旱地区农业研究中心
ICE——海关执法局
ICITAP——国际刑事调查培训援助计划
ICN——国际竞争网
ICPEN——国际消费者保护和执法网络
ICS——突发事件指挥系统
ICT——咨询通信技术
IEA——国际能源机构
IED——简易爆炸装置
IFLE——国际外语教育交流服务
NATO——北大西洋公约组织
NCHRP——国家公路合作研究项目
NCI——国家癌症研究所
NCPC——国家首都计划委员会
NCPN——科罗拉多高原北部
NCTR——国立毒物学研究中心
NCUA——国家信用社管理局
NCUSIF——全国信用社股份保险基金
NDU——美国国防大学
NEA——全国艺术基金会
NEA——近东
NED——国家民主基金会

NEH——国家人文基金会
NESA——近东南亚
NESDIS——国家气象环境卫星数据信息服务
NETL——国家能源技术实验室
NFA——国家消防学院
NGO——非政府组织
NGS——国家大地测量局
NHI——国家高速公路研究所
NHTSA——国家公路交通安全管理局
NIDA——国家药物滥用研究所
NIFA——国家食品农业研究所
NIH——国立卫生研究院
NINDS——国家神经疾病和中风研究所
NIST——国家标准与技术研究院
NMFS——国家海洋渔业局
NNDC——国家核数据信息
NOA——海洋局
NOAA——国家海洋大气管理局
NPS——国家公园管理局
NRC——国家研究委员会
NRC——核能管理委员会
NRPC——全国铁路客运公司
NSEP——国家安全教育
NSF——国家科学基金会
NSRS——国家空间参考系统
NTIA——国家电信和信息管理局
NTSB——国家运输安全委员会
NWS——国家气象局
NWTRB——核废料的技术审查委员会
OAR——海洋和大气研究办公室
OCC——货币监理署的办公室
OCFT——童工、强迫劳动和人口贩卖管理办公室
IFARHU——人力资源培训和发展协会
IFPCU——非法金融和赃款赃物
IIP——美国国务院国际信息局
ILAB——国际劳工事务局
ILEA——国际执法学院
IMET——国际军事教育和培训
IMTC——国际媒体培训中心
INCSEA——海上事故
INFN——国家核物理研究所

INL——国际反毒品和执法事务局
INR——情报研究局
IPEEC——国际能源效率合作伙伴关系
IPRI——知识产权学院
IRENA——国际可再生能源局
IRS——国内收入署
ISB——信息系统部门
ISN——国际安全与防核扩散
ITA——国际贸易局
ITAU——国际培训和援助单位
ITB——国际培训和援助单位
ITC——国际科技合作
ITT——国际培训和技术援助
IVIP——国际公园志愿者项目
IVLP——国际访问者领袖计划
IVP——国际访问者项目
JCCRER——联合协调委员会的辐射效应研究
JUSFC——美日友谊委员会
LaB——跨国领导者
LOC——国会图书馆
MAIL——农业、灌溉与畜牧部
MADIS——气象数据同化摄取系统
MCC——世纪挑战集团
MECEA——共同教育和文化交流法案
MET——移动教育小组
MMC——海洋哺乳动物委员会
MSD——移动安全分遣队
MSPB——保护委员会
MTT——移动培训组
NAFTA——北美自由贸易协定
NAS——国家科学院
NASA——国家航空和航天局
SAIs——最高审计机构
SAIS——高级国际研究学院
SBA——小型企业管理局
SCEP——科学合作交流项目
SEC——证券交易委员会
SEED——对 1989 年东欧民主法案的支持
SEVIS——学生和交流访问者信息系统
SME——学科专家
SMS——可伸缩的建模系统

SOCOM——特种作战司令部
SOUTHCOM——南区指挥部
SPS——卫生和植物检疫系统
SRAP——阿富汗和巴基斯坦的高级代表办公室
SRBC——萨斯奎哈纳河流域委员会
SSA——社会保障总署
SSD——安全部门发展
STEMM——科学、技术、工程、数学和医学
STEP——科学培训和专业交流计划
STEP——科学家短期交流项目
TFHRC——特纳费公路研究中心
TOT——训练者培训
TREAS——财政部
TRB——运输研究委员会
TRI——国际培训部分
TRIPS——与贸易相关的知识产权协议
TSA——交通安全管理局
TSP——节俭储蓄计划
TVA——田纳西州流域管理局
UPD——大学项目部
US——美国
USAID——美国国际开发署
U. S. C. ——美国法典
USCCR——美国民权委员会
USCG——美国海岸警卫队
USCGA——美国海岸警卫队学院
USCIS——美国公民身份和移民服务
USD——美国国防部
USDA——农业部
USDA/FAS/OCBD/TSE——农业部对外农业服务，行政能力建设和发展、贸易和科技交流的部门
USED——教育部
USFS——美国林业局
USG——美国政府
USGS——美国地质调查局
USHMM——U 美国大屠杀纪念馆
OCSIT——公民服务和技术创新办公室
OE——电力提供和能源可靠性办公室
OECD——经济合作与发展组织
OFDA——美国对外灾难援助办公室
OGA——国际事务办公室
OGE——政府伦理局

OIA——国际事务处
OIP——国际交流项目办公室
OIR——国际关系办公室
OISE——国际科学与工程办公室
OJP——司法项目办公室
OJT——在职培训
OPCW——禁止化学武器组织
OPDAT——海外的发展援助，和培训
OSC——美国特别检察官办公室
OSD——国防部长办公室
OSM——频谱管理办公室
OST——秘书长执行办公室
OWLC——开放世界领导中心
P&R——人事和战备
PACA——公众和国会事务办公室
PASAs——参与代理服务协议
PAO——公共事务办公室
PARC——巴基斯坦农业研究理事会
PC——和平部队
PfPC——和平伙伴关系联盟
PL——国际公法
PLTCE——欧洲伙伴关系语言和培训中心
PME——专业军事教育交流
PMEL——太平洋海洋环境实验室
PSA——预审服务机构
PSI——防扩散安全倡议
RAIO——难民庇护所国际指挥部
RD&D——研发和示范
REDD——减少森林砍伐和退化产生的排放计划
RERF——辐射效应研究基金会
RITA——研究和创新技术管理部
RNSSC——区域网络的战略研究中心
RSO——地区安全官员
SA——国外富布赖特研讨会
SA——南亚
SABIT——美国商业特殊实习计划
USIP——美国和平研究所
USMMA——美国商船学院
USPC——美国邮政委员会
USPC——美国假释委员会
USPS——美国邮政管理局

USPTO——美国专利和商标办公室
USSS——美国特勤局
USTDA——美国贸易和开发署
USTTI——美国电信培训机构
U. S. /U. S. S. R. —— 美国/苏维埃社会主义共和国联盟
VA——退伍军人事务部
VEF——越南教育基金会
VOA——美国之音
VOT——酷刑受害者基金
VSP——访问学者项目
WHA——西半球
WMD——大规模杀伤性武器
WTO——世界贸易组织
WWICS——伍德罗威尔逊国际学者中心

附录 E：108 条款的共同教育和文化交流法案(MECEA)

APPENDIX E：SECTION 108A OF THE MUTUAL EDUCATIONAL AND CULTURAL EXCHANGE ACT (MECEA)

MECEA 108 部分典型审批过程

(1)使馆或使馆代表电话或写信询问获得程序的批准。通常，这些询问经过美国国务院的各国事务员审核。

(2)调用和查询由国务院教育与文化事务局的交流协调与设计办公室跟踪。交流协调员工，作为工作组成员，应对电话询问做出相应回应。这包括帮组外国政府代表对法规第 108 节 MECEA 操作运转的了解，其中包括指导审核询问。

(3)外国政府向国务院负责公共外交和公共事务处提交一份正式的项目询问单。然后请求发送到交流协调与指定办公室由交流协调/工作组员工进行审查和处理。

(4)交流协调/ 工作组人员对询问单进行审查。提出活动必须符合富布赖特法案 101 和 102(a)(2)(i)部分，请求必须按规定妥善处理。如果申请不完整，需要申请人递交额外的阐明信息。申请人可能会被要求重新提交申请。

(5)如果申请完成，交流协调/ 工作员工发展正式清关方案，其中包括一个行动备忘录(批准或反对建议)及相关附件(如背景材料和外国政府的官方请求的副本)。正式清关包进入清关流程，然后发送到负责公共外交和公共事务的副国务卿进行最终决定和签名。

(6)如果程序请求得到负责公共外交和公共事务副国务卿批准，由副国务卿签名的公函发送给通常在美国大使馆的相应的外国政府的代表。

(7)通告发送到在国务院和众议院和参议院道德委员会的相应联系点。

美国联邦法规 22 第一部分(4-1-04 版本)

部分 64-联邦参与者-参与文化交流国外的项目

部分.

64.1 目的.

64.2 定义.

64.3 提交申请.

64.4 申请内容.

64.5 项目批准标准.

64.6 要求更多信息.

64.7 批准申请.

64.8 顾问机构职员义务.

64.9 终止审批.

64. 10 资助不应成为馈赠.

权威机构：108 部分 A(Pub. L. 94-350，90 Stat. 823)添加到相互教育和文化交流计划，修订版，75 Stat. 527-28 22 U. S. C. 2451 et seq.；

行政命令：11034 年和 12048 年修订版，Pub. L. 105-277，112 Stat. 2681/et seq.；

重组计划：1977 年 2 号和 1978 年 4 月 1 日(43FR15371)连续命令(操作)。

资料来源：1978 年 9 月 20 日 44FR 42247，除非另有注明。

1999 年 10 月 7 日 64FR 54540 重新指定。

编辑注：命名更改部分 1999 年 10 月 7 日 64FR 54540。

§64. 1 目的。

这一部分阐述了批准的外国政府文化交流项目申请程序，一个外国政府，联邦雇员可能参与这样的项目；以及批准的认可和终止的相关手续。

§64. 2 定义。

这部分的目的：

(a)联邦雇员意味着：(1)由标题 5 第 2105 节美国代码定义的员工；(2)个体受雇于，或在地方政府，美国或者哥伦比亚去拥有职位；(3)统一着装机构一员；(4)总统和副总统；(5)参议院或成员众议院，哥伦比亚特区国会代表，来自波多黎各国会属地居民代表。

(b)外国政府意味着一个外国政府和官方代理或其中代表；一群政府和官方代理或其中代表；由政府和官方代理或其中代表组成的国际组织。

(c)项目描述的类型 102 部分(a)(2)(i)的指文化交流项目涉及"美国和其他国家领导之间，专业技能专家之间，以及其它著名影响人物之间的交流访问。"

(d)"法案 101 节中提到的"目的是"使美国政府能够通过教育和文化交流增进美国人民和其他各国人民之间相互了解；通过展示美国和其他国家的教育文化利益，发展和成就以及为实现全世界人民和平富饶的生活所做的贡献，来加强结美国与其他国家之间关系；通过促进教育和文化发展国际合作，从而发展美国及世界其它国家的友好共情和平关系。

(e)国务卿意味着国务院的国务卿。

(f)国务院即国务院。

(g)法案指 1961 年共同教育文化交流法案，修订版(22 U. S. C 2451 et seq.)。

(h)联邦雇员的家庭成员意味着与员工有血缘关系、婚姻关系、收养关系或是雇员家庭成员。

[1978 年 9 月 20 日 44 FR 42247 修改为 1986 年 4 月 1 日 51FR 11016，被重新指定为 1999 年 10 月 7 日 64FR 54540]

§64. 3 提交申请。

如果一个外国政府打算提供赠款或援助来促进雇员参与文化交流项目，那么应当通过在华盛顿特区的外国政府大使馆，代表团，或部门向国务院提交许可申请的程序。如果在华盛顿特区没有外国政府大使馆，代表团，或部门，申请则提交给外国政府国内的部门或总部。申请应当呈递给国务卿。

§64. 4 申请内容。

外国政府应在申请提供能反应项目符合规定 §516. 5 的信息，在申请中应包括下列项目：(a)项目名称和及其描述，法律或法规授权程序；(b)预计年度美国公民参与者数量，包括美国联邦雇员数量；(c)国外平均停留时间，(d)负责项目国务院外国政府；(e)关于项目在美国可以联系的名称和联系地址；在美国如若无此种联系，则国内的总部的部门或外国政府名称及其联系方式。

§64. 5 项目批准标准。

为获得文化交流项目的批准，外国政府需要表明：(a) 文化交流项目的类型符合第 102 部分(a)

(2)(i)中描述的；(b)进行文化交流项目的目的与101部分法案提到的大体一致；(c)若联邦政府成员或家庭成员产生花费，项目资助不会相关资助。

§64.6 要求进一步信息。

国务院可以要求外国政府提供额外的信息。

§64.7 批准申请。

国务卿应当审查申请，如果外国政府项目申请符合§516.5的标准，则需通知该政府同意项目申请。

§64.8 咨询机构员工义务。

任何接受由国务院批准的文化交流项目资助的联邦雇员，应通知雇员机构，并且在雇员机构无异议条件下接受资助。在部门，员工应当在指定伦理官与国务院相关官员接洽后，建议其做出无异议陈述。[1978年9月20日44FR 42247修改和增订为1999年10月7日64FR 54540]

§64.9 终止批准。

如果在任何情况下，之前认可的项目目的已发生改变，不再符合§516.5所规定的标准，或者项目被非法使用，国务卿则终止认可，或者中止认可直到提供额外补充信息。然而，批准终止或中止都不应该影响之前已经做出同意的项目资助。

§64.10 资助不应成为馈赠。

在项目批准的条件下，资助不应成为馈赠而违反22CFR 10.735-203(美国代码)和第7342部分第5标题部分相关法案。

机构对照表

African Development Foundation 非洲发展基金会

Advanced Computing Section 高级计算部门

Advanced Weather Interactive Processing System 高级气象交互处理系统

Afghanistan Agricultural Extension Project 阿富汗农业扩张计划

Afghanistan's Ministry of Agriculture, Irrigation, and Livestock 阿富汗农业、灌溉和畜牧部

Africa Center for Strategic Studies 非洲战略研究中心

African Standby Force 非洲预备军事力量

African Union 非盟

Aisa-Pacific Economic Cooperation(APEC)亚太经济合作组织

Alumni Development for International Exchange and Training Prcgrams 校友发展国际交流和培训项目

American Association of State Highway Transportation Officials(AASHTO)国家公路运输官员的美国协会

American Overseas Research Centers Program(AORC)美国海外研究中心项目

Antiterrorism Assistance Program (ATA)反恐怖主义援助项目

Antitrust Division International Technical Assistance Programs 反垄断局国际技术支援项目

Antitrust Division 反垄断局

Arab Institute of Training and Research in Statistics 阿拉伯合作研究所培训与研究统计

Architectural and Transportation Barriers Compliance Board（Access Board）建筑及交通障碍合规委员会（无障碍委员会）

Asia-Pacific Center for Security Studies 亚太安全研究中心

Assistance for Europe，Eurasia，and Central Asia（AEECA）欧洲、欧亚大陆与中亚援助计划

Assistance Program 应急准备和灾害管理培训与技术支援项目

ATF International Training Branch（ITB）酒精烟草与枪支炸药管理局国际培训部

Aviation and Transportation Security Act（ATSA）航空和交通安全法案

BLS Division of International Technical Cooperation 劳工统计局国际技术合作处

BLS International Visitors Program 劳工统计局国际访问者项目

Border Health Commission Programs 边境卫生委托计划

Broadcasting Board of Governors 广播理事会

Bulk Cash Smuggling International Training Program 巨额资金走私国际培训项目

Bureau of African Affairs 非洲事务局

Bureau of Alcohol，Tobacco，Firearms，and Explosives 酒精烟草与枪支炸药管理局

Bureau of Diplomatic Security 外交安全局

Bureau of East Asian and Pacific Affairs 东亚和太平洋事务局

Bureau of Economic Analysis 经济分析局

Bureau of Educational and Cultural Affairs 教育文化事务局

Bureau of European and Eurasian Affairs 欧洲和欧亚事务局

Bureau of Intelligence and Research 情报研究局

Bureau of International Information Programs 国际信息项目局

Bureau of International Labor Affairs（ILAB）国际劳工事务局

Bureau of International Narcotics and Law Enforcement Affairs（INL）国际毒品和执法事务局

Bureau of International Security and Nonproliferation（ISN）国际保障与反扩散局

Bureau of Labor Statistics（BLS）劳工统计局

Bureau of Near Eastern Affairs 近东事务局

Bureau of Ocean Energy Management，Regulation，and Enforcement Program 海洋能源管理、规范和执行局项目

Bureau of Reclamation 垦务局

Bureau of Transportation Statistics（BTS）交通运输统计局

Bureau of Western Hemisphere Affairs 西半球事务局

CBP International Visitors Program CBP 国际访问者项目

Center for Domestic Preparedness（CDP）国内应急准备中心

Center for Hemispheric Defense Studies 美国半球防务研究中心

Centers for Disease Control and Prevention（CDC）疾病控制与预防中心

Child Labor，Forced Labor，and Human Trafficking Program 童工、强制劳工与人口贩卖项目

Chinese National Ministry of Environmental Protection-Bureau of Environmental Supervision 中国国家环境保护部环境监管局

Citizen Exchange Programs 公民交流项目

Civic Voices：An International Democracy Memory Bank Project 公民之声：国际民主记忆库项目

Civil Air Patrol 民航巡逻组织

Cochran Fellowship Program 科克伦奖学金项目

Commercial Law Development Program 商业法律发展项目

Commodity Futures Trading Commission 日用品期货贸易委员会

Community Reinvestment Act(CRA)社区再投资法案

Competition Committee of the Organization for Economic Cooperation and Development(OECD)经济合作与发展组织

Consumer Product Safety Commission 消费品安全委员会

Councils for International Visitors (CIVs)国际访问者委员会

Court Services and Offender Supervision Agency for the District of Columbia 哥伦比亚地区法院服务和罪犯监管机构

Criminal Division 刑事局

Critical Infrastructure/Key Resources Protection Workshop 重点基础设施/关键资源保护讲习班

Customs and Border Protection (CBP)美国海关和边境保护处

D. C. Board of Parole 华盛顿假释局

D. C. Pretrial Services Agency 华盛顿预审服务局

D. C. Superior Court 华盛顿高级法庭

DEA International Visitor Briefings and Tours 美国缉毒局国际访问者简报和游览

Defense Security Cooperation Agency 国防安全合作署

Delaware River Basin Commission 特拉华河流域委员会

Deliberating in a Democracy in the Americas(DDA)美洲商议民主项目

Department of Agriculture 农业部

Department of Commerce 商业部

Department of Defense 国防部

Department of Education 教育部

Department of Energy (DOE)能源部

Department of Health and Human Services 卫生与公众服务部

Department of Homeland Security (DHS)国土安全部

Department of Housing and Urban Development 住房和城市发展部

Department of Justice (DOJ)司法部

Department of Labor 劳工部

Department of State 国务院

Department of the Interior (DOI) 内政部

Department of the Treasury 财政部

Department of Transportation (DOT) 交通部

Department of Veterans Affairs 退伍军人事务部

Disability Exchange Clearinghouse 残疾人交流清算所

Drug Enforcement Administration (DEA)(美国)缉毒局

East-West Center 东西方研究中心

Economic Community of West African States 西非国家经济共同体

Economic Support Fund(ESF)经济援助基金

Edmund S. Muskie Fellowship Program 埃德蒙德·S·马斯基奖学金计划

Educational Information and Resources Branch (ECA/A/S)教育信息和资源部
Eisenhower Exchange Fellowships(EEF) Program 艾森豪威尔交流助学金计划
Emergency Management Institute(EMI) Programs 应急管理研究所项目
Energy Efficiency and Renewable Energy Programs 能效与可再生能源项目
Energy Information Administration (EIA)能源信息署
Energy Information Administration Programs 能源信息署项目
Environmental Protection Agency(EPA)环境保护局
European Union-United States Atlantis Program，欧盟-美国亚特兰蒂斯项目
Exchange Visitor Program 交流学者项目
Export Control and Related Border Security (EXBS) program 出口管制和相关边境安保项目
FDA International Visitors Program 食品与药物管理局国际访问者项目
Federal Aviation Administration(FAA)美国联邦航空管理局
Federal Bureau of Investigation (FBI)联邦调查局
Federal Bureau of Investigation International Training Programs 联邦调查局国际培训项目
Federal Communications Commission(FCC)美国联邦通信委员会
Federal Deposit Insurance Corporation(FDIC)美国联邦存款保险公司
Federal Election Commission(FEC)联邦选举委员会
Federal Emergency Management Agency (FEMA)联邦紧急事务管理署
Federal Energy Regulatory Commission 联邦能源管理委员会
Federal Exchanges Data System 联邦交流数据系统
Federal Highway Administration(FHWA)美国联邦公路管理局
Federal Law Enforcement Training Center(FLETC)联邦执法培训中心
Federal Maritime Commission(FMC)联邦海事委员会
Federal Mediation and Conciliation Service(FMCS)联邦仲裁调解局
Federal Railroad Administration(FRA)联邦铁路管理局
Federal Trade Commission(FTC)美国联邦贸易委员会
Federal Transit Administration(FTA)联邦运输管理局
Firearms Instructor Development Training Workshop 枪械教官发展培训讲习班
Fogarty International Center (FIC)福格蒂国际中心
Food and Drug Administration 食品药品管理局
Foreign Agricultural Service 对外农业局
Foreign Assistance Act 对外援助法案
Foreign Military Financing Program 外国军事融资项目
Foreign Military Sales Program 外国军售项目
Foreign Technical Assistance(FTA)对外技术援助项目
Fulbright-Hays Group Projects Abroad Program(GPA)富布赖特-海斯团队计划国外研究项目
Fulbright-Hays Seminars Abroad Program 富布赖特-海斯海外研讨会
Fund for the Improvement of Postsecondary Education(FIPSE)高等教育改进基金会
General Services Administration(GSA)总务管理局
George C. Marshall European Center for Security Studies 乔治-C-马歇尔欧洲安全研究中心
German Research Foundation(DFG)德国研究基金会

Global Intellectual Property Academy 全球知识产权学院

Global Legal Information Network(GLIN)全球法律信息网

Han River Basin Environmental Office under the Ministry of Environment 环境保护部汉江流域环境保护处

Health Diplomacy (HD) Program 卫生外交项目

High Interest Vessels (HIV's)高利息船只

Higher Education Act (HEA)美国《高等教育法》

Homeland Security Investigations (HSI)国土安全调查部

ILAB/OIR International Visitors Program 国际劳工事务局/国际关系办公室国际访问者项目

Illicit Finance and Proceeds of Crime Unit(IFPCU)非法融资和非法所得组

Immigration and Customs Enforcement (ICE)移民和海关执法局

Instituto para la Formaciony Aprovechamiento de Recursos Humanos(IFARHU)人力资源培训与使用机构

Inter-American Center for Tax Administration(CIAT)美洲税务管理中心

Inter-American Foundation(IAF)美洲基金会

Internal Revenue Service(IRS)美国国家税务局

International Air Cadet Exchange Program 国际航空学员交流计划

International and Foreign Language Education Service(IFLE)国际和外语教育服务处

International Atomic Energy Agency (IAEA)国际原子能机构

International Competition Network(ICN)国际竞争网络

International Consumer Protection and Enforcement Network(ICPEN)国际消费者保护与执法网络

International Criminal Investigative Training Assistance Program (ICITAP)国际犯罪调查培训支援项目

International Demand Reduction Training and Technical Assistance 国际减需培训和技术支援计划

International Education Programs Service 国际教育项目服务处(国际和外语教育服务处的前身)

International Individual Students Program 国际学员个人项目

International Law Enforcement Academy 国际执法学院

International Law Enforcement Training Center 国际执法培训中心

International Maritime Officer Course 国际海事办公室课程

International Media Training Center Program 国际媒体培训中心项目

International Military Education and Training 国际军事教育和培训

International Narcotics Control Training Program 国际毒品控制培训项目

International Neuroscience Fellowship Program 国际神经科学奖学金项目

International Personnel Exchange Programs 国际人事交流计划

International Technical Assistance Program 国际技术支援项目

International Trade Administration 国际贸易管理局

International Visitor Leadership Program 国际访问者领导力项目

International Visitors Program(IVP)国际访问者项目

International Volunteers-in-Parks/Exchange Visitors Program and Technical Assistance Program 国际公园志愿者/交换访问者项目和技术支持项目

International Youth Development 国际青年发展

Intra-European Organization of Tax Administration(IOTA)欧洲内部税务管理组织

Israeli-Arab Scholarship Program 以色列-阿拉伯奖学金计划

Japan-United States Friendship Commission(JUSFC)日本-美国友谊委员会

Joint Coordinating Committee for Radiation Effects Research (JCCRER)辐射影响研究联合协调委员会

Justice Studies Center for the Americas 美国司法研究中心

Leadership Through Understanding Human Behavior Training Program 了解人类行为·提高领导能力培训项目船舶登陆和教员发展讲习班

Library of Congress(LOC)国会图书馆

Marine Mammal Commission 海洋哺乳动物委员会

Marshall Islands Environmental Monitoring Program 马绍尔群岛环境监测项目

Merit Systems Protection Board(MSPB)考绩制度保护委员会

Meteorological Assimilation Data Ingest System 气象数据同化摄取系统

Millennium Challenge Corporation(MCC)千年挑战公司

Mobile Education and Training Teams(MET/MTT)移动教育队和移动训练队

Mobility International USA 美国残疾人通行国际组织

National Academy of Sciences(NAS)国家科学院

National Aeronautics and Space Administration(NASA)美国宇航局

National Cancer Institute 国家癌症研究所

National Capital Planning Commission(NCPC)国家首都规划委员会

National Center for Toxicological Research (NCTR)国家毒物学研究中心

National Cooperative Highway Research Program(NCHRP)国家合作公路研究项目

National Credit Union Administration(NCUA)国家信用社管理局

National Credit Union Share Insurance Fund(NCUSIF)全国信用社股份保险基金

National Endowment for Democracy(NED)美国国家民主基金会

National Endowment for the Arts(NEA)美国国家艺术基金会

National Endowment for the Humanities(NEH)美国国家人文基金会

National Energy Technology Laboratory(NETL)国家能源技术实验室

National Environmental Satellite, Data, and Information Service 国家环境卫星、数据和信息局

National Fire Academy (NFA)国家消防学院

National Geodetic Survey International Administration 国家全球大地测量管理局

National Highway Institute(NHI)美国国家公路学会

National Highway Traffic Safety Administration(NHTSA)美国国家公路交通安全管理局

National Institute of Food and Agriculture 国家粮食和农业研究所

National Institute of Standards and Technology 国家标准和技术局

National Institute on Drug Abuse (NIDA)国家药物滥用研究所

National Institutes of Health Visiting Program 国立卫生研究院访问项目

National Institutes of Health 国家卫生研究所

National Marine Fisheries Service 国家海洋渔业局

National Ocean Service 国家海洋局

National Oceanic Atmospheric Administration 美国国家海洋和大气管理局

National Park Service (NPS)国家公园服务处

National Railroad Passenger Corporation(Amtrak)国家铁路客运公司

National Research Council(NRC)美国国家研究委员会

National Science Foundation(NSF)美国国家科学基金会

National Security Education Program 国家安全教育计划

National Spatial Reference System 国家空间参考系统

National Telecommunications and Information Administration 国家电信和信息管理局

National Transportation Safety Board(NTSB)国家运输安全委员会

National Weather Service International Exchange and Training Program 国家气象服务国际交流和培训项目

National Weather Service 国家气象局

Near East-South Asia Center for Strategic Studies 近东南亚战略研究中心

Niemann-Pick disease type C (NPC) C 型尼曼-皮克病

NIST Exchange Visitors Program 国家标准和技术局交流访问者项目

NIST International Visitors Program 国家标准和技术局国际访问者项目

Norman E. Borlaug International Agricultural Science and Technology Fellowship Program 诺曼 E. 博洛格国际农业科学与技术奖学金计划

Nuclear Regulatory Commission(NRC)核管理委员会

Office of Capacity Building and Development 能力建设和发展办公室

Office of Child Labor, Forced Labor, and Human Trafficking (OCFT)童工、强制劳工与人口贩卖办公室

Office of Citizen Services and Innovative Technologies(OCSIT)公民服务和技术创新总务署办公室全球政府创新网络

Office of Classification 分类办公室

Office of Electricity Delivery and Energy Reliability 电力供应与能源可靠性办公室

Office of Energy Efficiency and Renewable Energy 能效与可再生能源办公室

Office of Enforcement and Oversight 执法与监督办公室

Office of Environmental Policy and Assistance 环境政策与救济办公室

Office of Fossil Energy International Program 化石能源办公室国际项目

Office of Fossil Energy 化石能源办公室

Office of General Counsel 总法律顾问办公室

Office of Global Affairs(OGA)全球事务办公室

Office of Government Ethics(OGE)政府道德办公室

Office of Health, Safety, and Security 健康、安全与安保办公室

Office of International Science and Engineering(OISE)国际科学与工程办公室

Office of Oceanic and Atmospheric Research 海洋和大气研究办公室

Office of Overseas Prosecutorial Development, Assistance, and Training Program (OPDAT)海外公诉的发展、支援与培训项目

Office of Policy Development and Research 政策发展与研究办公室

Office of Postsecondary Education 高等教育办公室

Office of Public and Congressional Affairs(PACA)公众和国会事务办公室

Office of Safe and Healthy Students 学生安全与健康办公室

Office of Spectrum Management 频谱管理办公室

Office of the Comptroller of the Currency(OCC)美国货币监理署
Office of the Secretary (OST)秘书办公室
Office of the Secretary of Defense 国防部长办公室
Office of the Under Secretary of Defense for Personnel and Readiness 负责人员和预备工作的国防副部长办公室
Open World Leadership Center 开放世界领导中心
Operational Mentor and Liaison Team 操作性指导与联络团队
Organization for Economic Cooperation and Development(OECD)经济合作与发展组织
Organization for the Prohibition of Chemical Weapons (OPCW)禁止化学武器组织
Overseas Prosecutorial Development, Assistance, and Training/International Visitors Program 海外公诉的发展、支援与培训/国际访问者项目
Pacific Marine Environmental Laboratory Activities 太平洋海洋环境实验室活动
Pakistan Watershed Rehabilitation 巴基斯坦水土保持
Participating agency service agreements(PASAs)参与机构服务协议
Partnership Language and Training Center Europe 欧洲合作伙伴语言训练中心
Peace Corps 美国和平队
Post-Generated Exchange and Training Programs 后生成交流和培训项目
Pretrial Services Agency 预审服务机构
Professional Military Education Exchanges 专业军事教育交流项目
Professional Military Education 专业军事教育
Program for North American Mobility in Higher Education 高等教育北美流动项目
Proliferation Security Initiative (PSI)防扩散安全倡议
Quadrennial Diplomacy and Development Review 四年度外交和发展审议
Radiation Effects Research Foundation (RERF)辐射效应研究基金项目
RAIO International Operations Division RAIO 国际行动处
Reclamation International Visitors Program 垦务局国际访问者项目
Reclamation Training Programs 垦务培训项目
Refugee, Asylum, and International Operations (RAIO)难民・避难所・国际行动
Regional Defense Combating Terrorism Fellowship Program 区域防御打击恐怖主义合作计划
Regional Network of Strategic Studies Centers 区域网络战略研究中心
Research and Innovative Technology Administration(RITA)研究及创新科技署
Research and Training Program on Eastern Europe and the Independent States of the Former Soviet Union 东欧和前苏联独立国家研究和培训计划
Reserve Officer Foreign Exchange Program 预备役军官国外交流项目
Returned Volunteer Services 第三目标及返回志愿服务和平队办公室
Russian Health Studies Program 俄罗斯健康研究项目
Scalable Modeling System 可扩展建模系统
Science Training and Exchange Professional Program (STEP)科学培训与交流专业项目
Scientific Cooperation Exchange Program 科研合作交流计划
Section 108A Mutual Educational and Cultural Exchange Act 第 108A 条共同教育和文化交流法案
Securities and Exchange Commission(SEC)证券交易委员会

Senior Representative for Afghanistan and Pakistan Office 阿富汗和巴基斯坦办公室高级代表
Small Business Administration(SBA)小企业管理局
Social Security Administration 社会保险局
South Pacific, East Timor, and Tibet special exchanges 南太平洋、东帝汶与西藏特殊交流计划
Spain Program (Palomares)西班牙项目(西班牙帕洛马雷斯)
Special American Business Internship Training Program 美国企业实习培训专门项目
Special Operations Command 特别执行司令部
Special Professional and Cultural Exchange Programs 专业与文化交流特殊计划
Standards in Trade Program 贸易项目标准
States of the Former Soviet Union 东欧和前苏联独立国家研究和培训计划
Technical Assistance Program 技术援助计划
Tennessee Valley Authority 田纳西河流域管理局
The Community Supervision Program 社区监管项目
The Faculty Exchange Program 职员交流项目
The Holocaust Survivor and Victims Resource Center 大屠杀幸存者与遇难者信息中心
The Interagency Working Group on U. S. Government-Sponsored International Exchanges and Training 美国政府资助的国际交流和培训的跨部门工作组
The Mutual Educational and Cultural Exchange Act of 1961 1961 年共同教育和文化交流法案
The National Institute of Neurological Disorders and Stroke (NINDS)国家神经紊乱与中风研究所
The Partnership for Peace Consortium 和平伙伴关系联盟
Trade Agreement Administration and Technical Cooperation 贸易协定管理和技术合作
Trade and Scientific Exchanges Division 行业和科学交流部
Transportation Research Board(TRB)交通运输研究委员会
Transportation Security Administration(TSA)交通安全管理局
Transportation Security Administration 交通安全管理局
U. S. Army Corps of Engineers North Atlantic Division 美国北大西洋师团军团工程师
U. S. Census Bureau International Relations Office: International Visitors Program 美国人口普查局国际关系处:国家访问者项目
U. S. Census Bureau 美国人口普查局
U. S. Central Command 美军中央司令部
U. S. Citizenship and Immigration Services (USCIS)美国公民和移民服务处
U. S. Coast Guard Academy (USCGA) Programs 美国海岸警卫队学院计划
U. S. Coast Guard International Visitors Program 美国海岸警卫队国际访问者项目
U. S. Coast Guard Resident Training Programs 美国海岸警卫队居民训练计划
U. S. European Command 美国欧盟司令部
U. S. Fish and Wildlife Service International Programs 美国鱼类和野生生物服务处国际项目
U. S. Speaker/Specialist Programs 美国演讲者/专家项目
U. S. Trade and Development Agency 美国贸易发展局
U. S. -Brazil Higher Education Consortia Program 美国-墨西哥高等教育联盟项目
U. S. -Russia Program 美国-俄罗斯项目
United States Agency for International Development(USAID)美国国际开发署

United States Coast Guard(USCG) 美国海岸警卫队
United States Commission on Civil Rights 美国民权委员会
United States Fish and Wildlife Service 美国鱼类和野生生物服务处
United States Forest Service 美国林务局
United States Geological Survey (USGS)美国地质调查局
United States Government Accountability Office 政府责任办公室
United States Holocaust Memorial Museum 美国大屠杀博物馆
United States Institute of Peace 美国和平研究所
United States Merchant Marine Academy(USMMA)美国商船学院
United States Parole Commission 美国假释委员会
United States Patent and Trademark Office 美国专利与商标局
United States Postal Service 美国邮政管理局
United States Secret Service (USSS)美国特勤局
United States Telecommunications Training Institute 美国电信训练学院
United States-Mexico Border Health Commission 美国-墨西哥国境卫生委员会
USED International Visitors Program 美国联邦教育部国际访问者项目
USFS International Visitor Program 美国林务局国际访问计划
USSS International Training Program 美国特勤局国际培训项目
Vessel Boarding and Instructor Development Workshop 登船和教员发展研讨会
Veterans Affairs(VA)退伍军人事务部
Vietnam Education Foundation 越南教育基金会
Visiting Scientist Program 科研学者访问计划
weapons of mass destruction (WMD)大规模杀伤性武器
Woodrow Wilson International Center for Scholars 伍德罗・威尔逊国际学者中心
Zhuhai Water Group Company 珠海水集团公司

术 语 表

AASHTO-American Association of State Highway Transportation Officials 美国国家公路运输协会
ACS-Advanced Computing Section 高级计算机处理部门
ACSS-Africa Center for Strategic Studies 非洲战略研究中心
ADA-Americans with Disabilities Act 美国残疾人法
ADF-African Development Foundation 非洲发展基金会
AEECA-Assistance for Europe, Eurasia, and Central Asia 欧洲、欧亚大陆，和中亚援助
AF-Sub-Saharan Africa 撒哈拉以南非洲
AFRICOM-Africa Command 非洲司令部
AG-Auditor Genera 国家总审计长

AIDS-Acquired Immune Deficiency Syndrome 艾滋

AICMP-Academy for International Conflict Management and Peacebuilding 国际冲突管理及和平建设研究院

AITRS-Arab Institute of Training and Research in Statistics 阿拉伯统计数据培训和研究所

AORC-American Overseas Research Centers 美国海外研究中心

APCSS-Asia-Pacific Center for Security Studies 亚太安全研究中心

APEC-Asia-Pacific Economic Cooperation 亚太经合组织

ARSP-Action Reconciliation Service for Peace 和平和解服务行动

ATA-Antiterrorism Assistance Program 反恐援助计划

ATBCB-Architectural and Transportation Barriers Compliance Board (Access Board) 建筑运输障碍合规委员会(访问)

ATF-Bureau of Alcohol, Tobacco, Firearms, and Explosives 美国烟酒枪械管理署

ATSA-Aviation and Transportation Security Act 航空运输安全法案

AU-African Union 非洲联盟

AWIPS-Advanced Weather Interactive Processing System 高级气象交互处理系统

BBG-Broadcasting Board of Governors 广播理事会

BEA-Bureau of Economic Analysis 经济分析局

BFP-Norman E. Borlaug International Agricultural Science and Technology Fellowship Program 诺曼·博洛格大国际农业科技奖学金计划

BHC-Border Health Commission 边境健康委员会

BIIP-Bureaus of International Information Programs 国际新兴项目署

BLS-Bureau of Labor Statistics 劳工统计局

BOEMRE-Bureau of Ocean Energy Management, Regulation, and Enforcement 海洋能源管理局监管和执法

BTS-Bureau of Transportation Statistics 运输统计局

CAP-Civil Air Patrol 民间空中巡逻

CBP-Customs and Border Protection 海关和边境保护局

CDC-Centers for Disease Control and Prevention 疾病预防控制中心

CDP-Center for Domestic Preparedness 国内应急中心

CENTCOM-Central Command 中央司令部

CFTC-Commodity Futures Trading Commission 商品期货交易委员会

CHDS-Center for Hemispheric Defense Studies 多元半球防卫研究中心

CIAT-Inter-American Center for Tax Administration 美洲税务管理中心

CITES-Convention of International Trade in Endangered Species 国际濒危物种贸易公约

CIV-Councils for International Visitors 国际访问者项目委员会

CIVITAS-Civic Education Exchange Program 公民教育交流项目

CJCS PAO-The Chairman of the Joint Chiefs of Staff Public Affairs Office 公众事务参谋长联席会议主席

CLA-CIVITAS Latin American Consortium 公民教育交流项目拉美财团

CLDP-Commercial Law Development Program 商业法律发展计划

COI-Country of Origin Information 原产地信息

COMMIT-Community Model Interface for Tsunami Training 模拟海啸培训社区

CPSC-Consumer Product Safety Commission 消费产品安全委员会

CRA-Community Reinvestment Act 社区再投资法

CRFC-Constitutional Rights Foundation Chicago 芝加哥基础宪法法案

CSOSA-Court Services and Offender Supervision Agency for the District of Columbia 哥伦比亚特区法院服务和罪犯监管机构

CSP-Community Supervision Program 社区监督计划

CT-Combating Terrorism 抗击恐怖主义

CTFP-Combating Terrorism Fellowship Program 打击恐怖主义奖学金计划

CVE-Countering Violent Extremism 反暴力极端主义

DDA-Deliberating in a Democracy in the Americas 美国商讨实施民主

DEA-Drug Enforcement Administration 药品执行管理局

DFG-German Research Foundation 德国研究基金会

DGP-Democracy and Governance Programs 民主管理项目

DHNDA-Duncan Hunter National Defense Authorization Act of 2009

2009 财年邓肯·亨特国防授权法案

DHS-Department of Homeland Security 国土安全部

DNSA/SC-The Deputy National Security Advisor for Strategic Communications 战略交流代理国家安全顾问

DOC-Department of Commerce 商务部

DOD-Department of Defense 国防部

DOE-Department of Energy 能源部

DOI-Department of the Interior 内政部

DOJ-Department of Justice 司法部

DOL-Department of Labor 劳工部

DOS-Department of State 国务院

DOT-Department of Transportation 运输部

DRBC-Delaware River Basin Commission 特拉华河流域委员会

DS-Diplomatic Security 外交安全部

DSCA-Defense Security Cooperation Agency 美国国防安全合作局

DSS-Diplomatic Security Service 外交安全护卫

DTRA-Defense Threat Reduction Agency 国防威胁降低局

EA-Eurasia 欧亚

EAP-East Asia and Pacific 东亚和太平洋地区

ECA-Bureau of Educational and Cultural Affairs 教育与文化事务局

ECA/A/S-Educational Information and Resources Branch 教育信息资源分部

ECC-Export Control Cooperation 出口管制合作

ECOWAS-Economic Community of West African States 西非国家经济共同体

EEF-Eisenhower Exchange Fellowships 艾森豪威尔交换奖学金项目

EERE-Energy Efficiency and Renewable Energy 能源效率与可再生能源

EGADP-Economic Growth and Agricultural Development Programs 经济增长和农业发展项目

EIA-Energy Information Administration 能源信息管理局

E-IMET-Expanded International Military Education and Training 扩大国际军事教育和培训

EMI-Emergency Management Institute 应急管理学院

EOD-Explosive Ordnance Disposal 爆炸性军械处理

EPA-Environmental Protection Agency 环境保护署

ESF-Economic Support Fund 经济支持基金

EUCOM-European Command 欧洲司令部

EUR-Europe 欧洲

EXBS-Export Control and Border Security 出口管制和边境安全

FAA-Foreign Assistance Act 对外援助法案

FAA-Federal Aviation Administration 联邦航空管理局

FAS-Foreign Agricultural Service 农产品外销局

FBI-Federal Bureau of Investigation 联邦调查局

FCC-Federal Communications Commission 联邦通信委员会

FDA-Food and Drug Administration 食品和药物管理局

FDIC-Federal Deposit Insurance Corporation 美国联邦存款保险公司

FEC-Federal Election Commission 联邦选举委员会

FEDS-Federal Exchanges Data System 联邦数据交流系统

FEMA-Federal Emergency Management Agency 联邦紧急事务管理局

FERC-Federal Energy Regulatory Commission 联邦能源管理委员会

FHWA-Federal Highway Administration 联邦高速公路管理局

FIPSE-Fund for the Improvement of Postsecondary Education 高等教育提高基金会

FLETC-Federal Law Enforcement Training Center 联邦执法培训中心

FMC-Federal Maritime Commission 联邦海事委员会

FMCS-Federal Mediation and Conciliation Service 联邦仲裁调节局

FMF-Foreign Military Financing Program 外事军事融资项目

FMS-Foreign Military Sales Program 对外军售项目

FRA-Federal Railroad Administration 联邦铁路局

FRA-Fulbright-Hays Faculty Research Abroad 富布赖特海外职员研究项目

FREEDOM-Freedom for Russia and Emerging Eurasian Democracies and Open Markets Act of 1992 1992年的俄罗斯及新兴欧亚民主国家自由开放市场法案

FRTIB-Federal Retirement Thrift Investment Board 联邦退休储蓄投资委员会

FTA-Foreign Technical Assistance 对外技术援助

FTC-Federal Trade Commission 联邦贸易委员会

FY-Fiscal Year 财政年

GAO-Government Accountability Office 美国政府问责局

GESCC-Global Engagement Strategy Coordination Committee 全球接洽合作委员

GCC-Geographic Combatant Command 战斗司令部总部

GCMC-George C. Marshall Center 乔治・马歇尔中心

GIPA-Global Intellectual Property Academy 全球知识产权学院

GLIN-Global Legal Information Network 全球法律信息网络

GO-Global Officers 全球官员

GOL-IN-Government Online International Network 政府在线国际网络

GPA-Fulbright-Hays Group Projects Abroad Program 富布赖特海外项目

GPU-Graphical Processor Units 图形处理器单元

GSA-General Services Administration 总务管理局

GSEC-The Global Strategic Engagement Center 全球战略接洽中心

HEA-Higher Education Act 高等教育法

HD-Health Diplomacy 健康外交

HHS-Department of Health and Human Services 卫生部

HIV-Human Immunodeficiency Virus 人体免疫缺损病毒

HPC-High Performance Computing 高性能计算

HS-14-Health Studies 健康研究

HSI-Homeland Security Investigations 国土安全调查局

HSI-FL-HSI Forensic Laboratory 国土安全调查局实验室

HSS-Office of Health, Safety, and Security 健康安全处

HUD-Department of Housing and Urban Development 住房和城市发展部

IADC-Inter American Defense College 美洲国防学院

IAEA-International Atomic Energy Agency 国际原子能机构

IAF-Inter-American Foundation 美洲国家基金

IAFP-International Auditor Fellowship Program 国际审计奖学金项目

IAPD-International Archival Programs Division 国际档案项目部门

IAWG-Interagency Working Group on U. S. Government-Sponsored International Exchanges and Training 美国政府资助的国际交流培训调处工作小组

ICA-International Council for Information Technology in Government Administration 政府管理信息技术国际委员会

ICARDA-International Center for Agricultural Research in the Dry Areas 国际干旱地区农业研究中心

ICE-Immigration and Customs Enforcement 海关执法局

ICITAP-International Criminal Investigative Training Assistance Program 国际刑事调查培训援助计划

ICN-International Competition Network 国际竞争网

ICPEN-International Consumer Protection and Enforcement Network 国际消费者保护和执法网络

ICS-Incident Command System 突发事件指挥系统

ICT-Information and Communications Technology 咨询通信技术

IEA-International Energy Agency 国际能源机构

IED-Improvised Explosive Devices 简易爆炸装置

IFARHU-International and Foreign Language Education Service 人力资源培训和发展协会

IFLE-International and Foreign Language Education Service 国际外语教育交流服务

IFPCU-Illicit Finance and Proceeds of Crime Unit 非法金融和赃款赃物

IIP-Office of International Information Programs 美国国务院国际信息局

ILAB-Bureau of International Labor Affairs 国际劳工事务局

ILEA-International Law Enforcement Academy 国际执法学院

IMET-International Military Education and Training 国际军事教育和培训

IMTC-International Media Training Center 国际媒体培训中心
INCSEA-Incidents at Sea 海上事故
INFN-National Institute of Nuclear Physics 国家核物理研究所
INL-Bureau of International Narcotics and Law Enforcement 国际反毒品和执法事务局
INR-Bureau of Intelligence and Research 情报研究局
IPCs-Interagency Policy Committees 调处政策委员会
IPEEC-International Partnership for Energy Efficiency Cooperation 国际能源效率合作伙伴关系
IPRI-Intellectual Property Rights Institute 知识产权学院
IRENA-International Renewable Energy Agency 国际可再生能源局
IRS-Internal Revenue Service 国内收入署
ISB-Information Systems Branch 信息系统部门
ISN-International Security and Nonproliferation 国际安全与防核扩散
ITA-International Trade Administration 国际贸易局
ITAU-International Training and Assistance Units 国际培训和援助单位
ITB-International Training Branch 国际培训和援助单位
ITC-International Technical Cooperation 国际科技合作
ITT-International Training and Technical Assistance Division 国际培训和技术援助
IVIP-International Volunteers-in-Parks Program 国际公园志愿者项目
IVLP-International Visitor Leadership Program 国际访问者领袖计划
IVP-International Visitors Program 国际访问者项目
JIACG-Joint Interagency Coordination Groups 群体调处合作小组
JCCRER-Joint Coordinating Committee for Radiation Effects Research 联合协调委员会的辐射效应研究
JUSFC-Japan-United States Friendship Commission 美日友谊委员会
LaB-Leaders across Borders 跨国领导者
LOC-Library of Congress 国会图书馆
MAIL-Ministry of Agriculture, Irrigation, and Livestock 农业、灌溉与畜牧部
MADIS-Meteorological Assimilation Data Ingest System 气象数据同化摄取系统
MCC-Millennium Challenge Corporation 世纪挑战集团
MECEA-Mutual Educational and Cultural Exchange Act 共同教育和文化交流法案
MET-Mobile Education Team 移动教育小组
MMC-Marine Mammal Commission 海洋哺乳动物委员会
MSD-Mobile Security Detachments 移动安全分遣队
MSPB-Merit Systems Protection Board 保护委员会
MTT-Mobile Training Teams 移动培训组
NAFTA-North American Free Trade Agreement 北美自由贸易办定
NAS-National Academy of Sciences 国家科学院
NASA-National Aeronautics and Space Administration 国家航空和航天局
NATO-North Atlantic Treaty Organization 北大西洋公约组织
NCHRP-National Cooperative Highway Research Program 国家公路合作研究项目
NCI-National Cancer Institute 国家癌症研究所
NCPC-National Capital Planning Commission 国家首都计划委员会

NCPN-Northern Colorado Plateau 科罗拉多高原北部

NCTR-National Center for Toxicological Research 国立毒物学研究中心

NCUA-National Credit Union Administration 国家信用社管理局

NCUSIF-National Credit Union Share Insurance Fund 全国信用社股份保险基金

NDU-National Defense University 美国国防大学

NEA-National Endowment for the Arts 全国艺术基金会

NEA-Near East 近东

NED-National Endowment for Democracy 国家民主基金会

NEH-National Endowment for the Humanities 国家人文基金会

NESA-Near East-South Asia 近东南亚

NESDIS-National Environmental Satellite, Data, and Information Services 国家气象环境卫星数据信息服务

NETL-National Energy Technology Laboratory 国家能源技术实验室

NFA-National Fire Academy 国家消防学院

NGO-Nongovernmental Organization 非政府组织

NGS-National Geodetic Survey 国家大地测量局

NHI-National Highway Institute 国家高速公路研究所

NHTSA-National Highway Traffic Safety Administration 国家公路交通安全管理局

NIDA-National Institute on Drug Abuse 国家药物滥用研究所

NIFA-National Institute of Food and Agriculture 国家食品农业研究所

NIH-National Institutes of Health 国立卫生研究院

NINDS-National Institute on Neurological Disorders and Strokes 国家神经疾病和中风研究所

NIST-National Institute of Standards and Technology 国家标准与技术研究院

NMFS-National Marine Fisheries Service 国家海洋渔业局

NNDC-National Nuclear Data Cente 国家核数据信息

NOA-National Ocean Service 海洋局

NOAA-National Oceanic Atmospheric Administration 国家海洋大气管理局

NPS-National Park Service 国家公园管理局

NRC-National Research Council 国家研究委员会

NRC-Nuclear Regulatory Commission 核能管理委员会

NRPC-National Railroad Passenger Corporation (AMTRAK)全国铁路客运公司

NSEP-National Security Education Program 国家安全教育

NSF-National Science Foundation 国家科学基金会

NSRS-National Spatial Reference System 国家空间参考系统

NSS-National Security Staff 国家安全参谋部

NSS/GE-NSS Directorate for Global Engagement 全球事务高级主管

NTIA-National Telecommunications and Information Administration 国家电信和信息管理局

NTSB-National Transportation Safety Board 国家运输安全委员会

NWS-National Weather Service 国家气象局

NWTRB-Nuclear Waste Technical Review Board 核废料的技术审查委员会

OAR-Office of Oceanic and Atmospheric Research 海洋和大气研究办公室

OCC-Office of the Comptroller of the Currency 货币监理署的办公室

OCFT-Office of Child Labor, Forced Labor, and Human Trafficking 童工、强迫劳动和人口贩卖管理办公室

OCSIT-Office of Citizen Services and Innovative Technologies 公民服务和技术创新办公室

ODNI-Office of the Director for National Intelligence 国家情报总署办事处

OE-Office of Electricity, Delivery and Energy Reliability 电力提供和能源可靠性办公室

OECD-Organization for Economic Cooperation and Development 经济合作与发展组织

OFDA-Office of U. S. Foreign Disaster Assistance 美国对外灾难援助办公室

OGA-Office of Global Affairs 国际事务办公室

OGE-Office of Government Ethics 政府伦理局

OIA-Office of International Affairs 国际事务处

OIP-Office of International Programs 国际交流项目办公室

OIR-Office of International Relations 国际关系办公室

OISE-Office of International Science and Engineering 国际科学与工程办公室

OJP-Office of Justice Programs 司法项目办公室

OJT-On-the-Job Training 在职培训

OPCW-Organization for the Prohibition of Chemical Weapons 禁止化学武器组织

OPDAT-Overseas Prosecutorial Development, Assistance, and Training 海外的发展援助和培训

OSC-Office of Special Counsel 美国特别检察官办公室

OSD-Office of the Secretary of Defense 国防部长办公室

OSM-Office of Spectrum Management 频谱管理办公室

OST-Office of the Secretary 秘书长执行办公室

OWLC-Open World Leadership Center 开放世界领导中心

P&R-Personnel and Readiness 人事和战备

PACA-Office of Public and Congressional Affairs 公众和国会事务办公室

PASAs-Participating Agency Service Agreement 参与代理服务协议

PAO-Public Affairs Office 公共事务办公室

PARC-Pakistani Agricultural Research Council Public Affairs Office 巴基斯坦农业研究理事会

PC-Peace Corps 和平部队

PD-Public Diplomacy 公众外交

PfPC-Partnership for Peace Consortium 和平伙伴关系联盟

PL-Public Law 国际公法

PLTCE-Partnership Language and Training Center Europe 欧洲伙伴关系语言和培训中心

PME-Professional Military Education Exchanges 专业军事教育交流

PMEL-Pacific Marine Environmental Laboratory 太平洋海洋环境实验室

PSA-Pretrial Services Agency 预审服务机构

PSI-Proliferation Security Initiative 防扩散安全倡议

RAIO-Refugee, Asylum, and International Operations Directorate 难民庇护所国际指挥部

RD&D-Research and Development and Demonstration 研发和示范

REDD-Reducing Emissions from Deforestation and Degradation 减少森林砍伐和退化产生的排放计划

RERF-Radiation Effects Research Foundation 辐射效应研究基金会

RITA-Research and Innovative Technology Administration 研究和创新技术管理部

RNSSC-Regional Network of Strategic Studies Centers 区域网络的战略研究中心

RSO-Regional Security Officers 地区安全官员

SA-Fulbright-Hays Seminars Abroad 国外富布赖特研讨会

SA-South Asia 南亚

SABIT-Special American Business Internship Training 美国商业特殊实习计划

SAIs-Supreme Audit Institutions 最高审计机构

SAIS-School of Advanced International Studies 高级国际研究学院

SBA-Small Business Administration 小型企业管理局

SCEP-Scientific Cooperation Exchange Program 科学合作交流项目

SDGE-Senior Director for Global Engagement 全球事务高级主管

SEC-Securities and Exchange Commission 证券交易委员会

SEED-Support for East European Democracy Act of 1989 对 1989 年东欧民主法案的支持

SEVIS-Student and Exchange Visitor Information System 学生和交流访问者信息系统

SME-Subject Matter Experts 学科专家

SMS-Scalable Modeling Systems 可伸缩的建模系统

SOCOM-Special Operations Command 特种作战司令部

SOUTHCOM-South Command 南区指挥部

SPS-Sanitary and Phytosanitary Systems 卫生和植物检疫系统

SRAP-Senior Representative for Afghanistan and Pakistan Office 阿富汗和巴基斯坦的高级代表办公室

SRBC-Susquehanna River Basin Commission 萨斯奎哈纳河流域委员会

SSA-Social Security Administration 社会保障总署

SSD-Security Sector Development 安全部门发展

SSI-Supplemental Security Income 附加保障项目

STEMM-Science, Technology, Engineering, Mathematics, and Medicine 科学、技术、工程、数学和医学

STEP-Science Training and Exchange Professional Program 科学培训和专业交流计划

STEP-Short-term Scientists Exchange Program 科学家短期交流项目

TFHRC-Turner-Fairbank Highway Research Cente 特纳费公路研究中心

TOT-Training-of-Trainers 训练者培训

TREAS-Department of the Treasury 财政部

TRB-Transportation Research Board 运输研究委员会

TRI-International Training Section 国际培训部分

TRIPS-Trade-Related Aspects of Intellectual Property Rights 与贸易相关的知识产权协议

TSA-Transportation Security Administration 交通安全管理局

TSP-Thrift Savings Plan 节俭储蓄计划

TVA-Tennessee Valley Authority 田纳西州流域管理局

UPD-University Programs Division 大学项目部

US-United States 美国

USAID-United States Agency for International Development 美国国际开发署

U. S. C. -United States Code 美国法典

USCCR-U. S. Commission on Civil Rights 美国民权委员会

USCG-United States Coast Guard 美国海岸警卫队

USCGA-U. S. Coast Guard Academy 美国海岸警卫队学院

USCIS-U. S. Citizenship and Immigration Services 美国公民身份和移民服务

USD-Undersecretary of Defense 美国国防部

USDA-Department of Agriculture 农业部

USDA/FAS/OCBD/TSE-Department of Agriculture's Foreign Agricultural Service, Office of Capacity Building and Development, Trade and Scientific Exchange Division 农业部对外农业服务，行政能力建设和发展、贸易和科技交流的部门

USED-Department of Education 教育部

USFS-United States Forest Service 美国林业局

USG-United States Government 美国政府

USGS-U. S. Geological Survey 美国地质调查局

USHMM-United States Holocaust Memorial Museum 美国大屠杀纪念馆

USIP-United States Institute of Peace 美国和平研究所

USMMA-United States Merchant Marine Academy 美国商船学院

USPC-U. S. Postal Commission 美国邮政委员会

USPC-U. S. Parole Commission 美国假释委员会

USPS-United States Postal Service 美国邮政管理局

USPTO-U. S. Patent and Trademark Office 美国专利和商标办公室

USSS-United States Secret Service 美国特勤局

USTDA-United States Trade and Development Agency 美国贸易和开发署

USTTI-United States Telecommunications Training Institute 美国电信培训机构

U. S. /U. S. S. R. -United States/Union of Soviet Socialist Republics 美国/苏维埃社会主义共和国联盟

VA-Department of Veterans Affairs 退伍军人事务部

VEF-Vietnam Education Foundation 越南教育基金会

VOA-Voice of America 美国之音

VOT-Victims of Torture Fund 酷刑受害者基金

VSP-Visiting Scholar Program 访问学者项目

WHA-Western Hemisphere 西半球

WMD-Weapons of Mass Destruction 大规模杀伤性武器

WTO-World Trade Organization 世界贸易组织

WWICS-Woodrow Wilson International Center for Scholars 伍德罗威尔逊国际学者中心

国家战略传播架构

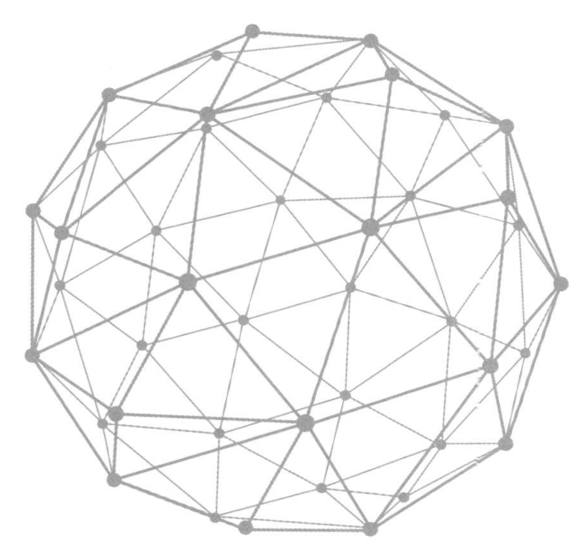

* 文件由美国白宫发布于 2010 年。

白宫

华盛顿

THE WHITE HOUSE
WASHINGTON

尊敬的总统先生：

依据2009财政年度邓肯·亨特国防授权法案（Duncan Hunter National Defense Authorization Act of 2009)第1055节，针对联邦政府公共外交和战略交流，我部制定了一份跨部门综合战略，在此向您呈递。

此敬，
签名

尊敬的约瑟夫·R. 拜登先生
参议院主席
华盛顿特区 20510

尊敬的议长女士：

依据 2009 财政年度邓肯·亨特国防授权法案（Duncan Hunter National Defense Authorization Act of 2009）第 1055 节，针对联邦政府公共外交和战略交流，我部制定了一份跨部门综合战略，在此向您呈递。

此敬，

签名

尊敬的南希·佩洛西女士

众议院议长

华盛顿特区 20515-0508

目　　录

国家战略传播架构

报告目的

据 2009 财政年度邓肯·亨特国防授权法案要求，针对公共外交和战略传播所制定的跨部门综合战略，美国总统需向国会委员会提交一份相关报告。

执行摘要

通过所有的努力发现，有效的战略传播，对维持全球合法性和支持政策目标有重要意义。言行一致是我们共同肩负的责任，它是被整个政府传播的文化培养起来的。我们在谨慎的传播和洽谈的过程中也一定要更注重有效性，更好地理解全世界人民（不仅仅是精英）的态度、看法、不满和顾虑。这样做对于允许我们传达可靠一致的信息、制订有效计划、更好地让人们理解我们的行动是至关重要的。

研究显示，阐明战略传播的方法，及我们如何指导和协调传播工作是有必要的。在此报告中，我们将“战略传播”定义为在与目标受众的交流洽谈中，我们保持言行一致，并有意识地施加影响。为提高我们更好的保持言行一致的能力，及更好地协调传播和洽谈项目的能力，我们也解释了活动所设的职位、进程，及我们所创立的跨部门的工作小组。这些改变已有显著成效，但我们仍然任重道远。

我们意识到确保民用和军事行动保持适当平衡很有必要。所以，为鉴别可能被其他部门和机构更好执行的当前军事计划，检验现有项目资源的程序已被启动。该程序包括一个跨部门工作小组，任务是提供供处理预算、人事及未来项目活动问题有关的短期、中期、长期选择。

定义战略传播

在过去的几年中，“战略传播”一词日益流行。但是，关于“战略传播”一词的不同用法导致重大混乱。所以，我们认为开篇中澄清我们意指的“战略传播”很有必要。我们意指的“战略传播”：(a)言行同步，及言行如何被目标受众所理解；(b)致力于与目标受众交流洽谈的项目活动，包括已由公共事务、公共外交、信息处理专家实施的项目活动。

· 同步性　协调言行是项重要工作，其中包括积极考虑公共大众，将怎样把我们的行为和政策，解释为一个决策的有机构成部分。对“战略传播”作此种解释是因为我们意识到：所做比所言更重要，因为行动有交际价值，且传递信息。在这层意义上讲，实现“战略传播”是共同的责任。

它需要培养一种传播文化，该文化重视这类言行的同步性，并且鼓励决策者在做决策时，考虑行动的传播价值。最高水平的政府，必须提倡和实施一个通过机制和程序得到加强的传播文化。

· 审慎交流接洽　美国政府有广泛的项目活动，主要集中在通过公共事务，公共外交，信息处理及其他工作来与人沟通，来理解、接触、通知和影响人民。

明确地讲，我们并非在创造或提倡创造新的术语、概念、组织或能力。基于这篇报导的目的，我们正在澄清战略传播的各个不同的方面。简而言之，我们已采取措施来强化言行同步的重要性，同时也在建立协调机制和程序，来提高美国政府和目标大众之间的审慎交流和洽谈的能力。我们已经采取的这些措施已具成效，但由于这两项任务的复杂性，仍有许多工作有待完成。

同步战略

言行同步对推进美国政府利益、政策、目标来讲，是有效的战略传播和更广泛战略的一个重要的部分。在过去，言行同步的重担一直由传播团体承担，而它仅仅管理执行一小部分需要同步的功能活动。而我们得到的最主要的教训是，那些远在传播团体管辖之外的活动，也有传播价值和影响。

美国政府采取的每项行动都传达信息。因此，同步性是一项共同的责任，由高级领导尤其是部级领导带头承担。他们必须培养一种“传播文化”，该文化承认并激励下述事项的重要性，即确定、评估和协调行动的传播价值，把这些行动作为所有层级做出计划和决定的有机部分。传播社区通过引导推动和维持同步的机制和程序的发展，来支持高层领导。这些机制包含特设的程序：保证各级充分理解战略目标和信息；提高关于决策行动传播影响的意识；强调积极主动地考虑这些影响的重要性；确保建立相应论坛，研讨有关高优先级问题的影响，协调行为和审慎的交流及洽谈。

审慎交流和洽谈战略

与目标大众谨慎交流洽谈，是美国政府实现安全目标的一项能力。与大众交流洽谈的项目活动，更具战略性和长期性，并非仅仅具有应急性和战术性。它们不仅阐明我们反对什么，更要道清美国支持什么。举例来说，我们为与全世界的穆斯林团体的交流和洽谈做出努力，必须首先建立在互相尊重和相互利益的基础上，甚至就像我们继续还击极端恐怖主义，使他们暴力极端主义的网络和意识形态变得失去人心，离经叛道一样。

针对我们的行动经常被大众加以评判，谨慎交流则有助于建立战略信息，并且谨慎洽谈也有助于得知我们的行动如何被人理解。至关重要的是，美国政府不能仅仅单向交流，这也是我们强调和利益相关者洽谈、倾听、建立长期关系的重要性的原因。

传播团体由多种功能机构组织组成，包括(但不仅限于)：公众事务(PA)，公众外交(PD)，军情处(IO)，公共外交的防务支援(DSPD)。接洽项目和活动的计划、发展、执行，需要更好地协调、整合，以及受调查、情报、信息的驱动。我们已采取行动，包括细化部门内及跨部门的作用和职责；对一些主要的享有优先权的政策，尝试采用一种跨部门间的计划程序；强化对相关研究、信息和情报的程序的协调和改善。

跨部门的规划和协调

战略性规划

整个美国政府使用多种前景、模式和途径用于战略性规划。过去一年里，跨机构间的交流社区，一直都在为国家级优先规划，尝试一种直观的规划程序，以试图接通部门和机构间的个体程序，并允许传统及非传统合伙人，自愿地通过各自的能力，影响共同的目的。这项程序将会被利用在与战略优先政策相关的交流洽谈中。我们仍然会继续监督，评估，必要时进行计划的调整。

国家级跨部门协调

跨部门政策委员会（Interagency Policy Committees，缩写：IPCs）由国家安全局领导，根据美国政府的多个机构，协调国家安全政策的发展和实施。战略传播跨部门政策委员会，对跨部门的研讨以及关于战略传播问题的国家安全政策的协调而言，是主论坛。战略传播跨部门政策委员会同样提供政策分析，供更加高级的国家安全委员会，或者卫生安全委员会系统考虑，并且确保即时回应总统作出的决定。根据需要战略传播跨部门政策委员会成立子委员会。

实施层面机构间的协调

从实施层面上看，国家小组和联合跨部门的协调小组是两个固定的跨部门协调团体。前者负责实施，后者提供战略计划的相关建议。

- 国家小组由美国首席外交使团带领，是美国政府在国内的高级协调监管团体。首席使团的责任是实现战略性传播，包括通过言行同步和有效执行谨慎的交流接洽，这些都是首席使团的责任。
- 联合跨部门协调小组（Joint Interagency Coordination Groups，缩写：JIACG）建立在每个地区战斗司令部总部（Geographic Combatant Command，缩写：GCC），与美国政府民事机构协调来执行实施计划。小组支持在战斗司令部总部制定的日常计划，对制定计划者提供民事机构操作、能力和权限的相关建议。虽然联合跨部门的协调小组没有实施权利，但是它提供协调运用国家权力的视角，并且能作为参照资源，为军事策划者，从来自剧院的交流专家或国家级的交流专家中，寻找信息和输入。

对谨慎交流和洽谈信息、情报、研究和分析的支持

信息、情报、研究和分析是发展政策和战略计划的关键因素。美国政府不同的机构和部门通过分析研究外国公众舆论、核心受众以及和他们交流接洽最有效的机制，必要的话还有暴力极端主义的交流讯息，来支持与大众交流洽谈工作。然而，尤其在该领域中我们应该更好地协调和处理这些工作。美国政府和外国公众的交流洽谈工作，应主要是关于对核心受众的信息、研究和分析。

战略传播重点

尽管美国政府实施全球范围内的审慎交流和洽谈，但工作重点应和总体国家安全的重点相一致。如同国家实力的其他元素那样，交流洽谈工作应该支持政策目标，并且达到相应的效果：

· 使外国受众认清与美国的共同利益；

· 使外国受众相信美国在国际事务中发挥的建设性作用；

· 使外国受众明白面对全球复杂挑战时，美国是值得尊重的搭档。

我们和外国受众交流洽谈工作应该强调互相尊重，互利共赢。美国应该展示出积极的一面，尽可能表明我们支持的内容，并引导外国受众走向积极轨道。与此同时，我们反暴力极端主义（countering violent extremism，缩写：CVE）工作应该更集中在攻破摧毁基地组织和暴力极端主义意识形态上。

资源

在交流社区内我们很有必要协调优化投资项目。资源决策和应用由国家优先项目来决定，并且也必须和现存的任务和利益相关者能力相一致，来执行有效的项目任务。新建立的计划制定程序的主要方面包括落实责任、评估和报道，以便确保所有主要的洽谈工作能高效协调。

我们注意到，根据已有的任务和责任，所有的工作资源都需要重新协调。成立跨部门的协调工作小组是为了评估军事交流洽谈项目、活动和投资，以确定它们可能更合适，被特别是军事冲突地区之外的民用部门、机构投资和执行。这项重审将由四个彼此相关的部分构成，对于“再平衡”项目的成功是至关重要的。这四部分如下：(a)如何最佳分配财政资源；(b)如何快速精简程序来减少不必要的重复；(c)如何确保我们保持重要的军事交流和洽谈能力；(d)如何最好地从质量和数量上加快振兴民用部门的机构能力，来确保他们更有效地执行这些项目和活动。

角色和职责

国家安全参谋部

战略传播代理国家安全顾问是战略传播最主要的顾问。全球事务高级主管是主要代理。二者共同负责确保(a)国家安全委员会和国土安全委员会在信息决策时重视信息的价值和行为的传播影响；(b)在国家安全参谋部设置促进战略交流机制；(c)跨部门发展类似机制。DNSA/SC 和 SDGE 同样负责指引和协调跨机构的审慎的交流和接洽工作，这由他们就任要职的全球事务指挥部(NSS Directorate for Global Engagement，缩写：NSS/GE)和跨机构政策委员会(Interagency Policy Committee，缩写：IPCs)来负责。

国务院

公共外交（Public Diplomacy 缩写：PD），作为外交政策必不可少的一部分，由国务院执行。由美国副国务卿指导处理公共外交和公共事务。国务院区分公共事务和公共外交，前者包括延伸到国内受众，后者通过理解、接洽、咨询和影响国外公众，以及通过促进美国及全世界其他各国人民的相互理解的方式，寻求促进美国的利益。

· 副国务卿处理公共外交和公共事务办公室，在国务院占有功能区域以确保协调整合政策、交流、接洽目标。

公共外交和公共事务（Public Affairs 缩写：R/PPR）副国务卿政策资源规划办事处，为公共外交和公共事务提供长期战略计划和绩效衡量能力。副国务卿政策制定参谋部，监管那个部门对公共外交的全球战略的执行，并且为一些不相关联的事件提供建议计划，例如总统演讲、倡议和长期的有关气候变化、防核扩散、全球卫生问题的洽谈。

· 全球战略洽谈中心（The Global Strategic Engagement Center 缩写：GSEC）支持全球战略交流洽谈工作。全球战略洽谈中心，代表国务院协调、交流、洽谈策划和活动，根据国际政策委员会（IPC）对全球事务和战略传播的要求，参与项目的讨论、宣传和执行。全球战略洽谈中心（GSEC）在国务院向相关部门发表跨部门的决定和目标，并就战略传播，与决策者和政府层面专家联系决议。

· 公共外交办公室主任（The Public Diplomacy Office Director 缩写：PDOD）是国务院每个地理区域机构和国际组织机构的高级外交官。公共外交办公室主任（PDOD）负责将传播融入到决策制定中去，并帮助确保在局级形成的政策和计划，能够与谨慎的信息传递，项目活动相协调。公共外交办公室主任（PDOD）监管各个公共外交部门的运作情况。他们在公共外交和公共事务上，紧密合作对象有海外公共事务官员、地方领导，其他部门及公共外交和公共事务副国务卿部门，用来发展他们区域的公共外交方案，框定和执行公共外交的倡议。与他们自己的前厅和行政办相结合，为了给各部门各领域配公共外交职位，公共办公室管理地方公众外交预算和任务程序。公共外交办公室主任向指定管理海外公共外交和公众事务的代理副秘书长做汇报。

国防部

国防部是交流洽谈工作的关键部门。关键要素有（但不仅限于）：信息处理（information operations 缩写：IO），国防支持公众外交（defense support to public diplomacy 缩写：DSPD），公共事务（public affairs 缩写：PA），民政事物（civil affairs 缩写：CA）。这些要素共同实现支持国家目标的军事目标。

· 负责政策的副国防部长（The Under Secretary of Defense for Policy 缩写：USD（P））是国防部长最主要的干事和顾问，它负责所有相关国家安全和国防政策的规划，整合和监督国防部政策和计划，以实现国家安全目标。

负责政策的副国防部长 USD（P）的高级顾问建议他参与战略交流，带领他们的全球战略洽谈小组

(Global Strategic Engagement Team 缩写：GSET)。该小组促进战略交流进程，与相关其他国防部门保持联络。

国防支持公共外交的主要责任由 OUSD(P)相关区域功能部门承担。

- OUSD(P) DASD 负责与 CUSD(P) GSET and OASD(PA)的紧密合作，确保战略政策指导文件包含相关的战略交流指导，并检验由 GEF 指示的作战计划，以确保战略交流注意事项包含在计划内。

在 OUSD(F)里，对于特种作战低强度冲突和相互依存的能力，助理国防部长是国防部长在这些问题上的主要助手和顾问(ASD(SO/LIC&IC))。(ASD(SO/LIC&IC))监管在国防部(DOD)范围内的心理实施活动，包括支持军队的军事信息。{ASD(SO/LIC&IC))负责发展、协调和监管政策计划的执行，这些政策主要针对国防部所参与的，美国政府打击恐怖主义的活动，包括反暴力极端主义。ASD(SO/LIC&IC)与 OUSD(P) GSET 紧密合作。

- USD(I)是国防部长关于信息作战的主要参谋顾问。国防部 3600. 01 指令将信息作战定义为电子信息对抗技术(Electronic Warfare 缩写：EW)、计算机网络对抗 (Computer Network Operations 缩写：CNO)、心理战术(Psychological Operations 缩写：PSYOP)、军事欺骗 (Military Deception 缩写：MILDEC)、作战安全 (Operations Security 缩写：OPSEC)，与特定的支持和相关的能力相一致，在保护我们自己的决定的同时，影响、干扰、破坏或颠覆反人类和自动化的决定。USD(I)和 USD(P)以及其他 OSD 部门合作、授权监管信息处理。OUSD(I)同样和军事部门合作来发展信息作战的职业能力。信息处理人员是战略传播过程的主要参与者。
- ASD(PA)是国防部长参与交流活动的主参谋和顾问，这些交流活动包括，但并不仅限于国防部新闻媒体关系、公共联络和公共事务。ASD(PA)制定短期、中期、长期的交流计划以支持政策目标的实现。这些计划专门在跨部门间被协调，并且把跨部门的搭档看作是合适的。ASD(PA)同样协调媒体接洽，准备部长、副部长及部门主要官员演讲和谈话的要点，提供媒体大众分析，为司令部和国防部作公众事务指导。
- 联合参谋部在很多层面上为通讯事业作贡献。为了能够达到国家战略战区军事目标，当前操作指挥部(J-3)提供信息战和心理战专门的知识和相关建议。政策方案指挥部(J-5)，连同作战司令服务部，基于国防部部长办公室提供的政策指示，来发展政策指导、战略计划，以及长久的交流主题和叙事策略。J-5 在跨部门协作中也是联合参谋代表。
- 公众事务参谋长联席会议主席 (The Chairman of the Joint Chiefs of Staff Public Affairs Office 缩写：CJCS PAO)是处理新闻媒体关系、公众联络和公众事务的首席助理和顾问。
- 国防部全球接洽合作委员会 (DOD's Global Engagement Strategy Coordination Committee 缩写：GESCC)，于 2009 年 6 月成立，逐渐演变成促进部门内戦略交流整合的主体。该委员会会议两周一次，处理新出现的问题，交换在参谋的工作范围之外的关于关键行动的信息(包括战略传播研究、报告和长期计划文件)，促进国防部工作的适当整合，减少冲突。国防部全球洽谈合作委员会由 OUSD(P) 和 OASD(PA)共同主持，那把上述所提到的所有的关键国防部门汇聚在一起，包括(OUSD(P)，OASD(PA)，OUSD(I)，Joint Staff)。其他常规国防部全球洽谈合作委员会的出席者，有法律事务国防部长助理，和负责采购、技术及物流的国防副部长，包括作战司令部代表在内的其他国防部官员，也被邀请参加国防部全球洽谈合作委员会会议，并且代表们同国务院全球战略洽谈中心紧密合作。

广播理事会

广播理事会(The Broadcasting Board of Governors 缩写：BBG)负责美国政府赞助的非军事国际广播，包括美国之声(Voice of America 缩写：VOA)、自由欧洲之声/自由之声(Radio Free Europe/Radio Liberty 缩写：RFE/RL)、亚洲自由之声(Radio Free Asia 缩写：RFA)、马蒂电台、中东广播网络(Middle East Broadcasting Networks 缩写：MBN)和自由电视。广播理事会通过广播、电视、网络和其他媒体向每周约 1.75 亿名观众播放 60 种语言的节目。作为免费且专业的媒体，通过新闻、咨询和相关言论面向全球大众。广播理事会是由 9 名两党委员会组成，作为新闻产品中防止政治干预的防火墙。国务卿委托她的席位给美国公众外交和公众事务副国务卿。

美国国际开发署

美国国际开发署(The United States Agency for International Development 缩写：USAID)的工作是，通知美国人道主义和发展援助计划的接受者和合作者。作为发展对外援助活动的一部分，美国国际开发总署直接与当地利益攸关方合作。美国国籍开发署也设计和执行通讯能力建设项目，包括基础设施建设和媒体培训。

情报界

国家情报总署办事处（Office of the Director for National Intelligence 缩写：ODNI）作为情报界(Intelligence Community 缩写：IC)的核心部门，负责协调情报机构工作，研究分析国外受众的交流模式和机制，以及在适当情况下分析暴力极端主义。

国家反恐中心

战略操作规划董事会的全球洽谈组，在国家反恐中心协调、整合、同步美国政府在反对暴力恐怖主义和拒绝恐怖分子中的努力，并做好下一轮招募工作。全球洽谈组依据情报改革和防范恐怖主义法 1021 节规定，以及国家实施计划的指导进行工作。利用这些特权，在反恐中心、信息处理中心、网络安全中心和其他部门机构的要求下，国家反恐中心(NCTC)经常作为跨部门的协调者，为与反恐怖主义相关的审慎的交流和洽谈计划工作服务。

其他部门和机构

有着专业技能和相关交流洽谈能力的其他部门机构，有可能根据需要参与交流洽谈战略的发展和实行工作。

评估成功

发展衡量机制和强调问责制，对项目的有效实施非常重要。衡量计划或行动是否成功需要识别计划或行动的投资、产品、产出等指标。随着时间的流逝，这些指标见证行动取得的成就，被用于建立成本和收益评估机制。有两类指标：绩效测量(Measures of Performance 缩写：MOP)反映了投资的数量与所产生的产品的数量之间的关系。同时，效益测量(Measures of Effectiveness 缩写：MOE)洞见一个计划、项目、活动是否达到预期目标。

在衡量成功过程中，重视获得有效精准的效益测量，因为这些测量机制决定哪些工作继续获得投资支持，哪些工作作为未来工作的范本，以及哪些工作将被调整或放弃。符合绩效指标但并未达到预期目标的程序，将会被重新审查。在选择最优指标的过程中，部门机构需要考虑到所有相关专业的知识，并且应该考虑所有利益相关者。项目开发同样应该提供具体预算和为衡量成果机制所需的测量活动资源。

评估交流洽谈工作是否成功是一个很困难的挑战。因为，第一，这些工作定向于受众的看法，而这一点是很难观察测量到的，但是仍有一些测量成果机制，比如民意调查。这些方式容易出现多种不确定性和误差，所以，并不能准确地预测行为。第二，很难将交流洽谈工作的影响，从其他政策决定的影响中分离出来。最后，交流洽谈效果是长期的，需要持久测量。由于面临这些挑战，最好是形成分阶段、分层次的计划，以使测量机制能为既定项目或计划服务。

独立非盈利组织必要性评估

当前国家安全参谋部发现，没有必要建立一个新的、独立的、非盈利的组织，来提供独立评估和关于战略传播和公众外交的战略指导，正如国防科学局战略传播特别小组建议的那样。这个时候，现存企业要么已经符合，要么正在努力符合由特别小组规定的组织目标如下：

- 整个美国政府的许多部门，根据全球公众的观点，为民用和军事决策者，定期地提供关于全球民意的大量信息和分析，利用文化、价值观和宗教塑造人们的行为，媒体趋势信息技术影响受众。然而，这些信息分析可以在组织间更好地协调共享。一个额外的机构会产生更多的被调和和可用的信息分析。战略传播信息处理中心成立了一个子中心，能更好地协调信息、分析和研究，聚合关联信息和分析，并发展改善访问跨部门和机构的机制。
- 如前所述，交流洽谈规划的跨部门合作，于 2009 年 11 月由战略传播信息处理中心正式批准。这需要跨部门协作，来发展能处理当前国际安全问题的战略。

拥有建立公私合作关系的能力是个非常关键的问题。然而，当前有一些关键的待审评论，包括关于发展总统研究指令和国务院的四年度外交发展审议，这些都审视了公司关系问题。因此，我们并不认为这篇汇报是处理美国政府形成公私合作伙伴关系能力的矫正机制。

术 语 表

AASHTO-American Association of State Highway Transportation Officials 美国国家公路运输官员协会

ACS-Advanced Computing Section 高级计算机处理部门

ACSS-Africa Center for Strategic Studies 非洲战略研究中心

ADA-Americans with Disabilities Act 美国残疾人法案

ADF-African Development Foundation 非洲发展基金会

AEECA-Assistance for Europe, Eurasia, and Central Asia 欧洲、欧亚大陆，和中亚援助

AF-Sub-Saharan Africa 撒哈拉以南非洲

AFRICOM-Africa Command 非洲司令部

AG-Auditor Genera 国家总审计长

AIDS-Acquired Immune Deficiency Syndrome 艾滋

AICMP-Academy for International Conflict Management and Peacebuilding 国际冲突管理及和平建设研究院

AITRS-Arab Institute of Training and Research in Statistics 阿拉伯统计数据培训和研究所

AORC-American Overseas Research Centers 美国海外研究中心

APCSS-Asia-Pacific Center for Security Studies 亚太安全研究中心

APEC-Asia-Pacific Economic Cooperation 亚太经合组织

ARSP-Action Reconciliation Service for Peace 和平和解服务行动

ATA-Antiterrorism Assistance Program 反恐援助计划

ATBCB-Architectural and Transportation Barriers Compliance Board (Access Board) 建筑运输障碍合规委员会(访问)

ATF-Bureau of Alcohol, Tobacco, Firearms, and Explosives 美国烟酒枪械管理署

ATSA-Aviation and Transportation Security Act 航空运输安全法案

AU-African Union 非洲联盟

AWIPS-Advanced Weather Interactive Processing System 高级气象交互处理系统

BBG-Broadcasting Board of Governors 广播理事会

BEA-Bureau of Economic Analysis 经济分析局

BFP-Norman E. Borlaug International Agricultural Science and Technology Fellowship Program 诺曼·博洛格大国际农业科技奖学金计划

BHC-Border Health Commission 边境健康委员会

BIIP-Bureaus of International Information Programs 国际新兴项目署

BLS-Bureau of Labor Statistics 劳工统计局

BOEMRE-Bureau of Ocean Energy Management, Regulation, and Enforcement 海洋能源管理局监管和执法

BTS-Bureau of Transportation Statistics 运输统计局

CAP-Civil Air Patrol 民间空中巡逻

CBP-Customs and Border Protection 海关和边境保护局

CDC-Centers for Disease Control and Prevention 疾病预防控制中心

CDP-Center for Domestic Preparedness 国内应急中心

CENTCOM-Central Command 中央司令部

CFTC-Commodity Futures Trading Commission 商品期货交易委员会

CHDS-Center for Hemispheric Defense Studies 多元半球防卫研究中心

CIAT-Inter-American Center for Tax Administration 美洲税务管理中心

CITES-Convention of International Trade in Endangered Species 国际濒危物种贸易公约

CIV-Councils for International Visitors 国际访问者项目委员会

CIVITAS-Civic Education Exchange Program 公民教育交流项目

CJCSPAO-The Chairman of the Joint Chiefs of Staff Public Affairs Office 公众事务参谋长联席会议主席

CLA-CIVITAS Latin American Consortium 公民教育交流项目拉美财团

CLDP-Commercial Law Development Program 商业法律发展计划

COI-Country of Origin Information 原产地信息

COMMIT-Community Model Interface for Tsunami Training 模拟海啸培训社区

CPSC-Consumer Product Safety Commission 消费产品安全委员会

CRA-Community Reinvestment Act 社区再投资法

CRFC-Constitutional Rights Foundation Chicago 芝加哥基础宪法法案

CSOSA-Court Services and Offender Supervision Agency for the District of Columbia 哥伦比亚特区法院服务和罪犯监管机构

CSP-Community Supervision Program 社区监督计划

CT-Combating Terrorism 抗击恐怖主义

CTFP-Combating Terrorism Fellowship Program 打击恐怖主义奖学金计划

CVE-Countering Violent Extremism 反暴力极端主义

DDA-Deliberating in a Democracy in the Americas 美国商讨实施民主

DEA-Drug Enforcement Administration 药品执行管理局

DFG-German Research Foundation 德国研究基金会

DGP-Democracy and Governance Programs 民主管理项目

DHNDA-Duncan Hunter National Defense Authorization Act of 2009

2009 财年邓肯·亨特国防授权法案

DHS-Department of Homeland Security 国土安全部

DNSA/SC-The Deputy National Security Advisor for Strategic Communications 战略交流代理国家安全顾问

DOC-Department of Commerce 商务部

DOD-Department of Defense 国防部

DOE-Department of Energy 能源部

DOI-Department of the Interior 内政部

DOJ-Department of Justice 司法部

DOL-Department of Labor 劳工部

DOS-Department of State 国务院

DOT-Department of Transportation 运输部

DRBC-Delaware River Basin Commission 特拉华河流域委员会

DS-Diplomatic Security 外交安全部

DSCA-Defense Security Cooperation Agency 美国国防安全合作局

DSS-Diplomatic Security Service 外交安全护卫

DTRA-Defense Threat Reduction Agency 国防威胁降低局

EA-Eurasia 欧亚

EAP-East Asia and Pacific 东亚和太平洋地区

ECA-Bureau of Educational and Cultural Affairs 教育与文化事务局

ECA/A/S-Educational Information and Resources Branch 教育信息资源分部

ECC-Export Control Cooperation 出口管制合作

ECOWAS - Economic Community of West African States 西非国家经济共同体

EEF-Eisenhower Exchange Fellowships 艾森豪威尔交换奖学金项目

EERE-Energy Efficiency and Renewable Energy 能源效率与可再生能源

EGADP-Economic Growth and Agricultural Development Programs 经济增长和农业发展项目

EIA-Energy Information Administration 能源信息管理局

E-IMET-Expanded International Military Education and Training 扩大国际军事教育和培训

EMI-Emergency Management Institute 应急管理学院

EOD-Explosive Ordnance Disposal 爆炸性军械处理

EPA-Environmental Protection Agency 环境保护署

ESF-Economic Support Fund 经济支持基金

EUCOM-European Command 欧洲司令部

EUR-Europe 欧洲

EXBS-Export Control and Border Security 出口管制和边境安全

FAA-Foreign Assistance Act 对外援助法案

FAA-Federal Aviation Administration 联邦航空管理局

FAS-Foreign Agricultural Service 农产品外销局

FBI-Federal Bureau of Investigation 联邦调查局

FCC-Federal Communications Commission 联邦通信委员会

FDA-Food and Drug Administration 食品和药物管理局

FDIC-Federal Deposit Insurance Corporation 美国联邦存款保险公司

FEC-Federal Election Commission 联邦选举委员会

FEDS-Federal Exchanges Data System 联邦数据交流系统

FEMA-Federal Emergency Management Agency 联邦紧急事务管理局

FERC-Federal Energy Regulatory Commission 联邦能源管理委员会

FHWA-Federal Highway Administration 联邦高速公路管理局

FIPSE-Fund for the Improvement of Postsecondary Education 高等教育提高基金会

FLETC-Federal Law Enforcement Training Center 联邦执法培训中心

FMC-Federal Maritime Commission 联邦海事委员会

FMCS-Federal Mediation and Conciliation Service 联邦仲裁调节局

FMF-Foreign Military Financing Program 外事军事融资项目

FMS-Foreign Military Sales Program 对外军售项目

FRA-Federal Railroad Administration 联邦铁路局

FRA-Fulbright-Hays Faculty Research Abroad 富布赖特海外职员研究项目

FREEDOM-Freedom for Russia and Emerging Eurasian Democracies and Open Markets Act of 1992 1992 年的俄罗斯及新兴欧亚民主国家自由开放市场法案

FRTIB-Federal Retirement Thrift Investment Board 联邦退休储蓄投资委员会

FTA-Foreign Technical Assistance 对外技术援助

FTC-Federal Trade Commission 联邦贸易委员会

FY-Fiscal Year 财政年

GAO-Government Accountability Office 美国政府问责局

GESCC-Global Engagement Strategy Coordination Committee 全球接洽合作委员

GCC-Geographic Combatant Command 战斗司令部总部

GCMC-George C. Marshall Center 乔治马歇尔中心

GIPA-Global Intellectual Property Academy 全球知识产权学院

GLIN-Global Legal Information Network 全球法律信息网络

GO-Global Officers 全球官员

GOL-IN-Government Online International Network 政府在线国际网络

GPA-Fulbright-Hays Group Projects Abroad Program 富布赖特海外项目

GPU-Graphical Processor Units 图形处理器单元

GSA-General Services Administration 总务管理局

GSEC-The Global Strategic Engagement Center 全球战略接洽中心

HEA-Higher Education Act 高等教育法

HD-Health Diplomacy 健康外交

HHS-Department of Health and Human Services 卫生部

HIV-Human Immunodeficiency Virus 人体免疫缺损病毒

HPC-High Performance Computing 高性能计算

HS-14-Health Studies 健康研究

HSI-Homeland Security Investigations 国土安全调查局

HSI-FL-HSI Forensic Laboratory 国土安全调查局实验室

HSS-Office of Health, Safety, and Security 健康安全处

HUD-Department of Housing and Urban Development 住房和城市发展部

IADC-Inter American Defense College 美洲国防学院

IAEA-International Atomic Energy Agency 国际原子能机构

IAF-Inter-American Foundation 美洲国家基金

IAFP-International Auditor Fellowship Program 国际审计奖学金项目

IAPD-International Archival Programs Division 国际档案项目部门

IAWG-Interagency Working Group on U. S. Government-Sponsored International Exchanges and Training 美国政府资助的国际交流培训调处工作小组

ICA-International Council for Information Technology in Government Administration 政府管理信息技术国际委员会

ICARDA-International Center for Agricultural Research in the Dry Areas 国际干旱地区农业研究中心

ICE-Immigration and Customs Enforcement 海关执法局

ICITAP-International Criminal Investigative Training Assistance Program 国际刑事调查培训援助计划

ICN-International Competition Network 国际竞争网

ICPEN-International Consumer Protection and Enforcement Network 国际消费者保护和执法网络

ICS-Incident Command System 突发事件指挥系统

ICT-Information and Communications Technology 咨询通信技术

IEA-International Energy Agency 国际能源机构

IED-Improvised Explosive Devices 简易爆炸装置

IFARHU-International and Foreign Language Education Service 人力资源培训和发展协会

IFLE-International and Foreign Language Education Service 国际外语教育交流服务

IFPCU-Illicit Finance and Proceeds of Crime Unit 非法金融和赃款赃物

IIP-Office of International Information Programs 美国国务院国际信息局

ILAB-Bureau of International Labor Affairs 国际劳工事务局

ILEA-International Law Enforcement Academy 国际执法学院

IMET-International Military Education and Training 国际军事教育和培训

IMTC-International Media Training Center 国际媒体培训中心

INCSEA-Incidents at Sea 海上事故

INFN-National Institute of Nuclear Physics 国家核物理研究所

INL-Bureau of International Narcotics and Law Enforcement 国际反毒品和执法事务局

INR-Bureau of Intelligence and Research 情报研究局

IPCs-Interagency Policy Committees 调处政策委员会
IPEEC-International Partnership for Energy Efficiency Cooperation 国际能源效率合作伙伴关系
IPRI-Intellectual Property Rights Institute 知识产权学院
IRENA-International Renewable Energy Agency 国际可再生能源局
IRS-Internal Revenue Service 国内收入署
ISB-Information Systems Branch 信息系统部门
ISN-International Security and Nonproliferation 国际安全与防核扩散
ITA-International Trade Administration 国际贸易局
ITAU-International Training and Assistance Units 国际培训和援助单位
ITB-International Training Branch 国际培训和援助单位
ITC-International Technical Cooperation 国际科技合作
ITT-International Training and Technical Assistance Division 国际培训和技术援助
IVIP-International Volunteers-in-Parks Program 国际公园志愿者项目
IVLP-International Visitor Leadership Program 国际访问者领袖计划
IVP-International Visitors Program 国际访问者项目
JIACG-Joint Interagency Coordination Groups 群体调处合作小组
JCCRER-Joint Coordinating Committee for Radiation Effects Research 联合协调委员会的辐射效应研究
JUSFC-Japan-United States Friendship Commission 美日友谊委员会
LaB-Leaders across Borders 跨国领导者
LOC-Library of Congress 国会图书馆
MAIL-Ministry of Agriculture, Irrigation, and Livestock 农业、灌溉与畜牧部
MADIS-Meteorological Assimilation Data Ingest System 气象数据同化摄取系统
MCC-Millennium Challenge Corporation 世纪挑战集团
MECEA-Mutual Educational and Cultural Exchange Act 共同教育和文化交流法案
MET-Mobile Education Team 移动教育小组
MMC-Marine Mammal Commission 海洋哺乳动物委员会
MSD-Mobile Security Detachments 移动安全分遣队
MSPB-Merit Systems Protection Board 保护委员会
MTT-Mobile Training Teams 移动培训组
NAFTA-North American Free Trade Agreement 北美自由贸易协定
NAS-National Academy of Sciences 国家科学院
NASA-National Aeronautics and Space Administration 国家航空和航天局
NATO-North Atlantic Treaty Organization 北大西洋公约组织
NCHRP-National Cooperative Highway Research Program 国家公路合作研究项目
NCI-National Cancer Institute 国家癌症研究所
NCPC-National Capital Planning Commission 国家首都计划委员会
NCPN-Northern Colorado Plateau 科罗拉多高原北部

NCTR-National Center for Toxicological Research 国立毒物学研究中心

NCUA-National Credit Union Administration 国家信用社管理局

NCUSIF-National Credit Union Share Insurance Fund 全国信用社股份保险基金

NDU-National Defense University 美国国防大学

NEA-National Endowment for the Arts 全国艺术基金会

NEA-Near East 近东

NED-National Endowment for Democracy 国家民主基金会

NEH-National Endowment for the Humanities 国家人文基金会

NESA-Near East-South Asia 近东南亚

NESDIS-National Environmental Satellite, Data, and Information Services 国家气象环境卫星数据信息服务

NETL-National Energy Technology Laboratory 国家能源技术实验室

NFA-National Fire Academy 国家消防学院

NGO-Nongovernmental Organization 非政府组织

NGS-National Geodetic Survey 国家大地测量局

NHI-National Highway Institute 国家高速公路研究所

NHTSA-National Highway Traffic Safety Administration 国家公路交通安全管理局

NIDA-National Institute on Drug Abuse 国家药物滥用研究所

NIFA-National Institute of Food and Agriculture 国家食品农业研究所

NIH-National Institutes of Health 国立卫生研究院

NINDS-National Institute on Neurological Disorders and Strokes 国家神经疾病和中风研究所

NIST-National Institute of Standards and Technology 国家标准与技术研究院

NMFS-National Marine Fisheries Service 国家海洋渔业局

NNDC-National Nuclear Data Center 国家核数据信息中心

NOA-National Ocean Service 海洋局

NOAA-National Oceanic Atmospheric Administration 国家海洋大气管理局

NPS-National Park Service 国家公园管理局

NRC-National Research Council 国家研究委员会

NRC-Nuclear Regulatory Commission 核能管理委员会

NRPC-National Railroad Passenger Corporation (AMTRAK)全国铁路客运公司

NSEP-National Security Education Program 国家安全教育

NSF-National Science Foundation 国家科学基金会

NSRS-National Spatial Reference System 国家空间参考系统

NSS-National Security Staff 国家安全参谋部

NSS/GE-NSS Directorate for Global Engagement 全球事务国家安全参谋部指挥部

NTIA-National Telecommunications and Information Administration 国家电信和信息管理局

NTSB-National Transportation Safety Board 国家运输安全委员会

NWS-National Weather Service 国家气象局

NWTRB-Nuclear Waste Technical Review Board 核废料的技术审查委员会

OAR-Office of Oceanic and Atmospheric Research 海洋和大气研究办公室

OCC-Office of the Comptroller of the Currency 货币监理署的办公室

OCFT-Office of Child Labor, Forced Labor, and Human Trafficking 童工、强迫劳动和人口贩卖管理办公室

OCSIT-Office of Citizen Services and Innovative Technologies 公民服务和技术创新办公室

ODNI-Office of the Director for National Intelligence 国家情报总署办事处

OE-Office of Electricity, Delivery and Energy Reliability 电力提供和能源可靠性办公室

OECD-Organization for Economic Cooperation and Development 经济合作与发展组织

OFDA-Office of U. S. Foreign Disaster Assistance 美国对外灾难援助办公室

OGA-Office of Global Affairs 国际事务办公室

OGE-Office of Government Ethics 政府伦理局

OIA-Office of International Affairs 国际事务处

OIP-Office of International Programs 国际交流项目办公室

OIR-Office of International Relations 国际关系办公室

OISE-Office of International Science and Engineering 国际科学与工程办公室

OJP-Office of Justice Programs 司法项目办公室

OJT-On-the-Job Training 在职培训

OPCW-Organization for the Prohibition of Chemical Weapons 禁止化学武器组织

OPDAT-Overseas Prosecutorial Development, Assistance, and Training 海外的发展援助，和培训

OSC-Office of Special Counsel 美国特别检察官办公室

OSD-Office of the Secretary of Defense 国防部长办公室

OSM-Office of Spectrum Management 频谱管理办公室

OST-Office of the Secretary 秘书长执行办公室

OWLC-Open World Leadership Center 开放世界领导中心

P&R-Personnel and Readiness 人事和战备

PACA-Office of Public and Congressional Affairs 公众和国会事务办公室

PASAs-Participating Agency Service Agreement 参与代理服务协议

PAO-Public Affairs Office 公共事务办公室

PARC-Pakistani Agricultural Research Council Public Affairs Office 巴基斯坦农业研究理事会

PC-Peace Corps 和平部队

PD-Public Diplomacy 公众外交

PfPC-Partnership for Peace Consortium 和平伙伴关系联盟

PL-Public Law 国际公法

PLTCE-Partnership Language and Training Center Europe 欧洲伙伴关系语言和培训中心

PME-Professional Military Education Exchanges 专业军事教育交流

PMEL-Pacific Marine Environmental Laboratory 太平洋海洋环境实验室

PSA-Pretrial Services Agency 预审服务机构

PSI-Proliferation Security Initiative 防扩散安全倡议

RAIO-Refugee, Asylum, and International Operations Directorate 难民庇护所国际指挥部

RD&D-Research and Development and Demonstration 研发和示范

REDD-Reducing Emissions from Deforestation and Degradation 减少森林砍伐和退化产生的排放计划

RERF-Radiation Effects Research Foundation 辐射效应研究基金会

RITA-Research and Innovative Technology Administration 研究和创新技术管理部

RNSSC-Regional Network of Strategic Studies Centers 区域网络的战略研究中心

RSO-Regional Security Officers 地区安全官员

SA-Fulbright-Hays Seminars Abroad 国外富布赖特研讨会

SA-South Asia 南亚

SABIT-Special American Business Internship Training 美国商业特殊实习计划

SAIs-Supreme Audit Institutions 最高审计机构

SAIS-School of Advanced International Studies 高级国际研究学院

SBA-Small Business Administration 小型企业管理局

SCEP-Scientific Cooperation Exchange Program 科学合作交流项目

SDGE-Senior Director for Global Engagement 全球事务高级主管

SEC-Securities and Exchange Commission 证券交易委员会

SEED-Support for East European Democracy Act of 1989 对 1989 年东欧民主法案的支持

SEVIS-Student and Exchange Visitor Information System 学生和交流访问者信息系统

SME-Subject Matter Experts 学科专家

SMS-Scalable Modeling Systems 可伸缩的建模系统

SOCOM-Special Operations Command 特种作战司令部

SOUTHCOM-South Command 南区指挥部

SPS-Sanitary and Phytosanitary Systems 卫生和植物检疫系统

SRAP-Senior Representative for Afghanistan and Pakistan Office 阿富汗和巴基斯坦的高级代表办公室

SRBC-Susquehanna River Basin Commission 萨斯奎哈纳河流域委员会

SSA-Social Security Administration 社会保障总署

SSD-Security Sector Development 安全部门发展

SSI-Supplemental Security Income 附加保障项目

STEMM-Science, Technology, Engineering, Mathematics, and Medicine 科学、技术、工程、数学和医学

STEP-Science Training and Exchange Professional Program 科学培训和专业交流计划

STEP-Short-term Scientists Exchange Program 科学家短期交流项目

TFHRC-Turner-Fairbank Highway Research Cente 特纳费公路研究中心

TOT-Training-of-Trainers 训练者培训

TREAS-Department of the Treasury 财政部

TRB-Transportation Research Board 运输研究委员会

TRI-International Training Section 国际培训部分

TRIPS-Trade-Related Aspects of Intellectual Property Rights 与贸易相关的知识产权协议

TSA-Transportation Security Administration 交通安全管理局

TSP-Thrift Savings Plan 节俭储蓄计划

TVA-Tennessee Valley Authority 田纳西州流域管理局

UPD-University Programs Division 大学项目部

US-United States 美国

USAID-United States Agency for International Development 美国国际开发署

U. S. C. -United States Code 美国法典

USCCR-U. S. Commission on Civil Rights 美国民权委员会

USCG-United States Coast Guard 美国海岸警卫队

USCGA-U. S. Coast Guard Academy 美国海岸警卫队学院

USCIS-U. S. Citizenship and Immigration Services 美国公民身份和移民服务

USD-Undersecretary of Defense 美国国防部

USDA-Department of Agriculture 农业部

USDA/FAS/OCBD/TSE-Department of Agriculture's Foreign Agricultural Service, Office of Capacity Building and Development, Trade and Scientific Exchange Division 农业部对外农业服务，行政能力建设和发展、贸易和科技交流的部门

USED-Department of Education 教育部

USFS-United States Forest Service 美国林业局

USG-United States Government 美国政府

USGS-U. S. Geological Survey 美国地质调查局

USHMM-United States Holocaust Memorial Museum 美国大屠杀纪念馆

USIP-United States Institute of Peace 美国和平研究所

USMMA-United States Merchant Marine Academy 美国商船学院

USPC-U. S. Postal Commission 美国邮政委员会

USPC-U. S. Parole Commission 美国假释委员会

USPS-United States Postal Service 美国邮政管理局

USPTO-U. S. Patent and Trademark Office 美国专利和商标办公室

USSS-United States Secret Service 美国特勤局

USTDA-United States Trade and Development Agency 美国贸易和开发署

USTTI-United States Telecommunications Training Institute 美国电信培训机构

U. S. /U. S. S. R. - United States/Union of Soviet Socialist Republics 美国/苏维埃社会主义共和国联盟

VA-Department of Veterans Affairs 退伍军人事务部

VEF-Vietnam Education Foundation 越南教育基金会
VOA-Voice of America 美国之音
VOT-Victims of Torture Fund 酷刑受害者基金
VSP-Visiting Scholar Program 访问学者项目
WHA-Western Hemisphere 西半球
WMD-Weapons of Mass Destruction 大规模杀伤性武器
WTO-World Trade Organization 世界贸易组织
WWICS-Woodrow Wilson International Center for Scholars 伍德罗威尔逊国际学者中心